KB264610

일연(1206~1289)   일연은 자(字), 이름은 김견명. 표준영정(1985). 정탁영. 국립현대미술관

빗살무늬토기 신석기시대. 서울 암사동 출토. 국립중앙박물관

단군 표준영정(1978). 홍숙호. 서울 단군성전

황해도 구월산 삼성사 삼성전   삼성조이신 환인·환웅·단군의 어진이 모셔진 곳

강화도 마니산 참성단   단군이 하늘에 제사를 올리기 위해 쌓은 제단

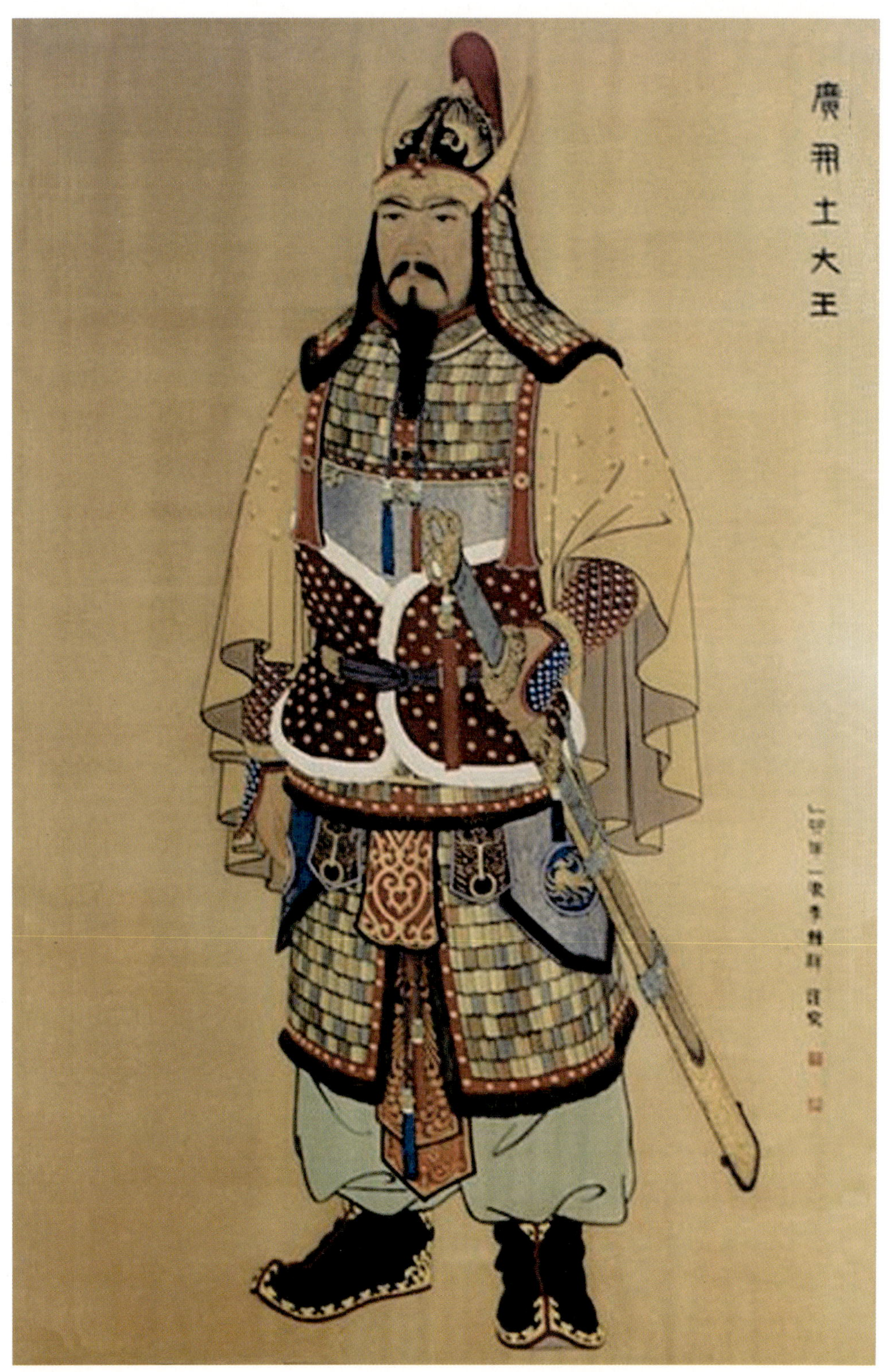

광개토대왕(375~413, 재위 391~413)　　고구려 제19대 왕. 표준영정(1977). 이종상. 국립현대미술관

광개토대왕릉비 중국 지린성 지안현 퉁거우 소재

▲백호
남포시 강서구역
삼묘리 강서 중무
덤 벽화

▶주작
남포시 강서구역
삼묘리 강서 중무
덤 벽화

무용총 수렵도 중국 지린성 지안현 퉁거우에 있는 고구려 고분 무용총 벽화

무용총 무용도

백제 무왕(?~641, 재위 600~641)　표준영정(2001). 최웅. 익산 쌍릉제각
백제 제30대 왕. 무왕 관련 '서동요'가 있다.

익산 미륵사지 당간지주 및 9층석탑 백제 무왕 때 건립. 서동설화가 깃든 곳. 절터만 남았다. 뒤에 보이는 동탑은 1992년 복원했다.

김수로왕(?~199, 재위 42~199)　표준영정(1991). 오낭자. 김해 숭선전
가야국의 시조. 구지봉 설화. 김해 김씨의 시조. 아유타국의 공주 허황옥을 비로 삼았다.

태종무열왕(604~661, 재위 654~661) 표준영정(1977). 김기창. 경주 통일전
신라 제29대 왕. 김춘추. 삼국통일의 기틀을 마련했다.

김유신(595~673) 표준영정(1976). 장우성. 진천 길상사
삼국통일을 이룩한 신라의 장군·정치가

원효대사(617~686) 표준영정(1978). 이종상. 국립현대미술관
신라의 고승. 불교사상의 종합과 실천에 노력한 정토교의 선구자로 대승불교의 교리를 실현했다.

의상대사(625~702)　표준영정(1991). 손연칠. 국립현대미술관
신라의 고승. 화엄종 시조.

봉덕사 종 신라 성덕대왕 신종. 경주박물관. 신라 35대 경덕왕이 부왕 성덕왕을 위해 주조하려 했으나 뜻을 이루지 못하고 죽자, 그 아들 혜공왕이 771년에 완성하고 '성덕대왕 신종'이라 하였다.

World Book 8

三國遺事

삼국유사

일연/권상로 역해

동서문화사

디자인 : 동서랑 미술팀/표지그림 : 영고(靈鼓). 강운구 사진—열화당 「韓國樂器」에서

《삼국유사》를 읽는 이들에게

1. 《삼국유사》와 저자 일연

《삼국유사》는 고구려·백제·신라 3국의 남겨진 글과 기록에서 빠진 사실들을 주로 수록하고, 그와 관련된 사항에 대해서는 고려 중엽까지의 사실을 덧붙여 둔 것으로 《삼국사기》와 함께 현존하는 우리 나라 고대사의 쌍벽을 이루고 있는 귀중한 책이다.

유사(遺事)란 정사(正史)에 기록되어 있지 않거나 빠진 일들을 뜻하는 말로, 중국에서 책 이름으로 쓰인 예를 들어 설명한다면 《서경잡기(西京雜記)》의 잡기, 《세설신어(世說新語)》《대당신어(大唐新語)》 등의 신어, 그 밖에 잡사(雜事), 잡록(雜錄), 만록(漫錄), 구문(舊聞), 쇄문(瑣聞) 등과 마찬가지로, 한 시대 또는 한 가지 사건에 대한 자세한 내용 같은 것을 기록한 것과 같은 맥락이다. 즉 《개원천보유사(開元天寶遺事)》는 민간에 전해진 당나라 현종(玄宗) 때의 역사에 빠진 일들을 수록한 것이고, 《함순유사(咸淳遺事)》는 송나라 함순 연간에 각 관청의 문서에 전해지고 있는 왕실이나 나라에서 행하는 의식과 황제의 칙령을 모아둔 책이며, 《여남유사(汝男遺事)》에는 금나라 애종(哀宗)이 채주(蔡州)에서 포위되어 있던 전말이 기록되어 있고, 《전당유사(錢塘遺事)》는 송나라 사람들이 쓴 소설 부분을 통해 남송 시대의 자잘한 일들을 싣고 있다. 청나라 때 기록된 사고전서(四庫全書) 목록을 보면 《개원천보유사》는 소설가류잡사(小說家類雜事)에 들어 있고, 나머지 책들은 사기잡사류(史記雜事類)에 들어 있다. 한 마디로 말해서 오늘날 신문의 사회면 기사나 문화면 기사와 같이 각종 이야기를 분야별로 모은 것으로 보면 된다.

이제 《삼국유사》를 더듬어 보면, 위로는 단군왕검의 조선 건국에서부터 기자와 위만의 교체와 예맥·삼한의 성쇠 및 그 밖에 사방에 흩어져 있는 각 부족의 흥망의 발자취까지 예로부터 전해 내려오는 이야기와 소중히 보존된 책을 통해 고증할 수 있는 것을 골고루 망라해 두었고, 삼국 시대에 들어와서는 김부식의 《삼국사기》에 전해진 것과 전혀 다르거나, 혹은 고의로 깎아 없애버린 듯한 것들에 대해 설명을 가하고, 아울러 《삼국사기》에는 거의 수록되지 않은 불교의 불법을 세상에 널리 퍼뜨린 사실들을 수집하기에 힘을 기울인 점으로 보아 저자의 의도가 김부식의 《삼국사기》가 범하고 있는 독단적인 잘못을 시정하고, 삼국의 고사에 대한 전반적인 편파를 바로잡으려 한 데 있음을 쉽게 알 수 있다. 따라서 일반 소설류와는 그 차원을 달리하고 있으며, 책 이름을 《삼국유사》라 했다고 해서 그 내용이 반드시 삼국의 역사적인 사실에만 국한한 것이 아니므로, 만일 이름과 내용이 서로 맞게끔 제목을 붙인다면, 비록 그 일들이 질서없이 뒤섞여 있거나 문장이 세련되어 있지는 않지만, 오히려 송나라 왕우칭이 지은 《오대사궐문(五代史闕文)》이나 송나라 도악이 지은 《오대사보(五代史補)》와 같이 삼국사 내지는 고사의 궐문 (빠진 문장), 혹은 보충하는 글이라고 하는 것이 타당할 것이며, 아니면 차라리 습유기(拾遺記)나 박이기(博異記) 또는 정사(程史), 약사(略史)의 예에 따르든지 오대(五代) 시대의 고언휴가 지은 《당궐사(唐闕史)》의 예를 좇아 이름을 붙여도 될 것으로 본다.

《삼국유사》는 5권 9편목으로 되어 있으나 흔히 두 책으로 꾸며, 1권과 2권을 합쳐 상편으로 하고, 나머지 권을 하편으로 한다. 오늘날 전해지고 있는 가장 오래된 판본은 조선 중종 때인 1512년 간행된 정덕본(正德本)이다. 그 구성은 다음과 같다.

제1권은, 왕력(王曆 : 역대 왕의 출생, 즉위, 치세를 / 중국 연대와 비교·서술함) 제1과 기이(紀異) 제1 (고조선 이하 삼한, / 부여, 고구려, 신라 / 등의 국가의 흥망 / 성쇠, 전설 등을 기록)로 되어 있으며,

제2권은, 기이 제1에 이어 문무왕부터 경순왕〔金傅大王〕까지의 신라 및 백제·후백제·가락국기와 아울러 모두 24편으로 되어 있으며,

제3권은, 흥법(興法) 제3으로 순도조려(順道肇麗) 이하 불교가 우리 나라로 전해 들어온 과정, 고승들의 행적에 관해 서술되어 있고, 탑상(塔像) 제4는 사기(寺記)와 탑·불상의 유래 등 31항목으로 되어 있으며,

제4권은, 의해(義解) 제5로 원광을 비롯 신라 고승들의 전기를 수집한

것으로 모두 14항목이며,

　제5권은 밀본최사(密本摧邪) 이하 밀교(密教) 신승(神僧)들의 사적을 수록한 3편으로 된 신주(神呪) 제6, 선도성모수희불사(仙桃聖母隨喜佛事) 이하 열심히 행하여 감응을 얻게 된 옛이야기 10편을 수록한 감통(感通) 제7, 낭지승운(朗智乘雲) 이하 고승들의 전기 10편을 수록한 피은(避隱) 제8, 진정사효선쌍미(眞定師孝善雙美) 이하 불교적 선행과 부모에 대한 효도에 관한 미담 5편을 수록한 효선(孝善) 제9로 이루어져 있다. 이 아홉 부분은 유사한 내용이 다른 편목에 들어 있어, 서로가 유기적으로 긴밀하게 연계되어 있으므로 전체와 부분, 부분과 전체로 이해해야 한다.

　그런데 유목(類目)을 나타낸 것이 일곱에 지나지 않아, 〈기이〉 다음에 제2가 될 무엇과, 〈흥법〉 다음에 제4가 될 무엇이 빠져 있는 것으로 볼 수도 있을 것이다. 왜냐하면 유목을 세우고 이미 숫자로서 차례를 매기면서 같은 이름을 거듭 썼을 까닭이 없기 때문이다. 그러므로 빠진 것이 또 다른 한 유목이었을 것은 쉽게 짐작할 수 있는 일이다. 이로써 〈흥법〉과 〈의해〉 사이에 편목을 찾아내는 것이 당연할 것으로 생각된다. 일찍이 일본 학자 이마니(今西)가 명나라 정덕(正德) 연간에 중간된 정덕간본(正德刊本)의 〈동경흥륜사금당십성(東京興輪寺金堂十聖)〉과 〈가섭불연좌석(迦葉佛宴坐石)〉 두 조항 사이에 필요없이 끼어든 것으로 보이는 탑상(塔像)이란 두 글자를 집어 내어 이것이 〈탑상〉 제4라는 편목의 제4란 두 글자가 탈락된 나머지 글일 것이라고 논했는데, 〈금당십성〉 이하 31편 전문이 모두 탑상에 관한 사실임에 비추어 타당한 주장으로 믿어 좋을 것이다. 그러나 〈기이〉와 〈흥법〉 사이에는 권도 바뀌고 수도 하나 건너뛴 것이 사실이긴 하지만, 같은 기사가 계속되고 있어 억지로 나누려 할 것이 못되므로 그 잘못을 다른 면으로 돌리는 것이 옳을 것 같다. 이로써 앞뒤를 살펴보건대, 〈기이〉 제1 앞에 책 이름을 나타낸 것이 없으니, 이것이 책 첫머리가 아닌 것을 알 수 있고, 책 이름이 〈왕력〉 위에 나와 있는데다가 '왕력 제1'이라고 차례를 매긴 것이 분명하니, 〈왕력〉이 또한 유목 중의 하나요, 그것이 제1권의 첫머리가 되는 것을 의심할 까닭이 없을 것 같다. 대개 9개의 유목 가운데 〈왕력〉이 첫째가 되고 〈기이〉가 둘째가 되어야 마땅한 것이었지만 〈왕력〉이 보통 쓰는 글과 같이 길게 내려쓰는 것이 아니기 때문에 〈기이〉를 첫째로 기록하고 '권'이란 글자까지도 가의로 덧붙이기에 이른 것 같다. 그러나 원래도 없었고 또 당연히 없어야 할 제2를 〈기이〉 아닌 다른 것으로 다시 세울 것이 못되므로 결국 지금 있는 것과 같이 〈기이〉와 〈흥법〉 사이에 차례 수 하나를 비워 두게 된 것일 것이다. 제2가 없는 한편으로 〈왕력〉과 〈기이〉가 똑같이 제1로 되어 있는만큼 이러한 판단이 옳을 것으로 생각된다.

《삼국유사》에는 서(序), 예(例)와 그 밖에 편찬자의 이름이 따로 실린 것이 없으며 다만 제5권의 첫머리에,
　'국존조계종……인각사주지……대선사 일연찬'
이라고 씌어 있어 편찬자가 누구라는 것을 알 뿐이다.

처음에는 각 권마다 지은이의 이름을 나타냈던 것이 첫 간행 때나 또는 중간에 탈락 혹은 생략되어 버리고 요행히 제5권의 그것만이 남아 있는 것으로 보인다.

일연의 첫 이름은 견명(見明)이었고, 자는 회연(晦然)이었으며, 속성(俗姓)은 김(金)씨로 경주 장산군 사람이다. 고려 희종 때 최충헌이 집권한 무신 정권 시대인 1206년에 출생하여 9세 때 전남 광주 무등산에 있는 무량사에서 출가한 뒤, 강석(講席)과 선림(禪林)을 편력하여 구산사선지수(九山四選之首)라는 이름을 얻었고, 그 뒤 포산의 보당암·묘문암·무주암 등에서 선관(禪觀)을 닦아 깨달음을 얻고, 44세 때는 남해 정림사에 주지로 초빙되어 6년간 머물렀다. 이때부터 그는 왕명에 의해 불교 활동을 활발히 하기 시작했다. 56세 때에 왕명을 받고 서울로 올라와 선월당을 처음 열고 멀리 목우화상(牧牛和尙)의 법통을 이었으며, 59세 때에 남쪽으로 영일의 오어사(五魚寺)에 머물다가 인홍사 주지가 되어 선의 수행과 불법을 펴는 데 전력을 기울인다. 인홍사를 맡은 지 11년 만에 이를 새로 확장하여 인흥이라 이름을 고치고, 또 포산 동쪽 기슭에 용천사를 중수하였다. 그가 72세 때에 충렬왕이 왕위에 오르면서 청도의 운문사로 옮겼고, 76세 때 경주에 몽진와 있던 충렬왕의 부름을 받아 가 있다가, 후에 국사(國師)로 책봉되었다. 그 후 그는 연로한 어머니를 모시기 위해 인각사로 내려가 그곳에서 《삼국유사》를 완성했다. 1289년 7월에 일연이 인각사에서 세상을 뜨니 그때 나이 84세였

다. 시호를 보각이라 하고, 탑을 세워 정조(靜照)라 불렀다. 지금 경상북도 군위군 고로면 화수동 인각사에 탑과 비가 남아 있다.

비문에 따르면, 일연은 말이 적고 참되며, 꾸밈이 없고, 진정으로써 모든 사물을 대했으며, 선열(禪悅)의 여가에 다시 장경(藏經)을 열람하고, 각 가(家)의 장소(章疏)를 깊이 연구하며, 한편으로 유가 서적들을 두루 읽고, 백가의 글도 겸하여 읽었다고 한다. 또 어머니를 섬기기를 지성으로 하고, 나이 여든이 넘도록 보고 듣는 것이 조금도 약해지지 않았으며, 사람들 가르치기를 게을리하지 않았다고 한다. 비문에 의하면, 그의 저서로 〈어록(語錄)〉 2권과 〈게송잡저(偈頌雜著)〉 3권이 있고, 그가 편수한 것으로는 〈조동오위(曹洞五位)〉 2권, 〈조도(祖圖)〉 2권, 〈대장수지록(大藏須知錄)〉 3권, 〈제승법수(諸乘法數)〉 7권, 〈조정사원(祖庭事苑)〉 30권, 〈선문점송사원(禪門拈頌事苑)〉 30권 등 백여 권이 있어 세상에서 읽혀지고 있다고 했지만, 전하는 것은 거의 없고, 비문에 적혀 있지 않은 《삼국유사》만이 후세에 전해져 학계의 보물이 되고 있다는 것은 하나의 기이하면서도 애석한 일이 아닐 수 없다.

《삼국유사》는 한 정제된 체제 밑에서 씌어진 완전한 책이기보다는 차라리 저자를 중심으로 한 몇 사람의 역사적 취미가 남긴 한 독특한 발자취로 보는 것이 온당할 것 같다. 책의 성격으로는, 첫째 저자가 경주 사람으로 장산군에 살았고, 신라 왕족의 혈통을 받은 김씨라는 점과, 둘째 도인이요 선승이며 국사라는 점, 그리고 셋째로 남쪽에서 태어나고 남쪽에서 자라나, 지금 현풍의 비파산인 포산과 의흥의 화산인 가지산 등 얼마 되지 않는 범위에서 일생을 끝마쳤다는 점 등이 자연 《삼국유사》로 하여금 신라 중심, 경주 중심, 왕실 중심이 되게 할 수밖에 없었던 것 같다.

《삼국유사》의 현재 내용은 당시 남아 있는 기록들이 다만 여기에 그쳤기 때문이기보다는 저자의 관심의 범위와 흥미의 초점이 이런 편벽되고 치우친 것을 만들었다고 보아야 할 것이다. 책 끝에 〈효선〉 한 편을 붙여 둔 것만하더라도 일연이 90세의 노모를 모신 생활이 그 계기가 되었을 것이 틀림없다.

《삼국유사》의 전체가 그대로 우리의 뜨거운 감사의 대상이 되는 것은, 그것이 향토적이고 사회적이며 생활적인 점에서 옛날을 고증함에 있어서 그 어느 것도 따를 수 없는 귀중 자료이기 때문이다. 그러나 일연이 좀더 나이가 젊고 정력이 왕성할 때, 넓은 안목으로써 옛 역사의 빠지고 흩어진 것들을 거두어들여 그 숨겨져 있고 모호한 것들을 밝혀 주었더라면 하는 생각은, 《삼국유사》의 가치를 깊이 인정하면 할수록 누구나가 다 갖게 되는 욕심이다. 《삼국유사》가 전해 준 남방 계통의 그것만큼 북방 계통의 전적이 있었더라면 하는 아쉬움은, 우리 나라 고사를 다루는 데 불편을 느끼는 역사가일수록 더욱 간절하게 느끼는 점이다.

2. 찬술 연대와 간행

대개 《삼국유사》가 우리 나라 옛것에 관해서 《삼국사기》의 빠진 부분 등을 바로잡고 보충한다는 자신의 취지를 나타내려 하였다. 이러한 배경은 자신의 불교적 가치관을 근본으로 하면서 탈유교적 가치관에 바탕을 둔 것이라 하겠다. 또 일연이 지은 것 외에도 그리 그 양이 많지는 않으나 제자들의 약간의 가필이 있었던 것은, 〈관동풍악발연수석기(關東楓岳鉢淵藪石記)〉 끝에 '무극 씀(無極記)'이란 것이 있는 것으로 알 수 있다. 무극은 그의 뛰어난 제자였던 보감국사 혼구의 호다. 《동사강목(東史綱目)》의 채거서목(採據書目)과 《문예고(文藝考)》의 예문고(藝文考)에도 그렇게 적혀 있고, 한때 《삼국유사》를 무극 일연의 편찬으로 알게 된 것도 '무극'이 일연 아닌 다른 사람의 이름이란 것을 몰랐기 때문이었으리라.

그러면 《삼국유사》가 성립된 것은 대체 언제쯤일까.

일연은 1214년 9세에 출가해서 1227년 22세에 선과(禪科)에 급제하여 그 뒤로 포산에 있었고, 1261년 56세에 목우자(牧牛子)의 법을 멀리 이었으며, 1277년 72세에 운문사에 머무르다가 1283년 78세로 국존이 되고, 이듬해 인각사에 머물러 있다가 5년이 지난 85세 때 그곳에서 입적한 것이 그의 일생의 대략이다. 그러므로 고려조에 있어서는 희종·강종·고종·원종·충렬왕에 걸치게 되고, 중국으로는 금과 송나라, 송과 원나라의 대립기로부터 원나라에 의한 통일기까지 걸치게 된다.

그런데 본문의 내용을 검토해 볼 때 첫째 〈왕력 제1〉의 연표 끝에 중국 왕조를 곁들이고 있는데, 마지막에 송나라를 대송(大宋)이라 높이는 한편

원나라가 나와 있지 않은 것은 혹 이 책의 대체적인 찬술이 송나라가 아직 남아 있던 기간이었음을 암시해 주는 하나의 증거가 아닌가 한다. 인각사의 비문에 따르면, 그는 고종 14년에 상상과(上上科)에 급제하여 오랜 동안 포산에 머무르다가 고종 36년에 남해의 정림사로 옮겼는데, 《삼국유사》의 〈포산이성(包山二聖)〉 가운데 '내 일찍이 포산에 머무르면서 두 스님의 아름다움을 기록한 것이 있는지라, 지금 함께 기록해 둔다'고 한 것이 있으므로 그 이후의 일임을 알 수 있다. 또 일연이 운문사에 있게 된 것은 충렬왕 원년(서기 1277년) 72세 이후의 일이었는데, 〈보양이목(寶壤梨木)〉 조에 고종 17년 경인(庚寅, 1230년)의 진양부첩(晉陽府貼)과 그 밖의 것과 함께 운문사에 관한 여러 가지 문적(文籍)이 있는 것으로 보아, 그가 운문사에 있은 이후에까지 연대가 내려오게 된다. 여기서 이 전후 연월의 글 속에서 고증할 수 있는 것을 간추려 적으면 다음과 같다.

고종 임진(壬辰)에서 병신(丙申)까지(1232~1236)가 〈전후소장사리(前後小藏舍利)〉에,

고종 무진(戊辰 : 1238 '유사'에는 16년이라고 하였으나 실은 25년)이 〈황룡사구층탑〉에

고종 무오(戊午, 1258)가 〈낙산이성(洛山二聖)〉에,

원종 경오(庚午, 1270)가 〈전후소장사리〉에,

충렬왕 신사(辛巳, 1281)가 〈가섭불연좌석(迦葉佛宴坐石)〉에

나와 있다. 이 마지막 '충렬왕 신사'는 바로 일연이 76세 되던 해로 그가 경주에 몽진해 있던 충렬왕의 부름을 받은 바로 그 해였다. 말하기를 '석존서부터 지금……신사에 이르기까지 이미 2230년이 되었다'라고 했으니 이것이 당시에 손수 기록한 것임을 알 수 있다. 그런데 〈전후소장사리〉에 보이는 '원종 경오'의 기사에도 '또 경오에 이르러 서울을 나오는 어지러움과 넘어짐의 심한 정도가 임진보다 더했다. ……몸을 도망쳐 도적의 난을 면하고 대궐에 들어가니, 크게 그 공을 상 주어 유명한 절을 주신지라 지금은 빙산사에 머무른다'라고 한 것을 아울러 생각해 볼 때, 적어도 일연에게는 그 찬술의 가장 중심이 된다고 볼 수 있는 제3권 이하가 대개 70세 이후 76세까지 약 6, 7년 사이에 된 것임을 짐작하게 한다. 이런 것들로 미루어 볼 때 《삼

국유사》의 특히 주요 부분은 일연이 70세 이후 서울로 부름을 받아 국존으로 책봉되기까지, 운문사에서 한가한 날을 보낼 때 이룩한 업적일 것으로 판단되고, 그 가운데서도 세속에 속한 부분인 〈왕력〉과 〈기이〉 두 편은 송나라가 아직 명맥을 유지하고 있을 전반기에 이룩한 것으로 추측된다.

또 〈전후소장사리〉와 〈관동풍악발연수석기〉와의 두 곳에 '무극기'라고 한 것이 보이고, 그것의 앞 부분에는 '이것을 살펴보건대'라는 설명문으로 되어 있고, 뒤의 경우는 부록으로 되어 있다. 비록 한 글자를 낮추거나 두 줄로 작게 써서 판식(板式)을 달리하지는 않았으나 분명히 원문과의 관계를 밝히고 있다. 대개 무극이 그의 스승이 미치지 못한 것을 보충하려는 생각에서 나온 것일 것이며, 그럴 경우에는 반드시 그 연유와 이름을 써서 그 책임 소재를 밝혀 두었으므로, 이것을 이유로 들어 뒷사람들이 끼워 넣고 고치고 한 것이 많을 것으로 추측하는 것은 부당한 것으로 생각된다.

또 〈자장정률(慈藏定律)〉조에 있는 '강릉군에 수다사를 세우고 살았다'고 한 대목의 '강릉군' 밑에 '지금의 명주(冥州)이다'라고 주석을 달고 있는데, 학자들 중에 지금(今)이란 글자를 본(本)이란 글자로 읽어야 한다고 주장하는 사람이 있다. 그 이유로 《여지승람》〈강릉대도호부 건치연혁(江陵大都護府建置沿革)〉조에 "……경덕왕(景德王) 16년에 명주라 고치고……충렬왕 34년에 지금 이름으로 고치고 부(府)로 만들었다"고 한 것을 들고 있다. 그러나 충렬왕 34년(1380)은 일연이 죽은 뒤 19년의 일이므로 저자가 《유사》를 지은 연대와는 관계가 없는 일이며, 오히려 고치기 전인 당시의 이름이 '강릉'이 아니고, '명주'였을 가능성도 있는 것이다. 다시 말해 수다사를 세웠을 당시는 강릉군으로 있던 것이 이를 기록할 당시는 '명주'로 다시 바뀌었다가, 충렬왕 34년에 부로 승격시키며 '강릉'으로 했을 가능성도 있는 것이다. 저 〈원효불기(元曉不羈)〉조의 압량군(押梁郡 : 지금의 장산군이다)이라고 한 것을 보더라도 옛 이름에 지금의 명칭으로 주석을 단 것이 통례인 것으로 보아야 할 것이다.

《삼국유사》가 일연에 있어서 저술로서의 가치가 어떠했든 간에 그것이 법속(法俗)을 통한 중요한 전적이요, 또 불교를 퍼뜨리기 위한 그의 만년의 역작이었던만큼 그 간행은 특히 산문(山門)에서 진작부터 계획되었을 것으로 보인다. 우선 '국존(國尊)' 운운하는 기다란 관직 직함은 곧 이 책이 어떤 대우를 받고 있었던가를 말해 주고 있는 증거로 보아야 할 것이다.

우리 나라에서의 누판(鏤板)의 역사가 대개 신라 말기에 시작해서 고려 초기에 이미 성행한 것은 고려 현종 2년(1011)의 초각대장(初刻大藏)에서 짐작할 수 있다. 이것이 불전 중심, 산문(山門) 특상(特尙)인 것은 물론이다. 그러나 산문에서의 초각장으로부터 의천의 속장으로 나아가는 이외의 일반 서적의 누각도 차츰 규모가 커져 가고 있었다. 문종 10년 병신(丙申, 1056)의,

"청컨대 비서(秘書)에서 간직하고 있는 구경(九經)과 진당한서(晋唐漢書), 논어, 효경, 자사제가문집(子史諸家文集) 의복지리율주(醫卜地理律籌)의 모든 책을 나누어 주시어 모든 학원에 두게 하시고 맡은 곳마다 각각 한 책씩 찍어 보내게 하십시오."

라고 한 서경 유수의 보고가 그 증거이며, 숙종 6년(1101년)에는

"구경사자(九經史子) 각 한 책을 대성(臺省)과 추밀원(樞密院)에 나눠 두게 하고, 또 비서성(秘書省)의 문적과 판본이 오래 쌓아 두어 훼손되었다 하여, 국자감(國子監)에 서적포(書籍舖)를 두어 옮겨 간직하도록 명했다."

라고 한 것과, 명종 22년(1168년)의,

"이부상서 정인검(鄭因儉)과 판비서(判秘書) 최선 등에게 명하여, 《자치통감(資治通鑑)》을 비교하여 고쳐서 주현(州縣)으로 하여금 새겨 찍어 올리게 한 다음, 시종 제신들에게 나눠 주었다."

라고 한 것으로써, 교정하여 간행한 사업이 새로 행해졌음을 짐작할 수 있다. 그런데 일연을 전후한 약 2세기 동안은 고려조에 있어 문예 부흥시대였다. 즉,

김연(金緣) 등의 《해동비록(海東秘錄)》 (예종 원년)
김연 등의 《시정책요(時政策要)》 (예종 대)
홍관(洪灌) 등의 《편년통감속편(編年通鑑續篇)》 (예종 대)
김부식 등의 《삼국사기》 (인종 23년)
최유청(崔惟淸)의 《이한림집주(李翰林集註)》《유문사실(柳文事實)》 (의종 대)

최윤의(崔允儀)의 《상정고금례(詳定古今禮)》 (의종 대)
왕명에 의해 편찬된 《풍요시선(風謠詩選)》 (의종 대)
김관의(金寬毅)의 《고려편년통록(高麗編年通錄)》 (의종 대)
오세문(吳世文)의 《역대가(歷代歌)》와 그 밖의 것 (명종 대)
이인로(李仁老)의 《은대집(銀臺集)》 《쌍명재집(雙明齋集)》 《파한집(破閑集)》 (고종 대)
임춘(林椿)의 《하서집(河西集)》 (고종 대)
각훈(覺訓)의 《해동고승전》 (고종 대)
이규보(李奎報)의 《이상국집(李相國集)》 (고종 대)
최자(崔滋)의 《보한집(補閑集)》 (고종 대)
김극기(金克己)의 《김원외집(金員外集)》 (고종 대)
이승휴(李承休)의 《제왕운기(帝王韻記)》 (충렬왕 때)
정가신(鄭可臣)의 《천추금경록(千秋金鏡錄)》 (충렬왕 때)
민지(閔漬) 등의 《세대편년절요(世代編年節要)》 (충렬왕 때)
민지의 《본조편년강목(本朝編年綱目)》 (충렬왕 때)

과 그 밖의 많은 저작들이 외부의 침략이 잇따라 겹쳤던 고종 연대에 있었다는 것은 기이하다면 기이하다고도 할 수 있지만, 실상인즉 예종 이후로 유학을 숭상하고 문학을 장려하여 궁중에 청연각(淸讌閣)·서적소(書籍所)·집현전(集賢殿) 등을 두고, 국학에는 양현고(養賢庫)를 두었으며, 외학(外學)에도 수서원(修書院)·명경과(明經科) 등을 두는 등, 대를 이은 문학 숭상의 정책이 차츰 그 열매를 맺게 된 것에 지나지 않는다. 이 밖에도 고득상(高得相), 팽조적(彭祖逖), 최척경(崔陟卿), 백문절(白文節), 인빈(印份), 최옹(崔雍) 등 이 기간에 빛나던 문장의 별들은 이루 다 헤아릴 수 없을 정도였던 것도 결코 우연이 아니다.

또 한편 간판(刊板)의 기술도 진보되고 그것의 교정 작업도 성하게 되어, 여러 대에 걸쳐 《책부원귀(册府元龜)》 《자치통감》 같은 거대한 서적의 수정 작업이 행해지고, 마침내는 활자의 이용을 촉진하여 고종 21년(1234년)에는 여러 해를 두고 경영하던 상정예문을 주자(鑄字)로서 간행하고, 그 2년 뒤에는 13만 쪽의 재조대장(再雕大藏)이 시작되어 16년간 계속한 끝에 완성을 보았고, 원종 원년(1260년)에는《파한집》이 간행되는 등 대중문학의 책까지 속속 출판을 보게 되었는데, 이들은 모두《삼국유사》가 이룩된 전후에 속하는 일들로《유사》의 간행 연대를 짐작케 하는 한 방증이 될 줄 안다.

《삼국유사》의 현행본에는 서문과 발문, 그리고 목차도 있으며, 저자의 이름마저 제5권의 첫머리에만 실려 있다. 책 가운데 글자 획이 틀리거나 글줄과 책장이 뒤바뀌고, 본문과 주석이 마구 섞여 있는 것이 있는가 하면 판식이 어지러워진 것도 있다. 그러나 개중에는 글자 모양과 새긴 방법이 예스럽고 정제되어 있으며, 또 고려 판식에 부합되어 있는 것으로 보아 이것은 고려 당시의 각판을 그대로 쓴 것으로 보인다. 다시 말해 판행본의 원전이 된 판본이 고려 때 것임을 짐작할 수 있는 것이다. 그러나 그 고각본(古刻本)은 지금 와서 도무지 볼 수가 없거니와 겨우 남아 있는 것은 조선 중종 임신(壬申, 1512)의 근간본뿐이다. 이것을 두고 재간(再刊)이라고 혹 말하고 있으나 몇 번째 중각(重刻)인지는 알 길이 없고, 그 간각 연기에 대해서는 중간을 한 이계복(李繼福)의 발문에 있으므로 여기서 거듭 말할 필요는 없을 것 같다. 다만 이계복은 완본을 얻어서 전부를 고쳐 새겼다고 적고 있지만 현행본의 판식이 교졸과 형태가 많이 일치되어 있지 않고 위에서 말한 대로 고려 판각으로 보이는 부분도 있는 점을 우리는 유의하지 않으면 안될 것 같다. 즉 그 일치하지 않는 점이, 고쳐 새길 당시 이를 각 고을에 나눠 새기게 함으로써 새긴 기술자가 각각 다른 때문만은 아닌 것 같다. 고쳐 새길 때 옛 원판이 완전히 남아 있는 것은 그것을 그대로 쓴 것도 있고, 또 그대로 쓴 것 중에도 이지러지고 빠진 채 채워넣지 못한 것이 있어서, 완본이란 것도 상대적인 말에 불과한 것 같다. 또 말기(末記)를 보면 교정생원(校正生員) 최기동(崔起潼)과 그 밖의 몇 사람의 이름이 나와 있는데, 이들이 애를 많이 쓰기는 했겠지만 교정 때문에 새로 상처를 입힌 곳도 적지 않았을 것으로 생각된다. 이 점 역시 본문을 비평하는 데 지나쳐 볼 수 없는 점이다.

이계복이 중간한 목판이 언제까지 전해지고 있었는지는 알 수 없다. 그러나 헌종 을사(乙巳, 1845)년에 개간한《동경잡기(東京雜記)》권3 '서적'의 〈부장서판(府藏書板)〉 아래에《삼국사기》와 함께《삼국유사》의 이름이 들어 있고, 아마도 100년을 벗어나지 못할 광문회(光文會) 소장의 〈팔도책판 목록〉에도 '경주' 밑에 역시《삼국유사》가 나와 있는 것으로 보아 꼭 집어 말하기는 어려우나 대개 구한국 말기까지 전해지고 있다가 다른 곳의 허다한 예와 같이 딴 곳으로 가버리고 말았던 것으로 추측된다.

현행본에도 다른 판이 간혹 있다는 것은 조선광문회 장본 제1호에는 제3권 둘째 장 5행이 '묵호자견지(墨胡子見之)'로 끝나 있는데, 안정복(安鼎福)의 구장본(舊藏本)에는 '묵호자견'으로 끝나고 '지'는 다음 줄 첫머리에 들어가 있는 것과 같은 것으로 알 수 있다. 또 광문회 제2호본에는 제4권 넷째 장이 완전한데, 안씨본에는 뒷면 위쪽이 벌어져, 그 틈이 마치 글자가 빠진 것처럼 보인다는 점과, 제4권 아홉째 장 뒷면 아홉째 줄 주석이 '혹운김씨조(或云金氏祖)'라고 되어 있는 데 반하여 광문회 제1호 제2호본이 다 '혹김씨조'로만 되어 '운'이란 글자가 빠져 있는 것과 같은 점으로 미루어 볼 때 책판을 박아낸 선후에 따라 글자와 줄이 서로 다른 점이 있다는 사실을 알 수 있다.

3. 역사적 의의와 평가

《삼국유사》는 일연에게 있어서는 실상 하나의 대단치 않은 일이요 심심풀이를 위한 일이었는지 모르지만, 지금에 와서는 이 한 권의 저술이 일연을 위대한 업적을 남긴 보배로운 존재로 만들었다. 일연이 지은 다른 저술들이 모두 옛 성인의 숨은 뜻을 전하고, 백 가지 묘법을 나타낸 것이라 할지라도, 그것이 없어진 것은 그리 애통할 것이 없다. 그러나 만일에 이 《삼국유사》가 없어졌더라면 어찌되었을까 생각하면 실로 아찔아찔한 느낌을 금할 수가 없다.

우리의 옛 일들을 전하는 문헌이 약간의 금석문(金石文)을 제외하고는 우리 나라에서 만든 것으로는, 현재 《삼국사기》가 가장 오랜 것으로 되어 있다. 이 《삼국사기》는 고려 인종 23년 을축(乙丑, 1145)에 김부식 등이 왕명을 받들어 그때까지 전해지고 있던 삼국에 관한 역사들을 다시 정리하여 중국의 정사(正史)를 모방하여 기전체(紀傳體)로 꾸며 낸 역사책이다. 따라서 그 체제가 정제되어 있고, 문장과 말이 아름답기는 하나, 도리어 이런 구비된 외관이 책의 단점으로 되어 있고, 옛 역사에 누를 끼친 점도 없지 않다. 왜냐하면 중국적인 사상과 한문적인 기습에 의해 국고(國故)의 원형을 비뚤어지게 만들고 뜯어 고친 결과, 후세 사람들에게는 그럴듯해 보이는 결과를 가져왔기 때문이다. 유가의 눈으로 보아 괴상하다고 생각되면 깎아 없애기를 꺼리지 않았고, 한학의 입장에서 보아 점잖지 못하다고 생각되면 고쳐 만들기를 서슴지 않았을 뿐 아니라, 자구의 편의를 위해서는 신축과 첨삭을 임의로 하고, 좋아하고 싫어하는 감정에 따라 쓸 것은 쓰고 버릴 것은 잘라 버리기를 예사로 함으로써 사실에 충실하기보다는 문장과 말에 치중하고, 원칙에 따르기보다는 자기 주관을 좇은 것이 《삼국사기》이다. 그러므로 《삼국사기》에서 참다운 옛 역사적 사실을 고증하려는 것은 사실상 불가능한 일인데, 《삼국사기》를 떠나 삼국 시대의 일을 알아보려 하면 이 또한 달리 문헌이 없으므로 《삼국사기》가 끼치는 악영향은 더욱 크다 하겠다.

《삼국사기》의 이같은 주관적인 자기 폐쇄와 독단적인 임의 삭제와 달리 옛 기록이 남긴 귀중한 자료들을 원형 그대로 거두어 엮어, 널리 통하는 옛 기록과 아울러 전기(傳記)의 자료로 삼으려 한 것이 바로 이 《삼국유사》이다. 그 목적이 다만 세상에 드러나지 않은 사건과 일화 등을 편의에 따라 모아 엮는 데 그쳤다고 하여, 그 일이 괴이하고 잘 믿어지지 않는다고 생각하거나 싫어할 이유가 없고, 그 글이 더러 비속하다고 해서 이를 꺼릴 까닭이 없다. 참으로 삼국 때 사실(史實)로 보아 빠진 것이면 눈과 귀와 손이 미치는 대로 문득 채록한 것이 이 귀중한 《삼국유사》이다.

책 내용에는 불교에 관한 것이 대부분을 차지하고 있는데, 이것은 단순히 저자의 개인적인 필요에서만 나온 것이 아니고, 실은 본사(本史 : 삼국사기를 지칭함)가 특히 이 부분에 소홀했음을 보충하려 한 때문이며, 또 세속에 관한 항목은 본사 이외의 이문(異聞)을 주로 했기 때문일 것이다. 본사와 유사가 이렇게 서로 다른 것은 첫째 한쪽은 본보기가 될 만한 모범을 좋아하는 유학자이고, 다른 한쪽은 평범하고 담담하게, 욕심 없이 생활하는 불교도였다는 사상적 배경의 서로 다른 점에서 온 것이기도 할 것이다. 다음으로는, 본사는 그때의 관념에 의한 국사(國史)라는 체제를 갖추기에만 바빴던 의식적인 저작이었던 데 반해, 유사는 야인(野人)의 한 만록(漫錄)에 불과했던 데서 온 것으로 생각된다.

아무튼 유사에는 본사에 빠진 고전(古傳)이 많이 채록되어 있고, 또 그것이 대개 원형 그대로 수록되어 있으며, 더러 불필요한 점을 빼기는 했을지라도 고치지는 않았다. 나아가서는 사실뿐만이 아니고 그 이름과 부르는 것까지를, 우리 말을 한자음으로 표기한 것은 그대로 충실히 전하고 있고, 그에 관해 달리 전하는 것이 있으면 달리 전하는 그대로를 몇이 되었든 모두 밝혀 두고 있다. 이런 것들이야말로 참으로 유사가 지닌 불후의 가치인 동시에 우리 나라 역사에 있어서 영원한 행운이라 해야 할 것이다.

다만 본사와 유사의 저작 연대가 이미 150년이란 거리를 지니고 있어, 김부식 당시에 전해지고 있던 옛 글도 일연 때에는 벌써 없어진 것이 적지 않았을 것이니, 이 점이 유감일 뿐이다.

《삼국유사》는 어느 의미에선 우리 나라 상고사를 혼자 떠맡고 있는 문헌이라고 말할 만도 하다. 왜냐하면 고대의 생활과 문화의 시발점을 옛 모습 그대로 보여 주고 있는 것이 오직 이 책 하나뿐이기 때문이다. 우리의 고대사를 연구하는 사람이면 누구나가 절감하는 일이지만, 원래 첫 기록이 너무도 적고 전해진 사실이 너무도 모호한 것은 새삼 논할 것도 없는 일이다. 그런 가운데 나라 안 문헌으로 이 《삼국유사》가 전해지지 않고, 외국 문헌으로 《삼국지》의 〈동이열전(東夷列傳)〉이 없었던들 무엇으로 수천 년 역사를 엿볼 수 있었을는지, 생각하면 요행이라는 느낌을 금할 길이 없다.

우선 우리 나라의 시조가 단군(檀君)임을 전한 것이 이 책밖에 또 어디에 있던가. 《삼국유사》의 〈고조선〉조가 없었던들 단군에 관한 문헌적 신빙성이 있을 리 없고, 따라서 단군에 대한 학문적인 연구의 동기도 있을 수 없었을 것이며, 또 단군 중심으로 논증하게 된 동방의 숨은 문화권인 불함문화(不咸文化 : 백두산을 중심으로 한 우리 고대 문화)에 대한 천명도 있을 수 없었을 것이다. 이렇게 볼 때 '삼국사'의 공이 다만 우리 나라 역사에만 그치지 않는다는 점을 간과할 수 없다.

《삼국유사》는 단군에 관한 이야기와 함께 단군에 대한 귀중한 문헌까지를 우리에게 전해 주고 있으니 《단군기(檀君記)》《신지비사(神誌秘詞)》 등이 그것이다. 또 《단군기》 등을 근거로 하여 부여와 고구려의 근원이 모두 단군에게서 나왔고 동명(東明)도 단군의 자손인 사실을 알게 되었으니, 이것은 상고사 내지는 전설 시대의 관념적인 역사를 논하고 연구하는 위에 어느 것보다도 중요한 한 중심적인 사실로 동시에 단군의 본질을 살피는 커다란 계기가 되는 것이니, 그것이 미치는 영향은 자못 큰 것이다. 이 밖에 《삼국유사》에 나오는 이름과 사실의 인문과학적 연구로 인해, 단군 중심으로 구성된

원사권(原史圈)만 하더라도 수월치 않다는 것을 알아 두어야 할 것이다.

하나하나의 사실에 대해 《삼국유사》의 학문적 중요성을 논하는 것은 번거로운 일이지만, 육당 최남선이 《삼국유사》의 가치에 대해 요약한 것을 보자. "우리의 고대사에 관한 신전(神典)이라 말할 수 있고, 예기(禮記)가 되며, 신통지(神統志) 내지 신화전설집(神話傳說集)이 될 수 있으며, 민속지와 사회지가 될 수 있고, 고어휘(古語彙)가 될 수 있고, 성씨록과 지명 기원론이 될 수 있고, 시가집이 될 수 있고, 사상적 사실이 될 수 있고, 신앙 특히 불교사의 재료가 될 수 있고, 일사집(逸史集)이 될 수 있다."

이상 말한 모든 분야에 걸쳐 우리가 가지고 있는 문헌은 유일하게 《삼국유사》뿐이다. 말하자면 《삼국유사》는 우리 고대사의 최고 원천이며 하나의 백과사전으로, 일연의 공은 유럽 고대사의 헤로도토스에 비교할 수 있을 것이다. 그 누가 《삼국유사》를 출발점으로 하지 않고서 우리의 신학(神學)을 말할 수 있고, 우리의 신화학 특히 국민 및 고사 신화학을 말할 수 있으며, 우리의 사회력과 그 발달사를 말할 수 있고, 고어학·지명학·씨족학·문학사·사상사·종교사를 말할 수 있겠는가. 《삼국유사》는 실로 우리 고사의 전거(典據)인 동시에 불함문화의 고사학 바로 그것이며 위대한 문학 작품인 것이다.

뿐만 아니라 《삼국 유사》는 우리 나라 불교사의 초기에 관해 그 절대적인 문헌이 된다는 것은 더구나 말할 필요조차 없는 일이다.

또 고대에 관한 귀중한 많은 문헌의 합류점으로 특히 최치원의 《제왕연대력(帝王年代曆)》과 김대문의 《화랑세기(花郎世記)》, 대구화상(大矩和尙)의 《삼대목(三代目)》, 그리고 홍관의 《편년통재 속편(編年通載續編)》과 같은 것들이 겨우 여기에 그 면모를 보태고 있다는 것은 다음에 논급한 대로이다.

《삼국유사》의 결점을 말하는 사람들은 대개가 그 내용이 허탄하고 괴상하다는 것을 들고 있다. 그러나 실상인즉 허탄하고 괴상한 그 점이 바로 《삼국유사》의 생명이며, 우리가 그로 인해 큰 힘을 얻게 되고 깊이 감사드리게 되는 까닭인 것이다.

단군의 곰어머님이 허탄하단 말인가. 혁거세(赫居世)의 알에서 나온 것이 괴상하단 말인가. 탈해(脫解)의 궤짝이 허탄하단 말인가. 연오(延烏)의 바윗돌이 괴상하단 말인가. 뒷사람들이 허탄하고 괴상하다고 생각하는 것이

원시 신앙의 옛 관념의 필연상(必然相)임을 생각한다면, 《삼국유사》가 전하는 것이 허탄하고 괴이할수록 신화적 신빙성이 있는 글이요, 전설적 원형을 그대로 지니고 있음을 말해 주는 것이다. 상식적인 만족을 원사(原史)나 선사(先史)에서 찾을 수는 없는 것인만큼, 《삼국유사》가 《삼국사기》와 다른 점을 크게 다행으로 알아야 할 것이다.

단군과 해모수(解慕漱 : 동명왕 개국설화에 나오는 북부여의 시조)에 관한 이야기를 베어 없앤 것은 그만두고라도, 《삼국사기》의 첫머리를 이루고 있는 혁거세 사실만을 놓고 보더라도, 《사기》와 《유사》를 대조할 때 어느 것이 더 오래된 일을 전했다 할 수 있겠는가. 우선 '혁거세'라는 한문 표기를 불구내(弗矩內), 즉 밝은 세상이란 뜻인 '발근뉘'로 읽는다는 것을 《유사》가 없고서 어떻게 알 수 있었을 것이며, '불구내'와 '알'과 '바가지〔瓠〕'와 '일월청명(日月淸明)'과 '광명이세(光明理世)' 등이 서로 불가분의 관계를 갖고 있다는 것을 《사기》에서 어떻게 알 수 있겠는가. 또 신라의 사회적 힘과 종교의 관계를 《사기》의 글만으로 어떻게 짐작이나 할 수 있겠는가. 그러나 《유사》의 옛 모습대로의 질서 있는 전통적 표현은 이 모든 것을 똑똑히 보여주고 있는 것이다. 저 알영(閼英)과 석탈해에 관한 것만 하더라도 《사기》의 상식적인 수정과 《유사》의 원형대로의 기록에는 커다란 탄력의 차이가 있어, 앞의 것이 뜨거운 물에서 건져낸 나물과 같은 데 비해, 뒤의 것은 논에 있는 미나리처럼 싱싱하다. 서술성모(西述聖母)와 정명국모(正明國母), 정견모주(正見母主) 등 '성모 신앙'만 하더라도 《사기》는 이를 모른 체하고 지나갔는데, 《유사》는 이를 거두어 두고 있는 것이다. 우리 고대사의 신화학상, 성모의 지위가 얼마나 무겁고 크다는 것을 아는 사람이면 이것을 눈물겹게 고마워하지 않을 수 없을 것이다.

한 마디로 말해서, 옛 역사를 원형대로 보고 싶어한다면 《삼국유사》의 고마움을 깊이 느끼지 않을 수 없을 것이며, 고마워한다면 그 까닭이 바로 괴탄하고 헛된 것에 있다는 것을 생각하지 않으면 안 될 것이다. 《삼국유사》가 괴탄하지 않았다면 거기에 무슨 독특한 것이 있겠는가. 실로 괴탄하고 뒤섞여 어수선하다는 평을 듣게 되는 것이야말로 바로 《유사》로 하여금 고대사 연구에 독보적 위치를 차지하게 만든 점이 아닐 수 없다.

저 꼼꼼한 안순암(安順庵)과 같은 이도 《삼국유사》를 평하여,

"……그 책은 원래 불교의 원류(源流)를 위해 지은 것이기 때문에 간혹
연대를 참고할 것은 있으나, 전혀 허탄한 이야기로만 되어 있다. 본조(本
朝)에서 통감(通鑑)을 지을 때 많이 취록을 했고, 《여지승람(輿地勝覽)》
의 지명도 또한 이에 많이 따랐다. 슬프다, 이 책이 다만 이류(異流)의 괴
설(怪說)뿐인데 능히 뒤에까지 전해지고 있다. 당시 어찌 붓을 잡아 일을
기록하는 사람이 없었으리요. 그러나 모두 없어져 전해지지 못하고, 홀로
이 책만이 승려들의 전한 바가 된지라, 바위굴 속에 간직되어 병화를 치른
뒤에도 남아 있게 되니, 후세 사람들이 오히려 그것이 남아 있는 것을 다
행해하고 있다. 우리 나라 문헌이 없어지고 만 것이 이 지경에 이르렀으니
슬픈 일이다. ……"(東史綱目採據書目)

라고 했다. 이토록 《유사》의 참 가치를 거꾸로 보는 것은, 비록 그것이 사상
적인 이유 때문일지라도 애석한 일이 아닐 수 없다.

4. 내용과 참고사료

1) 인용서

《삼국유사》는 대부분이 옛 글〔金石 및 載籍〕을 인용한 것과 아주 적은 부
분의 듣고 본 것을 기록한 것으로 되어 있다. 그것이 드러내보인 것들을 더
듬어 보면 중국 문헌으로는 다음의 것들을 들 수 있다.

경(經) : 《주례(周禮)》《논어정의(論語正義)》

사(史) : 《사기(史記)》《한서(漢書)》《위지(魏志)》 (위서(魏書 : 後魏書))《북
사(北史)》《신당서(新唐書)》《구당서(舊唐書)》《가탐군국지(賈耽郡國志》
《통전(通典)》《책부원귀(册府元龜)》《지장도(指掌圖)》《찬고도(纂古圖)》

자(子) : 《회남자주(淮南子註)》

를 약간씩 인용하였고, 불교 서적에서는,

《당승전(唐僧傳)》《고승전(高僧傳)》《당속고승전(唐續高僧傳)》《양당이승
전(梁唐二僧傳)》《원위석담시전(元魏釋曇始傳)》《법현서역전(法現西域傳》
《서역기(西域記)》《주림전(珠琳傳)》《삼보감통록(三寶感通錄)》

등의 이름이 보이는데, 책 이름은 모두 당시에 편의상 부르던 이름을 그대로

든 것 같다. 예를 들면 법현(法顯)의 《불국기(佛國記)》를 《법현서역전》이라 하고, 《법원주림(法苑珠琳)》을 《주림전》이라고 한 것 등이 그것이다. 우리 나라의 것은 자연 많은 이름을 보이고 있는데 그 대강을 든다면 다음과 같다.

고기(古記) : 고기(古記10)·고전(古傳 2)·고전기(古典記1)·고려고기(高麗古記1)·신라고기(新羅古記1)·신라고전(新羅古傳)·향기(鄕記1)·향전(鄕傳11)·향중고전(鄕中古傳1)·제가전기(諸家傳記2)·이제가기(李磾家記2)

사지(寺誌) : 사기(寺記) (동천사·황룡사)·사중기(寺中記) (감은사·황룡사)·사중고기(寺中古記) (황룡사·영취사)·사중소전고기(寺中所傳古記) (월정사)·사중유기(寺中有記) (불국사)·본사기(本寺記) (금광사)·금광사본기(金光寺本記)·산중고전(山中古傳) (오대산)·기(記) (南白月山二聖·臺山五萬眞身)

비갈(碑碣) : 아도본비(我道本碑2)·김용행찬아도비(金用行撰阿道碑)·부석본비(浮石本碑)·석현본소찬삼랑사비(釋玄本所撰三郞寺碑)·유덕사비(有德寺碑)·관동풍악발연수석기(關東楓岳鉢淵藪石記)·승안사년사주영잠찬(承安四年寺主瑩岑撰)·정풍원년백운자찬오대산문수사석탑기(正豊元年白雲子撰五臺山文殊寺石塔記)

안독(案牘 : _{관청공문}) : 운문사고전제사납전기(雲門寺古傳諸寺納田記) (이서국)·해동안홍기(海東安弘記) (마한)·해동명현안홍찬동도성립기(海東名賢安弘撰東都成立記) (황룡사 구층탑)·임진년이어시자문일기(壬辰年移御時紫門日記) (전후소장사리)·남간사사문일념찬촉향분예불결사문(南澗寺沙門一念撰髑香墳禮佛結社文) (원종흥법)·금당주미륵존상화광후기(金堂主彌勒尊像火光後記)·미타불화광후기(彌陀佛火光後記)·자복사수장문(資福寺繡帳文)·양전장적(量田帳籍)·임주도적(林州圖籍) —이상은 남부여

진양부주(晋陽府奏) (전후소장사리)·만어사동량보림주(萬魚寺棟樑寶林奏) (어산불영)·기림사주지각유주(祇林寺住持覺猷奏) (낙산이대성)·개운삼년병오시월이십구일강주계임도대감주첩(開運三年丙午十月二十九日康州界任道大監柱貼) (백엄사석탑사리)·청도군사적재천복팔년계유정월일청도군계리심사순영대내말수문등주첩공문(淸道郡司籍載天福八年癸酉正月日淸道郡界里審使順英大內末水文等柱貼公文)·청도군도전장(淸道郡都田帳)·개운삼년병진운문산선원장생표탑공문(開雲三年丙辰雲門山禪院長生標塔公文)·경인년진양부첩

오도안찰사각도선교사원시창연월형지심검성적시차사원동경장서기이선심검기재정풍육년신사구월군중고적비보기준청도군전부호장어모부위이칙정재우인소식급언전기(庚寅年晋陽府貼五道按擦使各道禪敎寺院始創年月形止審檢成籍時差使員東京掌書記李僐尋檢記載正豊六年辛巳九月郡中古籍裨補記准淸道郡前副戶長禦侮副尉李則楨在右人消息及諺傳記) —이상은 보양이목

　돌백사주첩(埃白寺柱貼) (명낭신인) · 가락국기중주장급신성장(駕洛國記中奏狀及申省狀)

등의 옛 문적과,

　단군기(壇君記2)

　신지비사(神誌秘詞2) · 가락국기(駕洛國記2) · 가락기(駕洛記1) · 본국본기(本國本記1) · 본기(本記2)

　김관의찬왕대종록(金寬毅撰王代宗錄2)

　최치원찬제왕연대력(崔致遠撰帝王年代曆 : 인용문 속에 있는 것) · 오세문찬역대가(吳世文撰歷代歌) · 김희녕찬대일역법(金希寧撰大一曆法)

　해동승전(海東僧傳2) · 고승전(高僧傳1) · 승전(僧傳10) · 삼화상전(三和尙傳)

　김척명찬원광사전(金陟明撰圓光師傳)

　석보양전(釋寶壤傳)

　자장전(慈藏傳) · 의상전(義湘傳) · 범일본전(梵日本傳) · 보덕본전(普德本傳) · 욱면본전(郁面本傳) · 양지법사전(良知法師傳)

　문열공저보덕전(文烈公著普德傳)

　최후의상본전(崔侯義湘本傳2) · 효사행장(曉師行狀)

　연회찬명지전(緣會撰明智傳)

　대각국사실록(大覺國師實錄)

　백월산양성성도기(白月山兩聖成道記)

　명주오대산보질도태자전기(溟州五臺山寶叱徒太子傳記)

　대문류(大文類)

　현수봉의상서(賢首奉義湘書)

　옥룡집(玉龍集)

　어법집(語法集)

　토론삼한집(討論三韓集)

　　무명안국병법(無名安國兵法)

　　고득상영사시(高得相詠史詩)

등 비교적 넓은 범위의 많은 종류를 거두었으며, 정사(正史)로는 같은 《삼국사기》인 듯한 것이 구체적 혹은 약해진 갖가지 이름으로 일컬어져서

　　삼국사기(三國史記) (남부여)

　　삼국사(三國史) (마한·말갈·남부여·무왕·후백제·원광서학)

　　삼국본사(三國本史) (阿道基羅·臺山五萬眞身)

　　국사(國史) (낭랑국·문무왕 법민·무왕·원종흥법2·보장봉로3·가섭불연좌석·황룡사구층탑·전후소장사리·미륵선화·대산오만진신2)

　　국사본기(國史本記) (남부여)

　　본기(本記) (마한)

　　신라본기(新羅本記) (아도기라·원종흥법)

　　고려본기(高麗本記) (순도조려·보장봉로)

　　백제본기(百濟本記) (난타벽제)

　　동명기(東明記) (말갈)

　　지리지(地理志) (말갈·낙산이대성)

　　백제지리지(百濟地理志) (남부여)

　　동사(東史) (아도기라)

　　사론(史論) (후백제)

으로 여러 곳에 흩어져 보이며, 또 책 이름을 내지 않고, 다만 사람 이름만으로 그의 말이나 시 같은 것을 인용한 것에는

　　원효게(元曉偈2)

　　최치원설(崔致遠說5)

　　김대문설(金大問說2)

　　우세승통시(佑世僧統詩1)

　　조계무의자시(曹溪無衣子詩1)

　　한남관기팽조적시(漢南管記彭祖逖詩1)

등이 있고, 이 밖에 같은 사실을 달리 전한 것으로

　　고본(古本8)·일본(一本5)·혹본(或本3)·별본(別本1)·별전(別傳3)·별기(別記2)·혹계(或系1)·혹작(或作2)·일작(一作 : 곳곳에)·일운(一云 : 곳곳에)

이라 한 것 등이 있어, 의거(依據)의 풍부함과 인용의 충실함을 보여 주고 있다. 이 밖에 국내외의 누가 지은 것인지도 알 수 없는 《일본제기(日本帝紀)》란 것이 〈연오랑세오녀(延烏郎細烏女)〉와 〈원성대왕(元聖大王)〉 두 곳에 인용되어 있다.

특별히 책 이름을 나타내 보이지 않은 것도 대개는 근거를 알 수 없는 것들이다. 제3권의 〈만불산(萬佛山)〉은 대개 당나라 소악(蘇鶚)의 《두양잡편(杜陽雜編)》에 있는 글을 실은 것이며, 제5권의 〈김현감호(金現感虎)〉 가운데 계속해서 이야기한 신도징(申屠澄)의 이야기 역시 당대(唐代) 소설에서 따온 것이다. 이 밖에 〈진성여대왕(眞聖女大王)〉 안의 거타지(居陀知)의 영화와, 〈낙산이대성〉 안의 조신(調信)의 몽환과, 〈혜통항룡(惠通降龍)〉 안의 용·유(龍柳)의 원해(怨害) 등 앞뒤가 정연한 글들은 모두 단행본으로 된 다른 기록에 있는 것을 그대로 옮겨 온 것이 틀림없다. 저자의 독자적인 저술과 기록으로는 〈포산이성〉 〈관동풍악발연수석기〉에서와 같이 그 연기(緣起)를 기록해 두었다. 이렇게 볼 때 《삼국유사》 전편은 실로 창작이 아닌 전술(傳述)로 일관되어 있다고 말할 수 있다.

책 가운데 보이는 도서에는

원효(元曉)가 지은 화엄경소(華嚴經疏)·금강삼매경소(金剛三昧經疏)·초장관문(初章觀文)·안신사심론(安身事心論)과

의상(義湘)이 지은 법계도서인병략소(法界圖書印幷略疏),

지통(智通)이 지은 추동기(錐洞記),

승전(勝詮)이 지은 심원장(心源章),

대현(大賢)이 지은 유식간정(唯識刊定)

등 불경의 장소(章疏)가 들어 있다.

한편 제1권 〈진덕왕〉에 보이는 태평송(太平頌)이 당서(唐書)에 실려 있는 것과 글이 서로 약간 다르고, 제2권 〈진성여대왕〉에 나와 있는 왕거인(王巨仁)의 분원시(憤怨詩)가 전당시(全唐詩)에 나와 있는 것과 글자가 서로 일치하지 않으며, 저 위만(衞滿)의 위(衞)가 위(魏)로 표기되어 있고, 사비(泗沘)를 사자(泗泚)로 표기한 것과 같이 글자의 모양과 음이 혼동 와전되어 있으며, 〈김부대왕(金傅大王)〉에 인용한 《책상부고(冊尙父誥)》와 〈후백

제(後百濟)〉에 인용한 《기태조서(寄太祖書)》 등에서처럼 글자와 글귀가 달라지고 빠지고 했다. 이 모든 것의 이유와 까닭이 과연 어디에 있었는지는 정확히 알 수 없으나 저자가 그런 자세한 것에까지 깊이 관심을 갖지 않았던 듯하다.

한편 '태평송'과 '분원시'가 《삼국사기》에는 《당서》 및 《당시》와 일치해 있는데, 《삼국유사》와 같지 않다는 것은, 역시 《사기》와 《유사》의 취재 표준이 서로 달랐음을 말해 주는 것이라 할 수 있을 것 같다.

※ 앞에서 든 책 이름 끝에 괄호로 적은 것은 나와 있는 편(篇) 이름이고 또 그 숫자는 실려 있는 횟수임)

2) 고기(古記)

《삼국유사》의 저자가 인용한 고기(古記) 및 그에 유사한 것들이 어떤 것이며 얼마나 되는 것인지는 이제 알아 낼 길이 없거니와 《삼국사기》에 간혹 인용된 해동고기·삼한고기·신라고기 등의 전부 혹은 일부가 아직 전해지고 있었을 것이므로 그 속에는 단군기·신지비사(神誌秘詞)·고려고기와 같은 종류의 오랜 기록과 숨은 글들도 있었을 것이며, 이들은 대개 이문진(李文眞)이 지은 고구려신집(高句麗新集) 내지는 그 모본(母本)인 유기(留記)·김거칠부(金居柒夫) 등이 지은 신라국사(新羅國史), 고흥(高興)이 지은 백제서기(百濟書記) 등의 떨어져 흩어진 것들로, 이상국집 권 5(李相國集卷五)·차운오동각세문(次韻吳東閣世文)·정고원제학사삼백운시주(呈誥院諸學士三百韻詩注)에 인용한 신라기(新羅記)·신라추기(新羅樞記) 등과 같이 행해지고 있던 것임을 알아야 할 것이며, 또 '최치원·김대문'이라고 분명히 기록한 것은 말할 것도 없거니와 그렇지 않은 것 중에도

최치원이 지은 시문집(詩文集)·제왕연대력(帝王年代曆)·신라수이전(新羅殊異傳) 기타

김대문이 지은 고승전(高僧傳)·화랑세기(花郎世記)·악본(樂本)·한산기(漢山記) 그 밖의 전기

최승우(崔承祐)가 지은 호본집(餬本集)

홍관(洪灌)이 지은 편년통록속편(編年通錄續編)

등의 일문(逸文)이 섞여 나와 있는 것은 제1권의 〈왕력(王曆)〉이란 것이 대

개 최치원의 〈제왕연대력〉을 참고로 만들어 그 책 이름까지를 약해 버린 듯
하며, 책 가운데 여기저기 보이고 있는

　　설원랑(薛原郎) (미륵선화)

　　비형랑(鼻荊郎) (도화녀)

　　미시랑(未尸郎) (미륵선화)

　　술종랑(述宗郎) (진덕왕)

　　유신랑(庾信郎) (김유신)

　　기파랑(耆婆郎) (경덕왕)

　　죽지랑(竹旨郎) (효소왕 대)

　　응렴랑(膺廉郎)·요원랑(邀元郎)·예흔랑(譽昕郎)·계원숙종랑(桂元叔宗郎)
　　(제48대 경문대왕)

　　처용랑(處容郎) (처용랑)

　　부례랑(夫禮郎)·준영랑(俊永郎) (백률사)

　　호세랑(好世郎) (이혜동진)

　　김현랑(金現郎) (김현감호)

　　거열랑(居烈郎), 실처랑(實處郎), 보동랑(寶同郎) (융천사 혜성가)

　　효종랑(孝宗郎) (빈녀양모)

등과 그 밖의 풍류(風流)·국선(國仙)에 관한 일과 글들이 대개 〈화랑세기〉
를 그대로 따라 쓴 듯한 것에서 충분히 짐작할 수 있다. 또 〈고조선〉에 보이
는 고기란 것이 어떤 것인지는 대개 〈고구려〉에 나오는 〈단군기〉일 것으로
추상되거니와, 〈단군기〉란 것이 하나의 독립된 책인지, 혹은 어떤 옛기록
속의 한 편으로, 혹 〈이상국집〉 제3권에 보이는 〈동명왕편〉과 함께 그 모본
인 이른바 《구삼국사기》의 일부가 아닐는지, 한 번 생각해 봄직한 것으로 여
겨지기도 한다.

　또 《유사》에는

　　환인(桓因)·신단(神檀)·신시(神市)·주원(咒願)·기(忌)·가화(假化) (고조
　　선)

　　상제의 명(上帝之命) (북부여)

　　몽천제강(夢天帝降)·제산천구사(祭山川求嗣) (동부여)

　　백마궤배(白馬跪拜)·계룡현서(鷄龍現瑞)·광명이세(光明理世) (신라시조)

운제산성모(雲梯山聖母) (제2대 남해왕)

도솔가(兜率歌) (제3대 노례왕)

이십팔용왕종인태이생(二十八龍王從人胎而生)·동악신(東岳神) (제4대　탈해왕)

자운종천수지운중유황금궤(紫雲從天垂地雲中有黃金樻) (김알지)

일월지정(日月之精)·천존고(天尊庫) (연오랑세오녀)

위혼백진호방국(爲魂魄鎭護邦國)·여삼산동사(與三山同祀) (미추왕)

치술신모(鵄述神母) (내물왕)

오기지일이나반제지(烏忌之日以糯飯祭之) (사금갑)

귀중(鬼衆) (도화녀)

천사(天使) (천사옥대)

사령지(四靈地) (진덕왕)

내림혈례골화등삼소호국지신(奈林穴禮骨火等三所護國之神) (김유신)

복서지사(卜筮之事)·비백미사(備百味祀) (김유신)

매몽(買夢)·귀곡(鬼哭)·무자(巫者)·비조지괴(飛鳥之怪) (태종춘추공)

명원(冥援) (長春郞)

호국대룡(護國大龍) (문무왕 법민)

유신부위천신(庾信復爲天神) (만파식적)

신물약람(神物掠攬) (수로부인)

오악삼산신(五岳三山神) (경덕왕)

점몽상(占夢相)·여의주(如意珠) (원성대왕)

동해용자(東海龍子)·처용(處容)·남산신(南山神)·상심(祥審)·북악신(北岳神)·지신(地神 : 地伯級干)·산신(山神) (처용랑)

신지(神池)·침수이구지(沈水而圖之)·변노호(變老狐)·기녀변작일화지(其女變作一花枝) (진성여대왕)

오방신(五方神) (경명왕)

정사암(政事嵓)·삼산각유신인거시방비상왕래　조석부절(三山各有神人居其上飛相往來朝夕不絶) (남부여)

지룡교통이생(池龍交通而生)·신력(神力) (무왕)

자의랑도침교혼(紫衣郞到寢交婚)·호래유지(虎來乳之) (후백제)

삼월계욕(三月禊浴)·천강대란(天降大卵)·난화위인(卵化爲人)·천명(天命)·쟁기술(爭其術)·해마다 정월 3월 7일과, 5월 5일과, 8월 5일에 풍성하고 깨끗한 제사가 끊어지지 않는다(每歲孟春三之日七之日, 仲夏重五之日, 仲秋初五之日十五之日, 豊潔之典, 常繼不絶)·향등공지(香燈供之)·진영(眞影)·묘지위령(廟之威靈)·신물호지(神物護之) (가락국기)

영응(靈應)·신유림(神遊林)·무의(巫醫) (아도기라)

천수서상(天垂瑞祥) (원종흥법)

이신력비방장(以神力飛方丈)·주칙(咒勅)·영석(靈石) (보장봉로)

천보고(天寶庫)·신적(神笛) (백률사)

상신선(尙神仙)·명감(冥感)·산령변노인(山靈變老人) (미륵선화)

작가도지(作歌禱之) (분황사천수대비)

성굴(聖窟)·백의녀(白衣女)·국가신령(國家神靈) (낙산이대성)

문수도진여원금상원변현삼십육종형(文殊到眞如院今上院變現三十六種形)·장천굴신(掌天窟神)·오대산신성굴(五臺山神聖窟) (대산오만진신)

비우비포(非羽非布)·상지자(相地者) (대산월정사오류성중)

당어유복인묘매지(當於有福人墓埋之)·주술(咒術)·신언(神言)·비장산신(臂長山神) (원광서학)

이목(璃目)·주지이생(咒之而生) (보양이목)

섭운이서(躡雲而逝)·벽의신동(碧衣神童) (이혜동진)

악신솔일선자영(岳神率一仙子迎)·신작가(神作歌) (심지계조)

노호(老狐)·일대귀솔군소귀래(一大鬼率群小鬼來) (밀본최사)

두주(豆咒)·신병(神兵)·용탁류(龍托柳)·왕기장산위웅신(往機張山爲熊神) (혜통항룡)

선도산신모(仙桃山神母)·오악신군(五岳神君)·신사(神祠)·신선지술(神仙之術)·지선(地仙)·동신성모(東神聖母) (선도성모수희불사)

고신사(古神社) (욱면비염불서승)

도솔가일괴즉멸(兜率歌日怪卽滅)·나인상향가……왕왕능감동천지귀신(羅人尙鄕歌……往往能感動天地鬼神) (월명사 도솔가)

명사(冥司)·환생(還生) (선율환생)

천창(天唱)·호변위낭자(虎變爲娘子) (김현감호)

작가가지 성괴즉멸 일본병환국(作歌歌之, 星怪卽滅, 日本兵還國) (융천사
혜성가)
천창어왕정(天唱於王庭) (정수사 구빙녀)
승운(乘雲) (낭지승운)
악신유조(岳神攸助)·신명정성천왕(神名靜聖天王)·구성(九聖) (포산이성)
주원(呪願)·천신상호지(天神常護持)·천창(天唱)·웅변위귀(熊變爲鬼)·항
마(降魔) (대성효이세부모)

등 민족 신앙의 풍속과 범위를 고증할 재료들이 풍부하여, 우리 나라 고대
종교사 연구의 최고의 전거(典據)가 되어 있는데, 이런 것들이 아마《삼국
사기》제4권 진흥왕 37년 조에 인용된 최치원이 지은 난랑비서(鸞郎碑序)
가운데,

> “나라에 현묘한 도가 있어 풍류(風流)라 이른다. 가르침을 베푼 근원은
> 선사(仙史)에 자세히 갖춰져 있다. 참으로 유불선(儒佛仙) 삼교(三敎)를
> 포함하여 군생(群生)을 접촉 교화하고 있다.”

고 한 ‘선사(仙史)’와 더불어 관계가 있을 것인즉,《유사》야말로 한 글귀 한
글자 속에도 이따금 중대한 배경과 내용이 있음을 짐작할 수 있을 것이다.

한편 ‘선사’란 필시 고대의 신사지(神事志) 내지는 국선전(國仙傳)이겠지
만, 그것이 어떤 체제로 된 것이며, ‘선사’란 어느 정도 만큼 그 본래의 이름
을 남겨 가진 것인지 지금은 상고할 길이 없다. 다만 이것이 김대문의《화랑
세기》와 관계가 있고, 그 일부가 직접 또는 간접으로《유사》에 그림자를 남
긴 것은 사실일 것이다.

3) 승전(僧傳)

《유사》에 인용된 글 가운데 불교 계통의 책으로《승전》《해동승전》《고승
전》이란 것이 있다. 그러나 이것들이《삼국사기》열전 제6의 끝에 붙어 있는
신라 김대문이 지은 전기 목록 속에 있는《고승전》과 조선광문회 장서로 되
어 있는 고려 고종 때의 오관산(五冠山) 영통사 주지 각훈이 지은《해동고
승전》과 어느 정도로 어떤 관계를 갖는 것인지는 좀더 두고 연구할 과제이
다.

《유사》에 가장 많이 인용되고 있는《승전》으로 〈순도조려〉〈난타벽제〉

〈원종흥법〉〈보장봉로〉〈고「구」려영탑사〉〈명랑신인〉〈욱면비염불서승〉〈연회도명〉 등 여덟 곳에 열한 번 나와 있고, 《고승전》은 겨우 〈아도기라〉에 한 번 보일 뿐이며, 《해동승전》 역시 〈원광서학〉과 〈보양이목〉 두 곳에 각각 한 번씩 보일 뿐이다.

　이제 김대문의 《고승전》은 그 면목을 짐작할 길이 없으며 그의 다른 저술들이 대개 신라에 관한 일들로 재료를 삼고 있는만큼, 《고승전》의 내용 역시 신라 고승들의 전기였을 것으로 짐작될 뿐이나 각훈의 《해동고승전》은 다행히 1권과 2권이 전해지고 있으므로 대강 그 내용을 검토할 수 있다. 그런데 《유사》의 〈순도조려〉 조항 속에 있는 "도공(道公) 다음에 또 법심(法深)·의연(義淵)·담엄(曇嚴)과 같은 사람들이 서로 이어 교(敎)를 일으켰다. 그러나 옛날부터 전해 온 글이 없으므로 지금 또한 감히 엮어 두지 못한다" "자세한 것은 《승전》에 보인다"라고 한 것과, "《승전》에 이도(二道)라고 되어 있고, 위(魏)나라로부터 왔다는 것은 틀린 것이다"라고 한 것, 〈난타벽제〉 조항에 "그의 이상한 발자취는 《승전》에 자세히 나와 있다"고 한 것, 〈아도기라〉 조항에 "서축(西竺) 사람이라 하고, 혹은 오(吳)나라로부터 왔다고 한다"고 한 것, 〈원종흥법〉 조항에 "《승전》과 여러 설들이 또한 왕비의 출가한 이름을 법운(法雲)이라 했고, 또 진흥왕비의 이름이 법운으로 되어 있어, 자못 의심스럽고 혼동되어 있는 것이 많다"고 한 것이 대개 《해동고승전》 권1에 따른 것임이 틀림없으며, 또 〈원광서학〉 조항에 "그러나 저쪽 전기에 모두 작갑(鵲岬)과 이목(璃目)과 운문(雲門)에 관한 일이 없는데, 고을 사람 김척명(金陟明)이 잘못 거리에 떠다니는 이야기로써 글을 아름답게 꾸며 원광사의 전기를 짓고, 멋대로 운문개산조(雲門開山祖) 보양사(寶壤師)의 사적을 기록하여 합해서 하나의 전기를 만들자, 뒤에 《해동승전》을 짓는 사람이 잘못 이어받아 수록했기 때문에 세상 사람들이 많이 잘못 따르며 설법을 들었……"고 한 것도 《해동승전》 제2권 〈원광전(圓光傳)〉 속에 "서해 용왕의 딸이 항상 따르며 설법을 들었……"고 한 한 대목을 가리킨 것이 분명하므로, 설사 그 밖의 것이 권(卷)이 없어져 상고할 길이 없다 하더라도, 《유사》 속의 《승전》《고승전》《해동승전》 등은 대개 각훈이 지은 것들을 가리킨 것으로 보아 좋을 것으로 안다.

　각훈은 교학사자사문(敎學賜紫沙門)으로 《해동승전》은 그가 왕명을 받아 지은 것인만큼, 필시 당시에는 권위가 있는 책으로 널리 믿어지고 있었을 것으로 생각된다. 그 유통편(流通篇) 논(論) 가운데 "부처님 입멸(入滅)에서 지금의 을해(乙亥)까지 2164년, 입멸 후 1014년에 후한(後漢)으로 들어온 지가 1151년, 순도(順道)가 고구려에 들어온 뒤부터 지금까지 844년이다"라고 했으므로, 고려 고종 2년(서기 1215년), 일연이 출가한 이듬해 즉, 열 살 되던 해에 지은 것임을 알 수 있다. 그러나 일연은 《해동승전》을 그리 중시하지 않았던 모양으로, 일과 글에 있어 그것을 그대로 따른 것은 거의 없고, 다만 대소나 변론 분석에 인용했을 뿐이다. 아마 《해동승전》이 문장만이 아름답고 내용이 빈약할 뿐만 아니라, 그 고증이 정확하지 못한 때문이었을 것이다.

4) 향가

《삼국사기》에 의하면 유리이사금(儒理尼師今) 5년 조에,

"이 해에 민속이 환강(歡康)해서 비로소 도솔가(兜率歌)를 지으니 이것이 가악(歌樂)의 처음이다." (제1권)

라고 하고, 진성왕 2년 조에,

"왕이 원래부터 각간(角干) 위홍(魏弘)과 통했었는데, 이때 와서는 항상 안에 들어와 일을 보았다. 이에 대구화상과 함께 향가를 수집하도록 명하고, 이를 삼대목(三代目)이라 일렀다." (제11권)

고 했는데, 이것이 악지(樂志) 가운데서,

"회악(會樂) 및 신열악(辛熱樂)은 유리왕 때에 지은 것이다. 돌아악(突阿樂)은 탈해왕 때에 지은 것이다. ……이것은 다 나라 사람들이 기쁘고 즐거워서 지은 것들이다. 그러나 성기(聲器)의 수와 가무(歌舞)의 모습은 전해지지 않는다."

라고 하고, 그 다음에 고기(古記)에 의해 몇몇 무곡(舞曲)에 필요한 악기와 재인(才人)을 적은 뒤에,

"최치원이 당시 향악(鄕樂)에 대한 잡영(雜詠) 다섯 수를 지었는데, 지금 여기에 적어 둔다."

하고, '금환(金丸)' '월전(月顚)' '대면(大面)' '속독(束毒)' '준예(狻猊)'의 명칭을 붙이고, 그것들에 대한 특색을 칠언절구(七言絶句)로 읊은 것을 신

고 있다.

이상과 같이 《삼국사기》는 노래 이름과 곡의 명칭과 그것을 부르며 춤추는 절차의 일부를 전하고, 겨우 최치원이 한시로 읊은 다섯 수에 대한 번역시를 소개할 뿐, 그 노래 내용이나 말을 직접 전한 것은 전혀 없다.

또 《고려사》 악지 2에 〈삼국속악(三國俗樂)〉이라 하여, 신라에 관한 것만 동경(東京)·목주(木州)·여나산(餘那山)·장한성(長漢城)·이견대(利見臺) 등 6제목을 들고, 고려속악에 속한 것 중 무애(無㝵)·처용(處容) 등 신라 계통의 것을 섞어 두었으나, 모두 "말이 실리지 않았다"는 것 속에 넣어 두었을 뿐이므로 당시의 노래가 어떤 것이었는지 알 길이 없다.

그런데 《유사》는 〈제3대 노례왕〉 조에(제1권)

"처음으로 도솔가를 지으니 감탄하는 말이 있고 사뇌(詞腦)의 격이 있었다"라고 하여, 그 기원과 종류를 보이는 것을 비롯해서, 〈월명사 도솔가〉(제5권)에서는 "다만 향가만을 안다"라고 하고 "이에 도솔가를 지었다"고 했으며, 아울러 그 귀중한 실물로서,

득오곡(得烏谷)의 모죽지랑가(慕竹旨郞歌) (제2권 효소왕 대)

충담사(忠談師)가 지은 안민가(安民歌) 및 찬기파랑가(讚耆婆郞歌) (제2권 경덕왕)

원성대왕(元聖大王)의 신공사뇌가(身空詞腦歌) (제2권 원성대왕, 가사 미상)

삼가(三歌)·현금포곡(玄琴抱曲)·대도곡(大道曲)·문군곡(問群曲) (제2권 경문대왕, 가사 미상)

처용가(處容歌) (제2권 처용랑, 헌강왕 대)

신회(神會)가 지은 망국애가(亡國哀歌) (제2권 김부대왕, 가사 미상)

가락(駕洛) 구간(九干)의 영신군가(迎神君歌) (제2권 가락국기)

희명(希明)의 아이가 지은 천수대비가(千手大悲歌) (제3권 분황사 천수대비, 경덕왕 대)

영묘사 장륙조성요(靈廟寺丈六助成謠) (제4권 양지사석, 선덕왕 대)

월명사(月明師)가 지은 도솔가(兜率歌)·산화가(散花歌) 및 제망매가(祭亡妹歌) (제5권 월명사 도솔가, 경덕왕 대)

융천사(融天師)가 지은 혜성가(彗星歌) (진평왕 대)

신충(信忠)이 지은 원수가(怨樹歌)(제5권 신충계관, 효성왕 대)

영재사(永才師)가 지은 심가(心歌)(제5권 영재우적, 원성왕 대)

등을 전하고 있으니, 이는 참으로 우리 고대 문학의 겨우 몇 개 남지 않은 구슬이며 옛 말과 글의 다시 없는 귀중한 재료인 것이다. 우리가 애석해 마지않는 대구화상의 《삼대목》이 없어지기는 했으나, 그 중에서도 뛰어난 몇몇 구슬들이 이 《유사》 속에 번득이고 있는 것이다.

(《삼국유사》에는 〈진성왕〉 조에 《삼대목》에 관한 것이 보이지 않으나 〈제48대 경문대왕〉 조에 "국선(國仙) 도원랑(道元郎), 예흔랑(譽昕郎), 계원(桂元) 숙종랑(叔宗郎)이 금란(金蘭)에서 유람하고 있을 때, 임금을 위하고 나라를 다스릴 뜻을 은근히 품고, 이에 노래 3수를 지어 사지(舍知) 심필(心弼)에게 침권(針卷)을 주어 대구화상에게 보내 노래 3수를 짓게 하니, 첫째는 현금포곡(玄琴抱曲)이요, 둘째는 대도곡(大道曲)이요, 셋째는 문군곡(問羣曲)이었다"라고 나와 있다. 여기 있는 대구화상이 곧 《삼국사기》의 대구화상으로 월명사·융천사와 마찬가지로 승려로서 시인이었던 것을 알 수 있으며, 또 《삼대목》의 구체적인 내용이 《유사》에만 남아 있다고 말할 수 있을 것이다.)

대저 '향가'란 것은 '국풍(國風)'과 같은 것이니 묘정(廟廷)의 아송(雅頌)으로부터 서민들의 풍요(風謠)에 이르기까지 그 종목이 많고 쓰임이 넓었음은 《유사》에 실려 있는 것만으로도 넉넉히 짐작할 수 있다. 한자를 빌려 우리말을 표기한 것인만큼 그것을 풀어 읽는 데 많은 어려운 점이 있기는 하나, 현재 밝혀지고 있는 내용만으로도 그 사상이 심오하고 착상이 기발한 점과, 감정이 순수하고 표현이 소박한 점 등은 충분히 느껴 알 수 있으니, 참으로 자랑스럽고 다행한 일이 아닐 수 없다.

5) 민속과 설화

단군 내지는 해씨(解氏)의 곰[熊], 혁거세(赫居世:朴氏)의 흰 말, 탈해(脫解:昔民)의 까치[鵲], 알지(閼智:金氏)의 흰 닭[白鷄] 등을 '토템(totem)'의 흔적으로 보고, 고조선의 쑥과 마늘[艾蒜], 사금갑(射琴匣)의 까마귀[烏] 등을 '터부(taboo)'의 풍운(風韻)으로 보고, 수로부인(水路夫人)의 바닷노래[海歌], 가락국기의 거북노래[龜歌]를 '매직(magic)'의 형해(形骸)로 보고, 환웅의 천부삼인(天符三印), 진평왕의 천사옥대를 신성기호(神聖

記號)로 보고, 해부루(解夫婁)의 제산천구사(祭山川求嗣), 연오랑(延烏郎)의 세초(細綃)를 '마너(mana)'로 보고, 신문왕의 만파식적(萬波息笛)과 천금(天琴), 묘정사미(妙正沙彌)의 여의주(如意珠), 수로부인의 지팡이[杖], 손순(孫順)의 석종(石鐘)을 '페티쉬(fetish)'로 보고, 동부여(東扶餘)의 큰돌[大石]을 '마세바(massebah)'로 보고, 탈해왕의 돌무덤[石塚]을 '거석구조(巨石構造)'로 보고, 그리고 천왕신시(天王神市)의 제례(制禮), 신라의 알천 회의(閼川會議)와 사령지(四靈地)의 사실, 가락의 삼월계욕(三月禊浴)에서 정교일치(政敎一致)의 고대 사회의 권력 관념을 엿보고, 〈제2대 남해왕〉과 〈제3대 노례왕〉에서 보인 왕통(王統)의 채질원리(遞迭原理)와 〈원성대왕(元聖大王)〉〈제48대 경문대왕〉에서 보인 왕위 획득 실례 등에 신비를 본위로 한 원시 공화제의 혁명 방략을 구경하는 등 《유사》로 인해 비로소 밝혀지는 우리 나라 고대 인류학·종교학·사회학·민속학적 중요한 사실이 수두룩하여 선사 및 원사학상에 기여한 바가 막대함도 새삼 거론할 것이 없거니와, 이보다 더욱 중요한 의의와 가치를 가지고 있는 것은 신화학 및 설화학적 측면에서 본 전거적(典據的) 능력일 것이다.

대체로 우리 나라의 고대 전설은 《삼국사기》와 옛날 금석문과 《산해경(山海經)》《논형(論衡)》《박물지(博物志)》 및 중국 문헌에 얼마간 전해진 것이 있기는 하나, 향토색과 옛 모습을 그대로 지닌 것은 거의 없다. 비교적인 것이 될지도 모르지만, 옛 전설의 원형을 엿볼 수 있는 원천으로는 오직 《삼국유사》가 있을 뿐이다.

《유사》에 전하는 옛이야기가 대체로 고급 신화(hohere mythologio)로 저급 신화(niedere mythologio)가 적으며, 국민 신화(national myths)로 지방 신화(local myths)는 아니기 때문에 우리 나라 신화를 가장 원시적인 형태에서부터 그것이 생장 발달해 온 체계를 상고하기에는 퍽 미흡한 점이 없지 않으나, 세심한 주의와 예리한 눈을 가진 사람이라면 그 속에 숨어 있는 것을 어느 정도 꿰뚫어볼 수 있을 것이다. 이를테면 똑같은 난생(卵生)을 말하는 가운데서도 주몽의 그것과 혁거세의 그것, 탈해열전의 그것과 수로의 그것에서 얼마큼씩의 지방색을 볼 수 있고, 또 단군의 곰어머니와, 금와(金蛙)의 금빛 개구리 모양과, 알지의 황금궤와 탈해의 칠보궤 등이 매우 고급이고 상식적인 것으로 변화해 있기는 하지만, 그 곰이니 개구리니 궤니 하는 것의 오묘한 진리가 원래는 '알(卵)'로서 표상된 태양임을 쉽게 알아볼 수 있다. 예를 들면 동명왕의 이야기를 우리 나라에선 '알'이라고 한 것을 중국 문헌에는 햇빛(日光)이라 했고, 탈해전 가운데서도 어느 것은 '궤'라고 한 것을 다른 것은 '알'이라고 했으며, 또 같은 수로왕의 전설 가운데 합(盒 : 그릇)과 알이 한꺼번에 나오고 있는 것 등은 그 증거라고 볼 수 있을 것이다. 그런데 이러한 옛이야기의 갖가지 계기들은 오직 우리 《유사》에서만 고루 볼 수 있는 것이다.

우리 나라 신화학에 있어서 《유사》의 위치는 비록 흩어져 있고 얼마 되지는 않지만, 저 그리스의 헤시오도스와 호메로스를 겸한 것이라고 할 수 있다. 왜냐하면 신통(神統)과 신사(神史)를 옛 모습 가깝게 전해 주는 것이 오직 《유사》뿐이기 때문이다. 고조선의 개벽 및 건국 설화로부터 부여·고구려·신라·가락 등의 건국 신화며, 신라 중심의 호국 신화 등, 인문 특히 국가적 신화는 전설과 역사의 가치를 같이 보는 입장에서 《유사》의 저자가 특히 유의하여 채집한 것으로 보인다. 그러나 이에 반해 역사적 환각을 유발할 능력이 부족한 자연 신화에 대해 관심을 갖지 못한 것은 애석한 일이 아닐 수 없다. 그러나 결혼 신화 가운데서 환웅의 웅녀와 알영(閼英)의 용모(龍母)와 탈해의 용태(龍胎)와 도화녀(桃花女)의 귀교(鬼交)와 거타지(居陁知)의 보은혼(報恩婚)과 견훤(甄萱)의 구인생(蚯蚓生) 등 신혼신화(神婚神話)며, 해모수(解慕漱)와 유화(柳花) 사이의 강제혼, 수로와 허황옥(許黃玉) 사이의 이족혼(異族婚), 태종왕의 술책혼 등 인혼신화(人婚神話)와 같은 종류의 여러 형식을 보여 주고 있고, 탈해와 수로 및 호공(瓠公)과 탈해, 그리고 비형랑(鼻荊郞) 같은 영웅신화며, 〈고조선〉의 환인, 〈천사옥대〉의 천사(天使), 〈경덕왕〉의 상제(上帝)와 같은 타계신화(他界神話)라고 할 수 있는 것이며, 〈태종 춘추공〉의 서악사뇨(西岳捨溺)와 〈사복불언〉의 기지엄연이합(其地奄然而合)과 같은 대지 생산력의 표상을 변형시켜 가진 일종의 지모신화(地母神話) 등 허다한 종류의 신화를 그 속에서 찾아 낼 수 있는 것이다.

민간 설화집으로도 《삼국유사》가 또한 최고 최대의 원천이 되고 있는 것은 물론이다. 〈내물왕〉의 김제상의 핏자국〔血痕〕 같은 물형설명설화(物形說明說話)와 〈처용랑〉의 처용의 노래와 춤 같은 사물기원설화(事物起源說話), 〈삼소관음(三所觀音)〉의 화공(畫工) 같은 명장설화(名匠說話), 〈원광서학〉

의 팔 긴 산신(臂長山神) 같은 신조설화(神助說話), 〈신문왕〉의 대과(帶窠)나 〈거타지(居陀知)〉의 용녀나 〈원성대왕〉의 소어(小魚) 같은 물화설화(物化說話), 〈보덕(寶德)〉의 비래방장(飛來方丈)이나 〈현유가(賢瑜伽)〉의 동해수창일(東海水漲溢) 같은 신통력 설화, 〈혜공왕〉의 잉어 대여섯이 서로 이어 점점 커지자 못도 또한 따라서 커졌다고 하는 호소전설(湖沼傳說), 곳곳에 보이는 주문과 신불(神佛)의 감응전설(感應傳說), 〈김유신〉의 추남(楸南)이나 〈보장봉로(寶臧奉老)〉의 양명(羊皿)이나 〈대성(大城)〉의 이세부모(二世父母) 같은 인과응보설화 등, 참으로 각종 설화의 보고 같은 느낌을 갖게 한다. 이밖에 《삼국유사》에는 특히 지명기원설화, 그 가운데서도 사원의 연기적인 지명설화를 많이 싣고 있는데 그 대강만 들어보아도,

발천(撥川)·계림(鷄林)·사릉(蛇陵) (신라시조 혁거세왕)

장사(長沙)·벌지지(伐知旨) (내물왕과 김제상)

귀교(鬼橋)·길달문(吉達門) (도화녀 비형랑)

송화방(松花房) (김유신)

당교(唐橋)·성부산(星浮山) (태종 춘추공)

용연(龍淵) (만파식적)

타사암(墮死嵒)·정사암(政事嵒)·용암(龍嵒)·돌암(堗嵒)·대왕포(大王浦) (남부여)

귀지(龜旨)·주포촌(主浦村)·능현(綾峴)·기출처(旗出處) (가락국기)

황룡사(黃龍寺) (황룡사 장륙)

굴석(掘石) (사불산)

견랑(見郎)·사여수(似如樹) (미륵선화)

삼산(三山)·백월산(白月山)·판방(板房)·뇌방(磊房) (남백월이성)

낙산(洛山) (낙산이대성)

천룡사(天龍寺) (천룡사)

무장사(鍪藏寺) (무장사 미타전)

견성(犬城) (보양이목)

항사동(恒沙洞)·오어사(吾魚寺) (이혜동진)

갈반지(葛蟠地)·압유사(鴨遊寺) (자장정률)

불지촌(佛地村)·사라수(娑羅樹)·율곡(栗谷)·초개사(初開寺) (원효불기)
길상사(吉祥寺) (관동풍악발본수석기)
신유림(神遊林) (혜통항룡)
호원사(虎願寺)·논호림(論虎林) (김현감호)
속림사(俗休寺) (신충계관)

와 같이 많은 수에 달하고, 신라의 국민 교련을 위한 필요성과 적개심을 길러 주기 위한 의도에서 유도된 듯한 애국설화도 많은 양을 볼 수 있는데, 그런 것들에서 우리는 남방의 조그마한 나라로부터 삼국 통일의 위업을 이룩한 정신적 긴장을 짐작할 수 있어, 또 다른 맛을 느끼게 한다. 즉

죽엽군(竹葉軍) (미추왕)
김제상(金堤上) (내물왕)
박이종(朴伊宗) (지철로왕)
비형랑(鼻荊郎) 길달(吉達) (도화녀)
삼보(三寶) (천사옥대)
여근곡(女根谷) (선덕왕 지기삼사)
사령지(四靈地) (진덕왕)
삼소호국지신(三所護國之神) (김유신)
장춘랑(長春郎) (장춘랑)
사천왕사(四天王寺)·호국대룡(護國大龍)·차득공(車得公) (문무왕 법민)
만파식적(萬波息笛) (만파식적)

같은 것이 그것들이다.
또 〈지철로왕〉〈김유신〉〈경덕왕〉〈선덕왕〉 등 각 편에 있는 것과 같이 남녀의 생식기와 성 관계에 대한 노골적인 기사가 상당히 많이 실려 있는 것은 옛 사람들의 성 관계에 대한 대담했던 심정을 짐작케 함이 있고, 이야기 속에 나오는 주원(呪願)과 자사기도(子嗣祈禱), 탈해의 상지(相地), 알지의 택길일(擇吉日), 〈가락기〉에 나오는 임금 맞이하는 절차 등에서는, 이에 관한 우리 민속의 근거를 살피는 데 큰 도움을 주고 있다.

또 수로와 탈해의 신통력 경쟁이 〈동명왕〉조의 주몽 때에 송양(松讓)의 사실과 통하는데 그 모티프가 인도적(印度的)이고, 조신(調信)의 대비당(大悲堂) 앞에서의 하루 저녁 꿈은 황량몽(黃粱夢) 고사를 연상케 하여 중국적이며, 김제상 전기 속의 핏자국이 뒷날의 〈호랑이 할멈〉의 그것과, 김유신 전기 속의 쥐점〔鼠卜〕이 뒤의 〈옥쇄 찾는 이야기〉와 통하는 것처럼, 그 이야기의 뿌리와 계기가 오늘의 민간 전승에 부합하는 것이 있고, 거타지의 이야기에 나오는 용의 딸이 꽃으로 변한 것은 〈심청전〉과 통하는 데가 있으며, 문희(文姬)가 서악(西岳)에서 오줌 눈 이야기는 지금의 지리산의 성모(聖母) 백무(百巫)의 전설에 통하고 있어, 그 모두가 비교 설화학의 재미있는 자료라 할 수 있다.

또 《유사》를 바탕으로 이야기의 전승 관계를 살펴보는 것도 흥미 있는 일이니, 이를테면 김현의 호랑이를 감동시키는 이야기가 외국의 원천으로 신도징(申屠澄)의 이야기와 관련이 있는 것은 《유사》에 이미 밝혔거니와 우리나라 전승으로, 《보한집(補閑集)》 하권에 보면,

"변산(邊山)에 한 늙은 스님이 있었는데, 스스로 말하기를 지난날 고창 사람이 연등회를 연다는 말을 듣고 구경을 갔다. 보통 사람과 다른 한 소년이 있는지라 옆의 사람에게 물어도 모두 뉘집 자식인지 모른다고 했다. 연등회가 끝나고 그 뒤를 밟아 산 기슭에 이르자, 소년이 말하기를 "나를 따르지 마십시오. 우리 집은 누추해서 잘 수 없습니다. 그러나 날이 저물었으니 어디로 가겠습니까? 이왕 오셨으니 누추한 것은 사양치 마십시오"라고 말하였다. 안으로 들어갔더니 늙은 할멈이 나와 혀를 차며 "애야, 만일 너의 두 형이 보면 이 스님을 먹으려 할 것이다"라고 했다. 스님은 그제야 호랑이 굴인 줄을 알고 도로 나가려 하였다. 할멈이 말하기를 "두 자식이 이미 돌아왔으니 만일 굳이 나간다면 반드시 위태로울 거요" 하고 안으로 끌고 들어갔다. ……이윽고 와서 외치는 이 있어 말하기를 "너의 자식들이 고을과 마을 사람들을 마구 해치며 돌아다니는지라, 신께서 벌하라 명하셨다. 내일 아침 마땅히 고창 고을 함정에 빠져 죽거라" 하는 것이었다. 소년이 말하기를 "신의 명령이니 피할 수 없습니다. 이제 다행히 스님을 만났으니 이 또한 운명입니다. 내가 함정으로 들어가 사람들이 나를 제지하려 하면 차마

성을 낼 수 없으니, 스님이 사람들에게 일러, '내 혼자 능히 죽일 수 있다' 하고, 짧은 창을 들고 앞으로 나오면, 내가 말 한 마디를 하고 죽겠습니다" 하는 것이었다. ……스님은 가서 그가 말한 대로 무리들을 물리고 짧은 창을 잡고 곧장 나아갔다. 호랑이가 말하기를 "내가 아무 마을 아무 집에 남자로 태어났다가 열두세 살 때 스님을 찾아뵙겠으니, 머리를 깎아 나를 건져 주십시오" 하고 죽었다. 그 뒤 15년 만에 스님이 우연히 동문(洞門)을 나가자 한 소년이 있다가 길 옆에서 절을 했다. 물으니, "나는 아무 마을에 사는 아이입니다" 했다. 스님은 함정의 호랑이가 한 말을 생각해 내고, 머리를 깎아 사미(沙彌)로 삼았다. ……홀연 도망가 간 곳을 몰랐는데 뒤에 일엄사(日嚴寺)의 스님 이야기를 듣고 스님이 가 보았더니 바로 지날날의 사미였다 한다. 이 이야기는 심히 괴탄하다. 세상에 호랑이 승려 이야기가 있다고 하는데, 이 또한 믿기 어렵다."

라고 한 것이 서로 전혀 무관계한 것은 아닐 것 같다. 아무튼 《유사》는 우리 나라 고대사 및 민간 설화학의 유일한 전거일 것이다.

6) 위서(魏書)

혹은 여기 실려 있는 사실의 괴탄함과 마찬가지로 《유사》가 인용한 문헌이 참이냐 거짓이냐 하는 데 대해 의심을 갖는 사람이 있다. 우선 단군에 관한 사실이 믿기 어렵다는 이유로서, 첫째 첫머리에 인용한 《위서》의 내용이 현존하고 있는 《위서》에 보이지 않는다는 것이며, 또 《고기》란 이름으로 인용하고 있는 것도 그것이 어떤 것인지를 알 수 없으므로 모두가 근거 없이 꾸며 낸 이야기일 것이라는 것이다. 이 주장은 특히 일본 학자들의 공통된 주장이다.

그러나 첫째 《유사》의 위서가 반드시 현재 있는 위수(魏收)가 지은 것뿐이 아니고, 그보다 앞서 등연(鄧淵)·최호(崔浩) 이하의 편년(編年)과 이표(李彪)·형만(邢蠻) 이하의 기전(記傳) 등이 있고, 그보다 뒤로는 위담(魏澹)의 갱찬(更撰)과 장태소(張太素)의 별찬(別撰)이 있어, 《태평어람(太平御覽)》에 인용된 것만 해도 여러 가지 것을 함께 싣고 있으므로 위수가 지은 것만을 《위서》로 인정할 수는 없는 일이다.

둘째, 설사 위수가 지은 것만을 《위서》로 친다 하더라도 현행하는 《위서》
는 송나라에 있어서 이미 유협(劉勰)·범조우(范祖禹)의 교정과 또 중흥서목
(中興書目)에 나와 있듯이 다시 뒷사람의 보철(補綴)을 거친 것이므로, 《위
서》의 내용을 다만 현행본만으로 논할 것이 못된다.

셋째, 다시 한 번 돌이켜 생각해 볼 때, 《위서》란 것이 척발위서(拓跋
魏書)만의 독점된 명칭이 아니고 현행 《삼국지》 안의 위지(魏志)도 본래는
'위서'라 부르고 있어서, 지금의 《위서》를 《후위서》라고 부르는 것도 이것과
구별하기 위해 생긴 것이므로, 《위서》를 반드시 위수 등이 지은 척발씨(拓跋
氏)의 역사로만 볼 수는 없는 일이다.

넷째, 우리 나라에서 당(唐)나라니 한(漢)나라니 하는 것이 반드시 그 나
라를 지칭하는 것이 아니고, '당'과 '한'이 망하고 난 지금에도 중국을 가리
키는 말로 쓰이고 있다. 이 《위서》란 것도, 당시 고구려와 척발씨의 위나라
와는 밀접한 관계에 있었을 뿐만 아니라, 불교가 우리 나라로 들어온 것이
위나라로부터 비롯했기 때문에 적어도 승도(僧徒)에게 있어서는 '한' '당'과
마찬가지로 '위'가 조국의 대명사로 귀와 눈에 젖어 있었을 것이다. 그러므
로 '위서'란 말은 실상 전후의 두 '위서'에만 국한한 것이 아니고 널리 중국
문헌을 가리켜 '위나라 책' 혹은 '위나라 글'로 불렀을 것으로 짐작된다. 그
러므로 《유사》에서 말한 《위서》를 다만 《후위서》로 보려는 것은 올바른 견해
가 아님을 알 수 있다. 그러므로 현행 《후위서》에 보이지 않는다고 해서 《유
사》의 내용을 허구라고 보는 것은 독단이라 보아야 마땅할 것이다.

그리고 《유사》를 찬술하게 된 동기 및 태도와 전체 내용에 있어서의 공통
성과 그 형식에 비추어, 하필 여기에만 고의적인 농간이 있을 리 없으므로
이를 의심하는 것은 의심하기 위한 하나의 트집에 불과한 것이라고 보아도
좋을 것이다. 더구나 본국 문헌을 주로 하여 우리 나라의 전승을 그대로 기
록하기에 힘쓴 저자가, 무슨 대단한 것이라고 굳이 없는 사실을 꾸며 《위서》
를 내세웠을 리는 만무한 것이다.

또 불법(佛法)을 널리 퍼뜨리기 위한 한 편법으로 제석(帝釋)을 빌려다가
국조(國祖)로 만들고, 그 일을 참인 것처럼 만들기 위해 《고기》란 것을 함부
로 일컬으며 《위서》란 것을 거짓 말했다고 그럴 듯하게 말하는 학자가 있으
나, 첫째 책 속의 대단치 않은 곳에 《단군기》란 이름이 보이기도 하고, 둘째

〈고조선〉에 인용된 《고기》 원문에는 아무런 불교적 영향 같은 직접 표현이 없고, 셋째, 그런 주장을 하는 사람의 유일한 꼬투리가 되어 있는 "제석을 말한 것이다(謂帝釋也)"라고 한 한 글귀가 주석으로 들어와 있다는 것은, 도리어 《유사》를 지은 사람의 옛 기록에 대한 충실성을 볼 수 있는 것이므로, 냉정히 생각해 볼 때 고의로 《위서》니 《고기》니 하는 것을 꾸며 넣었을 리는 절대로 없는 것이다. 그런데 이같은 이유 아닌 이유를 들어 전해진 사실의 전통적 근거를 의심하려 하는 것은 고의가 아니라면 너무도 피상적인 관찰일 것이다.

5. 삼국유사의 유포와 번각(翻刻)

《삼국유사》는 옛날에 있어서는 그 유포(流布)도 자못 넓었고 그 신용도 두터웠던 것으로 보인다. 《고려사》《여지승람》을 비롯해서 권문해(權文海)의 《대동운부군옥(大東韻府群玉)》과 그 밖의 것이 다 이 《유사》를 인용하고 있으며, 뒤에 유학자들도 그를 황탄불경(荒誕不經)으로 지탄은 하면서도 오히려 고증을 위한 중요 문헌으로 삼고 있다. 헌종 때의 이규경(李奎景)이 지은 《오주연문장전(五洲衍文長箋)》 권 57, 사적류변증설(史籍類辨證說) 가운데, "《삼국유사》 5권, ……그 말이 황탄하다"고 한 것과, 최근 안종화의 《동사절요(東史節要)》가 이 《유사》를 인용 변석한 것이 내가 아는 바로는 이 책을 실제로 본 기록의 최후가 될 것 같다. 그 뒤로는 민간에 전해진 형적이 거의 없어, 조선광문회 당시에 널리 사람을 놓아 사방으로 찾았으나, 결국 절간에 간직되어 있는 것 중에서 제3권 이하 불교적인 기사를 실은 하권을 모두 세 책만 얻었을 뿐이다. 대개 승사(僧史)로서 이 것만을 소중히 간직하고 있었던 때문일 것이다.

뒤에 순암안씨(順庵安氏)의 수택본(手澤本)이란 것이 나타나, 일본 학자 이마니(今西)의 손으로 들어가게 되었는데, 대개 중종 7년(正德 壬申)의 개간본으로서 다섯 권이 다 그대로 있었다. 이것이 1921년에는 교토 제국대학 문학부 총서 제6권으로 축소 영인되었고, 다시 1932년에는 경성(京城)의 고전간행회에 의해 원형 크기로 다시 영인되었다. 한편 1928년에는 조선사학회 이름으로 이마니의 교정에 의한 활자본이 간행되었다.

일본에는 언제 처음으로 흘러들어갔는지 알 수 없으나, 임진왜란 때 가져
간 것이 현재 오하리(尾張)의 도쿠가와(德川)의 도쿄(東京) 간다(神田)에게
각각 한 책씩이 전해지고 있는데, 왕력(王曆)의 처음 두 장과 그 밖의 여러
곳에 떨어진 책장과 흐려진 글자가 있는 것을 다른 책에 의해 약간 기워 넣
어 1903년에 도쿄 문과대학사지(文科大學史誌) 총서의 하나로 확인되었다.
이것이 교토본〔京都本〕이 있기까지 학자들의 의거가 되고 있었는데, 빠지고
떨어져 나간 것 외에도 구두점과 그 밖의 틀린 점이 많으며, 뒤에 개정을 더
하여 일본속장경(日本續藏經)에 넣었으나 빠진 것은 물론이요 구두점도 아
직 바로잡혔다고 볼 수 없다.

간다씨본(神田氏本)에는 양안원장서(養安院藏書)란 도장이 찍혀 있는데,
양안원은 도쿠가와 막부의 의원인 구마호세 세이린(曲直瀨正琳)의 당호다.
세이린은 성품이 고요하고 서적을 사랑하더니, 일찍이 임진왜란 때 출정한
장수였던 우키다 히데이에(浮田秀家) 아내의 난치병을 낳게 해 주자, 히데
이에가 기뻐서 난리 속에 가지고 들어온 조선 서적 수천 권을 주며 그 수고
를 치하함으로써 조선 서적 장서가로 전 일본에 알려졌던 사람인데 《삼국유
사》 역시 히데이에가 선사한 것 중의 하나였을 것이다.

이렇게 《삼국유사》가 일본에 일찍 전해지기는 했으나 이것이 번각된 일도
없고, 여러 서목(書目) 중에도 거의 보이지 않는다. 이토 도가이(伊藤東涯)
의 삼한기략문적휘(三韓紀略文籍彙) 가운데 《삼국사기》《동국통감》 다음에
《삼국유사》의 이름을 들기는 했으나, 약간 권이라고 했을 뿐 아무런 주석이
없는 것으로 보아, 이름만 들었을 뿐 실물은 보지 못했던 것 같다.

도쿄 제국대학의 간행본에는 구두점이 잘못된 외에도 가끔 부주의에 의해
오해한 것들이 있다. 예를 들면 5권 감통편의 〈김현감호〉 조항에 나오는 신
도징(申屠澄)을 중국인이 아닌 신라 사람으로 잘못 알고 한주(漢州) 밑에
“지금의 광주다”라는 주석을 달고 두주(頭注)에 《여지승람》의 글을 인용한
것 등이다.

‘순암안씨 수택본’의 출현은 《삼국유사》 참고에 커다란 편의를 제공한 것
은 사실이나 거기에도 틀린 글자가 도처에 많아서 오히려 참 모습을 얻을 수
없으며, 뿐만 아니라 뒷사람들이 붓으로 고친 것이 곳곳에 있어 영인본으로
는 먹 빛깔이 분명치 않아, 원판인지 붓으로 고친 것인지를 분간하기 어려운

데가 많으니 참으로 유감스런 일이다.

그런데 최근에 제1권만이 남아 있는 것이 영남 모처에서 나타나 송석하 (宋錫夏)의 손으로 들어가게 되었는데, 그 판식이 광문회 소장본의 하나와 합하는 것으로서, 종래 여러 책에서 알 수 없던 부분을 바로잡을 수 있는 것이 많으며, 특히 뭐가 뭔지 짐작할 수 없는 곳이 많은 〈왕력〉에 대해 송씨본의 기여가 큰 것을 알 수 있다(다만 송씨본의 왕력에도 제10엽과 제11엽 전반이 결락되어 있다).

순암안씨 수택본에 대해 광문회본과 송씨본을 가지면 《유사》의 제1·3·4·5권의 대교(對校)가 얼마쯤 가능하거니와, 제2권은 다른 책이 나타나기를 기다릴 밖에 없다.

이본 대교(異本對校)와 원거 핵구(原據覈究)와 본문 비평으로 《삼국유사》의 정본을 작성하는 것은 달리 그럴 사람이 있으려니와, 우선 전포(傳布)의 편리를 도모하여 지난날 활자 보급판을 계명구락부(啓明俱樂部)에서 간행한 바 있으나, 원래 바르고 편리를 위주로 한 것이라서 판식과 글자 모양을 돌아보지 않았고, 이제 재간(再刊)의 부탁에 이끌려 별로 나아진 점을 보지 못한 채 세상에 다시 내놓게 된 것을 부끄럽게 생각하는 바이다. 그러나 송석하의 새로 얻은 책에 의해 〈왕력〉과 〈기이〉 두 편 중에 요긴한 정정을 더할 수 있었음은 다행으로 여긴다.

아래에 전판(前判) 이래의 번인한 예를 대충 적는다.

이번 출판은 '순암안씨 수택본'의 영인본과 조선광문회 소장 원서인 하권 (제3·4·5권)과 송석하의 소장인 제1권을 대본으로 하였으나,

첫째, 원저자가 잘못 참고한 것으로 보이는 것 중 그 필요가 인정되는 것은 약간 보정을 더하고 일일이 괄호로 표를 하여 구별할 수 있게 하였다.

둘째, 이 책의 이전(異傳) 특례인 것은 비록 그것이 분명히 잘못된 것이라 하더라도 감히 원문을 건드리지 않았다. 그러나 글씨 투와 칼 버릇으로 인해 생긴 것으로 틀린 것이 분명한 것은 읽는 이의 편의를 위해 더러 개정했다. 예를 들면 'ㆡ' 변을 많이 'ㆍ'변으로 잘못 써서 협순(浹旬)의 협(浹)이 협(俠)이 되고, 명활(明活)의 활(活)이 괄(佸)이 된 것이라든가, 그 밖에 'ㆍ'변과 'ㆍ'변, '土'변과 '扌'변, '貝'와 '具', '貞'과 '眞' 등도 많이 혼용되

어 있으므로 아주 명백한 것만 약간 개정했다. 이밖에 압록(鴨綠)의 '綠'과 '淥', 의상(義湘)의 '湘'과 '相' 및 '廂', 노례(弩禮)의 '弩'와 '努', 미추(味鄒)의 '末'과 '未' 및 '味', 정승(政丞)의 '丞'과 '承', 아나(阿那)의 '那'와 '邪' 및 '耶' 등을 비롯해서 이를 일일이 들면서 의심할 여지가 없는 것에 한해 활자에 편리한 대로 개정을 해두었다.

셋째, 원서의 제1권 〈신라시조〉조 가운데 '이씨조(李氏祖)' 아래의 협주(夾注)와, 제3권 〈원종흥법〉조 첫머리 '신라본(新羅本)' 아래의 협주는 모두 본문으로서 바로 내려야 할 것이며, 제3권 〈낙산사 이대성〉조의 '안기상(安其像)' 아래에 있는 협주 가운데, "재어회거지후 상창일백칠십여세(在於會去之後 相昌一百七十餘歲)"라고 있는 것은 거(去)와 창(昌)이 서로 바뀌져 있어야 할 것이며, 제2권 〈남부여〉조 가운데, "백제부부지별종(百濟扶夫之別種)"이라고 한 '부부(扶夫)'는 부여(扶餘)가 잘못된 것이며, 제2권 〈경덕왕〉조 끝의 "왕옥경장팔촌(王玉莖長八寸)" 아래와, 같은 권 〈가락국기〉조의 "유공유덕(留功留德)" 아래에는 양쪽 다 빠진 글이 있고, 또 제2권 〈남부여〉조의 "이상주(已上注)"라고 표한 것이 본문의 긴 줄과 내려 써져 있으니, 이런 것들은 다 명백한 착오이므로, 편의에 따라 개정도 하고 혹 그냥 두기도 했으며,

넷째, 또 제2권 〈가락국기〉 안에 있는 "미유자자생(未有玆子生)"의 '자자(玆子'는 자(孶)라는 한 글자를 잘못 떼어 쓴 것이 분명하고, 제3권 〈어산불영〉조 속의 "혹견멱(或見覓)"의 멱(覓)은 불견(不見)이라고 떼어 쓸 것을 잘못 쓴 것이 분명하나 옛 것을 그대로 두기 위해 고치지 않았다.

다섯째, 원서 제2권 〈김부대왕〉조의 "책상부고(册尙父誥)"와 《삼국사기》의 사론(史論)을 인용한 것에는 뒤섞인 곳과 잘못된 곳이 많은데, 그 중에 말이 되지 않는 몇 곳은 원본에 의해 정정을 더 했다.

여섯째, 〈왕력 제1〉 가운데는 다른 것과 빠진 것, 모호하고 섞인 것이 특히 많은데, 도쿄 대학본을 따라 약간 수정을 더하고 또한 괄호로써 표해 두었으며,

일곱째, 원본에는 서례(序例)와 목록이 없으나 찾는 편의를 위해 목차를 상세하게 제시하였다.

《삼국유사》를 읽는 이들에게 43

삼국유사
차례

《삼국유사》를 읽는 이들에게
일러두기

제 1 권

기이(紀異) 제1

제 2 권

기이(紀異) 제2

제 3 권

흥법 (興法) 제3

탑상 (塔像) 제4

제 4 권

의해 (義解) 제5

제 5 권

■ 일러두기

1. 이 책은 '순암안씨수택본'의 영인본과 조선광문회 간행본 하권 제3·4·5권과 송석하 소장 제1권을 저본으로 하여 번역하였다.

2. 번역은 원문에 충실하였고 또 고어투의 문체를 현대 감각에 맞도록 쉽게 하려고 노력하였다.

3. 원본의 원주는 본문의 ( ) 안에 작은 글씨로 주석을 달았다.

4. 독자의 이해를 돕기 위해 간단한 참고사항은 가급적 ( ) 속에 작은 글씨로 넣었고, 설명이 길어진 것은 주(註)처리하여 하단부에 실었다.

5. 독자의 읽는 편의를 위해 원문을 본문 각 권의 뒤편에 몰아서 붙였다.

6. 원문에 오기가 있는 경우 원문의 ( ) 안에 한자를 넣어 바로잡았으며, 누락된 글씨가 있는 경우 「 」안에 올바른 한자를 밝혔다.

7. 본문에서 고유명사와 어려운 한자말은 ( ) 안에 한자를 써넣어 독자의 이해를 돕도록 하였다.

8. 〈왕력 제1〉은 편의상 부록 처리하였다.

제 1 권

기이 (紀異) 제 1

원문

기이 (紀異) 제1

머리글에서 말한다.

대체로 옛날 성인(聖人)들은 예악으로 나라를 다스리고 인의(仁義)로 가르치면서, 괴이한 힘이나 난잡한 귀신에 대해서는 말하지 아니하였다. 그러나 제왕(帝王)들이 일어날 때에는 부명(符命)[1]을 안고 도록(圖籙)[2]을 받음에 반드시 보통 사람들보다 다른 점이 있어 그런 연후 큰 변란 있는 기회를 타서 대기(大器)를 잡고 대업(大業)을 이룰 수 있었다.

그러므로 황하에서 그림이 나오고 낙수에서 글이 나오면서 성인이 나왔으며, 또한 무지개가 신모(神母)를 에워싸면서 복희씨(伏羲氏)[3]가 탄생하였다. 용이 여등(女登: 신농씨의 어머니)에게 감응하여 염제(炎帝)[4]를 낳았으며, 황아(皇娥: 소호씨의 어머니)는 궁상(窮桑)이란 들에서 놀다가 백제(白帝)의 아들이라 하는 신동(神童)과 교합하여 소호(少昊)[5]를 낳았다. 간적(簡狄)[6]은 제비알을 먹고서 설(契)[7]을 낳았으며, 강원(姜嫄)[8]은 사람의 발자국을 밟아서 기(棄)[9]를 낳았다. 요임금은 잉태한 지 14개월 만에 태어났고, 용과 큰 연못에서 교합하

---

1) 부명(符命) : 하늘이 제왕 될 사람에게 내리는 상서로운 징조.
2) 도록(圖籙) : 미래의 길흉을 예언한 예언서. 도참.
3) 복희씨(伏羲氏) : 중국 고대 제왕. 8괘를 처음 만들고, 그물을 발명하여 고기잡이 방법을 가르쳤다 함.
4) 염제(炎帝) : 중국 고대 제왕으로 신농씨와 동일시함. 태양신. 농기구와 오곡파종법을 발명함.
5) 소호(少昊) : 중국 고대 제왕. 소호씨 또는 금천씨. 황제의 맏아들.
6) 간적(簡狄) : 유융씨 부족의 여인. 제곡의 둘째 부인.
7) 설(契) : 중국 고대 상나라의 시조 고신씨의 아들.
8) 강원(姜嫄) : 유태씨의 딸, 제곡의 정부인. 들에서 거인 발자국을 밟고 임신함.
9) 기(棄) : 중국 주나라 시조인 후직(后稷).

여 패공(沛公)이 태어났다. 이 밖에 많은 것을 어찌 다 기록하겠는가?

그러므로 우리 나라 삼국의 시조들이 모두 신기한 일로 태어났음이 어찌 괴이하다 하겠는가? 〈기이(紀異)〉를 다른 편보다 앞에 놓는 까닭이 여기에 있다.

고조선[10)

《위서(魏書)》[11)에서는, "2000년 전에 단군왕검(壇君王儉)이라는 이가 있어 아사달(阿斯達[12) : 경(經)에는 무엽산(無葉山)이라 하며 또는 백악(白岳)으로 백주(白州) 땅에 있다 하며 또는 개성(開城) 동쪽에 있으니 지금 백악궁(白岳宮)이 그것이라 한다)에 도읍을 정하고 나라를 열어 조선이라 하니, 이때가 요임금과 같은 시기이다"라고 하였다.

고기(古記)[13)에서는, "옛날 환인(桓因 : 제석천왕(帝釋天王))[14)의 서자 환웅(桓雄)이 자주 천하에 뜻을 두고 인간 세상을 탐내므로, 아버지가 아들의 뜻을 알고 삼위 태백(三危太伯)을 내려다보니 인간 세상을 이룩할 만하므로, 천부인(天符印) 세 개를 주어 내려가서 인간 세상을 다스리게 하였다. 환웅은 이에 3천 명의 무리를 거느리고 태백산 꼭대기(지금의 묘향산) 신단(神壇) 나무 아래로 내려왔으니 이곳이 신시(神市)요, 이분이 환웅천왕이다"라고 하였다.

풍백(風伯)·우사(雨師)·운사(雲師)를 거느리고 주곡(主穀)·주명(主命)·주병(主病)·주형(主刑)·주선악(主善惡) 등 인간 세상의 3백 60여 가지 일을 주로 하여 세상을 다스리며 교화하였다.

당시에 곰 한 마리와 호랑이 한 마리가 한 굴에서 살면서 항상 환웅에게 사람이 되기를 기원하였다.

이때 환웅이 약쑥 한 줌과 마늘 20개를 주면서 이렇게 말하였다.

---

10) 고조선 : 왕검조선(王儉朝鮮)이라고도 한다. 《제왕운기》《동국이상국집》《세종실록》에도 같은 내용이 있다.

11) 위서(魏書) : 북제(北齊) 위수(魏收)가 찬술한 것으로 《후위서》라고도 한다.

12) 아사달(阿斯達) : 단군왕검이 도읍으로 삼았다는 지명으로 조선.

13) 고기(古記) : 《단군고기》를 말한다.

14) 환인(桓因) : 불전의 제석신(帝釋神)의 이름으로, 하느님을 가리킨다. 《삼국유사》 원본인 정덕본에는 환국(桓國)으로 되어 있는데 일제 강점기 때 날조했다 한다.

"너희가 이것을 먹고 1백 일만 햇빛을 보지 않으면 사람의 모습을 얻으리라."

곰과 호랑이는 그것을 받아 먹고 삼칠일을 금기하여 곰은 여자가 되었으나, 호랑이는 금기를 지키지 못해 사람이 되지 못하였다.

웅녀는 혼인할 상대가 없어 신단 나무 밑에서 아이를 갖게 해 달라고 빌었다. 그래서 환웅이 잠시 사람으로 변해 그녀와 혼인하여 아들을 낳으니 이가 곧 단군왕검이다.

단군왕검은 당요(唐堯)가 즉위한 지 50년이 되는 경인(庚寅 : 즉위한 해가 무진인즉 50년은 정사요, 경인이 아니니 사실이 아닌 듯하다)으로 평양성(平壤城 : 지금의 서경)에 도읍하고 비로소 조선이라 하였다.

다시 백악(白岳) 아사달로 도읍을 옮겼으니 그 곳을 궁홀산(弓忽山 : 궁(弓)은 방(方) 으로도 썼다) 또는 금미달(今彌達)이라고도 한다.

1500년 동안 다스리다가 주(周)나라 호왕(虎王 : 武王)이 즉위한 기묘년에 기자(箕子)를 조선에 봉하므로, 단군은 장당경(藏唐京)15)으로 옮겼다가 뒤에 다시 아사달로 돌아와 숨어 살면서 산신이 되었으니, 이때 나이가 1천 9백 8세였다 한다.

당나라 《배구전(裵矩傳)》에서는 "고구려는 원래 고죽국(孤竹國 : 지금의 해주)인데 주나라가 기자를 봉하고 조선이라 하였고, 한(漢)나라가 (이곳을) 삼군(三郡)으로 갈라 두었으니 현도(玄菟)·낙랑(樂浪)·대방(帶方 : 북 대방)이다"라고 하였으며 《통전(通典)》에도 이와 같이 말하였다(한서(漢書)에는 진번·임둔·낙랑·현도의 사군 이라 하였는데 여기서는 삼군이라 하였으며, 또한 이름도 같지 않으니 어찌된 일인가).

위만조선16)

《전한서(前漢書)》17) 조선전(朝鮮傳)에 이르기를, 처음에 연(燕)나라 때부

---

15) 장당경(藏唐京) : 황해도 구월산과 만악산에 있던 땅이름.

16) 위만조선(魏〔衞〕滿朝鮮) : 《사기열전》의 조선은 위만조선을 말한다. 이 부분은 〈조선 열전〉을 상당 부분 참조하였다.

17) 전한서(前漢書) : 후한의 반고(班固)가 지은 전한시대의 사서(史書)로 120권으로 되어 있다. 《한서》라고도 한다.

터 항상 진번조선(眞番朝鮮 : 안사고(顏師古)는 전국(戰國) 때의 연나라 / 가 이 땅을 침략하여 얻었다고 말했다)을 침략하여 차지하고는 관리를 두어 성벽을 쌓았다고 했다. 진(秦)나라는 연나라를 멸망시키고 요동(遼東)의 변방에 예속시켰다. (그러나) 한(漢)나라가 다시 흥하여서는 멀어서 지키기가 어렵다 하여 다시 요동의 옛 요새를 수축하고 패수(浿水 : 안사고는 "패수는 / 낙랑군에 있다" 한다)로 경계를 삼아 연나라에 예속시켰다.

연나라 왕 노관(盧綰)[18]이 반란을 일으켜 흉노로 들어가는지라, 연나라 사람 위만(魏滿 : 衛 / 滿)이 망명하여 무리 1천여 명을 거느리고 동쪽으로 요새를 빠져나와 패수를 건너 진나라의 옛 빈터 상하장(上下障)의 변방 요새에 살았다. 그리고 차츰 진번조선과 만이(蠻夷) 및 옛날 연나라와 제나라의 망명자들을 예속시켜 왕이 되어 왕검(이기(李奇)는 지명이라 하고, 신찬은 / 왕검성이 낙랑군 패수의 동쪽에 있다 했다)에 도읍을 정하였다. 위만은 주변의 작은 고을들을 위력으로 침략하여 항복시켰다. 이로써 진번·임둔이 모두 복속해 오니 사방이 수천 리가 되었다.

위만은 왕위를 아들에게 전하였고, 손자 우거(右渠 : 안사고는 손자의 / 이름이 우거라고 말했다)에 이르러, 진번과 진국(辰國 : 안사고는 진한 / 이라 했다)이 글을 올려 한나라 천자를 알현하려 했으나, 우거가 길을 막아 통과하지 못하였다.

원봉(元封)[19] 2년에 한나라 사신 섭하(涉何)를 시켜 우거를 달랬으나 끝내 조서(詔書)를 받들려 하지 않았다. 섭하가 돌아가는 길에 국경까지 가서 패수에 이르렀을 때 마부를 시켜 자기를 호송하던 조선의 비왕(裨王)[20]장(長 : 안사고는 섭하를 호송한 / 자의 이름이라 했다)을 죽이고, 곧 패수를 건너 요새로 들어가 자기 나라로 돌아가 보고하였다.

천자는 섭하를 요동 동부도위(東部都尉)로 삼았다. 그러나 조선은 섭하를 원망하여 마침내 습격하여 그를 죽였다. 천자가 누선장군(樓船將軍) 양복(楊僕)을 시켜 제나라에서 발해(渤海)로 가게 하니 군사가 5만이었다. 또 좌장군 순체(荀彘)를 요동으로 보내 우거를 치게 하니, 우거는 군사를 험준한 곳에 버티게 하였다.

---

18) 노관(盧綰) : 한나라 고조의 같은 고향 사람으로 연나라 왕이 되었으나 뒤에 진희의 반란으로 의심을 받자, 흉노로 달아났다.

19) 원봉(元封) : 한나라 무제의 연호(BC 110~BC 105).

20) 비왕(裨王) : 조선 왕보다 낮은 왕을 말한다.

누선장군은 제나라 군사 7천 명을 거느리고 먼저 왕검성에 이르렀으나, 우거의 성지기가 누선장군의 군사가 적은 것을 알고 내달아치니 누선장군의 군사가 패하여 달아났다. 양복은 군사를 잃고 산중으로 도망하여 거우 죽기를 면하였다. 좌장군은 조선의 패수 서쪽 군대를 공격했으나 역시 격파하지 못하였다.

천자는 두 장수가 불리하게 되자, 다시 위산(衛山)을 시켜 군사의 위력으로 우거를 달래도록 하였다. 우거가 항복하기를 청하며 태자를 보내 말을 바치겠다고 하였다. 태자의 군사 1만여 명이 무기를 지닌 채로 패수를 건너려 했으나, 사자와 좌장군은 반란을 일으키지 않을까 의심하여 태자에게 말하였다.

"이미 항복하였으니 무기를 지닐 수 없다."

태자는 또 사자가 자기를 속인다고 의심하여 패수를 건너지 않고 군사를 이끌고 돌아가 버렸다. 위산이 천자에게 이 일을 보고하니, 천자는 위산을 죽였다.

좌장군은 다시 패수의 상군(上軍)을 쳐부수고 왕검성 아래까지 들어가 그 서북쪽을 포위했고, 누선장군도 합세하여 성 남쪽에 주둔하였다.

그러나 우거가 굳게 지키고 있어 두어 달이 되어도 항복시키지 못하였다. 천자는 오래도록 지나도 결판이 나지 않을 것으로 생각하고 다시 전 제남태수(濟南太守) 공손수(公孫遂)를 시켜 정벌하게 하면서 형편에 따라서는 마음대로 처리하라 하였다. 공손수가 누선장군을 결박하고, 그 군사는 좌장군에게 합쳐 주어 조선을 급히 치게 하였다.

조선상(相 : 벼슬이름)인 노인(路人)·한도(韓陶), 이계(尼谿 : 안사고는 이계는 지명이고 모두 4명이라고 했다)의 재상 참(參)과 장군 왕겹(王唊)이 공모하여 항복하려 했으나, 한도·왕겹·노인이 모두 도망하여 한나라에 항복했는데, 노인은 도중에 죽었다.

원봉 3년(BC 110) 여름에 이계의 재상 참이 사람을 시켜 왕 우거를 죽이고 나아가 항복하였으나, 왕검성은 함락되지 않았으며 우거의 대신(大臣) 성기(成己)가 다시 반항하는지라 좌장군이 우거의 아들 장(長)과 노인의 아들 최(最)를 시켜 백성을 달래어 성기를 죽이게 하여 마침내 조선을 평정하고 진번·임둔·낙랑·현도 4군을 두었다.

마한

〈위지(魏志)〉[21]에서 이르되, 위만이 조선을 공격하자, 조선 왕 준(準)이 궁인(宮人)들과 측근 사람들을 거느리고 바다를 건너 남쪽으로 가서 한(韓)나라 땅에 이르러 나라를 세우고 국호를 마한(馬韓)이라 하였다.

견훤(甄萱)이 태조(太祖 : 高麗)에게 올린 글에는, 옛날에 마한이 먼저 일어났고 혁거세(赫居世)가 일어나매, 이에 백제(百濟)가 금마산(金馬山)[22]에서 나라를 세웠다 했고, 최치원(崔致遠)은 이르되, 마한은 고구려요, 진한은 신라라 하였다(《삼국사기》 본기에 의거하면 신라가 먼저 갑자년에 일어났고, 고구려는 그후 갑신년에 일어났다 했는데, 여기서 이렇게 말한 것은 왕 준(準)을 말한 것이다. 이 말로 미루어 보면, 동명왕이 일어났을 때는 이미 마한을 합병하였음을 알 수 있다. 그러므로 고구려를 마한이라고 한 것인데 지금 사람들은 혹 금마산을 잘못 알고서 마한을 백제라 하니 잘못된 것이다. 고구려에도 원래 마읍산이 있기 때문에 마한이라 한 것이다).

사이(四夷)[23]는 구이(九夷)[24]와 구한(九韓)·예(穢)·맥(貊)이 있으니, 《주례(周禮)》에서 "직방씨(職方氏)가 사이(四夷)와 구맥(九貊)을 관장했다" 한 것은, 동이족 즉 구이를 말한 것이다.

《삼국사(三國史)》에서는 "명주(溟州)[25]가 옛 예국(穢國)이니 농부가 밭을 갈다가 예왕(穢王)의 인(印)을 얻어서 이를 그에게 바쳤다"고 하였다.

또한 춘주(春州)는 "옛 우수주(牛首州)이며 옛날의 맥국(貊國)인데, 어떤 이는 지금의 삭주(朔州)가 맥국이라 하며 어떤 이는 평양성을 맥국이라 하기도 한다"라고 하였다.

《회남자(淮南子)》[26]의 주에서는 "동방의 이(夷)가 아홉 종류나 있다"고 하였다.

《논어정의(論語正義)》[27]에서는 "구이(九夷)란 첫째 현도, 둘째 낙랑, 셋째

---

21) 위지(魏志) : 진(晉)나라의 진수(陳壽)가 편찬한 《삼국지》의 〈위서(魏書)〉를 말함.

22) 금마산(金馬山) : 지금의 전북 익산.

23) 사이(四夷) : 중국 주위에 있는 동이(東夷)·서융(西戎)·남만(南蠻)·북적(北狄)을 말함.

24) 구이(九夷) : 〈동이열전〉에 의하면, 견이(畎夷)·어이(於夷)·방이(方夷)·황이(黃夷)·백이(白夷)·적이(赤夷)·풍이(風夷)·양이(陽夷)이다.

25) 명주(溟州) : 지금의 강릉.

26) 회남자(淮南子) : 한나라 회남왕 유안(劉安)이 엮은 〈회남홍열해(淮南鴻烈解)〉를 말함.

고려, 넷째 만식(滿飾), 다섯째 부유(鳧臾), 여섯째 소가(素家), 일곱째 동도(東屠), 여덟째 왜인(倭人), 아홉째 천비(天鄙)이다"라고 하였다.

《해동안홍기(海東安弘記)》[28]에서는 "구한(九韓)이란 첫째 일본, 둘째 중화(中華), 셋째 오월(吳越), 넷째 탁라(乇羅), 다섯째 응유(鷹遊), 여섯째 말갈(靺鞨), 일곱째 단국(丹國), 여덟째 여진(女眞), 아홉째 예맥(穢貊) 등을 이르는 것이다"라고 하였다.

2부(二府)

《전한서(前漢書)》에서는 "소제(昭帝) 시원(始元) 5년 기해년(BC 82)에 두 외부(外府)를 두고, 조선의 옛땅이다"라고 하였다. 평나(平那)와 현도(玄菟) 등은 평주도독부(平州都督府)로 하고, 임둔과 낙랑의 두 군은 동부도위부(東部都尉府)로 하였다(나(일연)는〈조선전〉에는 진번·현도·임둔·낙랑 등 넷이라 했는데, 여기서는 평나가 있고 진번이 없으니 아마 한 지방에 두 이름이 있었나 보다).

72국

《통전(通典)》에서는 "조선의 유민들이 70여 나라로 갈리었으니, 영토가 사방 1백 리였다"고 하였다.

《후한서(後漢書)》[29]에서는 "서한(西漢)이 조선의 옛 땅에 처음에는 4군을 두었다가 나중에는 두 외부를 두었다. 법령이 점점 번잡해져 78개국으로 나누었으니 각각 1만 호씩이었다 하였다(마한은 서쪽에 있어 54개의 작은 읍을 모두 나라라고 했고, 진한은 동쪽에 있어 12개의 작은 읍을 모두 나라라고 했고, 변한은 남쪽에 있으면서 12개의 작은 읍을 각기 나라라 말했다)."

---

27) 논어정의(論語正義) : 당나라 태종의 명을 받아 공영달·마가운·손무기 등이 엮은 오경정의(五經正義).

28) 해동안홍기(海東安弘記) : 신라 승려 안홍(安弘)이 지은 책.

29) 후한서(後漢書) : 남송의 범엽이 지은 역사책으로, 후한의 역사를 기록한 정사(正史).

낙랑국

전한(前漢) 때에 처음으로 낙랑군을 두었다. 응소(應劭)는 "옛날 조선국이다"라고 하였다.

《신당서(新唐書)》의 주에서는 "평양성은 옛날 한나라의 낙랑군이다"라고 하였다.

《국사(國史)》에서는 "혁거세(赫居世) 30년에 낙랑군 사람들이 투항해 왔다 하였고, 또는 제3대 노례왕(弩禮王 : 유리) 4년에 고구려 제3대 무휼왕(無恤王 : 대무신왕)이 낙랑을 정벌하여 멸망시키니 그 나라 사람들이 대방(帶方 : 북대방)과 함께 신라에 투항했다 하고, 또 무휼왕 27년에 광무제(光武帝)가 사신을 보내 낙랑을 치고 그 땅을 빼앗아 군현(都縣)을 두었으니, 살수(薩水) 이남은 한나라에 예속되었다(위의 모든 기록에 의거하면 낙랑이 곧 평양성이라는 것이 맞다. 어떤 이는 낙랑은 중두산(中頭山) 아래 말갈의 경계라 하고, 살수는 지금 대동강이라 하니 어느 것이 옳은지 알 수 없다)"고 하였다.

또한 백제 온조왕(溫祚王)은 "동쪽에 낙랑이 있고, 북쪽에 말갈이 있다 했으니 아마 옛날 한나라 때 낙랑군의 속현(屬縣)이었을 것이다"라고 하였다.

신라 사람도 낙랑이라 말하므로, 지금 고려에서도 그대로 낙랑군 부인(樂浪郡夫人)이라 말하고, 또 태조(太祖)가 딸을 김부(金傅)에게 시집 보내면서 낙랑공주라 한 것이다.

북대방

북대방(北帶方)은 원래 죽담성(竹覃城)이었다. 신라 노례왕 4년(BC 27)에 대방 사람들이 낙랑 사람들과 함께 신라에 투항하였다(이것은 모두 전한 때 두었던 두 고을 이름인데, 그 뒤 분수에 맞지 않게 나라라고 일컫다가 이제 와서 투항한 것이다).

남대방

조조(曹操)의 위(魏)나라 때에 처음으로 남대방군(지금 남원부)을 두었기에 (남대방이라고) 말한다. 대방의 남쪽은 바다가 천 리나 되는데 한해(瀚海)[30]라 한다 (^{후한 건안31) 때 마한의 남쪽 황무지를 대방군으로 삼으니} _{왜(倭)와 한(韓)이 드디어 예속되었다는 것이 이것이다}).

말갈32)과 발해

《통전》에서는 "발해는 원래 속말말갈(栗未鞨鞨)인데 추장 조영(祚榮 : _{대조}^영) 때에 이르러 나라를 세우고 스스로 진단(震旦)이라 하더니, 선천 연간 (_{현종 임자,}_{712년})에 말갈이란 이름을 버리고 발해라 하였다. 개원(開元) 7년(_{기미,}_{719년})에 조영이 죽자, 시호를 고왕(高王)이라 하였다. 세자가 계승하니 명황(明皇)33)이 전(典)을 내리고 그를 왕으로 책봉하였다. 그러나 그는 사사로이 연호를 인안(仁安)으로 고쳐 마침내 해동에서 왕성한 나라가 되었다. 그 땅에는 5경(京) 15부(府) 62주(州)가 있었다. 그 후 당나라 천성(天成) 초년에 거란의 공격을 받아 격파된 후 거란의 통제를 받았다. 《삼국사》에는 '의봉(儀鳳) 3년 고종 무인에 고구려의 남은 백성들이 떼지어 북으로 가서 태백산 아래에 모여 나라를 발해라 했는데, 개원 20년경에 명황이 군사를 보내 토벌하였다.

또 성덕왕(聖德王) 32년 현종 갑술년에 발해·말갈이 바다를 건너와 당나라의 등주(登州)를 침범하므로 현종이 토벌하였다' 하였다. 또 신라 고기에는 '고구려의 옛 장수 조영의 성은 대씨(大氏)니 남은 군사를 모아서 나라를 태백산 남쪽에 세우고 국호를 발해라' 하였다. 이상의 모든 기록을 살피건대 발해는 곧 말갈과 다른 종족이고, 다만 갈라지고 합해짐이 같지 않을 뿐이다. 《지장도(指掌圖)》를 살펴보면 발해가 장성(長城)의 동북 끝에 있다" 하였다.

---

30) 한해(瀚海) :《삼국지》〈위서〉에 나오며, 대마도 남쪽 바다인 듯하다.

31) 건안(建安) : 중국 후한 헌제 때의 연호로서 196~220년까지 사용했다.

32) 말갈(靺鞨) : 중국 《북제서(北齊書)》에 의하면 563년에 처음으로 역사에 등장하는 중국 동북방 이민족이다. 주대(周代)에는 숙신, 한·위 때는 읍루, 후위(後魏) 때는 물길이라고도 했다.

33) 명황(明皇) : 당나라 현종(玄宗). 안으로 민생 안정을, 밖으로 국경 방비를 튼튼히 하였으나, 노년에 양귀비로 인하여 정사를 그르쳤다.

당나라 가탐(賈耽)의 《군국지(郡國志)》에서는 "발해국의 압록(鴨淥)·남해(南海)·부여(扶餘)·추성(橻城)의 4부가 모두 고구려의 옛 땅인데, 신라의 천정군(泉井郡 : 《지리지》에 삭주령현에 천정군이 있다 했으니, 지금의 용주이다)에서 추성부까지 39개의 역이 있다"고 하였다. 또 《삼국사》에서는 "백제 말년에 발해·말갈·신라가 백제 땅을 나누어 가졌다(이것으로 보면 발해가 또 갈려서 두 나라가 되었다)"고 하였다. 신라 사람도 "북쪽에는 말갈이 있고 남쪽에는 왜가 있고 서쪽에는 백제가 있어 이것이 나라의 해가 된다"고 하였다.

또 말갈 땅이 아슬라주(阿瑟羅州)[34]에 닿아 있다고 하였다.

또 《동명기(東明記)》[35]에서는 "졸본성(卒本城)은 그 땅이 말갈(혹은 지금의 동진(東眞)이다)에 닿아 있다. 신라 제6대 지마왕(祗麻王) 14년(을축, 125년)에 말갈 군사가 크게 북쪽 국경으로 들어와서 대령(大嶺)의 목책(木柵)을 습격하고 이하(泥河)를 건너갔다"고 하였다.

《후위서(後魏書)》에서는 말갈을 물길(勿吉)로 썼다. 《지장도》에서는 읍루(挹婁)와 물길을 모두 숙신(肅愼)이라 하였다.

흑수(黑水)와 옥저(沃沮)는 동파(東坡)의 《지장도》를 살펴보면 진한의 북쪽에 남·북의 흑수가 있다.

생각건대 동명제(東明帝)가 선 지 10년 만에 북옥저를 멸망시켰고, 온조왕 42년에 남옥저의 20여 호가 백제[36]에 투항했으며, 신라 혁거세 52년에 동옥저가 와서 좋은 말을 바쳤다 했으니, 동옥저도 있었던 것이다. 《지장도》에 흑수는 만리장성의 북쪽에 있고 옥저는 장성의 남쪽에 있다 하였다.

이서국

노례왕 14년에 이서국(伊西國) 사람이 금성(金城)을 공격하였다. 운문사(雲門寺)에 예부터 전해 오는 《제사납전기(諸寺納田記)》에서 "정관(貞觀) 6년 임진년(632)에 이서군(伊西郡)의 금오촌 영미사에서 밭을 바쳤다" 하였으니, 금오촌은 지금의 청도(淸道) 땅일 것이고, 청도군이 곧 옛 이서군이다.

---

34) 아슬라주(阿瑟羅州) : 지금의 강릉.

35) 동명기(東明記) : 고구려 시조 동명왕 사적을 기록한 것.

36) 원문에 '신라'로 되어 있으나, 오기이다.

5가야

(《가락기(駕洛記)》찬(贊)을 보면, 하늘에서 내려온 자주색 끈 하나에 둥근 알 여섯 개를 내렸는데, 다섯 개는 각 고을로 돌아가고, 하나는 이 성에 있게 되었다 하였으니 그 중 하나는 수로왕(首露王)이 되고, 나머지 다섯이 각각 5가야의 군주가 되었으니, 금관(金官)은 이 다섯 속에 들지 않는 것이 마땅하다. 그런데 고려의 사략(史略)에 금관까지 그 숫자에 넣고 창녕(昌寧)을 더 기록했음은 잘못이다.)

5가야는 아라(阿羅 : 혹은 阿耶)가야(伽耶 : 지금의 함안)·고령가야(古寧伽耶 : 지금의 함녕)·대가야(大伽耶 : 지금의 고령)·성산가야(星山伽耶 : 지금의 경산 혹은 벽진)·소가야(小伽耶 : 지금의 고성)이다.

또 고려의 사략에서는 "태조 천복(天福) 5년 경자년(940)에 5가야의 이름을 고쳤으니, 첫째 금관(김해부가 되었다), 둘째 고령(高寧 : 가리현이 되었다), 셋째 비화(非火 : 지금의 창녕이니 아마 고령이 잘못된 것이다), 나머지 둘은 아라와 성산(앞의 주와 같다. 성산은 벽진가야라고도 한다)이다"라고 하였다.

북부여

《고기(古記)》에서는 "《전한서》에 선제(宣帝) 신작(神爵) 3년 임술년(BC 59) 4월 8일에 천제가 오룡거(五龍車)[37]를 타고 흘승골성(紇升骨城 : 대요(大遼) 의주(醫州) 경계에 있다)[38]에 내려와 도읍을 세우고 왕이라 하며 나라 이름을 북부여라 하였다. 스스로 이름은 해모수(解慕漱)라 하고, 아들을 낳아 이름을 부루(扶婁)라 하였으며, 해(解)를 성씨로 하였다. 그뒤 상제의 명에 따라 도읍을 동부여로 옮겼다. 동명제(東明帝)가 북부여를 계승하여 일어나 졸본주(卒本州)에 도읍하고 졸본부여라 하니 곧 고구려의 시조이다" 하였다.

---

37) 오룡거(五龍車) : 천제가 타는 다섯 마리의 용이 끄는 수레. 5는 고구려의 성수(聖數).

38) 흘승골성(紇升骨城) : 고구려의 첫 도읍지로 대요의 의주 부근. 계루 혹은 홀본.

동부여

북부여왕 해부루의 정승 아란불(阿蘭弗)의 꿈에 천제가 내려와 말하였다.

"장차 내 자손에게 여기에다 나라를 세우게 할 터이니 너희들은 다른 데로 떠나가라(동명왕이 장차 일어날 징조였다). 동해 가에 가섭원(迦葉原)[39]이란 땅이 있어 비옥하니 왕도를 세울 만하다."

아란불은 왕에게 권하여 그곳으로 도읍을 옮기고 국호를 동부여라 했다.

해부루는 늙도록 아들이 없었다. 하루는 산천에 제사를 지내고 타고 있던 말이 곤연(鯤淵)[40]에 이르렀을 때, 큰 돌을 보고 눈물을 흘렸다. 왕이 괴이하게 여겨 사람을 시켜 돌을 옮기자, 금빛 개구리 모양의 아기가 있었다.

왕이 기뻐하여 말하였다.

"이것은 하늘이 나에게 준 아들이다."

곧 (아이를) 거두어 기르고 이름을 금와(金蛙)라 하였다. 그가 자라서 태자가 되었다.

부루가 죽자 뒤를 이어 왕이 되었다. 그 다음에 왕위는 태자 대소(帶素)에게 전해졌다. 지황(地皇) 3년 임오년(22)에 고구려왕 무휼(無恤)이 공격하여 왕 대소를 죽이니 나라가 망하고 말았다.

고구려[41]

고구려는 곧 졸본부여이다. 어떤 사람이 지금의 화주(和州)니 성주(成主)니 하는 것은 모두 잘못된 것이다. 졸본주는 요동의 경계에 있다.

《국사》〈고려본기〉에서는, 시조 동명성제(東明聖帝)의 성은 고씨(高氏)요, 이름은 주몽(朱蒙)[42]이다. 이보다 앞서, 북부여왕 해부루가 동부여로 피

---

39) 가섭원(迦葉原) : 갯벌.

40) 곤연(鯤淵) : 백두산 천지.

41)《삼국사기》〈고구려본기〉에 나오는 단군신화의 웅녀가 여기서는 하백의 딸 유화로서 주몽 탄생 설화로 이어진다.

해 가 살았는데 부루가 죽자 금와가 왕위를 이었다. 금와는 태백산 남쪽 우발수(優渤水)에서 한 여자를 만나 물었다.

"저는 하백(河伯 : 물의 신)의 딸로 이름은 유화(柳花)입니다. 동생들과 놀러 나왔다가 자신이 천제의 아들 해모수라는 남자를 만났는데, 저를 웅신산(熊神山)[43] 아래 압록강 가로 유인하여 사통하고, 떠나가서 돌아오지 않습니다(《檀君記》에는 단군이 서하(西河) 하백의 딸에게 친히 지내기를 요청하여 아들을 낳으니 이름이 부루라 하였다. 지금 이 기록을 보면, 해모수가 하백의 딸을 사통하여 주몽을 낳았다 하고 단군기에는 아들을 낳고 부루라 했다 하니 부루와 주몽은 이복형제이다). 부모님께서 제가 중매없이 남을 따라갔다고 책망하며 이곳으로 귀양 보내 살게 했습니다."

금와가 이상히 여겨 유화를 남몰래 방 안에 가두었더니, 햇빛이 비춰들어 왔다. 그녀가 몸을 피해도 햇빛은 쫓아가며 비추었다. 이로 인해 임신하여 알 하나를 낳았는데, 크기가 다섯 되나 되었다. 왕이 이것을 개·돼지에게 주어도 먹지 않으며, 길에 버리면 소나 말이 피해 가고, 들에 버리면 새와 짐승이 알을 덮어 주었다. 왕이 깨뜨리려 해도 깨어지지 않으니 도로 유화에게 돌려 주었다. 유화가 알을 싸서 따뜻한 곳에 두니 아기가 껍질을 깨고 나왔는데, 기골이 영특하고 기이하였다. 나이 겨우 7세에 용모와 지략이 남달리 뛰어나, 스스로 활과 화살을 만들어 쏘면 백발백중하였다. 풍속에 활을 잘 쏘는 사람을 주몽이라 하기 때문에 이름을 주몽이라 하였다.

금와에게는 아들 일곱이 있었는데, 주몽과 같이 놀았다. 그러나 그들의 재주가 늘 따라가지 못하니 맏아들 대소가 왕에게 말하였다.

"주몽은 사람이 낳은 것이 아니니 만약 일찍이 도모하지 않으면 후환이 있을까 두렵습니다."

왕은 듣지 않고 주몽에게 말을 기르도록 하였다. 주몽은 좋은 말을 알아보고 조금씩 먹여 여위게 하고, 늙고 병든 말은 잘 먹여 살찌게 하니, 왕은 자신이 살찐 말을 타고 여윈 말은 주몽에게 주었다. 주몽의 어미가 왕의 다른 아들들이 여러 장수와 함께 주몽을 해치려 함을 알고 아들에게 말하였다.

"이 나라 사람들이 너를 해치려 하니, 너의 재주와 지략이라면 어디를 간들 살지 못하겠는가, 속히 떠나거라."

---

42) 주몽(朱蒙) : 추모(鄒牟), 추몽(鄒蒙), 중모(中牟)라고도 함.

43) 웅신산(熊神山) : 압록강 가라 했으므로 백두산이다.

이에 주몽이 오이(烏伊) 등 세 사람의 벗과 엄수(淹水)[44]에 이르러 말하였다.

"나는 천제의 아들이요,[45] 하백의 손자이다. 오늘 도망가는 길인데 뒤쫓는 자가 있으니 어찌하면 좋겠는가?"

그러자 물고기와 자라들이 다리를 놓아 그들을 건너게 한 다음 사라졌으므로 뒤쫓아오는 기병들은 건너지 못하였다.

졸본주(^{현도군의}_{동쪽})에 이르러 도읍하였으나, 미처 궁실을 짓지 못하여 비류수(沸流水)[46]가에 초막을 짓고 살며 국호를 고구려라 하였다. 이로써 고씨(高氏)를 성씨로 삼았다(본성은 해씨(解氏)인데 스스로 천제의 아들로 햇빛을 받아서 태어났다고 말하여 높을 고(高) 자로 성씨를 삼았다). 그때 주몽의 나이 12세[47]였다. 한나라 효원제(孝元帝) 건소(建昭) 2년 갑신년에 즉위하여 왕이라 하였다.

고구려의 전성기에는 21만 5백 8호였다.

《주림전(珠琳傳)》[48] 제21권에 다음과 같은 내용이 있다.

"옛 영품리왕(寧稟離王)의 계집종이 잉태하였을 때, 관상을 보는 사람이 '귀히 되어 왕이 되겠습니다' 하였다. 왕은 '내 아들이 아니니 죽이는 것이 좋겠다' 하니 계집종이 '하늘에서 영기가 내려와 잉태하였다'고 했다. 그녀가 아들을 낳자, 상서롭지 못하다 하여 돼지우리에 버리면 돼지가 핥아 주고, 마구간에 버리면 소가 젖을 먹여 죽이지 않는지라 마침내 부여의 왕이 되었다(곧 동명왕이 졸본부여왕이 된 것을 말한 것이다. 이 졸본부여는 역시 북부여의 딴 도읍이므로 부여왕이라 한 것이다. 영품리는 부루왕의 딴 이름이다)."

변한과 백제 (^{남부여라고도 하니}_{사비성(泗泚城)이다})

신라 시조 혁거세가 즉위한 지 19년 임오년에 변한(卞韓) 사람이 나라를

---

44) 엄수(淹水) : 《삼국사기》〈고구려본기〉에서 '엄호수'라 하고, 압록강 동북쪽에 있다고 했다.

45) 천재의 아들은 해모수이니 주몽은 손자가 된다.

46) 비류수(沸流水) : 《고려사》에는 평양의 동북쪽이라 했다.

47) 《삼국사기》에는 22세로 나와 있다.

48) 주림전(珠琳傳) : 당나라 도세가 지은 불교 서적으로 12권.

들어 항복하였다. 《신당서(新唐書)》와 《구당서(舊唐書)》에서 이렇게 말하였다. "변한의 후예는 낙랑 땅에 있다."

《후한서》에서는 이렇게 말하였다. "변한은 남쪽에 있고, 마한은 서쪽에 있고, 진한은 동쪽에 있다."

최치원은 말하였다. "변한이 백제이다."

〈본기〉를 보면 온조왕이 일어난 것이 홍가(鴻嘉) 4년 갑진년(BC 17)이었으니, 곧 혁거세나 동명왕 세대보다 40여 년 뒤의 일이 된다.

그러나 《당서》에서 이렇게 말하였다.

"변한의 후예는 낙랑 땅에 있었다."

이는 온조의 계통이 동명왕으로부터 나온 때문에 그렇게 말했을 뿐이다. 또 어떤 사람이 낙랑 땅에서 나와 변한에 나라를 세워 마한 등과 대치한 적이 있었다 함은 온조 이전에 있었다 함이요, 도읍이 낙랑의 북쪽에 있었다는 것이 아니다.

어떤 사람은, 구룡산(九龍山) 역시 변나산(卞那山)으로 불렸다는 이유로 혼돈하여 고구려를 변한이라 하는데, 이것은 잘못이다. 마땅히 옛 현인(최치원)의 말이 옳다 할 수 있다. 백제 땅에 변산(卞山)이 있으므로 변한이라 한 것이다. 백제 전성기에는 15만 2천 3백 호였다.

진한(辰韓 : 또는 진한(秦韓)으로도 쓴다)

《후한서》에서 진한의 옛 노인이 말하였다.

"진(秦)나라에서 망명한 사람들이 한국으로 오자, 마한이 동쪽 경계의 땅을 떼어 주고, 서로 불러 무리를 이루었는데, 진나라의 말과 유사하므로 간혹 진한(秦韓)이라고도 한다. 12개의 작은 나라가 있는데 각각 1만 호가 되며 나라라고 불렀다."

또 최치원은 이렇게 말하였다.

"진한은 본래 연(燕)나라 사람들이 피난하여 온 것이기 때문에 탁수(涿水)의 이름을 따서 사는 동리를 이름해서 사탁(沙涿), 점탁(漸涿) 등(신라 사람의 방언에 탁(涿)의 음을 도(道)로 읽으므로 지금 혹 사량(沙梁)으로도 쓰니 '양'도 역시 '도'로 읽는다)으로 불렀다."

신라 전성기에 서울이 17만 8천 9백 36호요, 1천 3백 60방(坊), 55리 및

36개의 금입택(金入宅 : ^{부유한 큰}_{집이란 말})이 있었는데 그것은 다음과 같다.

남택·북택·우비소택(亏比所宅)·본피택·양택(梁宅)·지상택(池上宅 :^{본피부에}_{있다})·재매정택(財買井宅 :^{김유신의}_{조상집})·북유택(北維宅)·남유택(^{반향사}_{아래})·대택(隊宅)·빈지택(賓支宅 :^{반향사}_{북쪽})·장사택(長沙宅)·상앵택(上櫻宅)·하앵택·수망택(水望宅)·천택(泉宅)·양상택(楊上宅 :^{梁의}_{남쪽})·한기택(漢岐宅 :^{법류사}_{남쪽})·비혈택(鼻穴宅 :^{위와}_{같다})·판적택(板積宅 :^{분황사}_위)·별교택(別敎宅 :^{개천의}_{북쪽})·아남택(衙南宅)·금양종택(金楊宗宅 :^{金官寺}_{남쪽})·곡수택(曲水宅 :^{개천의}_{북쪽})·유야택(柳也宅)·사하택(寺下宅)·사량택(沙梁宅)·정상택(井上宅)·이남택(里南宅 :^{우소}_택)·사내곡택(思內曲宅)·지택(池宅)·사상택(寺上宅 :^{대숙}_택)·임상택(林上宅 :^{청룡사 동쪽에}_{못이 있다})·교남택(橋南宅)·항질택(巷叱宅 :^{본피}_부)·누상택(樓上宅)·이상택(里上宅)·명남택(椧南宅)·정하택(井下宅)이다.

우 사절유택(又 四節遊宅 : ^{또 계절따라}_{노니는 유택})

봄에는 동야택(東野宅), 여름에는 곡량택(谷良宅), 가을에는 구지택(仇知宅), 겨울에는 가이택(加伊宅)이다.

제49대 헌강대왕(憲康大王) 때에는 성 안에 초가가 하나도 없이 집의 처마와 담이 서로 닿아 이어졌으며, 노래와 피리소리가 길에 가득하여 밤낮으로 끊이지 않았다.

신라 시조 혁거세왕[49]

진한 땅에 예부터 여섯 마을이 있었다.

첫째가 알천 양산촌(閼川 楊山村)으로 남쪽은 지금의 담엄사(曇嚴寺)이고, 촌장은 알평이다. 처음 표암봉(瓢嵓峰)[50]에서 내려왔으니, 이 사람이 급량부(及梁部) 이씨의 조상이 된다(^{노례왕 9년에 둔 것으로 이름이 급량부이다. 고려 태조 천복}_{5년 경자에 중흥부라 고쳤다. 파잠·동산·피상·동촌이 이에 속한다}).

둘째는 돌산 고허촌(突山 高墟村)이니 촌장은 소벌도리(蘇伐都利)이다.

---

49) 혁거세왕(赫居世王) : 신라의 시조이자 경주 박씨의 시조.

50) 표암봉(瓢嵓峯) : 경주 동천동 금강산에 있는 봉우리.

처음 형산에서 내려왔으니, 이 사람이 사랑부(沙梁部 : 양은 도로 읽는다. 또는 탁으로 쓰나 역시 도로 읽는다) 정씨(鄭氏)의 조상이 된다. 지금은 남산부(南山部)라고 하는데, 구량벌(仇良伐)·마등오(麻等烏)·도북(道北)·회덕(廻德) 등 남촌이 이에 속한다('지금은'이라 한 것은 태조가 둔 것이니 다음의 예도 같다).

셋째는 무산 대수촌(茂山 大樹村)으로, 촌장은 구례마(俱禮馬 : 仇로도 쓴다)이다. 처음 이산(伊山 : 개비산이라고도 한다)에서 내려왔으니, 이 사람이 점량부(漸梁部 : 탁으로도 쓴다) 또는 모량부(牟梁部) 손씨(孫氏)의 조상이 된다. 지금은 장복부(長福部)라 하니 박곡촌(朴谷村) 등 서촌(西村)이 이에 속한다.

넷째는 자산 진지촌(觜山 珍支村 : 혹 빈지(賓之)라 하며, 빈자(賓子) 또는 빙지(氷之)라고도 한다)이니, 촌장은 지백호(智伯虎)이다. 처음 화산(花山)에서 내려왔으니, 이 사람이 본피부(本彼部) 최씨(崔氏)의 조상이 된다. 지금은 통선부(通仙部)라고 하는데, 시파(柴巴) 등 동남촌이 이에 속한다. 최치원은 이 본피부 사람이었다. 지금 황룡사 남쪽과 미탄사 남쪽에 옛터가 있어 최치원의 옛 집이라는 설이 분명하다.

다섯째는 금산 가리촌(金山 加里村 : 지금 금강산 백률사의 북쪽)이니 촌장은 지타(祗沱 : 지타(只他)라고도 한다)이다. 처음 명활산(明活山)에서 내려왔는데, 이 사람이 한기부(漢岐部 : 또는 韓岐部)라 하니 배씨(裵氏)의 조상이 된다. 지금은 가덕부(加德部)라고 하는데, 상하 서지(上下西知), 내아(乃兒) 등 동촌이 이에 속한다.

여섯째는 명활산 고야촌(明活山 高耶村)인데, 촌장은 호진(虎珍)이다. 처음 금강산에서 내려왔으니, 이 사람이 습비부(習比部) 설씨(薛氏)의 조상이 된다. 지금은 임천부(臨川部)이니 물이촌(勿伊村), 잉구미촌(仍仇旀村), 궐곡(闕谷 : 갈곡(葛谷)이라고도 한다) 등 동북촌이 이에 속한다.

윗글을 살펴보면, 여섯 부(部)의 조상이 모두 하늘에서 내려온 듯하다. 노례왕 9년(132)에 비로소 여섯 부의 이름을 고치고 또 여섯 성을 주었다. 지금 풍속에는 중흥부를 어머니, 장복부를 아버지, 임천부를 아들, 가덕부를 딸이라 하는데 그 사실은 상세하지 못하다.

전한(前漢) 지절(地節)[51] 원년(BC 69) 임자(옛 책에는 建武 원년이라 하고 또 建元 3년이라 하나 모두 잘못이다) 3월 초하루에 여섯 부의 조상들이 각각 자제들을 거느리고 모두 알천 언덕에 모여 다음과 같이 의논하였다.

---

51) 지절(地節) : 서한 선제(宣帝)의 연호.

"우리들 위에 백성을 다스릴 임금이 없으니, 백성들이 모두 방자하여 제멋대로 하고 있다. 덕 있는 사람을 찾아서 임금을 삼아 나라를 세우고 도읍을 정해야 하지 않겠는가?"

그리고 산에 올라 남쪽을 바라보니, 양산 아래 나정(蘿井)[52] 옆에서 번개 같은 이상한 기운이 땅에 닿고 백마[53] 한 마리가 무릎 꿇고 절하는 듯한지라 그곳을 찾아가 보니 자주색 알(푸르고 큰 알이라고도 한다) 하나가 있었다.

말은 사람을 보고 길게 울며 하늘로 올라갔다. 그 알을 깨어 사내아이를 얻으니 모습이 단정하고도 아름다웠다. 사람들이 놀라고 기이하게 여겨 동천(東泉 : 동천사는 사뇌야(詞腦野) 북쪽에 있다)에서 목욕을 시키니, 몸에서 광채가 나고, 새와 짐승들이 춤을 추고 천지가 진동하며 해와 달이 밝아지므로 따라서 혁거세왕(赫居世王 : 대개 방언이다. 혹은 불구내왕(弗矩內王)이라고도 하니 밝게 세상을 다스린다는 말이다. 해설하는 이들의 말로는 "이는 서술성모(西述聖母) 같은 것이기 때문에 중국 사람들은 선도성모찬(仙桃聖母讚)에 '어진이를 내서 나라를 세운다'라는 말이 있다. 또는 계룡(鷄龍)이 상서로이 나타나 알영(閼英)을 낳은 것도 서술성모에게서 나타난 것이 아닌지 어찌 알겠는가" 하였다)이라 하고 위호(位號)를 거슬한(居瑟邯 : 혹은 거서간(居西干)이라 하니, 이는 처음부터 자칭하기를 알지거서간(閼智居西干)이 한번 일어난다 하였기 때문에 그 말대로 부른 것으로 그 후 왕의 존칭이 되었다)이라 하였다.

사람들이 다투어 축하하며 말하였다.

"이제는 천자가 이미 강림하였으니, 마땅히 덕 있는 왕후를 찾아 배필로 맞아들여야 한다."

이날 사량리(沙梁里) 알영정(閼英井 : 아리영(娥利英)이라고도 한다)가에 계룡이 나타나 왼쪽 옆구리에서 동녀를 낳았다(혹은 용이 나타났다 죽으므로 그 배를 갈라 얻었다 한다). 용모는 매우 아름다웠으나, 입술이 닭부리 같았다. 월성 북천에서 목욕을 시키니 그 부리가 떨어져 나갔으므로, 그 내를 발천(撥川)이라 하였다.

궁궐을 남산 서쪽 기슭(지금 창림사(昌林寺))에 세우고 두 성스런 아이를 받들어 길렀다. 사내아이는 알에서 나왔고, 그 알은 박처럼 생겼다. 방언에 바가지를 박(朴)이라 했으므로, 곧 박(朴)으로 성을 삼았으며, 계집아이는 태어난 우물 이름을 따서 이름을 지었다.

두 성스런 아이의 나이 13세가 된 오봉(五鳳) 원년 갑자에 남자 아이는 왕이, 여자 아이는 왕후가 되었다. 나라 이름을 서라벌(徐羅伐) 또는 서벌(徐伐 : 지금 풍속에 京자를 서벌로 읽는 것은 이 때문이다) 혹은 사라(斯羅) 또는 사로(斯盧)라 했으나, 처음에

---

52) 나정(蘿井) : 지금의 신라정(新羅井), 경주 탑정동 소재.

53) 백마(白馬) : 하늘의 사자.

계정(雞井)에서 낳았기 때문에 계림국(雞林國)이라고도 했다. 계룡이 상서로웠기 때문이다. 어떤 이는 말하기를 탈해왕(脫解王) 때 김알지(金閼智)를 얻었는데, 숲 속에서 닭이 울었기 때문에 나라 이름을 고쳐 계림(鷄林)이라 했다가, 뒤에 신라(新羅)로 정했다 한다.

박혁거세가 나라를 다스린 지 61년 만에 하늘로 올라갔다가 7일 만에 남은 뼈가 땅으로 흩어져 떨어졌고, 왕후도 죽었다. 나라 사람들이 한데 모아 장사지내려 하자 큰 뱀이 따라다니며 막으므로, 머리와 사지〔五體〕를 각각 묻어서 5릉(陵)으로 만들었다. 이 능을 사릉(蛇陵)이라고도 하며, 담엄사 북쪽 능이 그것이다. 곧 태자 남해왕(南解王)이 왕위를 계승하였다.

제2대 남해왕

남해거서간(南解居西干)은 차차웅(次次雄)이라고도 하니, 이는 존장의 칭호로서 오직 이 왕에게만 이르는 말이다. 아버지는 혁거세요, 어머니는 알영부인이다. 비는 운제부인(雲帝夫人 : 雲梯로도 쓰니 지금도 영일현 서쪽에 운제산 성모(聖母)가 있어 가뭄에 비를 빌면 응험이 있다고 한다)이다. 전한 평제(平帝) 원시(元始) 4년 갑자년(4)에 즉위하여 21년을 다스리다 지황(地皇)[54] 4년 갑신년(24)에 죽으니, 이 왕이 삼황(三皇)[55] 중의 한 사람이라 한다. 《삼국사》에 보면, 신라가 왕을 거서간이라 하니, 진한(辰韓) 말로는 왕을 뜻한다. 어떤 사람은 귀인(貴人)의 칭호라 한다. 또는 차차웅, 자충(慈充)이라고도 쓴다.

김대문(金大問)[56]이 말하였다.

"차차웅이란 방언으로 무당이니, 당시 사람들이 무당은 귀신을 섬기고 제사를 모신다 하여 두려워하고 공경하기 때문에, 존장을 자충이라 한다."

혹은 이사금(尼師今)이라고도 하니 잇금(이빨자국)이라는 말이다. 처음에 남해왕이 죽고 아들 노례(弩禮)가 탈해(脫解)에게 양위할 때, 탈해가 말하였다.

---

54) 지황(地皇) : 한나라의 평제(平帝)를 죽이고 신(新)나라를 세운 왕망(王莽)의 연호.

55) 삼황(三皇) : 혁거세왕·노례왕·남해왕을 말한다.

56) 김대문(金大門) : 통일신라시대의 유학자·저술가로, 《고승전》《화랑세기》 등을 지었다. 《삼국사기》에 열전이 있다.

"내가 들으니 성스럽고 지혜로운 이는 이빨이 많다 한다."

이에 시험삼아 떡을 씹어 보았다 하니, 예부터 전하는 말이 그러했다.

혹은 왕을 마립간(麻立干 : ^{입(立)을 수}_{(袖)로도 쓴다})이라 하는데, 김대문이 말하였다.

"마립은 방언에 궐(橛 : ^{말뚝 또}_{는 서열})이다. 궐표(橛標)는 자리를 표해 두는 것으로, 왕궐이 주가 되고, 신궐은 그 아래 나열하기 때문에 이렇게 부른 것이다."

사론(史論)에서는 이렇게 말하였다.

"신라에서 거서간, 차차웅으로 부른 왕이 각각 한 사람씩 있으며, 이사금은 열여섯 명, 마립간이라 부른 왕은 네 명이 있다."

신라 말의 이름난 유학자 최치원이 《제왕연대력(帝王年代曆)》을 지으면서 모두 모왕(某王)이라 칭하고 거서간 등의 칭호를 쓰지 않았으니, 방언이 천하고 거칠다 하여 이를 말할 것이 못된다 함이 아니겠는가? 그러나 지금 신라의 일을 기록하면서 방언을 함께 보존하는 것도 마땅한 일일 것이다. 신라 사람들이 추봉(追封)된 왕에 대해서는 갈문왕(葛文王)이라 하였으나, 이에 대해서는 자세히 알 수 없다.

남해왕 시대 낙랑국 사람들이 금성(金城)을 침략했으나 이기지 못하고 돌아갔으며, 천봉(天鳳) 5년 무인년(18)에는 고구려의 속국인 일곱 나라가 투항해 왔다.

제3대 노례왕

박노례이질금(朴弩禮尼叱今 : ^{유례왕(儒禮王)}_{이라고도 한다})이 처음에 매부인 탈해와 왕위를 서로 양보할 때 탈해가 말하였다.

"무릇 덕 있는 자는 이빨이 많다 하니, 마땅히 잇금으로 시험해 봅시다."

이에 떡을 물어 시험하니, 왕의 잇금이 많았으므로 먼저 왕위에 올랐다. 이런 연유로 왕을 잇금이라 함은 이때부터 시작되었다. 유성공(劉聖公)[57] 경시(更始) 원년 계미년(23)에 즉위(^{연표에는 갑신에}_{즉위했다 함})하여 여섯 부의 이름을 다시 정하고 곧 여섯 성(姓)[58]을 주었다.

---

57) 유성공(劉聖公) : 후한의 광무제의 형 유현(劉玄).

58) 이(李)·최(崔)·손(孫)·정(鄭)·배(裵)·설(薛) 씨를 말한다.

처음으로 도솔가(兜率歌)를 지으니 차사(嗟辭)와 사뇌격(詞腦格)[59]이 있
었다. 그때 처음으로 쟁기의 날과 얼음 저장고와 수레를 만들었다. 건무(建
武) 18년(42)에 이서국(伊西國)[60]을 쳐서 멸망시켰다. 이 해에 고구려 군사
가 침범해 왔다.

제4대 탈해왕[61] 7

탈해치질금(脫解齒叱今 : 토해이사금(吐解尼師今)이라고도 한다)[62]은 남해왕 때 (옛 책에 임인년에 즉위했다 함은 잘못이다. 가까운 임인이라면 노례왕이 즉위하던 것보다 약간 뒤가 되니, 왕위를 다툰 일이 없었을 것이고 그 앞이라면 혁거세의 때가 되니, 임인이 아닌 것을 알 수 있다) 가락국(駕洛國) 바다 가운데에 배가 와서
닿았다. 그러자 그 나라의 수로왕(首露王)이 신하들과 백성들이 함께 시끄럽
게 북을 치며 맞아들여 머물게 하려 하자, 배가 날 듯이 달아나서 계림의 동
쪽 하서지촌(下西知村) 아진포(阿珍浦)까지 갔다 (지금도 상서지 하서지라 하는 마을 이름이 있다).

그때 포구 가에 아진의선(阿珍義先)이라는 혁거세왕의 고기잡이 노파가 있
다가, 배를 바라보고 말하였다.

"이 바다에는 원래 바위가 없는데 어째서 까치가 모여서 우느냐?"

배를 끌어당겨 살펴보니 까치들이 배 위에 모여 있고, 배 안에는 궤 하나가
있는데 길이가 20자이고 너비가 13자였다. 그 배를 끌어다 나무 수풀 아래에
매어 두고는 길흉을 알 수 없어 하늘에 맹세하였다. 잠시 후 열어 보니, 단정
한 모습의 남자가 있고, 칠보(七寶)[63]와 노비들이 그 안에 가득하였다.

7일 동안 대접하니 그제야 말을 하였다.

"나는 원래 용성국(龍城國)[64] 사람입니다 (또는 정명국(正明國)이라 하며 혹은 완하국(琓夏國)이라 쓰기도 한다. 완하는 혹 화경국(花慶國)이라 쓰기도 한다.

---

59) 사뇌격(詞腦格) : 향가의 기원과 관련되며, 가사의 '아으'와 같은 말.

60) 이서국(伊西國) : 삼한시대 변진(弁辰) 계통의 부족국가로, 경상북도 청도군에 있었
던 것으로 추정되는 소국(小國).

61) 탈해왕(脫解王) : 난생설화.

62) 탈해치질금(脫解齒叱今) : '탈'은 '토(吐)'와 같다. 치질금은 이사금, 이질금과 같은
뜻이다.

63) 칠보(七寶) : 불교에서 이르는 7가지 보배. 금·은·유리(琉璃)·마노(瑪瑙)·호박(琥
珀)·거거(硨磲)·산호.

64) 용성국(龍城國) :《삼국사기》에서는 다파나국(多婆那國)이라 했다.

용성국은 왜국 동북 천리에 있다). 우리 나라에는 28용이 있으며, 사람의 태에서 출생하여 오륙세에 왕위를 이어받아 만백성을 가르치고 성명(性命)을 닦았습니다. 8품의 성골(姓骨)이 있으나 가리지 않고 모두 큰지위에 올랐습니다. 지금 우리 부왕은 함달파(含達婆)인데 적녀국(積女國) 왕의 딸을 맞아 왕비로 삼았으나, 오래도록 아들이 없어 기도하여 자식 얻기를 바라더니, 7년 만에 큰 알 하나를 낳았습니다. 이에 왕이 신하들을 모아 놓고 물으니 '사람으로서 알을 낳는 것은 고금에 없는 일이라 길조가 되지 못한다' 하므로 궤를 만들어 나를 비롯해 칠보와 노비를 넣어 배에 싣고 바다에 띄워 보내면서 '어느 곳이든 인연 있는 땅에 가서 나라를 세우고 집안을 이루거라' 하고 축원했습니다. 그러자 붉은 용이 나타나 배를 호위하여 여기까지 왔습니다."

말을 마치자, 그 동자는 지팡이를 짚고 노비 2명과 함께 토함산으로 올라가 돌무덤을 만들고 7일을 머물렀다. 성 안의 살 만한 땅을 바라보다가, 초승달과 같은 봉우리를 보고 오래 살 만한 곳이라 하여, 내려와 찾아가니 호공(瓠公)[65]의 집이었다. 이에 꾀를 내어 몰래 숫돌과 숯을 그 집 옆에 묻어 놓고, 그 이튿날 아침에 호공의 집에 가서 말하였다.

"이곳은 우리 조상 대대로 살던 집이오."

호공이 아니라 하여 싸움이 해결되지 않았다. 이에 관청에 고발하니 관원이 물었다.

"무슨 증거로 네 집이라 하느냐?"

동자가 말하였다.

"우리는 본래 대장장이이었는데 잠시 이웃 마을로 간 사이에 다른 사람이 차지하여 사는 것입니다. 땅을 파서 조사해 보시오."

탈해의 말대로 땅을 파보니 숫돌과 숯이 나왔으므로 그 집을 빼앗아 살게 되었다.

그때 남해왕이 탈해가 지혜 있는 사람인 것을 알고 맏공주로써 아내를 삼게 하니, 이가 곧 아니부인(阿尼夫人)이다.

하루는 토해(吐解 : 탈해)가 동악에 올랐다가 돌아오는 길에 하인 백의(白衣)를 시켜 물을 떠오게 하니, 백의가 물을 길어 오던 길에 먼저 맛보려 하자

---

65) 호공(瓠公) : 《삼국사기》에 따르면 박을 허리에 차고 있다 하여 붙여진 이름.

잔이 입에 붙어 떨어지지 않았다. 탈해가 꾸짖으니 백의가 맹세하였다.

"이후로는 가깝거나 멀거나 간에 감히 먼저 맛보지 않겠습니다."

그러자 입에서 잔이 떨어졌다. 그 후로 백의가 두려워 심복하여 감히 속이지 못했다. 지금도 동악에 우물이 하나 있는데 세속에서 요내정(遙乃井)이라 하니 바로 그곳이다.

노례왕이 죽고 광무제 중원(中元) 2년 정사년(57) 6월에 마침내 탈해가 왕위에 올랐다. 옛날 우리 집이라 하여 남의 집을 빼앗았으므로 석(昔)자로 성을 삼았다 하며, 혹은 까치 때문에 궤를 열었으므로 까치 작(鵲) 자에서 새 조(鳥) 자를 떼어서 석(昔) 자로 성을 삼았다 하며, 궤를 열〔解〕 때 알을 깨고〔脫〕 나왔으므로 이름을 탈해라 하였다고도 한다. 23년 동안 왕위에 있다 건초(建初)[66] 4년 기묘년(79)에 죽으매, 소천(疏川)의 언덕에 장사지냈다. 그 뒤 신이 말하였다.

"조심하여 내 뼈를 묻어라."

그의 두개골은 둘레가 석 자 두 치였고, 몸뼈의 길이가 아홉 자 일곱 치이며, 이는 붙어서 하나였으며, 뼈마디는 모두 이어져 쇄골(鎖骨)이 되었으니 천하에 둘도 없는 장사의 뼈였다 한다. 부수어 소상(塑像)을 만들어 궁궐 안에 두었더니 신이 또 말하였다.

"내 뼈를 동악에 두어라."

그래서 동악에 봉안하여 모시게 하였다(일설에는 27대 문무왕 때 조로(調露) 2년 경진년(680) 3월 15일 신유날 밤에 태종(太宗)[67]에게 현몽하여, 매우 위엄 있고 사나워 보이는 한 노인이 말하되, "나는 탈해다. 내 뼈를 소천에서 가져다가 소상을 만들어 토함산에 봉안하라"고 하였다. 왕이 그 말대로 하였다. 그러므로 지금까지 국사(國祀)가 끊어지지 않았으니, 이가 동악신(東岳神)이라 한다).

김알지, 탈해왕 대

영평(永平)[68] 3년 경신(중원 6년이라 함은 잘못이다. 중원은 2년에 끝났다) 8월 4일에 호공이 밤에 월성(月城) 서리(西里)를 지나다가 시림(始林 : 구림(鳩林) 이라고도 한다)[69]에서 커다란 밝은 빛을

---

66) 건초(建初) : 후한의 장제(章帝)의 연호.

67) 태종(太宗) : 문무왕 때라 하였으니 오기이다.

68) 영평(永平) : 후한 명제(明帝)의 연호.

69) 시림(始林) :《삼국사기》〈잡지〉에서, 탈해왕 9년(65)에 시림에 닭의 신이한 변화가 있어, 계림(鷄林)으로 고쳤다 한다.

보았다. 자줏빛 기운이 하늘에서 땅에 닿고, 구름 속으로 나뭇가지에 황금궤가 걸려 있는 것이 보였다. 그 궤 속에서 빛이 나오고 나무 밑에서는 흰 닭이 울고 있었다. 호공은 이 사실을 왕에게 알렸다. 왕이 숲으로 가 궤를 열어보니 누워 있던 사내아이가 벌떡 일어나는 것이, 마치 혁거세 고사와 같았다. 그의 말을 따라 알지(閼智)라 이름을 붙였다. 알지는 향언에 어린아이라는 뜻이다. 왕이 수레에 싣고 대궐로 돌아오는데, 새와 짐승들이 따라오면서 즐겁게 춤을 추었다.

왕이 길일을 가리어 태자로 책봉했으나, 후에 파사(婆娑)에게 사양하고 왕위에 오르지 않았다. 그는 금궤에서 나왔다 해서 성을 김씨(金氏)로 하였다. 알지는 세한(勢漢)을 낳고, 세한은 아도(阿都)를 낳고, 아도는 수류(首留)를 낳고, 수류는 욱부(郁部)를 낳고, 욱부는 구도(俱道 : ^{仇刀로도} 쓴다)를 낳고, 구도는 미추(未鄒)를 낳았다. 미추가 왕위에 오르니 신라의 김씨는 알지로부터 시작되었다.

연오랑 세오녀

제8대 아달라왕(阿達羅王) 즉위 4년 정유년(157)에 동해 가에 연오랑(延烏郎)과 세오녀(細烏女) 부부가 살았다. 하루는 연오랑이 바다로 나가 해조를 따고 있는데 갑자기 바위 하나(^{물고기 한 마리}_{라고도 한다})가 연오랑을 태우고 일본으로 갔다. 일본 사람들이 그를 보고 말하였다.

"이 사람은 보통 인물이 아니다."

그리하여 왕으로 삼았다(^{일본제기(日本帝記)를 살펴보면 신라 사람으로 왕이 된 이가} _{없으니 아마 변방 고을의 조그만 왕이고 중앙의 왕은 아닌 듯하다}).

세오녀는 남편이 돌아오지 않자, 이상히 여기고 바닷가에서 찾다가 남편이 벗어 놓은 신을 발견하였다. 그녀 역시 바위로 올라가니 바위가 전처럼 그녀를 태우고 일본으로 갔다. 그 나라 사람들이 놀라 의아하게 여기고 왕에게 알리고 세오녀를 왕에게 보냈다. 부부가 서로 만나게 되었고, 세오녀는 귀비가 되었다.

이때 신라에서는 해와 달의 빛이 없어지니, 점성가가 왕께 말하였다.

"해와 달의 정기가 우리 나라에 와 있다가, 지금은 일본으로 갔기 때문에 이러한 변괴가 생겼습니다."

왕이 사신을 보내 두 사람이 오기를 청하니, 연오랑이 말하였다.

"내가 여기에 온 것은 하늘의 뜻인데 어떻게 돌아가겠소? 그러나 짐의 비가 짜놓은 비단이 있으니, 이것으로 하늘에 제사지내도록 하시오."

그러고는 그 비단을 주었다. 사신이 돌아와 아뢰고, 그 말대로 제사지내니, 해와 달이 전처럼 빛을 되찾았다. 그 비단을 어고(御庫)에 소장하여 국보로 삼고, 그 창고의 이름을 귀비고(貴妃庫)라 하고, 제사지낸 곳을 영일현(迎日縣) 또는 도기야(都祈野)라 하였다.

미추왕과 죽엽군

제13대 미추이질금(未鄒尼叱今 : 미조(未祖) 또는 미고(未古)로도 쓴다)은 김알지의 7세손이다.

대대로 벼슬을 했으며, 성덕이 있어 이해(理解)[70]로부터 자리를 물려받아 비로소 왕위에 올랐다(지금 세속에서 이 왕릉을 시조당(始祖堂)이라 하는 것은 대개 김씨가 처음 왕위에 올랐기 때문에, 후세 김씨의 모든 왕들이 미추를 시조로 삼은 것이다). 그가 왕위에 오른 지 23년 만에 죽었는데, 왕릉은 흥륜사(興輪寺) 동쪽에 있다.

제14대 유리왕(儒理王) 대에 이서국 사람들이 금성을 공격해 오니, 우리도 (신라) 군사를 일으켜 크게 방어했으나, 오래도록 대항할 수 없었다. 그런데 홀연히 이상한 군대가 나타나서 돕는데, 모두 댓잎을 귀에 꽂고 우리 군사와 함께 힘을 합하여 적을 격파하고는 어디로 갔는지 알 수 없이 물러갔다. 다만 미추왕의 능 앞에 댓잎이 쌓인 것을 보고 그제야 선왕이 음덕으로 도와 공이 이루어진 것임을 알게 되었다. 그래서 그 능을 죽현릉(竹現陵)[71]이라 불렀다.

그 뒤 37대 혜공왕(惠恭王) 대인 대력(大曆) 14년 기미년(779) 4월에 홀연히 유신공(庾信公)의 무덤에서 회오리바람이 일어났는데, 그 속에서 준마를 탄 사람이 나타났다. 마치 장군 같은 위용을 갖추었고, 또 갑옷을 입고 병기를 가진 40여 명이 그 뒤를 따라와 죽현릉으로 들어갔다. 조금 있더니 능 속이 흔들리며 우는 듯, 호소하는 듯한 소리가 들렸다.

"신은 평생토록 시대의 환란을 구하는 데 힘을 보태 통일을 이룩한 공이

---

70) 이해(理解) : 《삼국사기》에는 점해(沾解)로 되어 있다.

71) 죽현릉(竹現陵) : 죽엽릉(竹葉陵)이라 하는 이도 있다.

있으며, 이제는 혼백이 되어서도 나라를 지키고 재난을 물리치고 환란을 구하려는 마음 잠시도 변한 적이 없습니다. 그런데 지나간 경술년(혜공왕 6년)에 신의 자손이 죄없이 죽임을 당했습니다. 그것은 군신들이 나의 공을 염두에 두지 않은 것입니다. 신은 멀리 다른 곳으로 떠나 다시는 나라를 위해 힘쓰지 않으려 하오니 원컨대 대왕께서는 허락하소서.”

미추왕이 대답하였다.

“나와 공이 이 나라를 보호하지 않으면 이 백성들은 어찌하겠는가? 공은 다시 예전처럼 힘써 주오.”

유신공이 세 번을 간청하여도 허락하지 않자 회오리바람은 돌아가 버렸다.

혜공왕은 그 말을 듣고 두려워하여 대신 김경신(金敬信)을 김유신 공의 능으로 보내어 사과하고, 취선사(鷲仙寺)[72]에다 공덕을 기리는 위토 30결(結)을 하사하여 명복을 빌게 하였다. 그 절은 김공이 평양을 토벌한 뒤에 복을 심기 위하여 세운 절이기 때문이다.

미추왕의 혼[73]이 아니었다면 김공의 노여움을 막을 수 없었으니, 왕의 호국(護國)이야말로 크다 하지 않을 수 없다. 그러므로 국민들이 그 덕을 기려 삼산(三山)[74]과 함께 제사지내기를 게을리하지 않고, 제사 차례를 오릉(五陵)의 위에 두어 대묘(大廟)라 일컬었다고 한다.

내물왕 (혹은 나밀왕) 과 김제상[75]

제17대 나밀왕이 즉위한 지 36년 경인년(390)에 왜왕이 사신을 보내 조회하면서 말하였다.

“저희 임금께서는 대왕의 신성하심을 듣고 신들을 시켜 백제의 죄를 대왕께 알리라 하셨으니, 원컨대 대왕께서는 왕자 한 명을 보내 저희 임금께 성

---

72) 취선사(鷲仙寺):《삼국사기》〈김유신열전〉에 나온다. 경주에 있다.

73) 호국령이다.

74) 삼산(三山):신라의 제전(祭典) 중 대사(大祀). 내림(奈林)·골화(骨化)·혈례(穴禮)의 세 곳.

75) 김제상(金堤上):《삼국사기》〈신라본기〉와 〈열전〉에 박제상(朴堤上)으로 되어 있다.

심을 표하소서."

이에 왕이 셋째아들 미해(美海 : 미토희(未吐喜)라고도 함)[76]를 왜국으로 보냈다. 미해의
나이 10세라 아직 말과 행동이 갖추어지지 않았으므로 내신(內臣) 박사람
(朴娑覽)을 부사로 삼아 딸려 보냈다. 왜왕은 30년 동안 그를 붙잡아 두고
돌려보내지 않았다.

그후 눌지왕(訥祇王)이 즉위한 지 3년 기미년(419)에는 고구려 장수왕(長
壽王)이 보낸 사신이 말하였다.

"저희 임금께서는 대왕의 아우 보해(寶海)[77]가 뛰어난 지혜와 재능이 있다
함을 듣고, 서로 친하게 지내기를 바라며 특별히 소신을 보내 간청드리도록
했습니다."

왕이 매우 다행하게 여겨 이로 인해서 화친하여 왕래하기로 하였다. 그래
서 아우 보해를 고구려에 가게 하고 내신 김무알(金武謁)로 보좌로 삼아 보
냈다. (그런데) 장수왕 역시 그를 억류하고 돌려보내지 않았다.

10년 을축년(425)에 왕은 여러 신하들과 나라의 호협한 이들을 불러 모아
친히 연회를 베풀었다. 술이 세 순배나 돌고 음악이 곁들이자, 왕은 눈물을
흘리며 군신들에게 말하였다.

"옛날 아버님께서 백성의 일에 마음을 쏟아 사랑하는 아들을 왜국으로 보
냈다가 보지 못한 채 돌아가셨다. 짐이 즉위한 뒤에 이웃나라의 군대가 강성
하여 병화가 그치지 않았는데, 고구려가 유독 화친하자 하여 짐이 그 말을
믿고 아우를 보냈다. 그런데 고구려 역시 그를 잡아 두고 돌려보내지 않고
있다. 짐이 비록 부귀하여 있으나, 하루도 잊거나 울지 않은 날이 없었다.
만일 두 아우를 만나보고 함께 선왕의 묘를 찾아뵈온다면 나라 사람들의 은
혜를 갚을 수 있을 것이니, 누가 이 계책을 이룰 수 있겠는가?"

백관들이 모두 아뢰었다.

"이런 일은 참으로 쉬운 것이 아니니 반드시 지모와 용기가 있어야 가능

---

76) 미해(美海) : 《삼국사기》 〈신라본기〉에 미사흔(未斯欣)으로 되어 있다. 미사흔과 박제
상 이야기는 《일본서기》 권7에도 전한다.

77) 보해(寶海) : 《삼국사기》 〈신라본기〉에 "복호(卜好)를 고구려에 볼모로 보냈다"는 기
록이 있다.

합니다. 신들의 생각으로는 삽라군(歃羅郡) 태수 제상(堤上)이라면 할 수 있을 것입니다.”

이에 왕이 제상을 불러 물으니, 제상이 재배하고 대답하였다.

“신이 듣건대 임금에게 근심이 있으면 신하가 욕되고, 임금이 욕되면 신하는 그 일을 위해 죽어야 한다 하오니, 만일 어렵고 쉬운가를 생각한 뒤에 행한다면 충성이 아니요, 죽을지 살지를 헤아린 뒤에 움직이면 용맹이 없는 것입니다. 신이 비록 불초하지만 명을 받자와 시행하겠습니다.”

왕이 매우 가상히 여겨 그와 술잔을 나누어 마시고 손을 맞잡고는 헤어졌다.

제상이 주렴 앞에서 왕명을 받들고 곧장 북해 바닷길을 통해 변복하고 고구려로 들어갔다. 그리고 보해가 있는 곳으로 가 함께 탈출할 날짜를 의논하여 5월 15일로 정하고, 고성(高城) 수구(水口)로 돌아와 묵으면서 기다렸다. 보해는 약속 기일이 가까워지자 병이라 핑계하고 여러 날을 조회하지 않다가 밤중에 도망하여, 고성 바닷가에 이르렀다. 고구려 왕이 이를 알고 수십 명을 시켜 쫓게 하니 고성까지 와서 만나게 되었다. 그러나 보해가 고구려에 있을 때 항상 좌우 사람들에게 은혜를 베풀었으므로, 군사들이 그를 불쌍히 여겨 모두 활촉을 빼고 쏘았기 때문에 마침내 잡히지 않고 돌아왔다.

왕이 보해를 보고는 더욱 미해를 생각하여 한편으로는 즐겁고 한편으로는 슬퍼서 눈물을 흘리며 좌우에게 말하였다.

“마치 한 몸에 팔이 하나요, 한 얼굴에 눈이 하나인 것 같다. 비록 하나는 얻었으나 하나가 없으니 어찌 비통하지 않겠소?”

이때 제상이 그 말을 듣고는 재배하고 하직한 후 말을 타고 가면서 집에는 들르지도 않고 바로 율포(栗浦) 바닷가로 나갔다.

그의 아내가 소식을 듣고 말을 달려 율포에 이르렀으나, 남편은 이미 배에 오른 뒤였다. 아내가 간절히 불렀으나 제상은 손만 흔들어 보이고 떠났다.

왜국에 도착해서 거짓으로 말하였다.

“계림왕이 죄없이 내 부친과 형을 죽이므로 도망쳐 왔습니다.”

왜왕이 믿고 집을 주어 편히 살게 하였다.

그래서 제상은 항상 미해를 모시고 바닷가에 나가 놀면서 물고기와 새를 잡아 왜왕에게 바치니, 왜왕이 즐거이 여겨 의심하지 않았다. 마침 새벽 안개가 끼어 어두운지라, 제상이 말하였다.

"갈 만합니다."

미해가 말하였다.

"그렇다면 같이 갑시다."

제상이 말하였다.

"만일 신이 같이 가면 왜인이 알고 추격할 것입니다. 원컨대 신은 머물러 있어서 추격을 막겠습니다."

미해가 말하였다.

"지금 그대는 내게는 부형과 같은데 어찌 그대를 두고 떠날 수 있겠소?"

제상이 말하였다.

"신은 공의 목숨을 구하여 대왕의 바라는 정에 위로가 되었으면 족합니다. 어찌 살기를 바라겠습니까?"

그리고 술을 가져다 미해에게 올렸다. 그때 계림 사람인 강구려(康仇麗)가 왜국에 있었으므로 그를 딸려 보냈다.

제상은 미해의 방으로 들어갔다. 이튿날 날이 밝자, 주변 사람들이 미해를 보러 들어오려 하므로 제상이 나와 막으면서 말하였다.

"어제 사냥하느라 무리해서 병이 났소. 일어나지 못했소."

해가 저물자 주변 사람들이 이상하게 여겨 다시 물었다.

"미해는 떠난 지 오래되었소."

이렇게 대답하자, 주변 사람들은 즉시 왜왕에게 알렸다. 왜왕이 기병을 시켜 쫓게 했으나 따라가지 못했다.

이에 제상을 잡아 가두고 물었다.

"어찌 너의 왕자를 몰래 보냈느냐?"

제상이 대답하였다.

"나는 계림의 신하이지 왜국의 신하가 아니므로, 우리 임금의 뜻을 이루어 드리고자 한 것뿐인데 어찌 감히 당신에게 말할 것인가?"

왜왕이 노하여 말하였다.

"너는 이미 내 신하가 되었는데 계림의 신하라고 말하니, 오형에 처할 것이다. 그러나 왜국의 신하라 하면 후한 녹을 주리라."

제상이 말하였다.

"차라리 계림의 개나 돼지가 될지언정, 왜국의 신하는 되지 않겠다. 차라리 계림의 매를 맞을지언정 왜국의 벼슬이나 녹을 받지 않겠다."

왜왕이 노하여 제상의 발바닥 껍질을 벗기고 갈대를 거칠게 베어다 그 위를 걷게 하면서 다시 물었다(지금 갈대 위에 피의 흔적이 있는데 세속에서 제상의 피라 한다).

"너는 어느 나라 신하냐?"

"계림의 신하이다."

왜왕은 다시 뜨거운 철판 위에 세우고 물었다.

"너는 어느 나라 신하이냐?"

"계림의 신하이다."

왜왕은 제상을 항복시킬 수 없음을 알고 목도(木島)에서 불태워 죽였다.

미해는 바다를 건너자, 강구려를 시켜 먼저 나라에 알리게 하니 왕이 놀라 기뻐하며 모든 백관들을 굴헐역(屈歇驛)에서 영접하게 하고, 왕은 아우 보해와 함께 남교(南郊)에서 맞이하였다. 그리고 대궐로 돌아와 잔치를 베풀고 나라 안에 대사면령을 내렸다. 제상의 아내는 국대부인(國大夫人)으로 봉하고 그 딸은 미해의 부인을 삼았다.

식견 있는 자들이 말하였다.

"옛날 한나라의 신하 주가(周苛)가 형양(滎陽)에 있다가 초나라 군사의 포로가 되었다. 항우가 주가에게 이르기를 '네가 만일 내 신하가 되면 만록후(萬祿侯)를 봉하겠다'고 하니 주가는 꾸짖으며 굴하지 않고 초왕에게 죽임을 당하였으니 제상의 충렬은 주가에게 부끄러울 것이 없다."

처음에 제상이 떠나갈 때에 그 부인이 듣고 쫓아가다가 따르지 못하여 망덕사(望德寺) 문 남쪽 모래 위에 드러누워 오래도록 울부짖었다 하여 그 모래톱을 장사(長沙)라 불렀고, 친척 두 사람이 부축하여 돌아오려 하나 부인이 다리에 힘이 없어 일어나지 못하므로 그곳을 벌지지(伐只旨)라 하였다. 오랜 후에 부인은 그리움을 이기지 못하여 세 딸을 데리고 치술령(鵄述嶺)[78]에 올라가 왜국을 바라보며 통곡하다가 죽어 곧 치술령의 신모(神母)가 되었으니 지금까지 사당이 남아 있다.

---

78) 치술령(鵄述嶺) : 경주시 외동읍과 울주군 두동면 경계에 있으며 해발 754m이다. 그 아래에 박제상 사당이 있다.

제18대 실성왕

의희(義熙) 9년 계축년(413), 평양주(平壤州)에 큰 다리가 낙성되었다 (아마 남평양인 듯하니 지금의 양주다). 왕이 전 왕의 태자 눌지(訥祇)가 덕망이 있음을 꺼려 하여 해치려 하고, 고구려 군사를 청하고는 거짓으로 눌지를 맞아들였다. 고구려 군사들이 눌지에게 착한 행실이 있음을 보고는 이에 창을 되돌려 왕을 죽이고 눌지를 세워 왕으로 삼고 돌아갔다.

사금갑(射琴匣 : 거문고 갑을 쏘다)

제21대 비처왕(毗處王 : 또는 소지왕(炤智王)이라고 한다)이 즉위한 지 10년 무진년(488)에 천천정(天泉亭)에 행차하였는데, 때마침 까마귀와 쥐가 와서 울었다. 쥐가 사람의 말로 하였다.

"이 까마귀가 가는 곳을 찾아가라(혹은 신덕왕이 흥륜사에 향을 피우려 가는 노상에서 뭇쥐가 꼬리를 물고 가는 것을 보고 이상히 여겨 돌아와 점을 치니 내일 맨 먼저 우는 까마귀를 따라가라 하였다 하나 그것은 틀린 것이다)."

이에 왕이 기사에게 명하여 따라가게 하였다. 남쪽 피촌(避村 : 지금 양피사촌(壤避寺村)이니 (경주) 남산 동쪽 기슭에 있다)까지 갔을 때, 돼지 두 마리가 싸우는 것을 보고 서 있다가 그만 까마귀가 가는 곳을 잃어버렸다. 길가에서 배회하는데, 그때 어떤 노인이 연못에서 나와 편지를 주었다. 겉봉에 이렇게 씌어 있었다.

"뜯어 보면 두 사람이 죽고 뜯어 보지 않으면 한 사람이 죽는다."

사신이 돌아와 바치니 왕이 말하였다.

"두 사람이 죽는 것보다는 뜯어 보지 않고 한 사람이 죽는 것이 낫다."

일관(日官)이 아뢰었다.

"두 사람이란 서민이고, 한 사람이란 왕입니다."

왕도 그렇게 여겨 뜯어 보았더니 이렇게 씌어 있었다.

"거문고 갑을 쏘라."

왕이 궁으로 돌아와 거문고 갑을 발견하고 쏘았더니, 그 속에서 내전의 분수승(焚修僧)이 궁주(宮主 : 빈)와 은밀히 간통하고 있었다. 두 사람은 사형을 받았다.

이로부터 세속에서 매년 정월 상해(上亥)일[79], 상자(上子), 상오(上午)일에는 온갖 일을 꺼리며 조심하여 함부로 행동하지 않았다. 그리고 16일에는 오기일(烏忌日)[80]이라 하여 찰밥으로 제사지냈는데, 지금껏 민간에서 행해진다. 방언으로 달도(怛忉)라 하니, 슬퍼하고 근심하면서 모든 일을 금한다는 말이다. 그 연못을 서출지(書出池)[81]라 하였다.

지철로왕

제22대 지철로왕(智哲老王)의 성은 김씨요, 이름은 지대로(智大路) 또는 지도로(智度路)이며, 시호는 지증(智證)이라 하니 시호가 이로부터 시작되었다. 또 우리말에 왕을 마립간(麻立干)[82]이라 한 것도 이 왕 때부터 시작되었다. 왕은 영원(永元)[83] 2년 경진년(500)에 즉위하였다(혹은 신사라고도 하니 그러면 3년이다).

왕은 음경의 길이가 한 자 다섯 치라 아름다운 배필을 얻기 어려워 사신을 삼도로 보내 구하게 하였다. 사신이 모량군(牟梁郡) 동로수(冬老樹) 아래에 이르니, 개 두 마리가 북만한 똥덩어리 양 끝을 다투어 먹고 있는 것을 보았다. 그래서 동네 사람에게 물으니 한 소녀가 말하였다.

"이 마을 상공(相公)의 딸이 빨래하다가 숲 속에 숨어 눈 것입니다."

그 집을 찾아가니 상공의 딸은 키가 7자 5치나 되었다. 이런 사실을 왕에게 아뢰었더니 왕이 곧 수레를 보내 그녀를 궁중으로 맞아들여 왕후[84]로 봉하니 군신들이 하례하였다.

또 아슬라주(阿瑟羅州 : 지금의 명주)의 동해 중에 바람을 잘 타면 이틀 길 정도되는 곳에 우릉도(于陵島)[85]가 있는데, 둘레가 2만 6천 7백 30보가 된다. 섬 오랑캐들이 물이 깊은 것만 믿고 교만하여 신하 노릇을 잘 하지 않았다.

---

79) 상해(上亥) : 이 달의 첫 해일(亥日).

80) 오기일(烏忌日) : 까마귀 제삿날. 까마귀에게 찰밥으로 제사지내는 풍속.

81) 서출지(書出池) : 양기못. 경주시 남산동 소재.

82) 마립간(麻立干) : '마립'은 두(頭)·상(上)·종(宗)의 의미, '간'은 대(大)·장(長)의 뜻이므로, 왕에게 쓰인 것. '마루한'으로 발음된다.

83) 영원(永元) : 남조 제나라 동혼후의 연호.

84) 박씨 연제부인(延帝夫人).

85) 우릉도(于陵島) : 지금의 울릉도.

왕이 이찬(伊湌), 박이종(朴伊宗)[86]을 시켜 군사를 거느리고 토벌하게 하였다. 박이종이 나무로 사자를 만들어 큰 배에 싣고 가 위협하였다.

"항복하지 않으면 이 짐승을 풀어 놓겠다."

우릉도 오랑캐들이 두려워 항복하였다. (왕은) 박이종에게 상을 주고 그 주의 장관으로 삼았다.

진흥왕

제24대 진흥왕(眞興王)이 즉위하니 나이가 15세[87]였으므로 태후(太后)가 섭정하였다. 태후는 법흥왕의 딸이요, 입종갈문왕(立宗葛文王)[88]의 왕비이다. 임종할 때에 머리를 깎고 법복을 입고 세상을 떠났다.

승성(承聖)[89] 3년(554) 9월에 백제 군이 진성(珍城)을 침략하여 남녀 3만 9천 명과 말 8천 필을 노략질해 갔다.

이전에 백제가 신라와 군사를 합쳐 고구려를 치자 하였다. 이에 진흥왕이 말하였다.

"나라의 흥망은 하늘에 달렸으니, 만일 하늘이 고구려를 싫어하지 않는다면 우리로서는 감히 바랄 수 있는 일이겠는가?"

이 말을 고구려에 통보하였더니, 고구려는 그 말에 감격하여 신라와 화친을 맺었다. 이 때문에 백제는 신라를 원망하여 침범한 것이다.

도화녀와 비형랑

제25대 사륜왕(舍輪王)의 시호는 진지대왕(眞智大王)이니 성은 김씨이다. 왕비는 기오공(起烏公)의 딸 지도부인(知刀夫人)이다. 태건(太建)[90] 8년 병

---

86) 박이종(朴伊宗) :《삼국사기》〈신라본기〉에 이사부(異斯夫)로 되어 있으며, 김씨라 했다.

87)《삼국사기》〈신라본기〉에 7세로 되어 있다.

88) 입종갈문왕(立宗葛文王) : 법흥왕의 아우.

89) 승성(承聖) : 남조 양나라 간문제(簡文帝) 소강의 연호.

90) 남조 진(陳)나라 선제(宣帝)의 연호. 원문의 '大'는 '太'가 맞다.

신년(576)^{(옛 책에 11년 기해라} 함은 잘못이다)에 즉위하여 나라를 다스린 지 4년 만에 정사가 어지럽고 음란하므로 나라 사람들이 폐위시켰다. 이전에 사량부(沙梁部) 서민의 여인이 얼굴이 예뻐서 도화랑(桃花娘)이라 불렀는데, 왕이 이 말을 듣고서 궁중으로 불러들여 침소에 들게 하려 하자, 도화녀가 말하였다.

"여자가 지켜야 할 것은 두 남자를 섬기지 않는 것이니, 비록 천자의 위엄이라 해도 남편 있는 여자를 다른 사람에게 가게 하지는 못할 것입니다."

왕이 말하였다.

"너를 죽인다면 어찌 하겠느냐?"

도화녀가 말하였다.

"차라리 거리에서 죽임을 당할지언정 소원을 달리할 수는 없습니다."

왕이 희롱하여 말하였다.

"남편이 없으면 되겠느냐?"

"되겠습니다."

왕은 도화녀를 보내주었다.

이 해에 왕은 폐위되어 죽고, 그 후 2년 만에 도화녀의 남편도 죽었다. 10여 일 후 밤중에 홀연히 왕이 생시와 똑같은 모습으로 도화녀의 방에 나타나 말하였다.

"네가 지난날 약속한 대로 이제 네 남편이 없으니 되겠느냐?"

도화녀는 경솔히 허락할 수가 없어 부모에게 고하였더니 부모가 말하였다.

"임금의 명령을 어찌 피할 수 있느냐?"

그리고 도화녀를 방으로 들여보냈다. 왕이 7일을 그곳에 머물렀는데 항상 오색구름이 집을 덮고 향기가 방에 가득하였다. 7일 후 왕은 홀연히 종적이 사라지고, 도화녀는 곧 태기가 있었다. 만삭이 되어 해산하려 할 때 천지가 진동하며 사내아이를 낳으니, 이름을 비형(鼻荊)이라 하였다.

진평대왕(眞平大王)[91]은 이 이상한 일을 듣고 궁중에서 거두어 길렀다. 15세 때에 집사(執事) 벼슬을 주었다. 그런데 비형은 매일 밤만 되면 멀리 달아나 노는지라, 왕이 날랜 병사 50명을 시켜 지켜보게 했더니, 항상 월성(月城)을 날아 넘어 서쪽 황천(荒川 : ^{경성 서쪽에} 있다) 언덕으로 가서 귀신들을 이끌고 놀았

---

91) 진평대왕(眞平大王) : 신라 제26대 왕. 경주 보문동에 능이 있다.

다. 날랜 병사들이 숲속에 숨어서 보니, 여러 절에서 종소리가 나면 귀신들은 제각기 흩어지고 비형랑 역시 돌아왔다. 군사들이 사실대로 아뢰니 왕이 비형랑을 불러 물었다.

"네가 귀신들을 데리고 논다 하니 참말이냐?"

"그렇습니다."

"그렇다면 네가 귀신들을 시켜 신원사(神元寺 : 혹은 신중사(神衆寺)라 하나 잘못이다. 또는 황천 동쪽 깊은 개천이라 한다) 92) 북쪽 개천에 다리를 놓아라."

비형은 어명을 받들어 귀신의 무리를 이끌고 돌을 다듬게 하여 하룻밤에 다리를 놓았다. 그 때문에 다리 이름을 귀교(鬼橋)라 하였다. 왕이 또 물었다.

"귀신들 중에 인간 세상에 와서 정사를 도울 만한 자가 있느냐?"

비형랑이 답하였다.

"길달(吉達)이란 자가 국정을 도울 만합니다."

왕이 말하였다.

"데려오라."

다음날 비형이 길달과 함께 나타났다. (왕은) 그에게 집사 벼슬을 시켰더니 과연 둘도 없이 충직하였다.

그때 각간(角干) 93) 임종(林宗)에게 아들이 없자, 왕이 명하여 아들을 삼게 하였다. 임종이 길달에게 흥륜사(興輪寺) 94) 앞에 문루(門樓)를 짓게 했더니 길달이 밤마다 그 문 위에서 자기 때문에 길달문(吉達門)이라 하였다. 하루는 길달이 여우로 변하여 도망가므로 비형은 귀신을 시켜 잡아 죽였다. 그러므로 귀신들이 비형의 이름만 들어도 두려워 달아났다. 그래서 당시 사람들이 노래를 지어 불렀다.

성스러운 임금의 혼이 와서 아들을 낳았으니
비형랑이 이 집에 머물고 있다.
저 온갖 귀신들이여

아예 이곳에 머물지 말라.

민간에서는 이 가사를 문에 붙여 귀신을 쫓았다.

천사옥대

청태(淸泰)[95] 4년 정유년 5월에 정승 김부(金傅)가 금으로 새기고 옥으로 장식한 허리띠 하나를 바쳤다. 길이는 10아름, 새긴 각 띠가 62개였다. 일러 오기를 이것은 '하늘이 진평왕에게 내린 허리띠'라 하여 고려 태조가 받아서 내고(內庫)에 보관하였다.

제26대 백정왕(白淨王)의 시호는 진평대왕(眞平大王)이요, 성은 김씨이니 대건(大建) 11년 기해년(579) 8월에 즉위하였는데, 신장이 11자였다. 어느 날 내제석궁(內帝釋宮 : 천주사(天柱寺)라고도 하니 왕이 창건한 것이다)에 행차하였을 때, 섬돌을 밟는 순간 돌 두 개가 한꺼번에 깨졌다. 왕이 신하들에게 말하였다.

"이 돌을 옮기지 말고 후대 사람들에게 보이라."

이 돌은 성 안에 있는 부동석(不動石) 다섯 중의 하나이다.

왕이 즉위하던 원년에 천사(天使)가 궁궐 뜰에 내려와 왕에게 말하였다.

"상황(上皇)께서 내게 명하여 이 옥대를 전해 주라 하셨소."

왕이 친히 무릎 꿇고 받으니, 사자는 하늘로 올라갔다. 모든 교제(郊祭)[96]나 묘제(廟祭)[97]의 큰 제사 때는 이 옥대를 맸다.

그 뒤 고구려 왕이 신라 정벌을 도모하면서 이렇게 말하였다.

"신라에는 세 가지 보배가 있어 침범할 수 없다 하니 그것이 무엇인가?"

"황룡사 장육존상(丈六尊像)이 하나요, 황룡사[98] 구층석탑이 둘이요, 진평왕의 천사옥대(天賜玉帶)가 그 셋입니다."

---

95) 청태(淸泰) : 후당 폐제의 연호. '4년'은 오기인 듯, 1년 을미년(935)인 듯하다.

96) 교제(郊祭) : 하늘과 땅에 지내는 제사.

97) 묘제(廟祭) : 종묘 제사.

98) 황룡사(皇龍寺) : 634년에 세워진 절. 경주시 구황동에 터만 남아 있다.

이에 고구려왕은 정벌 계획을 멈추었다.

다음과 같이 기린다.

저 높은 하늘에서 내려준 옥대는
천자의 곤룡포에 걸맞구나.
임금의 몸 이제부터 더욱 무거우니
내일 아침엔 쇠로 섬돌을 만들고저.

선덕왕의 지기삼사(知幾三事 : ^{이 미리 안} ^{세 가지 일})

제27대 덕만(德曼 : 曼을 萬자로도 쓴다)의 시호는 선덕여대왕(善德女大王)이니, 성은 김씨요, 아버지는 진평왕이다. 정관(貞觀)[99] 6년 임진년(632)에 즉위하여 16년 동안 나라를 다스렸는데, 왕은 세 가지 일을 알고 있었다.

첫째, 당태종이 진홍·자색·흰색의 3색으로 그린 모란꽃 그림과 그 씨앗 석 되를 보내오니, 왕이 그림을 보고 말하였다.

"이 꽃은 반드시 향기가 없을 것이다."

곧 뜰에 심게 하였다. 과연 꽃이 펴서 질 때까지 그 말과 같았다.

둘째는, 영묘사(靈廟寺)[100] 옥문지(玉門池)에 겨울에 많은 개구리가 모여 사나흘을 울어대니 나라 사람들이 이상히 여겨 왕에게 물었다. 왕은 급히 각 간 알천(閼川)·필탄(弼吞)에게 명하였다.

"정병 2천 명을 데리고 속히 서쪽 교외로 나가서 여근곡(女根谷)[101]이란 곳을 물어보면 그곳에 반드시 적병이 있을 것이니 습격하여 죽여라."

각간들이 명령을 받들어 각기 1천 명씩 거느리고 서쪽 교외로 가 물으니 부산(富山) 아래에 과연 여근곡이 있었다. 백제 군사 5백 명이 거기에 숨어

---

99) 정관(貞觀) : 당나라 태종의 연호(627~649).

100) 영묘사(靈廟寺) : 선덕여왕 즉위 원년(632)에 세워진 절로, 지금은 찰간지주(刹竿支柱)만 남아 있다.

101) 여근곡(女根谷) : 여인의 생식기 모양이라는 뜻. 경주에서 대구 쪽 건산과 아화 사이에 있는 계곡이다.

있었으므로 그들을 에워싸 죽였다. 또 백제 장군 우소(亏召)가 남산 고개 바위 위에 숨었으므로 에워싸 활을 쏘아 죽였다. 또한 후속부대 1천 2백 명이 오는 것도 한 명도 남기지 않고 죽였다.

셋째는 왕이 병이 없을 때인데 신하들에게 말하였다.

"내가 아무 해 아무 달 아무 날에 죽을 것이니, 도리천(忉利川)[102] 가운데에 장사지내라."

신하들이 그곳을 알지 못하여 물었다.

"어디입니까?"

"낭산(狼山) 남쪽이다."

과연 그 달 그 날에 이르러 왕이 죽으니 신하들이 낭산 양지에 장사지냈다. 그 후 10여 년이 지난 뒤 문무대왕(文武大王)이 사천왕사(四天王寺)를 왕의 무덤 아래에 세웠다. 불경에 '사천왕천(四天王天)[103] 위에 도리천이 있다' 하였으니 이에 대왕이 신령스런 성인이었음을 알았다.

왕이 살아 있을 당시에 군신들이 왕에게 말하였다.

"꽃과 개구리의 두 가지 일이 어떻게 그러할 줄을 알았습니까?"

왕이 말하였다.

"꽃을 그리되 나비가 없으니 향기가 없는 것을 알았다. 이것은 당나라 황제가 배우자 없는 나를 업신여긴 것이고, 개구리의 성난 모습은 군사의 상징이고, 옥문(玉門)이란 여인의 음부인데, 여인은 음(陰)이 되며 그 색은 희고, 흰색은 서쪽[104]이다. 그러므로 서쪽에 군사가 있음을 알았고, 남근(男根)은 여근에 들어가면 반드시 죽으므로 쉽게 잡을 것을 알았다."

군신들이 모두 여왕의 성스런 지혜에 탄복하였다.

3색의 꽃을 보낸 것은 신라에 여왕 셋이 나올 줄을 알고서 그런 것인가? 세 여왕은 선덕·진덕·진성이었으니, 당나라 황제도 선견지명이 있었던 것이다.

---

102) 도리천(忉利川) : 불가에서 말하는 욕계육천(欲界六天)의 둘째 하늘.

103) 사천왕천(四天王天) : 욕계육천의 하나, 동방은 지국천(持國天), 서방은 광목천(廣目天), 남방은 증장천(增長天), 북방은 다문천(多聞天).

104) 음양오행설에 따름.

선덕여왕이 영묘사를 창건한 사적은 양지사전(良志師傳)에 자세히 실렸으니 살펴보라. 별기(別記)에는 이 선덕여왕 대에 돌을 다듬어 첨성대를 쌓았다 하였다.

진덕왕

제28대 진덕여왕(眞德女王)은 즉위하여 직접 태평가(太平歌)를 짓고 비단을 짜서 무늬를 놓아 사신[105]을 시켜 당나라에 바치게 했다 (어느 책에 춘추공이 사신으로 갔다가 원병을 청하니 당태종이 가상히 여겨 소정방(蘇定方)을 보내기로 허락했다고 한 것은 잘못된 것이다. 현경(現慶)[106] 이전에 춘추공은 이미 즉위하였으니, 현경 경신은 태종이 아니고 고종 때다. 소정방이 온 것은 현경 경신이니, 비단을 짜서 무늬를 놓은 것은, 청병할 때가 아님이 확실하므로, 진덕여왕 때가 맞다. 아마 김흠순(金欽純)을 풀어 달라고 청하던 때였을 것이다). 당나라 황제는 이 점을 가상히 여겨 진덕여왕을 계림국왕(雞林國王)으로 고쳐 봉했다.

그 가사는 이러하다. [107]

위대한 당나라가 큰 왕업을 여니
높고 높은 황제의 계획이 창성하며
전쟁이 그치니 위엄이 서고
문치를 닦으니 모든 왕과 의를 맺도다.
천하를 통일하니 비 같은 은혜 베풀고
만물을 다스리니 모두 빛을 머금는다.
깊은 인덕은 해와 달과 조화되고
어루만짐은 요순시대보다 멀리 미친다.
펄럭이는 깃발은 어찌 그리 빛나며
울리는 북소리 어찌 그리 장엄한가?
나라 밖의 오랑캐로 명을 어긴 자는
칼에 엎어지는 죽음을 당하리라.

---

105) 《삼국사기》에 진덕왕 4년에 김춘추의 아들 법민(法敏)을 사신으로 보냈다고 하였다.

106) 현경(現慶) : 당나라 고종의 연호(656~661).

107) 《삼국사기》〈신라본기〉 제5장 진성왕조에 실려 있는 이 시는 진덕여왕이 당나라의 태평성대를 노래한 시.

순박한 풍속은 낮과 밤에 고루 머무르고
멀거나 가까운 곳에서 다투어 상서를 바치네.
춘하추동 사계절은 옥촉(玉燭)처럼 조화되고
일월(日月)과 오성(五星)은 만방을 순행한다.
산의 신령을 보필할 재상을 내리고
황제는 충신을 임명하고
삼황오제가 이룬 한결같은 덕이
당나라 황실을 비추리라.

진덕왕 대에 알천공(閼川公)·임종공(林宗公)·술종공(述宗公)·호림공(虎林公 : ^{자장의}_{아버지})·염장공(廉長公)·유신공(庾信公)이 남산 우지암(亐知巖)에 모여 국사를 의논하는데, 큰 호랑이가 자리로 달려들었다. 공들이 놀라 일어났으나, 알천공만은 조금도 움직이지 않고 태연하게 이야기하며 호랑이 꼬리를 잡아 땅에 메어쳐 죽였다. 알천공의 힘이 이러하여 상석에 앉았지만, 공들은 모두 김유신의 위엄에 복종하였다.

신라에는 네 곳의 신령스런 땅이 있어 국가의 큰 일을 의논할 때면 대신들은 반드시 그곳에 모여 의논하였으며, 그리하면 반드시 그 일이 이루어졌다. 신령스런 땅의 첫째는 동쪽 청송산(靑松山)이요, 둘째는 남쪽 우지산(亐知山)이요, 셋째는 서쪽 피전(皮田)이요, 넷째는 북쪽 금강산(金剛山)이다.

이 진덕왕 때에 비로소 정월 초하루의 아침 조례를 행했고, 처음으로 시랑(侍郞) 호칭을 사용했다.

김유신[108]

무력(武力) 이간의 아들 서현(舒玄) 각간 김씨의 맏아들은 유신(庾信)이고, 그 아우는 흠순(欽純), 맏누이는 보희(寶姬)인데 아명이 아해(阿海)요, 막내누이는 문희(文姬)인데 아명은 아지(阿之)이다.

---

108) 김유신(金庾信) : 〈기이〉편에서 유일하게 이름이 제목으로 되어 있다. 《삼국사기》
〈김유신열전〉은 3권에 걸쳐 자세히 다루고 있다. 선덕·진덕·태종·문무왕을 섬겼다.

유신공은 진평왕 17년 을묘년(595)에 탄생하였다. 북두칠성의 정기로 태어나서 등에 7성의 무늬가 있으며, 다른 신기한 일도 많았다.

18세인 임신년에 검술을 익혀 국선(國仙)[109]이 되었다. 그때 백석(白石)이라는 자가 어디서 왔는지 알 수 없으나 몇 해 동안 화랑도에 속해 있었다.

김유신이 고구려·백제를 치려 밤낮으로 깊이 계획하고 있는데, 백석이 그 계획을 알고 김유신에게 말하였다.

"제가 공과 함께 은밀히 저쪽 형편을 살펴본 뒤에 일을 도모하는 것이 어떻겠습니까?"

김유신이 기뻐 친히 백석을 데리고 밤에 출발하였다. 마침 고개 위에서 쉬려고 할 때, 두 여자가 김유신을 따라 왔다. 골화천(骨火川)에 이르렀을 때, 또 한 여자가 갑자기 나타났다.

김유신이 세 낭자와 즐거이 이야기를 나누었다. 그때 낭자들이 맛있는 과실을 주므로 받으며 마음 속으로 서로 통하여 속사정을 말하니 낭자들이 김유신에게 말하였다.

"공의 말씀을 잘 알았으니 원컨대 공은 백석을 잠깐 떼어 놓고 숲 속으로 들어가면 다시 실정을 말하리다."

이에 그들과 함께 숲 속으로 들어가니 낭자들이 홀연히 신의 모습으로 나타나 말하였다.

"우리들은 내림(奈林)[110]·혈례(穴禮)[111]·골화(骨火)[112] 등 세 곳에 있는 호국신입니다. 지금 적국 사람이 공을 유인해 가고 있는데 공은 알지 못하여 따라가므로 우리가 공을 만류하려고 이곳에 왔습니다."

세 낭자들은 말을 마치자 사라졌다.

공이 그 말을 듣고 놀라 두 번 절하고 골화관에서 자고 나서 백석에게 말하였다.

"지금 타국에 가면서 중요한 문서를 잊고 왔으니, 같이 집으로 돌아가 가

---

109) 국선(國仙) : 화랑의 총지휘자.

110) 내림(奈林) : 지금의 경주 남산.

111) 골화(骨火) : 지금의 오산(烏山)

112) 혈례(穴禮) : 지금의 경북 영천에 있는 금강산.

지고 와야 하오.”

곧 집으로 돌아와 백석을 묶어 놓고는 다짐하며 실정을 물으니, 백석이 말하였다.

“나는 원래 고구려 사람입니다(옛 책에 백제라 한 것은 잘못이다. 추남(楸南)은 본래 고구려의 선비이고 또 음양을 역행한 것도 보장왕(寶臧王) 때의 일이다). 고구려 신하들이 말하기를 ‘신라의 김유신은 우리 나라에서 점치던 선비 추남(楸南 : 옛 책에 춘남(春南)이라 한 것은 잘못이다)이었다’고 했습니다. 국경에 역류하는 물이 있으므로(혹은 암·수가 엎치락 뒤치락하는 것을 말한다) 추남에게 점을 치라 하였더니 ‘대왕의 부인이 음양의 도를 역행하였으므로 그 징조가 이러합니다’ 하니 왕은 듣고 놀라 괴이하게 여기고, 왕비는 크게 노하여 이것은 요망한 여우의 말이라 하였습니다. 왕비는 왕에게 말하여 다른 일로 물어보아 말이 틀리면 중형을 가하게 하였습니다. 왕이 곧 쥐 한 마리를 함 속에 숨겨 놓고 묻기를 ‘여기 무슨 물건이 있느냐’라고 물으니 추남은 ‘이것은 틀림없이 쥐인데 모두 여덟 마리입니다’라고 말하였습니다. 이에 ‘말이 틀린다’ 하여 죽이려 하자 추남이 맹세하기를 ‘내가 죽은 뒤에는 장군이 되어 반드시 고구려를 멸망시킬 것입니다’ 하였습니다. 그래서 즉시 그를 죽이고, 쥐의 배를 갈라 보니 일곱 마리 새끼가 있는 것을 보고, 그 말이 맞았음을 알았습니다. 그날 밤 대왕의 꿈에 추남이 신라의 서현공(舒玄公) 부인의 품속으로 들어가는 것을 보고 군신들에게 말하니, 군신들이 모두 ‘추남이 맹세하고 죽더니 과연 그리되었습니다’라고 말하였습니다. 그래서 결국 나를 여기 보내 이런 일을 도모하도록 했던 것입니다.”

이에 공은 백석을 죽이고 온갖 음식을 갖추어 세 신에게 제사하니 신이 모습을 드러내 제사를 받았다.

김씨의 종가 재매부인(財買夫人)이 죽으니, 청연(靑淵) 상곡(上谷)에 장사지내고 이를 재매곡이라 하여 매년 봄이면 온 집안의 남녀들이 그 골짜기 남쪽 시내에 모여 잔치를 벌였다. 그때 온갖 꽃이 피고 송홧가루가 골짜기에 가득 날렸다. 어귀에 암자를 짓고 송화방(松花房)이라 하여 원찰(願刹)로 삼았다.

제54대 경명왕은 유신공을 추존하여 흥무대왕(興武大王)[113]으로 봉했으

---

113) 흥무대왕(興武大王) :《삼국사기》〈김유신열전(하)〉에서는 흥덕대왕이 추봉했다고 하였다.

니, 능은 서산 모지사(毛只寺)의 북동쪽으로 뻗어난 봉우리에 있다.

태종 춘추공

제29대 태종대왕(太宗大王)의 이름은 춘추요 성은 김씨이니, 문흥대왕(文興大王)으로 추존된 용수(龍樹 : 용춘(龍春) 이라고도 함) 각간의 아들이다. 어머니는 진평대왕의 딸 천명부인(天明夫人)이요, 왕비는 문명황후 문희(文姬)이니 곧 유신공의 막내누이이다.

처음에 문희의 언니 보희(寶姬)가 꿈에 서산에 올라가 소변을 보니 서울에 가득 찼다. 아침에 동생에게 꿈 이야기를 하니, 문희가 듣고 말하였다.

"내가 그 꿈을 사겠다."

언니가 "무엇을 주겠느냐" 하자, 동생이 말하였다.

"비단치마면 팔겠어?"

언니가 "좋다" 하니, 동생이 치맛자락을 벌렸다. 언니가 말하였다.

"간밤 꿈을 너에게 준다."

그리고 동생은 비단치마로 값을 치렀다.

10여 일 후, 김유신은 정월 오기일(午忌日 : 앞의 거문고 갑을 쏜〔사금갑(射琴匣)〕 일로 보아, 이는 최치원의 말이다)에 유신공이 춘추공과 함께 축국(蹴鞠 : 신라 사람들은 축국을 농주희 (弄珠戱)라고 하였다)을 하다가 짐짓 춘추공의 옷을 밟아 옷고름을 떼어 놓고 말하였다.

"우리집에 들어가 꿰맵시다."

이에 춘추공이 따라 들어갔다. 유신공이 아해(阿海 : 보희)를 시켜 꿰매게 하니 아해가 말하였다.

"어찌 하찮은 일로 경솔히 귀공자를 가까이 하겠습니까?"

한사코 사양하므로(옛 책에는 병으로 나가지 않았다 한다), 이에 아지(阿之 : 문희)에게 시키니, 춘추공은 유신공의 뜻을 알고, 아지를 가까이하여 그 뒤로는 자주 왕래하였다.

그런데 어느 날, 유신이 아지가 잉태한 것을 알고 꾸짖었다.

"네가 부모에게 고하지도 않고 잉태하였으니, 어찌된 일이냐?"

그러고는 누이동생을 불태워 죽일 것이라고 온 나라에 소문을 퍼뜨렸다.[114] 하루는 선덕왕이 남산에 행차하는 것을 기다려 뜰 안에 나무를 쌓고 불을 질러 연기가 솟게 하였다.

왕이 보고서 "무슨 연기냐?" 하니 신하들이 말하였다.

"김유신이 그 누이를 불태워 죽이려나 봅니다."

왕이 "무슨 이유냐?"고 물으니 신하가 말하였다.

"그 누이가 지아비없이 잉태한 까닭입니다."

왕이 "누구의 소행이냐?" 하고 물었다.

그때 춘추공이 앞에서 가까이 모시고 있다가 갑자기 안색이 변하므로, 왕이 춘추공을 보고 말하였다.

"이는 네 소행이로구나. 빨리 가서 구해 주도록 하라."

그리하여 춘추공은 명을 받들어 말을 달려 왕명을 전하게 하고 (화형을) 중지시켰다. 그 뒤에 떳떳이 혼례를 올렸다.

진덕왕이 죽고, 춘추공이 영휘(永徽) 5년 갑인년(654)에 즉위하였다. 8년 동안 나라를 다스리고, 용삭(龍朔) 원년 신유년(661)에 죽으니 향년 59세였다. 애공사(哀公寺)[115] 동쪽에 장사지내고 비석을 세웠다. 왕은 유신공과 함께 신묘한 책략과 힘을 합하여 삼한을 통일하여 나라에 큰 공이 있으므로, 묘호(廟號)를 태종이라 하였다.[116] 태자 법민(法敏), 각간 인문(仁問), 각간 문왕(文王), 각간 노차(老且), 각간 지경(智鏡), 각간 개원(愷元) 등이 모두 문희의 소생이니, 당시 꿈을 산 징험이 이에 나타났다.

서자로는 개지문(皆知文) 급간(級干)[117], 차득(車得) 영공(令公), 마득(馬得) 아간(阿干)과 딸 다섯이 있었다.

왕의 식사는 하루에 쌀 세 말, 수꿩 아홉 마리씩이더니, 경신년(660)에 백제를 멸한 뒤로는 점심을 먹지 않고 다만 아침, 저녁뿐이었으나 따지고 보면, 쌀 여섯 말, 술 여섯 말, 꿩 열 마리였다. 이 때 장안의 물가가 베 한 필에 벼 30섬 혹은 50섬이니 백성들이 태평성대라 하였다.

그가 태자로 있을 때 고구려를 치고자 하여 당에 청병하러 갔더니 당나라

---

114) 《화랑세기》〈18세 춘추공〉조에 이 사실이 나온다.

115) 애공사(哀公寺) : 지금의 경주시 효현동에 있는 절.

116) 태종의 능은 경주시 서악동 고분에 있다.

117) 개지문(皆知文) 급간 : 보희의 소생이므로 서자라 했다. 신라 관등 제9위 급벌찬의
    별칭.

황제가 그의 풍채를 보고 신성한 사람이라 칭찬하며 머물러 자신을 보필하게 하려 했으나, 겨우 간청하여 본국으로 돌아왔다.

그때 백제의 마지막 왕인 의자(義慈)는 무왕(武王)의 맏아들로서 용맹하고 담력이 있으며, 어버이를 효로 섬기고 형제들과 우애하여 당시에 해동증자(海東曾子)[118]로 불렸다.

정관(貞觀) 15년 신축년(641)에 즉위하고는 주색에 탐음하여 정사가 어지러워지고 나라가 위태로웠다. 좌평(佐平 : _{백제}_{벼슬 이름}) 성충(成忠)이 간하였으나 듣지 않고 그를 옥에 가두었다. 성충은 굶주리고 지쳐 죽음이 이르게 되자, 이렇게 글을 올렸다.

"충신은 죽어도 임금을 잊지 못하고, 한 말씀 올리고 죽기를 바랍니다. 신이 일찍이 시세의 변천을 관찰하매 반드시 전쟁이 있을 것입니다. 무릇 전쟁을 하려면 먼저 지형을 살펴 상류에서 적을 맞아야 보전할 수 있습니다. 만일 적의 군사가 오거든 육로로는 탄현(炭峴 : 혹은 침현(沈峴)이라고도 하니 백제의 요해지다)을 넘지 못하게 하고, 수군은 기벌포(伎伐浦 : 지금의 장암(長嵒)이요, 또는 손량(孫梁)이다. 또는 지화포(只火浦)요 또는 백강(白江)이라고도 한다)[119]를 들어오지 못하게 하고, 험한 요충지를 의지하여 적을 막아야 합니다."

왕은 성충의 말을 깨닫지 못하였다. 현경 4년 기미년(659)에 백제의 오회사(吳會寺 : 오합사(烏合寺)라고도 한다)에 큰 붉은색 말이 밤낮 12시간을 절을 에워싸고 돌았으며, 2월에는 여러 마리의 여우가 의자왕의 궁중에 들어왔는데, 그 중 흰 여우 한 마리가 좌평(佐平)의 책상 위에 앉았다.

4월에는 태자궁의 암탉이 작은 강 참새와 교미하고, 5월에는 사비수(泗沘水)[120] 언덕에 큰 물고기가 나와 죽었는데, 길이가 세 길이나 되고, 그 고기를 먹은 사람은 다 죽었다. 9월에는 궁중의 홰나무가 사람이 곡하듯 울었으며, 또 밤에 귀신이 궁의 남쪽 길 위에서 울었다. 현경 5년 경신년(660) 1월에는 왕도의 우물들이 핏빛이 되고, 서해가에는 작은 물고기가 나와 죽어 백성들이 못다 먹었으며, 사비수가 핏빛으로 물들었다.

---

118) 해동증자(海東曾子) : 춘추시대 공자의 제자로, 효성이 지극한 것으로 유명한 자여(子輿).

119) 지금의 금강 하류 장항 부근.

120) 사비수(泗沘水) : 지금의 백마강.

4월에는 청개구리 수만 마리가 나무 위에 모였고, 왕도의 사람들이 까닭 없이 내달아 마치 잡으려는 사람이 있는 것처럼 놀라자빠져 죽은 자가 백여 명이요, 재물을 잃은 자가 수없이 많았다. 6월에는 왕흥사(王興寺)[121] 스님들이 배가 큰물에 떼밀려 절문으로 들어오는 것을 보았으며, 사슴만한 큰 개가 서쪽에서 사비수 언덕에 이르러 왕궁을 향하여 짖다가, 간 곳을 알지 못하니, 성 안의 여러 마리의 개가 길에 모여 짖기도 하고 울기도 하다가 한참만에 흩어졌고, 귀신 하나가 궁중에 들어와 크게 외쳤다.

"백제는 망한다. 백제는 망한다."

그러고는 곧 땅 속으로 사라졌다. 왕이 괴이하게 여겨 사람을 시켜 파보도록 하니 석 자 정도 깊이에 거북 한 마리가 있고, 그 등에 글이 씌어 있었다.

"백제는 보름달이고, 신라는 초승달과 같다."

무당에게 물으니 이렇게 말하였다.

"보름달이 가득 찬 것이니 가득 찬 것은 기우는 법이요, 초승달은 아직 차지 않았다는 말이니, 차지 않았으면 점점 차게 되는 것입니다."

왕이 노하여 그를 죽였다. 또 어떤 자가 말하였다.

"보름달은 풍성한 것이요 초승달은 미약한 것이니, 생각건대 우리 나라는 강성하고, 신라는 점점 쇠미해질 것입니다."

왕은 기뻐하였다.

태종〔무열왕〕은 백제 안에 변괴가 많다는 말을 듣고, 5년 경신년(660)에 사신 김인문(金仁問)을 당나라에 청병하기 위해 보냈다. 당나라 고종(高宗)은 조서를 내려, 좌무위대장군형국공 소정방(蘇定方)으로 신구도행군총관(神丘道行軍摠管)을 삼아, 좌위장군 유백영(劉伯英 : 仁遠)과 좌무위장군 풍사귀(馮士貴), 좌효위장군 방효공(龐孝公) 등을 통솔하여 군사 13만여 명을 이끌고 가서 백제를 치게 했다(향기(鄉記)에는 군사가 12만 2천 7백 11명이요, 배가 1천 9백 척이라 하였으나 《당사(唐史)》에는 자세히 기록하지 않았다). 신라왕 춘추는 우이도행군총관(嵎夷道行軍摠管)을 삼아 신라군을 거느리고 함께 합세하게 하였다.

소정방이 군사를 이끌고 성산(城山)[122]으로부터 바다를 건너 서쪽 덕물도

---

121) 왕흥사(王興寺) : 지금의 부여에 있는 절로 무왕이 세웠다. 터만 남아 있다.

122) 성산(城山) : 지금의 산동성 문등현.

德勿島)[123]에 이르렀다. 왕은 장군 김유신으로 하여금 정병 5만 명을 거느리고 가게 하였다.

의자왕은 이 급보를 듣고 군신들을 모아 싸울 계책을 물으니, 좌평 의직(義直)이 나아가 말하였다.

"당나라 군사는 멀리 바다를 건너왔으니 물에는 익숙치 못할 것이고, 신라 사람들은 대국의 구원을 믿고 적을 가벼이 보는 마음이 있어, 만일 당나라 군사가 불리한 것을 보면, 반드시 의심하고 두려워 감히 섣불리 전진하지 못할 것이니, 먼저 당나라 군사와 결전하는 것이 좋을 줄로 압니다."
달솔(達率) 상영(常永) 등이 말하였다.

"그렇지 않습니다. 당나라 군사들은 멀리 왔으니, 그들의 의도가 속히 싸우기를 원할 것인즉 그 날카로움을 당할 수가 없을 것입니다. 신라군은 여러 번 우리에게 패배하였으니, 지금 우리의 병세를 보고 두려워하지 않을 수 없을 것입니다. 오늘의 계책으로는 마땅히 먼저 당나라 군사의 길을 막아서 지치기를 기다리고, 먼저 편사(偏師)를 시켜 신라군을 쳐서 그 예기(銳氣)를 꺾은 연후에 편의를 보아서 싸우면 가히 군사를 온전히 하고 나라를 보존할 수 있을 것입니다."

왕은 주저하여 어느 말을 따를지 몰랐다. 그때 좌평 흥수(興首)가 죄를 얻어 고마며지현(古馬旀知縣)[124]에 귀양가 있는지라 사람을 시켜 물었다.

"일이 급하니 어찌하면 좋겠는가?"
흥수가 대답하였다.

"대략 좌평 성충의 의견과 같습니다."
대신들은 그의 말을 믿지 않고 말하였다.

"흥수는 귀양 중에 있어 임금을 원망하고 나라를 사랑하지 않으니 그 말을 채택할 수 없습니다. 당나라 군사로 하여금 백강(白江 : 즉 기벌포)으로 들어오게 하면 좁은 수세(水勢)를 따라서 배가 빠져나가지 못할 것이오. 신라군을 탄현으로 올라와 지름길로 오게 하여 말이 나란히 지나지 못하게 하는 것보다 좋은 것이 없습니다. 그때 군사를 놓아 치게 하면, 마치 조롱 속에 든 새

---

123) 덕물도(德勿島) : 지금의 서해 덕적도.

124) 고마며지현(古馬旀知縣) : 지금의 전남 장흥군 장흥읍.

나 그물에 든 고기 같을 것입니다.”

왕은 그 말이 옳다고 여겼다. 의자왕은 당나라 군사와 신라 군사들이 이미 백강과 탄현을 지났다는 말을 듣고 장군 계백(堦伯)을 보내 죽기를 각오한 5천 명을 거느리고 황산(黃山)[125]으로 가서 신라 군사와 싸우도록 하였다. 백제군은 네 차례나 싸워 모두 이겼으나, 군사가 적고 힘이 달려 마침내 패하고 계백도 죽었다.

신라군은 당나라 군사와 합세하여 나루까지 진격해 강가에 진을 쳤는데, 갑자기 새 한 마리가 소정방의 진영 위에서 맴돌았으므로 점을 치게 했더니 이렇게 말하였다.

“반드시 원수(元帥)가 다칠 것입니다.”

정방이 두려워서 군사를 물려 싸우지 않으려 하니 유신공이 정방에게 말하였다.

“어찌 날아다니는 새의 괴이한 짓으로 말미암아 하늘이 준 기회를 어기려 하시오? 하늘의 뜻을 받고 백성의 뜻을 따라 어질지 못한 자를 치는데, 어찌 상서롭지 못한 일이 있겠소?”

그리고 신검을 뽑아 새를 겨누니, 새가 찢어져 죽어 그들의 앞에 떨어졌다. 이에 소정방은 백강의 왼쪽 가에 나아가 산기슭에 진을 치고 싸우니 백제 군사가 대패하였다.

당나라 군사들이 조수를 타고 몰려오는데 전선은 꼬리를 물었고, 북소리가 요란하였다. 소정방은 보병과 기마병을 이끌고 바로 도성 30리 밖에 머물렀다. 백제는 성 안에서 군사를 총동원하여 항거하나 역시 패하여 죽은 자 1만여 명이요, 당나라 군사들은 승세를 몰아 성으로 진격해 오니, 의자왕은 죽음을 면할 길 없음을 알고 탄식하였다.

“성충의 말을 듣지 않아 이 지경에 이르렀다.”

의자왕은 태자 융(隆 : 효(孝)라 하나 잘못이다)과 북쪽으로 달아났다. 소정방이 성을 에워싸니, 왕의 둘째아들 태(泰)가 스스로 임금이 되어 민중과 함께 성을 굳게 지켰다. 태자 융의 아들 문사(文思)는 왕 태에게 말하였다.

“왕이 태자와 함께 달아나고 숙부가 마음대로 왕이 되었으니, 만일 당나

---

125) 황산(黃山) : 지금의 논산시 부적면 일대로, 계백장군 무덤이 있다.

라 군사가 포위를 풀고 돌아가면 우리가 어찌 무사할 수 있겠습니까?”

그리고 그는 주위 사람들을 데리고 줄을 타고 성을 넘어가니 백성들이 모두 따르는지라, 태가 막을 수가 없었다.

소정방이 군사를 시켜 성채에 올라 당의 깃발을 꽂으니, 태는 위급하여 할 수 없이 문을 열고 항복했다. 이에 의자왕과 태자 융 및 대신 정복(貞福)이 모든 성과 함께 항복하였다.

소정방은 의자왕과 태자 융, 왕자 태, 왕자 연(演) 및 대신, 장사 88명과 백성 1만 2천 8백 7명을 당경(唐京)으로 보냈다.

백제는 본래 5부 37군 2백 성 76만 호가 있었는데, 이때에 이르러 웅진·마한·동명·금련·덕안 등 5도독부에 거장(渠長)을 뽑아 도독과 자사(刺史)를 삼아 다스리게 하였다. 낭장 유인원(劉仁願)에게 도성을 지키게 하고, 또 좌위낭장 왕문도(王文度)로 웅진도독을 삼아서 유민들을 무마하게 하고 소정방은 포로들을 데리고 황제를 뵈니, 황제는 포로들을 꾸짖고 풀어 주었다.

의자왕이 병이 들어 죽자, 금자광록대부(金紫光祿大夫) 위위경(衛尉卿)을 추증하고 옛 신하들에게는 조문하는 것을 허락하고, 조서를 내려 손호(孫皓)[126]·진숙보(陳叔寶)[127]의 무덤 옆에 장사지내고 아울러 비를 세웠다.

7년 임술년(662)에 소정방을 요동도행군대총관(遼東道行軍大摠管)을 삼았다가 이내 평양도(平壤道)로 바꾸었는데, 고구려의 군사를 패강(浿江)에서 격파하고 마읍산(馬邑山)을 빼앗아 군영을 만들고 드디어 평양성을 에워쌌다. 마침 큰눈이 내려 포위를 풀고 돌아갔다. 소정방은 양주안집대사(涼州安集大使)로 제수하여 토번(吐蕃)[128]을 평정하였는데, 건봉(乾封) 2년(667)에 죽었다. 당나라 황제가 그를 애도하여 좌효기대장군유주도독(左驍騎大將軍幽州都督)을 추증하고 시호를 장(莊)이라 하였다(이상은 《당사(唐史?)》에 있는 글이다).

《신라별기(新羅別記)》에는 이렇게 말하였다.

“문무왕 즉위 5년 을축년(665) 8월 경자에 왕이 친히 대병을 거느리고 웅진성에 행차하여 백제의 가왕(假王) 부여융(扶餘隆)과 단(壇)을 만들고 백

---

126) 손호(孫皓) : 중국 삼국시대 오나라 마지막 왕(재위 264~280).

127) 진숙보(陳叔寶) : 중국 진(陳)나라 후주(後主)의 이름(재위 583~586).

128) 토번(吐蕃) : 당나라 서북쪽의 제국 티베트.

마를 잡아 맹세할 때 먼저 천신과 산천의 신령에게 제사한 뒤에 피를 마시고 글을 지어 맹세하되 '지난날 백제의 선왕들이 순역(順逆)의 이치를 미혹하게 하여 이웃 나라와 사이가 돈독치 않고 친척과도 화목하지 않으며, 고구려와 결탁하고 왜국과 교통하여 잔학하고 포악하였다. 또 신라의 고을을 파괴하고 성을 침범하여 편한 때가 거의 없었다. 중국 천자는 하나의 물건이라도 바른 길을 잃으면 민망히 여기고 백성들이 해독을 입을까 걱정하여 자주 사신을 보내 화목하도록 회유하였다. 그런데도 산천이 험하고 길이 먼 것을 믿고서 중국을 업신여겼다. 천자가 노하여 부득이 정벌을 행하니 깃발이 나부끼는 곳에 크게 한 번 싸워 평정하였다. 마땅히 궁궐과 집을 허물고 못을 파서 후손들에게 경계를 삼고, 화의 근원과 뿌리를 뽑아서 후세에 훈계를 보여야 하지만, 유순한 자는 품고 배반하는 자는 치는 것이, 선왕의 아름다운 법전이요, 망한 것을 일으켜 주고 끊어진 것을 이어 주는 것이 성현들의 일반적 규범이니, 반드시 옛 것을 스승삼아 역사책에 전해야 할 것이다. 그러므로 전 백제왕 사가정경(司稼正卿) 부여 왕 융을 웅진도독을 삼아 그 선대의 제사를 받들며, 옛 땅을 보존하게 한다. 신라에 귀의하여 길이 같은 나라가 되게 하노니, 각기 묵은 감정을 버리고 좋은 의를 맺고, 공손하게 조서의 명을 받들어 영원히 속국이 되라. 이에 곧 우위위장군 노성현공 유인원(劉仁願)을 사신으로 보내 친히 가서 권유하게 하고 내 뜻을 성문화하여 선포한다. 서로 혼인을 약속하고 짐승을 잡아 피를 마시고, 모든 일을 함께 두터이 하고, 재난을 서로 분담하며 환란을 구휼하여 은정이 형제처럼 하라. 임금의 말을 공손히 받들어 감히 버리지 말라. 이렇게 맹세한 뒤로는, 절의를 함께 지킬 것이요, 만일 이를 어기고 덕을 한결같이 아니하고 군사를 일으켜 변경을 침범하면, 신명이 보시고 온갖 재앙이 내려, 자손을 기르지 못하게 하고 사직에 주인이 없게 할 것이며, 제사가 끊어져 종족이 남지 못하리라. 그러므로 금서철계(金書鐵契)[129]를 만들어 종묘에 간직하고 자손만대에 혹시라도 감히 범함이 없게 하리니, 신명은 들으시고 흠향하사 복을 주소서.''

피를 마시는 절차가 끝나고 폐백을 제단의 북쪽에 묻고, 맹세하는 글은 대

---

129) 금서철계(金書鐵契) : 한나라 고조 때 공신들에게 봉토를 줄 때 사용한 것. 철판에 글씨를 새겨 금으로 입힌 것이다.

묘에 보관하였다. 맹세하는 글은 대방도독 유인궤(劉仁軌)가 지은 것이다 (위와 같은 《당사(唐史)》를 살펴보면 소정방이 의자왕과 태자 융을 당의 서울로 보냈다 하였고, 지금은 부여왕 융과 회합하였다 하니 당제가 사면하여 돌려보내어 웅진도독을 삼았음을 알 수 있다. 그러므로 맹세하는 글에 분명히 말한 것이니 이것은 그 증거이다).

또 《고기(古記)》에 이렇게 말하였다.

총장(總章) 원년 무진년(만일 총장 무진이라면 곧 이적(李勣)의 일인데 아래에서 소정방이라 한 것은 잘못이다. 만일 소정방이라면 연호가 당연히 용삭 2년 임술에 평양성을 포위하던 때의 일이다)에 청병한 당나라 군사가 평양 교외에 진을 치고 글을 전하여 "급히 군량을 실어 보내라" 하였다.

신라 왕이 군신을 모아 놓고 물었다.

"적국〔고구려〕을 통하여 당군이 있는 곳까지 가자면 형세가 자못 위태롭고 청병한 당군의 양식이 모자란다 하니 보내지 않는 것도 도리가 아니니 어찌하면 좋겠소."

유신공이 말하였다.

"신들이 군량을 수송할 수 있으니 염려하지 마십시오."

김유신·김인문 등이 수만 명을 이끌고 고구려의 국경에 들어가 양식 2만 곡(斛)을 수송하고 돌아왔다.

왕이 크게 기뻐하여 다시 군대를 일으켜 당나라 군사와 합세하려 하니, 유신이 연기(然起)와 병천(兵川) 등 두 사람을 보내 만날 날짜를 물었다. 이에 당나라 장수 소정방이 종이에 난새〔난(鸞 : 봉황의 일종 상상의 새)〕와 송아지를 그려 보냈으나 아무도 그 뜻을 알지 못하여 원효법사에게 물으니 이렇게 해석하였다.

"속히 군사를 되돌리라는 뜻입니다. 난새와 송아지를 그린 것은 둘이 끊어짐을 의미합니다."

이에 유신공이 군사를 되돌려 패강을 건너게 하면서 군령을 내렸다.

"뒤에 건너는 자는 베겠다."

군사들이 다투어 먼저 가려 했다. 반쯤 건넜을 때, 고구려 군사가 들이닥쳐 미처 건너지 못한 자들을 죽였다. 다음날 유신공은 고구려 군사를 뒤쫓아 수만 명을 죽였다.

《백제고기(百濟古記)》에는 이렇게 말하였다.

부여성 북쪽에 큰 바위가 강물에 닿아 있는데, 이렇게 전해 온다. "의자왕이 죽음을 피하지 못할 것을 알고, 후궁을 거느리고 차라리 자결할지언정 남의 손에 죽지 말자 하고 이곳까지 와서 강물에 몸을 던져 죽었기 때문에 세속에서는 타사암(墮死岩)[130)]이라 한다."

그러나 이것은 와전된 것이다. 다만 궁녀만 떨어져 죽었고, 의자왕은 당나라에서 죽었다고 《당사(唐史)》에 분명히 기록되어 있다.

또 《신라고전(新羅古傳)》에 이렇게 말하였다.

소정방이 이미 고구려와 백제를 치고서 또 신라를 치려는 속셈으로 머무르고 있으므로, 유신공이 그 꾀를 알고 당나라 군사들을 대접하면서 짐주[131]를 먹여 죽게 한 후 쓸어 묻었으니, 지금 상주 경계에 당교라는 곳이 바로 그곳이라 한다. (《당사》를 살펴보면 그런 말이 없고 다만 죽었다는 말만 쓴 것은 어찌된 일인가. 숨긴 것인가? 우리 기록에서 근거 없는 것을 쓴 것인가? 만일 임술년 고구려와의 싸움에서 신라 사람들이 정방의 군사를 죽였다면 그후 총장 무진에 어떻게 청병하여 고구려를 멸할 수 있었겠는가. 이것으로 보아 우리가 전하는 말이 근거 없는 것을 알겠다. 다만 무진년 고구려를 멸한 뒤에 당에게 신하의 예를 지키지 않겠다 한 것은 그 땅을 마음대로 차지하겠다는 것이었지 소정방이나 이적을 죽인 것은 아니다)

당나라 군사가 백제를 평정하고 이미 돌아간 뒤에는 신라왕이 모든 장수들에게 백제의 남은 적을 잡으라 하여 한산성(寒山城)에 주둔시켰더니, 고구려와 말갈 두 나라의 군사가 포위하여 서로 싸워 결전이 나지 않았다. 5월 11일에서 6월 22일까지 가니 신라 군사는 매우 위태로웠다. 왕은 이 소식을 듣고 군신을 불러 의논하였다.

"어떠한 계책을 내야 하겠는가?"

왕은 망설이면서 결정하지 못하였다. 이때 유신공이 달려와 말하였다.

"일이 급하니 인력으로는 감당할 수가 없으니, 오직 신술(神術)이라야 구할 수 있겠습니다."

성부산에 단을 쌓고 신술을 행하였다. 홀연 독만한 큰 불빛이 단으로부터 일어 별처럼 떠나 북쪽으로 올라갔다 (이래서 성부산이라 이름했다 하나 산명에는 이설이 있다. 그 산은 都林 남쪽에 있는데, 높이 솟은 봉이 이것이다. 서울의 어떤 사람이 벼슬을 얻고자 하여 그 아들을 시켜 높은 횃불을 만들어 밤에 산꼭대기에 올라가 높이 들면 서울 사람들이 바라보고 사람마다 괴상한 별이 있다 할 것이고, 왕이 들으면 근심하여 사람을 불러 놓고 빌라 할 것이니 그 때에 그 아비가 음모하려고 하였다. 그러나 점성가가 아뢰기를 이것은 큰 변괴가 아니라 다만 어느 집에 아들이 죽어 그 아비가 울려 하는 징조입니다 하여 기도 하지 않았더니 과연 그날 밤에 아들이 산에서 내려오다 범에게 물려 죽었다 한다). 한산성 안에서는 병사들은 구원병이 오지 않는 것만 원망하며 서로 마주 보고 울기만 하였다. 적들이 급히 그들을 공격하려 하자, 홀연히 하늘 남쪽에 무슨 빛이 쫓아와 벼락이 되어 적의 포석(砲石) 30여 곳을 부수고 적군의 활과 창을 모두 부수니 군사들도 모두 땅에 엎어졌다가 한참만에 깨어나 흩어져 도망갔고, 아군도 돌아왔다.

태종이 처음 즉위하였을 때, 머리 하나에 몸이 둘이고 다리가 여덟인 돼지를 바치는 사람이 있었는데 누가 말하기를 "이것은 반드시 천하를 통일할

---

130) 타사암(墮死巖) : 충남 부여에 있는 낙화암(落花嵒).

131) 짐주(鴆酒) : 독조(毒鳥)인 짐새의 깃으로 담은 술. 짐독.

징조입니다" 하였다.

태종 때 처음으로 중국의 의관과 아홀(牙笏)[132]을 사용하였으니 이는 자장 법사가 당제에게 청하여 전한 것이다.

신문왕 때에 당나라 고종이 신라에 사신을 보내 말하였다.

"짐의 성고(聖考)이신 태종께서는 어진 신하 위징(魏徵)·이순풍(李淳風) 등을 얻어서 마음을 합치고 덕을 한결같이 하여 천하를 통일하였으므로 태종 황제라 하였거늘, 신라는 해외의 작은 나라로서 태종이란 칭호가 있어 천자의 이름을 참람되이 쓰니 이는 충성된 의가 아니다. 속히 칭호를 고치시오."

신라왕은 표문(表文)을 올려 말하였다.

"신라가 비록 작은 나라이나, 성스런 신하 김유신을 얻어 삼국을 통일하 였으므로 태종이라 봉하였습니다."

당나라 황제는 이 표문을 보고는 자기가 태자로 있을 때 하늘에서 노래하 던 것이 생각났다.

"33천(天)의 한 사람이 신라에 내려왔으니 그가 바로 유신이다."

이 말을 기록해 두었다. 당나라 황제는 그 책을 찾아보고 놀라움을 금치 못하여 사신을 보내 태종 칭호를 고치지 말도록 허락하였다.

장춘랑과 파랑 ^{(비(罷)라고
도 한다)}

처음에 백제군과 황산에서 싸우다가 장춘랑(長春郎)과 파랑(罷郎)이 진중 에서 죽었다. 그 후 백제를 칠 때 태종의 꿈에 나타나 말하였다.

"신들은 옛날 나라를 위해 죽었고, 백골이 되어서도 나라를 보호하고자 하여 군사를 따라다녀 마지않았습니다. 그러나 당나라 장수 소정방의 위협 에 눌려 남의 뒤만 따를 뿐입니다. 원컨대 대왕께서는 우리들에게 약간의 세 력을 주십시오."

왕이 놀라고 괴이하게 여겨 두 혼을 위하여 모산정(牟山亭)에서 하루 동 안 불경을 설법하고, 또 한산주에 장의사(壯義寺)를 세워 그들의 명복을 빌 어 주었다.

---

32) 아홀(牙笏) : 조례할 때 대신들이 손에 쥐는 것. 일종의 수첩.

三國遺事　　第1卷

紀異 第一

敍曰 大抵古之聖人 方其禮樂興邦 仁義設敎 則怪力亂神 在所不語 然而帝王之將興也. 膺符命 受圖籙 必有以異於人者 然後能乘大變 握大器 成大業也.

故 河出圖 洛出書 而聖人作. 以至虹繞神母而誕羲 龍感女登而生炎 皇娥遊窮桑之野 有神童自稱白帝子 交通而生小昊 簡狄呑卵而生契 姜嫄履跡而生棄 胎孕十四月而生堯 龍交大澤而生沛公. 自此而降 豈可殫記.

然則三國之始祖 皆發乎神異 何足怪哉 此紀異之所以漸諸篇也 意在斯焉.

古朝鮮(王儉朝鮮)

魏書云 乃往二千載 有壇君王儉 立都阿斯達(經云 無葉山 亦云 白岳 在白州地. 或云 在開城東 今白岳宮是) 開國號朝鮮 與高(堯)同時.

古記云 昔有桓國(因)(謂帝釋也) 庶子桓雄 數意天下 貪求人世. 父知子意下視三危太伯 可以弘益人間 乃授天符印三箇 遣往理之 雄率徒三千 降於太伯山頂(卽太伯 今妙香山) 神壇樹下 謂之神市. 是謂桓雄天王也. 將風伯雨師雲師而主穀主命主病主刑主善惡. 凡主人間三百六十餘事 在世理化. 時有一熊一虎同穴而居 常祈于神雄 願化爲人. 時神遺靈艾一炷 蒜二十枚曰 爾輩食之 不見日光百日 便得人形. 熊虎得而食之 忌三七日 熊得女身. 虎不能忌 而不得人身 熊女者無與爲婚 故每於壇樹下 呪願有孕 雄乃假化而婚之 孕生子 號曰 壇君王儉. 以唐高(堯)卽位五十年庚寅(唐高(堯)卽位元年戊辰 則五十年丁巳 非庚寅也 疑其未實) 都平壤城(今西京) 始稱朝鮮. 又移都於白岳山阿斯達. 又名弓(一作方)忽山 又今彌達. 御國一千五百年. 周虎(武)王卽位己卯 封箕子於朝鮮 壇君乃移藏唐京 後還隱於阿斯達爲山神 壽一千九百八歲.

唐裵矩傳云 高麗本孤竹國(今海州) 周以封箕子爲朝鮮 漢分置三郡 謂玄菟樂

浪帶方(北帶方). 通典亦同此說(漢書則眞臨樂玄四郡　今云三郡　名又不同　何耶).

魏(衞)滿朝鮮

前漢朝鮮傳云　自始燕時　常略得眞番朝鮮(師古日　戰國時　(燕)因是略得此地也)　爲置吏築障. 秦滅燕　屬遼東外徼　漢興　爲遠難守　復修遼東故塞　至浿水爲界(師古日　浿在樂浪郡)　屬燕. 燕王盧綰反入匈奴. 燕人魏滿亡命　聚黨千餘人　東走出塞　渡浿水　居秦故空地上下障. 稍役屬眞番朝鮮蠻夷　及故燕齊亡命者　王之都王儉(李日　地名. 臣瓚曰　王儉城在樂浪郡浿水之東). 以兵威　侵降其旁小邑眞番臨屯　皆來服屬　方數千里. 傳子至孫右渠(師古日　孫名右渠). 眞番　辰國　欲上書見天子　雍閼不通(師古日　辰謂辰韓也). 元封二年　漢使涉何諭右渠　終不肯奉詔　何去至界　臨浿水　使馭刺殺送何者朝鮮裨王長(師古日　送何者名也)　卽渡水　馭(馳)入塞　遂歸報. 天子拜何爲遼東之(東)部都尉　朝鮮怨何. 襲攻殺何. 天子遣樓舡(船)將軍楊僕　從齊浮渤海　兵五萬　左將軍荀彘出遼討右渠　右渠發兵距嶮. 樓舡(船)將軍將齊七千人　先到王儉. 右渠城守　規知樓舡(船)軍小　卽出擊樓舡(船)　樓舡(船)敗走　僕失衆　遁山中獲免. 左將軍擊朝鮮浿水西軍　未能破. 天子爲兩將未有利　乃使衞山　因兵威往諭右渠　右渠請降　遣太子獻馬　人衆萬餘持兵　方渡浿水　使者及左將軍　疑其爲變　謂　太子已服　宜毋持兵. 太子亦疑使者詐之　遂不渡浿水　復引歸　報天子誅山. 左將軍破浿水上軍　迺前至城下　圍其西北樓舡(船)亦往會居城南　右渠堅守　數月未能下. 天子以久不能決　使故濟南太守公孫遂往征之　有便宜將以從事. 遂至　縛樓舡(船)將軍　並其軍　與左將軍　急擊朝鮮　朝鮮相路人　相韓陶(陰)　尼谿相參　將軍王唊(師古日　尼谿地名. 四人也)　相與謀欲降　王不肯之　陶(陰)唊　路人　皆亡降漢　路人道死　元封三年夏　尼谿相參使人殺王右渠來降. 王儉城未下　故右渠之大臣成已又反　左將軍使右渠子長　路人子最　告諭其民　謀殺成已. 故遂定朝鮮　爲眞番臨屯樂浪玄菟四郡.

馬韓

魏志云　魏滿擊朝鮮　朝鮮王準　率宮人左右　越海而南至韓地　開國號馬韓. 甄萱

上太祖書云 昔馬韓先起 赫世勃興 於是百濟開國於金馬山. 崔致遠云 馬韓 麗也
辰韓 羅也(據本紀 則羅先起甲子 麗後起甲申 而此云者 以王準言之耳 以此知
東明之起 已竝馬韓而因之矣. 故稱麗爲馬韓 今人或認金馬山 以馬韓爲百濟者
盖誤濫也. 麗地自有邑山 故名馬韓也). 四夷 九夷 九韓 穢貊 周禮職方氏 掌四
夷九貊者 東夷之種 即九夷也.

三國史云 溟州 古穢國 野人耕田 得穢王印獻之 又春州 古牛首州 古貊國 又
或云今 朔州. 是貊國 或平壤城爲貊國. 淮南子注云 東方之夷九種. 論語正義云
九夷者 一玄菟 二樂浪 三高麗 四滿飾 五鳧臾 六素家 七東屠 八倭人 九天鄙.
海東安弘記云 九韓者 一日本 二中華 三吳越 四毛羅 五鷹遊 六靺鞨 七丹國 八
女眞 九穢貊.

二府

前漢書 昭帝始元五年己亥 置二外府. 謂朝鮮舊地 平那及玄菟郡等 爲平州都
督府 臨屯樂浪等兩郡之地 置東部都尉府(私曰 朝鮮傳則眞番·玄菟·臨屯·樂浪
等四 今有平那無眞番 盖一地二名也).

七十二國

通典云 朝鮮之遺民 分爲七十餘國 皆地方百里. 後漢書云 西漢以朝鮮舊地 初
置爲四郡 後置二府 法令漸煩 分爲七十八國 各萬戶(馬韓在西 有五十四小邑
皆稱國 辰韓在東 有十二小邑 稱國 卞韓在南 有十二小邑 各稱國).

樂浪國

前漢時 始置樂浪郡. 應邵曰 故朝鮮國也. 新唐書注云 平壤城 古漢之樂浪郡
也 國史云 赫居世三十年 樂浪人來投. 又弟三弩禮王四年 高麗第三無恤王 伐樂
浪滅之 其國人與帶方(北帶方) 投于羅. 又無恤王二十七年 光虎(武)帝遣使伐
樂浪 取其地爲郡縣 薩水以南屬漢(據上諸文 樂浪即平壤城 宜矣. 或云樂浪中頭
山下 靺鞨之界 薩水今大同江也. 未詳孰是). 又百濟溫祚之言曰 東有樂浪 北有

靺鞨 則殆古漢時樂浪郡之屬縣之地也 新羅人亦以稱樂浪故 今本朝亦因之 而稱
樂浪郡夫人 又太祖降女於金傅 亦曰 樂浪公主.

北帶方

北帶方 本竹覃城. 新羅弩禮王四年 帶方人與樂浪人 投于羅(此皆前漢所置二
郡名 其後僭稱國 今來降).

南帶方

曹魏時 始置南帶方郡(今南原府) 故云. 帶方之南海水千里 曰瀚海(後漢建安
中 以馬韓南荒地爲帶方郡 倭韓遂屬 是也).

靺鞨(一作勿吉) 渤海

通典云 渤海 本粟末靺鞨 至其酋祚榮立國 自號震旦. 先天中(玄宗壬子) 始去
靺鞨號 專稱渤海. 開元七年(己未) 祚榮死 諡爲高王. 世子襲立 明皇賜典册襲
王 私改年號 遂爲海東盛國. 地有五京 十五府 六十二州. 後唐天成初 契丹攻破
之 其後爲丹所制(三國史云 儀鳳三年 高宗戊寅 高麗殘孽類聚 北依太伯山下
國號渤海. 開元二十年間 明皇遣將討之. 又聖德王三十二年 玄宗甲戌 渤海靺鞨
越海侵唐之登州 玄宗討之. 又新羅古記云 高麗舊將祚榮姓大氏 聚殘兵 立國於
太伯山南 國號渤海. 按上諸文 渤海乃靺鞨之別種 但開合不同而已 按指掌圖 渤
海在長城東北角外).
賈耽郡國志云 渤海國之鴨淥 南海 扶餘 橻城四府 竝是高麗舊地也 自新羅泉
井郡(地理志 朔州領縣 有泉井郡 今湧州). 至橻城府 三十九驛 又三國史云. 百
濟末年 渤海靺鞨新羅分百濟地(據此. 則鞨海又分爲二國也). 羅人云 北有靺鞨
南有倭人 西有百濟 是國之害也. 又靺鞨地接阿瑟羅州. 又東明記云 卒本城地連
靺鞨(或云今東眞) 羅第六祗麻王十四年(乙丑)靺鞨兵大入北境 襲大嶺柵 過泥
河. 後漢書 靺鞨作勿吉 指掌圖云 挹屢與勿吉 皆肅愼也. 黑水 沃沮 按東坡指掌
圖 辰韓之北 有南北黑水.

按東明帝立十年 滅北沃沮. 溫祚王四十二年 南沃沮二十餘家 來投新羅. 又赫
居世五十二年 東沃沮來獻良馬 則又有東沃沮矣. 指掌圖 黑水在長城北 沃沮在
長城南.

伊西國

弩禮王十四年 伊西國人 來攻金城. 按雲門寺古傳諸寺納田記云 貞觀六年壬辰
伊西郡今郚村零味寺納田 則今郚村今淸道地 卽淸道郡 古伊西郡.

五伽耶
(按駕洛記贊云 垂一紫纓 下六圓卵 五歸各邑 一在玆城 則一爲首露王 餘五
各爲五伽耶之主 金官不入五數 當矣 而本朝史略 竝數金官 而濫記昌寧 誤.)

阿羅(一作耶)伽耶(今咸安) 古寧伽耶(今咸寧) 大伽耶(今高靈) 星山伽耶
(今京山 云碧珍). 小伽耶(今固城). 又本朝史略云 太祖天福五年庚子 改五伽耶
名 一金官(爲金海府) 二古寧(爲加利縣) 三非火(今昌寧 恐高靈之訛). 餘二
阿羅 星山(同前 星山或作碧珍伽耶).

北扶餘

古記云 前漢書宣帝神爵三年壬戌四月八日 天帝降于訖升骨城(在大遼醫州界)
乘五龍車 立都稱王 國號北扶餘 自稱名解慕漱 生子名扶婁 以解爲氏焉. 王後因
上帝之命 移都于東扶餘. 東明帝繼北扶餘而興 立都于卒本州 爲卒本扶餘 卽高
句麗之始祖.

東扶餘

北扶餘王解夫婁之相阿蘭弗 夢 天帝降而謂曰 將使吾子孫 立國於此 汝其避
之(謂東明將興之兆也) 東海之濱 有地名迦葉原 土壤膏腴 宜立王都. 阿蘭弗勸
王 移都於彼 國號東扶餘.

夫妻老無子 一日祭山川求嗣. 所乘馬至鯤淵 見大石 相對俠(淚)流 王怪之 使
人轉其石 有小兒 金色蛙形 王喜曰 此乃天賚我令胤乎. 乃收而養之 名曰金蛙
及其長 爲太子 夫妻薨 金蛙嗣位爲王 次傳位于太子帶素 至地皇三年壬午 高麗
王無恤伐之 殺王帶素 國除.

高句麗

卽卒本扶餘也. 或云今和州 又成州等 皆誤矣. 卒本州在遼東界 國史高麗本記
云 始祖東明聖帝 姓言(高)氏 諱朱蒙. 先是 北扶餘王解夫婁 旣避地于東扶餘
及夫婁薨 金蛙嗣位. 于時得一女子於太伯山南優渤水，問之 云 我是河伯之女
名柳花 與諸弟出遊 時有一男子 自言天帝子解慕漱 誘我於熊神山下 鴨淥邊室
中知(私)之 而往不返(壇君記云 君與西河河伯之女要親 有産子 名曰夫婁. 今
按此記 則解慕漱 私河伯之女 而後産朱蒙. 壇君記云 産子名曰夫婁 夫婁與朱蒙
異母兄弟也) 父母責我無媒而從人 遂謫居于此. 金蛙異之 幽閉於室中 爲日光所
照 引身避之 日影又逐而照之 因而有孕 生一卵 大五升許. 王棄之與犬猪 皆不
食 又棄之路 牛馬避之 棄之野 鳥獸覆之 王欲剖之 而不能破 乃還其母. 母以物
裹之 置於暖處 有一兒 破殼而出 骨表英奇 年甫七歲 岐嶷異常 自作弓矢 百發
百中 國俗謂善射爲朱蒙 故以名焉. 金蛙有七子 常與朱蒙遊戲 技能莫及 長子帶
素言於王曰 朱蒙非人所生 若不早圖 恐有後患 王不聽 使之養馬 朱蒙知其駿者
減食令瘦 駑者善養令肥 王自乘肥 瘦者給蒙 王之諸子與諸臣 將謀害之 蒙母知
之 告曰 國人將害汝 以汝才略 何往不可 宜速圖之. 於是蒙與烏伊等三人爲友
行至淹水(今未詳) 告水曰 我是天帝子 河伯孫 今日逃遁 追者垂及. 奈何 於是
魚鼈成橋 得渡而橋解 追騎不得渡 至卒本州(玄菟郡之界) 遂都焉. 未遑作宮室
但結廬於沸流水上居之 國號高句麗 因以高爲氏(本姓解氏 今自言是天帝子 承
日光而生 故自以高爲氏) 時年十二歲 漢孝元帝建昭二年甲申歲 卽位稱王. 高麗
全盛之日 二十一萬五百八戶.

珠琳傳第二十一卷載 昔寧禀離王侍婢有娠 相者占之曰 貴而當王. 王曰 非我
之胤也 當殺之. 婢曰 氣從天來 故我有娠. 及子之産 謂爲不祥 捐圈則猪噓 棄
欄則馬乳 而得不死 卒爲扶餘之王(卽東明帝爲卒本扶餘王之謂也 此卒本扶餘
亦是北扶餘之別都 故云扶餘王也. 寧禀離 乃夫婁王之異稱也).

卞韓 百濟(亦云 南扶餘 卽泗沘(泚)城也)

新羅始祖赫居世卽位十九年壬午 卞韓人以國來降 新舊唐書云 卞韓苗裔 在樂浪之地. 後漢書云 卞韓在南 馬韓在西 辰韓在東. 致遠云 卞韓 百濟也. 按本紀溫祚之起 在鴻嘉四年甲辰 則後於赫居世 東明之世 四十餘年 而唐書云 卞韓苗裔在樂浪之地云者 謂溫祚之系 出自東明 故云耳. 或有人出樂浪之地 立國於卞韓 與馬韓等並峙者 在溫祚之前爾 非所都在藥浪之北也. 或者濫九龍山 亦名卞那山 故以高句麗爲卞韓者 盖謬 當以古賢之說爲是 百濟地自有卞山 故云卞韓 百濟全盛之時 十五萬二千三百戶.

辰韓(亦作秦韓)

後漢書云 辰韓耆老自言 秦之亡人 來適韓國 而馬韓割東界地以與之 相呼爲徒 有似秦語 故或名之爲秦韓 有十二小國 各萬戶 稱國. 又崔政遠云 辰韓本燕人避之者 故取涿水之名 稱所居之邑里 云沙涿 漸涿等(羅人方言 讀涿音爲道 故 今或作沙梁 梁亦讀道).

新羅全盛之時 京中十七萬八千九百三十六戶 一千三百六十坊 五十五里.

三十五金入宅(言富潤大宅也). 南宅 北宅 亏比所宅 本彼宅 梁宅 池上宅(本彼部) 財買井宅(庾信公祖宗) 北維宅 南維宅(反香寺下坊) 隊宅 賓支宅(反香寺北) 長沙宅 上櫻宅 下櫻宅 水望宅 泉宅 楊上宅(梁南) 漢岐宅(法流寺南) 鼻穴宅(上同) 板積宅(芬皇寺上坊) 別敎宅(川北) 衙南宅 金楊宗宅(梁官寺南) 曲水宅(川北) 柳也宅 寺下宅 沙梁宅 井上宅 里南宅(亏所宅) 思內曲宅 池宅 寺上宅(大宿宅) 林上宅(靑龍之寺東方有池) 橋南宅 巷叱宅(本彼部) 樓上宅 里上宅 椧南宅 井下宅.

又四節遊宅

春 東野宅 夏 谷良宅 秋 仇知宅 冬 加伊宅.
第四十九憲康大王代 城中無一草屋 接角連墻 歌吹滿路 晝夜不絕.

新羅始祖 赫居世王

辰韓之地 古有六村 一曰 閼川楊山村 南今曇嚴寺 長曰謁平. 初降于瓢嵓峰
是爲及梁部李氏祖(弩禮王九年 置名及梁部 本朝太祖天福五年庚子 改名中興部
波潛東山彼上東村屬焉). 二曰 突山高墟村 長曰蘇伐都利. 初降于兄山 是爲沙
梁部(梁讀云道 或作涿 亦音道)鄭氏祖 今曰南山部 仇良伐 麻等烏 道北 廻德
等南村屬焉(稱今曰者 太祖所置也. 下例知). 三曰 茂山大樹村 長曰俱(一作仇)
禮馬. 初降于伊山(一作皆比山) 是爲漸梁(一作涿)部 又牟梁部孫氏之祖 今云
長福部 朴谷村等西村屬焉. 四曰 觜山珍支村(一作賓之 又賓子 又氷之) 長曰智
伯虎. 初降于花山 是爲本彼部崔氏祖 今曰通仙部 柴巴等東南村屬焉. 致遠乃本
彼部人也. 今皇龍寺南 味呑寺南有古墟云是崔候古宅也 殆明矣. 五曰 金山加利
村(今金剛山栢栗寺之北山也) 長曰祗沱(一作只他). 初降于明活山 是爲漢岐部
又作韓岐部裵氏祖 今云加德部 上下西知 乃兒等東村屬焉. 六曰 明活山高耶村
長曰虎珍 初降于金剛山 是爲習比部薛氏祖. 今臨川部 勿伊村 仍仇旀村 闕谷
(一作葛谷)等東北村屬焉. 按上文 此六部之祖 似皆從天而降 弩禮王九年 始改
六部名 又賜六姓 今俗中興部爲母 長福部爲父 臨川部爲子 加德部爲女 其實未
詳.

前漢地節元年壬子(古本云建虎元年 又云 建元三年等 皆誤) 三月朔 六部祖
各率子弟 俱會於閼川岸上 議曰 我輩上無君主臨理蒸民 民皆放逸 自從所欲 盖
覓有德人 爲之君主 立邦設都乎. 於是乘高南望 楊山下蘿井傍 異氣如電光垂地
有一白馬跪拜之狀 尋檢之 有一紫卵(一云靑大卵). 馬見人長嘶上天 剖其卵得
童男 形儀端美 驚異之 浴於東泉(東泉寺在詞腦野北) 身生光彩 鳥獸率舞 天地
振動 日月淸明 因名赫居世王(盖鄉言也 或作弗矩內王 言光明理世也. 設者云
是西述聖母之所誕也 故中華人 讚仙桃聖母 有娠賢肇邦之語是也. 乃至雞龍現瑞
産閼英 又焉知非西述聖母之所現耶). 位號曰居瑟邯(或作居西干 初開口之時
自稱云 閼智居西干一起 因其言稱之 自後爲王者之尊稱). 時人爭賀曰 今天子已
降 宜覓有德女君配之. 是日 沙梁里閼英井(一作娥利英井)邊有雞龍現 而左脇誕
生童女(一云龍現死 而剖其腹得之) 姿容殊麗 然而脣似雞觜 壯浴於月城北川
其觜撥落 因名其川曰撥川. 營宮室於南山西麓(今昌林寺) 奉養二聖兒 男以卵

生 卵如瓠 鄕人以瓠爲朴 故因姓朴 女以所出井名名之. 二聖年至十三歲 以五鳳
元年甲子 男立爲王 仍以女爲后. 國號徐羅伐 又徐伐(今俗訓京字云徐伐 以此故
也) 或云斯羅 又斯盧 初王生於雞井 故或云雞林國 以其雞龍現瑞也. 一說 脫
解王時 得金閼智 而雞鳴於林中 乃改國號爲雞林 後世遂定新羅之號. 理國六十
一年 王升于天 七日後 遺體散落于地 后亦云亡. 國人欲合而葬之 有大蛇逐禁
各葬五體爲五陵 亦名蛇陵 曇嚴寺北陵是也: 太子南解王繼位.

第二 南解王

南解居西干 亦云次次雄 是尊長之稱 唯此王稱之. 父赫居世 母閼英夫人 妃雲
帝夫人(一作雲梯. 今迎日縣西 有雲梯山聖母 祈旱有應) 前漢平帝元始四年甲
子卽位 御理二十一年 以地皇四年甲申崩 此王乃三皇之第一云.

按三國史 新羅稱王曰居西干 辰言王也. 或云 呼貴人之稱. 或曰 次次雄 或作
慈充 金大問云 次次雄 方言謂巫也 世人以巫事鬼神 尙祭祀 故畏敬之 遂稱尊
長者爲慈充. 或云 尼師今 言謂齒理也 初南解王薨 子弩禮讓位於脫解 解云 吾
聞聖智人多齒 乃試以餠噬之 古傳如此. 或曰 麻立干(立一作袖). 金大問云 麻
立者 方言謂橛也 橛標准位而置 則王橛爲主 臣橛列於下 因以名之. 史論曰 新
羅稱居西干 次次雄者一 尼師今者十六 麻立干者四 羅末名儒崔致遠 作帝王年
代歷 皆稱某王 不言居西干等 豈以其言鄙野 不足稱之也. 今記新羅事 具存方言
亦宜矣. 羅人凡追封者 稱葛文王 未詳. 此王代樂浪國人來侵金城 不克而還. 又
天鳳五年戊寅 高麗之裨屬七國來投.

第三 弩禮王

朴弩禮尼叱今(一作儒禮王) 初王與妹夫脫解讓位 脫解云 凡有德者多齒 宜以
齒理試之. 乃咬餠驗之 王齒多 故先立 因名尼叱今 尼叱今之稱 自此王始. 劉聖
公更始元年癸未卽位(年表云 甲申卽位) 改定六部號 仍賜六姓. 始作兜率歌 有
嗟辭. 詞腦格. 始製犁耟及藏氷庫 作車乘. 建虎十八年 伐伊西國滅之. 是年高麗
兵來侵.

第四 脫解王

脫解齒叱今(一作吐解尼師今) 南解王時(古本云 壬寅年至者謬矣. 近則後於
弩禮卽位之初 無爭讓之事 前則在於赫居之世 故知壬寅非也) 駕洛國海中 有船
來泊. 其國首露王 與臣民鼓譟而迎 將欲留之 而舡乃飛走 至於雞林東下西知村
阿珍浦(今有上西知 下西知村名). 時浦邊有一嫗 名阿珍義先 乃赫居王之海尺
之母 望之謂曰 此海中元無石嵒 何因鵲集而鳴 拏舡尋之 鵲集一舡上 舡中有一
櫃子 長二十尺 廣十三尺 曳其船 置於一樹林下 而未知凶乎吉乎 向天而誓爾
俄而乃開見 有端正男子 竝七寶奴婢滿載其中. 供給七日 遒言曰 我本龍城國人
(亦云正明國 或云琓夏國 琓夏或作花廈國 龍城在倭東北一千里) 我國嘗有二十
八龍王 從人胎而生 自五歲六歲 繼登王位 敎萬民修正性命 而有八品姓骨 然無
揀擇 皆登大位. 時我父王含達婆 娉積女國王女爲妃 久無子胤 禱祀求息 七年後
產一大卵 於是大王會問群臣 人而生卵 古今未有 殆非吉祥 乃造櫃置我 幷七寶
奴婢載於舡中 浮海而祝曰 任到有緣之地 立國成家 便有赤龍 護舡而至此矣.

言訖 其童子曳杖率二奴 登吐含山上作石塚 留七日 望城中可居之地 見一峯
如三日月 勢可久之地 乃下尋之 卽瓠公宅也. 乃設詭計 潛埋礪炭於其側 詰朝至
門云 此是吾祖代家屋. 瓠公云否 爭訟不決 乃告于官 官曰 以何驗是汝(治)家.
童曰 我本治(冶)匠 乍出隣鄕 而人取居之 請掘地檢看. 從之. 果得礪炭 乃取而
居焉(焉) 時南解王 知脫解是智人 以長公主妻之 是爲阿尼夫人.

一日吐解登東岳 廻程次 令白衣索水飮之 白衣汲水 中路先嘗而進 其角杯貼
於口不解 因而嘖之 白衣誓曰 爾後若近遙不敢先嘗. 然後內解 自此白衣讋服 不
敢欺罔 今東岳中有一井 俗云遙乃井是也.

及弩禮王崩 以光虎(武)帝中元六(二)年丁巳六月 乃登王位. 以昔是吾家取他
人家故 因姓昔氏 或云 因鵲開櫃 故去鳥字 姓昔氏 解櫃脫卵而生 故因名脫解
在位二十三年 建初四年己卯崩. 葬疏川丘中 後有神詔 愼埋葬我骨 其髑髏周三
尺二寸 身骨長九尺七寸 齒凝如一 骨節皆連鎖 所謂天下無敵力士之骨 碎爲塑
像 安闕內 神又報云 我骨置於東岳. 故令安之(一云 崩後 二十七世文虎(武)王
代 調露二年庚辰三月十五日 辛酉夜 見夢於太宗 有老人貌甚威猛 曰我是解脫
也 拔我骨於疏川丘 塑像安於土含山 王從其言 故至今國祀不絶 卽東岳神也云).

金閼智 脫解王代

永平三年庚申(一云 中元六年 誤矣. 中元盡二年而已) 八月四日 瓠公夜行月
城西里 見大光明於始林中(一作鳩林) 有紫雲從天垂地 雲中有黃金櫃 掛於樹枝
光自櫃出 亦有白鷄鳴於樹下. 以狀聞於王 駕幸其林 開櫃有童男 臥而卽起 如赫
居世之故事 故因其言 以閼智名之. 閼智卽鄉言小兒之稱也. 抱載還闕 鳥獸相隨
喜躍蹌蹌 土(王)擇吉日 册位太子. 後讓故(於)婆娑 不卽王位. 因金櫃而出 乃
姓金氏 閼智生勢漢 漢生阿都 都生首留 留生郁部 部生俱道(一作仇刀) 道生未
鄒 鄒卽王位 新羅金氏自閼智始.

延烏郎 細烏女

第八阿達羅王卽位四年丁酉 東海濱 有延烏郎 細烏女 夫婦而居. 一日延烏歸
海採藻 忽有一巖(一云一魚) 負歸日本 國人見之曰 此非常人也. 乃立爲王(按
日本帝記 前後無新羅人爲王者 此乃邊邑小王 而非眞王也). 細烏怪夫不來 歸尋
之 見夫脫鞋 亦上其巖 巖亦負歸如前. 其國人驚訝 奏獻於王 夫婦相會 立爲貴
妃.
是時 新羅日月無光 日者奏云 日月之精 降在我國 今去日本 故致斯怪. 王遣
使來(求)二人 延烏曰 我到此國 天使然也 今何歸乎. 雖然朕之妃有所織細綃 以
此祭天可矣 仍賜其綃 使人來奏 依其言而祭之 然後日月如舊. 藏其綃於御庫爲
國寶 名其庫爲貴妃庫 祭天所名迎日縣 又都祈野.

未鄒王 竹葉軍

第十三 未鄒尼叱今(一作未祖 又未古) 金閼智七世孫 赫居紫纓 仍有聖德 受
禪于理解 始登王位(今俗稱王之陵爲始祖堂 盖以金始(氏)始登王位故 後代金氏
諸王皆以未鄒爲始祖 宜矣) 在位二十三年而崩 陵在興輪寺東.
第十四儒理王代 伊西國人來攻金城 我大擧防禦 久不能抗. 忽有異兵來助 皆
珥竹葉 與我軍并力擊賊破之. 軍退後不知所歸. 但見竹葉積於未鄒陵前 乃知先
王陰隲有功 因呼竹現陵.

越三十七世惠恭王代 大曆十四年己未四月 勿有旋風 從庚信公塚起 中有一人
乘駿馬如將軍儀狀 亦有衣甲器仗者四十許人 隨從而來 入於竹現陵 俄而陵中似
有振動哭泣聲 或如告訴之音 其言曰 臣平生 有輔時救難匡合之功 今爲魂魄 鎮
護邦國 攘災救患之心 暫無偷改. 往者庚戌年 臣之子孫無罪被誅 君臣不念我之
功烈 臣欲遠移他所 不復勞勤 願王允之. 王答曰 惟我與公不護此邦 其如民庶何
公復努力如前. 三請三不許 旋風乃還. 王聞之懼 乃遣工臣金敬信 就金公陵謝過
焉 爲公立功德寶田三十結于鷲仙寺 以資冥福 寺乃金公討平壤後 植福所置故也.
非未鄒之靈 無以遏金公之怒 王之護國 不爲不大矣 是以邦人懷德 與三山同祀
而不墜 躋秩于五陵之上 稱大廟云.

奈勿王(一作那密王) 金堤上

第十七 那密王卽位三十六年庚寅 倭王遣使來朝曰 寡君聞大王之神聖 使臣等
以告百濟之罪於大王也 願大王遣一王子 表誠心於寡君也. 於是王使第三子美海
(一作未吐喜) 以聘於倭. 美海年十歲. 言辭動止猶未備具 故以內臣朴娑覽 爲副
使而遣之 倭王留而不送三十年.
　至訥祇王卽位三年己未 句麗長壽王遣使來朝曰 寡君聞大王之弟寶海 秀智才
藝 願與相親 特遣小臣懇請. 王聞之幸甚 因此和通 命其弟寶海 道於句麗 以內
臣金武謁爲輔而送之 長壽王又留而不送.
　至十年乙丑 王召集群臣及國中豪俠 親賜御宴 進酒三行 衆樂初作. 王垂涕而
謂群臣曰 昔我聖考 誠心民事 故使愛子東聘於倭 不見而崩 又朕卽位已來 隣兵
甚熾 戰爭不息 句麗獨有結親之言 朕信其言. 以其親弟聘於句麗 句麗亦留而不
送 朕雖處富貴 而未嘗一日暫忘而不哭 若得見二弟 共謝於先主之廟 則能報恩
於國人 誰能成其謀策. 時百官咸奏曰 此事固非易也 必有智勇方可 臣等以爲歃
羅郡太守提上可也. 於是王召問焉 堤上再拜對曰 臣聞主憂臣辱 主辱臣死 若論
難易而後行謂之不忠 圖死生而後動 謂之無勇 臣雖不肖 願受命行矣 王甚嘉之
分觴而飲 握手而別.
　提上簾前受命 徑趨北海之路 變服入句麗 進於寶海所 共謀逸期 先以五月十
五日 歸泊於高城水口而待 期日將至 寶海稱病 數日不朝 乃夜中逃出 行到高城
海濱. 王知之 使數十八追之 至高城而及之 然寶海在句麗 常施恩於左右 故其軍

士憫傷之　皆拔箭鏃而射之遂免而歸.

　　王旣見寶海　益思美海一欣一悲　垂淚而謂左右曰　如一身有一臂　一面一眼　雖得一而亡一　何敢不痛乎. 時提上聞此言　再拜辭朝而騎馬　不入家而行　直至於栗浦之濱　其妻聞之　走馬追至栗浦　見其夫已在舡上矣　妻呼之切懇　堤上但搖手而不駐.

　　行至倭國　詐言曰　雞林王以不罪殺我父兄　故逃來至此矣. 倭王信之　賜室家而安之　時堤上常陪美海遊海濱　逐捕魚鳥　以其所獲　每獻於倭王　王甚喜之　而無疑焉　適曉霧濛晦　堤上曰　可行矣. 美海曰　然則偕行　堤上曰　臣若行. 恐倭人覺而追之　願臣留而止其追也. 美海曰　今我與汝如父兄焉　何得棄汝而獨歸. 堤上曰臣能救公之命　而慰大王之情　則足矣　何願生乎. 取酒獻美海　時雞林人康仇麗在倭國　以其人從而送之.

　　堤上入美海房　至於明旦　左右欲入見之　堤上出止之曰　昨日馳走於捕獵　病甚末起　及乎日昃　左右怪之而更問焉　對曰　美海行已久矣. 左右奔告於王　王使騎兵逐之　不及. 於是囚堤上問曰　汝何竊遣汝國王子耶. 對曰　臣是雞林之臣　非倭國之臣　今欲成吾君之志耳　何敢言於君乎. 倭王怒曰　今汝已爲我臣　而言雞林之臣　則必具五刑　若言倭國之臣者　必賞重祿. 對曰　寧爲雞林之犬狚　不爲倭國之臣子　寧受雞林之箠楚　不受倭國之爵祿. 王怒　命屠剝堤上脚下之皮　刈蒹葭　使趨其上 (今蒹葭上　有血痛(痕) 俗云　堤上之血). 更問曰　汝何國臣乎　曰雞林之臣也. 又使立於熱鐵上　問　何國之臣乎　曰雞林之臣也. 倭王知不可屈　燒殺於木島中　美海波海而來　使康仇麗先告於國中.

　　王驚喜　命百官迎於屈歇驛　王與親弟寶海迎於南郊　入闕設宴　大赦國內　册其妻爲國大夫人　以其女子爲美海公夫人. 識者曰　昔漢臣周苛在滎陽　爲楚兵所虜　項羽謂周苛曰　汝爲我臣　封爲萬祿侯　周苛罵而不屈　爲楚王所殺　堤上之忠烈　無怪(愧)於周苛矣.

　　初堤上之發去也　夫人聞之追不及　及至望德寺門南沙上　於臥長號　因名其沙曰長沙. 親寂二人　扶腋將還　夫人舒脚　坐不起　名其地曰伐知旨　久後夫人不勝其慕　率三娘子上鵄述嶺　望倭國痛哭而終　仍爲鵄述神母　今詞堂存焉.

第十八　實聖王

義熙九年癸丑 平壤州大橋成(恐南平壤也 今楊州). 王忌憚前王太子訥祇有德
望 將害之 請高麗兵而詐迎訥祇. 高麗人見訥祇有賢行 乃倒戈而殺王. 乃立訥祇
爲王而去

射琴匣

第二十一 毗處王(一作炤智(知)王) 卽位十年戊辰 幸於天泉亭. 時有烏與鼠
來鳴 鼠作人語云 此烏去處尋之(或云 神德王欲行香興輪寺 路見衆鼠含尾 怪之
而還占之 明日先鳴烏尋之云云 此說非也). 王命騎士追之 南至避村(今壤避寺
村在南山東麓) 兩猪相鬪 留連見之 忽失烏所在 徘徊路傍. 時有老翁 自池中出
奉書 外面題云 開見二人死. 不開一人死 使來獻之 王曰 與其二人死 莫若不開
但一人死耳. 日官奏曰 二人者庶民也 一人者王也. 王然之開見 書中云 射琴匣.
王入宮見琴匣射之 乃內殿焚修僧與宮主 潛通而所(爲)奸也. 二人伏誅.
自爾 國俗每正月上亥上子上午等日 忌愼百事 不敢動作 以十六日爲烏忌之日
以糯飯祭之 至今行之 俚言怛忉 言悲愁而禁忌百事也. 命其池曰書出池.

智哲老王

第二十二 智哲老王 姓金氏 名智大路 又智度路 諡曰智證. 諡號始于此 又鄕
稱王爲麻立干者 自此王始. 王以永元二年庚辰卽位(或云辛巳 則三年也).
王陰長一尺五寸 難於嘉耦 發使三道求之. 使至牟梁部 冬老樹下 見二狗嚙一
屎塊如鼓大 爭嚙其兩端 訪於里人 有一小女告云 此部相公之女子洗澣于此隱林
而所遺也. 尋其家檢之 身長七尺五寸 具事奏聞 王遣車邀入宮中 封爲皇后 群臣
皆賀.
又阿瑟羅州(今溟州) 東海中便風二日程 有于陵島(今作羽陵) 周廻二萬六千
七百三十步 島夷恃其水深 驕傲不臣 王命伊湌朴伊宗 將兵討之 宗作木偶師子
載於大艦之上 威之云 不降則放此獸 島夷畏而降 賞伊宗爲州伯.

眞興王

第二十四　眞興王　卽位時年十五歲　太后攝政　太后乃法興王之女子　立宗葛文
王之妃　終時削髮　被法衣而逝.

承聖三年九月　百濟兵來侵於珍城　掠取人男女三萬九千　馬八千匹而去　先是
百濟欲與新羅合兵　謀伐高麗. 眞興曰　國之興亡在天　若天未厭高麗　則我何敢望
焉. 乃以此言通高麗　高麗感其言　與羅通好　而百濟怨之　故來爾.

桃花女　鼻荊郞

第二十五　舍輪王　諡眞智大王　姓金氏　妃起烏公之女　知刀夫人. 大建八年丙申
卽位(古本云十一年己亥　誤矣). 御國四年　政亂荒経　國人廢之,

前此　沙梁部之庶女　姿容艶美　時號桃花娘　王聞而召致宮中　欲幸之　女曰　女
之所守　不事二夫　有夫而適他　雖萬乘之威　終不奪也. 王曰　殺之何　女曰　寧斬于
市　有願靡他. 王戲曰　無夫則可乎　曰可. 王放而遣之. 是年王見廢而崩　後二年其
夫亦死. 浹旬忽夜中　王如平昔. 來於女房曰　汝昔有諾　今無汝夫　可乎　女不輕諾
告於父母　父母曰　君王之敎　何以避之. 以其女入於房　留御七日　常有五色雲覆屋
香氣滿室　七日後忽然無蹤　女因而有娠　月滿將産　天地振動　産得一男　名曰鼻荊.

眞平大王聞其殊異　收養宮中. 年至十五　授差執事　每夜逃去遠遊　王使勇士五
十人守之　每飛過月城　西去荒川岸上(在京城西)　率鬼衆遊　勇士伏林中窺伺　鬼
衆　聞諸寺曉鍾各散　郞亦歸矣　勇士以事來奏　王召鼻荊曰　汝領鬼遊　信乎　郞曰
然. 王曰　然則汝使鬼衆　成橋於神元寺北渠(一作　神衆寺　誤　一云荒川東深渠).
荊奉勅　使其徒鍊石　成大橋於一夜　故名鬼橋　王又問　鬼衆之中　有出現人間　輔
朝政者乎　曰有吉達者　可輔國政. 王曰　與來. 翌日荊與俱見　賜爵執事　果忠直無
雙. 時角干林宗無子　王勅爲嗣子　林宗命吉達　創樓門於興輪寺南　每夜去宿其門
上　故名吉達門. 一日吉達變狐而遁去　荊使鬼捉而殺之　故其衆聞鼻荊之名　怖畏
而走. 時人作詞曰,

聖帝魂生子, 鼻荊郞室亭.

飛馳諸鬼衆, 此處莫留停.

鄕俗帖此詞以辟鬼.

天賜玉帶

(淸泰四年丁酉五月　正承(政丞)金傅獻鐫金粧玉排方腰帶一條　長十圍　鐫銙六
十二　日(曰)是眞平王天賜帶也. 太祖受之　藏之內庫)

第二十六　白淨王　諡眞平大王　金氏. 大建十一年己亥八月卽位　身長十一尺.
駕辛內帝釋宮(亦名天柱寺　王之所創)　踏石梯　二石竝折　王謂左右曰　不動此石
以示後來. 卽城中五不動石之一也.
　卽位元年　有天使降於殿庭　謂王曰　上皇命我傳賜玉帶. 王親奉跪受　然後其使
上天. 凡郊廟大祀皆服之.
　後　高麗王將謀伐羅　乃曰　新羅有三寶不可犯　何謂也　皇龍寺丈六尊像　一　其
寺九層塔　二　眞平王天賜玉帶　三也. 乃止其謀. 讚曰
　雲外天頒玉帶圍. 辟雍龍袞雅相宜,
　吾君自此身彌重, 准擬明朝鐵作墀.

善德王知幾三事

　第二十七　德曼(一作萬)　諡善德女大王　姓金氏　父眞平王. 以貞觀六年壬辰卽
位　御國十六年　凡知幾有三事.
　初唐太宗送畫牧丹　三色紅紫白　以其實三升　王見畫花曰　此花定無香. 仍命種
於庭　待其開落. 果如其言　二　於靈廟寺玉門池　冬月衆蛙集鳴三四日　國人怪之
問於王. 王急命角干閼川·弼呑等　鍊精兵二千人　速去西郊　問女根谷　必有賊兵
掩取殺之. 二角干旣受命　各率千人問西郊　富山下果有女根谷　百濟兵五百人　來
藏於彼　竝取殺之　百濟將軍亏召者　藏於南山嶺石上　又圍而射之殪. 又有後兵一
千二百人來　亦擊而殺之　一無孑遺. 三　王無恙時　謂群臣曰　朕死於某年某月日
葬我於忉利天中. 群臣罔知其處　奏云何所　王曰　狼山南也. 至其月日　王果崩　群
臣葬於狼山之陽. 後十餘年　文虎(武)大王創　四天王寺於王墳之下. 佛經云　四天
王天之上　有忉利天　乃知大王之靈聖也.
　當時群臣啓於王曰　何知花蛙二事之然乎　王曰　畫花而無蝶　知其無香　斯乃唐
帝欺寡人之無耦也. 蛙有怒形　兵士之像　玉門者　女根也　女爲陰也　其色白　白西
方也　故知兵在西方　男根入於女根　則必死矣　以是知其易捉. 於是群臣皆服其聖
智　送花三色者　盖知新羅有三女王而然耶　謂善德　眞德　眞聖是也　唐帝以有懸解

之明. 善德之創靈廟寺 具載良志師傳 詳之. 別記云 是王代 鍊石築瞻星臺.

眞德王

第二十八 眞德女王卽位 自製太平歌 織綿爲紋 命使往唐獻之(一本 命春秋公
爲使 往仍請兵 太宗嘉之 許蘇定方云云者 皆謬矣 現(顯)慶前 春秋已登位 現
(顯)慶庚申 非太宗 乃高宗之世 定方之來 在現(顯)慶庚申. 故知織錦爲紋 非請
兵時也 在眞德之世 當矣 盖請放金欽純之時也). 唐帝嘉賞之 改封爲雞林國王
其詞曰,

大唐開洪業 巍巍皇猷昌

止戈戎威定 修文契百王.

統天崇雨施 理物體含章.

深仁諧日月 撫軍(運)邁虞唐.

幡旗何赫赫 鉦鼓何鍠鍠.

外夷違命者 剪覆被天殃.

淳風凝幽現 遐邇競呈祥.

四時和玉燭 七曜巡方(萬)方.

維嶽降輔宰 維帝任忠良.

五三成一德 昭我唐家皇.

王之代有閼川公·林宗公·述宗公·虎林公(慈藏之父)·廉長公·庾信公·會于南
山亏知巖 議國事. 時有大虎走入座間 諸公驚起 而閼川公 略不移動 談笑自若
捉虎尾撲於地而殺之 閼川公膂力如此 處於席首 然諸公皆服庾信之威.

新羅有四靈地 將議大事 則大臣必會其地謀之 則其事必成. 一東曰(曰東)靑
松山 二曰 南亏知山 三曰西皮田 四曰北金剛山. 是王代 始行正旦禮 始行侍郎
號.

金庾信

虎(武)力伊干之子 舒玄角干 金氏之長子曰庾信 弟曰欽純 姊曰寶姬 小名阿
海 妹曰文姬 小名阿之. 庾信公以眞平王十七年乙卯生 稟精七曜 故背有七星文

又多神異.

年至十八壬申 修劍得術爲國仙. 時有白石者 不知其所自來 屬於徒中有年. 郎以伐麗齊(濟)之事 日夜深謀 白石知其謀 告於郎曰 僕請與公密先探於彼 然後圖之何如 郎喜 親率白石夜出行. 方憩於峴上 有二女隨郎而行 至骨火川留宿 又有一女忽然而至 公與三娘子喜話之時 娘等以美菓餽之 郎受而啖之 心諾相許乃說其情. 娘等告云 公之所言 已聞命矣 願公謝白石 而共入林中 更陳情實. 乃與俱入 娘等便現神形曰 我等奈林·穴禮·骨火等三所護國之神 今敵國之人誘郎引之 郎不知而進途 我欲留郎而至此矣. 言訖而隱. 公聞之驚仆 再拜而出. 宿於骨火館 謂白石曰 今歸他國 忘其要文 請與爾還家取來. 遂與還至家 拷縛白石而問其情 曰 我本高麗人(古本云百濟 誤矣 楸南乃高麗之士 又逆行陰陽 亦是寶藏王事) 我國群臣曰 新羅庾信 是我國卜筮之士楸南也(古本作春南 誤矣) 國界有逆流之水(或云雄雌 尤反覆之事) 使其卜之 奏曰 大王夫人逆行陰陽之道其瑞如此 大王驚怪 而王妃大怒 謂是妖狐之語 告於王 更以他事驗問之 失言則加重刑 乃以一鼠藏於合中 問是何物 其人奏曰 是必鼠 其命有八. 乃以謂失言將加斬罪 其人誓曰 吾死之後 願爲大將必滅高麗矣. 卽斬之 剖鼠腹視之 其命有七 於是知前言有中. 其日夜大王夢 楸南入于新羅舒玄公夫人之懷 以告於群臣皆曰. 楸南誓心而死 是其果然 故遣我至此謀之爾 公乃刑白石 備百味祀三神 皆現身受奠.

金氏宗財買夫人死 葬於靑淵上谷 因名財買谷. 每年春月 一宗士女會宴於其谷之南澗. 于時百卉敷榮 松花滿洞府林 谷口架築爲庵 因名松花房 傳爲願刹. 至五十四景明王 追封公爲興虎(武)大王 陵在西山毛只寺之北東向走峯.

太宗春秋公

第二十九 太宗大王 名春秋 姓金氏 龍樹(一作龍春)角干 追封文興大王之子也. 妣眞平大王之女天明夫人 妃文明皇后文姬 卽庾信公之季妹也.

初 文姬之姊寶姬 夢登西岳捨溺瀰 滿京城. 旦與妹說夢 文姬聞之謂曰 我買此夢. 姊曰 與何物乎 曰 鬻錦裙可乎 姊曰 諾 妹開襟受之 姊曰 疇昔之夢 傳付於汝. 妹以錦裙酬之.

後旬日 庾信與春秋公 正月午忌日(見上射琴匣事 乃崔致遠之說) 蹴鞠于庾信

宅前(羅人謂蹴鞠爲弄珠之戱) 故踏春秋之裙 裂其襟紐 曰請 入吾家縫之. 公從
之 庾信命阿海奉針 海曰 豈以細事輕近貴公子乎. 因辭(古本云 因病不進) 乃命
阿之 公知庾信之意 遂幸之 自後數數來往 庾信知其有娠 乃噴之曰 爾不告父母
而有娠何也 乃宣言於國中 欲焚其妹. 一日俟善德王遊幸南山 積薪於庭中 焚火
烟起 王望之問何烟 左右奏曰 殆庾信之焚妹也. 王問其故 曰 爲其妹無夫有娠
王曰 是誰所爲 時公昵侍在前 顔色大變 王曰 是汝所爲也 速往救之 公受命馳馬
傳宣沮之 自後現行婚禮.

　　眞德王薨 以永徽五年甲寅卽位 御國八年 龍朔元年辛酉崩 壽五十九歲 葬於
哀公寺東 有碑. 王與庾信神謀戮力 一統三韓 有大功於社稷 故廟號太宗. 太子
法敏 角干仁問 角干文王 角干老且 角干智鏡 角干愷元等 皆文姬之所出也 當
時買夢之徵 現於此矣. 庶子 曰皆知文級干 車得令公 馬得阿干 并女五人. 王膳
一日飯米三斗 雄雉九首 自庚申年滅百濟後 除晝膳 但朝暮而已 然計一日米六
斗 酒六斗 雉十首. 城中市價 布一疋租三十碩 或五十碩 民謂之聖代 在東宮時
欲征高麗 因請兵入唐 唐帝賞其風彩 謂爲神聖之人 固留侍衞 力請乃還.

　　時百濟末王義慈乃虎(武)王之元子也 雄猛有膽氣 事親以孝 友于兄弟 時號海
東曾子. 以貞觀十五年辛丑卽位 耽款酒色 政荒國危. 左平(百濟爵名)成忠 極諫
不聽 囚於獄中 瘦困濱死 書曰 忠臣死不忘君 願一言而死. 臣嘗觀時變 必有兵
革之事 凡用兵 審擇其地 處上流而迎敵 可以保全 若異國兵來 陸路不使過炭峴
(一云沈峴 百濟要害之地) 水軍不使入伎伐浦(卽長嵒 又孫梁 一作只火浦 又白
江) 據其險隘以禦之 然後可也. 王不省.

　　現(顯)慶四年己未 百濟烏會寺(亦云烏合寺) 有大赤馬 晝夜六時 遶寺行道
二月 衆狐入義慈宮中 一白狐坐佐平書案上. 四月 太子宮雌鷄與小雀交婚 五月 泗
沘(扶餘江名)岸大魚出死 長三丈 人食之者皆死 九月 宮中槐樹鳴如人哭 夜鬼
哭宮南路上 五年庚申春一月 王都井水血色 西海邊小魚出死 百姓食之不盡 泗沘
水血色. 四月 蝦蟆數萬集於樹上 王都市人無故驚走 如有捕捉 驚仆死者百餘 亡
失財物者無數 六月 王興寺僧皆見如舡楫隨大水入寺門 有大犬如野鹿 自西至泗沘
岸 向王宮吠之 俄不知所之 城中群犬集於路上 或吠或哭 移時而散. 有一鬼入宮
中 大乎曰 百濟亡. 百濟亡 卽入地 王怪之 使人堀地 深三尺許 有一龜. 其背有
文 (曰)百濟圓月輪 新羅如新月. 問之巫者 云 圓月輪者 滿也 滿則虧 如新月者
未滿也 未滿則漸盈 王怒殺之 或曰 圓月輪 盛也 如新月者 微也 意者國家盛

而新羅寢微乎 王喜.

太宗聞百濟國中多怪變 五年庚申 遣使仁問請兵唐 高宗詔左虎(武) 衞大將軍荊國公蘇定方 爲神丘道行策(軍)摠管 率左衞將軍劉伯英字仁遠 左虎(武)衞將軍馮士貴 左驍衞將軍龐孝公等 統十三萬兵來征(鄕記云 軍十二萬二千七百十一人 船一千九百隻 而唐史不詳言之) 以新羅王春秋 爲嵎夷道行軍摠管 將其國兵與之合勢. 定方引兵 自城山濟海 至國西德勿島「新」羅王遣將軍金庾信 領精兵五萬以赴之. 義慈王聞之 會群臣問戰守之計 佐平義直進曰 唐兵遠涉溟海 不習水 羅人恃大國之援 有輕敵之心 若見唐人失利 必疑懼而不敢銳進 故知先與唐人決戰可也. 達率常永等曰 不然 唐兵遠來 意欲速戰 其鋒不可當也 羅人屢見敗於我軍 今望我兵勢 不得不恐 今日之計 宜塞唐人之路 以待師老 先使偏師擊羅折其銳氣 然後伺其便而合戰 則可得全軍而保國矣. 王猶預不知所從 時佐平興首得罪流竄于古馬旀只之縣 遣人問之曰 事急矣 如(之)何 首曰 大槪如佐平成忠之說. 大臣等不信 曰 興首在縲絏之中 怨君而不愛國矣 其言不可用也 莫若使唐兵入白江(卽伎伐浦) 沿流而不得方舟 羅軍升炭峴 由徑而不得竝馬 當此之時縱兵擊之 加在籠之雞 罹網之魚也 王曰 然.

又聞唐羅兵已過白江炭峴 遣將軍偕伯 帥死士五千出黃山 與羅兵戰 四合皆勝之 然兵寡力盡 竟敗而偕(階)伯死之. 進軍合兵 薄津口 瀕江屯兵 忽有鳥廻翔於定方營上 使人卜之 曰 必傷元帥. 定方懼欲引兵而止 庾信謂定方曰 豈可以飛鳥之怪違天時也 應天順人 伐至不仁 何不祥之有 乃拔神劍擬其鳥 割裂而墜於座前. 於是定方出左涯 垂山而陣 與之戰 百濟軍大敗. 王師乘潮 軸艫含尾 鼓譟而進 定方將步騎 直趨都城一舍止. 城中悉軍拒之 又敗死者萬餘. 唐人乘勝薄城王知不免 嘆曰 悔不用成忠之言 以至於此. 遂與太子隆(或作孝 誤也) 走北鄙定方圍其城 王次子泰自立爲王 率衆固守 太子之子文思謂王泰曰 王與太子出而叔擅爲王 若唐兵解去 我等安得全 率左右 縋而出 民皆從之 泰不能止. 定方令士起堞立唐旗幟 泰窘迫 乃開門請命. 於是王及太子隆·王子泰·大臣貞福·與諸城皆降·定方以王義慈及太子隆·王子泰·王子演 及大臣將士八十八人·百姓一萬二千八百七人 送京師.

其國本有五部·三十七郡·二百城·七十六萬戶·至是析置熊津·馬韓·東明·金漣·德安等五都督府·擢渠長爲都督刺史以理之. 命郞將劉仁願守都城 又左衞郞將王文度爲熊津都督 撫其餘衆. 定方以所俘見 上責而宥之. 王病死 贈金紫光祿

大夫衞尉卿 許舊臣赴臨 詔葬孫皓陳叔寶墓側 竝爲竪碑. 七年壬戌 命定方爲遼東道行軍大總官 俄改平壤道 破高麗之衆於浿江 奪馬邑山爲營 遂圍平壤城 會大雪 解圍還 拜涼州安集大使 以定吐蕃. 乾封二年卒 唐帝悼之 贈左驍騎大將軍幽州都督 諡曰莊(已上唐史文).

新羅別記云 文虎(武)王卽位五年乙丑秋八月庚子 王親統大兵 幸熊津城 會假王夫餘隆 作壇 刑白馬而盟 先祀天神及山川之靈 然後歃血 爲文而盟曰 往者百濟先王 迷於逆順 不敢(敦)隣好 不睦親姻 結托句麗 交通倭國 共爲殘暴 侵削新羅 破邑屠城 略無寧歲 天子憫一物之失所 憐百姓之被毒. 頻命行人 諭其和好 負險恃遠 侮慢天經 皇赫斯怒 恭行吊伐 旌旗所指 一戎大定. 固可潴宮汚宅 作誡來裔 塞源拔本 垂訓後昆 懷柔伐叛 先王之令典 興亡繼絶 往哲之通規 事心(必)師古 傳諸曩册 故立前百濟王 司稼正卿扶餘隆爲熊津都督 守其祭祀 保旗桑梓 依倚新羅 長爲與國 各除宿憾 結好和親 恭承詔命 永爲藩服. 仍遣使人右威衞將軍魯城縣公劉仁願 親臨勸諭 具宣成旨 約之婚姻 申之以盟誓 刑牲歃血共敦終始 分災恤患 恩若兄弟. 祇奉綸言 不敢墜失 旣盟之後 共保歲寒. 若有乖背 二三其德 興兵動衆 侵犯邊陲 神明鑒之 百殃是降 子孫不育 社稷無宗 禋祀磨滅 罔有遺餘. 故作金書鐵契 藏之宗廟 子孫萬代 無或敢犯 神之聽之 是享是福. 歃訖埋幣帛於壇之壬地 藏盟文於大廟 盟文乃帶方都督劉仁軌作(按上唐史之文 定方以義慈王及太子隆等送京師 今云會扶餘王隆 則知唐帝宥隆而遣之 立爲熊津都督也 故盟文明言 以此爲驗).

又古記云 總章元年戊辰(若總章戊辰則李勣之事 而下文蘇定方 誤矣. 若定方則年號當龍朔二年壬戌 來圍平壤之時也) 國人之所請唐兵 屯于平壤郊 而通書曰 急輸軍資. 王會群臣問曰 入於敵國 至唐兵屯所 其勢危矣 所請王師粮匱 而不輸其料 亦不宜也 如何 庚信奏曰 臣等能輸其軍資 請大王無慮. 於是庚信仁問等 率數萬人 入句麗境 輸料二萬斛 乃還 王大喜. 又欲興師會唐兵 庚信先遣然起兵川等一(二)人 問其會期 唐帥蘇定方 紙畫鸞犢二物廻之. 國人未解其意 使問於元曉法師 解之曰 速還其兵 謂畫犢畫鸞二切也. 於是庚信廻軍 欲渡浿江 令曰 後渡者斬之. 軍士爭先半渡 句麗兵來掠 殺其未渡者 翌日「庚」信返追句麗兵 捕殺數萬級.

百濟古記云 扶餘城北角有大岩 下臨江水 相傳云 義慈王與諸後宮 知其未免相謂曰 寧自盡 不死於他人手 相率至此 投江而死 故俗云墮死岩. 斯乃俚諺之訛

也. 但宮人之墮死 義慈卒於唐 唐史有明文.

又新羅古記云 定方旣討麗濟二國 又謀伐新羅而留連 於是庾信知其謀 饗唐兵
鴆之 皆死 坑之 今尙州界有唐橋 是其坑地(按唐史 不言其所以死 但書云卒何
耶 爲復(後)諱之耶 鄕諺之無據耶 若壬戌年高麗之役 羅人殺定方之師 則後總
章 戊辰何有請兵滅高麗之事. 以此知鄕傳無據. 但戊辰滅麗之後 有不臣之事 擅
有其地而已 非至殺蘇李二公也).

王師定百濟 旣還之後 羅王命諸將 追捕百濟殘賤(賊) 屯次于漢山城 高麗靺
鞨二國兵來圍之 相擊未解 自五月十一日 至六月二十二日 我兵危甚. 王聞之 議
群臣曰 計將何出 猶豫未決 庾信馳奏曰 事急矣 人力不可及 唯神術 可救. 乃於
星浮山 設壇修神術 忽有光耀如大甕 從壇上而出 乃星飛而北去(因此名星浮山
山名或有別說云 山在都林之南 秀出一峰是也 京城有一人謀求官 命其子作高炬
夜登此山擧之 其夜京師人望人(火) 人皆謂怪星現於其地 王聞之憂懼 募人禳之
其父將應之 曰(日)官奏曰此非大怪也 但一家子死 父泣之兆耳 遂不行禳法 是
夜其子下山 虎傷而死). 漢山城中士卒 怨救兵不至 相視哭泣而已. 賊欲攻急 忽
有光耀 從南天際來 成霹靂 擊碎砲石三十餘所 賊軍弓箭矛戟籌碎皆仆地 良久
乃蘇 奔潰而歸 我軍乃還.

太宗初卽位 有獻猪一頭二身八足者 議者曰 是必幷呑六合瑞也 是王代始服中
國衣冠牙笏 乃法師慈藏請唐帝而來傳也

神文王時 唐高宗遣使新羅曰 朕之聖考 得賢臣魏徵 李淳風等 協心同德 一統
天下 故爲太宗皇帝 汝新羅海外小國 有太宗之號 以僭天子之名 義在不忠 速改
其號 新羅王上表曰 新羅雖小國 得聖臣金庾信 一統三國 故封爲太宗. 帝見表
乃思儲貳時 有天唱空云 三十三天之一人 降於新羅爲庾信 紀在於書 出檢視之
驚懼不已 更遣使許無改太宗之號.

長春郎罷郎(一作羆)

初 與百濟兵戰於黃山之役 長春郎罷郎死於陣中 後討百濟時 見夢於太宗曰
臣等昔者爲國亡身 至於白骨 庶欲完護邦國 故隨從軍行無怠而已. 然迫於唐帥定
方之威 逐於人後爾 願王加我以小勢. 大王驚怪之 爲二魂 說經一日於牟山亭 又
爲創壯義寺於漢山州 以資冥援.

제 2 권

기이 (紀異) 제 2

원문

기이 (紀異) 제2

문무왕[1] 법민 (文虎[武]王 法敏)

왕이 처음 즉위한 해는 용삭 (龍朔) 원년 신유년 (661)이다. 사비수 남쪽 바다에 여자 시체가 있는데, 신장이 73자이고, 발의 길이가 6자, 음부가 석 자라 한다. 혹은 신장이 18자라고도 하니, 이는 건봉 (乾封)[2] 2년 정묘년 (667)에 있었던 일이다.

총장 (總章) 원년 무진년 (668)에 왕이 군사를 거느리고 김인문, 김흠순 등과 평양에 이르렀다. 그때 당나라 군사는 고구려를 멸망시키고, 당의 장수 이적 (李勣)은 고장왕 (高臧王)[3]을 사로잡아 당나라로 돌아갔다 (왕의 성이 고씨이므로 고장왕이라 했다.

《당서 (唐書)》의 고종기 (高宗記)를 보면, 현경 5년 경신년 (660)에 소정방 등이 백제를 정벌하고 그후 12월에 대장군 설여하 (契如何)를 패강도행군 대총관으로 삼고, 소정방을 요동도대총관으로 삼고, 유백영 (劉伯英)을 평양도대총관으로 삼아 고구려를 치게 했다. 또 다음 해 신유년 정월에는 소사업 (蕭嗣業)을 부여도총관으로 삼고, 임아상 (任雅相)을 패강도총관을 삼아 35만의 군사를 거느리고 고구려를 치게 하였다. 8월 갑술년에 소정방 등이 패강에서 고구려와 싸우다 패하여 달아났다. 건봉 원년 병인년 (666) 6월에 방동선 (龐同善)·고림 (高臨)·설인귀 (薛仁貴)·이근행 (李謹行) 등을 후원군으로 삼았다. 9월에 방동선이 고구려와 싸워 이를 패망시켰고, 12월 기유에 이적을 요동도행군대총관으로 삼아 여섯 총관의 군사를 이끌고 고구려를 정벌하게 하였다. 총장 원년 무진년 9월 계사일에 이적이 고장왕을 사로잡았고, 12월 정사일에 황제에게 포로를 바쳤다. 상원 원년 갑술년 (674) 2월 유인궤를 계림도총관으로 삼아 신라를 치게 하였다. 《향고기 (鄕古記)》에서 "당나라가 육로장군 공공 (孔恭)과 수로장군 유상 (有相)을 보내 신라의 김유신 등과 함께 멸망시켰다" 했는데 여기에는 김임문, 김흠순 등이라 하고 김유신이 없으니 알 수 없다).

이때에 당의 유병 (遊兵 : 예비부대 병사)의 모든 장병들이 돌아가지 않고 머물면서 기회를 보아 신라를 습격하려 하니, 왕이 알고서 군사를 일으켰다. 이듬해에 고종이 사신을 보내 김인문 등을 불러서 꾸짖었다.

"너희가 우리에게 청병하여 고구려를 멸망시키고 도리어 우리를 해치는 것은 어찌된 일이냐?"

이에 그를 옥에 가두고, 군사 50만을 훈련시켜 설방을 장수로 삼아 신라

---

1) 문무왕 법민 (文武王 法敏) : 원문에는 문호왕으로 되어 있다. 이는 고려 혜종의 이름 무 (武)와 혼동을 피하기 위함이다. 삼국통일의 위업을 이루어냈다.

2) 건봉 (乾封) : 원문에는 '봉건'으로 되어 있다. 당나라 고종의 연호 (666~668).

3) 고장왕 (高臧王) : 보장왕.

를 치고자 하였다.

이때 의상대사가 당나라에 유학하고 있다가 김인문을 찾아가 만났다. 김인문이 이 사실을 알려 주니, 의상이 곧 신라로 돌아와 왕에게 아뢰었다. 왕이 심히 걱정되어 군신을 모아놓고 방비책을 물었다. 각간 김천존(金天尊)이 아뢰었다.

"요사이 명랑법사(明朗法師)가 용궁에 가서 비법을 전수받고 왔으니 청컨대 조서로 물으십시오."

명랑법사가 아뢰었다.

"낭산(狼山) 남쪽에 신유림(神遊林)이 있으니, 거기에 사천왕사(四天王寺)[4]를 창건하고 도량(道場)[5]을 열면 됩니다."

그때 정주(貞州)[6]에서 사자가 달려와서 보고하였다.

"지금 수많은 당나라 군사들이 우리 국경의 바닷가를 맴돌고 있습니다."

왕이 명랑법사를 불러 말하였다.

"일이 급박하니 어찌하면 좋겠소?"

명랑법사가 아뢰었다.

"곱게 물들인 비단으로 가건물을 만들면 됩니다."

이내 곱게 물들인 비단으로 절을 짓고 풀로 오방신을 만들고, 유가명승(瑜珈明僧) 12명에게 명랑법사를 수좌로 삼아 문두루(文豆婁)[7] 비밀법(秘密法)을 쓰게 했다.

이때는 당나라 군대가 신라 군대와 싸우기도 전인데, 풍랑이 크게 일어 당나라 전선이 모두 참몰하였다. 그뒤 다시 절을 창건하고 사천왕사라 하여 지금껏 법단(法檀), 법석(法席)이 끊어지지 않았다^{(국사에 의하면 조로(調露) 원년 기묘년(679)에 다시 세웠다 한다)}.

그뒤 신미년(671)에 당이 다시 조헌(趙憲)을 장수로 삼고 5만 명의 군사를 보내 침범하였으므로, 또 그 법을 행하니 역시 전선이 침몰하였다. 이 때

---

4) 사천왕사(四天王寺) : 문무왕 19년에 창건된 경주 낭산에 있는 절. 지금은 터만 남아 있다.

5) 도량(道場) : 불도를 닦는 곳, 즉 절을 말한다.

6) 정주(貞州) : 지금의 개성.

7) 문두루(文豆婁) : 만다라(曼茶羅)의 다른 표기.

한림랑(翰林郎) 박문준(朴文俊)이 김인문과 옥중에 있었는데, 고종이 박문준을 불러 물었다.

"너희 나라에는 무슨 비법이 있기에 대군을 두 번이나 보냈는데도 살아 돌아오는 자가 없느냐?"

문준이 말하였다.

"신들은 귀국에 온 지 10여 년이 되므로 본국의 일을 잘 알지 못합니다. 다만 멀리서 듣건대, 귀국의 은혜를 많이 입어 삼국을 통일하였으므로 그 은덕을 갚기 위하여 낭산 남쪽에 사천왕사를 창건하고 법석을 열어 황제의 만수무강을 빈다는 것뿐입니다."

고종이 듣고 크게 기뻐하며, 예부시랑 악붕귀(樂鵬龜)를 사신으로 보내 그 절을 살펴보도록 하였다. 왕은 이미 당나라의 사신이 온다는 말을 듣고 '이 절을 보이는 것이 마땅치 않다' 하여 다시 그 남쪽에 새 절을 지어 놓고 사신을 기다렸다. 사신이 와서 말하였다.

"황제를 축수하는 곳인 사천왕사에서 향을 올리겠습니다."

이에 새 절로 인도하여 보였다. 사신이 문앞에 서서 말하였다.

"이것은 사천왕사가 아니고 망덕요산지사(望德遙山之寺)입니다."

덕요산의 절을 바라보면서 끝내 들어가지 않으므로 황금 천 냥을 주었다. 사신이 돌아가 아뢰었다.

"신라는 사천왕사를 창건하고 황제의 만수를 새 절에서 빌더이다."

이 새 절은 사신의 말에 따라 망덕사(望德寺)라 하였다(혹은 효소왕 때라 하나 잘못이다). 왕은 박문준이 잘 아뢰어 황제가 너그럽게 사면해 줄 뜻이 있다는 말을 듣고, 강수(强首) 선생에게 명하여 김인문을 사면해 달라는 표문(表文)을 짓게 하고 사인(舍人) 원우(遠禹)를 시켜 당에 아뢰니, 황제가 표문을 보고 눈물을 흘리며 김인문을 위로하며 돌려 보냈다.

김인문이 옥에 있을 때, 나라에서 그를 위하여 절을 세워 인용사(仁容寺)라 하고 관음도량(觀音道場)을 개설하였더니 김인문이 돌아오다가 해상에서 죽으니 다시 미타도량(彌陀道場)으로 고쳐 지금까지 전한다.

대왕이 나라를 21년 동안 다스리다 영륭(永隆)[8] 2년 신사년(681)에 붕어

---

8) 영륭(永隆) : 당나라 고종의 11번째 연호(680~681).

하니, 유조에 따라 동해 중 큰 바위 위에 장사지냈다. 왕은 평소에 늘 지의법사(智義法師)에게 말하였다.

"짐은 죽은 뒤에 호국하는 큰 용이 되어 불법을 높이 받들며 나라를 지키고 싶소."

법사가 말하였다.

"용이란 짐승의 응보인데 어찌 용이 되려 하십니까?"

왕이 말하였다.

"짐은 세상의 영화에 염증을 느낀 지 오래니 비록 추한 갚음을 받아 짐승이 된다면 짐의 뜻에 맞는 것이오."

왕이 처음 즉위하여 남산에 장창(長倉)을 지으니 길이가 50보요 너비가 15보라, 쌀과 무기를 저장하였으니 이것이 우창(右倉)이고, 천은사 서북쪽 산 위에 있는 것이 좌창(左倉)이다.

다른 책에는 '건복(建福)⁹⁾ 8년 신해년(591)에 남산성을 쌓으니 둘레가 2천 8백 50보라 하였으니, 진덕왕 때에 쌓았던 것을 이때에 중수한 것이고, 또 부산성(富山城)을 쌓기 시작하여 3년 만에 완성하였고, 안북하(安北河)가에 철성(鐵城)을 쌓았다. 또 서울에 성곽을 쌓고자 하여 영을 내려 관원까지 배치하였다. 이때 의상법사가 이 소식을 듣고 상서하였다.

"왕의 정치와 교화가 밝으면 비록 풀밭 언덕에 선을 그어 놓고 성이라 하여도 백성이 감히 넘나들지 못하여, 재앙을 없애고 복이 오게 할 수 있습니다. 그러나 정교(政敎)가 밝지 못하면 비록 장성이 있다 하더라도 재해가 사라지지 않을 것입니다."

이에 왕이 이 역사를 중지하였다.

인덕(麟德)¹⁰⁾ 3년 병인년(666) 3월 10일에 어떤 자의 노비로 길이(吉伊)라는 이름을 가진 자가 세 쌍둥이를 낳았다. 또 총장(總章) 3년 경오년(670) 정월 7일에는 한기부(漢歧部)의 일산(一山 : ^{혹은 성산아간(城山阿干)이라고도 함}) 급간의 노비가 네 쌍둥이를 낳았는데, 딸 하나에 아들이 셋이었다. 그래서 나라에서 곡

---

9) 건복(建福) : 신라 진평왕의 연호.

10) 인덕(麟德) : 당나라 고종의 연호(664~665). 원문의 '인덕 3년'은 '건봉 원년'의 오기이다.

식 2백 석을 상으로 주었다. 또 고구려를 정벌할 때, 그 나라 왕손이 귀화하므로 진골(眞骨)의 지위를 주었다.

하루는 왕이 서제(庶弟)인 차득공(車得公)을 불러 말하였다.

"네가 재상이 되어 온 백관을 다스리고 나라를 평안히 하라."

공이 말하였다.

"폐하께서 만일 소신을 재상으로 삼으려 하신다면, 원컨대 먼저 신이 은밀히 나라 안을 두루 살펴 백성의 요역이 고달픈가 편안한가, 세금이 무거운가 가벼운가, 관리가 깨끗한가 혼탁한가를 살펴본 연후에 취임하겠습니다."

왕이 이를 허락하였다. 차득공이 장삼을 입고 비파를 메고 거사의 차림으로 서울을 떠나 아슬라주(阿瑟羅州 : 지금 명주), 우수주(牛首州 : 지금 춘주)[11], 북원경(北原京 : 지금 충추)[12]을 지나 무진주(武珍州 : 지금 해양)[13]에 이르러 동리를 두루 돌아다녔다. 무진주의 관리 안길(安吉)이 특별한 사람으로 여겨 집으로 모셔 정성껏 대접하였다. 밤이 되자, 처첩 세 사람을 불러 말하였다.

"오늘 이 거사를 모시고 자는 사람은 죽을 때까지 해로할 것이다."

두 처는 말하였다.

"차라리 같이 살지 못할지언정 어찌 남과 같이 자겠습니까?"

그런데 한 처가 말하였다.

"당신이 만일 죽을 때까지 같이 살기를 허락한다면 명을 따르겠습니다."

이튿날 아침 거사가 떠나려 하면서 말하였다.

"나는 서울 사람인데, 내 집은 황룡, 황성 두 절 사이에 있고, 내 이름은 단오(端午 : 풍속에 단오를 수레 옷[차의]라고 한다)이니, 주인이 만일 서울에 오거든 내 집을 찾아 주면 고맙겠소."

마침내 그는 서울로 돌아와 재상이 되었다.

국법에 매년 각 주의 관리 한 사람씩을 불러 중앙의 여러 조(曹)를 지키도록 되어 있었는데, 안길이 그 차례가 되었다. 서울에 와서 두 절 사이의

---

11) 우수주(牛首州) : 지금의 춘천.

12) 북원경(北原京) : 지금의 원주.

13) 무진주(武珍州) : 지금의 전라도 광주.

단오거사의 집을 물어도 아는 이가 없어 안길이 길가에 한동안 서 있었다. 한 노인이 지나다가 그 말을 듣고 한참 생각하더니 말하였다.

"두 절 사이의 한 집은 아마 궁궐일 것이고, 단오는 차득령공(車得令公)일 것이오. 각 주를 잠행할 때에 아마도 그대와 인연이 있었나 보오."

안길이 사실대로 이야기하자, 노인이 말하였다.

"궁성의 서쪽 귀정문(歸正門)에 가서 출입하는 궁녀를 기다렸다가 말하시오."

안길이 그의 말대로 궁녀를 보자, 알리도록 말하였다.

"무진주의 안길이 문 밖에 와 있습니다."

차득령공이 듣고 달려나와 손을 잡고 궁으로 들어갔다. 공이 부인을 불러 함께 잔치를 열었는데, 찬이 50가지나 되었다. 임금께 아뢰어 성부산(星浮山 : 성손호산(星損乎山) 이라고도 한다) 아래의 무진주 상수리(上守里) 땅에 소목전(燒木田)[14]을 만들어 땔나무를 못하게 하니, 감히 누구도 가까이하지 못하고 궁 안팎의 사람 모두가 부러워하였다.

그 산 밑에 밭 30묘(畝 : 30평)가 있는데 종자를 세 섬이나 뿌렸다. 이 밭이 풍작이면 무진주도 풍작이 되고, 이 밭이 흉작이면 무진주도 흉작이 되었다 한다.

만파식적(萬波息笛)[15]

제31대 신문대왕(神文大王)의 이름은 정명(政明)이요 성은 김씨이다. 개요(開耀)[16] 원년 신사년(681) 7월 7일에 즉위하였다. 아버지 문무대왕을 위하여 동해변에 감은사(感恩寺)[17]를 창건하였다(절의 기록에는 문무왕이 왜병을 진압하기 위해 이 절을 지었으나, 마치지 못하고 돌아가시어 해룡이 되었으므로 그 아들 신문왕이 즉위하여 개요 2년에 끝마쳤는데 금당의 층계 밑에 동쪽을 향한 구멍을 뚫어 놓았다. 즉 용이 이 절에 와서 돌아다니게 한 것이다. 유서에 따라 뼈를 묻은 곳이 대왕암이고 절의 이름은 감은사이며 용이 나타난 모습을 본 곳이 이견대(利見臺)라 하였다). 이듬해 임오년 5월 초하룻날(어느 책에 천수 원년 이라 함은 잘못이다)에 해관(海官) 파진찬(波珍湌)[18]

---

14) 소목전(燒木田) : 대궐의 땔감을 대주는 땅. 원본에 소(燒)가 요(繞)로 되어 있다.

15) 만파식적(萬波息笛) : 《삼국사기》〈잡지〉편에 나온다.

16) 개요(開耀) : 당나라 고종의 12번째 연호(681~682).

17) 감은사(感恩寺) : 경주시 양북면 용당리 소재. 탑 2개와 터만 남아 있다.

박숙청(朴夙淸)이 아뢰었다.

"동해 가운데 작은 섬 하나가 파도에 따라 감은사 쪽으로 밀려 왔다 밀려 나갔다 합니다."

왕이 이상히 여겨 일관 김춘질(金春質 : 춘일(春日)이라 고도 한다)에게 명하여 점을 치도록 명하였다. 일관이 아뢰었다.

"돌아가신 선왕께서 바다의 용이 되어 삼한을 보호하며, 또 김유신이 33천의 아들로서 우리 나라에 내려와 대신이 되었으므로 두 성인의 덕을 합쳐 성을 지킬 보배를 내리시려 하심이니, 폐하께서 해변에 나가시면 반드시 값을 매길 수 없는 큰 보배를 얻을 것입니다."

왕은 기뻐하며 그 달 7일에 '이견대'로 나가 그 산을 보고 사신을 보내 살펴보게 하였다.

"산세는 거북이의 머리 같은데 그 위에 대나무 한 그루가 있어, 낮이면 둘이 되고 밤이면 하나로 합쳐집니다(일설에는 산도 주야로 합치고 갈린다 한다)."

사신이 이렇게 아뢰었다. 왕은 그날 감은사에서 묵었다.

다음날 오시(午時)에 대나무가 합쳐 하나가 되고, 천지가 진동하고 폭풍우가 치며 어두워져 7일 만인 16일에야 바람이 멈추고 파도가 가라앉았다. 왕이 바다에 배를 띄워 그 산에 들어가니, 용이 검은 옥대(玉帶)를 바치므로 왕은 영접하며 자리에 앉아 말하였다.

"이 산과 대나무가 갈렸다 합쳤다 하는 것이 무슨 까닭인가?"

용이 대답하였다.

"비유하건대 한 손으로 치는 손뼉은 소리가 없고 두 손으로 치는 손뼉이 소리가 나듯이 이 대나무도 합쳐진 연후에야 소리가 나게 되었으니, 성왕께서 소리로써 천하를 다스릴 징조입니다. 왕께서 이 대나무를 가져다가 피리를 만들어 불면 천하가 화평할 것입니다. 지금 왕의 아버님께서는 바다의 큰 용이 되셨고, 김유신은 천신이 되어 두 성인이 같은 뜻으로 이 값으로 정할 수 없는 보배를 내어 저로 하여금 바치게 한 것입니다."

---

18) 파진찬(波珍湌) : 신라 시대 17관등 중 제4위로, 해간(海干), 파미간(波彌干)이라고 도 한다.

왕은 기뻐 놀라서 오색의 비단과 금옥으로 보답하는 제를 지내고, 칙사를 시켜 대나무를 베어 가지고 바다를 떠나니, 산과 용이 모두 사라져 보이지 않았다.

왕은 그날 감은사에서 묵고 17일에 지림사(祇林寺)[19] 서쪽 산골짜기 근처에 이르러 행차를 쉬며 오찬을 들고 있었다. 이때 태자 이공(理恭 : 곧 효소대왕)이 대궐을 지키고 있다가 소문을 듣고 말을 달려와 하례하고 나서 자세히 살펴보고 아뢰었다.

"이 옥대의 여러 쪽의 장식들은 하나하나가 다 산 용입니다."

왕이 말하였다.

"네가 어찌 아느냐?"

태자가 아뢰었다.

"장식 하나를 떼어서 물에 넣어 보십시오."

그래서 왼편 두 번째 장식을 떼어서 시냇물에 담그니 곧 용이 되어 하늘로 올라가고 그 곳은 못이 되었으므로 용연(龍淵)이라 했다.

왕은 환궁하여 그 대나무로 피리를 만들어 월성 천존고(天尊庫)에 보관해 두었는데, 이 피리를 불면 적군도 물러가고, 병이 나으며, 가물 때에 비가 오고, 장마 때는 비가 그치며, 바람이 멎고, 파도가 잔잔해진다. 그래서 만파식적이라 하고 국보로 삼아 칭송하였다.

효소대왕 대에 이르러 천수(天授)[20] 4년 계사년(693)에 부례랑(夫禮郎)이 살아 돌아온 기이한 일이 있었으므로 만만파파식적이라 하였으니 자세한 것은 그 전기(傳記)에 있다.

효소왕 대의 죽지랑(孝昭王代竹旨郎 : 죽만(竹曼) 또는 지관(智官)이라고도 한다)

제32대 효소왕 대에 죽만랑(竹曼郎)의 낭도 가운데 득오(得烏 : 혹은 득곡(得谷) 이라고도 한다) 급간(級干)이 있었는데, 화랑의 당적에 예속되어 있었다. 날마다 나와 정진

---

19) 지림사(祇林寺) : 경주시 양북면 호암리 소재. 기림사라고도 한다.

20) 천수(天授) : 주나라 측천제의 연호. 천수라는 연호는 2년만 쓰였으므로, 천수 4년은 장수 2년을 말한다. 측천제는 중국 최초의 여황제(690~705 재위).

하고 있었는데, 한 열흘을 보이지 않는지라 죽만랑이 그 어머니를 불러 물었다.

"당신의 아들이 지금 어디 있소?"

득오의 어머니가 말하였다.

"당전(幢典) 모량부의 익선(益宣) 아간(阿干)이 아들을 부산성(富山城)의 창고지기로 차출시켜 급히 달려가느라 미처 낭에게 말씀드리지 못하였습니다."

낭이 말하였다.

"당신의 아들이 만일 사사로운 일로 거기를 갔다면 찾아갈 필요가 없지만, 이제 공무로 갔으니 찾아가서 대접하겠소."

그러고 나서 떡 한 합과 술 한 동이를 가지고 좌인(左人 : ^{향언으로는 갯지라}
하니 종이란 말이다) 을 데리고 갔다. 낭도 1백 37명도 모두 의례를 갖추어 따라갔다.

부산성에 이르러 문지기에게 물었다.

"득오실(得烏失)[21]은 어디 있느냐?"

"지금 익선의 밭에서 관례대로 부역하고 있습니다."

낭이 밭으로 찾아가 술과 떡으로 득오를 대접하고, 익선에게 휴가를 청하여 득오와 함께 돌아오려 하나, 익선이 굳이 허락하지 않았다.

그때 사리(使吏) 간진(侃珍)이 추화군(推火郡)에서 조세 30섬을 거두어 성 안으로 수송하다가 죽지랑의 선비를 중히 여기는 풍모를 아름답게 여기고, 변통성 없는 익선을 야비하게 생각하여 가지고 가던 벼 30섬을 주며 청해도 허락하지 않았다. 다시 진절(珍節) 사지(舍知)[22]가 타던 말과 안장을 주니 그제야 허락하였다.

조정에서 화주(花主)[23]가 그 말을 듣고 사신을 보내어 익선을 잡아다가 그 추한 짓을 씻어 주려 하였으나, 익선이 도망하여 숨었으므로 그의 맏아들을 대신 잡아갔다. 때는 동짓달이라 극히 추운 날이었는데, 성 안의 못에서 목욕시키다 익선의 아들을 얼어 죽였다.

---

21) 득오실(得烏失) : 실(失)은 골짜기를 뜻하는 곡(谷)의 뜻으로 쓴다.

22) 사지(舍知) : 신라 17관등 중의 제13위.

23) 화주(花主) : 화랑을 관장하는 관직.

대왕은 그 말을 듣고 모량리 사람으로 벼슬하는 자는 모두 쫓아 버리고 다시는 공적 기관에 들이지 않았고, 검은 옷〔승복〕도 입지 못하게 하였다. 만일 승려가 된 자가 있어도 종 치고 북 울리는 절에는 들지 못하게 하였다. 또 명을 내려 간진의 자손을 평정호손(枰定戶孫)[24]으로 삼아 드러내어 칭찬하였다. 이때 원측법사(圓測法師)는 해동의 큰 스님이지만, 모량리 사람이므로 승직을 주지 않았다.

처음 술종공(述宗公)이 삭주도독사(朔州都督使)가 되어 장차 임소로 가려 하니, 때마침 삼한에 병란이 있으므로 기병 3천 명으로 호송하게 되었다. 일행이 죽지령(竹旨嶺)에 이르니, 한 거사가 고개의 길을 닦고 있으므로 공이 보고 찬미하니 거사도 역시 공의 혁혁함을 좋게 여겨 서로 마음이 감동되었다.

공이 삭주에 부임한 지 한 달이 되었을 때, 거사가 방으로 들어오는 꿈을 꾸었는데, 그 아내의 꿈도 같았으므로 매우 놀라고 이상히 여겨 이튿날 사람을 시켜 거사의 안부를 물었더니 사람들이 말하였다.

"거사는 죽은 지 며칠이 되었습니다."

심부름 갔던 사람들이 돌아와 아뢰니, 그가 죽은 날이 꿈꾸던 날과 같았다. 공이 말하였다.

"아마도 거사가 우리 집에서 태어날 것 같소."

군사들을 보내 고개 위 북쪽 봉우리에 장사지내게 하고 돌미륵 하나를 세웠다.

그 아내가 꿈꾸던 날로부터 태기가 있어 아들을 낳으니 이름을 죽지(竹旨)라 하였다. 자라서 벼슬에 나아가 유신공과 함께 부원수가 되어 삼한을 통일하고 진덕·태종·문무·신문왕 등 4대에 걸쳐 재상이 되어 나라를 안정시켰다. 처음에 득오곡이 죽지랑을 사모하여 노래를 지었다.

모죽지랑가(慕竹旨郎歌)는 이러하다.

지난 봄 그리매
모든 것이 시름이라.

---

24) 평정호손(枰定戶孫) : '평정호'는 당나라 때 마을의 사무를 보는 관직, '손'은 '장(長)'을 잘못 쓴 것.

아름다운 모습에 주름지니
눈돌릴 사이에 만나보게 되리.
낭이여, 그리운 마음 가는 길에
쑥이 우거진 마을에 잘 밤 있으리.

양주동 역

성덕왕(聖德王)

제33대 성덕왕 신룡(神龍) 2년 병오년(706)에 흉년이 들어 백성들이 몹시 굶주리므로, 정미년(707) 정월 초하루부터 7월 30일까지 백성들을 구제하기 위하여 벼를 하루에 식구마다 3되씩 배급하고 합계해 보니 30만 5백 섬이었다.

왕은 태종대왕을 위하여 봉덕사(奉德寺)를 창건하여 인왕도량(仁王道場)을 7일 동안 열고 대사면령을 내렸다. 이때부터 비로소 시중(侍中)이라는 직책을 두었다(어느 책에는 효성왕 대라 하였다).

수로부인(水路夫人)

성덕왕 대에 순정공(純貞公)이 강릉(지금의 명주) 태수로 부임하여 가다가 바닷가에서 점심을 먹고 있있다. 그 옆에 병풍 같은 석벽이 바다에 맞닿아 높이가 천 길이나 되었고, 그 위에는 철쭉꽃이 한창 피어 있었다. 공의 부인 수로(水路)가 그것을 보고 주위 사람들에게 말하였다.

"누가 내게 저 꽃을 꺾어다 주겠소?"

시종하는 자들이 말하였다.

"사람이 오를 곳이 못됩니다."

모두 나서지 못하였으나, 암소를 끌고 지나던 노인이 부인의 말을 듣고 그 꽃을 꺾어 와서 노래를 지어 함께 바쳤으나, 아무도 그 노인이 어떤 사람인지 알지 못했다.

다시 이틀째 길을 가다가 바닷가 정자에서 점심을 먹는데, 해룡이 홀연히 나타나 부인을 잡아채어 바닷속으로 사라졌다. 공이 넘어져 주저앉았으나 어쩔 방법이 없었다.

한 노인이 있다가 말하였다.

"옛사람의 말대로 '여러 사람의 입은 무쇠도 녹인다' 하였으니, 지금 바다 짐승인들 어찌 여러 사람의 입을 두려워하지 않겠습니까? 당장 이 경내의 백성들을 불러모아 노래를 부르며 몽둥이로 언덕을 두드리면 부인을 다시 볼 수 있을 것입니다."

공이 그 말대로 하였더니, 용이 바다에서 부인을 데리고 나와 바쳤다. 공이 부인에게 바닷속의 일을 물었더니, 부인이 이렇게 말하였다.

"칠보로 꾸며진 궁전에 음식이 달고 부드러우며 향기가 있고 깨끗하여 인간 세상의 음식이 아니었습니다."

부인의 옷에도 향기가 배어 있었는데, 이 세상에서 맡아볼 수 있는 향기가 아니었다.

수로부인의 용모와 자색이 절세 미인이어서 깊은 산이나 큰 못을 지날 때마다 여러 번 신에게 붙들려 갔다.

여러 사람이 해가(海歌)를 불렀다. 그 가사는 이러하다.

거북아, 거북아. 수로부인 내보내라
남의 부인 약탈한 죄 얼마나 크다 할까
네가 만일 거역하고 아니 내다 바치면
그물로 잡아내어 구워 먹으리.

노인이 바친 헌화가(獻花歌)는 이러하다.

자줏빛 바위가에
암소 잡은 손 놓게 하고
나를 아니 부끄러워하면
꽃을 꺾어 바치오리다.

양주동 역

효성왕(孝成王)

개원(開元)[25] 10년 임술년(722) 10월에 처음으로 관문을 모화군(毛火郡)에 세우니 지금의 모화촌이다. 경주의 동남쪽 경계에 속했으니, 이곳이 일본을 방비하는 요새였다. 그 둘레가 6천 7백 92보 5자이고, 역사에 참여한 인원이 3만 9천 2백 62명이었고, 감독관은 원진(圓眞) 각간이었다.
개원 21년 계유년(733)에 당나라가 북적(北狄)[26]을 치고자 하여 신라에 청병하였는데 그 일로 사신의 인원이 6백 4명이나 오갔다.

경덕왕·충담사·표훈대덕(景德王 忠談師 表訓大德)

(당나라에서)《덕경(德經)》[27] 등을 보내오자 대왕은 예를 갖추어 받았다.
왕이 나라를 다스린 지 24년, 오악(五岳)[28]이나 삼산(三山)[29]의 신들이 때때로 궁전 뜰에 나타나 대왕을 모시기도 하였다.
3월 3일에, 왕이 귀정문(歸正門) 누각에 올라가 주위 사람들에게 말하였다.
"누가 길에 나가 훌륭한 스님 한 분을 모셔 오겠는가?"
마침 위풍이 정결한 스님 한 분이 어정거리며 가는지라 신하들이 모셔다 뵙게 하니, 왕이 말하였다.
"내가 말한 훌륭한 스님이 아니다."
그러고는 보냈다. 다시 한 스님이 해진 장삼을 걸치고 앵통(櫻筒 : 혹은 삼태기 라고도 한다) 을 지고 남쪽에서 오니, 왕이 그를 보고 기뻐하여 누각으로 맞아들였다. 통 속을 보니 차 달이는 기구가 가득 들어 있을 뿐이었다.
왕이 물었다.

---

25) 개원(開元) : 당나라 현종 연호(713~741).

26) 북적(北狄) : 발해를 지칭한 것.

27) 덕경(德經) : 노자의 《도덕경(道德經)》을 말한다.

28) 오악(五岳) : 동악 토함산·서악 계룡산·남악 지리산·북악 태백산·중앙 팔공산.

29) 삼산(三山) : 경주 남산·영천 금강산·청도 부산.

"그대는 누구인가?"

"충담(忠談)이라 하옵니다."

"어디서 오는 길인가?"

"소승은 매년 중삼일(重三日)[30]과 중구일(重九日)[31]이면 차를 달여서 남산 삼화령(三花嶺) 미륵세존께 공양하는데, 오늘도 차를 올리고 돌아오는 길입니다."

"과인에게도 한 잔 나누어 줄 수 있겠는가?"

곧 차를 달여 드리니, 차맛이 특이하고 그릇에서도 특이한 향기가 풍겼다. 왕이 말하였다.

"짐이 듣건대 일찍이 대사가 기파랑(耆婆郎)을 찬미한 사뇌가(詞腦歌)를 지었다는데, 그 뜻이 매우 고상하다 하니 과연 그러한가?"

"그렇습니다."

"그렇다면 짐을 위하여 안민가(安民歌)[32]를 지어 보라."

곧 왕명을 받들어 노래를 지어 바쳤다. 왕이 가상히 여겨 왕사(王師)로 봉하려 하니, 재배하고 굳이 사양하여 받지 않았다.

안민가는 이러하다.

임금은 아비요
신하는 사랑 주는 어미라.
백성을 어리석은 아이로 여기면
백성들이 사랑을 알리라.

꾸물대며 사는 중생
이들을 먹여 다스리라.
이 땅을 버리고 어디로 가라면
나라가 보전될 줄 알리라.

---

30) 중삼일(重三日) : 액을 막는 제의(祭儀)가 있는 날로 3월 3일.

31) 중구일(重九日) : 중삼일과 마찬가지로 9월 9일, 중양일(重陽日).

32) 안민가(安民歌) : 호국 정신이 깃들어 있는 작품, '찬기파랑가'보다 후대에 지어졌다.

아아, 임금답게, 신하답게, 백성답게 하면
나라가 태평하리라.

양주동 역

찬기파랑가(讚耆婆郎歌)는 이러하다.

열어 젖히매 벗어나는 달이
흰구름 좇아 떠가는 자리에
백사장 펼쳐진 물가에
기파랑이 스며 있어라.
일오천 자갈벌에서
낭의 지니신 마음 좇으려 하니
아아, 잣나무가지 높아
서리 모를 씩씩한 모습이여.

양주동 역

왕의 옥경(玉莖)의 길이가 8치나 되어, 자식을 보지 못해 첫 왕비는 폐하여 사량부인(沙梁夫人)[33]으로 봉하였다. 후비 만월부인(滿月夫人)은 시호가 경수태후(景垂太后)인데 의충(依忠) 각간의 딸이었다.

왕이 하루는 표훈대덕(表訓大德)을 불러 명하였다.

"짐이 복이 없어 후사를 얻지 못하니 원컨대 대덕께서 상제께 청하여 아들을 두게 해 주시오."

표훈이 하늘로 올라가 천제에게 고하고 돌아와 말하였다.

"천제께서 '딸을 구하면 가능하나 아들은 당치 않다' 합니다."

왕이 말하였다.

"딸을 아들로 바꿔 달라 하시오."

표훈이 다시 하늘로 올라가 청하였다.

천제가 말하였다.

---

33) 사량부인(沙梁夫人) : 왕력에는 삼모부인(三毛夫人)으로 되어 있다.

"할 수는 있으나 만일 아들을 얻으면 나라를 위태롭게 할 것이다."

표훈이 내려오려 하니 천제께서 다시 말하였다.

"하늘과 인간 사이에는 서로 어지럽힐 수가 없는 것인데, 지금 대사는 이웃 마을처럼 왕래하면서 천기(天機)를 누설하니 이후로 다시 오는 것을 금하노라."

표훈이 돌아와서 천제가 말한 대로 이야기하니 왕이 말하였다.

"나라가 위태롭게 되더라도 아들을 얻어 후사를 삼고 싶소."

그 후 달이 차서 왕후가 태자를 낳으니, 왕은 심히 기뻐하였다.

태자가 여덟 살 때에 왕이 죽고 태자가 즉위하니, 이가 혜공대왕(惠恭大王)이다. 왕이 너무 어리기 때문에 태후가 조정에 나서니, 정사가 다스려지지 않았고, 도적이 벌떼처럼 일어도 막지 못하였으니, 표훈대사의 말이 들어맞은 것이다.

어린 임금은 이미 여자로서 남자가 되었기 때문에 돌 때부터 즉위하기까지 항상 여자들과 장난을 하였으며, 비단주머니 차기를 좋아하고, 도사(道士)들과 희롱하였다. 그리하여 나라가 크게 어지러워져 왕은 끝내 선덕왕(宣德王)과 김양상(金良相)[34]에게 죽임을 당하였다. 표훈대사 이후로 신라에는 성인이 다시는 나타나지 않았다 한다.

혜공왕(惠恭王)

대력(大曆) 초년(766)에 강주(康州) 관서의 대당(大堂) 동쪽 땅이 점점 꺼져 못이 되니(어느 책에는 큰 절 동쪽 작은 못이라 하였다) 세로가 13자이고, 가로가 7자였다. 갑자기 잉어 대여섯 마리가 생겨 점점 자랐으며, 못도 따라서 커졌다. 2년 정미년(767)에는 또 동쪽 누대 남쪽에 천구(天狗)[35]가 떨어졌는데, 머리는 독만하고, 꼬리는 3자 남짓 되며, 빛은 맹렬히 타는 것 같았으며, 천지가 또한 진동하였다.

또한 이 해에 금포현(今浦縣) 벼논 다섯 이랑에서 이삭에 쌀알이 달렸다.

---

34) 김양상(金良相) : 선덕왕 이름이다. 김경신이 맞다.

35) 천구(天狗) : 천구성(天狗星). 혜성이나 유성.

또 7월에는 북쪽 궁전 뜰에 별 두 개가 떨어지더니 또 한 별이 떨어져, 별 셋이 모두 땅 속으로 사라졌다.

이보다 먼저 궁전 북쪽 화장실 안에 연꽃 두 줄기가 났으며, 봉성사(奉聖寺) 밭에서도 연꽃이 났다. 호랑이가 금성(禁城)으로 들어와서 쫓아가 잡으려 했으나 사라졌다. 대공(大恭) 각간의 집 배나무 위에 참새가 무수히 모여들었다.

《안국병법(安國兵法)》[36] 하권에 의거하면, 천하에 병화가 있을 징조라 하였다. 왕은 이에 대사면을 단행하고 왕 자신이 수신하고 반성하였다.

(4년) 7월 3일에 대공 각간의 반란이 일어나서, 왕도와 5도 주군(州郡)의 각간이 96명이 서로 싸워 크게 어지러워졌다. 대공 각간의 집안은 망하고, 그 집안의 보물과 비단을 왕궁으로 실어날랐다. 신성(新城)의 장창(長倉)이 불타자, 사량과 모량 등에 있는 역적 무리의 보배와 곡식도 모두 왕궁으로 실어날랐다. 난리는 석 달 만에 그쳤다. 상을 받은 자도 많았지만, 참형을 받아 죽은 자도 헤아릴 수 없이 많았다.[37] 표훈대사의 말에 '나라가 위태롭다' 한 것이 이것이다.

원성대왕(元聖大王)

이찬 김주원(金周元)이 처음에 상재(上宰)가 되었고, 왕은 각간으로서 부재상이었다. 꿈에 복두(幞頭)[38]를 벗고 하얀 삿갓을 쓰고는 12줄의 가야금을 잡고 천관사 우물 속으로 들어갔다. 꿈이 깬 뒤 사람을 시켜 점쳐 풀이하게 하니, 복두를 벗은 것은 실직할 징조이고, 가야금을 잡은 것은 목에 칼씌우는 형을 받을 징조요, 우물에 들어간 것은 옥에 갇힐 징조라 한다. 왕은 그 말을 듣고 몹시 조심하여 문을 닫고 출입을 삼갔다. 그때 아찬 여삼(餘三 : 어떤 책에는 餘山이라고도 함)이 뵙고자 청하나 왕은 병 때문이라 하고 나가지 않았다. 다

---

36) 안국병법(安國兵法) : 우리 나라의 병법서.

37)《삼국사기》〈신라본기〉에 "왕의 군대가 이들을 토벌하여 평정하고 9족을 처단하였다"는 기록이 나온다.

38) 복두(幞頭) : 귀인이 쓰는 모자의 하나.

시 뵙기를 청하자 왕이 허락하였다. 아찬이 말하였다.

"지금 공이 꺼리는 것은 무엇 때문입니까?"

왕은 꿈을 꾸고 점친 이야기를 자세히 하였다. 이에 아찬이 일어나 절을 하며 말하였다.

"이것은 상서로운 꿈이니, 공이 만일 왕위에 올라 나를 버리지 않으신다면 공을 위하여 해몽해 드리겠습니다."

왕이 주위 사람들을 물리고 풀이해 줄 것을 청하니, 아찬이 말하였다.

"복두를 벗은 것은 그 위에 더 높은 사람이 없는 것이요, 삿갓을 쓴 것은 면류관을 쓸 징조이고, 12줄 가야금을 잡은 것은 12대손[39]이 왕위를 전해받을 징조이고, 천관사 우물로 들어간 것은 대궐로 들어갈 좋은 징조입니다."

왕이 말하였다.

"위로 주원이 있는데 내가 어떻게 임금 자리에 오를 수 있단 말이오?"

아찬이 말하였다.

"청컨대 몰래 북천신(北川神)에게 제사하면 가하리이다."

왕은 그의 말대로 하였다.

얼마 후 신덕왕이 죽으니, 나라에서는 주원을 받들어 왕으로 삼아 궁으로 모셔들이려 하였다. 그런데 주원의 집이 북천의 북쪽에 있었는데, 갑자기 물이 불어 건너지 못하게 되니, 왕이 먼저 들어가 즉위하였다. 상재의 무리들도 모두 따라와 등극한 왕에게 절하며 하례하니, 이가 곧 원성대왕이다. 왕의 이름은 경신(敬信)이요 성은 김씨인데, 대략 꿈의 응험이 들어맞았다.

주원은 명주(溟州)로 물러나 살았고, 왕이 등극할 때에 아찬은 이미 죽었으므로, 그의 자손을 불러 벼슬을 내렸다.

왕에게 후손이 다섯 있으니, 혜충태자(惠忠太子)·헌평태자(憲平太子)·예영잡간(禮英匝干)·대룡부인(大龍夫人)·소룡부인(小龍夫人) 등이다.

대왕은 인간의 빈궁과 영달의 변하는 이치를 잘 알아 신공사뇌가(身空詞腦歌)를 지었다 (노래는 유실되어 알 수 없다).

왕의 아버지 대각간 효양(孝讓)이 조상의 만파식적을 전해 받았다가 왕에게 전하였다. 왕은 이것을 얻었기 때문에 하늘의 은혜를 후히 입어, 그 덕이

---

39) 《삼국사기》에 의하면 원성왕이 내물왕의 12세손이 된다는 뜻.

멀리 빛났다.

정원(貞元)[40] 2년 병인년(786) 10월 11일에 일본 왕 문경(文慶 : 《일본제기(日本帝記)》를 살펴보면 55대 임금이 문덕왕(文德王)이니 그인가 한다. 달리는 없고 어떤 책에는 이 왕의 태자라 하였다)이 군사를 동원하여 신라를 치려하다가 신라에 만파식적이 있다는 말을 듣고 군사를 되돌리고, 금 50냥을 사신을 시켜 그 피리를 청하니, 왕이 사신에게 말하였다.

"짐이 듣기로는 선대의 진평대왕 때에 있었다 하나, 지금은 있는 곳을 알지 못한다."

이듬해 7월 7일, 다시 사신을 보내 금 1천 냥으로 그것을 청하면서 말하였다.

"과인이 귀국의 신령한 물건을 한 번 보고 돌려보내겠습니다."

왕은 여전히 전과 같은 대답으로 사양하고, 은 3천 냥을 사신에게 주고 금과 함께 돌려보냈다. 8월에 일본 사신은 돌아가고 피리는 내황전(內黃殿)에 보관하였다.

왕이 즉위한 지 11년 을해년(795)에 당나라 사신이 와서 한 달을 머무르다가 돌아갔는데, 다음 날 두 여자가 안뜰에 나와서 아뢰었다.

"첩 등은 동지(東池)·청지(靑池 : 청지는 동천사의 샘이다. 사기(寺記)에 이 샘은 동해 용이 왕래하며 설법을 듣는 곳이고 절은 진평왕이 지은 것이다. 5백의 보살과 5층탑, 농민을 바쳤다 한다) 두 용의 아내입니다. 이번 당나라의 사신이 하서국(河西國) 사람 두 명을 데리고 와서 우리들의 남편인 두 용과 분황사 우물 용까지 세 용을 저주하여 작은 물고기로 만들어 통에 넣어 가지고 돌아갔으니, 원하옵건대 폐하께서는 두 사람에게 타일러 호국룡인 우리 가장들을 돌려주게 하옵소서."

왕이 하양관(河陽館)까지 뒤쫓아가 친히 향연을 베풀고, 하서 사람들에게 말하였다.

"너희들은 어찌하여 우리 나라 세 용을 잡아가지고 여기까지 왔느냐? 만일 사실대로 고백하지 않으면 극형에 처하겠다."

그러자 하서국 사람은 물고기 세 마리를 꺼내 바쳤다. 사람을 시켜 세 곳에 각각 놓아 주니 길길이 뛰면서 즐거워하며 사라졌다. 당나라 사람들은 왕의 성스럽고 현명함에 탄복하였다.

하루는 왕이 황룡사(어떤 책에는 화엄사 또는 금강사라 하였으니 대개 절 이름과 경(經)의 이름을 혼동한 것이다)의 승려 지해(智海)를 불러

---

40) 정원(貞元) : 당나라 덕종의 연호(785~805).

들여 50일 동안 화엄경을 강론하게 하였다. 사미승 묘정(妙正)이 항상 바리를 금광정(金光井 : 대현법사(大賢法師)로 인해 지은 이름)에서 씻더니 자라 한 마리가 샘에서 노는고로, 사미가 남은 밥을 먹이며 놀곤 하였다. 법회가 끝나려 할 때 사미가 자라에게 말하였다.

"내가 너에게 덕을 베푼 지 여러 날인데, 무엇으로 갚겠느냐?"

며칠이 지나 자라가 조그만 구슬을 뱉어 내는 것이 마치 사미에게 주려는 듯하였다. 사미는 그 구슬을 허리띠 끝에 매달았다.

그 후로 대왕이 사미를 지극히 사랑하여 내전에 불러들여 항상 곁에 두었다.

그때 잡간(匝干)[41]이, 사신으로서 당나라로 가게 되었는데, 역시 사미를 사랑하여 함께 데리고 가기를 청하니 왕이 허락하였다. 당나라에 가니 당나라 황제 역시 사미를 보고 사랑하여, 승상이나 옆에 있는 모든 신하들도 신임하고 존경하지 않는 이가 없었다.

어느 관상쟁이가 보고 황제에게 아뢰었다.

"사미를 살펴보건대 길한 상이라고는 하나도 없는데, 사람들이 믿고 존경하니 반드시 특별한 물건을 가진 듯합니다."

그래서 사람을 시켜 몸을 수색하게 하였더니 사미의 허리띠 끝에서 작은 구슬을 찾아냈다. 황제가 말하였다.

"짐에게 여의주 네 개가 있었는데 지난해에 한 개를 잃어버렸다. 지금 이 구슬은 내가 잃어버린 것이다."

황제가 사미에게 물어 보니, 사미가 사실대로 아뢰었다. 황제가 말하였다.

"짐이 구슬을 잃은 날과 사미가 구슬을 얻은 날이 꼭 같다."

구슬을 빼앗고 사미는 내쫓겼는데, 그 뒤로는 아무도 사미를 신임하거나 사랑하지 않았다.

원성대왕의 능[42]은 토함산의 서쪽 동곡사(洞鵠寺 : 지금의 숭복사(崇福寺))에 있는데, 최치원이 지은 비문이 있다. 또 대왕이 보은사(報恩寺)와 망덕루(望德樓)를 창건하였고, 할아버지 훈입(訓入) 잡간을 추존하여 흥평대왕(興平大王)이라

---

41) 잡간(匝干) : 신라 17관등 중 제3위 관등.

42) 원성대왕의 능 : 능에 물이 차 있어, 관을 묻지 못하고 걸어 놓았다 하여 괘릉(掛陵)이라고도 한다.

하고, 증조부 의관(義官) 잡관은 신영대왕(神英大王)이라 하고, 고조부 법선(法宣) 대아간은 현성대왕(玄聖大王)이라 하니, 현성대왕의 아버지가 곧 마질차(摩叱次) 잡간이다.

조설(早雪) [43]

일찍 내린 눈

제40대 애장왕(哀莊王) 말년 무자년(808)에는 8월 15일에 눈이 내렸다.

제41대 헌덕왕(憲德王)의 원화(元和) [44] 13년 무술년(818)에는 3월 14일에 큰 눈이 왔다(어느 책에는 병인이라 하였으나 잘못이다. 원화는 15년에서 끝나고 병인년이 없다.).

제46대 문성왕(文聖王) 기미년(839)에는 5월 19일에 큰 눈이 오고 8월 1일에는 천지가 캄캄하였다.

흥덕왕과 앵무(興德王 鸚鵡)

제42대 흥덕대왕(興德大王)은 보력(寶曆) 2년 병오년(826)에 즉위하였다. 즉위한 지 얼마 되지 않아 당나라에 사신으로 갔던 사람이 앵무새 한 쌍을 가지고 왔는데, 오래지 않아 암컷이 죽자, 외로운 수컷이 짝을 찾아 슬피 울 뿐이었다. 왕이 거울을 그 앞에 걸어 주도록 하였더니, 앵무새는 거울에 비친 모습을 자기 짝으로 생각하고 거울을 쪼다가 그것이 자기 모습인 줄 알고는 슬피 울다 죽었다. 왕이 노래를 지었다 하나 자세하지는 않다.

신무대왕·염장·궁파(神武大王 閻長 弓巴)

제45대 신무대왕(神武大王) [45]이 왕위에 오르기 전에 협사(俠士) 궁파[46]에

---

43) 〈기이〉편에서 눈 내린 사실만 기록한 특이한 제목.

44) 원화(元和) : 당나라 헌종의 연호(806~820).

45) 신무대왕(神武大王) :《삼국시대》〈신라본기〉에서 등에 화살을 맞은 꿈을 꾸고 등창이 나 죽었다고 한다.

게 말하였다.

"내게 불공대천의 원수47)가 있소. 그대가 나를 위하여 그를 제거해 준다면, 내가 왕위에 오른 후 그대의 딸을 맞아 왕비로 삼겠소."

궁파가 허락하고 마음과 힘을 합쳐 군사를 이끌고 서울을 침범하여 그 일을 이루어 냈다.

마침내 왕위를 빼앗고 궁파의 딸을 왕비를 삼으려 하자, 군신들이 굳이 간하였다.

"궁파는 비천한 사람이니, 대왕께서 그의 딸을 왕비로 삼아서는 아니됩니다."

왕이 그들의 말을 따랐다. 그때 궁파는 청해진(淸海鎭)을 지키고 있었는데, 왕이 위약했음을 원망하여 병란을 일으키려 하였다. 이때 장군 염장이 이 소문을 듣고 왕에게 아뢰었다.

"궁파가 불충을 하려 하오니 소신이 그를 제거하겠습니다."

왕은 기꺼이 허락하였다. 염장이 왕명을 받들고 청해진으로 전갈자를 보내어 말하였다.

"내가 왕에게 조그만 원한이 있어 현명한 공께 의지하여 목숨을 보존하려 합니다."

궁파가 그 말을 듣고는 크게 노하여 말했다.

"너희가 왕께 간하여 내 딸을 버리게 하고는 어째서 다시 나를 보려 하는가?"

염장이 다시 전갈자를 통해 말하였다.

"그것은 백관들이 간한 일이고, 나는 거기에 간여하지 않은 것이니 현명한 공께서는 의심하지 마시오."

궁파가 그 말을 듣고 청사로 맞아들여 물었다.

"경은 무슨 일로 여기 왔소?"

---

46) 궁파(弓巴) : 《삼국사기》〈열전〉에 '궁복(弓福)'으로 되어 있으며, 장보고(張保皐)를 이른다.

47) 원수란, 신무왕과 궁파에게 죽임을 당한 민애왕과 신무왕의 부친 균정과 왕위를 다투었던 희강왕.

염장이 말하였다.

"왕의 뜻을 어긴 일이 있어 당신의 막하(幕下)에 의지하여 해를 면하려 합니다."

궁파가 말하였다.

"다행한 일이오."

그들은 주연을 베풀고 즐거워할 때, 갑자기 염장이 궁파의 장검을 빼앗아 목을 베니, 휘하 군사들이 모두 놀라 땅에 부복하였다. 염장이 그들을 이끌고 서울로 와서 복명하였다.

"궁파를 죽였습니다."

왕은 크게 기뻐하여 염장에게 상을 주고 아간 벼슬을 내렸다.

제48대 경문대왕(景文大王)

경문대왕의 이름은 응렴(膺廉)이고 18세 때 국선(國仙)이 되었다. 약관의 나이가 되자, 헌강대왕(憲康大王)이 낭을 궁중으로 불러 연회를 베풀면서 물었다. [48]

"낭은 화랑이 되어 사방을 유람했는데, 무슨 이상한 것이라도 보았는가?"

낭이 대답하였다.

"신은 아름다운 행동을 하는 세 사람을 보았습니다."

"그 이야기를 들어 보자."

"다른 사람의 윗자리에 있을 만한데도 겸손하여 다른 사람의 아랫자리에 앉아 있는 이가 있으니 그것이 하나요, 세력 있고 부유한데도 의복을 검소하게 하는 이가 있으니 그것이 둘이요, 존귀한 세력을 가졌지만 그 위세를 쓰지 않는 이가 있으니 그것이 셋입니다."

왕은 그 말을 듣고 그가 어진 사람임을 알고 자기도 모르게 눈물을 흘리며 말하였다.

"짐에게 두 딸이 있으니 그대의 아내로 삼으라."[49]

---

48) 《삼국사기》 〈신라본기〉에 헌안왕 4년 9월에 임해전에서 연회를 베풀었다는 내용이
   있다.

낭은 자리에서 물러나 절하며 머리를 조아린 후 물러났다. 이 사실을 부모에게 말하니 부모가 기뻐하며 자제들을 모아 놓고 의론하였다.

"맏공주는 용모가 별로 화려하지 못하고 둘째가 대단히 아름다우니, 둘째에게 장가가는 것이 좋겠다."

낭도(郎徒)의 우두머리인 범교사가 그 말을 듣고 찾아와 낭에게 물었다.

"대왕께서 공주를 그대에게 시집보내려 한다는 말이 사실이오?"

낭이 "그렇소" 하고 대답하였다. 그가 물었다.

"둘 중 누구를 선택하겠소?"

"부모님께서는 동생을 택하라 명하셨소."

범교사가 말하였다.

"낭이 만일 동생을 선택한다면 나는 낭의 면전에서 죽을 것이고 맏공주를 선택하면 반드시 세 가지 좋은 일이 있을 것이니 잘 살펴 결정하시오."

"가르침에 따르겠소."

얼마 후 왕이 날을 받아 사신을 낭에게 보내 말하였다.

"두 딸의 선택은 공의 뜻에 따르겠다."

사신이 돌아와 낭의 뜻을 아뢰었다.

"맏공주를 받들겠다 합니다."

그 뒤 석 달이 지나 왕의 병이 위독해지자 왕은 여러 군신을 불러 말하였다.

"짐에게는 아들이 없으니, 장사지낸 뒤 마땅히 맏딸의 남편 응렴으로 왕위를 이어받도록 하라."

다음 날 왕이 죽자, 낭이 곧 유조(遺詔)를 받들어 즉위하였다. 이에 범교사가 와서 왕에게 말하였다.

"제가 말한 세 가지 좋은 일이 모두 이루어졌습니다. 맏공주를 선택하였기 때문에 왕위에 오른 것이 그 하나요, 이제 아름다운 둘째 공주도 얻을 수 있으니 그 둘이요, 맏공주를 선택했기 때문에 전왕과 부인이 심히 기뻐했으니 그 셋입니다."

왕은 그 말을 고맙게 여겨 (범교사에게) 대덕(大德)이란 벼슬을 주고 황금 1백 30냥을 상으로 주었다.

---

49) 원문은 '건즐(巾櫛)' 즉 '수건과 비누'이다. 여기서는 '아내로서 남편을 받들다'는 뜻.

왕이 죽으니 시호를 경문(景文)이라 하였다.

날이 저물면 왕의 침전에 항상 무수한 뱀들이 모여들었다. 궁인들이 두려워서 쫓으려 하니 왕이 말하였다.

"과인은 뱀이 없으면 편히 자지 못하니 몰아내지 말라."

그래서 매일 잠잘 때면 혀를 내밀어 왕의 가슴을 덮어 주었다.

왕은 즉위하여서 귀가 갑자기 당나귀 귀처럼 자랐다. 왕후나 궁인은 모두 몰랐고, 오직 복두장 한 사람만 알았다. 그러나 평생 남에게 이야기하지 않다가 죽을 때가 되자 도림사(道林寺 : 옛날 입도림(入都林)
가에 있었다) 대숲으로 가서 사람 없는 곳에서 대나무를 향하여 외쳤다.

"우리 임금님 귀는 당나귀 귀다."

그 뒤로는 바람이 불면 대나무 숲에서 "우리 임금님 귀는 당나귀 귀다" 하는 소리가 났다.

왕은 그것을 싫어하여 대를 베고 산수유를 심었더니 바람이 불면 다만, "우리 임금님 귀는 길다" 하는 소리가 났다.

화랑 요원랑(邀元郞)·예흔랑(譽昕郞)·계원(桂元)·숙종랑(叔宗郞) 등이 금란굴[50]에 유람갔다가, 임금을 위하여 나라를 다스릴 뜻이 있어 가사 3수를 지어 사지(舍知)[51] 심필(心弼)에게 침권(針卷)을 주어 대구화상(大矩和尚)[52]에게 보내어 노래 3수를 짓게 했으니, 첫째가 현금포곡(玄琴抱曲), 둘째가 대도곡(大道曲), 셋째가 문군곡(問群曲)이다. 이것을 왕에게 아뢰니 왕이 크게 기뻐하고 칭찬하였다 하나 가사는 전하지 않는다.

처용랑과 망해사(處容郞 望海寺)

제49대 헌강대왕(憲康大王) 대에는 서울에서 동해변까지 집들이 즐비하게 늘어섰고, 담장이 길게 이어졌는데, 초가는 한 채도 없었다. 길가에 음악과

---

50) 금란굴 : 지금의 강원도 통천에 있다.

51) 사지(舍知) : 신라 시대 17관등 중 제13위.

52) 대구화상(大矩和尚) : 신라의 승려로 향가에 뛰어났다. 향가집 《삼대목(三代目)》이 있다.

노래 소리가 끊이지 않았고 풍우가 사철 순조로웠다. 이에 대왕이 개운포(開雲浦 : 학성(鶴城) 서남에 있으니 지금의 울주(蔚州)이다)에 놀러갔다가 돌아오는 길이었다. 낮에 물가에서 쉬고 있는데, 홀연히 구름과 안개가 캄캄하게 덮여 길을 잃게 되었다. 왕이 괴이하게 여겨 좌우 사람들에게 물으니 일관이 아뢰었다.

"이것은 동해의 용이 변괴를 일으킨 것이니 좋은 일을 행하여 풀어야 합니다."

그리하여 유사(有司)에게 명령하였다.

"용을 위하여 이 근처에 절을 짓도록 하라."

영이 내리자마자, 구름이 걷히고 안개가 흩어졌다. 이 때문에 이곳을 개운포라 한 것이다.

동해 용이 기뻐하여 일곱 아들을 데리고 왕의 수레 앞에 나타나 대왕의 덕을 칭송하며 풍류를 아뢰고 노래와 춤을 추었다. 아들 하나를 딸려서 서울로 보내 왕정을 돕도록 하였으니, 이름이 처용(處容)53)이다. 왕은 미모의 여자로 아내를 삼게 하고 그가 마음잡고 머물도록 하기 위해 급간의 벼슬을 내렸다. 그의 아내는 너무 아름다워 역신(疫神)이 탐을 내어 사람으로 변신하여 밤이면 몰래 그 집으로 들어가 같이 잤다.

처용이 밖에서 돌아와 잠자리를 보니 두 사람이 있는지라, 노래를 지어 부르고 춤을 추다가 물러 갔다.

그 노래는 다음과 같다.

    서라벌 밝은 달에
    밤새도록 노닐다가
    들어와 자리 보니
    다리가 넷이로다.
    둘은 내것인데
    둘은 누구인가.
    본래 내것이지만

---

53) 양주동은 '처용'의 원뜻은 "한자의가 아닌 제융 혹은 치융이란 말에서 그 원뜻을 찾아야 한다"고 했다.

빼앗긴 것을 어찌하리.   양주동 역

이때 역신이 모습을 드러내어, 처용 앞에 꿇어앉아 말하였다.

"제가 공의 아내를 흠모하여 지금 죄를 범했는데도, 공은 노여워하지 않으니 그 미덕에 감복했습니다. 맹세코 오늘 이후로는 공의 얼굴을 그린 그림만 보아도 그 문에 절대로 들어가지 않기로 맹세합니다."

이 말에 따라 사람들은 처용의 모습을 문에 붙여 사기를 물리치고 경사스런 일을 맞이하려 하였다. [54]

왕이 환궁하여 영취산(靈鷲山) 동쪽에 좋은 땅을 가려 절을 짓고, 망해사(望海寺)[55]라 하였다. 망해사를 혹은 신방사(新房寺)라고도 했으니, 이것은 처용을 위해 지은 것이다. 또 왕이 포석정(鮑石亭)[56]에 거둥하였더니, 남산의 신이 나타나 어전에서 춤을 추었으나, 옆에 있는 신하들에게는 보이지 않고 왕에게만 보였다. 그래서 왕이 몸소 신이 추는 춤을 추어 그 원형을 보여 주었다. 그 신의 이름을 어떤 이가 상심(祥審)이라 하여, 나라 사람들이 지금까지 그 춤을 전해 오면서 어무상심(御舞祥審) 또는 어무산신(御舞山神)이라 한다. 혹은 이미 신이 나와 춤을 추었으므로 그 모습을 본떠 공장(工匠)을 시켜 조각하게 하여 후세에 전했기 때문에 이름을 상심무(象審舞) 또는 상염무(霜髥舞)라 했다 하니, 이것은 그 형상을 본떠 이른 말이다.

또 금강령(金剛嶺)에 행차했을 때에 북악(北岳)의 신이 춤을 바쳤으니 옥도금(玉刀鈐)이라 한다. 또 동례전(同禮殿)에서 연회를 할 때에 지신(地神)이 나와 춤을 추었으니 지백급간(地伯級干)이라 했다.

《어법집(語法集)》에서는 이렇게 말하였다.

"그때 산신이 나와 춤을 추고 노래를 부르되 지리다도파(智理多都婆)라 한 것은, 아마 지혜〔智〕로써 나라를 다스리는〔理〕 자들이 사태를 미리 알고 모두〔多〕 달아나〔逃〕 도읍〔都〕이 곧 파괴〔破〕된다는 뜻이다."

---

54) 이러한 미속이 고려에 와서 궁중 의식으로서 처용무로 발전되었다는 설.

55) 망해사(望海寺) : 경남 울주군 문수산에 있는 절. 터와 주춧돌만 남아 있다.

56) 포석정(鮑石亭) : 경주시 배동에 터만 남아 있다. 전복 모양으로 만든 돌 홈에 물을 흐르게 하여 연회 때 그 물에 술잔을 띄웠다고 한다.

이에 지신과 산신이 장차 나라가 망할 것을 알아 춤을 추어 깨우쳐 준 것인데, 사람들은 그것을 깨닫지 못하고 상서로움이 나타난 것이라 하여 탐락이 점점 심해져 끝내 나라가 망하고 만 것이다.

진성여대왕과 거타지 (眞聖女王 居陀知)

제51대 진성여왕(眞聖女王)이 즉위한 지 몇해 만에 유모 부호부인(鳧好夫人)과 왕의 남편 위홍(魏弘)[57] 잡간 등 총신 3, 4명이 정권을 쥐고 정사를 휘두르니, 도적이 벌떼처럼 일어났다. 나라 사람들이 근심하여 어떤 사람이 다라니(陀羅尼)의 은어(隱語)를 지어서 길에 던진 일이 있었다. 왕과 권력을 잡은 신하들이 그것을 손에 넣고 말하였다.

"이것은 왕거인(王居仁)이 아니면 누가 이런 글을 짓겠는가?"

이에 왕거인을 옥에 가두었다. 왕거인이 시를 지어 하늘에 호소하였더니, 하늘이 감옥에 벼락을 쳐서 곧 모면케 하였으니, 그 시는 이러하다.

연단(燕丹)[58]이 피눈물로 우니
무지개가 하늘을 꿰뚫었고
추연(鄒衍)[59]이 슬픔을 머금으니
여름에도 서리가 내렸네.
지금 내가 길을 잃은 것이
예전과 비슷한데,
아! 황천은 어찌하여
상서로움 내리지 않는가.

---

57) 위홍(魏弘) : 《삼국사기》〈신라본기〉에 "위홍이 죽으니 시호를 추증해 혜성대왕으로 하였다"고 했다.

58) 연단(燕丹) : 전국시대의 연나라 태자 단. 《사기열전》〈자객열전〉에 실려 있다.

59) 추연(鄒衍) : 전국시대 제나라 사람. 연나라 소왕(昭王)의 스승이 되었지만, 혜왕(惠王)이 즉위하자, 참소로 옥에 갇혔는데 한여름에 서리가 내렸다 한다.

다라니에서 이렇게 말하였다.

"나무망국 찰리나제 판니판니소판니 우우삼아간 부이사바하(南無亡國, 刹尼那帝, 判尼判尼蘇判尼, 于于三阿干, 鳧伊娑婆訶)."

해설하는 자들은 이렇게 말하였다.

"'찰리나제'란 여왕을 말한 것이고, '판니판니소판니'는 두 소판[60]을 말한 것이니, 소판은 벼슬 이름이다. '우우삼아간'은 세 아간[61]을 말한 것이고, '부이'란 부호부인을 말한 것이다."

이때 아찬 양패(良貝)는 왕의 막내아들이었다. 사명을 받들어 당나라에 가려 할 때 백제의 해적들이 진도(津島)에 집결했다는 말을 듣고, 활쏘는 군사 50명을 뽑아 따라가게 하였다.

배가 곡도(鵠島 : 우리 전기에는 골대도(骨大島)라 하였다)[62]에 닿았을 때, 풍랑이 크게 일어 십여 일을 꼼짝없이 묵게 되었다. 공이 걱정이 되어 사람을 시켜 점을 치도록 하였더니, 점쟁이는 이렇게 말하였다.

"이 섬에는 신지(神池)가 있으니 제사지내야 합니다."

이에 못에 제물을 차려놓으니, 못에서 물이 한 길이 넘게 솟구쳤다. 그날 밤 꿈에 어떤 노인이 나타나 공에게 말하였다.

"활 잘 쏘는 사람 하나만 이 섬에 남겨 두면 순풍을 만날 수 있을 것이다."

공은 꿈에서 깨어나 그 일을 여러 사람과 상의하여 물었다.

"누구를 남게 할까?"

"나뭇조각 50개에 우리들의 이름을 써서 물에 던져, 가라앉는 자의 이름으로 제비를 뽑아야 합니다."

공이 그 말대로 했더니 군사 중 거타지(居陀知)의 이름이 물에 잠겨 뜨지 않았으므로 이에 거타지를 남겨 두고 떠나니 홀연히 순풍이 불어 배는 거침없이 잘 가게 되었다.

거타지는 근심에 싸여 홀로 섬에 남아 서 있는데, 홀연 한 노인이 못에서

---

60) 소판(蘇判) : 신라 17관등 제3위 잡찬의 별칭.

61) 아간(阿干) : 신라 17관등 제6위 아찬의 별칭.

62) 곡도(鵠島) : 지금의 백령도.

나와 거타지에게 말하였다.

"나는 서해의 해신(海神)인데, 날마다 해 뜰 무렵이 되면 사미승 하나가 하늘에서 내려와 다라니를 외면서 이 못을 세 번 돌면, 우리 부부와 자손이 떠오르게 되오. 그러면 사미승은 우리 자손들의 간장을 모조리 먹어 버린답니다. 이제 우리 부부와 딸 하나뿐이오. 내일 아침이면 또 올 것이니 청컨대 그대가 쏘아 죽여 주시오."

거타지가 말하였다.

"활은 나의 특기이니 명령대로 하겠습니다."

노인이 고마워하고 사라지자, 거타지는 숨어서 기다렸다.

다음 날, 이윽고 동해에 해가 솟아오르자, 과연 사미가 나타나 주문을 외고 늙은 용의 간을 빼려 하였다. 이 때 거타지가 활을 쏘아 맞추니, 사미가 늙은 여우로 변하여 땅에 떨어져 죽었다. 이에 노인이 나와 감사해하며 말하였다.

"공이 주신 은혜를 입어 나의 생명을 보전하였으니, 청컨대 내 딸을 그대의 아내로 삼으소서."

거타지가 말하였다.

"제게 주신다면 평생을 버리지 않고 잘 살겠습니다."

노인이 딸을 꽃송이로 변신시켜 품속에 넣어 주고, 곧 두 용을 시켜 거타지를 데리고 사신의 배를 뒤쫓아가, 그 배를 호위하여 당나라로 들어가도록 명령하였다.

당나라 사람들이 두 용이 신라의 배를 호위하여 오는 것을 보고 사실대로 위에 알리니, 당나라의 황제는 신라 사신은 반드시 비범한 사람들이라 하여, 연회를 열어 군신들의 윗자리에 앉히고 금과 비단을 후하게 주었다.

나라로 돌아와 거타지가 품속에서 꽃송이를 꺼내니, 꽃이 여인으로 변하였으므로 같이 살았다.

효공왕(孝恭王)

제52대 효공왕[63] 대인 광화(光化)[64] 15년 임신년(912 : 실은 주량(朱粱) 건화(乾化) 2년이다)에 봉성사(奉聖寺) 외문(外門) 동서쪽 21칸 사이에 까치가 집을 지었다. 또 신덕왕(神德王) 즉위 4년 을해년(915 : 옛 책에는 천우(天祐) 12년이라 하였으나, 정명(貞明) 원년이어야 한다)에는 영묘사(靈廟寺) 안 행랑에 까치 둥우리가 34개, 까마귀 둥우리가 40개나 있었다. 또 3월에 서리가 두 번 내렸고, 6월에는 참포(斬浦)[65]의 물이 바다의 파도와 3일이나 서로 싸웠다.

경명왕(景明王)

제54대 경명왕[66] 대인 정명(貞明)[67] 5년 무인년(918)에 사천왕사(四天王寺)의 벽화 속의 개가 짖자 3일간 독경하여 멈췄는데, 반나절쯤에 또 짖었다.

7년 경진년(920) 2월에는 황룡사의 탑 그림자가 금모(今毛) 사지(舍知)의 집 뜰에 한 달 동안이나 거꾸로 비쳤다. 또 10월에는 사천왕사의 오방신(五方神)의 활줄이 모두 끊어지고, 벽화 속의 개가 뜰까지 나왔다가 도로 벽화 속으로 들어갔다.

경애왕(景哀王)

제55대 경애왕(景哀王)이 즉위하던 동광(同光)[68] 2년 갑신년(924) 2월 19일에 황룡사에서 백좌(百座)[69]를 열어 불경을 설법하고, 겸하여 선승(禪僧) 3백 명에게 공양한 다음 대왕이 손수 향을 피우고 불공을 드리니, 이것이 백좌로 선(禪)과 교(敎)가 통설(通說)한 시초이다.

---

63) 효공왕(孝恭王) : 헌강왕의 서자이며 이름은 요(嶢).

64) 당나라 소종의 연호(898~901).

65) 참포(斬浦) :《삼국사기》〈신라본기〉에 참포(槧浦)로 나온다. 나라에서 해마다 제사 지내는 4독(四瀆) 중 동독(東瀆), 즉 지금의 낙동강.

66) 경명왕(景明王) : 신덕왕(神德王)의 태자, 어머니는 의성왕후(義盛王后).

67) 정명(貞明) : 후량 말제(末帝)의 연호(915~921).

68) 동광(同光) : 후당 장종의 연호(923~925).

69) 백좌(百座) : 하루에 100자리를 베푸는 불교 설법 행사로, 호국 경전인《인왕경》이 이 의례에 사용된다. 인왕백면좌회(仁王百面座會).

김부대왕(金傅大王)

제56대 김부대왕[70]의 시호는 경순(敬順)이다.

천성(天成)[71] 2년 정해년(927) 9월에 후백제의 견훤(甄萱)이 신라를 침범하여 고울부(高鬱府)[72]까지 오니 경애왕이 고려 태조에게 구원을 청하였다. 태조가 장수에게 날랜 병사 1만 명을 거느리고 가서 구원하게 했으나, 구원병이 이르기도 전인 11월에 견훤이 신라 서울을 엄습하였다. 경애왕은 비빈과 종척들과 함께 포석정에 놀러 나가 연회를 즐기느라 적병이 오는 것도 알지 못했다가 창졸간에 어찌할 바를 몰랐다. 왕과 왕비는 후궁으로 달아나고, 종척과 공경대부와 사녀(士女)들은 사방으로 흩어져 달아나다가 적에게 사로잡혔다. 사람들은 귀천 없이 견훤 앞에 모두 엎드려 노비라도 삼아 줄 것을 애원하였다.

견훤은 군사들을 풀어 조정과 백성들의 재물을 약탈하게 하고, 왕궁에 들어앉아 좌우 사람들을 시켜 왕을 찾게 하였다. 왕은 왕비 및 빈첩 몇 사람과 후궁에 숨어 있다가 붙잡혀 군중(軍中)으로 끌려나왔다. 견훤은 왕이 스스로 자결하게 하였다. 그리고 왕비를 욕보이고, 부하들은 비첩들을 겁탈하게 하였다. 그리고 경애왕의 족제(族弟)인 김부(金傅)를 세워서 왕으로 삼으니, 왕은 견훤의 천거에 의하여 즉위하게 되었다. 왕은 전왕의 시신을 서당(西堂)에 안치하고 부하들과 통곡하였다. 고려 태조는 사신을 보내 조문하였다.

이듬해 무자년(928) 3월 봄에 태조가 50여 기병을 거느리고 순행하여 도성 근교에 도착하였다. 김부왕은 백관과 함께 교외까지 나와 영접하여 궁궐로 들어와 서로 마주하면서 마음과 예의를 다 하였다. 임해전에서 연회를 베풀었는데, 술자리가 한창 무르익자 김부왕이 말하였다.

"내가 불행하여 침노와 환란을 불러들이고, 견훤이 불의를 자행하여 국가를 망쳤으니 이 통한을 어찌하리까?"

---

70) 김부대왕(金傅大王) : 김부는 경순왕의 성과 이름. 〈왕력〉편에는 경순왕으로 되어 있다.

71) 천성(天成) : 후당 명종의 연호(926~930).

72) 고울부(高鬱府) : 지금의 경북 영천군.

그리고 눈물흘리며 우니, 주위 모두가 흐느껴 울었으며 태조도 눈물을 흘렸다.

(태조는) 수십 일을 묵고 돌아갔는데, 휘하들이 정숙하여 추호도 범하는 것이 없었으니 도성 사람들과 시녀들이 서로 기뻐하며 말하였다.

"지난번 견훤이 왔을 때는 승냥이와 호랑이를 만난 것 같더니, 지금 왕공이 왔을 때는 부모를 뵈온 것 같다."

8월에 태조가 사신을 보내 왕에게 비단저고리와 말안장을 선물하고, 아울러 신하들이나 장사(將士)들에게도 차등을 두어 나누어 주게 보냈다.

청태(淸泰)73) 2년 을미년(935) 10월에 신라의 사방 국토가 모두 남의 소유가 되고, 국력이 쇠약하여 형세가 고립되고 스스로 편안하지 못하였다. 왕은 신하들과 태조에게 투항할 것을 의논하였는데, 신하들의 가부가 분분하여 끊이지 않았다. 그때 태자가 말하였다.

"나라의 존망에는 반드시 천명이 있는 것이니, 마땅히 충신과 의사(義士)가 합심하여 민심을 수습한 후 힘을 다할 것이요, 하다 안 되면 그만두어야지 어찌 천년의 사직을 경솔하게 남에게 주겠습니까?"

왕이 말하였다.

"이렇게 고립되고 위태로워 형세를 보전할 수 없으니, 이미 강해질 수도, 약해질 수도 없어, 죄없는 백성들만 비참하게 죽게 하는 것은 나로서는 차마 못할 일이다."

이에 시랑 김봉휴(金封休)로 하여금 글을 보내 태조에게 항복을 요청하였다. 태자는 통곡하며 부왕에게 하직하고, 바로 개골산(皆骨山)74)에 들어가 마의와 초식으로 일생을 끝마쳤다. 막내아들은 머리를 깎고 화엄종을 좇아 승려가 되었으니, 이름이 범공(梵空)이다. 범공은 그 뒤로 법수사(法水寺)·해인사(海印寺) 등에 머물렀다 한다.

태조는 왕의 글을 받아보고, 태상(太相) 왕철(王鐵)을 보내 영접했다. 왕이 백관을 데리고 우리 태조에게 귀순하는데 훌륭한 수레와 말이 30여 리에 이어 길을 메우니 구경꾼이 담을 친 듯했다. 태조는 교외까지 나가 영접하여

---

73) 청태(淸泰) : 후당 폐제의 연호.

74) 개골산(皆骨山) : 금강산.

위로하고, 궁 동쪽에 있는 한 구간(^{지금}_{정승원})을 주었으며, 장녀 낙랑공주를 아내로 삼게 했다. 김부왕이 자기 나라를 떠나 다른 나라에 와 있으므로 어미와 떨어져 사는 난새에 비유하여 낙랑공주의 호칭을 신란공주(神鸞公主)로 고쳤다. 죽은 후에 효목(孝穆)이란 시호를 내렸다. 김부를 봉하여 정승(政丞)을 삼으니, 태자의 윗자리였고, 녹봉은 1천 섬을 주었다. 시종과 관원, 장수들도 모두 기용하였다. 그리고 신라를 경주라 하고 공의 식읍(食邑)으로 삼았다.

처음에 김부왕이 국토를 바쳐 항복하니, 태조가 심히 기뻐하여 후한 예로 대접하고, 사신을 보내 말하였다.

"지금 왕이 나라를 과인에게 주었으니 큰 것을 준 것이오. 바라건대 종실과 혼인을 해서 사위와 장인 같은 관계를 맺고자 하오."

왕이 대답하였다.

"나의 백부 억렴(億廉 : ^{김부왕의 부친인 효종 각간은}_{추봉된 신흥대왕의 아우이다})의 딸이 있는데, 덕성과 용모가 모두 아름다우니 이 사람이 아니고는 내정(內政)을 다스릴 수가 없을 것입니다."

이에 태조는 억렴의 딸을 아내로 맞아들이니, 이가 곧 신성왕후(神聖王后) 김씨이다(^{본조의 등사랑(登仕郞) 김관의(金寬毅)가 지은 《왕대종록》에 의하면 '신성왕후 이씨의 본은 경주이다. 대위(大尉) 이}정언(李正言)이 협주(俠州)⁷⁵⁾ 군수 때에 태조가 이 고을에 행차했다가 바로 맞아들였기 때문에 협주군이라고도 한다.

원당(願堂)은 현화사(玄化寺)이고, 3월 25일을 그 제삿날로 하여 정릉에 장사지냈으며, 아들 하나를 낳았으니 안종(安宗)⁷⁶⁾이라 한다. 그 외 25명의 왕비 중에 김씨의 일은 실리지 않았으니 알 수 없다. 그러나 사관(史官)의 논의에 또한 안종을 신라의 외손이라 하였으니, 마땅히 역사의 전기를 취하는 것이 옳을 것이다).

태조의 손자 경종(景宗) 주(伷)는 정승 김공의 딸을 맞아서 왕비를 삼으니 그가 헌승왕후(憲承王后)이다. (김공은) 계속 정승을 봉하여 상보(尙父)로 삼았다가 태평흥국(太平興國)⁷⁷⁾ 3년 무인년(978)에 죽으니, 시호를 경순(敬順)이라 하였다. 상보로 책봉하던 조서에 이렇게 말하였다.

"하교하노니, 희씨(姬氏)의 주(周)나라가 성업을 열던 해에 먼저 여망(呂望)⁷⁸⁾을 봉했고, 유씨(劉氏)의 한나라가 시작될 때에는 먼저 소하(蕭何)⁷⁹⁾

---

75) 협주(俠州) : 지금의 경남 합천.

76) 안종(安宗) : 태조의 여덟째 아들 욱(郁). 그의 아들이 고려 제8대 왕 현종.

77) 태평흥국(太平興國) : 북송 태종의 연호(976~984).

78) 여망(呂望) : 주나라 무왕이 상보로 불러들인 강태공.

를 책봉하였다. 이로부터 천하가 평정되고 왕업이 널리 열렸다. 용도(龍圖)[80]는 30대를 세우고, 인지(麟趾)[81]는 4백 년을 이었으니 해와 달이 더욱 밝고 천지가 태평하였다. 비록 스스로 무위한 군주였다 하더라도 받쳐주는 신하로 인해 대업을 이루었던 것이다. 관광순화위국공신 상주국낙랑왕 정승(觀光順化衞國功臣上柱國樂浪王政丞) 식읍 8천 호 김부(金傅)는 대대로 계림에 살고 벼슬을 왕의 작위로 나누어 받았으니 영특한 기상은 하늘에 떨치고, 문장의 재능은 땅을 흔들 만하다. 풍부함은 춘추에 있고, 귀함은 봉토를 누리며, 가슴 속에는 육도삼략(六韜三略)[82]이 들어 있고, 칠종오신(七縱五申)[83]은 모두 손바닥 안에 있다. 우리 태조가 처음으로 우호를 맺어 일찍부터 그 풍도를 알아 때를 가려 마침내는 부마의 혼인을 맺어 안으로 큰 절의에 순응하였다. 국가가 하나로 통합했으니 임금과 신하가 완연히 삼한으로 합쳤다. 아름다운 이름은 드날리고, 아름다운 법은 빛나고 높았다. 상보도성령(尙父都省令)의 칭호를 더하고, 이어 추충신의숭덕수절공신(推忠愼義崇德守節功臣)의 칭호를 주고, 훈봉(勳封)은 전과 같고, 식읍은 이전의 것과 합하여 모두 1만 호이다. 유사는 택일하여 예를 갖추어 책명하고 맡은 자는 시행하라. 개보(開寶)[84] 8년 10월 일.”

“대광내의령(大匡內議令)[85] 겸 총한림(摠翰林) 신(臣) 핵선(翮宣)은 위와 같이 칙령을 내리니, 첩문(牒文)에 이른 대로 받들어 시행하라. 개보 8년 10월 일.”

“시중(侍中)   서명(署名)

  시중   서명

---

79) 소하(蕭何) : 한나라 고조를 도와 승상이 된 인물.

80) 용도(龍圖) : 제왕의 출현을 알리는 부서(符瑞).

81) 인지(麟趾) : 한나라 왕실이 계승됨을 뜻한다.

82) 육도삼략(六韜三略) : 병서로《육도》는 강태공,《삼략》은 황석공이 지었다 한다.

83) 칠종오신(七縱五申) : 칠종은 제갈량이 남만의 맹획을 7번 잡았다 놓아 주었다는 것으로 전략의 탁월함을, 오신은 삼령오신(三令五申)의 준말로 군령이 엄한 것을 뜻한다.

84) 개보(開寶) : 북송 태조의 연호(968~976).

85) 대광내의령(大匡內議令) : 내의성 최고직. 조선의 영의정에 해당.

내봉령(內奉令)[86]	서명
군부령(軍部令)	서명
군부령	무서
병부령(兵部令)	무서
병부령	서명
광평시랑(廣評侍郞)	서명
광평시랑	무서(無署)
내봉시랑(內奉侍郞)	무서
내봉시랑	서명
군부경(軍部卿)	무서
군부경	서명
병부경(兵部卿)	무서
병부경	서명

추충신의숭덕수절공신 상보도성령상주국낙랑군왕(推忠愼義崇德守節功臣尚父都省令上柱國樂浪郡王) 식읍 1만호 김부에게 고하여 위와 같이 조칙을 반들고 부(符)가 이르는 대로 받들어 시행하라.

주사(主事) 무명(無名)

낭중(郞中) 무명

서령사(書令史) 무명

공목(孔目) 무명

개보 8년 10월 일 하(下)"

사론(史論)에서는 다음과 같이 말하였다.

"신라의 박씨와 석씨(昔氏)는 모두 알에서 나오고, 김씨는 금궤에 담겨 하늘에서 내려왔으며, 혹은 금수레를 타고 내려왔다 하니, 이것은 너무 해괴한 말이어서 믿을 수 없다. 그러나 세상에 전해져 실제로 있었던 일로 여기고 있다. 이제 다만 그 최초의 일을 생각해 보건대, 윗자리에 있는 이가 자기 몸을 위해서는 검소하고 남을 위해서는 너그러우며, 정치는 간략하게 하고, 일을 시행함에 간단했으며, 지성으로 중국을 섬겨 배편으로 조공하는 사

---

86) 내봉령(內奉令) : 내봉성의 최고직.

신이 끊임없이 이어졌다. 항상 자제들을 보내 중국 조정에 나아가 숙위(宿
衛)하게 하고 배우게 하였다. 성현의 풍토를 답습하고, 거친 풍속을 고쳐 예
의의 나라가 되게 하였다. 또 당나라 군사의 위엄을 빌려 백제와 고구려를
평정하고 그 땅에 군현을 만들었으니 가히 왕성하였다 할 수 있다. 그러나
불법을 숭상하며 그 폐단을 알지 못하여, 동리마다 탑과 절이 즐비하며, 백
성들은 도망하여 승려가 되니 군사나 농사꾼이 점점 줄어들어 날로 쇠하여
졌으니 나라가 어찌 어지럽지 않겠으며 또한 망하지 않겠는가?

이럴 때 경애왕(景哀王)은 더욱 음탕하고 일락하여 궁인, 신하들과 함께
포석정에 나가 놀며 술자리를 마련하여 연회를 열면서 견훤이 쳐들어오는
것도 알지 못했으니, 문 밖의 한금호(韓擒虎)[87]와 누각 위의 장여화(張麗
華)[88]와 다를 것이 없다. 경순왕이 고려 태조에게 투항한 것이 비록 부득이
한 일이나 가상하다 할 수도 있다. 만일 역전 사수하여 고려군에 항거하다
힘이 미치지 못해 형세가 곤궁하게 되었다면, 반드시 그 가족은 멸망했을 것
이고, 무고한 백성들에게 해가 미쳤을 것이다. 그런데 명령을 기다리지 않고
궁궐 창고를 봉쇄하고, 군현의 문서를 기록하여 귀의했으니, 고려 조정에 공
이 있고, 백성들에게 덕을 베푼 것이 심히 컸다.

옛날 전씨(錢氏)[89]가 오월(吳越)을 송나라에 바치는데 소자첨(蘇子瞻)[90]
을 충신이라 칭하였으나, 지금 신라왕의 공덕은 그보다 훨씬 더 크다.

우리 태조는 비빈이 많아 자손들도 역시 번창했지만, 현종(顯宗)은 신라
의 외손으로 왕위에 올랐으며, 그 뒤를 계승한 자가 모두 그 자손들이니 이
것은 어찌 그의 음덕이 아니겠는가?"

신라가 땅을 바치고 나라가 없어진 뒤 아간 신회(神會)가 외직을 그만두
고 돌아와 도성이 무너진 것을 보고, '서리리(黍離離)의 탄식'[91]을 하며 노

---

87) 한금호(韓擒虎) : 수나라 노주총관으로 기병 500명을 이끌고 진나라 공격 선봉에 섰
　　으며, 진나라 후주와 장려화를 사로잡았다.

88) 장려화(張麗華) : 진나라 후주의 귀비로, 후주가 그녀에게 빠져 수나라 문제의 공격
　　으로 망한 것이, 신라 경애왕과 다를 바 없다는 뜻.

89) 전씨(錢氏) : 오월왕 전숙.

90) 소자첨(蘇子瞻) : 자첨은 소식(蘇軾)의 자(字). 송대의 정치가이며 대문호이다.

래를 지었다 하나 전하지 않는다.

남부여·전백제·북부여(南扶餘 前百濟 北扶餘 : 이미 앞에 나와 있다)

부여군(扶餘郡)은 전 백제의 수도인데, 혹은 소부리군(所夫里郡)이라고도 한다. 《삼국사기》에 보면, 백제 성왕(聖王) 26년[92] 무오년(538) 봄에 도읍을 사비(泗沘 : 원문은 사자(泗泚)로 되어 있다)로 도읍을 옮기고, 나라 이름을 남부여(南扶餘)라 하였다(그 지명은 소부리인데 사자는 지금의 고성진(古省津)이고 소부리는 부여의 딴 이름이다).

또 양전(量田) 문서에는 '소부리군 농부의 주첩(柱貼)'[93]이라 하였으니, 지금 부여군이라 한 것은 옛이름을 되찾은 것이다. 백제 왕의 성이 부씨(扶氏)이므로 그렇게 말한 것이다. 혹은 여주(餘州)라고도 말한 것은 군의 서쪽 자복사(資福寺)의 법당 위에 수놓은 휘장이 있었는데, 그 수놓은 글에 '통화(統和)[94] 15년 정유년(997) 5월 어느 날 여주 공덕대사수장(功德大寺繡帳)'이라 하였고, 또 옛날 하남(河南)에 임주자사(林州刺史)를 두었는데, 그때의 지도책에 여주(餘州)라는 두 자가 있었으니, 임주는 지금의 가림군(佳林郡)이요, 여주는 지금의 부여군이다.

《백제지리지》에는 다음과 같이 씌어 있다. "《후한서》에는 삼한(三韓)이 78개국인데, 백제가 그 중의 하나이다"라 하였다.

《북사(北史)》[95]에는 "백제가 동쪽으로는 신라에 닿았고, 서남쪽은 큰 바다와 닿아 있으며, 북쪽 끝은 한강에 다다랐는데, 그 군은 거발성(居拔城) 또는 고마성(固麻城)이라 하며, 그 밖으로는 오방성(五方城)이 있다"라고 하였다.

---

91) 서리리(黍離離)의 탄식 : 《시경》의 편명. 주나라 대부가 주 왕실의 몰락을 보고 탄식하여 지은 시.

92) 《삼국사기》〈백제본기〉에는 16년으로 되어 있다.

93) 주첩(柱貼) : 우두머리

94) 통화(統和) : 요나라 성종의 연호(983~1012).

95) 《북사(北史)》: 25사(史)의 하나. 중국 당나라 이연수가 지은 책, 북조의 위(魏)에서 수(隋)나라에 이르는 242년간의 역사책.

《통전(通典)》[96]에는 "백제는 남쪽으로 신라에 닿았고, 북쪽으로는 고구려가 위치하고, 서쪽으로는 큰 바다에 경계하고 있다"라고 하였다. 《구당서(舊唐書)》에는 "백제는 부여의 딴 종족으로 동북쪽은 신라요, 서쪽으로 바다를 건너면 월주(越州)요, 남쪽으로 바다를 건너면 왜국에 이르고, 북쪽은 고구려이다. 그 왕이 거처하는 곳은 동·서 두 성이 있다"고 하였다. 《신당서(新唐書)》에는 "백제가 서쪽으로는 월주(越州)로 경계하고, 남쪽으로는 왜국인데 모두 바다 건너편이고, 북쪽은 고구려이다" 하였다.

《삼국사기》〈백제본기〉에는 이렇게 말하였다.

백제의 시조 온조의 아버지는 추모왕(鄒牟王)인데, 혹은 주몽(朱蒙)이라고도 한다. 그는 북부여로부터 피난하여 졸본부여(卒本扶餘)에 이르니, 부여주의 왕에게는 아들이 없고 다만 딸 셋이 있었다. 왕은 주몽을 비상한 사람임을 알고 둘째딸을 아내로 주었다. 얼마 후 부여주의 왕이 죽고 주몽이 왕위를 계승하였다. 두 아들을 두었는데, 맏아들은 비류(沸流)라 하고 둘째를 온조(溫祚)라 하였다. 후에 태자[97]에게 인정받지 못할까 두려워 두 왕자는 마침내 오간(烏干)·마려(馬黎) 등 십여 명의 신하와 함께 남쪽으로 떠나니, 따라오는 자가 많았다. 한산(漢山)에 이르러, 부아악(負兒岳)에 올라가 살 만한 곳을 찾았다. 비류(沸流)는 바닷가에 살려고 하므로 10여 명의 신하가 말하였다.

"오직 이 하남의 땅만이 북쪽으로는 한수를 끼고, 동쪽으로는 높은 산을 의지하고, 남쪽으로는 비옥한 들판이 보이고, 서쪽으로는 큰 바다가 막혀 있으니 그 천연의 요새와 이로운 지세는 얻기 어려운 형세이니 이 곳에 도읍하는 것이 좋겠습니다."

그러나 듣지 않고 백성을 나누어 미추홀(彌雛忽)[98]로 가서 살았다. 온조는 하남 위례성(慰禮城)[99]에 도읍하여 열 명의 신하를 보좌로 삼고 국호를

---

96) 《통전(通典)》: 중국 당나라 두우가 지은 정전(政典), 상고(上古)에서 당의 현종까지 모든 제도를 연혁적으로 통관한 책.

97) 주몽의 아들로 나중에 유리왕이 되었다.

98) 미추홀(彌雛忽) : 지금의 인천.

99) 위례성(慰禮城) : 지금의 서울 송파구 풍납동.

십제(十濟)라 하니, 이 때가 한 나라 성제(成帝) 홍가(鴻嘉) 3년(BC 18)이
었다.

비류는 미추홀의 땅이 습하고 물이 짜서 살 수가 없었으나, 위례성에 와서
보니 도읍이 안정되고 백성들이 태평한 것을 보고, 후회하다 죽으니 그의 신
하와 백성들이 모두 위례성으로 돌아왔다. 그 뒤 백성들이 즐거이 따랐다 하
여 국호를 백제(百濟)로 고치고, 조상의 계통이 고구려와 함께 부여에 나왔
다 하여 해(解)로써 성을 삼았다. 성왕(聖王) 때에 도읍을 사자로 옮겼으니
지금 부여군이다(미추홀은 인주(仁州)이고,
위례는 지금 직산이다).

《고전기(古典記)》에서 이렇게 말하였다.

동명왕(東明王)의 셋째아들 온조가 전한(前漢) 홍가 3년 계유년(BC 18)
에 졸본부여로부터 위례성에 이르러 도읍을 세우고 왕이라 하다가, 14년 병
진년(BC 7)에 도읍을 한산(漢山 : 지금의 광주(廣州))으로 옮겨 3백 89년을 지냈으며,
13대 근초고왕(近肖古王) 함안(咸安) 원년(371)에 고구려의 남평양(南平
壤)을 취하고 도읍을 북한성(北漢城 : 지금의 양주(楊州))으로 옮겼다. 다시 1백 5년을
지나 22대 문주왕(文周王)이 즉위하여 원휘(元徽)[100] 3년 을묘년(475)에 도
읍을 웅천(熊川 : 지금의 공주(公州))으로 옮겨 63년을 지냈고, 26대 성왕(聖王)에 이르
러 도읍을 소부리(所夫里)로 옮기고 국호를 남부여라 하였다. 31대 의자왕
(義慈王)에 이르니 1백 20년이 지났다. 당나라 현경(顯慶) 5년(660), 이 해
는 의자왕이 즉위 한 지 20년이었는데, 신라 김유신이 소정방과 백제를 쳐
서 평정하였다.

백제에는 원래 5부(部)가 있어 37군, 2백여 성, 76만 호를 거느렸다. 당
나라가 그 땅을 분할하여 웅진(熊津)·마한(馬韓)·동명(東明)·금련(金漣)·
덕안(德安) 등 5도독부를 두고, 이어 그들의 추장을 도독부자사(都督府刺
史)로 삼았다. 얼마 후 신라가 그 땅을 다 합병하여 웅(熊)·전(全)·무(武)
의 3주와 여러 군현을 설치하였다.

호암사(虎嵒寺)에 정사암(政事嵒)이 있었으니, 국가에서 재상을 선출하려
할 때 당선자 3, 4명의 이름은 연명해서 상자에 넣어 봉하고 바위 위에 둔
다음, 얼마 후 꺼내 보고 이름 위에 인(印)이 찍힌 자를 정승으로 삼았기 때

---

100) 원휘(元徽) : 유송(劉宋) 후폐제의 연호(473~477).

문에 정사암이라 한 것이다.

또 사비수 가에 바위가 있는데, 소정방이 이 위에 앉아 어룡을 낚아올렸을 때 바위 위에 용이 꿇어앉았던 자국이 남아 있어 용암(龍嵓)이라 한다.

또 고을 안에 일산(日山)·오산(吳山)·부산(浮山) 등 세 개의 산이 있으니, 나라가 흥성할 때에는 각기 신인(神人)이 그 위에 있어 서로 날아 왕래하여 아침 저녁으로 끊이지 않았다.

또 사비수 언덕에 돌이 하나 있는데, 십여 명이 앉을 만하다. 백제왕이 왕흥사(王興寺)에 행차하여 예불하려면 먼저 이 돌에서 부처를 향해 절하였다. 그러면 그 돌이 저절로 따뜻해졌다 하여 이름을 돌석(燧石)이라 하였다.

또 사비수의 양쪽 절벽이 마치 그림 병풍을 드리운 것 같아서, 왕이 여기에서 연회를 베풀어 놀고 노래하고 춤추었으므로, 지금도 대왕포(大王浦)라 한다. 시조 온조는 동명왕의 셋째아들로, 체격이 크고 천성이 효성스럽고 우애 있고 말타기와 활쏘기에 뛰어났다. 또 다루왕(多婁王)도 관후하고 위엄과 덕망이 있었다.

사비왕(沙沸王 : 사이왕(沙伊王)
이라고도 한다)은 구수왕(仇首王)이 죽고 계승했으나, 나이가 어려 정사를 잘 보살피지 못하였으므로 곧 폐위되고 고이왕(古爾王)을 세웠다. 혹은 지락(至樂)[101] 2년 기미년(239)에 사비왕이 죽어 고이왕이 섰다고도 한다.

무왕(武王 : 옛 책에 무강(武康)이라 함은
잘못이다. 백제에는 무강왕이 없다)

제30대 무왕(武王)[102]의 이름은 장(璋)이다. 그의 어머니가 홀로 되어 서울 남쪽 못가[103]에 집을 짓고 살았는데, 못에 있는 용과 통하여 장을 낳았다. 어릴 때 이름은 서동(薯童)[104]이며, 재주와 도량이 한없이 넓었다. 항상

---

101) 지락(至樂) : 경초(景初)의 잘못. 경초는 위(魏)나라 명제의 연호(237~239).

102) 무왕(武王) :《삼국사기》〈백제본기〉 무왕 조에는 이름이 장(璋)이고, 법왕(法王)의 아들이며 법왕이 죽자 왕위에 올랐다고 하였다.

103) 부여군 동남리에 있는 '궁남지'를 말한다. 태어난 곳에 대해서는 《삼국사기》〈백제본기〉와 다르다.

마(薯蕷)라고 한다(약초 이름으로 서예)를 캐다가 팔아 생업을 삼았으므로 나라 사람들이 그렇게 부른 것이다. 신라 진평왕의 셋째공주 선화(善花 : 혹은 善化라고도 쓴다)가 아름답다는 말을 듣고 머리를 깎고 신라의 서울로 가서 동네 아이들에게 마를 나누어 주면서 가까이 지냈다. 이에 노래를 지어 여러 아이들을 꾀어 부르게 하니, 그 노래는 다음과 같다.

　　선화공주니믄 놈그ᅀᅵ지 얼어두고
　　맛둥방올 바미 몰 안고가다.

양주동 역

　　동요가 장안에 퍼져 궁중까지 알려지니, 백관들이 적극 간하여 공주를 먼 곳에 귀양보내게 되었다. 공주가 떠나려 할 때, 왕후가 순금 한 말을 주어 보냈다. 공주가 귀양가는 길에 서동이 나와서 절을 하고 모시고 가겠다 하였다. 공주는 그가 어디서 온 사람인지는 알지 못하지만, 우연한 만남을 기뻐하며 그를 믿고 따라가 정을 통하였다. 그런 뒤에 서동의 이름을 알고, 동요를 믿게 되었다. 그리고는 어머니가 준 금을 내놓으며, 함께 백제로 가서 이것으로 생활 계획을 세우자 하였다. 서동이 크게 웃으며 말하였다.
　“이것이 무엇이오?”
　공주가 말하였다.
　“황금인데 백 년 동안 부자로 살 수 있습니다.”
　서동은 그 말을 듣고 말하였다.
　“내가 어렸을 때부터 마를 캐던 곳에는 이런 것이 진흙처럼 쌓여 있소.”
　공주가 이 말을 듣고 크게 놀라며 말하였다.
　“이것은 천하의 보배인데 당신이 금이 있는 곳을 알았으니 이 보배를 우리 부모님의 궁전으로 보내는 것이 어떻겠습니까?”
　“좋소.”
　금을 모으니 마치 구릉처럼 쌓였다. 용화산(龍華山 : 지금 익산의 미륵산) 사자사(師子

---

104) 이병도 박사는 “서동은 무왕의 아명이 아니라 훨씬 이전의 동성왕의 이름”이라 하였고, 서동이 마를 팔며 살았던 이유를 왕위 계승과 관련된 권력 투쟁으로 보았다.

寺)의 지명법사(知命法師)의 처소에 가서 금을 운반할 방법을 물었다.

법사가 말하였다.

"내가 신통력으로 옮겨 줄 테니 금을 가져오시오."

공주가 편지와 함께 금을 사자사 앞에 옮겨다 놓으니, 법사가 신통력으로 하룻밤에 신라 궁중으로 날라다 놓았다. 진평왕이 그 신통한 변화를 기이하게 여겨 더욱 존경하고, 항상 서신으로 안부를 물었고, 서동은 이로 인해서 인심을 얻어 왕위에 오르게 되었다.

하루는 무왕이 부인과 함께 사자사에 행차하려고 용화산 아래 큰 못가에 이르니, 미륵삼존이 못에서 나타나는지라 수레를 멈추고 경의를 표하였다. 부인이 왕에게 말하였다.

"이 곳에 큰 절을 세우는 것이 저의 간절한 소원입니다."

왕이 허락하고 지명법사에게 못을 메울 일을 물으니, 법사는 신통력으로 산을 무너뜨려 하룻밤 사이에 못을 메워 평지를 만들었다. 이에 미륵법상(彌勒法像) 세 개와 존전(尊殿), 탑(塔), 낭무(廊廡)를 각각 세 곳에 세우고 절 현판을 미륵사(《국사》에는 왕흥사라 했다)[105]라 하였다. 진평왕이 백공(百工)들을 보내 돕도록 했는데, 지금도 그 절이 남아 있다(《삼국사》에는 법왕(法王)의 아들이라 하고 여기서는 과부의 아들이라 하니 확실치 않다).

후백제의 견훤(後百濟 甄萱)

《삼국사》[106] 본전에는 이렇게 말하였다.

견훤은 상주(尙州) 가은현(加恩縣) 사람으로, 함통(咸通)[107] 8년 정해년(867)에 태어났다. 본성은 이(李)씨인데 후에 견(甄)으로 성을 삼았다. 아버지 아자개(阿慈介)는 농사짓고 살아가다가 광계(光啓) 연간에 사불성(沙弗城 : 지금의 상주)을 점거하고 스스로 장군이라 하였다. 아들 넷이 있었는데 모두 세상에 알려졌으며, 그 중에서도 견훤이 가장 걸출하고 지략이 많았다 한다.

---

105) 미륵사 : 전북 익산시 금마면에 터가 남아 있다. 남아 있는 4m 높이의 당간지주가 그 규모를 말해준다.

106) 이 조는 《삼국사기》 〈열전〉 제10의 '견훤'조와 비슷한 내용이다.

107) 함통(咸通) : 당나라 의종의 연호(860∼874).

《이제가기(李磾家記)》에는 이렇게 말하였다.

진흥대왕의 비 사도부인(思刀夫人)의 시호는 백융부인(白駥夫人)이다. 그의 셋째아들 구륜공(仇輪公)의 아들은 파진간 선품(善品)이요, 선품의 아들은 각간 작진(酌珍)인데, 그의 아내 왕교파리(王咬巴里)가 각간 원선을 낳았으니, 이 사람이 바로 아자개이다. 아자개의 첫째부인은 상원부인(上院夫人)이요, 둘째부인은 남원부인(南院夫人)으로 5남 1녀를 낳았다. 그의 맏아들이 곧 상보(尙父) 견훤(甄萱)이고, 둘째가 장군 능애(能哀)이며, 셋째는 장군 용개(龍盖)이고, 넷째는 보개(寶盖)이며, 다섯째가 장군 소개(小盖)이고, 딸은 대주도금(大主刀金)이라 했다.

또 《고기(古記)》에는 이렇게 말하였다.

옛날 한 부자가 광주(光州)[108] 북촌에 살았다. 그에게는 딸 하나가 있었는데 용모가 단정하였다. 하루는 그의 아버지에게 말하였다.

"매일 자주색 옷을 입은 남자가 잠자리로 와서 관계를 맺곤 합니다."

그러자 아버지가 말하였다.

"긴 실을 바늘에 꿰어 두었다가 그 남자의 옷에 꽂아 놓아라."

그래서 그대로 하였다. 날이 밝은 뒤 풀려나간 실을 따라 찾아가니, 담 밑에 있는 큰 지렁이의 허리에 꽂혀 있었다. 그 후 태기가 있어 아들을 낳았다.

15세가 되자, 스스로 견훤이라 하였다. 경복(景福)[109] 원년 임자년(892)에 이르러 왕이라 일컫고, 도읍을 완산군(完山郡)에 세웠다. 43년을 다스리다가 청태(淸泰)[110] 원년 갑오년(934)에 세 아들이 찬역하자, 견훤은 고려 태조에게 투항하였다. 그러자 그의 아들 금강(金剛)[111]이 즉위하였다.

천복(天福)[112] 원년 병신년(936)에 고려군과 일선군(一善郡)에서 싸워 후백제가 패하고 나라가 망하였다.

---

108) 《삼국사기》에는 '상주(尙州)'라 하였다.

109) 경복(景福) : 당나라 소종의 연호(892~893).

110) 청태(淸泰) : 후당 폐제 이종가의 연호.

111) 신검의 잘못이다. 신검의 반역으로 태자로 지명된 금강은 피살되어 즉위하지 못했다.

112) 천복(天福) : 후진(後晉) 고조의 연호(936~942).

처음 견훤이 태어나 포대기에 싸여 있을 때, 그의 아버지가 들에서 농사일을 하고, 그 어머니는 점심을 들에 갖다주려고 아기를 숲에 뉘어 두었더니 호랑이가 와서 젖을 먹였다. 마을 사람들이 이 소식을 듣고 이상히 여겼다. 그가 장성하자 모습이 웅장하고, 뜻이 크고 기개가 출중하여 범상치 않았다. 그는 군인이 되어 서울로 들어가 서남쪽 해안을 지키면서 창을 베고 누워 적을 기다렸다. 그의 기개가 항상 사졸을 앞섰으며, 공을 세워 비장이 되었다.

당의 소종(昭宗) 경복(景福) 원년(892)은 신라 진성왕이 재위한 지 6년째 되는 해인데, 총애하는 측근 환관들이 은밀히 국권을 농락하므로 기강이 해이해졌다. 더욱이 흉년이 들어 백성들이 떠돌고 도적들이 봉기하였다. 이때 견훤이 몰래 모반할 뜻이 있어 무리를 모아 서울 서남쪽 고을을 치니, 가는 곳마다 빨리 호응하여 한 달 안팎에 5천 명의 무리가 모였다. 드디어 무진주(武珍州)를 습격하고 스스로 왕이 되었으나, 망설이다가 감히 공공연하게 왕이라 칭하지 못하고 스스로 서명하여 '신라서면남도통행전주자사 겸 어사중승상주국한남국개국공(新羅西面南都統行全州刺史兼御史中承上柱國漢南國開國公)'이라 하였다. 그 해가 용기(龍紀)[113] 원년 기유년(889)이다. 일설에는 경복 원년 임자년(892)이라고도 한다.

이 때 북원(北原)의 도적 양길(良吉)의 세력이 강성하니, 궁예(弓裔)가 스스로 투항해 휘하가 되었다는 말을 견훤이 듣고 양길에게 벼슬을 주어 비장으로 삼았다. 견훤이 서쪽으로 순행하여 완산주에 이르니, 주위 백성들이 맞아 위로하는 것을 보고, 민심을 얻은 것을 기뻐하여 사람들에게 말하였다.

"백제가 개국한 지 6백여 년 만에 당나라 고종이 신라의 청으로 장군 소정방을 보내어 수군 13만을 보내고, 신라에서는 김유신이 황산을 넘어 당나라 군사와 합세하여 백제를 멸망시켰다. 그러하니 내 어찌 이제 도읍을 세워 묵은 원한을 씻지 않을 수 있겠는가?"

마침내 스스로 백제왕이라 일컫고, 관제를 세우고 직무를 분장시켰다. 이 때가 당나라 광화(光化) 3년(900)이요, 신라 효공왕(孝恭王) 4년이었다.

정명(貞明)[114] 4년 무인년(918) 철원경(鐵原京)의 민심이 갑자기 변하여

---

113) 용기(龍紀) : 당나라 소종의 연호(892~893). 원문에는 '紀'가 '化'로 되어 있다.

114) 정명(貞明) : 후량(後梁) 말제(末帝)의 연호(915~921).

우리 고려 태조를 추대하여 즉위하였다. 견훤은 이 소식을 듣고 사신을 보내
축하하고 공작 부채와 지리산 화살 등을 바쳤다. 우리 태조에게 겉으로는 화
친하나 속으로는 시기하면서도 태조에게 총마(驄馬 : ^{갈기와 꼬리가} _{파르스름한 흰말})를 바쳤다. 후
당 장종(莊宗) 3년 10월에는 견훤이 기병 3천 명을 거느리고 조물성(曹物
城 : ^{지금은} _{알 수 없다})에 이르렀다. 태조도 역시 정병으로 겨루었으나, 견훤의 군사도
정예병이라 승부의 판결이 나지 않았다. 태조가 임시방편으로 거짓 화친하
여 견훤의 군사들이 피로해지기를 기다리려 글을 보내 화친하기를 청하고,
왕의 아우 왕신(王信)을 볼모로 보냈다. 견훤도 생질 진호(眞虎)를 볼모로
보냈다.

12월에 (견훤은) 거서(居西 : ^{지금은} _{알 수 없다}) 등 20여 성을 공격하여 빼앗고, 후당
(後唐)에 사신을 보내 번신(藩臣)이라 칭하니, 후당에서는 검교태위겸시중
판백제군사(檢校太尉兼侍中判百濟軍事)로 책봉하여 예전대로 도독행전주자
사해동사면도통 지휘병마판치등사백제왕(都督行全州刺史海東四面都統指揮兵
馬判置等事百濟王)이라 인정하고 식읍을 2천 5백 호로 하였다.

동광 4년에 진호가 갑자기 죽었으므로, 견훤은 고의로 죽인 것이 아닌가
의심하여 왕신을 가두고, 사람을 시켜 전에 보낸 총마를 돌려 달라고 청하였
다. 태조가 웃고 돌려보냈다.

천성(天成)[115] 2년 정해년(927) 9월에 견훤이 근품성(近品城 : ^{지금의 산양현} _(山陽縣))을
공격하여 불살라 버렸다. 이에 신라왕이 고려 태조에게 구원을 청하여, 태조
가 출군하려 하니 견훤이 고울부(高鬱府 : ^{지금} _{울주})를 습격하여 빼앗고, 족시림
(族始林 : ^{계림의 서쪽} _{이라고도 한다})에 진군하였다가 갑자기 신라의 왕도로 들어가니, 신라 왕
은 이때 왕비와 함께 포석정에 놀이 나가 있을 때였다. 이로 인해서 신라는
크게 패하였다. 견훤은 신라의 왕비를 끌어다 욕보이고, 왕의 친척 족제(族
弟) 김부(金傅)로 왕을 삼은 후에 신라 왕의 아우 효렴(孝廉)과 재상 영경
(英景)을 사로잡았다. 또 신라의 모든 보물과 병기, 그리고 자녀와 백공의
기술 있는 자를 데리고 돌아왔다.

고려 태조는 기병 5천 명으로 공산(公山) 밑에서 견훤을 맞아 대전하였으
나, 태조의 장수 김락(金樂)과 신숭겸(申崇謙)[116]이 죽고 모든 군사들이 패

---

115) 천성(天成) : 후당 명종의 연호(926~930).

배하였다. 태조는 간신히 몸만 빠져 나와 다시는 대적하지 못하고, 죄악을 범하도록 내버려 두었다.

견훤은 이긴 여세로 방향을 돌려 대목성(大木城 : 지금의 약목(若木))·경산부(京山府)·강주(康州)를 탈취하고 부곡성(缶谷城)을 치니, 의성부(義成府)의 태수 홍술(洪述)이 견훤을 맞아 싸우다 죽었다. 태조가 이 소식을 듣고는 "나의 오른손을 잃었구나" 하였다.

42년 경인년(930)에 견훤은 고창군(古昌郡 : 지금의 안동(安東))을 치려고 군사를 크게 일으켜 석산(石山)에 영채를 세웠다. 태조는 백 보를 사이해서 군의 북쪽 병산(甁山)에 영채를 세웠다. 여러 차례의 싸움에 견훤을 패배시키고 그의 시랑 김악(金渥)을 사로잡았다. 다음 날 견훤이 군사를 수습하여 순주성(順州城)을 엄습하니 성주 원봉(元逢)이 막을 수 없자, 성을 버리고 밤에 도망하였다. 이에 태조가 크게 노하여 순주성의 급수를 떨어뜨려 하지현(下枝縣 : 지금의 풍산현(豊山縣)이나 원봉이 원래 순주성 사람이었기 때문에 순주성이라 했다)을 만들었다.

신라의 임금과 신하들이 나라가 쇠약하여 다시 일어나기 어렵다 하여 우리 태조를 끌어들여 우의를 맺고 후원을 얻으려 하였다. 견훤이 그 소식을 듣고 다시 왕도로 들어가 악행을 저지르고 싶으나, 태조가 먼저 들어갈까 염려되어 태조에게 글을 보내 말하였다.

"지난번 (신라의) 재상 김웅렴(金雄廉) 등이 족하(足下)를 서울로 불러들이고자 했던 것은 마치 작은 자라〔고려〕가 큰 자라〔신라〕의 소리에 응하고 메추라기〔태조〕가 매〔견훤〕의 날개를 찢는 듯하니 반드시 백성들을 도탄에 빠뜨리고, 종묘사직을 폐허로 만들 것이오. 그러므로 내가 먼저 '조적(祖逖)의 채찍'[117]을 잡고 '한금호(韓禽虎)의 도끼'를 휘둘러 백관들에게 해로써 맹세하고, 6부(六部)에 의로운 충고로 회유하였소. 뜻밖에 간신은 도망하고 임금(경애왕)이 죽었으므로, 하는 수 없이 경명왕의 외종제[118]이고 헌강왕의 외손자를 받들어 임금 자리에 나아가게 하였소. 그래서 위태한 나라를 다시

---

116) 김락(金樂)과 신숭겸(申崇謙) : 두 사람 다 고려 개국공신. 신숭겸은 왕건과 옷을 바꿔 입고 왕건을 탈출시키고 자신은 전사하였다.

117) 조적의 채찍 : 조생지편(祖生之鞭) 즉 남보다 일을 먼저 착수한다는 뜻.

118) 경순왕을 말한다.

세우고 잃은 임금을 다시 잇게 했음에도 족하는 충고한 것은 살피지 않고 유언비어만 듣고서 여러 가지로 엿보며 침노하였으나, 아직까지 나의 말머리도 못 보고 쇠털 하나도 뽑지 못하였소. 초겨울에는 도(都)의 우두머리인 색상(索湘)이 성산진(星山陣)에서 항복하였고, 좌장군 김락이 미리사(美利寺) 앞에서 뼈를 드러내어 죽었소. 죽인 사람도 많지만 사로잡은 자도 적지 않소. 강약이 이러하니 승패는 가히 알 만한 일이고, 내가 기약하는 것은 평양의 누각에 활을 걸어놓고 말에게 대동강 물을 먹이려는 것 뿐이오.

그러나 지난 달 7일에 오월국(吳越國) 사신 반상서(班尙書)가 와서 오월왕의 조지(詔旨)를 전하는데 '경은 고려와 오래도록 화친을 하여 함께 이웃 나라로서의 맹약을 맺은 줄 알았더니, 요사이 쌍방의 볼모가 죽은 일로 해서 화친한 옛 우정을 잃고, 서로 국경을 침범하여 싸움이 멎지 않고 있으므로 이번에 사신을 경의 본도로 보내고 또한 고려에도 글을 보내니, 마땅히 서로 친하여 길이 미덕을 누리게 하려는 것이다'라고 하였소. 나는 왕을 존경하는 의리를 독실히 하고, 큰나라 섬기는 정을 깊이하여 조지의 타이름을 듣고 즉시 공손히 받들고자 하오. 다만 족하가 그만두고 싶어도 그만두지 못하고, 곤경하면서도 오히려 싸우려 들지나 않을까 염려하여 이제 조서를 적어 보내니, 청컨대 마음으로써 자세히 살펴보기를 바라오. 또한 토끼와 사냥개가 서로 지치면 마침내 반드시 조롱거리가 될 것이고, 조개와 도요새가 서로 버티면 역시 웃음거리가 될 것이니, 마땅히 혼미한 생각을 돌리고 경계하여 후회가 되는 일을 스스로 초래하지 마시오."

천성 3년 정월, 태조는 답서하였다.

"엎드려 오월국의 통화사(通和使) 반상서가 전하는 조지 한 통과, 족하가 보낸 긴 사연을 받았소. 화려한 수레를 타고 온 (오월국의) 선량한 사신이 조서를 받들고 와 좋은 소식을 듣고, 가름침을 받았소. 우의의 권고를 받고 감격은 더하나, 편지를 보고 의혹을 떨쳐버릴 수가 없소. 이제 돌아가는 수레편에 부탁하여 나의 불안한 마음을 펼쳐 보낼까 하오.

나는 위로 천명을 받들고, 아래로는 사람들의 추대를 받았으며, 외람되이 장수의 권한을 갖고 천하를 경영할 기회를 얻었소. 지난번 삼한이 액운을 만났고, 온 나라가 황폐해졌으며, 백성들이 황건적(黃巾賊)[119]에게 예속되고, 전답은 황폐하여 적토(赤土 : ^{황량한}_땅)가 되지 않은 것이 없소. 전란의 소란을 멈추고, 국가의 재앙이나 구할까 하여 스스로 선린의 우호를 맺었더니, 과연 수천 리의 농민이 일을 즐기고, 군사들은 7, 8년간 편안히 잠을 자게 되었소. 그러다가 계유년 10월에는 갑자기 일이 터져 교전하기에 이르렀는데, 족하가 상대를 얕보아 달려드니, 마치 사마귀가 두 팔을 벌리고 수레를 막는 듯하였소. 마침내 어려움을 알고 용퇴하였으니 마치 모기가 태산을 진 것 같았소. 두 손 맞잡고 공손하게 하늘에 맹세하여 '오늘 이후로는 길이 화친하자 하였고, 혹시라도 맹세를 어기면 신(神)이 죽일 것이오' 하였소.

　이에 나 역시 전쟁을 하지 않는 무(武)를 숭상하고, 살생 않는 어질 인(仁)을 기약하여 포위를 해체하고 지친 군사를 쉬게 하며, 볼모를 마다 않고 다만 백성을 편안하게 하려 했소. 이것이 곧 남쪽〔후백제〕백성들에게 나의 큰 덕을 베푼 것이오. 그러나 입술에 바른 피가 마르기도 전에 흉악한 위세를 다시 부려 벌과 전갈의 독기가 백성들을 침해하고 호랑이와 이리같은 광증이 서울 근교를 막아 금성(金城)이 궁핍하게 되고 궁궐까지 놀라 떨게 하였으니 정의로써 지켜 주실(周室)을 높이는 데에 누가 제환공(齊桓公)이나 진문공(晉文公)의 패도(霸圖)와 같겠소? 기회를 틈타 한(漢)나라를 도모한 것은 오직 왕망(王莽)과 동탁(董卓)120)의 간계가 아닌가 하오. 그러므로 지존한 군왕으로서 그대를 굽히어 족하라 일컫게 하여 존비의 질서를 잃었으니, 상하가 함께 근심하여 '원보(元輔) 같은 충순한 재상이 아니면 어떻게 사직을 편안케 하겠는가'라고 하였소. 나는 악한 마음이 없고, 왕을 높이는 뜻이 간절하여 조정을 구원해 나라의 위태로움에서 구하여 보호하고자 했소. 그런데 족하는 극히 작은 이익만 보고, 하늘 같은 은혜를 잊어 임금을 죽이고 궁궐을 불살라 신하들을 죽이고 백성들을 죽였으며, 궁녀들을 데려다가 수레에 싣고, 보물을 약탈하여 가져가니 그 흉악함이 걸·주(桀紂)보다 더하고 어질지 못함은 어미를 잡아먹는다는 경(獍)과 올빼미〔土梟〕보다 심하오.

　나는 하늘이 무너진 원통함이 극에 이르고, 해를 뒤로 돌린 깊은 정성121)

---

119) 황건적(黃巾賊) : 후한 말엽 장각(張角)이 이끈 머리에 누런 두건을 두른 도적떼.

120) 왕망(王莽)과 동탁(董卓) : 두 사람 다 전한 말과 후한 말에 반역을 꾀한 자들.

121) 노양공(魯陽公)이 전쟁할 때 창을 휘둘러 해를 뒤로 돌려 놓았다 한다.

으로 매가 새를 채듯 견마(犬馬)의 수고로움을 펴기로 약속하여 다시 무기를 든 지 두 해가 지났소. 뭍에서 공격할 때는 범을 때려잡는 용맹으로 용같이 날뛰어 움직이면 성공했고, 시작하여 헛됨이 없었소.

윤경(尹卿)을 해안에서 쫓으니 갑옷이 산처럼 쌓였고, 추조(鄒造)를 성 주변에서 사로잡을 때는 엎어진 시체가 들판을 덮었소. 연산군(燕山郡) 경계에서 길환(吉奐)을 베었고, 마리성(馬利城 : ^{이산군(伊山郡)} 인가 한다)에서는 수오(隨晤)를 깃발 아래에서 죽였소. 임존성(任存城 : ^{지금의} 대흥군(大興郡))을 쳐서 빼앗던 날에 형적(刑積) 등 수백 명이 목숨을 잃었고, 청천현(淸川縣 : ^{상주 진내현} 의 이름)을 격파할 때는 직심(直心) 등 4, 5명의 무리가 머리를 바쳤소. 동수(桐藪 : ^{지금의} 동화사(桐華寺))에서는 깃발만 보고도 도망쳤고, 경산(京山)은 구슬을 머금고 투항했소. 강주(康州)는 남쪽에서 와 귀순했고, 나부(羅府)는 서쪽에서 와 소속되었소.

침공이 이러했으니 어찌 수복할 날이 더디겠소? 반드시 지수(泜水)의 영 중에서 장이(張耳)[122]의 천 년 한을 씻고, 오강(烏江)[123]의 언덕에서 한왕(漢王)이 이룬 한 차례의 승전한 마음으로, 마침내 풍파가 그치고 영원히 천하를 맑게 할 것이오. 이는 하늘이 도울 것인데 천명이 어디로 가겠소? 더욱이 오월 왕 전하의 덕은 먼 곳 사람들을 포용하기에 충분하고, 그 어짐이 작은 나라까지 감싸주어 대궐에서 명령하여 청구(靑丘)[124]에서 전쟁이 없게 회유한 것이거늘, 이미 가르침을 받고서 감히 받들지 않겠는소? 만약 족하가 공손히 조지를 받들어 흉기를 모두 거두면 오월국의 어진 은택에 부합할 뿐 아니라 해동의 끊긴 실마리를 이을 수 있으되, 만일 허물을 고치지 않으면 후회가 막급하리니 어찌하겠소? (^{이 글은 최치원이} 지은 것이다)."

장흥(長興)[125] 3년(932)에, 견훤의 신하 공직(龔直)이 용맹하고 지략이 있었는데 태조에게 투항하였다. 견훤은 공직의 두 아들과 딸 하나를 잡아다 부젓가락으로 다리 힘줄을 지져 끊었다. 가을 9월에, 견훤은 일길(一吉)을

---

122) 장이(張耳) : 초한 때 사람, 처음에 조나라 재상으로 있었으나 진여(陳餘)와의 갈등으로 한나라로 달아났다. 후에 한신과 함께 조나라를 공격하여 진여를 죽였다.

123) 오강(烏江) : 유방(고조)에게 패한 항우가 이 강에서 자결하였다.

124) 청구(靑丘) : 중국에서 동방, 즉 우리나라.

125) 장흥(長興) : 후당 명종의 연호(930~933).

보내 수군으로 고려 예성강에 들어가 3일을 머물면서 염주(鹽州)·백주(白州)·정주(貞州) 3주의 배 1백 척을 몰아 불사르고 돌아갔다.

청태(淸泰) 원년 갑오년(934)에 견훤은 태조가 운주(運州 : ^{자세하지}않다)에 주둔하였다는 말을 듣고 갑옷 입은 군사를 선발하여 아침 일찍 식사를 하고 갔는데 영루에 도착하기도 전에 고려 장군 유금필(庾黔弼)이 강한 기병으로 공격하여 3천여 명의 목을 베니, 웅진 이북 30여 성이 소문을 듣고 자진하여 항복하였다. 견훤의 휘하에 있던 술사 종훈(宗訓), 의원 지겸(之謙), 용장 상봉(尚逢)·최필(崔弼) 등도 태조에게 항복하였다.

병신년(936) 정월, 견훤이 아들들에게 말하였다.

"늙은 아비가 신라의 말년에 후백제를 세워 이제 여러 해가 되었다. 병력이 북쪽 고려군보다 배나 많은 데도 오히려 불리하니, 아마도 하늘이 고려를 돕는 것 같다. 그러니 어찌 북쪽 왕(왕건)에게 귀순하여 목숨을 보전하지 않겠느냐?"

아들 신검(神劍)·용검(龍劍)·양검(良劍) 등 셋이 모두 응하지 않았다.

《이제가기》에는 이렇게 나와 있다.

견훤에게는 자식이 아홉이 있었는데, 맏아들은 신검(神劍 : ^{견성(甄成)}이라고도 한다)이요, 둘째아들은 태사 겸뇌(謙腦), 세째아들은 좌승 용술(龍述), 넷째아들은 태사 총지(聰智), 다섯째아들은 대아간 종우(宗祐), 여섯째아들은 궐(闕), 일곱째아들은 좌승 위흥(位興), 여덟째아들은 태사 청구(靑丘)요, 딸 하나가 국대부인(國大夫人)이니, 이들은 모두 상원부인(上院夫人)의 소생이다.

견훤은 처첩이 많고 아들이 10여 명이 되나, 넷째아들 금강(金剛)은 키가 크고 지략이 많으므로 견훤이 특별히 사랑하여 왕위를 물려줄 뜻이 있었다. 그 형 신검·양검·용검이 이를 알고 걱정하고 고민했다. 이때 양검은 강주도독(康州都督), 용검은 무주도독(武州都督)으로 있었고, 신검만이 견훤의 곁에 있었다.

이찬 능환(能奐)[126]이 사람을 보내 강주, 무주에 가서 양검 등과 반란을 모의하였다. 청태 2년 을미년(935) 봄 3월, 영순(英順) 등과 함께 신검에게

---

126) 능환(能奐) : 반란 주모자. 능환을 비롯 40여 명의 반란 주도 세력은 완산의 호족 출신. 신검은 반란 8개월 만에 보위에 올랐다.

권하여 견훤을 금산사(金山寺)에 가두고 사람을 시켜 금강을 죽였다. 그 후 신검이 자칭 대왕이라 하고, 경내에 특사령을 내렸다.

애당초, 견훤이 침실에서 아직 자고 있을 때에, 저 멀리 궁 안에서의 함성 소리를 듣고 무엇이냐고 물으니, 신검이 그의 아버지에게 말하였다.

"대왕께서 연만하시어 국정에 어두우므로 맏아들 신검이 부왕을 대신해 정사를 돌보게 되니 제장들이 기뻐서 경하하는 소리입니다."

얼마 후 아비를 금산사로 옮기고 파달(巴達) 등 장사 30명으로 지키게 하였다. 그때에 이런 동요가 있었다.

  가련한 완산(完山)아이
  아비 잃고 눈물 흘리네.

견훤은 후궁과 두 어린 남녀와 시비 고비녀(古比女), 나인 능예남(能乂男) 등과 함께 갇혀 있다가, 4월에 술을 빚어 수비병 30명을 취하게 하고, (다음 문장이 빠진 듯하다) (태조는) 소원보(小元甫) 향예(香乂)·오염(吳琰)·충질(忠質) 등에게 바닷길로 가서 그를 맞이하게 하였다. 고려에 도착하자 (태조는) 후한 예로 대접하고 견훤의 나이가 10년이 위이므로, 존호를 올려 상보(尙父)라 하고, 남궁(南宮)에 편히 머물도록 하였다. 양주(楊州)의 식읍과 전장(田莊 : 개인 소유지 논과 밭)을 주고, 노비 40명과 말 9필을 주었다. 먼저 투항해 와 있던 신강(信康)을 아전으로 삼았다.

견훤의 사위 장군 영규(英規)가 아내에게 몰래 말하였다.

"대왕이 40여 년을 수고하여 공업을 이루게 되었는데, 하루아침에 집안 사람의 불화로 나라를 잃고 고려로 갔으니, 정숙한 여인은 두 남편을 섬기지 않고, 충신은 두 임금을 섬기지 않는 것이오. 만일 내 임금을 버리고 반역한 신검을 섬긴다면 무슨 낯으로 천하의 의로은 선비를 만나겠소? 더욱이 고려 왕공은 인후하고 근검하여 민심을 얻었다 하니, 당초에 하늘이 계시를 준 것으로 반드시 삼한의 주군이 될 것이니, 어찌 글을 보내 우리 대왕을 위안시키고, 또 고려 왕에게 은근한 정을 보여 장래의 복을 도모하지 않겠소?"

아내가 말하였다.

"당신의 말씀이 바로 저의 뜻입니다."

이에 천복(天福) 원년 병신년(936) 2월에 태조에게 사람을 보내 그 뜻을 전하였다.

"청컨대 군왕께서 의로운 깃발을 올리면, 성 안에서 호응하여 왕의 군대를 맞이하겠습니다."

태조는 기뻐하며 사자에게 후히 상을 주고, 겸하여 영규에게 감사하는 회답하였다.

"만약 장군의 은의를 입어 하나로 합세하여 길이 막히지 않게 되면, 먼저 장군을 뵈옵고, 내당에 올라가 부인께 절하고, 형님과 누님으로 섬겨 후히 갚으리다. 이 말은 천지 귀신이 듣고 있소."

6월에, 견훤이 태조에게 말하였다.

"노신이 전하께 몸을 바친 것은, 전하의 위엄으로써 반역한 자식을 응징하고자 함이니, 바라건대 대왕께서는 신병(神兵)을 빌려 주시어 모반한 무리들을 섬멸하게 해주신다면 신은 비록 죽더라도 유한이 없겠습니다."

태조가 말하였다.

"토벌하지 않으려는 것이 아니라 때를 기다리고 있는 것이오."

이에 먼저 태자 무(武)와 장군 술희(述希)를 보내 보병과 기병 10만 명을 거느리고 천안부(天安府)로 달려가게 하였다.

가을 9월 태조는 친히 삼군을 거느리고 천안으로 가서 합세하여 일선(一善)으로 진군하여 머무르니, 신검이 군사로 막았다. 갑오일에 일리천(一利川)을 사이에 두고 대치했는데, 왕의 군대는 동북을 등지고 서남을 향하여 진을 쳤다. 태조가 견훤과 병사들을 사열하는데 홀연 칼과 창 같은 흰구름이 이쪽 진에서 일어 적군 쪽을 향해 가는지라, 이에 북을 치면서 진군하니, 후백제의 장군 효봉(孝奉)·덕술(德述)·애술(哀述)·명길(明吉) 등이 고려 군사의 형세가 정비됨을 보고, 무기를 버리고 진지 앞에 와서 항복했다. 태조가 그들을 위로해 주고 "장수가 어디 있느냐" 하고 물으니, 효봉 등이 말하였다.

"원수(元帥) 신검은 중군에 있습니다."

태조가 장군 공훤(公萱) 등에 명하여 삼군이 일제히 나아가 양쪽을 협공하니 백제군이 무너져 달아났다. 황산(黃山)의 탄현(炭峴)에 이르니, 신검이 두 동생과 장군 부달(富達), 능환(能奐) 등 40여 명이 항복하였다. 태조가 항복을 받아들이고 능환을 제하고는 모두 위로하여 처자를 거느리고 서울로 돌아가는 것을 허락하였다. 능환에게 물었다.

"처음에 양검과 밀의하여 대왕을 가두고 그 아들을 세운 것이 모두 너의 계책이었다 하니, 신하된 의리로서 그리 할 수 있는가?"

능환이 머리를 숙이고 말을 못했다. 태조는 명을 내려 죽이게 하였다. 그리고 신검이 왕위를 찬탈하기는 하였으나, 남의 협박에 의한 것이고 본심이 아니었으며, 또한 항복하고 죄를 빌었다 하여 특별히 죽음을 용서하였다. 그러자 견훤은 수심과 번민으로 등창이 나서 며칠 후 황산 불사에서 죽으니 9월 8일이었고, 그때 나이는 70세였다.

태조의 군령은 엄하고 분명하여 사졸들이 추호도 범하지 않으니 주현(州縣)이 안도하여 남녀노소가 모두 만세를 불렀다.

태조가 영규에게 말하였다.

"전 왕이 나라를 잃은 후에 그의 신하로서 한 사람도 위로하는 자가 없었는데, 경의 부처만이 천리 먼곳에 소식을 끊지 않고 성의를 베풀었으며, 겸해서 과인에게도 미덕을 보여 주었으니 그 의리를 잊을 수 없다."

(태조는 영규에게) 좌승의 벼슬을 내리고, 밭 1천 경을 주며, 역마 35필을 빌려 주어 식구들을 맞아오게 하였으며, 두 아들에게도 벼슬을 내렸다.

견훤은 당나라 경복 원년(892)에 일어나 천복 원년(936)에 이르기까지 45년 만인 병신년에 멸망하였다.

사론(史論)에서 이렇게 말하였다.

신라는 운수가 다하고 무도하여 하늘이 돕지 않았으므로, 백성들이 돌아갈 곳이 없었다. 그 틈을 타 도적들이 마치 고슴도치 털같이 일어났다. 그 중에서도 가장 세력이 강한 자는 궁예와 견훤 두 사람뿐이었다.

궁예는 본래 신라의 왕자로서 반란을 일으켜 나라를 원수로 삼아, 칼로 조상의 화상(畵像)까지 찢었으니 그 어질지 못함이 심하였다. 견훤은 신라의 백성으로 일어나 신라의 녹을 먹으면서도 나쁜 마음을 품고 나라의 위기를 다행으로 여겨 도성을 침략하고 군신을 죽이기를 짐승잡듯 하였으며 실로 천하의 원흉이었다.

그런 까닭에 궁예는 그 신하에게 버림받고, 견훤은 그 아들에게 화를 받았으니, 모두 자초한 것이니 누구를 책망하겠는가! 항우와 이밀(李密)[127] 같은 재주로도 한(漢)나라와 당(唐)나라가 흥함을 대적하지 못했거늘 하물며 궁예와 견훤같이 흉악한 사람으로 어찌 우리 고려 태조와 대항할 수 있겠는 가.

가락국기[128] (駕洛國記 : 문종조(文宗朝) 대강(大康) 연간에 금관지주사(金官知州事) 였던 문인이 지은 것으로, 여기에 간략하게 전재한다)

천지가 개벽한 뒤로 이 땅에 아직 나라의 이름이 없었으며, 또한 군신의 칭호도 없었다. 이때 아도간(我刀干)·여도간(汝刀干)·피도간(彼刀干)·오도간(五刀干)·유수간(留水干)·유천간(留天干)·신천간(神天干)·오천간(五天干)·신귀간(神鬼干) 등 9간이 있었다. 이들 추장이 백성들을 통솔하였으니, 1백 호[129]에 7만 5천 명이었다. 대부분 산이나 들에 모여 살았고 우물을 파서 마시고 밭을 일궈 먹었다.

마침 후한의 세조 광무제 건무(建武) 18년 임인년(42) 3월 계욕일(禊浴日)[130]에 북쪽 구지봉(龜旨峯 : 이것은 산봉우리의 이름인데 십붕(十朋)이 엎드린 형태이므로 이름한 것이다)[131]에서 이상한 소리가 나는데 마치 사람들을 부르는 것 같았다. 그래서 군중 2, 3백 명이 모여들었다. 사람 소리 같으나 모습은 보이지 않고 소리만 들렸다.

"여기에 사람이 있느냐?"

9간 등이 대답하였다.

"우리들이 있습니다."

---

127) 이밀(李密) : 중국 수나라 말 때의 사람. 이연(李淵)이 당나라를 일으켰을 때 최대의 반란 집단이었으며, 후에 항복했다가 대우에 불만을 품고 모반을 꾀하다 살해되었다.

128) 가락국기(駕洛國記) : 고려 문종(文宗) 후반의 한 문인이 편찬한 것을 일연이 줄여 쓴 것. '가락'은 가야(伽耶, 加耶), 가라(加羅)라고도 한다.

129) 호(戶) : 마을이나 씨족 집단.

130) 계욕일(禊浴日) : 부정(不淨)을 씻기 위해 목욕 재계하는 날. 보통 음력 3월 3일 행하는 것을 춘계, 7월 14일 행하는 것을 추계라 한다.

131) 구지봉(龜旨峯) : 경남 김해시 소재. 가락국의 시조 수로왕이 태어난 곳. 산꼭대기에 거북과 알 여섯 개가 원형을 이루고 있다.

또 소리가 들려왔다.

"내가 있는 데가 어디냐?"

"구지봉입니다." 또 소리가 들려왔다.

"하늘이 내게 명하여 이곳에 내려와 새로운 나라를 세우고 임금이 되라 하시므로 내가 일부러 여기에 왔으니, 너희들은 이 봉우리의 흙을 파 모으면서 '거북아, 거북아, 머리를 내밀어라. 내밀지 아니하면 구워 먹으리라.'[132] 하고 노래하고 춤을 추면, 대왕을 맞이하면서 기뻐 춤추는 것이 되리라."

9간 등이 그 말대로 즐거이 노래하며 춤추다가 얼마 후 하늘을 우러러보니 하늘에서 자주색 줄이 늘어져 땅에까지 닿았다. 줄 끝을 찾아보니 붉은 보자기로 싼 금합(金合)[133]이 있었다. 그것을 열어 보니 태양처럼 둥근 황금빛의 알이 여섯 개가 들어 있었다.

사람들이 모두 놀라 기뻐하며 백 번 절하고, 금합을 다시 싸서 아도간의 집으로 가져와, 걸상 위에 모셔 두고 모두 해산했다.

12일쯤 지난 다음 날 동틀 무렵 무리들이 다시 모여 합을 열어 보니, 알 여섯 개가 모두 어린아이로 변해 있었는데, 용모가 아름다웠다. 곧 그들을 평상에 앉히고 절하며 축하하고 정성을 다하여 공경하였다. 나날이 자라서 10여 일이 지나자, 신장이 9자나 되어 은나라의 탕왕(湯王) 같고, 얼굴은 용과 같은 것이 한나라의 고조 같고, 눈썹의 여덟 가지 빛은 요임금 같고, 눈동자가 겹으로 된 것은 순임금과 같았다.

그 달 보름에 즉위하였고, 처음 나타났다 하여 이름을 수로(首露) 혹은 수릉(首陵 : 즉 죽은 뒤의 시호이다)이라 하고, 국호를 대가락(大駕洛) 또는 가야국(伽耶國)이라 했으니, 즉 6가야 중의 하나이다. 남은 다섯 사람도 각각 돌아가 5가야의 임금이 되었다.

동쪽은 황산강(黃山江), 서남쪽은 창해(滄海), 서북쪽은 지리산(地理山), 북쪽은 가야산(伽耶山), 남쪽은 나라의 끝이 되었다. 그는 가궁(假宮)을 짓게 하고 들어가 다스렸는데, 질박하고 검소함을 주로 하여 지붕의 이엉 끝을

---

132) 구지가(龜旨歌) : 가락국 추장들이 구지봉에 모여 김수로왕을 맞이하려 노래했다는 주문(呪文). 우리 나라 원시 시가(詩歌). 무가(巫歌)의 하나.

133) 금합(金合) : 곡식을 보관하는 상자.

고르게 자르지도 않았으며, 흙으로 쌓은 계단은 3자를 넘지 않았다.

즉위 2년 계묘년(43) 봄 정월, 왕이 말하였다.

"짐이 도읍을 정하려 한다."

곧 가궁의 남쪽 신답평(新畓坪 : 여기는 예부터 한전(閑田)이었던 것을 새로 경작한다 하여 붙인 이름이다. 畓字는 속자)에 행차하여 사방의 산악을 바라보고, 주위 사람들을 둘러보면서 말하였다.

"여기는 땅이 협소하여 여뀌잎같이 좁으나, 아름다워 16나한(羅漢)[134]이 거주할 만한 곳이다. 더구나 하나에서 셋이 되고 셋에서 일곱이 되니 칠성(七聖)[135]의 거주지로도 여기가 합당하다. 그러니 이곳에 의탁하여 강토를 넓히는 것이 참으로 좋지 않겠는가?"

그래서 1천 5백 보의 둘레에 나성(羅城)을 쌓고, 궁궐, 전당(殿堂) 및 여러 관청, 무기 창고와 곡식 창고 지을 곳을 두루 정하고 환궁하였다. 국내의 장정 공장(工匠)을 두루 징발하여 그 달 20일 시작하여 3월 10일에 성역(城役)을 마쳤다. 궁궐과 사옥은 농한기를 기다려 짓기로 하여 그 해 10월에 시작하여 갑진 2월에 낙성하였다. 길일을 택하여 새 궁전으로 들어가 모든 정사(政事)를 다스리고 여러 가지 많은 일에 힘썼다.

이때 완하국(琓夏國) 함달왕(含達王)의 부인이 갑자기 태기가 있어 달이 차서 알을 낳았는데, 알이 변하여 사람이 되니 이름을 탈해(脫解)라 하였다. 탈해가 바다를 따라 가락국으로 왔는데, 신장은 석 자고 머리의 둘레는 한 자나 되었다. 혼연히 대궐로 들어와서 수로왕에게 말하였다.

"내가 왕위를 빼앗고자 한다."

수로왕이 대답하였다.

"하늘이 나에게 명하여 즉위한 것이다. 장차 나라를 편히 하고 백성을 복되게 하려는 것이니 감히 천명을 어겨 이 자리를 너에게 줄 수 없다. 또한 감히 내 나라 백성을 너에게 맡길 수도 없다."

탈해가 말하였다.

---

134) 나한(羅漢) : 아라한(阿羅漢). 소승불교 수행자 가운데 학문과 덕행이 가장 높은 성자(聖者).

135) 칠성(七聖) : 정지(正智)로써 진리를 조견한 사람. 수신행(隨信行)·수법행(隨法行)·신해(信解)·견지(見至)·신증(身證)·혜해탈(慧解脫)·구해탈(俱解脫)을 말한다.

"그렇다면 술법으로 겨루어 보는 것이 좋겠다."

수로왕도 "좋다" 하였다.

그래서 잠깐 사이에 탈해가 매로 변하면 왕은 독수리가 되고, 탈해가 참새로 변하면 왕은 새매가 되었는데, 그러는 시각은 아주 짧은 시간에 지나지 않았다. 탈해가 본신으로 돌아가니, 왕도 원래의 모습으로 돌아왔다. 탈해가 이에 항복하며 말하였다.

"제가 술법을 겨루는 자리에서 매가 독수리에게, 참새가 매에게 죽을 것을 면했으니, 이것은 성인이 저의 죽음을 원치 않는 인자하심 때문이 아니겠습니까? 제가 왕위를 다투는 것은 참으로 어려운 일입니다."

탈해는 곧 하직하고 나갔다. 그리고는 서울 변두리에 있는 나루로 가서 중국 배가 오가는 수로를 따라 떠났다. 왕은 탈해가 머물면서 모반을 꾸밀까 염려하여 급히 병선 5백 척을 동원하여 뒤쫓았으나, 탈해가 계림 국경으로 들어가므로 수군이 그대로 돌아왔다. 그러나 이 일에 관한 기록은 신라의 것과 많이 다르다.

건무(建武) 24년 무신년(48) 7월 27일에, 9간 등이 조회하며 왕에게 아뢰었다.

"대왕께서 내려오신 이래 아직까지 좋은 배필을 얻지 못하셨으니, 청컨대 신들의 딸들 중에 훌륭한 처녀를 가려서 궁중으로 데려와 아내로 삼으소서."

왕이 말하였다.

"짐이 이 땅에 내려온 것은 하늘의 명이니, 왕후가 될 사람도 역시 하늘에서 명할 것이니 경들은 염려하지 말라."

그리고 유천간에게 가벼운 배와 준마를 가지고 망산도(望山島)에 가서 기다리라 명하고, 다시 신귀간에게 명하여 승점(乘岾 : 망산도는 서울 남쪽의 섬이고, 승점은 연하(輦下)의 나라다)으로 가게 하였다. 그때 홀연히 바다 서남쪽에서 붉은 돛단배 한 척이 붉은 깃발을 펄럭이며 북쪽을 향해 오는지라, 유천간 등이 먼저 망산도에서 횃불을 들어 주니, 배는 재빨리 육지 쪽으로 미끌어져 들어왔다. 신귀간 등이 이를 바라보고 곧 대궐로 달려가서 아뢰니, 왕이 기뻐하였다. 얼마 후 9간 등에게 목련으로 만든 키를 잡고 계수나무로 만든 노를 저어 그들을 맞이하게 하여 궁중으로 모시려 하였다. 왕후가 말하였다.

"그대들과 평소에 알지도 못하는데 어찌 감히 경술하게 따라가겠는가?"

유천간 등이 돌아가 왕후의 말을 그대로 아뢰니, 왕도 그렇다 여겨 유사를 데리고 나가, 대궐 밖 서남 60보쯤 되는 곳에 있는 산기슭에 장막을 치고 기다렸다. 왕후는 산 밖의 별진포(別津浦)에 배를 대고 상륙하여 높은 언덕에서 쉬면서 입었던 비단 바지를 벗어 그것을 폐백으로 산신령에게 바쳤다. 그때, 시종하는 잉신(媵臣)[136]으로 신보(申輔)와 조광(趙匡)이라는 두 사람이 있었고, 또 그 두 사람의 아내는 모정(慕貞)과 모량(慕良)이었으며, 또한 비복까지 헤아리면 20여 명이 되었다. 가지고 온 수놓은 비단, 두꺼운 비단과 얇은 비단, 의상, 필로 된 비단, 금은, 주옥, 아름다운 옥, 장신구, 유리 그릇 등은 이루 헤아릴 수가 없을 정도이다.

왕후가 수로왕이 있는 곳으로 가까이 오자 왕이 나아가 영접하여 함께 장막 궁전으로 들어가고, 신하 이하 여러 사람들은 뜰 아래에서 왕을 뵙고 물러갔다. 왕은 유사에게 잉신 부부들을 데려오도록 명하고 이렇게 말하였다.

"각각 편히 쉬게 하고, 노비들은 각각 한 방에 5, 6명씩 들게 하라."

그리고 좋은 음료와 향기 좋은 술을 내주고 좋은 잠자리에 재우고, 가지고 온 옷이나 비단, 보화는 군사들을 시켜 보호하게 하였다.

왕은 왕후와 함께 침전으로 들었다. 왕후가 조용히 왕에게 말하였다.

"신첩은 아유타국(阿踰陁國)[137] 공주인데, 성은 허씨(許氏)요, 이름은 황옥(黃玉)이며, 나이는 16세입니다. 본국에 있던 금년 5월, 부왕과 모후께서 저에게 이르시기를 '우리가 어제 밤 꿈에 똑같이 상제(上帝)를 보았다. 상제께서 말하기를 「가락국의 임금 수로는 하늘에서 내려보내 왕위를 얻은 신성한 사람이다. 또 새로 나라를 세우고 아직 배필을 정하지 못했으니 그대들은 모름지기 공주를 가락국으로 보내 수로왕의 배필로 삼게 하라」 하고 하늘로 올라갔다. 꿈을 깬 뒤에도 상제의 말씀이 귀에 선하니 너는 지금 곧 부모를 하직하고 그곳으로 떠나거라' 하셨습니다. 그리하여 신첩이 바다에서 배를 타고 신선이 먹는 대추를 찾고, 하늘에서 선계(仙界)의 복숭아를 좇고, 진수(蠙首 : ^{쌩쌩매미의 머리.
미인의 이마 비유})를 갖추어 황공하게도 용안을 가까이하게 되었습

---

136) 잉신(媵臣) : 시집갈 때 따라가 시종하는 신하.

137) 아유타국(阿踰陁國) : 《대당서역기》에 의하면, 그곳은 먹을 것이 풍족하고 풍속이 아름답고 사찰이 100여 곳, 3천 명의 승려가 있다고 한다. 타이의 옛 왕조 아유타야.

니다.”

왕이 대답하였다.

“짐이 나면서부터 자못 신성하여 공주가 멀리서 올 것을 미리 알았으므로 신하들이 왕비를 맞으라는 청이 있었지만 듣지 않았소. 이제 현숙한 용자가 몸소 오셨으니, 용렬한 이 몸이 다행이오.”

마침내 혼인을 하고 이틀밤과 하루 낮을 보낸 다음, 곧 왕후가 타고 온 배를 본국으로 돌려보냈는데, 뱃사공 등 15명에게는 각각 쌀 10석, 베 30필씩을 주어 보냈다.

8월 1일, 왕은 궁궐로 돌아올 때 왕후와 한 수레에 타고, 잉신 부부도 수레를 나란히 하고 왔다. 그리고 나머지 잡다한 물건들까지 모두 싣고 천천히 대궐로 돌아오니 벌써 정오가 되었다. 왕후는 중궁(中宮)에 거처하게 하고 칙령으로 잉신 부처와 노비에게는 한적한 집 두 채를 주어서 나누어 살게 하였다. 그 밖의 시종들은 20여 간 되는 객사 한 채를 주어 식구 수대로 편히 나누어 살게 하고, 날마다 일용품을 부러워할 정도로 풍성하게 공급하였다. 가지고 온 진기한 물건들은 내고에 보관하여 왕후의 비용으로 언제나 쓸 수 있게 하였다.

왕이 하루는 신하들에게 말하였다.

“9간 들은 모두 여러 벼슬아치의 우두머리들인데도 불구하고, 그 직위와 명칭이 모두 소인이나 농부들의 호칭이지 결코 높은 벼슬아치의 지위로서의 호칭이 아니오. 만일 외국 사람들이 들으면 부끄럽게도 웃음거리가 될 것이오.”

마침내 아도는 아궁(我躬), 여도는 여해(汝諧), 피도는 피장(彼藏) 오도는 오상(五常)으로 고치고, 유수와 유천의 첫자는 그대로 두고 아랫자를 고쳐서 유공(留功)과 유덕(留德)이라 하고, 신천은 신도(神道)로, 오천은 오능(五能)으로 고치고, 신귀는 음을 고치지 않고 훈만 고쳐서 신귀(臣貴)라 하였다. 계림(雞林)의 직제를 취하여 각간(角干)·아질간(阿叱干)·급간(級干)의 품계를 두고, 그 아래의 관료들은 주나라의 제도와 한나라의 제도로 나누어 정했다. 이것이 옛것을 새것으로 고치고, 관제를 두어 직책을 나누는 방법이 아니겠는가. 이에 수로왕은 나라를 다스리며 집을 정돈하여, 백성을 아들처럼 사랑하였다. 그 교화가 엄하지 않아도 위엄이 있고, 정사가 엄밀하지 않아도 잘 다스려졌다. 더구나 왕이 왕후와 함께 거처하는 것은 비유컨대 하늘에 땅이 있고, 해에 달이 있고, 양에 음이 있는 것 같았다. 그 공은 도산씨(塗山氏)가 하(夏)나라를 보필하고, [138] 당원(唐媛)[139]이 교씨(嬌氏)를 일으킨 것과 같다. 그 해의 꿈에 자주 곰이 나타나더니 태자 거등공(居登公)을 낳았다.

후한 영제(靈帝) 중평(中平) 6년 기사년(189) 3월 1일에 왕후가 죽으니 나이가 157세였다. 백성들이 땅이 무너지듯 탄식하며 구지봉 동북쪽 언덕에 장사지냈다. 백성들이 아들처럼 사랑하던 은혜를 잊지 못하여 왕후가 가락국에 와서 처음 배를 대었던 도두촌(渡頭村)을 주포촌(主浦村)이라 하고 비단 바지를 벗었던 언덕을 능현(綾峴)이라 하고, 붉은 깃발을 펄럭이며 들어온 해변을 기출변(旗出邊)이라 하였다.

잉신으로 따라온 천부경(泉府卿) 신보와 종정감(宗正監) 조광 등은 가락국에 온 지 30년 만에 각각 두 딸을 낳고, 그들 부부 모두 1, 2년 사이에 세상을 떠났다. 그 밖의 노비들은 온 지 7, 8년 사이에 소생도 없이 고국을 그리는 슬픔을 간직한 채 죽으니, 살던 빈관에는 사람이 없이 텅 비게 되었다.

왕은 외로운 베개에 의지하여 슬픈 탄식만 하다가 11년 지난 헌제 건안(建安)[140] 4년 기묘년(199) 3월 23일에 죽었으니, 나이가 158세였다. 백성들은 마치 부모를 잃은 것 같아 그 비통함은 왕후 때보다도 심했다. 곧 대궐의 동북쪽 평지에 높이가 1장(丈), 둘레가 3백 보 되는 빈궁(殯宮)을 지어서 장사지내고 수로왕묘(首露王廟)라 하였다. 대를 이은 아들 거등왕(居登王)에서 9대손 구형왕(仇衡王)에 이르도록 이 묘에 배향하였으니 매년 정월 3일과 7일, 5월 단오날, 8월 초닷새, 보름에 정결한 제사를 지냈는데 대대로 끊이지 않았다.

신라 제30대 법민왕 용삭(龍朔)[141] 원년 신유년(661) 3월 어느 날 왕이 조서를 내렸다.

---

138) 도산씨의 딸이 하나라 우임금에게 시집가서 도왔다.

139) 당원(唐媛) : 요임금의 딸. 아황·여영으로 순임금에게 시집가 교씨의 시조가 되었다.

140) 건안(建安) : 원문에는 입안(立安)으로 되어 있으나, 건안이 맞다.

141) 용삭(龍朔) : 당나라 고종의 연호(661~663).

"짐은 가야국 원군의 9대손이었던 구형왕이 이 나라에 항복할 때 데리고 온 아들이 세종(世宗)[142]이고, 그의 아들이 솔우공(率友公)[143]이고, 솔우공의 아들이 잡간 서운(庶云)이고, 또 그의 딸 문명황후(文明皇后)가 나를 낳았으니, 그러므로 원군은 나에게 15대 시조가 된다. 그가 다스리던 나라는 망했으나 사당은 아직 남아 있으니, 종묘에 합하여 제사를 계속 지내도록 하라."

곧 사자를 황폐해진 옛터로 보내 사당 가까운 가장 좋은 밭 30경(頃)으로 공양할 것으로 만들어 왕위전(王位田)이라 하고, 본토에 귀속시켰다. 수로왕의 17대손 급간 갱세(賡世)가 조정의 뜻을 받들어 그 제전(祭田)을 관장하고 매년 술을 빚고 떡과 밥, 과일 등 여러 가지 음식을 갖추어서 제사지내기를 그치지 아니하였다. 그 제삿날도 거등왕이 정했던 일년에 닷새를 그대로 지켜 향기높은 효로서의 제사가 지금 우리에게까지 있게 된 것이다.

거등왕이 즉위하던 기묘년부터 편방(便房)을 두어 구형왕의 말년까지 330년 동안은 이 사당의 제사가 어김이 없었으나, 구형왕이 왕위를 잃고, 나라를 버린 뒤부터 용삭 원년 신우년(661)까지의 60년 동안은 사당에 지내는 제사를 간혹 거르기도 하였다. 아! 아름답구나, 문무왕(법민왕의 시호)이여, 먼저 선조를 받들어 끊어졌던 제사를 효로써 다시 지내게 되었구나.

신라 말년에 잡간 충지(忠至)란 자가, 금관고성(金官高城)을 쳐서 빼앗아 성주장군(城主將軍)이 되었다. 또 아간 영규(英規)가 장군의 위엄을 빌려 사당을 빼앗아 부정한 귀신에게 제사를 지내더니 단오날을 맞아 제사를 지내는데 사당의 대들보가 까닭없이 떨어지며 치여 죽었다. 이에 성주장군이 말하였다.

"내가 오랜 인연으로 외람되이 성왕이 다스리던 국성(國城)의 제사를 받들게 되었으니 마땅히 내가 진영(眞影)을 그려 향과 등을 바쳐 신하된 은혜를 갚으리라."

그리고 비단 석 자에 진영을 그려 벽에 봉안하고 아침 저녁으로 촛불을 밝혀 지성으로 받들었더니 사흘 만에 진영의 두 눈에서 피눈물이 흘러 땅에 괸

---

142) 세종(世宗) : 노종(奴宗)인 듯하다.

143) 솔우공(率友公) : 졸지공(卒支公)으로도 되어 있다.

것이 거의 한 말이나 되었다. 이에 장군이 대단히 두려워하여 진영을 받들어 사당에 나아가 불살랐다.

곧 수로왕의 직손 규림(圭林)을 불러 말하였다.

"어제 불상사가 있었는데 어찌 이런 일이 거듭되는가? 이것은 사당의 위령(威靈)이 내가 영정을 그려 공양하는 것이 공손치 못하다 하여 진노한 것이다. 영규는 이미 죽었고, 나도 심히 두려워 영정을 불살랐으니, 반드시 천벌을 받을 것이다. 그대는 왕의 직계이니 마땅히 옛날처럼 제사지내는 것이 좋겠다."

그리하여 규림은 대를 이어 제사를 받들다가 88세에 죽고, 그의 아들 간원경(間元卿)이 계속 극진히 제사지냈다. 단오날 사당에 드리는 제사에, 영규의 아들 준필(俊必)이 또 발광하여 간원이 차려놓은 제물을 치우고 자기의 제물을 차려 제사지내면서 술을 세 번 올리는 의식을 채 마치기도 전에 갑작스럽게 병이 나 집으로 돌아가 죽었다.

옛사람의 말에 '부정한 귀신에 지내는 제사에는 복을 받지 못하고 도리어 재앙을 받는다' 하더니 전에는 영규가 그러했고, 후에는 준필이 그러했으니, 이들 부자를 두고 한 말이 아니겠는가.

또 도적이 사당에 금옥이 있다 하여 훔쳐가려 하였다. 도적들이 처음 사당에 왔을 때에는, 갑옷을 입고 투구를 쓰고 활에 화살을 메운 용사 한 사람이 나와 사방으로 빗발같이 쏘아 도적 7, 8명을 죽이므로, 도적들이 달아났다. 며칠 뒤 또다시 왔을 때에는 길이가 30여 척이나 되고 눈빛이 번개 같은 큰 뱀이 사당 옆에서 나와 도적 8, 9명을 물어 죽여, 살아 남은 자도 모두 엎어지며 흩어졌다. 그러므로 능원 안팎에는 반드시 신물(神物)이 있어 보호하는 것을 알겠다.

건안(建安) 4년 기묘년(199)에 사당을 지은 때부터 지금 임금(문종)이 등극한 지 31년인 대강(大康)[144] 2년 병진년(1078)까지 무릇 878년이 되었으나, 봉분의 흙이 손상되거나 허물어지지 않았고, 심은 나무도 시들거나 죽은 것이 없으며, 또한 쌓아 배열해 놓은 옥 조각들도 갈라지거나 무너지지 않았다. 이것으로 보아, 신체부(辛替否)의 말에 "자고로 지금까지 어찌 망하지

---

144) 대강(大康) : 요(遼)나라 도종의 연호(1075~1084).

않은 나라가 있으며, 허물어지지 않은 무덤이 있는가"라고 말했는데, 이 가락국이 옛날에 일찍이 망하였다는 것은 신체부가 한 말이 맞지만, 수로왕의 능묘가 허물어지지 않은 것은 신체부의 말이 다 믿을 만한 것이 못 됨을 알 수 있다.

또 즐거운 놀이로 수로왕을 사모하는 일이 있으니, 매년 7월 29일이 되면 지방민과 관리와 병사들이 승점(乘岾)에 올라서 장막을 치고 술과 음식을 차려 즐거이 놀았다. 이들은 동서로 바라보고, 건강한 사람들이 좌우로 갈려 망산도에서 육지까지 준마로 달리고, 뱃머리를 띄워 밀면서 북쪽의 고포를 향해 질주하였으니, 이는 대개 유천간, 신귀간 등이 황후가 오는 것을 보고, 급히 달려가 임금에게 알렸던 것을 본뜬 유속이다.

가락국이 망한 뒤로는 대대로 이곳에 대한 호칭이 같지 않았다. 신라 제 31대 정명왕(政明王 : 신문왕)이 즉위한 개요(開耀)[145] 원년 신사년(681)에는 금관경(金官京)이라 부르고 태수를 두었다. 259년 뒤 우리 태조가 통합한 뒤로는 대대로 임해현(臨海縣)이라 하고, 배안사(排岸使)를 설치하여 48년에 이르렀고, 다음에는 임해군이라 하기도 하고, 혹은 김해부(金海府)라고도 하였으며, 도호부를 두어 27년을, 또 방어사(方禦使)를 두어 64년을 지냈다.

순화(淳化)[146] 2년(991) 김해부의 양전사(量田使)[147] 조문선(趙文善)이 조사하여 장계를 올렸다.

"수로왕 능묘에 속한 밭의 면적이 넓으니, 마땅히 옛 관례에 따라 15결(結)로 하고, 나머지는 부(府)의 역정(役丁)[148]들에게 나누어 주는 것이 좋겠습니다."

유사에게 그 장계를 전하니, 조정에서 명을 내렸다.

"하늘에서 내려온 알이 변하여 성군이 되어, 수명이 길어 158년이나 되었으니, 이는 저 삼황(三皇) 이후로 비견할 만한 이가 없다. 죽은 후에 선대로

---

145) 개요(開耀) : 당나라 고종의 연호(681~682).

146) 순화(淳化) : 북송 태종의 연호. 고려 성종 2년

147) 양전사(量田使) : 토지를 측량하는 관리.

148) 역정(役丁) : 부역하는 장정.

부터 능묘에 딸려 있던 전답을 지금 삭감한다는 것은 참으로 의심하고 두려운 일이다."

왕은 윤허하지 않았다. 이에 양전사가 또다시 아뢰니, 조정에서 받아들여 반은 능묘에 두어 움직이지 못하게 하고, 반은 향리의 장정들에게 나눠 주게 하였다. 절사(節使 : 양전사를말함)가 조정의 뜻을 받들고 이에 반은 능원에 두고, 반은 부에서 부역하는 호정(戶丁)들에게 지급하였다. 이 일을 거의 마친 뒤 양전사는 심히 피곤하여 잠이 들자 꿈 속에서 갑자기 7, 8명의 귀신이 포승과 칼을 쥐고 "네가 크게 원망살 일을 했으니 베어 죽이겠다"고 하였다. 양전사는 꿈에 이런 형을 받고 몹시 아파하다가 놀라 두려워하며 깨자 급병이 들었다. 그는 남에게 알리지도 못하고 밤에 도망하였으나, 병은 낫지 않고 관문을 지나다 죽었다. 그래서 양전사의 장부에 관인이 미처 찍히지 않았다. 그 뒤 딴 사람이 사명을 받들고 가서 그 전답을 조사해보니 겨우 11결 12부(負) 9속(束)뿐이고, 부족한 것이 3결 87부 1속이었다. 이에 가로챈 것을 추적하고 내외 관서에 보고하여 왕명으로 충분히 지급하였다.

또 고금에 탄식할 일이 있다. 시조 수로왕의 8대손 김질왕(金銍王)은 나라를 지극히 근면하게 다스리고, 도를 숭상하기에 힘썼다. 세조모(世祖母) 허황후(許皇后)의 명복을 빌고자 원가(元嘉) 29년 임진년(452)에 원군과 황후가 결혼했던 곳에 절을 짓고 왕후사(王后寺)라 하고, 사신을 보내 인근에 있는 평전 10결을 측량하여 삼보(三寶)[149]께 공양할 비용으로 삼았다. 이 절보다 500년 뒤에 장유사(長遊寺)[150]를 지었는데, 이 절에 헌납한 전시(田柴)가 모두 3백 결이었다. 그러자 장유사의 삼강(三剛)[151]이 왕후사가 장유사의 제사지내는 곳 동남쪽 경내에 있다 하여 왕후사를 없애고 장원으로 만들어 추수해서 저장하는 창고로 만들고, 마소를 키우는 마구간으로 만들었으니 슬프도다.

---

149) 삼보(三寶) : 불(佛)·법(法)·승(僧)으로, 일체의 불타가 불보이고, 불타의 설법이 법보, 교법에 따라 수행하는 자가 승보이다.

150) 장유사(長遊寺) : 김해시 장유면 용지봉에 있었던 절. 새로 지어졌다.

151) 삼강(三剛) : 삼강(三綱)이 옳다. 삼강이란 사찰의 세 가지 직책, 상좌(上座)·사주(寺主)·유나(維那)를 말한다.

　세조 이하 9대손의 역수(曆數)를 자세히 다음에 기록하니, 그 공덕은 이러하다.

　　태초에 우주가 열리고 해와 달이 처음 밝았다.
　　비록 인류는 있었으나, 군왕은 아직 이루어지지 않았다.
　　중국은 여러 대를 거쳤지만,
　　동방의 나라들은 서울이 나뉘었다.
　　계림이 먼저 섰고, 가락이 후에 세워졌다.
　　세상을 다스릴 자가 없으니 누가 백성들을 보살피랴.
　　이에 상제께서 나서 저 창생들을 돌보아준다.
　　이에 부명(符命)을 주고 특별히 정령(精靈)을 보냈다.
　　산중에 알을 내려보내고
　　안개 속에 그 모습을 감추었다.
　　안은 고요한 듯하고 바깥도 역시 캄캄하다.
　　보기에는 형상이 없는 듯하나 듣기에는 분명히 소리가 난다.
　　여러 사람 노래불러 아뢰고 뭇사람이 춤추어 바쳤다.
　　이레가 지난 후에야 한때 고요해졌다.
　　바람이 불어 구름 걷히니, 허공은 푸르고 하늘은 맑았다.
　　여섯 개 둥근 알 내려오는데 한 오리 자색 줄이 드리워졌다.
　　다른 땅 낯선 곳에 기와집들이 잇닿아 있다.
　　담장에서 내다보고
　　우러러 사모하여 바라본다.
　　다섯 분은 각 고을로 가고 오직 한 분이 성에 남았네.
　　같은 시각 같은 행적이 형 같고 아우 같다.
　　실로 하늘에서 덕 있는 이 내시어, 세상 위해 법도를 만들었다.
　　보위에 처음 오르시니 천하가 맑아지려 했다.
　　화려한 제도는 옛 제도를 따르고
　　흙으로 쌓은 계단 오히려 평평하다.
　　온갖 정사에 힘쓰시니 모든 정치가 시행된다.
　　치우침이 없고 제멋대로 하는 일도 없으니 오직 한결같고 정성스럽다.

길 가는 자 길을 양보하고 밭 가는 자 밭갈이를 서로 양보한다.

사방에 일이 없어 베개를 편안하게 받치고, 백성은 태평을 맞이한다.

인생이 염교 잎의 이슬처럼 춘령(椿齡)[152]을 보전하지 못하였다.

천지 기운 변하여 조정과 백성들 통곡했다.

남기신 그 자취 금같이 빛나고 옥같은 소리 들리는 듯하다.

후손들 끊어지지 않으니 드리는 제물 오직 향기롭기만 하다.

세월은 비록 흘러갔지만 규범과 위의는 기울어지지 않았다.

거등왕(居登王) : 아버지는 수로왕이고 어머니는 허왕후이다. 건안 4년 기묘년(199) 3월 23일에 즉위하여 39년 동안 재위했다. 가평(嘉平)[153] 5년 계유년(253) 9월 17일에 죽었다.

왕비는 천부경(泉府卿) 신보(申輔)의 딸 모정(慕貞)이고, 태자 마품(麻品)을 낳았다. 《개황력(開皇曆)》에는 "성이 김씨이니 가야국의 세조가 금빛 알에서 나왔기 때문에 성을 김(金)으로 삼았을 뿐이다"라고 하였다.

마품왕(麻品王) : 마품(馬品)이라고도 하는데 성은 김씨이다. 가평 5년 계유년(253)에 즉위하여 39년을 다스리고, 영평(永平) 원년 신해년(291) 1월 29일에 죽었다. 왕비는 종정감(宗正監) 조광(趙匡)의 손녀 호구(好仇)로, 태자 거질미(居叱彌)를 낳았다.

거질미왕(居叱彌王) : 금물(今勿)이라고도 하며 김씨이다. 영평 원년에 즉위하여 56년을 다스리고, 영화(永和) 2년 병오년(346) 7월 8일에 죽었다. 왕비는 아간 아궁(阿躬)의 손녀 아지(阿志)인데, 왕자 이시품(伊尸品)을 낳았다.

이시품왕(伊尸品王) : 김씨이다. 영화 2년에 즉위하여 62년 간 재위하고, 의희(義熙) 3년 정미년(407) 4월 10일에 죽었다. 왕비는 사농경(司農卿) 극충(克忠)의 딸 정신(貞信)이니 왕자 좌지(坐知)를 낳았다.

좌지왕(坐知王) : 김질(金叱)이라고도 한다. 의희 3년에 즉위하였다. 용녀(傭女)에게 장가들더니 외척의 무리를 관리로 등용하여 나라 안이 소란스러

위졌다. 계림이 꾀를 써서 침략하려 하였다. 그때 가락국의 신하 박원도(朴元道)가 대왕에게 간하였다.

"유초(遺草)를 깎고 깎아도 또한 깃털이 돋아나는데, 하물며 사람에 있어서야 어떻겠습니까? 하늘이 무너지고 땅이 꺼지면 사람인들 어떻게 보전하겠습니까?" 또 점성가가 점을 쳐서 점괘를 풀었는데, 그 괘사에서 '소인을 없애면 군자인 벗이 와서 돕는다' 하였으니, 왕께서는 주역의 괘를 살펴보십시오."

왕이 "옳다" 하고 용녀를 내쳐서 하산도(荷山島)로 귀양보내고, 정사를 고쳐 행하니 길이 왕위를 보전하여 백성이 편안하게 되었다. 15년을 다스리고 영초(永初)[154] 2년 신유년(421) 5월 12일에 죽었다. 왕비는 대아간 도령(道寧)의 딸 복수(福壽)로, 아들 취희(吹希)를 낳았다.

취희왕(吹希王) : 질가(叱嘉)라고도 하며, 성은 김씨이다. 영초 2년에 즉위하여 31년 간 다스리고, 원가(元嘉)[155] 28년 신묘년(451) 2월 3일에 죽었다. 왕비는 각간 진사(進思)의 딸 인덕(仁德)으로, 왕자 질지(銍知)를 낳았다.

질지왕(銍知王) : 김질왕(金銍王)이라고도 한다. 원가 28년에 즉위하였다. 다음 해에 세조와 허황옥(許黃玉) 왕후를 위해 명복을 빌고자 하여, 처음에 세조와 결혼했던 곳에 절을 짓고 왕후사(王后寺)라 하였다. 전답 10결을 바쳤다. 42년 간 다스리고, 영명(永明) 10년 임신년(491) 10월 4일에 죽었다. 왕비는 사간 김상(金相)의 딸 방원(邦媛)으로, 왕자 겸지(鉗知)를 낳았다.

겸지왕(鉗知王) : 김겸왕(金鉗王)이라고도 한다. 영명 10년에 즉위하여 30년 간 다스리고, 정광(正光) 2년 신축년(521) 4월 7일에 죽었다. 왕비는 각간 출충(出忠)의 딸 숙(淑)으로, 왕자 구형(仇衡)을 낳았다.

구형왕(仇衡王) : 김씨이다. 정광 2년에 즉위하여 42년 간 다스렸다. 보정(保定) 2년 임오년(561) 9월에 신라의 제24대 진흥왕이 기병하여 침공하니, 왕이 직접 군졸들을 거느리고 싸웠으나, 적들은 많고 아군은 적으니 감당하여 대전할 수 없다는 뜻을 신라에 전하였다. 이에 형제간인 탈지이질금(脫

---

154) 영초(永初) : 송나라 무제의 연호(420~422).

155) 원가(元嘉) : 송나라 문제의 연호(424~453).

知爾叱今)을 시켜 나라를 지키게 하고, 왕자 및 상손(上孫), 졸지공(卒支公) 등은 신라에 항복하여 귀순하였다. 왕비는 분질수이질(分叱水爾叱)의 딸 계화(桂花)로, 세 아들을 낳았다. 맏아들은 세종(世宗) 각간, 둘째는 무도(茂刀) 각간, 셋째는 무득(茂得) 각간이다. 《개황록(開皇錄)》에는 '양(梁)나라 중대통(中大通) 4년 임자년(532)에 신라에 항복했다'고 하였다.

다음과 같이 논한다.

《삼국사》에 의거하면, '구형왕이 양나라 중대통 4년 임자년에 국토를 신라에 바쳐 투항했다' 하였다. 그래서 수로왕이 즉위하던 동한(東漢) 근무 18년 임인년(42)에서 구형왕의 말년 임자년(532)까지 따지면 490년이 된다. 만일 이 기록으로 고찰하면 나라를 바친 것이 위(魏)나라 보정(保定) 2년 임오년(562)이 되어 30년이 더 있게 되니 총 5백 20년이다. 여기에 두 가지를 다 기록해 둔다.

三國遺事　　第 2 卷

紀異 第二

文虎(武)王法敏

王初卽位 龍朔辛酉 泗沘南海中 有死女尸 身長七十三尺 足長六尺 陰長三尺 或云身長十八尺 在封乾(乾封)二年丁卯

總章戊辰 王統兵 與仁問欽純等 至平壤 會唐兵滅麗 唐帥李勣 獲高藏王還國 (王之性(姓)高 故云高藏 按唐書高記 現(顯)慶五年庚申 蘇定方等 征百濟 後 十二月大將軍契如何). 爲浿江道行軍大摠管 蘇定方爲遼東道大摠管 劉伯英爲 平壤道大摠管 以伐高麗. 又明年辛酉正月 蕭嗣業爲扶餘道摠管 任雅相爲浿江道 摠管 率三十五萬軍 以伐高麗 八月甲戌 蘇定方等及高麗 戰于浿江敗亡 乾封元 年丙寅六月 以龐同善「 」高臨 薛仁貴李謹行等爲後援 九月 龐同善及高麗戰敗 之 十二月己酉 以李勣爲遼東道行軍大摠管 率六摠管兵 以伐高麗. 總章元年戊 辰九月癸巳 李勣獲高藏王 十二月丁巳獻浮(俘)干(于)帝 上元元年甲戌二月 劉 仁軌爲雞林道摠管 以伐新羅 而鄕古記云 唐遣陸路將軍孔恭 水路將軍有相興 (與)新羅金庾信等滅之 而此云仁問 欽純等 無庾信 未詳.

時唐之游兵 諸將兵 有留鎭而將謀襲我者 王覺之 發兵「擊」之 明年 高宗使召 仁問等讓之曰. 爾請我兵以滅麗 害之何耶 乃下圓扉 鍊兵五十萬 以薛邦爲帥 欲 伐新羅 時義相師西學入唐 來見仁問 仁問以事諭之 相乃東還上聞 王甚悼(憚) 之 會群臣問防禦策 角干金天尊曰 近有明朗法師入龍宮 傳秘法以來 請詔問之 朗奏曰 狼山之南 有神遊林 創四大(天)王寺於其地 開設道場則可矣.

時有貞州使走報曰 唐兵無數至我境 廻槧海上 王召明朗曰 事已逼至 如何 朗 曰 以彩帛假 搆(構)宜矣. 乃以彩帛營寺 草搆(構)五方神像 以瑜伽明僧十二員 明朗爲上首 作文豆婁秘密之法. 時唐羅兵未交接 風濤怒起 唐舡皆沒於水 後改 刱寺 名四天王寺 至今不墜壇席(國史大(云)改刱 在調露元年己卯). 後年辛未 唐更遣趙憲爲帥 亦以五萬兵來征 又作其法 舡沒如前 是時翰林郎朴文俊 隨仁

問在獄中. 高宗召文俊曰 汝國有何密法 再發大兵 無生還者. 文俊奏曰 陪臣等
來於上國一十餘年 不知本國之事. 但遙聞一事爾 厚荷上國之恩 一統三國 欲報
之德 新刱天王寺於狼山之南 祝皇壽萬年 長開法席而已. 高宗聞之大悅 乃遣禮
部侍郎樂鵬龜 使於羅 審其寺 王先聞唐使將至 不宜見玆寺. 乃別刱新寺於其南
待之 使至曰 必先行香於皇帝祝壽之所天王寺 乃引見新寺 其使立於門前曰 不
是四天王寺 乃望德遙山之寺 終不入 國人以金一千兩贈之 其使乃還奏曰 新羅
刱天王寺 祝皇壽於新寺而已 因唐使之言 因名望德寺(或系孝昭王代 誤矣) 王
聞文俊善奏 帝有寬赦之意 乃命强首先生 作請放仁問表 以舍人遠禹奏於唐 帝
見表流涕 赦仁問慰送之 仁問在獄時 國人爲刱寺 名仁容寺 開設觀音道場 及仁
問來還 死於海上 改爲彌陁道場 至今猶存.

大王御國二十一年 以永隆二年辛巳崩 遺詔葬於東海中大巖上. 王平時常謂智
義法師曰 朕身後願爲護國大龍 崇奉佛法 守護邦家. 法師曰 龍爲畜報何. 王曰
我厭世間榮華久矣 若麤報爲畜 則雅合朕懷矣 王初卽位 置南山長倉 長五十步
廣十五步貯米穀兵器 是爲右倉 天恩寺西北山上 是爲左倉 別本云 建福八年辛
亥 築南山城 周二千八百五十步 則乃眞德王代始築 而至此乃重修爾. 又始築富
山城 三年乃畢 安北河邊築鐵城. 又欲築京師城郭 旣令眞吏 時義相法師聞之.
致書報云 王之政敎明 則雖草丘盡(畫)地而爲城 民不敢踰 可以潔災進福 政敎
苟不明 則雖有長城 災害未消 王於是正罷其役 麟德三年丙寅三月十日 有人家
婢名吉伊 一乳生三子 總章三年庚午正月七「日」 漢歧部一山級干(一作成山阿
干) 婢一乳生四子 一女三子 國給穀二百石以賞之 又代(伐)高麗 以其國王孫還
國 置之眞骨位. 王一日召庶弟車得公曰 汝爲冢宰 均理百官 平章四海 公曰 陛
下若以小臣爲宰 則臣願潛行國內 示(視)民問(間)徭役之勞逸 祖(租)賦之輕重
官吏之淸濁 然後就職. 王聽之 公著緇衣 把琵琶 爲居士形 出京師 經由阿瑟羅
州(今溟州) 牛首州(今春州) 北原京(今忠州) 至於武珍州(今海陽) 巡行里閈
州吏安吉見是異人 致其家 盡情供億 至夜 安吉喚妻妾三人曰 今玆侍宿客居士
者 終身偕老 二妻曰 寧不並居 何以於人同宿. 其一妻曰 公若許終身並居 則承
命矣 從之 詰旦居士欲辭行時 曰 僕京師人也. 吾家在皇龍皇聖二寺之間 吾名端
午也(俗謂端午爲車衣) 主人若到京師 尋訪吾家幸矣. 遂行到京師居家(冢)宰.
國之制 每以外州之吏一人 上守京中諸曹 注今之其人也 安吉當次上守至京師
問兩寺之間端午居士之家 人莫知者 安吉久立道左 有一老翁經過 聞其言 良久

佇思曰 二寺間一家 殆大內也 端午者 乃車得令公也 潛行外郡時 殆汝有緣契乎.
安吉陳其實 老人曰 汝去宮城之西歸正門 待宮女出入者告之. 安吉從之 告武珍
州安吉進於門矣 公聞而走出 携手入宮 喚出公之妃 興(與)安吉共宴 具饌至五
十味 聞於上 以星浮山(一作星損乎山)下 爲武珍州上守繞(燒)木田 禁人樵採
人不敢近 內外欽羨之. 山下有田三十畝 下種三石 此田稔歲 武珍州亦稔 否則亦
否云.

萬波息笛

第三十一 神文大王 諱政明 金氏 開耀元年辛巳七月七日卽位. 爲聖考文武大
王 創感恩寺於東海邊(寺中記云 文武王欲鎭倭兵 故始創此寺 未畢而崩 爲海龍
其子神文立 開耀二年畢排 金堂砌下 東向開一穴 乃龍之入寺 旋繞之備 蓋遺詔
之葬骨處 名大王岩 寺名感恩寺 後見龍現形處 名利見臺) 明年壬午五月朔(一
本云天授元年 誤矣) 海官波珍湌朴夙淸奏曰 東海中有小山 浮來向感恩寺 隨波
往來. 王異之 命日官金春質(一作春日) 占之 曰 聖考今爲海龍 鎭護三韓 抑又
金公庾信 乃三十三天之一子 今降爲大臣 二聖同德 欲出守成之寶 若陛下行幸
海邊 必得無價大寶 王喜 以其月七日 駕幸利見臺 望其山 遣使審之 山勢如龜
頭 上有一竿竹 晝爲二夜合一(一云 山亦晝夜開合如竹) 使來奏之 王御感恩寺
宿 明日午時 竹合爲一 天地震動 風雨晦暗七日 至其月十六日 風霽波平 王泛
海入其山 有龍奉黑玉帶來獻 迎接共坐 問曰 此山與竹 或判或合如何 龍曰 比
如一手拍之無聲 二手拍則有聲 此竹之爲物 合之然後有聲 聖王以聲理天下之瑞
也 王取此竹 作笛吹之 天下和平 今王考爲海中大龍 庾信復爲天神 二聖同心
出此無價大寶 令我獻之 王驚喜 以五色錦彩金玉酬賽之 勅使斫竹出海時 山與
龍忽隱不現 王宿感恩寺 十七日 到祇林寺西溪邊 留駕晝饍 太子理恭(卽孝昭大
王) 守闕 聞此事 走馬來賀 徐察奏曰 此玉帶諸窠皆眞龍也 王曰 汝何知之 太
子曰 摘一窠沈水示之 乃摘左邊弟二窠沈溪 卽成龍上天 其地成淵 因號龍淵.

駕還 以其竹作笛 藏於月城天尊庫 吹此笛 則兵退病愈 旱雨雨晴 風定波平
號萬派息笛 稱爲國寶 至孝昭大王代 天授四年癸巳 因失(夫)禮郎生還之異 更
封號曰萬萬波波息笛 詳見彼傳.

孝昭王代 竹旨郎(亦作竹曼郎 亦名智官)

第三十二 孝昭王代 竹曼郎之徒 有得烏(一云谷) 級干 隷名於風流黃券 追日
仕進 隔旬日不見 郎喚其母 問爾子何在 母曰 幢典牟梁益宣阿干以我子差富山
城倉直 馳去行急 未暇告辭於郎 郎曰 汝子若私事適彼 則不須尋訪 今以公事進
去 須歸享矣 乃以舌餅一合酒一缸 卒(率)左人(鄕云皆叱知言奴僕也)而行 郎徒
百三十七人 亦具儀侍從 到富山城 問閽人 得烏失奚在 人曰 今在益宣田 隨例赴
役 郎歸田 以所將酒餅饗之 請暇於益宣 將欲偕還 益宣固禁不許 時有使吏侃珍
管收推火郡 能節租三十石 輸送城中 美郎之重士風味 鄙宣暗塞不通 乃以所領
三十石贈益宣助請 猶不許 又以珍節舍知騎馬鞍具貼之 乃許. 朝廷花主聞之 遣
使取益宣 將洗浴其垢醜 宣逃隱 掠其長子而去 時仲冬極寒之日 浴洗於城內池
中 仍合凍死 大王聞之 勅牟梁里人從官者 並合黜遣 更不接公署 不著黑衣 若
爲僧者 不合入鐘 皷寺中 勅史上侃珍子孫 爲枰定戶孫 標異之. 時圓測法師 是
海東高德 以牟梁里人故 不授僧職.

初述宗公爲朔州都督使 將歸理(治)所 時三韓兵亂 以騎兵三千護送之. 行至
竹旨嶺 有一居士 平理其嶺路 公見之歎美 居士亦善公之威勢赫甚 相感於心 公
赴州理(治) 隔一朔 夢見居士入于房中 室家同夢 驚怪尤甚 翌日使人問其居士
安否 人曰 居士死有日矣 使來還告 其死與夢同日矣 公曰 殆居士誕於吾家爾.
更發卒修葬於嶺上北峯 造石彌勒一軀 安於塚前. 妻氏自夢之日有娠 旣誕 因名
竹旨.

壯而出仕 與庾信公爲副帥 統三韓 眞德・太宗・文武・神文・四代爲冢宰 安定厥
邦 初得烏谷 慕郎而作歌曰.

去隱皆理米 毛冬居叱沙 哭屋尸以憂音 阿冬音乃叱好支賜烏隱 兒史年數就音
墮支行齊 目煙廻於尸七史伊衣 逢烏支惡知作乎下是 郎也慕理尸心未 行乎尸道
尸 蓬次叱巷中 宿尸夜音有叱下是.

聖德王
第三十三 聖德王 神龍二年丙午歲「禾」不登 人民飢甚 丁未正月初一日 至七
月三十日 救民給租 一口一日三升爲式 終事而計 三十萬五百碩也. 王爲太宗大王
刱奉德寺 說仁王道場七日 大赦. 始有侍中職(一本系孝成王).

水路夫人

聖德王代　純貞公赴江陵太守(今溟州)　行次海汀晝饍. 傍有石嶂　如屛臨海　高千丈　上有躑躅花盛開. 公之夫人水路見之　謂左右曰　折花獻者其誰　從者曰　非人跡所到　皆辭不能　傍有老翁牽牸牛而過者. 聞夫人言　折其花　亦作歌詞獻之　其翁不知何許人也.

便行二日程　又有臨海亭　晝鐥(饍)次　海龍忽攬夫人入海　公顚倒躄地　計無所出. 又有一老人告曰　故人有言　衆口鑠金　今海中傍生　何不畏衆口乎. 宣進界內民　作歌唱之　以杖打岸　則可見夫人矣. 公從之　龍奉夫人出海獻之. 公問夫人海中事　曰　七寶宮殿　所饍甘滑香潔　非人間煙火.

此(且)夫人衣襲異香　非世所聞　水路姿容絕代　每經過深山大澤　屢被神物涼攬衆人唱海歌　詞曰

龜乎龜乎出水路　掠人婦女罪何極.

汝若悖逆不出獻　入網捕掠燔之喫.

老人獻花歌曰

紫布岩乎邊希執音乎手母牛放教遣

吾肹不喩慚肹伊賜等

花肹折叱可獻乎理音如.

孝成王

開元十年壬戌十月　始築關門於毛火郡　今毛火村　屬慶州東南境　乃防日本塞垣也　周廻六千七百九十二步五尺　役徒三萬九千二百六十二人　掌員元眞角干.

開元二十一年癸酉　唐人欲征北狄　請兵新羅　客使六百四人來還國.

景德王・忠談師・表訓大德

德經等　大王備禮受之　王御國二十四年　五岳三山神等　詩或現侍於殿庭. 三月三日王御歸正門樓上　謂左右曰　誰能途中得一員榮服僧來　於是適有一大德　威儀鮮潔　徜徉而行　左右望而引見之　王曰　非吾所謂榮僧也　退之　便有一僧　被衲衣負櫻筒(一作荷簣)　從南而來　王喜見之　邀致樓上　視其筒中　盛茶具已　曰　汝爲誰耶　僧曰　忠談　曰　何所歸來　僧曰　僧每重三重九之日　烹茶饗南山三花嶺彌勒世尊　今玆旣獻而還矣　王曰　寡人亦一甌茶有分乎　僧乃煎茶獻之　茶之氣味異常甌中異香郁烈　王曰　朕嘗聞師讚耆婆郎詞腦歌　其意甚高　是其果乎　對曰　然. 王

曰 然則爲朕作理安民歌 僧應時奉勅歌呈之 王佳之 封王師焉 僧再拜固辭不受.

安民歌曰

君隱父也 臣隱愛賜尸母史也

民焉狂尸恨阿孩古爲賜尸知 民是愛尸知古如.

窟理叱大肹生以支所音物生 此肹喰惡支治良羅

此地肹捨遣只於冬是去於丁爲尸知 國惡支持以支知古如

後句 君如臣多支民隱如爲內尸等焉 國惡太平恨音叱如.

讚耆婆郞歌曰

咽鳴爾處米 露曉邪隱月羅理

白雲音逐于浮去隱安支下

沙是八陵隱汀理也中

耆郞矣皃史是史藪邪. 逸烏川理叱磧惡希 郞也持以支如賜烏隱

心未際叱肹逐內良齊

阿耶 栢史叱枝次高支好

雪是毛冬乃乎尸花判也.

王玉莖長八「寸」無子 廢之 封沙梁夫人. 後妃滿月夫人 諡景垂太后 依忠角干之女也. 王一日詔表訓大德曰 朕無祐不獲其嗣 願大德請於上帝而有之. 訓上告於天帝 還來奏云 帝有言 求女卽可 男卽不宜. 王曰 願轉女成男. 訓再上天請之 帝曰 可則可矣 然爲男則國殆矣. 訓欲下時. 帝又召曰 天與人不可亂 今師往來如隣里 漏洩天機 今後宜更不通. 訓來以天語諭之 王曰 國雖殆 得男而爲嗣足矣. 於是滿月王后生太子 王喜甚. 至八歲 王崩 太子卽位 是爲惠恭大王 幼冲故太后臨朝 政條不理 盜賊蜂起 不遑備禦 訓師之說驗矣. 小帝旣女爲男故自期晬至於登位 常爲婦女之戲 好佩錦囊 與道流爲戲. 故國有大亂 修(終)爲宣德與金良相(敬信)所弑. 自表訓後 聖人不生於新羅云.

惠恭王

大曆之初 康州官署大堂之東 地漸陷成池(一本大寺東小池) 從十三尺 橫七尺 忽有鯉魚五六 相繼而漸大.

淵亦隨大 至二年丁未 又天狗墜於東樓南 頭如瓮 尾三尺許 色如烈火 天地亦

振. 又是年 今浦縣稻田五頃中 皆米顆成穗. 是年七月 北宮庭中 先有二星墜地
又一星墜 三星皆沒入地. 先時(是)宮北厠圂中二莖蓮生 又奉聖寺田中生蓮. 虎
入禁城中. 追覓失之. 角干大恭家梨木上雀集無數. 據安國兵法下卷云 天下兵大
亂 於是大赦修省.

七月三日 大恭角干賊起. 王都及五道州郡幷九十六角干相戰大亂 大恭角干家
亡 輸其家資寶帛于王宮. 新城張倉火燒 逆黨之寶穀在沙梁牟梁等里中者 亦輸入
王宮. 亂彌三朔乃息 被賞者頗多 誅死者無算也. 表訓之言國殆 是也.

元聖大王

伊湌金周元 初爲上宰 王爲角干 居二宰. 夢脫幞頭 著素笠 把十二絃琴 入於
天官寺井中. 覺而使人占之. 曰 脫幞頭者 失職之兆 把琴者 著枷之兆 入井 入
獄之兆. 王聞之甚患 杜門不出. 于時阿湌餘三(或本餘山) 來通謁 王辭以疾不
出. 再通曰 願得一見 王諾之 阿湌曰 公所忌何事 王具說占夢之由 阿湌興拜曰
此乃吉祥之夢 公若登大位而不遺我 則爲公解之. 王乃辟禁佐佑 而請解之. 曰
脫幞頭者 入無居上也 著素笠者 冕旒之兆也 把十二絃琴者 十二孫傳世之兆也
入天官井入宮禁之瑞也 王曰 上有周元 何居上位 阿湌曰 請密祀北川神可矣 從
之. 未幾 宣德王崩 國入欲奉周元爲王 將迎入宮 家在川北 忽川漲不得渡 王先
入宮卽位 上宰之徒衆皆來附之 拜賀新登之主 是爲元聖大王 諱敬信 金武(氏).
盖厚夢之應也. 周元退居溟州 王旣登極. 時餘山已卒矣 召其子孫賜爵. 王之孫
有五人 惠忠太子 憲平太子 禮英匝干 大龍夫人 小龍夫人等也. 大王誠知窮達之
變 故有身空詞腦歌(歌亡未詳).

王之考大角干孝讓 傳祖宗萬坡息笛 乃傳於王 王得之 故厚荷天恩 其德遠輝.
貞元二年丙寅十月十一日   日本王文慶(按日本帝紀 第五十五主文德王疑是也.
餘無文慶 或本云 是王太子) 擧兵欲伐新羅 聞新羅有萬坡息笛退兵 以金五十兩
遣使請其笛 王謂使曰 朕聞上世眞平王代有之耳 今不知所在. 明年七月七日 更
遣使 以金一千兩請之曰 寡人願得見神物 而還之矣. 王亦辭以前對 以銀三千兩
賜其使 還金而不受 八月 使還 藏基笛於內黃殿.

王卽位十一年乙亥 唐使來京 留一朔而還 後一日 有二女 進內庭 奏曰 妾等
乃東池靑池(靑池卽東皇寺之泉也 寺記云 泉乃東海龍往來聽法之地 寺乃眞平王
所造 五百聖衆 五層塔 幷納田民焉) 二龍之妻也 唐使將河西國二人而來 呪我

夫二龍乃芬皇寺井等三龍 變爲小魚 筒貯而歸 願陛下勅二人 留我夫等護國龍也.
王追至河陽館. 親賜享宴 勅河西人曰 爾輩何得取我三龍至此 若不以實告 必加
極刑. 於是出三魚獻之. 使放於三處 各湧水丈餘 喜躍而逝. 唐人服王之明聖.

　王一口(曰)請皇龍寺 注 或本云 華嚴寺又金剛寺香(者) 蓋以寺名經名光混之
也 釋智海入內 稱(講)華嚴經五旬. 四彌妙正 每洗鉢於金光井(因大賢法師得
名)邊 有一黿浮沈井中. 沙彌每以殘食 餧而爲戲. 席將罷 沙彌謂黿曰 吾德汝日
久 何以報之 隔數日 黿吐一小珠 如欲贈遺. 沙彌得其珠 繫於帶端 自後大王見
沙彌愛重 邀致內殿 不離左右. 時有一匝干 奉使於唐 亦愛沙彌 請與俱行 王許
之. 同入於唐 唐帝亦見沙彌而寵愛 承(丞)相左右莫不尊信. 有一相士奏曰 審此
沙彌 無一吉相得人信敬 必有所持異物. 使人檢看 得帶端小珠 帝曰 朕有如意珠
四枚 前年失一个 今見此珠 乃吾所失也 帝問沙彌 沙彌具陳其事. 帝內(思)失珠
之日 與沙彌得珠同日 帝留其珠而遣之. 後人無愛信此沙彌者.

　王之陵在吐含岳西洞鵠寺(今崇福寺) 有崔致遠撰碑. 又刱報恩寺 又望德樓.
追封祖訓入匝干爲興平大王. 曾祖義官匝干爲神英大王 高祖法宣大阿干爲玄聖大
王. 玄聖大王(衍文) 玄聖之考卽摩叱次匝干.

　早雪
　第四十 哀莊王 末年戊子八月十五日 有雪.
　第四十一 憲德王 元和十三年戊戌三月十四日 大雪(一本作丙寅 誤矣 元和盡
十五 無丙寅).
　第四十六 文聖王 己未五月十九日 大雪 八月一日 天地晦暗.

　興德王 鸚鵡
　第四十二 興德大王 寶曆二年丙午卽位. 未幾有人奉使於唐 將鸚鵡一雙而至.
不久雌死 而孤雄哀鳴不已. 王使人掛鏡於前 鳥見鏡中影 擬其得偶 乃啄其鏡而
知其影 乃哀鳴而死. 王作歌云 未詳.

　神式大王·閣長·弓巴
　第四十五 神式大王潛邸時 謂俠士弓巴曰 我有不同天之讎 汝能爲我除之 獲
居大位 則娶爾女爲妃. 弓巴許之 協心同力 舉兵犯京師 能成其事. 旣簒位 欲以

巴之女爲妃 羣臣極諫曰 巴側微 上以其女爲妃則不可. 王從之.

時巴在清海鎭爲軍戌 怨王之違言 欲謀亂 時將軍閻長聞之 奏曰 巴將爲不忠 小臣請除之. 王喜許之. 閻長承旨歸清海鎭 見謁者通曰 僕有小怨於國君 欲投明 公 以全身命. 巴聞之大怒曰 爾輩諫於王而廢我女 胡顧見我乎 長復通曰 是百官 之所諫 我不預謀 明公無嫌也. 巴聞之 引入廳事 謂曰 卿以何事來此 長曰 有 忤於王 欲投幕下 以免害爾. 巴曰 幸矣. 置酒歡甚 長取巴之長劍斬之 麾下軍士 驚懾皆伏地. 長引至京師復命曰 已斬弓巴矣. 上喜賞之 賜爵阿干.

四十八 景文大王

王諱膺廉 年十八爲國仙. 至於弱冠 憲安大王召郎 宴於殿中 問曰 郎爲國仙優 遊四方 見何異事 郎曰 臣見有美行者三. 王曰 請聞其說. 郎曰 有人爲人上者 而撝謙坐於人下其一也 有人豪富 而衣儉易 其二也 有人本貴勢 而不用其威者 三也. 王聞其言 而知其賢 不覺墮淚而謂曰 朕有二女 請以奉巾櫛. 郎避席而拜 之 稽首而退. 告於父母 父母驚喜 會其子弟 議曰 王之上公主皃(貌)甚寒寢 第 二公主甚美 娶之幸矣.

郎之徒上首範教師者聞之 至於家 問郎曰 大王欲以公 主妻公 信乎. 郎曰 然. 曰 奚娶 郎曰 二親命我宜弟. 師曰 郎若娶弟 則予必死於郎之面前 娶其兄 則必 有三美 誡之哉. 郎曰聞命矣. 旣而王擇辰 而使於郎曰 二女惟公所命. 使歸以郎 意奏曰 奉長公主爾 旣而過三朔 王疾革 召群臣曰 朕無男孫 窀穸之事 宜長女 之夫膺廉繼之. 翌日王崩 郎奉遺詔卽位. 於是範教師詣於王曰 吾所陳三美者今 皆著矣 娶長故 今登位 一也 昔之金欠艶第(弟)主 今易可取 二也 娶兄故 王與 夫人喜甚 三也. 王德其言 爵爲大德 賜金一百三十兩. 王崩 諡曰景文.

王之寢殿. 每日暮 無數衆蛇俱集 宮人驚怖 將驅遣之 王曰 寡人若無蛇 不得 安寢 宜無禁 每寢吐舌滿胸鋪之.

乃登位 王耳忽長如馬驢耳 王后及宮人皆未知 唯幞頭匠一人知之 然生平不向 人說 其人將死 入道林寺竹林中無人處 向竹唱云. 吾君耳如驢耳. 其後風吹 則 竹聲云 吾君耳如驢耳. 王惡之 乃伐竹而植山茱萸 風吹則但聲云 吾君耳長(道林 寺 舊在入都林邊).

國仙邀元郎·譽昕郎·桂元叔宗郎等 遊覽金蘭 暗有爲君主理邦國之意 乃作歌 三首 使心弼舍知 授針卷 送大炬和尙處 令作三歌 初名玄琴抱曲 第二大道曲

第三問羣曲. 入秦於王 王大喜稱賞 歌未詳.

處容郎 望海寺

第四十九 憲康大王之代 自京師至於海內 比屋連墻 無一草屋. 笙歌不絶道路
風雨調於四時. 於是 大王遊開云浦(在鶴城西南 今蔚州) 王將還駕 晝(畫)歇於
汀邊 忽雲霧冥曀 迷失道路. 怪問左右 曰(日)官奏云 此東海龍所變也 宜行勝事
以解之. 於是勅有司 爲龍刱佛寺近境. 施令已出 雲開霧散 因名開雲浦. 東海龍
喜 乃率七子 現於駕前 讚德獻舞奏樂. 基一子隨駕入京 輔佐王政 名曰處容.

王以美女妻之 欲留其意 又賜級干職. 其妻甚美. 疫神欽慕之 變無(爲)人 夜至
基家 竊與之宿. 處容自外至其家 見寢有二人 乃唱歌作舞而退.

歌曰,
東京明期月良 夜入伊游行如可
入良沙寢矣見昆 脚烏伊四是良羅
二肹隱吾下於叱古 二肹隱誰支下焉古
本矣 吾下是如馬於隱 奪叱良乙何如爲理古.

時神現形 跪於前曰 吾羨公之妻 今犯之矣 公不見怒 感而美之. 誓今已後 見
畫公之形容 不入其門矣 因此 國人門帖處容之形 以僻(辟)邪進慶. 王旣還 乃卜
靈鷲山東麓勝地置寺 曰望海寺 亦名新房寺. 乃爲龍而置也.

又幸鮑石亭. 南山神現舞於御前 左右不見 王獨見之. 有人現舞於前 王自作舞
以像示之. 神之名 或曰祥審 故至今國人傳此舞 曰御舞祥審 或曰御舞山神 或云
旣神出舞 審象其貌 命工摹刻 以示後代 故云象審. 或云霜髥舞 此乃以其形稱
之. 又幸於金剛嶺時 北岳神呈舞 名玉刀鈐 又同禮殿宴時 地神出舞 名地伯級于
(干). 語法集云 于時山神獻舞 唱歌云智理多都波都波等者 盖言以智理國者 知
而多逃 都邑將破云謂也. 乃地神山神知國將亡 故作舞以警之 國人不悟 謂爲現
瑞 耽樂滋甚 故國終亡.

眞聖女大王 居陁知

第五十一 眞聖女王 臨朝有年 乳母鳧好夫人 與其夫魏弘匝干等三四寵臣 擅
權撓政 盜賊蜂起. 國人患之 乃作陀羅尼隱語 書投路上. 王與權臣等得之 謂曰
此非王居仁誰作此文 乃囚居仁於獄. 居仁作詩訴于天 天乃震其獄囚(因)以免之.

詩曰,

燕丹泣血虹穿日 鄒衍含悲夏落霜.

今我失途還似舊 皇天何事不垂祥.

陀羅尼曰 南無亡國 刹尼那帝 判尼判尼蘇判尼 于于三阿十(干) 鳧伊裟婆訶
可 說者云 刹尼那帝者 言女王也 判尼判尼蘇判尼者 言二蘇判也 蘇判爵名 于
于三阿十也. 鳧伊者 言鳧好也.

此王代阿湌良貝王之季子也 奉使於唐 聞百濟海賊梗於津鳧(島) 選弓士五十
人隨之 舡次鵠島(鄕云骨大島) 風濤大作 信宿俠(浹)旬. 公患之 使人卜之 曰
島有神池 祭之可矣. 於是具尊於池上 池水湧高丈餘. 夜夢有老人 謂公曰 善射
一人 留此島中 可得便風. 公覺而以事諮於左右曰 留誰可矣 衆人曰 宜以木簡五
十片書我輩名 沈水而鬮之. 公從之. 軍士有居陁知者 名沈水中 乃留其人 便風忽
起 舡進無滯. 居陁愁立島嶼 忽有老人從池而出 謂曰 我是西海若 每一沙彌 日
出之時 從天而降 誦陀羅尼 三繞此池 我之夫婦子孫皆浮水上 沙彌取吾子孫肝
腸 食之盡矣. 唯存吾夫婦與一女爾. 來朝又必來 請君射之. 居陁曰 弓矢之事 吾
所長也 聞命矣. 老人謝之而沒 居陁隱伏而待. 明日扶桑旣暾 沙彌果來 誦呪如
前 欲取老龍肝 時居陁射之中沙彌 卽變老狐 墜地而斃. 於是老人出而謝曰 受公
之賜 全我性命 請以女子妻之. 居陁曰 見賜不遺 固所願也. 老人以其女 變作一
枝花 納之懷中 仍命二龍 捧居陁趂及使舡. 仍護其舡 入於唐境. 唐人見新羅舡
有二龍負之 具事上聞 帝曰 新羅之使 必非常人. 賜宴坐於羣臣之上 厚以金帛遺
之. 旣還國 居陁趂出花枝變女同居焉.

孝恭王

第五十二 孝恭王 光化十五年壬申(實朱梁乾化二年也) 奉聖寺外門 東西二十
一間 鵲巢 又神德王卽位四年乙亥(古本云天祐十二年 當作貞明元年) 靈廟寺內
行廊 鵲巢三十四 烏巢四十. 又三月 再降霜 六月 斬浦水與海水波相鬪三日.

景明王

第五十四 景明王代貞明五年戊寅 四天王寺壁畫狗鳴 說經三日攘之. 太半日又
鳴. 七年庚辰二月 皇龍寺塔影 倒立於今毛舍知家庭中一朔. 又十月 四天王寺五
方神弓弦皆絶. 壁畫狗出走庭中 還入壁中.

景哀王

第五十五 景哀王卽位 同光二年甲辰(申)二月十九日 皇龍寺說(設)百座說經
兼飯禪僧三百 大王親行香致供 此百座通說禪敎之始.

金傅大王

第五十六 金傅大王 諡敬順. 天成二年丁亥九月 百濟甄萱 侵羅至高鬱府 景哀
王請救於我太祖. 命將以勁兵一萬往救之 救兵未至 萱以冬十一月掩入王京. 王
與妃嬪宗戚 遊鮑石亭宴娛 不覺兵至 倉卒不知所爲. 王與妃奔入後宮 宗戚及公
卿大夫士女 四散奔走 爲賊所虜 無貴賤匍匐乞爲奴婢. 萱縱兵摽掠公私財物 入
處王宮. 乃命左右索王 王與妃妾數人 匿在後宮 拘致軍中 逼令王自進(盡) 而强
淫王妃 縱其下亂其嬪妾. 乃立王之族弟傅爲王 王爲萱所擧卽位. 前王尸殯於西
堂 與群下慟哭. 我太祖遣使弔祭.

明年戊子春三月 太祖率五十餘騎 巡到京畿 王與百官郊迎 入(宮)相對 曲盡
情禮 置宴臨海殿 酒酣 王言曰 吾以不天 侵(浸)致禍亂 甄萱恣行不義 喪我國
家 何「痛」如之 因泫然涕泣 左右莫不嗚咽 太祖亦流涕. 因留數旬 乃廻駕 麾下
肅靜 不犯秋毫 都人士女相慶曰 昔甄氏之來也 如逢豺虎 今王公之至 如見父母.
八月 太祖遣使 遺王錦衫鞍馬. 并賜群僚將士有差.

淸泰二年乙未十月 以四方「土」地盡爲他有 國弱勢孤 不已(能)自安 乃與群下
謨 擧土降太祖 君臣可否 紛然不已 王太子曰 國之存亡 必有天命 當與忠臣義
士 收合「民」心 力盡而後已 豈可以一千年之社稷 輕以與人. 王曰 孤危若此 勢
不能全 旣不能强 又不能弱 至使無辜之民 肝腦塗地 吾所不能忍也. 乃使侍郎金
封休齎書 請降於太祖. 太子哭泣辭王 徑往皆骨山 麻衣草食 以從其身. 季子祝
髮隷華嚴 爲浮圖 名梵空 後住法水 海印寺云.

太祖受書 送太相王鐵仰之. 王率百僚 歸我太祖 香車寶馬 連亘三十餘里 道路
塡咽 觀者如堵. 太祖出郊迎勞 賜宮東一區〔今正承(政丞)院〕以長女樂浪公主妻
之 以王謝自國居他國 故以鸞喩之 改號神鸞公主 諡孝穆. 封爲正承(政丞). 位
在太子之上 給祿一千石 侍從員將 皆錄用之. 改新羅爲慶州 以爲公之食邑. 初
王納土來降 太祖喜甚 待之厚禮 使告曰 今王以國與寡人 其爲賜大矣. 願結婚於
宗室 以永甥舅之好. 王答曰 我伯父億廉(王之考 孝宗角干 追封神興大王之弟

也） 有女子　德容雙美　非是無以備內政　太祖娶之　是爲神成王后金氏(本朝登仕
郎金寬毅所撰王大宗錄云　神成王后李氏　本慶州大尉李正言爲俠(陜)州守時　太
祖王幸此州　納爲妃　故或云俠州君　願堂玄化寺　三月二十五日　立忌　葬貞陵　生
一子　安宗也　此外二十五妃主中不載金氏之事　未詳　然而史臣之論　亦以安宗爲
新羅外孫　當以史傳爲是).

　　太祖之孫景宗伷　聘政承(丞)公之女爲妃　是爲憲承皇后. 仍封政承(丞)爲尙父.
太平興國三年戊寅崩　諡曰敬順. 册尙父誥曰

　　勅　姬周啓聖之初　先封呂主(望)　劉漢興王之始　首開蕭(蕭)何. 自「此」大定
寰區　廣開基業　立龍圖三十代　蹴麟趾四百年　日月重明　乾坤交泰　雖自無爲之主
乃開致理之臣. 觀光順化衞國功臣上柱國樂浪王政承食邑八千戶金傅　世「處」雞林
官分王爵　英烈振凌雲之氣　文章騰擲地之才　富有春秋　貴居茅士　六韜三略　恂入
胸襟　七縱五申　撮歸指掌. 我太祖須載接陸擲(始修睦隣)之好　早認餘風　尋時頒
駙馬之姻　內酬大節　家國旣歸於一統　君臣宛合於三韓　顯播令名　光崇懿範. 可加
號尙父都省令　仍賜推忠愼義崇德守節功臣號　勳封如故　食邑通前爲一萬戶. 有司
擇日備禮册命　主者施行. 開寶八年十月日　大匡內議令兼摠翰林臣翮宣奉行　奉勅
如右　牒到奉行　開寶八年十月日

　　侍中署　侍中署　內奉令署　軍部令署　軍部令無署　兵部令無署　兵部令署　廣坪
(評)侍郎署　廣坪(評)侍郎無署　內奉侍郎無署　內奉侍郎署　軍部卿無署　軍部卿
署　兵部卿無署　兵部卿署,

　　告推忠愼義崇德守節功臣尙父都省令　上柱國樂浪都王食邑一萬戶金傅　奉勅如
右　符到奉行.

　　主事無名　郎中無名　書令史無名　孔目無名　開寶八月十日下.

　　史論曰. 新羅朴氏　昔氏　皆自卵生　金氏　從天入金櫃而降　或云乘金車　此尤詭
怪不可信　然世俗相傳爲實事. 令但厚(原)厥初　在上者　其爲已己也儉　其爲人也
寬　其設官也略　其行事也簡. 以至誠事中國　梯航朝聘之使　相續不絕　常遣子弟
造朝「而」宿衞　入學而誦習. 于以襲聖賢之風化　革鴻荒之俗　爲禮義之邦　又憑王
師之威靈　平百濟高句麗　取其地「爲」郡縣　可謂盛矣. 然而奉浮屠之法　不知其弊
至使閭里比其塔廟　齊民逃於緇褐　兵農侵(浸)小　而國家日衰　幾何其不亂且亡也
哉. 於是時　景哀王加之以荒樂　與宮人左右　出遊鮑石亭　置酒燕衞(衎). 不知甄
萱之至　與門外韓擒虎　樓頭張麗華　無以異矣. 若敬順之歸命太祖　雖非獲已　亦可

佳矣. 向若力戰守死 以抗王師 至於力屈勢窮 卽(則)必覆其家(宗)族 害及于無
辜之民 而乃不待告命 封府庫 籍郡難(郡縣) 以歸之 其有功於朝廷 有德於生民
甚大. 昔錢民(氏)以吳越入宋 蘇子瞻謂之忠臣 令新羅功德 過於彼遠矣. 我太祖
妃嬪衆多 其子孫亦繁衍 而顯宗自新羅外孫卽寶位 此後繼統者 皆其子孫 豈非
陰德也歟. 新羅旣納土國除 阿于神會 罷外署還 見都城離潰 有黍離離嘆 乃作歌
歌亡未詳.

南扶餘 前百濟 北扶餘(已見上)

扶餘郡者 前百濟王都也 或稱所夫里郡. 按三國史記 百濟聖王二十六年戊午春
移都於泗沘 國號南扶餘.〈注曰 其他名所夫里 泗沘 今之古省津也 所夫里者 扶
餘之別號也. 已上注〉

又按量田帳籍曰 所夫里郡田丁 柱貼. 今言扶餘郡者 復上古之名也. 百濟王姓
扶氏 故稱之. 或稱餘州者 郡西資福寺高座之上 有繡帳焉 其繡文曰 統和十五年
丁酉五月日餘州功德大寺繡帳 又昔者 河南置林州刺史 其時圖籍之內 有餘州二
字 林州 今佳林郡也 餘州 今之扶餘郡也.

百濟地理志曰 後漢書曰 三韓凡七十八國 百濟是其一國焉.

北史云. 百濟東極新羅 西南限大海 北際漢江 其郡(都)曰居扶(拔)城 又云固
麻城 其外更有五方城.

通典云 百濟南接新羅 北距高麗 夫限大海. 舊唐書云. 百濟扶夫(餘)之別程
(種) 東北新羅 西渡海「至」越州 南渡海至倭 北高麗 其王所居 有東西兩城. 新
唐書云 百濟西界「至」越州 南倭 皆踰海 北高麗.

「國」史本記云 百濟始租(祖)溫祚 其父雛牟王 或云朱蒙. 自北扶餘逃難 至卒
本扶餘 州之王無子 只有三女 見朱蒙知非常人 以第二女妻之. 未幾 扶餘州
王薨. 朱蒙嗣位. 生二子 長曰沸流 次曰溫祚. 恐後(爲)太子所不容 遂與烏干 馬
黎等(十)臣南行 百姓從之者多. 遂至漢山 登負兒岳 望可居之地 沸流欲居於海
濱 十臣諫曰 惟此河南之地 北帶漢水 東據高岳 南望沃澤 西阻大海 其天險地
利 難得之勢. 作都於斯 不亦宜乎 沸流不聽 分其民 歸彌雛忽居之. 溫祚都河南
慰禮城. 以十臣爲輔翼 國號十濟 是漢成帝鴻佳(嘉)三年也. 沸流以彌雛忽土濕
水鹹 不得安居 歸見慰禮 都邑鼎定 人民安泰 遂慙悔而死 其臣民皆歸於慰禮城
後以來時百姓樂悅 改號百濟. 其世系與高句麗同出扶餘 故以解爲氏. 後至聖王

移都於泗沘 今扶餘郡(彌雛忽 仁州 慰禮 今稷山).

按古典記云 東明王第三子溫祖 以前漢鴻佳(嘉)三年癸酉(卯) 自卒本扶餘 至慰禮城 立都稱王. 十四年丙辰 移都漢山(今廣州). 歷三百八十九年 至十三世近肖古王 咸安元年 取高句麗南平壤 移都. 北漢城(今楊州). 歷一百五年 至二十二世文周王卽位 元徵(徽)三年乙卯 移都熊川(今公州). 歷六十三年 至二十六世聖王 移都所夫里 國號南扶餘 至三十一世義慈王 歷一百二十年. 至唐顯慶五年. 是義慈王在位二十年 新羅金庾信與蘇定方討平之.

百濟國舊有五部 分統三十七郡 二百濟城 七十六萬戶 唐以「其」地 分置熊津・馬韓・東明・金漣・德安等五都督府 仍「以」其酋長爲都督府刺史 未幾 新羅盡幷其地 置熊・全・武三州及諸郡縣 又虎嵓寺有政事嵓. 國家將議宰相 卽書當選煮名 或三四 函封置嵓上 須臾取看 名上有印跡者爲相 故名之.

又泗沘河邊有一嵓. 蘇定方嘗坐此上 釣魚龍而出 故嵓 上有龍跪之跡 因名龍嵓 又郡中有三山 曰日山・吳山・浮山・國家全盛之時 各有神人居其上 飛相往來 朝夕不絶. 又泗沘崖 又有一石 可坐十餘人 百濟王欲幸王興寺禮佛 先於此石望拜佛 其石自煖 因名煖石.

又泗沘河兩崖如畵屏 百濟王每遊宴歌舞 故至今稱爲大王浦. 又始祖溫祚 乃東明第三子 體洪大 性孝友 善騎射 又多婁王 寬厚有威望 又沙沸王(一作沙伊王)仇首崩 嗣位 而幼少不能政 卽廢而立古爾王. 或云 至樂初二年己未 乃崩 古爾方立.

武王(古本作武康 非也 百濟無武康)
第三十 武王名璋. 母寡居 築室於京師南池邊 池龍文(交)通而生. 小名薯童 器量難測. 常掘薯蕷 賣爲活業 國人因以爲名.

聞新羅眞平王第三公主善花(一作善化)美艷無雙 剃髮來京師 以薯蕷餉閭里羣童 羣童親附之 乃作謠 誘羣童而唱之云,

善化公主主隱 他密只嫁良置古

薯童房乙 夜矣卯乙抱遺去如.

東謠滿京 達於宮禁 百官極諫 竄流公主於遠方 將行 王后以純金一斗贈行. 公主將至竄所 薯童出拜途中. 將欲侍衛而行 公主雖不識其從來 偶爾信悅 因此隨行. 潛通焉. 然後知薯童名 乃信童謠之驗. 同至百濟. 出母后所贈金 將謀計活

薯童大笑曰　此何物也　主曰　此是黃金　可致百年之富. 薯童曰　吾自小(少)掘薯之
地　委積如泥土　主聞大驚曰　此是天下至寶　君今知金之所在　則此寶輸送父母宮
殿何如　薯童曰　可. 於是聚金　積如丘陵　詣龍華山師子寺知命法師所　問輸金之
計. 師曰　吾以神力可輸　將金來矣. 主作書　并金置於師子前　師以神力　一夜輸置
新羅宮中. 眞平王異其神變　尊敬尤甚　常馳書問安否. 薯童由此得人心　卽王位.

　一日　王與夫人　欲幸師子寺　至龍華山下大池邊. 彌勒三尊出現池中　留駕致敬.
夫人謂王曰　須創大伽籃於此地　固所願也. 王許之. 詣知命所　問塡池事　以神力
一夜頹山塡池爲平地. 乃法像彌勒三　會(尊)殿塔廊廡各三所創之　額曰彌勒寺
(國事云　王興寺). 眞平王遣百工助之　至今存其寺(三國史云是法王之子　而此傳
之獨女之子　未詳).

後百濟　甄萱

　三國史本傳云　甄萱尙州加恩縣人也. 咸通八年丁亥生　本姓李. 後以甄爲氏.
夫阿慈介　以農自活　光啓中　據沙弗城(今尙州)　自稱將軍. 有四子　皆知名於世.
萱號傑出　多智略.

　李碑(碑)家記云　眞興大王妃思刀　諡曰白䭵夫人　第三子仇輪公之子　波珍干善
品之子角干酌珍　妻王咬巴里　生角干元善　是爲阿慈个也. 慈之弟(第)「一」妻上院
夫人　第二妻南院夫人　生五子一女. 其長子是尙父萱　二子將軍能哀　三子將軍龍
蓋　四子寶蓋　五子將軍小蓋. 一女大主刀金.

　又古記云　昔一富人　居光州北村　有一女子　姿容端正. 謂父曰　每有一紫衣男到
寢交婚. 父謂曰　汝以長絲貫針刺其衣. 從之　至明尋絲於北墻下　針刺於大蚯蚓之
腰. 後因姙生一男　年十五　自稱甄萱. 至景福元年壬子稱王　立都於完山郡. 理
(治)四十三年　以淸泰元年甲午　萱之三子簒逆. 萱投太祖. 子金剛卽位　天福元年
丙申　與高麗兵會戰於一善郡　百濟敗績　國亡云.

　初　萱生孺褓時　父耕于野　母餉之　以兒置于林下　虎來乳之. 鄕黨聞者異焉. 及
壯體貌雄奇　志氣倜儻不凡. 從軍入王京　赴四南海防戍　枕戈待敵　其氣恒爲士卒
先　以勞爲裨將. 唐昭宗景福元年　是新羅眞聖王在位六年　嬖竪在側　竊弄國權　綱
紀紊陁(弛). 加之以飢饉　百姓流移　群盜蜂起. 於是萱竊有叛心　嘯聚徒侶　行擊
京西南州縣　所至響應　旬月之間衆至五千. 遂襲武珍州自王　猶不敢公然稱王. 自
署爲新羅西南(面)都統行全州刺史兼御史中承上柱國漢南國開國公　龍化(紀)元

年己酉也. 一云景福元年壬子. 是時北原賊良吉雄强　弓裔自投爲麾下. 萱聞之
遙授良吉職爲裨將. 萱西巡至完山州　州民迎勞　喜得人心　謂左右曰　百濟開國六
百餘年　唐高宗以新羅之請　遣將軍蘇定方　以舡兵十三萬越海. 新羅金庾信　卷土
歷黃山　與唐兵合攻百濟滅之　予今敢不立都　以雪宿憤乎　遂自稱後百濟王　設官
分職. 是唐光化三年　新羅孝恭王四年也.

　　貞明四年戊寅　鐵原京衆心忽變　推戴我太祖卽位　萱聞之　遣使稱賀　遂獻孔雀
扇地理山竹箭等. 萱與我太祖　陽和陰剋獻驄馬於太祖. 三年冬十月　萱率三千騎
至曹物城(今未詳)　太祖亦以精兵來與之角. 萱兵銳　未決勝負　太祖欲權和　以老
其師　移書乞和　以堂弟王信爲質　萱亦以外甥眞虎交質. 十二月　攻取居西(今未
詳)等二十餘城　遣使入後唐稱藩　唐策授檢校太尉侍中判百濟軍事　依前都督行全
州刺史海東四面都統指揮兵馬判置等事百濟王食邑二千五百戶. 四年　眞虎暴卒
疑故殺　卽囚王信　使人請還前年所送驄馬　太祖笑還之.

　　天成二年丁亥九月　萱攻取近品(崀)城(今山陽縣)燒之　新羅王求救於太祖. 太
祖將出帥(師). 萱襲取高鬱府(今蔚州)　進軍族始林(一云鷄林西郊)　卒入新羅王
都　新羅王與夫人出遊鮑石亭時　由是甚敗. 萱强引夫人亂之　以王之族弟金傅嗣位
然後虜王弟孝廉　宰相英景　又取國珍寶　兵仗　子女　百工之巧者　自隨以歸.

　　太祖以精騎五千　要萱於公山下大戰　太祖之將金樂崇謙死之. 諸軍敗北　太祖僅
以身免　而不與相抵　使盈其貫. 萱乘勝轉掠大木城(今若木)京山府　康州　攻缶谷
城. 又義成府之守洪述　拒戰而死. 太祖聞之曰　吾失右手矣. 四十二年庚寅　萱欲
攻古昌郡(今安東)　大擧而石山營寨. 太祖隔百步而郡北瓶山營寨　累戰萱敗　獲
侍郎金渥. 翌日萱收卒　襲破順「州」城　城主元逢不能禦　棄城宵遁. 太祖赫怒　貶
爲下枝縣(今豊山縣　元逢　本順「州」城人故也).

　　新羅君臣　以衰季難以復興　謀引我太祖結好爲援. 萱聞之　又欲入王都作惡.
恐太祖先之　寄書于太祖曰,

　　昨者國相金雄廉　等將召足下入京　有同鼈應黿聲. 是欲鷃披準(隼)翼　必使生靈
塗炭　宗社丘墟. 僕是以先著祖鞭　獨揮韓鉞　誓百寮如皎日　諭六部以義風　不意奸
臣遁逃　邦君薨變. 遂奉景明王表弟　獻憲康王之外孫　勸卽尊位　再造危邦　喪君有
君　於是乎在. 足下勿(不)詳忠告　徒聽流言　百計窺覦　多方侵擾　尙不能見僕馬首
拔僕牛毛. 冬初　都頭索湘束手於星山陣下　月內　左將金樂曝骸於美利寺前　殺獲
居多　追禽不小(少)　强羸若此　勝敗可知. 所期者. 掛弓於平壤之樓　飲馬於浿江

之水. 然以前月七日 吳越國使班尙書至 傳王詔旨 知卿與高麗 久通和好 共契隣盟 比因質子之兩亡 逾失和親之舊好 互侵疆境. 不戢干戈 今專發使臣 赴卿本道 又移文高麗 宜各相親比 永孚于休. 僕義篤尊王 情深事大 及聞詔諭 卽欲祗承 但慮足下欲罷不能 困而猶鬪. 今錄詔書寄呈 請留心詳悉. 且免獹迭德 終必貽譏 蚌鷸相持 亦爲所笑 宜迷復之爲誡 無後悔之自貽.

「天成」二年正月 太祖答曰,

伏奉吳越國通「和」使班尙書所傳詔旨書一道 兼蒙足下辱示長書叙事者. 伏以華輻膚使 爰到(致)制書 尺素好音 兼蒙敎誨. 捧芝檢而雖增感激 闢華牋而難遣嫌疑. 今託廻軒 輒敷危衽.

僕仰承天假 俯迫人推 過叨將帥之權 獲赴經綸之會 項(頃)以三韓厄會 九土凶荒 黔黎多屬於黃巾 田野無非其赤土. 庶幾弭風塵之警 有以救邦國之災 爰自善隣 於爲結好 果見數千里農桑樂業 七八年士卒閑眠. 及至癸酉年 維時陽月 忽焉生事 至乃交兵. 足下始輕敵以直前 若螳蜋之拒轍 終知難而勇退 如蚊子之負山. 拱手陳辭. 指天作誓 今日之後 永世歡和 苟或渝盟 神其殛矣 僕亦尙止戈之武 期不殺之仁 遂解重圍 以休疲卒 不辭質子 但欲安民. 此卽我有大德於南人也. 豈期歃血未乾 凶威復作 蜂蠆之毒 侵害於生民 狼虎之狂 爲梗於畿甸 金城窘忽(急) 黃屋震驚. 仗義尊周 誰似桓文之霸 乘間謀漢 唯看莽卓之奸. 致使王之至尊 枉稱子於足下 尊卑失序 上下同憂 以爲非有元輔之忠純 豈得再安社稷. 以僕心無匿惡 志切尊王 將援置於朝廷 使扶危於邦國 足下見毫釐之小利 忘天地之厚恩 斬戮君主. 焚燒宮闕. 葅醢卿佐. 虔劉士民 姬姜(妾)則取以同車. 珍寶則奪之相載 元惡浮於桀紂 不仁甚於獍梟. 僕怨極崩天 誠深却日 約效鷹鸇之逐 以申犬馬之勤. 再擧干戈 兩更槐柳 陸擊則雷馳電激 水攻則虎搏龍騰 動必成功 擧無虛發 逐尹卿海岸 積甲如山. 禽雛造於城邊 伏屍蔽野. 燕山郡畔 斬吉奐於軍前 馬利(疑伊山郡)城「邊」戮隨晤於纛下 拔任存(今大興郡)之日 刑(邢)積等數百人捐軀 破淸川縣(尙州領內縣名)之時 直心等四五輩授首. 桐藪(今桐華寺)望旗而潰散 京山銜壁以投降 康州則自南而來 羅府則自西移屬. 侵攻若此 收復寧遙. 必期泜水營中 雪張耳千般之恨 烏江岸上 成漢王一捷之心. 竟息風波 永淸寰海. 天之所助 命欲何歸 況承吳越王殿下 德洽包荒 仁深字小 特出綸於舟(丹)禁 諭戢難於靑丘 旣奉訓謨 敢不尊奉. 若足下祗承睿旨 悉戢凶機 不唯副上國之仁恩 抑亦可紹海東之絶緖. 若不過而能改 其如悔不可追(書乃崔致遠作也).

長興三年　甄萱臣龔直　勇而有智略　來降太祖　萱捉龔直二子一女　烙斷股筋. 秋
九月　萱遣一吉　以舡兵入高麗禮城江　留三日　取鹽白眞三州船一百艘　焚之而去
(云云). 淸泰元年　甲午萱聞太祖屯運州(未詳)　遂簡甲士　蓐食而至. 未及營壘將
軍黔弼以勁騎擊之　斬獲三千餘級　熊津以北三十餘城　聞風自降. 萱麾下術士宗訓
醫者之謙　勇將尙逢　雀(崔)弼等　降於太祖.

　　丙申正月　萱謂子曰　老父新羅之季　立後百濟名　有年于今矣. 兵倍於北軍　尙爾
不利　殆天假手爲高麗　盍歸順於北王　保首領矣. 其子神劍龍劍・良劍・等三人皆
不應. 李磾家記云. 萱有九子　長曰神劍(一云甄成)　二子太師謙腦　三子佐承龍術
四子太師聰智　五子大阿宗祐　六子闕　七子佐承位興　八子太師靑丘　一女國大夫
人. 皆上院夫人所生也. 萱多妻妾. 有子十餘人　第四子金剛　身長而多智　萱特愛
之　意欲傳位　其兄神劍・良劍・龍劍知之憂憫. 時良劍爲康州都督　龍劍爲武州都
督　獨神劍在側. 伊飡能奐使人往康武二州　與良劍等謀　至淸泰二年乙未春三月
與英順等勸神劍　幽萱於金山佛宇　遣人殺金剛　神劍自稱大王　赦境內(云云). 初
萱寢未起　遙聞宮庭呼喊聲　問是何聲歟　告父曰　王年老　暗於軍國政要　長子神劍
攝父王位　而諸將歡賀聲也. 俄移父於金山佛宇　以巴達等壯士三十人守之. 童謠
曰　可憐完山兒　失父涕連洒. 萱與後宮年小男女二人　侍婢古比女　內人能乂男等
囚繫　至四月. 釀酒而飮. 醉守卒三十人(人下有闕文)　而與小元甫香乂・吳琰・忠
質等以海路迎之. 旣至　以萱爲十年之長　尊號爲尙父　安置于南宮　賜楊州食邑田
莊奴婢四十口　馬九匹　以其國先來降者信康爲術前.

　　甄萱婿將軍英規　密語其妻曰　大王勤勞四十餘年　功業垂成　一旦以家人之禍
失地從於高麗. 夫貞女不可(更)二夫　忠臣不事二主　若捨己君　以事逆子　耶(則)
何顏以見天下之義士乎　況聞高麗王公　仁厚勤儉　以得民心　殆天啓也. 必爲三韓
之主　盍致書以安慰我王　兼慇懃於王公　以圖後來之福乎. 妻曰　子之言是吾意也.
於是天福元年丙申二月　遣人致意於太祖曰　君擧義旗　請爲內應　以迎王師. 太祖
喜. 厚賜其使者遣之. 謝英規曰　若蒙恩一合　無道路之梗　卽先致謁於將軍　然後
升堂拜夫人　兄事而姊尊之　必終有以厚報之　天地鬼神　皆聞此語. 六月　萱告太祖
老臣所以投身於殿下者　願仗殿下威稜　以誅逆子耳　伏望大王借以神兵　殲其賊亂
臣雖死無憾. 太祖曰　非不欲討之　待其時也.

　　先遣太子及武　將軍述希　領步騎十萬　趣天安府. 秋九月太祖率三軍至天安　合
兵進次一善　神劍以兵逆之. 甲午　隔一利川相對　王師背艮向坤而陣. 太祖與萱觀

216　삼국유사

兵 忽白雲狀如劍戟起 我師向彼行焉. 乃鼓行而進 百濟將軍孝奉·德述·哀述·明吉等 望兵勢大而整 棄甲降於陣前. 太祖勞慰之 問將帥所在 孝奉等曰 元帥神劍在中軍. 太祖命將軍公萱等 三軍齊進挾擊 百濟軍潰北. 至黃山炭峴 神劍與二弟將軍富達·能奐等四十餘人生(出)降. 太祖受降 餘皆勞之 許令與妻子上京. 問能奐曰 始與良劍等密謀 囚大王立其子者. 汝之謀也 爲臣之義 當如是乎. 能奐俛首不能言 遂命誅之. 以神劍僭位爲人所脅 非其本心 又且歸命乞罪特原其死. 甄萱憂懣發疽 數日卒於黃山佛舍 九月八日也 壽七十. 太祖軍令嚴明 士卒不犯秋毫 州縣安堵 老幼皆呼萬歲. 謂英規曰 前王失國後 其臣子無一人慰之者 獨卿夫妻 千里嗣音以致誠意 兼歸美於募人 其義不可忘. 許職左承 賜田一千項(頃)許借驛馬三十五匹 以迎家人 賜其二子以官. 甄萱起唐景福元年 至晋天福元年共四十五年 丙申滅.

　史論曰 新羅數窮道喪 天無所助 民無所歸. 於是群盜投隙而作 若猬毛然 其劇者 弓裔 甄萱二人而已. 弓裔本新羅王子 而反以家(宗)國爲讐 至斬先祖之畫像 其爲不仁甚矣. 甄萱起自新羅之民 食新羅之祿 「而」包藏禍心 幸國之危 侵軼都邑 虔劉君臣若禽獸 實天下之元惡. 故弓裔見棄於其臣 甄萱產禍於其子 皆自取之也 又誰咎也. 雖項羽李密之雄才 不能敵漢唐之興 而況裔萱之凶人 豈可與我太祖相抗歟.

駕洛國記(文廟朝 大康年間 金官知州事文人所撰也. 今略而載之)
　開闢之後 此地未有邦國之號 亦無君臣之稱. 越有我刀干·汝刀干·彼刀干·五刀干·留水干·留天干·神天干·五天干·神鬼干等九干者 是酋長 領總百姓 凡一百戶 七萬五千人. 多以自都山野 鑿井而飮 耕田而食.

　屬後漢世祖光武帝建武十八年壬寅三月禊洛(浴)之日 所居北龜旨(是峯巒之稱 若十朋伏之狀 故云也)有殊常聲氣呼喚 衆庶二三百人 集會於此 有如人音 隱其形 而發其音曰 此有人否 九于(干)等云 吾徒在. 又曰 吾所在爲何 對云 龜旨也. 又曰 皇天所以命我者 御是處 惟新家邦 爲君后 爲玆故降矣. 爾等須掘峯頂撮土 歌之云,
　龜何龜何 首其現也.
　若不現也 燔灼而喫也.

以之踏舞 則是迎大王 歡喜踊躍之也. 九干等如其言 咸炘而歌舞 未幾 仰而觀之 唯紫繩自天垂而着地. 尋繩之下 乃見紅幅裹金合子. 開而視之 有黃金卵六圓如日者. 衆人悉皆驚喜 俱伸百拜 尋還裹著 抱持而歸我刀家 寘榻上 其衆各散.

過浹辰 翌日平明 衆庶復相聚集開合 而六卵化爲童子 容貌甚偉 仍坐於床 衆庶拜賀 盡恭敬止. 日日而大 踰十餘晨昏 身長九尺 則殷之天乙 顏如龍焉 則漢之高祖 眉之八彩 則有唐之高 眼之重瞳 則有虞之舜. 其於月望日卽位也. 始現故諱首露 或云首陵(首陵是崩後謚也). 國稱大駕洛 又稱伽耶國 卽六伽耶之一也. 餘五人 各歸爲五伽耶主. 東以黃山江 西南以滄海 西北以地理山 東北以伽耶山 南而爲國尾. 俾創假宮而入御 但要質儉 茅茨不剪 土階三尺.

二年癸卯春正月 王若曰 朕欲定置京都. 仍駕幸假宮之南新畓坪(是古來閑田新耕作故云也 畓乃俗文也)四望山獄 顧左右曰 此地狹小如蓼葉 然而秀異 可爲十六羅漢住地. 何況自一成三 自三成七 七聖住地 固合于是 托土開疆 終然允臧歟. 築置一千五百步周廻羅城 宮禁殿宇 及諸有司屋宇 虎(武)庫倉廩之地 事訖還宮. 徧徵國內丁壯人夫工匠 以其月二十日 資始金陽(湯). 曁三月十日役畢 其宮闕屋舍 俟農隙而作之 經始于厥年十月 逮甲辰二月而成. 涓吉辰御新宮 理萬機而懃庶務.

忽有琓夏國含達「婆」王之夫人妊娠 彌月生卵 卵化爲人 名曰脫解 從海而來身長三尺 頭圓一尺. 悅焉詣闕 語於王云 我欲奪王之位 故來耳. 王答曰 天命我俾卽于位 將令安中國而綏下民 不敢違天之命 以與之位 又不敢以吾國吾民 付囑於汝. 解云 若爾可爭其術. 王曰 可也. 俄頃之間 解化爲鷹 王化爲鷲 又解化爲雀 王化爲鸇 于此際也. 寸陰未移 解還本身 王亦復然. 解乃伏膺曰 僕也適於角術之場 鷹之鷲 雀之於鸇 獲免焉 此盖聖人惡殺之仁而然乎 僕之與王 爭位良難. 便拜辭而出 到麟(隣)郊外渡頭 將中朝來泊之水道而行. 王竊恐滯留謀亂 急發舟師五百艘而追之. 海奔入雞林地界. 舟師盡還 事記所載 多異與新羅.

屬建武二十四年戊申七月二十七日 九干等朝謁之次 獻言曰 大王降靈已來 好仇未得 請臣等所有處女絶好者 選入宮闈 俾爲伉儷 王曰 朕降于玆 天命也 配朕而作后 亦天之命 卿等無慮 遂命留天干 押輕舟 持駿馬 到望山島立待 申命神鬼干 就乘岾(望山島 京南島嶼也 乘岾 輦下國也). 忽自海之西南隅 掛緋帆張茜旗 而指乎北. 留天等 先擧火於島上 則競渡下陸 爭奔而來 神鬼望之 走入闕奏

之 上聞欣欣. 尋遣九干等 整蘭橈 揚桂楫而迎之 旋欲陪入內 王后乃曰 我與(爾)等素昧平生 焉敢輕忽相隨而去 留天等返達后之語 王然之 率有司動蹕 從闕下西南六十步許地 山邊設幔殿祗候.

王后於山外別浦津頭 維舟登陸 憩於高嶠. 解所著綾袴爲贄 遺于山靈也. 其地「他」侍從媵臣二員. 名曰申輔・趙匡 其妻二人 號慕貞・慕良 或臧獲幷計二十餘口 所賫錦繡綾羅 衣裳疋段 金銀珠玉 瓊玖服玩器 不可勝記. 王后漸近行在 上出迎之 同入帷宮 媵臣已下衆人 就階下而見之卽退. 上命有司 引媵臣夫妻曰 人各以一房安置 已下臧獲各一房五六人安置. 給之以蘭液蕙醑 寢之以文茵彩薦 至於衣服疋段寶貨之類 多以軍夫遴集而護之.

於是王與后共在御國寢 從容語王曰 妾是阿踰陁國公主也 姓許名黃玉 年二八矣. 在本國時 今年五月中 父王與皇后 顧妾而語曰 爺孃一昨夢中 同見皇天上帝謂曰 駕洛國元君首露者 天所降而俾御大寶 乃神乃聖 惟其人乎. 且以新莅家邦未定匹偶 卿等須遣公主而配之 言訖升天. 形開之後 上帝之言 其猶在耳 你於此而忽辭親 向彼乎往矣. 妾也浮海遐尋於蒸棗 移天復赴於蟠桃. 蟓首敢叨 龍顏是近. 王答曰 朕生而頗聖 先知公主自遠而屆 下臣有納妃之請 不敢從焉 今也淑質自臻 眇躬多幸.

遂以合歡 兩過清宵 一經白晝. 於是遂還來船 篙工楫師共十有五人 各賜粮粳米十碩 布三十疋 令歸本國. 八月一日廻鑾 與后同輦 媵臣夫妻 齊鑣幷駕 其漢肆雜物 咸使乘載 徐徐入闕 時銅壺欲午. 王后爰處中宮 勅賜媵臣夫妻私屬空閑二室分入 餘外從者 以賓館 一坐二十餘間 酌定人數 區別安置 日給豊羨. 其所載珍物 藏於內庫 以爲王后四時之費.

一日上語臣下曰 九干等 俱爲庶僚之長 其位與名 皆是宵人野夫之號 頓非簪履職位之稱 儻化外傳聞 必有嗤笑之耻 遂改我刀爲我躬 汝刀爲汝諧 彼刀爲彼藏 五刀爲五常 留水 留天之名 不動上字 改下字留功 留德「神天」改爲神道 五天改爲五能 神鬼之音不易 改訓爲臣貴. 取雞林職儀 置角干・阿叱干・級干之秩 其下官僚 以周判漢儀而分定之 斯所以革古鼎 新設官分職之道歟. 於是乎理國齊家 愛民如子 其敎不肅而威 其政不嚴而理. 況與王后而居也 比如天之有地 日之有月 陽之有陰. 其功也 塗山翼夏 唐媛(媛)興嬌. 頻年有夢 得熊羆之兆 誕生太子居登公. 靈帝中平六年己巳三月一日 后崩 壽一百五十七. 國人如嘆坤崩 葬於龜旨東北塢. 遂欲「不」忘子愛下民之惠 因號初來下纜渡頭村 曰主浦村 解綾袴高

罔 曰綾峴 茜旗行入海涯 曰旗出邊.

　媵臣泉府卿申輔 宗正監趙匡等 到國三十年後 各産二女焉 夫與婦踰一二年而皆抛信也. 其餘臧獲之輩 自來七八年間 未有孳生 唯抱懷土之悲 皆首丘而沒 所舍賓館 圓其無人.

　元君乃每歌(欼)鰥枕 悲嘆良多 隔二五(十一)歲 以獻帝立(建)安四年己卯三月二十三日而殂落 壽一百五十八歲矣. 國中之人若亡天只 悲慟甚於后崩之日. 遂於闕之艮方平地 造立殯宮 高一丈 周三百步而葬之 號首陵王廟也. 自嗣子居登王 洎九代孫仇衝之享是廟 須以每歲孟春三之日 七之日 仲夏五之日 仲秋初五之日 十五之日 豊潔之奠 相繼不絶.

　洎新羅第三十王法敏龍朔元年辛酉三月日 有制曰 朕是伽耶國元君九代孫仇衝王之降于當國也 所率來子世宗之子 率友公之子 庶云匝干之女 文明皇后 寔生我者 玆故元君於幼沖人 乃爲十五代始祖也. 所御國者已曾敗 所葬廟者今尙存 合于宗祧 續乃祀事. 仍遣使於黍離之趾(址) 「以」近廟上上田三十頃. 爲供營之資 號稱王位田 付屬本土 王之十七代孫賡世級干 祗禀朝旨. 主掌厥田 每歲時釀醪醴 設以餠飯茶菓庶羞等奠 年年不墜 其祭日不失居登王之所定年內五日也. 芬苾孝祀 於是乎在於我.

　自居登王卽位己卯年置便房 降及仇衝朝末 三百三十載之中 享廟禮曲 永無違者 其乃仇衝失位去國 逮龍朔元年辛酉 六十年之間 享是廟禮 或闕如也. 美矣哉 文武王(法敏王諡也)先奉尊祖 孝乎惟孝 繼泯絶之祀 復行之也.

　新羅季末 有忠至匝干者 攻取金官高城 而爲城主將軍 爰有英規阿干 假威於將軍 奪廟享而淫祀 當端午而致告祀堂梁無故折墜 因覆壓而死焉. 於是將軍自謂宿因多幸 辱爲聖王所御國城之奠 宜我畫其眞影 香燈供之 以酬玄恩 遂以鮫絹三尺 摸出眞影 安於壁上 旦夕膏炷 瞻仰虔至 才三日 影之二目 流下血淚 而貯於地上 幾一斗矣. 將軍大懼 捧持其眞 就廟而焚之.

　卽召王之眞孫圭林而謂曰 昨有不祥事 一何重疊 是必廟之威靈 震怒余之圖畫 而供養不孫 英規旣死 余甚愧畏 影已燒矣 必受陰誅. 卿是王之眞孫 信合依舊以祭之 圭林繼世奠酹 年及八十八歲而卒. 其子間元卿 續而克禋. 端午日謁廟之祭. 英規之子俊必又發狂 來詣廟 俾徹間元之奠 以己(己)奠陳享 三獻未終 得暴疾歸家而斃. 然古人有言 淫祀無福 反受其殃. 前有英規 後有俊必 父子之謂乎.

　又有賊徒 謂廟中多有金玉 將來盜焉. 初之來也 有躬擐甲冑 張弓挾矢 猛士一

人 從廟中出 四面兩(雨)射 中殺七八人 賊徒奔走. 數日再來 有大蟒長三十餘尺
眼光如電 自廟旁出 咬殺八九人 粗得完免者 皆僵仆而散. 故知陵園表裏 必有神
物護之.

自逮(建)安四年己卯始造 逮今上御圖(國)三十一載 大康二年丙辰 凡八百七
十八年 所封美土 不騫不崩 所植佳木 不枯不朽 況所排列万蘊玉之片片 亦不頹
圻. 由是觀之 辛替否日 自古迄 豈有不忘(亡)之國 不破之墳. 唯此駕洛國之昔
曾亡 則替否之言有微矣 首露廟之不毀 則替否之言 未足信也.

此中更有戲樂思慕之事 每以七月二十九日 土人吏卒 陟乘岾 設帷幕 酒食歡
呼 而東西送目 壯健人夫 分類以左右之 自望山島 駿蹄駃駃 而競湊於陸. 鷁首
泛泛 而相推於水 北指古浦而爭趨 盖此昔留天 神鬼等 望后之來 急促告君之遺
迹也.

國亡之後 代代稱號不一 新羅第三十一政明王卽位 開耀元年辛巳 號爲金官京
置太守. 後二百五十九年 屬我太祖統合之後 代代爲臨海縣 置排岸使 四十八年
也 次爲臨海郡 或爲金海府 置都護府 二十七年也 又置防禦使 六十四年也.

淳化二年 金海府量田使 中大夫趙文善申省狀稱 首露陵王廟屬田結數多也 宜
以十五結仍舊貫 其餘分折於府之役丁. 所司傳狀奏聞 時廟朝宣旨曰 天所降卵
化爲聖君 居位而延齡 則一百五十八年也 自彼三皇而下 鮮克比肩者歟 崩後自
先代 俾屬廟之壇畝 而今減除 良堪疑懼 而不允. 使又申省 朝廷然之 半不動於
陵廟中 半分給於鄉人之丁也. 節使(量田使稱也) 受朝旨 乃以半屬於陵園 半以
支給於府之徭役戶丁也. 幾臨事畢 而甚勞倦 忽一夕夢見七八介鬼神 執縲紲握刀
劍而至云 儞有大慼 故加斬戮. 其使以謂受刑而慟楚 驚懼而覺 仍有疾瘵 勿令人
知之 宵遁而行 其病不間渡關而死. 是故量田都帳不著印也. 後人奉使來 審檢厥
田 才(十)一結十二負九束也 不足者三結八十七負一束矣 乃推鞫(鞫)斜入處.
報告內外官 勅理足支給焉.

又有古今所嘆息者. 元君八代孫金銍王 克勤爲政. 又切崇眞 爲世祖母許皇后
奉資冥福 以元嘉二十九年壬辰 於元君與皇后合婚之地創寺 額曰王后寺. 遣使審
量近側平田十結 以爲供億三寶之費. 自有是寺五百(「歲」)後 置長遊寺 所納田柴
并三百結 於是右寺三剛(綱) 以王后寺在寺柴地東南標內 罷寺爲莊 作秋收冬藏
之場秣馬養牛之廐 悲夫 世祖已下九代孫曆數 委錄于下.

銘曰,

元胎肇啓 利眼初明. 人倫雖誕 君位未成.

中朝累世 東國分京. 雞林先定 駕洛後營.

自無銓宰 誰察民氓. 遂玆玄造 顧彼蒼生.

用授符命 特遣精靈. 山中降卵 霧裏藏刑(形).

內猶漠漠 外亦冥冥. 望如無象 聞乃有聲.

群歌而奏 衆舞而呈. 七日而後 一時所丁(寧).

風吹雲卷 空碧天靑. 下六圓卵 垂一紫纓.

殊方異土 比屋連甍. 觀者如堵 覩者如羹.

五歸各邑 一在玆城. 同時同迹 如弟如兄.

實天生德 爲世作程. 寶位初陟 寰區欲淸.

華構微古 土階尙平. 萬機始勉 庶政施行.

無偏無儻 惟一惟精. 行者讓路 農者讓耕.

四方奠枕. 萬姓迓衡. 俄晞薤露 靡保椿齡.

乾坤變氣 朝野痛情. 金相其躅 玉振其聲.

來苗不絶 薦藻惟馨. 日月雖逝 規儀不傾.

居登王：父首露王 母許王后. 立(建)安四年己卯三月(二)十三日卽位 治三十九年 嘉平五年癸酉九月十七日崩. 王妃泉府卿申輔女慕貞 生太子麻品. 開皇曆云 姓金氏 盖國世祖從金卵而生 故以金爲姓爾.

麻品王：一云馬品 金氏. 嘉平五年癸酉卽位 治三十九年 永平元年辛亥一月二十九日崩. 王妃宗正監趙匡孫女好仇 生太子居叱彌.

居叱彌王：一云今勿 金氏. 永平元年卽位 治五十六年 永和二年丙午七月八日崩. 王妃阿躬阿干孫女阿志 生王子伊「尸」品.

伊尸品王：金氏. 永和二年卽位 治六十二年 義熙三年丁未四月十日崩. 王妃司農卿克忠女貞信 生王子坐知.

坐知王：一云金叱. 義熙三年卽位. 娶傭女 以女黨爲官 國內擾亂 雞林國以謨欲伐. 有一臣名朴元道 諫曰 遺草閟閟亦含羽 況乃人乎 天亡地陷 人保何基 又卜士筮得解卦 其辭曰 解而悔 朋至斯孚 君鑑易卦乎. 王謝曰 可 擯傭女 貶於荷山島 改行其政 長御安民也. 治十五年 永初二年辛酉五月十二日崩. 王妃道寧大阿干女福壽 生子吹希.

吹希王：一云叱嘉 金氏. 永初二年即位 治三十一年 元嘉二十八年辛卯二月三日崩. 王妃進思角干女仁德 生王子銍知.

銍知王：一云金銍王. 元嘉二十八年即位. 明年爲世祖許黃玉王后 奉資冥福於初與世祖合御之地創寺 曰王后寺 納田十結充之. 治四十二年 永明十年壬申十月四日崩. 王妃金相沙干女邦媛 生王子鉗知.

鉗知王：一云金鉗王. 永明十年即位 治三十年. 正光二年辛丑四月七日崩. 王妃出忠角干女淑 生王子仇衡.

仇衡王：金氏. 正光二年即位 治四十二年. 保定二年壬午九月 新羅第二十四君眞興王 興兵薄伐. 王使親軍卒 彼衆我寡 不堪對戰也. 仍遣同氣脫知爾叱今 留在於國 王子上孫卒支公等 降入新羅. 王妃分叱水爾叱女桂花 生三子 一世宗角干 二茂刀角干 三茂得角干. 開皇錄云 梁中大通四年壬子 降于新羅.

義曰 案三國史 仇衡以梁中大通四年壬子 納土投羅 則計自首露初即位東漢建武十八年壬寅 至仇衡末壬子 得四百九十年矣 若以此記考之 納土在元魏保定二年壬午 則更三十年 總五百二十年矣. 今兩存之.

제3권

흥법(興法) 제3

순도조려·난타벽제·아도기라
원종흥법 염촉멸신·법왕금살
보장봉로·보덕이암

탑상(塔像) 제4

동경 흥륜사 금당 10성·가섭불 연좌석
요동성 육왕탑·금관성 파사석탑
고「구」려 영탑사·황룡사 장륙존상·황룡사 9층탑
황룡사 종·분황사 약사·봉덕사 종
영묘사 장륙존상·사불산·굴불산·만불산·생의사 돌미륵
흥륜사 벽화 보현보살·삼소관음 중생사
백률사·민장사·전후 소장 사리
미륵선화 미시랑과 진자사
남백월 2성 노힐부득과 달달박박
분황사 천수대비 맹아득안
낙산사 2대성 관음·정취와 조신·어산불영
대산의 5만진신·명주 오대산 보질도태자 전기
오대산 월정사 5류성중·남월산·천룡사
무장사 미타전·백엄사 석탑사리·영취사
유덕사·오대산 문수사 석탑기

원문

흥법(興法) 제3

순도조려(順道肇麗 : 순도공 다음에 또 법심(法深)·의연(義淵)·담엄(曇嚴) 등이 잇따라 불교를 일으켰으나 전하는 문헌이 없으므로 감히 순서에 넣어 엮지 못한다.)

순도, 고구려에 불교 전하다

〈고구려본기〉[1]에 이렇게 말하였다.

"소수림왕(小獸林王) 2년 임신년(372)은 동진(東晉)의 함안(咸安)[2] 2년이요, 효무제(孝武帝)가 즉위하던 해이다. 전진(前秦)의 왕 부견(苻堅)[3]이 사신과 승려 순도를 보내며 불상과 불경을 전해 왔다(그때 부견은 관중, 즉 장안에 도읍하였다). 또 4년 갑술년(374)에는 아도(阿道)가 진(晉)나라에서 왔다. 다음 해 을해년(375) 2월에 초문사(肖門寺)를 창건해 순도가 있게 하고, 또 이불란사(伊佛蘭寺)를 창건하여 아도를 있게 했다. 이것이 곧 고구려 불교의 시초이다."

《승전(僧傳)》에 "순도, 아도가 위(魏)나라에서 왔다"고 한 것은 잘못이며, 실제로는 전진에서 온 것이다. 또 "초문사는 지금 흥국사(興國寺)요, 이불란사는 흥복사(興福寺)이다"라고 한 것도 역시 틀린 말이다.

살펴보면, 고구려는 안시성(安市城)[4], 즉 일명 안정홀(安丁忽)에 도읍했는데 요수(遼水) 북쪽에 있다. 요수는 일명 압록(鴨淥)으로 지금은 안민강(安民江)이라 부른다. 어찌 송경(松京)[5]에 흥국사의 절 이름이 있겠는가?

다음과 같이 기린다.

---

1) 《삼국사기》에 실려 있다.

2) 함안(咸安) : 동진(東晉) 간문제의 연호(371~372).

3) 부견(苻堅) : 전진(前秦)의 제3대 왕 세조(재위 357~385)

4) 안시성(安市城) : 고구려 28대 보장왕 때, 당나라의 공격을 격파한 성이나, 고구려의 도읍이 아니다.

5) 송경(松京) : 개성.

압록강에 봄이 깊어 저 물가에 풀빛 곱고
백사장 해오라기와 갈매기 한가로이 조는구나.
홀연히 멀리 노 젓는 소리에 놀라니
어디메 고깃배인지, 나그네 안개 속에서 오는구나.

난타벽제 (難陀闢濟)

마라난타, 백제에 불교 열다

〈백제본기〉에 이렇게 말하였다.

"제15대 (《승전》에 14대라 함은 잘못이다) 침류왕 즉위 갑신년 (384 : 동진의 효무제 태원 9년이다) 에 인도의 호승 (胡僧) 마라난타 (摩羅難陀) 가 진 (晉) 나라에서 왔으므로, 그를 맞아 궁중에 두고 예로 공경하였다. 다음 해 을유년 (385) 에 새 도읍인 한산주 (漢山州) 에 절을 세우고, 도첩 (度牒) 을 받은 승려 10명을 두니 이것이 백제 불교의 시초이다. 또 아신왕 (阿莘王) 이 즉위한 태원 (太元) 17년 (392) 2월에 왕이 하교하여 불법을 숭상하고 믿어 복을 구하게 하였다."

마라난타는 범어이니 번역하면 동학 (童學 : 그의 괴이한 행적은 《승전》을 자세히 보라) 이다.

다음과 같이 기린다.

하늘의 조화는 천지창조 때부터 이어오니
대체로 잔재주를 부리기 어렵다.
늙은이들은 절로 익혀 노래하고 춤추며
옆 사람이 끌어내 눈 뜨게 하네.

아도기라 (阿道基羅 : 혹은 아도 (我道) 또는 아두 (阿頭) 로도 썼다)

아도, 신라에 불교 기초하다

〈신라본기〉 제4권에 이렇게 말하였다.

제19대 눌지왕 (訥祗王) 때 사문 (沙門) 묵호자 (墨胡子) 가 고구려에서 일선군 (一善郡)[6]에 왔다. 그 군 사람 모례 (毛禮 : 혹은 모록 (毛祿) 이라고도 한다) 가 자기 집에 굴을 만들고 편히 지내게 하였더니, 마침 양 (梁) 나라에서 사신을 시켜 옷과 향을 보내 왔다(고득상(高得相)의 영사시(詠史詩)에는 양(梁)나라에서 원표
라는 승려 편에 명단향(溟檀香)과 불경·불상을 보냈다 하였다). 군신들은 향의 이름과 용도를 몰라 사람을 시켜 가지고 온 나라에 묻게 했다. 묵호자가 이를 보고 말하였다.

"이것은 향이라 하는 것인데 불에 태우면 향기가 아름다우니 신성(神聖)에게 정성드릴 때 쓰는 것입니다. 신성한 것 가운데 삼보(三寶)[7]보다 더한 것이 없으니 만일 이 향을 태우면서 소원을 빌면 반드시 영험이 있을 것입니다(눌지왕은 진·송(晋宋) 때에 있었으니
양나라 사신을 보냈다 함은 잘못이다)."

때마침 왕의 딸이 병이 위독해져 묵호자를 불러 그 향을 태워 빌게 하니 병이 곧 나았다. 왕이 기뻐서 상을 후하게 내리려 했으나 별안간 종적을 감춰 알 수 없었다.

또 21대 비처왕(毗處王) 때에 아도화상(我道和尙)이 있었는데, 그는 시자(侍者) 3명과 함께 모례의 집에 왔는데, 그 거동과 모습이 묵호자와 같았다. 그는 수년을 살다가 병도 없이 죽고, 시자 3명은 머물러 있으면서 불경을 강독하니, 가끔 신봉하는 자가 있었다(주석에 '아도의 본비와 전기가 다르며 또 《고승전》에 서축
(西竺) 사람이라 하고 혹은 오나라에서 왔다고도 한다)."

〈아도 본비〉를 살펴보면 다음과 같다.

아도는 고구려 사람이다. 어머니는 고도녕(高道寧)으로 정시(正始)[8] 연간(240~248)에 위나라 사람 아굴마(我掘摩 : 我는
성이다)가 고구려에 사신으로 왔다가 고도녕과 사통하고 돌아갔는데, 이 때에 임신을 하였다. 아도가 태어난 지 다섯 살 되었을 때 그의 어머니가 출가시켰다. 16살 때 위나라로 가 아굴마를 만나고, 현창화상(玄彰和尙)의 문하에 나아가 불법을 배웠다. 19살이 되어 다시 어머니께 돌아오니 그 어머니가 말하였다.

"이 나라는 아직 불법을 알지 못하나, 앞으로 3천여 달을 지나면 계림(雞林)에 성왕이 나서 불교를 크게 일으킬 것이다. 그 나라 서울 안에 절터가 일곱 곳 있으니, 하나는 금교(金橋) 동쪽 천경림(天鏡林 : 지금의 흥륜사이고, 금교는
서천교를 말하는데, 세속에 와전되어 송교(松橋)라 한다. 이 절은 아도가 처음 터를 잡았으나, 중간에 허물어졌다가
법흥왕 정미년에 일에 착수하고 을묘년에 크게 공사를 벌여 진흥왕 때에 마쳤)이고, 둘은 삼천기(三川岐 : 지금의 영흥사인데 흥륜사와
동시에 창건되었다), 셋은 용궁(龍宮) 남쪽(지금의 황룡사이니 진흥왕
계유에 창건되었다), 넷은 용궁(龍宮)

---

6) 일선군(一善郡) : 지금의 경북 선산.

7) 삼보(三寶) : 불교에서 귀하게 여기는 세 가지 보물로 불보(佛寶)·법보(法寶)·승보(僧寶) 즉 부처·불교 교법·승려이다.

8) 정시(正始) : 위나라 제왕의 연호(240~248).

북쪽(지금의 분황사이니 선덕왕), 다섯은 사천미(沙川尾 : 지금 靈妙寺이니 선덕왕 을미에 창건되었다), 여섯은 신유림(神遊林 : 지금의 천왕사이니 문무왕 을묘에 창건되었다), 일곱은 서청전(婿請田 : 지금의 담엄사이다)이니 모두 전불(前佛) 9) 때의 절터이며, 법수(法水)가 깊이 흐르던 땅이니 네가 그리로 가서 큰 교리를 전파하면 마땅히 그 땅의 불교의 초석이 되리라."

아도가 가르침을 받고 계림의 왕성 서리(西里)에 우거하니 그 곳이 지금의 엄장사이다. 그때는 미추왕(味雛王) 2년 계미년(263)이다.

대궐에 나아가 불법을 행하고자 청하니, 모두 전에 보지 못하던 것이라 하여 의심하며 심지어는 아도를 죽이려는 자까지도 있었다. 이에 도망하여 속림(續林 : 지금의 일선현이다) 모록(毛祿 : 록(祿)과 예(禮)의 모양이 비슷하므로 생긴 잘못이다. 고기(古記)에 아도법사가 처음 모록의 집에 왔을 때 천지가 진동하였고, 그때 사람들이 승명을 몰라 아두삼마(阿頭彡麼)라 했는데 삼마는 방언으로 승려란 말이니 사미(沙彌)라는 말과 같다)의 집에 3년을 숨어 있었다.

(미추왕) 3년에 성국공주(成國公主)가 병이 났는데, 무당이나 의약이 효험이 없었다. 그래서 사방으로 칙사를 보내 의원을 구하였다. 아도법사가 갑작스레 대궐에 나아가자 공주의 병이 나았다. 왕이 크게 기뻐하여 법사에게 소원을 물었다. 아도가 아뢰었다.

"빈도(貧道)는 원하는 것이 없고, 다만 천경림에 불사를 짓고 불교를 크게 일으켜 이 나라가 복받기를 빌고자 합니다."

왕이 허락하고 공사를 시작하게 했다. 이때 나라의 풍속이 실질적이고 검소하여, 띠풀로 지붕을 덮고 거기에 머무르며 강독했으니, 때로는 하늘꽃이 땅에 떨어지기도 했다. 이 절을 흥륜사(興輪寺)라 하였다.

모록의 누이 사씨(史氏)는 법사에 귀의하여 비구니가 되어 삼천기(三川岐)에 절을 창건하고 살았으니, 이름을 영흥사(永興寺)라 하였다. 얼마 후 미추왕이 별세하니, 사람들이 법사를 해치려 하였다. 법사는 모록의 집으로 돌아와 스스로 무덤을 만들고, 문을 잠그고 죽어 다시는 나타나지 않았다. 이로 인해 불교도 끊어졌다.

23대 법흥대왕이 소량(蕭梁) 천감(天監) 10) 13년 갑오년(514)에 즉위하여 불교를 일으키니, 미추왕 계미년(263)으로부터 252년이나 된다. 고도녕이

---

9) 전불(前佛) : 현세에 나타난 부처보다 이전에 나와 성도(成道)하고 돌아간 부처. 전불을 석가, 후불을 미륵불이라고도 한다.

10) 천감(天監) : 양(梁)나라 고조의 연호(502~520).

한 3천여 달이라 함이 입증된 것이다.

이 말에 의하면 〈본기〉와 〈본비〉의 설이 서로 어긋나 이와 같이 다르니 다시 시론하면 이러하다.

양나라와 당나라의 두 《승전(僧傳)》과 《삼국본사》에 모두 고구려와 백제의 두 나라 불교 시초가 진(晋)나라 말년인 태원 연간(376~395)으로 기재되었으니 순도·아도 두 법사가 소수림왕 갑술년(374)에 고구려로 온 것은 분명하니, 이것이 틀리지 않았다. 만일 비처왕 때에 처음 아도가 신라에 왔다면, 이는 아도가 고구려에 100여 년 머물다 온 것이 된다. 비록 위대한 성인으로서 행동이란 나타나고 없어지는 것이 평범하지 않다고는 하지만 반드시 모두 다 그런 것은 아니다. 또한 신라에서 불교를 받든 것이 이렇게 늦지도 않았을 것이다.

만일 미추왕 때에 있었다 하면 오히려 순도가 고구려에 왔던 갑술년보다 100여 년을 앞서게 되니, 그때 신라에는 아직 문물 제도가 없었고, 나라 이름도 아직 정하지 못했는데, 어느 겨를에 아도가 와서 부처 받들기를 청할 수 있었겠는가? 또 고구려에 아직 오지도 않았는데 뛰어넘어 신라에 왔다는 것도 합당치 못하다.

설사 잠깐 일었다가 스러졌다 하더라도 어찌 중간에 그렇게 적막하게 몰라, 향의 이름마저 몰랐다 할 수 있는가? 한쪽에는 어찌 그리 늦고 또 한쪽은 또 어찌 그리 빠르게 기록되었는가?

생각하건대 불교가 동방으로 전파되어 온 형세를 살펴보면 반드시 고구려와 백제에서 시작되어 신라에서 그쳤을 것이다. 눌지왕은 이미 소수림왕과 시대가 가까우니, 아도가 고구려를 떠나 신라로 온 것도 당연히 눌지왕 때가 합당하다.

또 왕녀의 병을 구한 것도 아도의 일이라고 전하니, 묵호자라 한 것은 진짜 이름이 아니요 그저 지목한 말이다. 마치 양나라 사람들이 달마(達摩)[11]를 가리켜 벽안호(碧眼胡)라 하고, 진(晋)나라 사람이 석도안(釋道安)을 조롱하여 칠도인(漆道人)이라 하는 것과 같다. 즉 아도는 위태로운 일을 피하

---

11) 달마(達摩) : 중국 선종(禪宗)의 시조. 남인도 향지국(香至國) 왕자였으나, 위나라로 들어가 소림사에서 9년을 참선하여 득도하였다 함.

느라고 본명을 말하지 않은 데에 원인이 있다. 나라 사람들이 각기 듣는 대로 묵호니 아도니 하여 두 가지 이름으로 불렀기 때문에 한 사람이 두 사람인 것처럼 전하게 된 것이다. 더구나 '아도의 거동과 모습이 묵호자와 같았다' 하였으니, 한 사람일 가능성을 보인 것이다.

고도녕이 절터 일곱 장소를 말한 순서는 바로 절이 창건될 순서를 미리 말한 것인데, 전기에 잘못되었으니 이제 사천미(沙川尾)로써 다섯째로 올린다.

3천여 달이라 함도 반드시 믿을 수 없으나 대개 눌지왕 때부터 법흥왕 정미년(527)까지가 무려 100여 년이니, 만일 1천여 달이라면 거의 비슷하다. 성을 아(我)라 한 것과 외자 이름도 의아하여 확실하지 않다.

또 원위(元魏)12) 석담시(釋曇始 : 혜시(惠始)라고도 한다) 전기를 살펴보면, 담시는 관중(關中 : 장안) 사람이라 출가한 이후로부터 기이한 사적이 많이 있다. 진(晉)나라의 효무제(孝武帝) 태원 말년에 경률(經律) 수십 부를 가지고 요동에 가서 불교를 전파하였다. 여기에서 삼승(三乘)13)을 가르쳐 그 자리에서 불계에 귀의하게 하였으니, 이것이 고구려가 불교를 듣게 된 시작이었다.

의희(義熙)14) 초년에 다시 관중으로 돌아와 삼보(三輔)15)에서 불교를 전파하였다. 담시는 발이 얼굴보다 희고, 비록 진흙탕을 건너도 조금도 젖지 않았으므로 세상 사람들이 모두 그를 백족화상(白足和尙)이라고 불렀다 한다.

진(晉)나라 말년에 북방의 흉노 혁련발발(赫連勃勃)16)이 관중을 격파하고 무수한 사람을 죽였는데, 이때 담시도 시해를 받게 되었으나, 칼로도 그를 상하지 못하니 발발이 감탄하여 승려들을 모두 사면하여 죽이지 않았다. 담시

---

12) 원위(元魏) : 북조(北朝) 탁발씨의 왕조. 조위(曹魏)와 구별하기 위해 이렇게 부른다.

13) 삼승(三乘) : 중생을 열반에 이르게 하는 세 가지 교법. 성문승(聲聞乘)·연각승(緣覺乘)·보살승(菩薩乘)이다.

14) 의희(義熙) : 동진(東晉) 안제의 연호(405~418).

15) 삼보(三輔) : 한나라 때 장안 부근.

16) 혁련발발(赫連勃勃) : 중국 5호 16국의 하나인 한나라 세조 무열제. 남흉노 선우의 자손.

는 몰래 산으로 도망하여 동냥중 노릇을 하였다. 탁발도(拓拔燾)[17]가 다시 장안을 몰래 쳐서 수복하고 관중과 낙양까지 위엄을 떨치고 있을 때, 박릉(博陵)의 최호(崔浩)가 어려서부터 좌도(左道)를 익혀서 불교를 시기하고 미워하더니, 재상이 되어 탁발도의 신임을 얻었다. 이에 천사(天師) 구겸지(寇謙之)와 탁발도를 꾀어, "불교는 이로움이 없고, 백성들의 이익을 해칠 뿐입니다" 하고 불교를 폐하도록 권하였다.

태평(太平) 말년에 담시는 탁발도를 교화할 때가 왔다 하여, 정월 초하루 궁중 조회 있는 날에 홀연히 지팡이를 짚고 궁문에 이르렀다. 탁발도가 담시를 베라고 명했으나, 여러 번 베어도 베이지 않았다. 탁발도가 몸소 베어도 베어지지 않자, 북원(北園)에 기르는 범에게 물게 해도 범이 가까이가지 못하였다. 탁발도가 크게 부끄럽고 두려워하더니 마침내 병이 나고, 최호와 구겸지도 연이어 나쁜 병에 걸렸다. 탁발도가 생각하되, 허물은 그들 때문에 생긴 것이라 하여 두 집 가족을 없애고, 나라 안에 영을 내려 불교를 크게 일으켰다. 담시는 그 뒤로 종적을 모른다 하였다.

다음과 같이 논평한다.

담시가 태원 말년에 해동에 왔다가 의희 초년에 관중으로 갔다면 여기에 체류한 것이 10여 년인데, 어찌 우리 역사에는 문헌이 없는가? 담시는 해괴하기 이를 데 없는 사람이다. 아도·묵호자·난타와 연대와 사적이 비슷하니, 세 사람 중 하나는 반드시 이름을 바꾼 것이 아닌가 의심스럽다.

다음과 같이 기린다.

금교(金橋)에 쌓인 눈 아직 녹지 않았고,
계림의 봄은 아직 돌아오지 않았네.
영리한 봄의 신 재주 있으니,
모랑의 집 매화 먼저 피게 하였네.

원종흥법 염촉멸신(原宗興法厭髑滅身)

원종 불법 일으키고, 염촉 몸바치다

〈신라본기〉에 "법흥왕(法興王 : 원종(原宗)) 14년(527)[18]에 소신 이차돈(異次頓 : 염촉(厭髑))이 불법을 위해 몸을 바쳤다"라고 했으니, 즉 소량(蕭梁) 보통(普通) 8년 정미년(572)은 서천축(西天竺)의 달마(達摩)가 금릉(金陵)[19]으로 온 해이다. 이 해에 낭지법사(朗智法師)도 처음으로 영취산(靈鷲山)에서 법회를 열었으니, 이로써 불교의 성쇠도 반드시 멀든 가깝든 같은 시기에 다 함께 감응하는 것을 볼 수가 있다.

원화(元和) 연간(806~821)에 남간사(南澗寺) 승려 일념(一念)이 '촉향분례불결사문(髑香墳禮佛結社文)'을 지었는데, 이 사적이 매우 자세히 실려 있다. 그 대략은 다음과 같다.

옛날 법흥대왕(法興大王)이 자극전(紫極殿)에서 등극할 때, 동방[扶桑]의 국토를 굽어 살피며 좌우에게 말하였다.

"옛적에 한(漢) 명제(明帝)가 꿈에 감응해 불법이 동쪽으로부터 왔는데, 과인이 즉위하면 백성을 위해 복을 빌고 죄를 없앨 곳을 만들 것이다."

이에 신하(향전에는 공목(工目), 알공(謁恭) 등이라 하였다)들이 대왕의 깊은 뜻을 알지 못하고, 오직 나라를 다스리는 대의만을 준수하고 절을 세우려는 신성한 생각은 좇지 않았다. 대왕은 탄식하며 말하였다.

"슬프다, 과인이 부덕하여 대업을 크게 이어받아 위로는 음양의 조화를 이루지 못하고 아래로는 뭇 백성들의 즐거움이 없으니, 정무를 보는 틈틈이 석가의 교화에 마음을 두고자 하나 누구와 더불어 일을 하리요?"

이에 마음을 수양한 자가 있으니 성은 박씨요, 이름은 염촉(厭髑 : 이차(異次) 혹은 이처(伊處)라 함은 방언음이 달라진 것이고, 번역하면 싫다[厭]이 되고 촉(髑), 돈(頓), 도(道), 도(覩), 촉(獨) 등은 모두 쓰는 이의 편의에 따른 것이니 조사이다. 이제 윗자만 번역하고 아랫자는 번역하지 않았기 때문에 염촉 또는 염도(厭覩) 등으로 쓴다)이다. 그의 아버지는 누구인지 미상이다. 조부는 아진(阿珍) 종(宗)이니, 습보갈문왕(習寶葛文王 : 신라의 벼슬이 17등급이니, 그 네 번째가 파진찬 또는 아진찬으로도 쓴다. 종(宗)과 습보(習寶)는 그 이름이다. 신라 사람들은 추존된 왕을 모두 갈문왕이라 하는데, 이러한 사실은 사관들도 상세히 모른다고 하였다. 또 김용행(金用行)이 지은 〈아도비문(阿道碑文)〉을 보면, '사인(舍人)의 이때 나이 26세이고, 아버지는 길승(吉升), 조부는 공한(功漢), 증조부는 걸해대왕(乞解大王)이다'라고 하였다)의 아들이다.

---

18) 《삼국사기》〈신라본기〉에는 법흥왕 15년이라 했다.

19) 금릉(金陵) : 지금의 중국 남경.

대나무와 잣나무 같은 절개로 뛰어났고, 물과 거울 같은 의지를 품었으며, 선행을 한 가문의 증손자라, 궁내의 임금의 신하(爪牙)[20]가, 거룩한 조정의 충신으로 성왕의 맑은 덕을 모시기로 기약되었으니, 그때 나이 22세였다. 사인(舍人 : 신라 벼슬에 대사(大舍), 소사(小舍)가 있으니 아마도 하사(下士) 등급이다)으로 충원되었더니 용안을 바라보고 눈치로 왕의 뜻을 알아차리고 아뢰었다.

"신이 들으니 옛 사람은 꼴꾼과 나무꾼에게라도 계략을 물었다 하니, 원컨대 신이 중죄를 무릅쓰고라도 여쭙고자 합니다."

왕이 말하였다.

"사인이 할 만한 일이 아니다."

사인이 아뢰었다.

"나라를 위해 죽는 것은 신하의 절개이고, 임금을 위해 목숨을 다 하는 것은 백성의 곧은 의리라 하오니, 사령을 그릇되게 전한 죄로 신을 형벌에 처하여 목을 베면 만백성이 모두 복종하여 감히 하교를 어기지 못할 것입니다."

왕이 말하였다.

"살을 베어 저울에 달아 새 한 마리를 살리려 하였고,[21] 피 흘리며 스스로 목숨을 버려도 짐승 일곱 마리를 불쌍히 여겼는데, 과인의 뜻이 백성을 이롭게 하고자 함인데 어찌 죄없는 사람을 죽이겠느냐? 네가 비록 공덕을 쌓으려 하지만, 죄를 피하는 것만 못할 것이다."

사인이 아뢰었다.

"버리기 어려운 중에 목숨보다 더한 것이 없습니다. 그러하오나 소신이 저녁에 죽어 아침에 교리가 행해진다면, 부처님 해가 다시 밝고, 성군께서는 길이 편안할 것입니다."

왕이 말하였다.

---

20) 조아(爪牙) : 짐승의 발톱과 어금니로, 자신을 지키는 무기이다. 따라서 임금을 지켜 주는 신하가 된다는 뜻.

21) 시비왕(尸毗王)이 고행할 때의 고사로, 제석천황이 매로 변하고, 제석환인은 메추라기로 변하였다. 메추라기가 매를 피하여 시비왕 품속으로 날아들자, 그는 자신의 살을 메추라기만큼 베어 저울에 달아 매에게 주었다 한다.

"난새나 봉황 새끼는 어려서부터 하늘을 능가하는 높은 뜻을 두고, 큰기러기와 고니 새끼는 나면서부터 파도를 헤쳐 나갈 기세를 품는다 하더니, 네가 그같이 한다면, 가히 보살 행동이라 하겠다."

이에 대왕은 짐짓 위의를 갖추고 서슬이 퍼런 칼을 동서로 놓고, 서릿발 같은 형구를 남북으로 벌여 놓은 다음 여러 신하들을 불러 물었다.

"과인이 절을 지으려 하는데 경들이 고의로 늦추는 이유가 무엇인가? (향전에 말하되 염촉이 거짓 왕명으로 절을 지으라는 명령이 있다고 전하니 신하들이 와서 간하는지라, 왕이 노하여 염촉이 왕명을 거짓으로 전한 것을 꾸짖고 처형하였다고 한다)"

이에 신하들이 전전긍긍하며 그런 일이 없다고 황급히 손가락으로 동서를 가리키며 거짓이 아님을 맹세하였다. 왕이 사인을 불러 꾸짖으니, 사인은 실색하여 말이 없었다. 대왕이 분노하여 목을 베라 칙령이 떨어지니 유사가 포박하여 관아 아래로 데려 갔다. 사인이 맹세하고 옥리가 목을 베니 흰 젖이 한 길이나 솟구쳤다 (향전에는 사인이 맹세하여 가로되 "대성법왕이시어, 불교를 일으키고자 하여 목숨을 돌보지 않고 모든 맺은 인연을 버리오니 하늘은 상서로움을 내리시어 사람들에게 보여 주십시오" 하였다. 목을 베니 머리가 날아서 금강산 꼭대기에 떨어졌다고 한다). [22]

하늘은 사방이 캄캄해지고, 석양이 빛을 감추고, 땅이 진동하며 주룩주룩 빗방울이 떨어졌다. 임금도 슬퍼하여 눈물이 곤룡포를 적시고, 재상들도 근심하고 슬퍼하여 땀이 흘러 머리에 쓴 면류관이 젖었다. 또 샘물이 갑자기 말라 물고기와 자라가 날뛰고, 곧은 나무가 부러지니 원숭이가 떼지어 울었다. 춘궁에서 나란히 말타던 친구들도 서로 마주보며 피눈물을 흘렸다. 달이 뜬 뜰에서 손을 마주 잡고 놀던 친구들도 애끓는 이별을 애석해하였다. 영구를 바라보며 우는 소리가 마치 부모 상 당한 것 같았다. 그들이 말하였다.

"개자추(介子推) [23]가 허벅살을 벤 것도 이 염촉의 뼈아픈 절개에 비할 수 없고, 홍연(弘演) [24]이 배를 가른 것도 어찌 이 장렬함에 견주랴? 그는 (법

---

22) 경주 백률사의 종에 당시 이차돈의 순교 장면이 새겨져 있다. 여기 금강산은 경주에 있는 백률사가 위치한 산.

23) 개자추(介子推) : 중국 춘추시대 진(晉)나라 문공의 망명길 19년을 함께 하면서 굶주리던 문공에게 자기 허벅살을 베어 먹였다. 그러나 귀국 후 홀대하자 면산(綿山)으로 들어가 숨으니, 문공이 뉘우치고 자추가 나오도록 산에 불을 질렀으나 타죽었다 한다.

24) 홍연(弘演) : 중국 춘추시대 위(衛)나라 사람. 북방 오랑캐〔狄人〕들이 위나라를 공격하였을 때, 의공을 죽이고 간만 남겨 놓자, 외국에서 돌아와 이를 보고 자기 배를 가르고 의공의 간을 자신의 뱃속에 넣고 죽었다고 한다.

흥)왕의 믿음을 잡았고, 아도(阿道)의 본심을 이루어 준 성자이다."

드디어 북망산 서쪽 재에 장사지냈다(곧 금강산이니, 향전에 "머리가 날아 떨어진 곳에다 장사지냈다"고 하였는데 어디인지 여기에 밝히지 않은 것은 무슨 까닭인가?). 아내가 이를 슬퍼하여 좋은 땅을 가려서 절을 짓고 이름을 자추사(刺楸寺)라 하였으니, 이에 집집마다 이 절에서 예를 하면 반드시 대대로 영화를 누리고, 사람마다 도를 닦으면 불법의 이로움을 깨닫게 되었다.

그 후 진흥대왕 5년 갑자년(544)에 대흥륜사(大興輪寺)를 지었다(《국사》나 향전을 살펴보면, 실은 법흥왕 14년 정미년(527)에 시작하여 21년 을묘년(535)에 천경림을 벌채하여 비로소 공사를 시작했는데, 동량의 재목을 모두 그 숲에서 취해 쓰기에 넉넉했고, 계단의 초석이나 석감도 모두 있었다. 진흥왕 5년 갑자년에 낙성되었기 때문에 갑자년에 지었다 한 것이다. 《승전》에 7년이라 한 것은 잘못이다).

태청(太淸) 초(547)에 양나라 사신 심호(沈湖)가 석가의 사리를 가져왔고, 천가(天嘉) 6년(565)에는 진(陳)나라 사신 유사(劉思)와 승려 명관(明觀)이 불경을 가지고 오니, 절들이 별처럼 들어서고, 탑들이 기러기 날아가듯 늘어섰다. 그래서 법당(法幢)[25]을 세우고, 범경(梵鏡)을 달자, 고명한 승려들이 천하의 복전(福田)[26]이 되고, 대승(大乘)과 소승(小乘)[27]의 불법이 서울의 자비로운 구름이 되어 온나라를 덮었다. 여러 곳의 보살이 세상에 나타나기도 하였다(분황사의 진나(陳那)와 부석사의 보개(寶盖) 낙산사의 오대(五臺) 등을 말함이다). 서역의 명승(名僧)이 이 땅에 오니, 이로 말미암아 삼한을 병합하여 한 나라를 이루고 온 세상을 합해 한 집안이 되었다. 그런고로 그의 공덕을 천구(天鎮)[28]의 나무에 쓰고, 신성한 행적을 은하수에 비추었으니 어찌 삼성(三聖 : 삼성은 아도·법흥·염촉을 말함)의 위덕이 이루어진 것이 아니겠는가?"

그 뒤에 와서 국통 혜륭(惠隆)·법주 효원(孝圓)과 김상랑(金相郞)·대통 녹풍(鹿風), 대서성 진서(眞恕), 파진찬 김의(金嶷) 등이 옛 무덤을 수축하고 큰 비석을 세웠으니, 원화 12년 정유년(817) 8월 5일은 즉 제41대 헌덕대왕 6년이다. 흥륜사 영수선사(永秀禪師 : 그때는 유가(瑜伽)의 여러 승려를 모두 선사라 했다)가 이 무덤에 예불

---

25) 법당(法幢) : 절 입구에 세우는 기, 여기서는 법당을 가리킨다.

26) 복전(福田) : 삼보(三寶)와 부모를 공양하고, 빈자를 불쌍히 여기는 선행의 결과로 복덕이 생긴다는 뜻.

27) 대승은 널리 인간 전체의 평등과 성불을 이상으로 삼고, 그것이 불타의 가르침의 참다운 대도임을 주장하는 교리, 소승은 부처의 가르침에 따라 개인의 해탈에 주력하는 교리.

28) 천구(天鎮) : '하쪽의 길 또는 하늘의 도리'라는 뜻.

할 향도(香徒)를 모아 매달 5일이면 영혼을 위한 묘원으로 단을 쌓고 분향하였다. 또 향전에 이렇게 말한다.

"동리의 장로들이 매번 제삿날 아침이면 흥륜사에서 모임을 가졌다."

이 달(8월) 초닷새는 사인이 목숨 바쳐 불법에 귀의하던 날이다. 슬프다, 이러한 임금이 없었으면 이런 신하가 없었을 것이요, 이런 신하가 없었다면 이런 공덕이 없었을 것이니, 마치 유비와 제갈량이 물과 물고기 같았던 것같이, 구름과 용이 감응하는 아름다운 일이다.

법흥왕은 이미 피폐해진 불교를 일으키고 절을 세우고, 절이 낙성되자 면류관을 벗고 장삼을 입었으며, 궁안의 종친들을 보시하여 절의 노복으로 삼고 (이 절 노예는 지금까지도 왕손이라 한다. 그 후 태종왕 때에 재상 김양도(金良圖)가 불법을 신봉하였다. 화보(花寶)와 연보(蓮寶) 두 딸을 바쳐 이 절의 여종으로 삼았으며 또 역적 모척(毛尺)의 가족을 이 절에 입적시켜 사노를 삼았으니 지금까지 두 집 자손이 끊이지 않았다) 그 절에 주지로 있으면서 몸소 교화하기로 자임하였다.

진흥대왕이 선왕의 성덕을 이어 왕위〔九五〕[29]에 올라 백관을 거느려 법령이 구비되니, 절 이름을 대왕흥륜사(大王興輪寺)로 편액(扁額)을 내렸다. 법흥왕의 성은 김씨이다. 출가하여 법명을 법운(法雲)이라 하였는데, 자는 법공(法空 : 승전과 여러 설에는 왕비가 출가하여 이름을 법운이라 하고, 또는 진흥왕을 법운이라 하고 또는 진흥왕비를 법운이라 하여 혼란되어 있다)이다.

《책부원귀(册府元龜)》[30]에는 법흥왕의 성은 모씨(募氏)요, 이름은 진(秦)이라 하였다. 흥륜사의 공사를 시작하던 을묘년(535)에 왕비도 영흥사(永興寺)를 세우고, 사씨(史氏 : 모록(毛祿)의 누이동생)의 유풍을 사모하여 왕과 함께 머리를 깎고 비구니가 되니, 법명은 묘법(妙法)이요, 영흥사에 머물다가 몇 해 후에 죽었다.

《국사》에는 건복(建福)[31] 36년(614)에 영흥사의 불상이 절로 무너지더니 얼마 후 진흥왕비인 여승이 죽었다 하였으나, 살펴보건대 진흥왕은 법흥왕의 조카이고, 그의 비는 사도부인(思刀夫人) 박씨이니, 모량리(牟梁里) 영실(英失) 각간의 딸이다. 역시 출가하여 여승이 되기는 하였으나, 영흥사의

---

29) 95(九五) : 《주역》에서 구오의 효(爻)는 임금의 지위에 해당하는 상. 따라서 왕위를 뜻한다.

30) 책부원귀(册府元龜) : 송대에 왕흠약(王欽若)과 양억(楊億) 등이 지은 것. 역대 군신의 사적을 모은 책.

31) 건복(建福) : 신라 진평왕의 연호(584~633).

창건주는 아니니 진(眞)자를 법(法)자로 고친다면, 법흥왕의 비 파조부인(巴刁夫人)으로 여승이 되어 죽었다는 말이다. 그가 이 절을 세우고 불상을 세운 주인인 까닭이다.

두 임금(법흥,/진흥)이 모두 왕위를 버리고 출가한 것을 사관이 기록하지 않은 것은, 세상을 다스리는 교훈이 아니라 하여 그런 것이리라. 또 대통(大通) 원년 정미년(527)에 양나라의 무제를 위하여 웅천주(熊川州)에 절을 짓고 이름을 대통사(大通寺)라 하였다(웅천은 즉 공주이니 그때는 신라에 속했던 까닭이다. 그러나 아마 정미년이/아니고 중대통(中大通) 원년 기유년(529)에 세운 것일 것이다. 흥륜사를 처음/세우던 정미년에는 미처 다른 군에/절을 세울 여가가 없었을 것이다).

다음과 같이 기린다.

성인의 지혜는 예부터 만대를 생각하건만
제각각의 여론은 아주 적은 기만뿐이네.
법륜(法輪)[32]은 금륜(金輪)[33] 따라 굴러가니
순임금 시절이 부처의 광명으로 비로소 높아지는구나.

위 글은 원종(原宗)을 칭찬한 것이다.

의를 좇아 삶을 가벼이한 것도 놀랄 일이니
하늘꽃[天花]과 흰 젖이 더욱 다정하여라.
돌연 단칼에 몸은 죽었지만
절마다 쇠북소리 서울 장안을 뒤흔드네.

위 글은 염촉을 칭찬한 것이다.

---

32) 법륜(法輪) : 부처의 교법(敎法). 불법을 고대 인도 무기인 수레바퀴[輪寶]에 비유한 것으로, 아소카 왕이 윤보를 돌려 천하통일을 이룬 것 같이, 석가는 법륜을 돌려 중생을 구제한다는 뜻.

33) 금륜(金輪) : 현세계의 지층을 이르며, 제일 밑이 풍륜(風輪), 그 위가 수륜(水輪), 수륜 위에 금륜이 있는데, 이것이 지륜(地輪) 곧 대지이다.

법왕 금살(法王禁殺)

법왕, 살생 금하다

백제 제29대 법왕(法王)의 이름은 선(宣), 혹은 효순(孝順)이라고도 한다. 개황(開皇)[34] 10년 기미년(599)에 즉위하고, 그해 겨울 조서를 내려 살생을 금하고 민가에서 기르는 매나 새매 같은 새들을 놓아 주도록 하고, 고기잡이나 사냥하는 기구를 불태워 일체 금지시켰다.

다음 해 경신년에 승려가 된 30명으로 하여금 당시 서울인 사자성(지금 부여)에 왕흥사를 세우게 하고 겨우 터를 닦자 승하하였다.

무왕(武王)이 왕위를 계승하여 부왕이 기초한 사업을 이어받아 몇 기(紀 : 1기는 12년)만에 완성하고, 그 절의 이름을 미륵사(彌勒寺)라 하였다. 산을 등지고 물에 임했으며, 꽃과 나무가 수려하여 사계절의 아름다움이 갖추어졌으니, 왕이 매번 배를 타고 물길을 따라 절로 들어가 그 장대하고 화려한 경치를 감상하였다(《고기(古記)》에 실린 것과는 조금 다르니, 무왕은 빈모(貧母)가 못의 용과 통하여 낳았으니, 아명이 서동이었고, 즉위한 후 시호가 무왕이며, 미륵사는 처음 왕비와 함께 창건한 것이다).

다음과 같이 기린다.

    짐승들에게도 관대하여 온 산에 은혜 베푸니
    은택이 돼지나 물고기까지 미쳐 천하가 어질도다.
    성군님 허무하게 세상 떠났음을 말하지 말지니
    천상계 도솔천[35]엔 마침 꽃이 한창인 봄이겠구나.

보장봉로 보덕이암(普藏奉老 善德移庵)

보장왕 노자 섬기고, 보덕 암자 옮기다

〈고구려본기〉에 이렇게 말하였다.

고구려 말년 무덕(武德)[36] 정관(貞觀) 연간에 나라 사람들이 다투어 오두

---

34) 개황(開皇) : 수나라 문제 연호(581~600).

35) 도솔천(兜率天) : 불교에서 욕계육천(慾界六天)의 넷째 하늘.

36) 무덕(武德) : 당나라 고조의 연호(618~626).

미교(五斗米敎)³⁷⁾를 신봉하니, 당 고조가 듣고 도사(道士)를 통해 천존상(天尊像)³⁸⁾을 보내 《도덕경(道德經)》을 강론하게 하여 왕과 국민들이 들었다. 이때가 제27대 영류왕(榮留王) 7년 갑신년(624)이었다.

다음 해에 고구려에서 사신을 당나라에 보내 불교와 도교를 배우게 하니, 당 황제(고조를 말함)가 허락하였다. 보장왕이 즉위하자(정관 16년 임인이다), 삼교(三敎)를 다같이 일으키고자 하였다. 그때 재상 개소문(蓋蘇文)³⁹⁾이 왕을 설득하였다.

"유교와 불교는 흥성하나 도교는 왕성하지 못하니, 특별히 당나라에 사신을 보내 도교를 구해야 합니다."

그때 보덕화상(普德和尙)이 반룡사(盤龍寺)에 있었는데, 좌도(左道)⁴⁰⁾가 들어와 정도(正道)⁴¹⁾와 맞서면 나라의 기틀이 위태로워질 것을 우려하여 여러 번 간하였으나 듣지 않았다. 이에 신통력으로 방장(方丈)⁴²⁾을 날려 남쪽에 있는 완산주(지금의 전주) 고대산(孤大山)으로 옮겨 갔다. 이때가 영휘(永徽) 원년 경술년(650) 6월이었다(본전에는 건봉(乾封) 2년 정묘 3월 3일이라 하였다). 얼마 후 나라는 멸망하였다(총장 원년 무진년(668)에 나라가 망했으니 경술에서 19년 만이다). 지금 경복사(景福寺)에 있는 비래방장(飛來方丈)이 그때의 방장이라 한다. 진락공(眞樂公)⁴³⁾이 그를 위해 남긴 시가 당(堂)에 남아 있고, 문열공(文烈公)⁴⁴⁾이 (보덕화상) 전(傳)을 지어 세상에 남겼다.

또한 《당서(唐書)》를 살펴보건대, 이보다 먼저 수나라 양제(煬帝)가 요동을 칠 때에 비장 중에 양명(羊皿)이란 자가 있었다. 전세가 불리하여 죽게 되자 맹세하여 말하였다.

"내가 반드시 고구려의 총신이 되어 그 나라를 망하게 하리라."

---

37) 오두미교(五斗米敎) : 중국 후한 말에 장도릉(張道陵)이 세운 것으로 '병을 고치는 방법'을 중심으로 하는 교법. 가르침의 댓가로 쌀 5말을 준다는 데서 일컬어짐. 도교의 전신이 됨. 도교의 도입으로 고구려가 패망했다는 것이 일연의 생각.

38) 천존상(天尊像) : 도교의 최고 신.

39) 개소문(蓋蘇文) : 연개소문.

40) 좌도(左道) : 도교.

41) 정도(正道) : 불교.

42) 방장(方丈) : 사방 크기가 1장(丈)인 방으로, 승려가 거처하는 곳.

43) 진락공(眞樂公) : 이자현(李資玄).

44) 문열공(文烈公) : 김부식(金富軾).

그런데 개씨(蓋氏)가 조정의 정권을 잡게 되자 성을 개(蓋)로 삼아 양명(羊皿)이 개(蓋)가 되었으니 양명의 맹세가 맞은 것이다.

고구려의 《고기(古記)》를 살펴보면, 수나라 양제가 대업(大業) 8년 임신년(612)에 30만 명의 군대를 거느리고 바다를 건너 침공하였다. 10년 갑술년(614) 10월에 고구려 왕이(제36대 영양왕 25년이다) 표문을 보내 항복하려고 했다. 그때 누군가가 몰래 작은 활을 품고 표문 올리는 사신을 따라 양제의 배안에 들어가, 양제가 표문을 받아 읽을 때 활을 쏘아 가슴에 명중시켰다. 양제가 군사를 돌리면서 주위 사람들에게 말하였다.

"짐이 천하의 주인으로서 몸소 작은 나라를 치다가 불리함을 당했으니 이는 만대의 웃음거리이다."

그때 우상 양명이 아뢰었다.

"신이 죽어서 고구려의 대신이 되어 반드시 그 나라를 멸망시켜 제왕의 원수를 갚으리다."

양명은 양제가 죽은 뒤에 과연 고구려에 나서 15세에 총명하고 무예에도 뛰어났다. 그때 무양왕(武陽王 : 《국사》에 영류왕의 이름이 건무(建武) 혹은 건성(建成)이라 했는데, 여기서는 무양(武陽)이라 했으니 확실하지 않다)이 그 뛰어난 재주를 듣고 불러들여 신하로 삼았다. 그는 스스로 성은 개(蓋)요, 이름은 금(金)이라 하였다. 벼슬이 소문(蘇文)에 이르렀으니 지금의 시중(侍中)의 직책이다. (《당서》에는 "개소문이 스스로 막리지(莫離支)라 하니 중서령(中書令)과 같다"고 하였다. 또 신지비사(神誌秘詞) 서문에는 소문대영서병주(蘇文大英序幷注)라고 한 것은 소문이 직책명이란 증거이다. 또 이전에는 문인소영홍서(文人蘇英弘序)라 하였으니 어느 것이 옳은지 알 수 없다).

개금이 아뢰었다.

"솥에도 세 발이 있으니 나라에도 삼교가 있어야 되는데, 신이 보건대는 나라에 오직 유·불 두 교만 있고 도교가 없으므로 나라가 위태합니다."

왕이 옳다 여겨 당나라에게 청하였더니, 당나라 태종이 서달(叙達) 등 도사 8명을 보냈다. (《국사》에는 무덕 8년 을유년(625)에 사신을 당에 보내 불교와 도교를 요구하니 당나라 황제가 허락하였다 했는데, 여기에는 양명이 갑술년(614)에 죽어 이곳에 태어났다 하면, 나이가 겨우 10여 살인데, 총신이 되어 왕을 설득해 사신 보내기를 청했다 하니 여기에는 두 가지 다 기록해 둔다).

왕이 기뻐하여 절을 도관(道舘)으로 삼고 도사(道士)를 높여 유사(儒士)의 위에 앉혔다. 도사들이 국내의 유명한 산천을 다니며 (기운을) 진압하고, 옛 평양성의 형세가 신월성(新月城)이라 하여, 남하(南河)의 용에게 주문을 외어 성을 더 쌓아 만월성(滿月城)으로 만들고, 이름을 용언성(龍堰城)이라 하였다. 예언서를 지어 용언도(龍堰堵) 또는 천년보장도(千年寶藏堵)라 하고 또는 영석(靈石 : 세속에서 도제암(都帝嵓)이라 하며 또는 조천석(朝天石)이라고도 하는 것이니, 예전에 성제(聖帝)가 이 돌을 타고 올라가 상제를 뵈었기 때문이다)을 파서 깨뜨렸다. 개금(盖金)이 또 아뢰어 동북과 서남에 장성을 쌓게 하니, 남자는 부역해야 하고 여자들은 밭을 갈았으니 역사는 16년 만에 끝났다.

보장왕 때에는 당나라 태종이 친히 6군을 거느리고 쳐들어 왔으나 전세가 불리하자 돌아가고, 당나라 고종 총장(總章) 원년 무진년(668)에 우상 유인궤(劉仁軌), 대장군 이적(李勣)과 신라의 김인문 등이 고구려를 쳐서 멸망시키고 보장왕을 사로잡아 당나라로 돌아가매, 보장왕의 서자[45]가 4천여 호와 함께 신라에 항복하였다(《국사》와는 조금 다르기 때문에 아울러 기록한다).

태안(太安)[46] 8년 임신년(1092)에 우세(祐世) 승통(僧統)[47]이 고대산 경복사의 비래방장에 이르러 보덕성사(普德聖師)의 진영(眞影)에 예를 올리고 시를 남겼다. 열반 방등(涅槃方等)의 가르침은 다음과 같다.

우리 성사로부터 전수되었네.
·················
애석하구나, 방장이 날아온 후
동명왕의 옛 땅이 위태롭게 되었구나.

발문(跋文)에 다음과 같이 썼다.

"고구려 보장왕이 도교에 미혹하고 불법을 믿지 않았으므로, 성사가 방장을 날려 남쪽 이 산으로 왔다. 그 뒤 신인이 고구려의 마령(馬嶺)에 나타나 사람들에게 고하기를 '너희 나라는 수일 내에 패망하리라'고 하였다."

모든 것이 《국사》의 기록과 같고, 나머지는 대사의 본전(本傳)과 《승전(僧傳)》에 실려 있다.

보덕성사에게는 고매한 제자 11명이 있었는데, 그 중 무상화상(無上和尙)은 자기의 제자 김취(金趣) 등과 금동사(金洞寺)를 세우고, 적멸(寂滅)·의융(義融)은 진구사(珍丘寺)를, 지수(智藪)는 대승사(大乘寺)를, 일승(一乘)은

---

45) 안승(安勝).

46) 태안(太安) : 요(遼)나라 도종의 연호(1085∼1094).

47) 우세(祐世) 승통(僧統) : 대각국사 의천.

심정(心正)·대원(大原) 등과 함께 대원사(大原寺), 수정(水淨)은 유마사(維摩寺)를 창건하고, 사대(四大)는 계육(契育)과 중대사(中臺寺)를 창건하고, 개원화상(開原和尚)은 개원사(開原寺)를 세우고, 명덕(明德)은 연구사(燕口寺)를 세웠다. 개심(開心)·보명(普明)도 역시 전(傳)이 있으니, 모두 본전과 같다.

다음과 같이 기린다.

불교는 넓디넓은 바다같이 무궁한데,
백 갈래 하천 같은 유교·도교 모두 받아들이네.
가소롭구나, 고구려 왕은 늪지만 경계했지,
와룡(臥龍)[48] 넓고 푸른 바다로 옮겨간 줄 알지 못하네.

---

48) 와룡(臥龍) : 제갈량. 초야에 숨어 있으나 천하를 다스릴 역량 있는 인물.

탑상(塔像) 제4

동경 흥륜사 금당10성(東京興輪寺金堂十聖)

동쪽 벽에 앉아 서쪽을 향한 분〔泥塑〕은
아도·염촉·혜숙·안함·의상(我道·厭髑·惠宿·安含·義湘)이요,
서쪽 벽에 앉아 동으로 향한 분은
표훈·사파·원효·혜공·자장(表訓·蛇巴·元曉·惠空·慈藏)이다.

가섭불 연좌석(迦葉佛宴坐石)

《옥룡집(玉龍集)》이나 《자장전(慈藏傳)》 또는 여러 사람의 전기에 한결같이 말하였다.

"신라의 월성 동쪽, 용궁 남쪽에 가섭불[1]이 연좌석(좌선하는 돌)하던 돌이 있다, 그 곳은 전불(前佛) 때에 지었던 절터이고, 지금의 황룡사 자리이니 곧 일곱 가람(伽藍 : 절) 중의 하나이다.

《국사》를 살펴보면, 진흥왕 14년인 개국(開國)[2] 3년 계유년(553) 2월에 월성 동쪽에 궁궐을 새로 지으려 했더니 황룡이 그 터에 나타나, 왕이 의구심이 생겨 다시 황룡사로 고쳤다. 연좌석은 바로 불전의 뒤편에 있다. 내가 일찍이 한 번 본 적이 있는데, 돌의 높이가 5, 6척이 되고, 둘레는 세 주(肘 : 1주는 2자)인데, 꼿꼿이 섰고 위는 편평하더라. 진흥왕이 절을 세운 뒤로 두 번이나 화재를 겪어 돌이 조금 터진 데가 생겼기 때문에, 그 절의 승려들이

---

1) 가섭불(迦葉佛) : 과거 7불(過去七佛)의 여섯째 부처로, 나이 2만 살에 세상에 나왔고, 제자가 2만 명이었다 한다.

2) 개국(開國) : 신라 진흥왕의 연호.

쇠를 감아 보호하였다.

다음과 같이 기린다.

부처의 빛이 가려져 몇 해인지 모르지만
오히려 연좌석은 의연히 남아 있네.
뽕나무밭이 몇 번이나 푸른 바다로 변했건만
우뚝한 모습이 아직도 옮겨지지 않았네.

그 후 얼마 되지 않아 서산의 큰 전란[3]을 겪으면서 대웅전과 탑이 모두 불타 재가 되어 버리고 이 돌도 묻혀 겨우 땅과 같이 편평해졌다.

《아함경(阿含經)》에 의하면, 가섭불은 현겁(賢劫)[4]의 세 번째 부처이니, 사람의 나이로 2만 세 때에 세상에 출현하였다 한다. 이 말에 따라 증감법(增減法)으로 계산한다면, 매양 성겁(成劫)[5] 초에는 모두 한없는 나이를 살다가 점점 (수가) 줄어들어 나이 8만 세 때가 되면, 주겁(住劫)[6]의 시초가 된다. 그때부터 또 백 년에 한 살씩 감해서 나이 10세가 되었을 때 1감겁(一減劫)이 된다. 또 거기서 1백 년에 한 해씩 증가하여 사람의 나이로 8만 세 이르면 1증겁(一增劫)이 된다. 이와 같이 20번 감하고 20번 증가하면 1주겁이 된다. 1주겁 중에 천불(千佛)이 세상에 나오니, 지금 본사(本師)인 석가여래는 네 번째 부처이다. 네 번째 부처는 모두 제9감겁 중에 출현하였으니, 석가세존이 백 세 때부터 가섭불의 2만 세까지 가더라도 벌써 2백만 세가 된다. 만일 현겁 초의 첫 번째 부처였던 구류손불(拘留孫佛)[7] 때까지

---

3) 고려 고종 때의 몽골 침입.

4) 현겁(賢劫) : 삼겁(三劫) 중의 하나, 현재의 겁, '劫'은 '무한한 시간'을 나타냄.

5) 성겁(成劫) : 불교에서 말하는 가장 긴 시간의 하나. 불교에서 세계가 성립과 파괴를 거듭하는 시기를 4겁으로 구분하였는데, 성겁(成劫)·주겁(住劫)·괴겁(壞劫)·공겁(空劫)이다.

6) 주겁(住劫) : 4겁의 하나로, 성겁이 끝나고 괴겁에 이를 때까지의 동안으로, 인류 세계가 성립된 후부터 머물러 있는 20중겁(中劫)을 말한다.

7) 구류손불(拘留孫佛) : 과거 7불(佛)의 하나로, 성불하여 최초 설법에서 4만 명의 비구니를 교화시켰다 한다.

가자면 또 몇만 세가 된다. 구류손불부터 위로 겁초[8]의 무량세시까지 간다면 또 얼마나 되겠는가? 석가세존에서 지금 지원(至元)[9] 18년 신사년(1281)에 이르기까지 이미 2230년이 되고, 구류손불 때부터 가섭불을 지나서 지금까지 이르기까지는 몇만 년이다.

본조의 명사인 오세문(吳世文)이 지은 《역대가(歷代歌)》에서 금나라의 정우(貞祐)[10] 7년 기묘년(229)로부터 역으로 세어 4만 9천 6백여 세를 올라가면 반고씨(盤古氏)[11]가 천지 개벽하던 무인년이 된다 하고, 또 연희궁(延禧宮) 녹사(錄事) 김희녕(金希寧)이 지은 《태일역법(太一曆法)》에는 개벽한 상원(上元) 갑자로부터 원풍(元豊) 갑자년(1084)까지가 1백 93만 7천 6백 41세라 하였다. 또 《찬고도(纂古圖)》에는 개벽에서 획린(獲麟)[12]까지가 2백 76만 세라 하였다. 모든 경전에 따르면, 가섭불 때부터 지금까지 이 돌의 나이라 하였으니, 겁초 개벽할 때까지의 거리에 비하면 오히려 어린애 정도의 나이인데, 이 세 사람의 설명은 오히려 이 어린 돌의 나이에도 미치지 못하니, 개벽을 설명하기에는 너무도 소홀하였다.

요동성 육왕탑(遼東城育王塔)

《삼보감통록(三寶感通錄)》에 고구려 요동성 옆에 있는 탑 이야기가 실려 있는데, 옛 노인들이 전하는 말은 다음과 같다.

옛날 고구려 성왕(聖王)이 국경을 순행하던 차에 이 성에 이르자, 오색 구름이 땅에 덮인 것을 보고 구름 속을 찾아들어가 보니 어떤 승려가 석장(錫杖)을 짚고 서 있었는데, 가까이 가면 사라지고, 멀리서 보면 또 나타났다. 그 곁에는 3층으로 된 흙탑이 있어, 그 위는 솥을 엎은 것 같으나 무엇인지 알 수 없었다. 다시 승려를 찾아보니 다만 거친 풀이 있을 뿐이었다.

---

8) 겁초(劫初) : 태초.

9) 지원(至元) : 원나라 세조의 연호(1264~1294).

10) 정우(貞祐) : 금나라 선종의 연호(1213~1217).

11) 반고씨(盤古氏) : 중국에서 천지 개벽하고 처음 나왔다는 제왕.

12) 획린(獲麟) : 공자가 《춘추》를 저작할 때 '노나라 애공 4년 봄, 서쪽으로 사냥 가서 기린 잡은 일'까지 기록하고 죽은 고사에서 나온 것으로, BC 477년.

그곳의 땅을 한 길이나 파서 찾으니 석장과 신발이 나왔고, 더 깊이 파자 명(銘)이 나왔는데, 그릇 위에는 범서(梵書)[13]가 있었다. 왕을 모시고 있던 신하가 그 글을 읽어 보고 이르되 불탑이라 하였다. 왕이 자세히 물으니 대답하였다.

"이것은 한(漢)나라 때에도 있었는데, 그 이름을 포도왕(蒲圖王 : 본래는 휴도왕(休屠王)이니 하늘에 제사지내는 부처이다)이라 합니다."

이리하여 성왕은 불교에 대한 믿음이 생겨 7층의 나무탑을 세웠다. 그 뒤로 불법이 처음으로 전래되어서야 탑과 불교의 인연을 상세히 알았다고 하였다. 지금은 탑의 높이가 줄었으니 본래의 나무탑이 썩어 내렸기 때문이다.

아육왕(阿育王)[14]이 통일한 염부제주(閻浮提洲)[15]의 방방곡곡에 탑을 세웠으니 (여기에 육왕탑이 있는 것이) 괴이할 것이 없다.

또 당나라 용삭(龍朔) 연간에 요동에서 전쟁이 있었다. 행군(行軍) 설인귀(薛仁貴)는 수양제가 정벌했던 요동의 옛 땅에 이르렀다가 산에서 불상을 보았는데, 그 곳은 텅 비어 있고 인적마저 끊어져 쓸쓸하였다. 한 노인에게 불상에 대해 묻자 이렇게 말하였다.

"이 불상은 선대부터 있던 것이라오."

그리하여 불상을 그려서 서울로 돌아왔다 (약함(若函)[16]에 상세히 있다)

서한(西漢)과 삼국(三國)의 지리지를 살펴보면, 요동성은 압록강 밖에 있으며 한나라 유주(幽州)에 속한다 하였다.

고구려 성왕이 어떤 임금인지는 알 수 없다. 어떤 이는 동명성제라 하나 의심스럽다. 동명왕은 전한의 원제(元帝) 건소(建昭) 2년(BC 37)에 즉위하여 성제(成帝) 홍가(鴻嘉) 임인년(BC 19)에 승하하였으니, 그때에는 한나라도 아직 불경을 보지 못했는데, 어떻게 외국의 신하가 범서를 알아볼 수 있었겠는가? 그러나 부처를 포도왕(蒲圖王)이라 하였으니, 아마 서한 시대

---

13) 범서(梵書) : 인도의 옛 글자인 산스크리트 어로 기록된 책자.

14) 아육왕(阿育王) : 인도 마우리아 왕조의 제3대 왕 아소카로, 아수가(阿輸迦)라고도 한다. 즉위 9년 되던 해에 전쟁의 참화를 반성하고, 불교를 신봉하게 되었으며, 곳곳에 탑을 세웠다.

15) 염부제주(閻浮提州) : 옛 인도의 별칭.

16) 약함(若函) : 《대장경》을 함에 넣고 함의 차례를 천자문 차례로 표시한 것.

에도 혹 서역의 문자를 아는 자가 있어 범서라 한 것 같다.

옛 전기를 살펴보면, 아육왕이 귀신의 무리에게 명하여 9억 명이 사는 곳마다 탑 하나씩을 세우게 하였다. 이렇게 8만 4천 개의 탑을 염부계(閻浮界)[17] 안에 세우되 큰 바위 속에 감추게 하였다. 지금 곳곳에 있어서 상서로움이 나타난 것이 한둘이 아닌데, 대개 진신사리(眞身舍利)의 감응이란 생각하기 어려운 것이다.

다음과 같이 기린다.

육왕의 보배탑이 온 속세에 두루 세워져
비에 젖고 구름에 묻혀 이끼로 얼룩졌구나.
당시 사람들은 탑인 줄 모르고서
몇이나 신의 무덤이라 가리키며 제사지냈을까?

금관성 파사석탑(金官城 婆娑石塔)

금관(金官)[18] 호계사(虎溪寺)[19] 파사석탑은 옛날 이 고을이 금관국이었을 때, 세조 수로왕의 왕비 허황후 황옥(黃玉)이 동한 건무(建武) 24년 갑신년(48)에 서역 아유타국에서 배에 싣고 온 것이다. 처음에 공주가 어버이의 명을 받들고 동쪽으로 향하다가 파신(波神)의 노여움으로 건너지 못하고 돌아가 부왕에게 아뢰니, 부왕이 '이 탑을 배에 싣고 가라' 하였다. 그리하여 무사히 바다를 잘 건너 금관국의 남쪽 물가에 와서 닿았다. 이 배는 붉은 돛에 붉은 깃발을 달았으며 아름다운 주옥(珠玉)을 실었다 해서 지금도 주포(主浦)라 한다. 처음 공주가 능직 비단 바지를 벗은 곳을 능현(綾峴)이라 하며, 붉은 기가 처음 들어오던 바닷가를 기출변(旗出邊)이라 한다.

수로왕이 왕비를 맞이하여 함께 150여 년을 다스렸다. 그러나 그때 우리나라에는 아직 절을 짓거나 불법을 받드는 일이 없었다. 아직 상교(像敎)[20]

---

17) 염부계(閻浮界) : 인도.

18) 지금의 김해.

19) 본래 김해에 있던 호계사를 1873년 허황후릉 곁으로 옮겼다.

가 전해지지 않아 이 땅 사람들이 믿지 아니하였으므로, 〈가락국본기〉에 절을 지었다는 기록이 없다.

제8대 질지왕(銍知王) 2년 임진년(452)에 그 땅에 절을 세우고, 또 왕후사(王后寺 : 아도와 눌지왕 때에 있었으니 법흥왕보다 전이다)를 지어 지금까지 명복을 빌고 남쪽 왜를 진압하였다. 이것은 〈가락국본기〉에 나타나 있다.

탑은 사면으로 모가 나고 5층인데, 그 조각이 매우 기이하다. 돌에는 조금씩 붉은 반점이 있고, 석질이 매우 부드럽고 좋아서 이 땅에서 나는 종류가 아니었다. 《신농본초(神農本草)》[21]에서 말한 닭벼슬의 피를 떨어뜨려 시험하였다는 돌이 바로 이것이다.

금관국은 또한 가락국이라고도 하니, 자세한 것은 〈가락국본기〉에 실려 있다.

다음과 같이 기린다.

석탑을 실은 붉은 돛 붉은 깃발이 가벼우니
비나이다, 해신이여. 노한 파도 멈추소서.
어찌 황옥만을 위하려고 해안에 닿았으랴.
오랜 세월 동안 남쪽 왜인과 성난 고래도 막아내리라.

고「구」려 영탑사(高「句」麗 靈塔寺)

《승전》에 "승려 보덕(普德)의 자는 지법(智法)인데, 이전 고구려 용강현(龍岡縣) 사람이다"라고 하였다. 상세한 것은 다음 그의 본전을 보라.

그가 늘 평양성에 머물렀는데 어느 산방(山房)의 노승이 와서 강론해 주기를 청하였다. 대사는 굳이 사양하다 할 수 없이 가서 《열반경(涅槃經)》 40여 권을 강론하였다. 강론이 끝난 후에 성의 서쪽 대보산(大寶山) 바위굴 아래에서 참선을 하였는데, 어떤 신령이 와서 청하기를 '이 곳에 오래 머물

---

20) 상교(像敎) : 불교를 말함.

21) 신농본초(神農本草) : 후한 때 중국 최고의 본초서. 4권에 365종의 약물이 기재되어 있다.

러 달라'고 하면서 석장을 앞에 놓고 땅을 가리키며 '이 밑에 8면의 7층 석탑이 있을 것이오' 하였다. 그리하여 땅을 파 보니 과연 탑이 있는지라, 그곳에 정사(精舍 : 절)를 세워 영탑사(靈塔寺)라 하고 머물러 살았다.

황룡사 장륙(皇龍寺 丈六)

신라 제24대 진흥왕 즉위 14년 계유년(553) 2월에, 용궁 남쪽에 자궁(紫宮)을 지으려 하는데, 황룡이 그 땅에 나타났다. 이에 다시 불사를 세우고 황룡사라 하였다. 기축년(569)에 두루 담장을 쌓아 17년 만에 공사를 끝냈다.

얼마 후 남해에 큰 배가 하곡현(河曲縣) 사포(絲浦 : 지금의 울주 곡포(谷浦)이다)에 와서 닿았으므로 조사하여 보니 첩문(牒文 : 공문서)에 이런 말이 있었다.

"서축(西竺) 아육왕은 황철 5만 7천 근과 황금 3만 푼(별전에는 철 40만 7천 근과 금 천 냥이라 하였으니 아마 잘못된 것 같다. 또는 3만 7천 근이라고도 하였다)을 모아서 석가 삼존(三尊)을 주조하려다 이루지 못하고 배에 실어 바다에 띄워 보내며 축원하기를 '인연 있는 나라에 가서 여섯 길의 존용(尊容)을 이루소서' 하고, 겸하여 본보기로 불상 한 개와 보살상 두 개를 싣는다."

현리가 사연을 상세히 장계하니, 왕이 듣고 칙사를 보내 그 현의 동쪽에 높고 깨끗한 땅을 가려 동축사(東竺寺)를 세우고 세존상을 모시도록 하였다. 금과 철은 서울로 실어들여 태건(太建) 6년 갑오년(574) 3월(절의 기록에는 계사 10월 17일이라 하였다)에 장육존상을 주조하였는데 단번에 완성하였다. 중량이 3만 5천 7근이요, 황금은 1만 1백 98푼이 들었다. 두 보살상에는 철 1만 2천 근과 황금 1만 1백 36푼이 들었다. 황룡사에 봉안하였더니 다음 해에 존상이 발꿈치까지 눈물을 흘려 바닥이 한 자나 젖었다니, 대왕이 승하할 징조였다 하였으며, 혹은 존상이 진평왕 때에 다 만들어졌다고 하나 그것은 잘못이다.

딴 책에는, 아육왕은 서축(西竺) 대향화국(大香華國)[22]의 왕인데, 부처님이 타계한 후 100년 만에 태어났으며, 생전에 불타에게 공양하지 못한 것을 한탄하여 금과 철을 조금씩 모아서 세 번이나 존상을 주조했으나 성공하지 못하였다. 그때 아육왕의 태자만이 그 일에 참여하지 않으므로 왕이 사람을

---

22) 대향화국(大香華國) : 옛날 인도에 있던 나라.

보내 꾸짖자, 태자가 아뢰었다.

"혼자의 힘으로 하는 것은 공덕이 아니므로, 일찍이 성공하지 못할 것을 알았으므로 가지 않았습니다."

왕은 태자의 말이 옳다 하여 금과 철을 배에 실어 바다에 띄워 보냈다. 이에 남염부제의 16대국과 5백의 중간 나라, 1만의 작은 나라, 8만의 부락을 두루 돌아다니지 않은 데가 없으나, 모두 주조하지 못하였다. 마지막으로 신라에 이르러 진흥왕이 문잉림(文仍林)에서 주조하여 존상을 완성하니, 모습에 있어 완벽하게 잘 갖추어졌다 하였다. 아육왕은 비로소 근심이 없어지게 되었다.

그 뒤 대덕(大德) 자장(慈藏)이 서쪽(중국)에 유학갔다가 오대산(五臺山)[23]에 이르자, 현신(現身)한 문수보살[24]의 설법에 감득하였다. 이어서 부탁하였다.

"그대 나라의 황룡사는 바로 석가불과 가섭불이 강연하던 땅이다. 연좌석이 아직 남아 있다. 그러므로 천축 무우왕(無憂王)[25]이 황금과 철을 조금씩 모아 바다에 띄운 지 1300여 년이 지난 뒤 그대의 나라에 이르러 존상을 완성해 그 절에 봉안하였으니, 아마도 위덕(威德)의 인연으로 그렇게 된 것이다(별기의 기록과 부합된다)."

존상이 완성된 뒤로 동축사의 삼존도 황룡사로 옮겨 모셨다.

《사기(寺記)》에 이렇게 말하였다.

"진평왕(眞平王) 6년 갑진년에 금당(金堂)을 조성하였고, 선덕왕 때 이 절의 초대 주지는 진골 환희사(歡喜師), 제2대 주지는 국통(國統)[26]이요, 다음은 국통 혜훈(惠訓), 그 다음은 상률사(廂律師)이다."

전란[몽골 침입] 이래 큰 존상과 두 보살상이 모두 녹아 없어지고 작은 석가상만이 남아 있다.

---

23) 오대산(五臺山) : 중국 산서성에 있는 산.

24) 문수보살(文殊菩薩) : 석가모니 왼쪽에 앉은 부처로 지혜를 맡은 보살. 오른쪽에는 보현보살이 있다.

25) 무우왕(無憂王) : 아육왕.

26) 국통(國統) : 신라 때 승려의 벼슬. 왕의 고문으로 불교 정책의 총책을 맡았다.

다음과 같이 기린다.

  속세의 어느 곳인들 참고향 아니랴만
  부처님 모실 인연은 이 나라가 으뜸일세.
  이는 아육왕이 손대지 못했다기보다
  월성(月城) 옛 터를 찾아오시느라 그러했던 것이네.

황룡사 9층탑(皇龍寺 九層塔)

신라 제27대 선덕왕 즉위 5년인 정관 10년 병신년(636)에 자장법사가 서쪽[중국]으로 유학갔다가, 오대산에서 문수보살에게 감화되어 불법을 전수받았다(자세한 것은 본전을 보라).

문수보살이 말하였다.

"그대 나라의 왕은 천축 찰리종(刹利種)[27]의 왕으로 이미 불타의 수기(授記)[28]를 받았으므로, 특별한 인연이 있으니 동이(東夷)[29]나 공공(共工)[30]의 씨족과는 같지 않다. 그러나 산천이 험준한 탓으로 성품이 거칠고 어그러져 미신을 많이 믿는다. 그래서 때로는 천신이 재앙을 내리지만, 그러나 법문(法文)의 지식이 많은 승려들이 나라에 있으니, 이 때문에 군신이 편안하고 모든 백성들이 평화롭다."

말을 마친 문수보살은 간 곳 없이 사라졌다. 자장법사는 이것이 대성(大聖)의 변화인 줄을 알고 감격하여 눈물흘리며 물러났다. 그가 중국의 대화지(大和池) 주변을 지나는데, 홀연히 어떤 신령한 사람이 나타나 물었다.

"이곳에 어찌 오시었소?"

자장법사가 답하였다.

---

27) 찰리종(刹利種) : 범어 Ksatriya의 음역.

28) 수기(授記) : 부처로부터 내생(來生)에 부처가 되리라는 예언을 받음.

29) 동이(東夷) : 황하문명을 중심으로 사방 변방을 멸시하여 일컫던 말. 또는 동쪽의 오랑캐라는 뜻.

30) 공공(共工) : 중국 요순 시대에 강회(江淮) 지방에 살았던 흉포하기로 이름난 종족.

"보리(菩提) 31)를 얻기 위함입니다."

신령한 사람이 예를 하고 다시 물었다.

"그대의 나라에 무슨 어려운 일이 있소?"

자장이 답하였다.

"우리 나라는 북으로는 말갈(靺鞨)과 잇닿았고, 남으로는 왜국과 인접해 있고, 고구려·백제 두 나라가 번갈아 국경을 침범하여 이웃 침입이 잦으니 이로 인해 백성들의 고통이 많습니다."

신령한 사람이 다시 말하였다.

"그대 나라가 여자를 왕으로 삼았기 때문에 덕은 있지만 위엄이 없어 이웃 나라들이 엿보는 것이니 마땅히 본국으로 속히 돌아가시오."

자장이 물었다.

"고국으로 돌아가 무슨 일을 해야 이롭겠습니까?"

신령한 사람이 말하였다.

"황룡사의 호법룡(護法龍)은 나의 장자인데, 범왕(梵王) 32)의 명을 받아 그 절을 보호하고 있는 것이니 본국에 돌아가서 절 안에 9층탑을 세우면, 이웃 나라가 항복하고, 아홉 나라〔九韓〕가 와서 조공하여 왕업이 길이 태평할 것이오. 그리고 탑을 세운 뒤에는 팔관회(八關會) 33)를 열고 죄인을 사면하면 외적들이 침범하지 못할 것이오. 또 나를 위하여 서울 남쪽 바다 언덕에 정사를 지어서 나의 복을 빌어 주면 나도 역시 덕을 갚을 것이오."

말을 마치자 신령한 사람은 자장법사에게 옥을 바치고 홀연히 사라졌다(절의 기록에는 종남산 원향선사의 처소에서 / 탑을 세워야 할 이유를 들었다고 하였다).

정관 17년 계묘년(643) 16일에 자장법사가 당나라 황제가 내려 준 불경, 불상, 가사, 비단을 가지고 본국으로 돌아와 탑을 세워야 할 이유를 왕에게 말하였다. 선덕왕이 신하들과 의논하니 여러 신하들이 아뢰었다.

---

31) 보리(菩提) : 보시. Bodhi의 음역. 제법(諸法)을 다 깨우쳐 정각(正覺)의 지혜. 즉 불타에 이르는 길.

32) 범왕(梵王) : 범천왕의 준말. 인도 바라문교의 최고신.

33) 팔관회(八關會) : 신라 시대에 호국사상에서 생겨난 것으로, 우리 고유 민속과 불교가 어우러져 등을 달아 밤새 가무를 즐기는 축제. 고려 시대에 가장 성했던 불교 의례.

"백제에 부탁하여 공장(工匠)을 청해야 가능합니다."

이에 보배와 비단을 가지고 가서 백제에 청하게 하였다. 아비지(阿非知)라는 공장이 명을 받고 와서 재목과 돌을 다듬고, 이간 용춘(龍春 : 용수(龍樹)라고도 한다)[34]이 수하 공장 2백 명을 거느리고 일을 주관하였다.

처음으로 이 탑의 기둥을 세우던 날 공장은 본국 백제가 멸망할 징조의 꿈을 꾸고 의심이 생겨 손을 떼려 하는데, 홀연 땅이 진동하며 어둠 속에서 한 노승과 장정이 금전문(金殿門)에서 나와 탑 기둥을 세우고 사라졌다. 이에 공장이 후회하고 그 탑을 완성하였다.

《찰주기(刹柱記)》에 이렇게 말하였다.

"기둥은 쇠받침 위로 높이가 42자이고, 아래가 1백 83자이다."

자장이 오대산[중국]에서 받은 사리 1백 개를 나누어 이 탑과 통도사 계단(戒壇)[35] 및 대화사(大和寺) 탑에 봉안하여, 못에 있는 용의 청을 들어 주었다(대화사는 아곡현 남쪽에 있으니 지금 울주인데 역시 자장이 세운 것이다).

탑을 세운 뒤에 천지가 태평하고 삼한이 통일되었으니, 어찌 탑의 영험이 아니겠는가?

그 뒤 고구려 왕이 신라를 치려다가 말하였다.

"신라에는 세 가지 보물이 있어 범할 수 없다 하니, 무엇을 말함인가?"

"황룡사의 장륙존상과 9층탑과 하늘이 진평왕에게 내린 옥대〔天賜玉帶〕가 그것입니다."

이 말을 듣고 고구려 왕은 신라를 치려는 계획을 중단하였다. 옛날 주나라에 구정(九鼎)[36]이 있어서 초(楚)나라 사람들이 감히 주나라를 엿보지 못한 것과도 같은 것이다.

다음과 같이 기린다.

　　귀신이 보호하여 서울을 진압하니

---

34) 용춘(龍春) : 태종 무열왕의 부친.

35) 계단(戒壇) : 승려가 계를 받는 제단으로 흙이나 돌로 쌓는다.

36) 구정(九鼎) : 중국 하나라 우임금이 9주에서 구리를 거둬들여 주조한 솥. 하·은·주 대에 걸쳐 보물로 보전되었다.

나는 듯한 처마에 단청도 휘황하네.
올라가 굽어보면 구한(九韓)만이 복종하랴,
천하가 태평함을 비로소 깨달았네.

또 해동 명현인 안홍(安弘)이 찬술한 《동도성립기(東都成立記)》에 이렇게 말하였다.

"신라 제27대에 여자가 임금이 되니 도는 있으나 위엄이 없어 구한이 침범하니 만일 용궁 남쪽 황룡사에 9층탑을 세우면, 이웃 나라가 침략하는 재난을 억누를 수 있으리라. 제1층은 일본, 제2층은 중국, 제3층은 오월(吳越), 제4층은 탁라(托羅 : 탐라), 제5층은 응유(鷹遊), 제6층은 말갈(靺鞨), 제7층은 단국(丹國 : 거란), 제8층은 여적(女狄 : 여진), 제9층은 예맥(穢貊)이다."

또 《국사》와 《사중고기(寺中古記)》에는, 진흥왕 14년 계유년(553)에 절을 세운 뒤, 선덕왕 때, 정관 19년 을사년(645)에 탑이 처음 세워지고, 제32대 효소왕 7년인 성력(聖曆) 원년 무술년(698) 6월에 벼락을 맞았다(《사중고기》에 성덕왕이라 한 것은 잘못이다. 성덕왕 때에는 무술년이 없다). 제33대 성덕왕 경신년(720)에 다시 세웠고, 제48대 경문왕 무자년(868) 6월에 두 번째 벼락을 맞아 같은 왕대에 세 번째 다시 고쳤다. 고려 광종(光宗) 5년 계축년(953) 10월에 세 번째 벼락을 맞아 현종(顯宗) 13년 신유년에 네 번째 새로 지었고, 정종(靖宗) 2년 을해년 네 번째 벼락을 맞아 문종(文宗) 갑진년(1064)에 다섯 번째로 새로 지었다. 헌종(憲宗) 말년 을해년(1095)에 다섯 번째 벼락 맞은 것을 숙종(肅宗) 병자년(1096)에 여섯 번째로 새로 지었다. 또 고종(高宗) 16년[25년] 무술년(1238) 겨울 몽골 침입으로 탑과 절, 장육존상 및 전각이 모두 불타 버렸다.

황룡사 종·분황사 약사·봉덕사 종(皇龍寺鐘 芬皇寺藥師 奉德寺鐘)

신라 제35대 경덕대왕(景德大王)이 천보(天寶)[37] 13년 갑오년(754)에 황룡사 종을 주조하였는데, 길이가 1장(丈) 3치이고, 두께가 9치이며, 무게는

---

37) 천보(天寶) : 당나라 현종의 세 번째 연호(742~756).

49만 7천 5백 81근이었다. 시주(施主)는 효정이왕(孝貞伊王) 삼모부인(三毛夫人)이요, 공장(工匠)은 이상택(里上宅) 아전이었다. (당나라) 숙종 때 다시 만든 새 종은 길이가 6자 8치였다.

또 다음 해 을미년(755)에 분황사의 약사(藥師 : ^{약사}_{여래불}) 동상을 주조하였는데, 무게가 30만 6천 7백 근이요, 공장은 본피부(本彼部)[38]의 강고내말(强古乃末 : ^{강고는 이름이고,}_{내말은 관직이다})이었다.

또 황동 12만 근을 내놓아 부왕인 성덕왕을 위해 큰 종을 주조하려 했으나 완성하지 못하고 죽었는데, 그의 아들 혜공대왕(惠恭大王) 건운(乾運)이 다시 대력(大曆) 경술년(770) 12월에 유사를 시켜 공인들을 모아 종을 완성케 하여 봉덕사에 안치하였다. 이 절은 효성왕이 개원(開元) 26년 무인년(738)에 부왕인 성덕대왕의 복을 빌기 위하여 창건한 것이다. 그러므로 종의 이름을 성덕대왕신종지명(聖德大王神鐘之銘)이라 하였다(^{성덕대왕은 경덕왕의}_{부왕 홍광대왕이고,} ^{종은 본래 경덕왕의 부친을 위하여 시주한 금으로}_{주조했기 때문에 성덕대왕의 종이라 한 것이다}). 조산대부(朝散大夫) 전태자사의랑(前太子司議郎) 한림랑(翰林郎) 김필해(金弼奚)가 왕명을 받들어 종의 이름을 지었으나, 글이 산만하여 기록하지 않는다.

영묘사 장륙(靈妙寺 丈六)

선덕왕이 영묘사를 창건하고 불상을 조성한 인연은 《양지법사전(良志法師傳)》에 상세히 기재되어 있다. 경덕왕 23년(764)에 장륙존상에 금칠을 다시 했는데, 비용으로 조(租) 2만 3천 7백 섬이 들었다(^{《양지전》에는 불상을 처음 만들 당시의}_{비용이라 했으나, 두 기록을 다 쓴다}).

사불산·굴불산·만불산(四佛山 掘佛山 萬佛山)

죽령(竹嶺)의 동쪽 1백여 리에 우뚝 솟은 산이 있다. 진평왕 9년 갑신년(587)에 홀연히 네 면이 모두 한 길이나 되고 사방에 여래상이 새겨진 큰 바윗돌 하나가 붉은 비단으로 싸인 채로 하늘에서 이 산 정상에 떨어졌다.

---

38) 본피부(本彼部) : 신라 시대 수도 경주의 씨족을 중심으로 한 행정구역인 6부(六部) 중에서, 월성 및 그 동쪽 지역.

왕이 이 말을 듣고 수레를 타고 가 정성들여 예하고 그 바위 옆에 절을 짓게 하고 대승사(大乘寺)라 하였다. 《연경(蓮經)》[39]을 강론하는 승려를 청하여 그 절의 주지로 삼고, 그 돌[供石]을 깨끗이 하고 향화가 끊어지지 않게 하였으니, 그 산을 역덕산(亦德山) 또는 사불산(四佛山)이라 한다. 주지가 죽어 장사지냈더니 무덤 위에서 연꽃이 피었다.

또 경덕왕이 백률사(栢栗寺) 가는 길에, 산 아래 이르니 땅 속에서 불경을 외는 소리가 들리므로 그 곳을 파 보게 하였더니, 네 면에 사방불(四方佛)이 새겨진 큰 돌이 나왔다. 곧 절을 세우고 굴불사(掘佛寺)라 하였는데, 지금은 잘못 전해져 굴석사(掘石寺)라 한다.

또 왕이 당나라 대종(代宗)이 불교를 매우 숭상한다는 말을 듣고 공장에게 명하여 양탄자를 만들고, 또 박달나무를 조각하고 명주(明珠)·미옥(美玉)으로 꾸며 높이가 한 길이 넘는 가산(假山)을 만들어 양탄자 위에 놓게 하였다. 가산에는 기암 괴석과 산골짜기로 흐르는 물에 의해 구역이 나뉘었고, 구역마다 가무 기악(歌舞伎樂)하는 모습과 각 나라의 산천 형상이 있었다. 바람이 조금만 불어도 벌·나비가 날고 제비나 참새가 춤추는 듯하여 얼핏 보아서는 진짜인지 가짜인지 구별을 못할 정도였다. 한가운데에 만불(萬佛)을 봉안하였는데, 큰 것은 사방 한 치가 넘고, 작은 것은 8, 9푼이 된다. 머리는 큰 기장만 하고 혹은 콩 반쪽만 하니, 트레머리나 흰 털, 눈썹과 눈이 분명하여 서로 갖추어져 단지 매우 비슷할 뿐이요, 자세히는 설명할 수 없었다. 그러므로 이 산을 만불산(萬佛山)이라 하였다.

다시 금과 옥을 새겨 일산에 깃발과 수술을 달고[流蘇幡盖], 암라(菴羅 : 망고열매), 담복(薝葍 : 치자), 백보누각과 궁전과 정자를 만들었다. 대체로 작기는 하나 대부분 그 형상이 마치 살아 움직이는 듯한 기세가 있었다. 앞에 둘러 있는 비구상이 1천여 구(軀), 밑에는 자금종(紫金鐘)이 셋이 있는데, 모두 종각과 좌대가 있고 고래 모양의 종 치는 것을 만들어, 바람에 종이 울리면 둘러 있는 승려들이 엎드려 절하여 머리가 땅에 닿으며 절하였다. 은은히 예불하는 소리가 나는 듯하니, 그 까닭은 종에 있기 때문이다. 비록 만불이라 하나 실제로는 헤아릴 수가 없다. 만불산이 완성되자 사신을 시켜 당나라에 바

---

39) 연경(蓮經) : 《법화경(法華經)》. 원효대사가 지은 것.

치니, 대종이 보고 감탄하였다.

"신라의 이 솜씨는 하늘이 만든 것이요, 사람의 솜씨가 아니다."

이에 구광선(九光扇 : 빛을 발하는 부채)을 암석 사이에 놓고 부처의 빛이라 하였다.

4월 8일에는 두 거리의 승려들에게 명하여 내도량(內道場)[40]에서 만불산에 예찬하게 하고, 삼장불공(三藏不空)[41]에게 명하여 밀부진전(密部眞詮)[42]을 천 번 외어 찬미하게 하니, 보는 이마다 그 정교함에 탄복하였다.

다음과 같이 기린다.

　　하늘에서는 부처의 모습을 단장시켜 사방불(四方佛)에 새기고,
　　땅에서는 부처의 흰 눈썹이 하룻밤에 솟아올랐네.
　　또다시 묘한 솜씨로 만불산을 새기니,
　　그야말로 부처의 풍토를 삼재(三才 : 天·地·人)에 두루 펴리라.

생의사 석미륵(生義寺 石彌勒)

선덕왕 때에 승려 생의(生義)가 항상 도중사(道中寺)에 머물렀는데, 꿈에 어떤 승려가 남산으로 데리고 가면서 풀을 잡아매어 길을 표시하게 하고 산의 남쪽 골짜기에 이르자 말하였다.

"내가 이 곳에 묻혔으니, 청컨대 대사께서 꺼내어 고개 위에 묻어 주시오."

꿈을 깨어 친구들과 표한 곳을 찾아 골짜기에 이르러 땅을 파보니 돌미륵이 있었다. 가져다 삼화령(三花嶺) 위에 모셨다. 선덕왕 13년 갑진년(644)에 절을 세우고 머물렀는데, 뒤에 생의사(生義寺)라 하였다(지금은 잘못 전해져 성의사(性義寺)라고 한다. 충담사가 매년 3월 3일과 9월 9일에 차를 달여 공양한다는 분이 바로 이 부처이다).

---

40) 내도량(內道場) : 궁 안의 불도 닦는 곳.

41) 삼장불공(三藏不空) : 삼장법사. 불공은 삼장의 호.

42) 밀부진전(密部眞詮) : 밀교의 경전. 주문(呪文) 또는 진언(眞言).

흥륜사벽화 보현(興輪寺壁畵普賢)

제54대 경명왕 때에 흥륜사의 남문과 좌우 행랑채가 불에 탔는데 수리를 못하다가, 정화(靖和)·홍계(弘繼) 두 승려가 시주를 받아 장차 수리하려 하였다. 정명(貞明) 7년 신사년(921) 5월 15일에 제석천왕이 이 절의 좌경루(左經樓)에 내려와 10여 일을 머물자, 전각과 탑, 풀·나무·흙·돌 들이 모두 이상하게 향기를 풍기고 오색 구름이 절을 덮으며, 남지의 어룡이 기뻐 뛰놀았다. 사람들이 모여 구경하면서 이 희귀한 일을 찬탄하면서 옥과 비단, 곡식을 시주하니 산더미처럼 쌓였다. 기술자들이 스스로 와서 일을 하니 하루도 되지 않아 완성되었다.

공사가 끝나서 천제가 돌아가려 하니 두 승려가 아뢰었다.

"천제께서 환궁하려 하신다면, 청컨대 천제의 얼굴을 그려 모시고 지성으로 공양하여 천은을 갚도록 하여 주소서. 또한 이로 인해서 영정을 남겨 영원히 세상을 보호하게 해 주십시오."

천제가 말하였다.

"나의 원력(願力)은 저 보현(普賢)보살과 같이 기묘한 조화를 두루 펴지 못하니, 보현보살상을 그려 경건하게 공경하여 끊이지 않도록 하는 것이 마땅하다."

두 승려는 가르침을 받아 보현보살상을 벽에 정성껏 그렸는데, 지금까지도 그 화상이 그대로 남아 있다.

삼소관음 중생사(三所觀音 衆生寺)

《신라 고전(古傳)》에서 말한다.

중국 천자에게 총희가 있었는데 미려하기 그지 없었다. 황제가 말하였다.

"고금의 그림에도 이같이 절묘한 사람은 없으리라."

이에 화공에게 그 모습을 그리게 하였다(화공의 이름은 전기에 없다. 혹은 장승요(張僧繇)라 하나 그는 오나라 사람으로 양나라 천감 연간에 무릉국왕의 시랑직비각 지화사(侍郎直秘閣知畵事)가 되었고, 우장군과 오흥태수를 역임하였으니, 여기서의 천자는 양나라 진(陳)나라 사이의 천자일 것이다. 그런데, 전(傳)에서 당이라 했으니 해동 사람들이 모든 중국을 당이라 하니, 실상은 어느 때 왕인지 알 수 없어 두 가지를 다 기록한다).

그 사람이 명을 받들어 그림을 완성하였는데, 잘못하여 붓을 떨어뜨려 배꼽 밑에 붉은 점이 찍혔다. 지우려 하나 잘 되지 않는지라 마음 속으로 붉은 점이 날 때부터 천생으로 있나보다 생각하고 그대로 바쳤다. 황제는 그림을 보고 나서 말하였다.

"모습은 똑같이 닮았으나 배꼽 아래 점은 몸 속의 비밀인데 어찌 알고 그것까지 그렸는가?"

황제는 진노하여 그를 옥에 가두고 극형에 처하려 하였다. 그때 승상이 말하였다.

"그 사람은 마음이 정직하므로 원하옵건대 풀어 주소서."

황제가 말하였다.

"그가 어질고 정직하다면 짐이 어젯밤 꿈에 본 형상을 그려 바치도록 하라. 꿈에 본 형상과 같다면 용서하리라."

이에 그가 십일면 관음상[43]을 그려 바치니, 과연 꿈과 같은지라 황제는 마음이 풀려 그를 용서해 주었다.

그가 방면되자 박사 분절(芬節)과 이렇게 약속하였다.

"제가 들으니 신라국에서는 불법을 신봉한다 하오. 당신과 함께 배를 타고 바다 건너 그 나라에 가서 함께 불사를 닦아 동방을 널리 이롭게 하는 것이 좋지 않겠소?"

함께 신라국에 가서 중생사(衆生寺)의 대비상(大悲像 : 보살화상)을 그렸는데, 신라 사람들이 우러러 모시며 복을 얻은 사람이 이루 헤아릴 수 없을 정도였다.

신라의 말년인 천성(天成)[44] 연간에 정보(正甫) 최은함(崔殷誠)이 오래도록 아들이 없으므로, 중생사 보살화상 앞에 기도하고 수태하여 아들을 낳았다. 아직 3개월도 되지 못하여 후백제의 견훤이 갑자기 서울을 습격하여 성 안이 크게 어지러워지자, 은함은 아이를 안고 보살화상에게 말하였다.

"이웃나라 군사가 갑자기 쳐들어와서 일이 급합니다. 이 아이가 매우 귀중하오나 함께 난을 피할 수 없습니다. 진실로 대성(大聖)께서 점지하신

---

43) 십일면 관음상(十一面觀音像) : 본체 외에 머리 위에 조그마한 얼굴 11개가 있어 자비·분노·대소(大笑) 등 여러 가지 얼굴 표정을 하고 팔이 둘 혹은 넷 있는 관세음보살상.

44) 천성(天成) : 후당 명종의 연호(926~930).

아이라면 원컨대 대자대비하신 힘을 내리시어 길러 주시고, 우리 부자가 다시 서로 만나게 해 주십시오."

비통하게 세 번 울면서 세 번 아뢰고 나서 포대기에 싼 채로 사자좌(獅子座)45) 아래에 숨겨 놓고 돌아보고 또 돌아보며 그 자리를 떠났다.

반 달이 지나, 도적들이 물러간 뒤 와서 찾아보니, 아이의 살결이 새로 목욕시킨 것 같고 얼굴도 통통하여 아직 입에서 젖내가 났다. 아이를 안고 돌아와 기르니 장성함에 총명과 지혜가 남보다 뛰어났다. 이 사람이 바로 최승로(崔丞魯)인데 벼슬이 정광(正匡)에 이르렀다. 승로가 낭중(郎中) 숙(肅)을 낳고 숙이 낭중 제안(齊顏)을 낳았다. 이때부터 후사가 끊어지지 않았다. 은함은 경순왕을 따라 고려에 들어와 큰 가문을 이루었다.

또 통화(統和) 10년(992) 3월에 주지승 성태(性泰)가 보살상 앞에 꿇어앉아 혼잣말로 말하였다.

"제자가 이 절에 오래 있으면서 정성껏 향화를 받들어 밤낮으로 게을리하지 않았으나, 이 절에는 논밭에서 나는 것이 없어 향화를 이어나갈 도리가 없으니, 장차 다른 곳으로 가려 하므로 미리 와서 말씀드립니다."

그날 졸다가 꿈을 꾸었는데 대성(大聖)이 말하였다.

"그대는 이곳에 머물면서 떠나지 말라. 내가 시주를 모아 향 피울 비용을 충당하리라."

성태는 기쁜 마음으로 꿈을 깨어 그대로 머물러 가지 않았다. 그 뒤 13일이 지났을까, 홀연히 두 사람이 말과 소에 무엇을 싣고 문 앞에 당도했다. 승려가 나가서 "어디서 왔느냐"고 물었다.

"우리들은 금주(金州)46) 경계에 사는 사람들인데, 지난 날 한 스님이 우리에게 와서 '나는 경주 중생사에 머문 지 오래인데, 사사(四事 : ^{음식·의복·}_{침구·탕약}) 공양이 어려워 시주받으려고 여기에 왔습니다' 하므로 이웃 동리에서 시주를 거두어 쌀 6섬과 소금 4섬을 얻어 싣고 왔습니다."

승려가 말하였다.

---

45) 사자좌(獅子座) : 부처가 앉은 자리. 인간 세상에서 부처의 지위가 동물 세계에서 사자의 지위와 같다는 데서 이렇게 부른다.

46) 금주(金州) : 지금의 김해.

"우리 절에서 시주받으러 간 사람이 없는데 당신들이 잘못 알고 온 것 같습니다."

그 사람들이 말하였다.

"아까 스님이 우리를 인도하여 신현정(神見井)까지 와서는 '절은 여기서 멀지 않으니 내가 먼저 가서 기다겠다' 하기에 우리가 뒤따라왔습니다."

이 절의 승려가 그들을 법당 앞으로 인도하여 가니, 그들이 대성을 우러러 보고 절하며 말하였다.

"이분이 시주를 받으러 왔던 바로 그 스님입니다."

그들은 놀라고 경탄해 마지않았다. 그 뒤로 시주하는 쌀과 소금이 해마다 끊이지 않았다.

또 어느 날 저녁에 절 문간에 불이 나 동리 사람들이 모두 와서 불을 끄면서 법당에 올라가 보니 불상이 없었다. 다시 보니 뜰에 나와 있는지라 "누가 모셔 내왔느냐?" 하고 물었으나 모두 "모른다" 하였으므로 이에 대성의 신령스런 힘인 것을 알았다.

또 대정(大定) 13년 계사년(273) 연간에 점숭(占崇)이란 승려가 이 절에 머물고 있었는데, 그는 글을 알지 못했지만 성품이 원래 순수하여 향화에 정성이 있었다. 어떤 승려 한 사람이 그가 머물고 있는 거처를 빼앗고자 하여 친의천사(襯衣天使)[47]에게 하소연하였다.

"이 절은 나라에서 은덕과 복을 비는 장소이니, 마땅히 편지라도 읽을 줄 아는 자를 가려 주지로 삼아야 합니다."

천사도 "그렇다" 하여 점숭을 시험하려 불교 의식문〔疏文〕을 거꾸로 주니, 점숭이 받아들고 줄줄 물 흐르듯 읽었다. 천사가 탄복하여 방으로 불러 들이고 "다시 읽으라" 하니 점숭이 입을 다물고 읽지 못하였다.

천사가 말하였다.

"당신은 진실로 대성이 보살펴 주는 사람이다."

마침내 빼앗기지 않았다. 그 당시 점숭과 같이 있던 처사(處士) 김인부(金仁夫)가 마을 노인들에게 전해 이 전에 기록하였다.

---

47) 친의천사(襯衣天使) : 불교에서 옷을 시주하는 천사.

백률사(栢栗寺)

계림(鷄林)의 북악은 금강령(金剛嶺)인데, 그 산 남쪽에 백률사(栢栗寺)[48]가 있다. 그 절에는 대비상(大悲像)이 하나 있는데, 언제 만들어졌는지는 모르나 기이한 영험이 알려져 있다. 어떤 이는 중국의 뛰어난 장인(匠人)이 중생사 관음소상(大悲像)을 만들 때 같이 만든 것이라 한다. 전설에서는 이렇게 알려져 있다. 일찍이 도리천(忉利天)[49]에 올라갔다가 돌아와 법당으로 들어갈 때 밟은 돌 위의 발자국이 지금까지 지워지지 않고 남아 있다. 어떤 이는 부례랑(夫禮郎)을 구출하여 돌아올 때에 나타난 발자국이라고도 한다. 천수(天授)[50] 3년 임진년(692) 9월 7일에 효소왕이 대현살찬(大玄薩湌)[51]의 아들 부례랑을 국선(國仙)으로 삼으니, 화려한 낭도 1천여 명이 있었는데, 안상(安常)이 특히 친하였다. 천수 4년($\frac{장수(長壽)}{2년이다}$) 계사년(693) 늦봄에 낭도들을 거느리고 금란(金蘭)[52]에 놀이갔다가, 북명(北冥)[53] 국경 근처에 이르러 오랑캐(말갈족)에게 부례랑이 사로잡혔다. 낭도들이 모두 어찌할 바를 몰라 돌아오는데 안상(安常)이 홀로 뒤쫓았다. 이것이 3월 11일이었다.

대왕이 그 소식을 듣고 매우 놀라면서 말하였다.

"선군(先君)께서 신령스런 피리(神笛)를 얻어 나에게 전해 주어 현금(玄琴 : $\frac{거문}{고}$)과 함께 내고에 보관되어 있다. 그런데 어째서 화랑이 갑자기 적의 포로가 되었는가($\frac{거문고와\ 피리의\ 사적은}{별전에\ 상세히\ 있다}$)?"

때마침 상서로운 구름이 천존고(天尊庫)를 덮는지라, 대왕이 또 놀라고 두려워하며 창고 안을 조사하라 하니, 거문고와 피리가 없어졌다. 이에 왕이

---

48) 백률사(栢栗寺) : 경주 소금강산에 있는 절.

49) 도리천(忉利天) : 욕계(谷界) 육천(六天)의 둘째하늘로, 수미산 정상에 있다 하며 여기에 선견성(善見城), 제석천의 큰 성이 있다 함.

50) 천수(天授) : 당나라 무측천의 연호(690~692).

51) 대현살찬(大玄薩湌) : 신라 관직 제8위 사찬(沙湌).

52) 금란(金蘭) : 지금의 강원도 통천.

53) 북명(北冥) : 지금의 원산만.

말하였다.

"내게 이다지도 복이 없는가? 화랑을 잃더니 또 거문고와 피리마저 잃었구나."

왕은 즉시 창고 관리 김정고(金貞高) 등 다섯 사람을 옥에 가두고, 4월에는 나라에 다음과 같은 방을 붙였다.

"거문고와 피리를 찾아낸 자에게는 1년 치의 조세에 해당하는 상을 주겠다."

5월 15일에 부례랑의 양친이 백률사 대비상 앞에 나아가 여러 날 기도하였더니, 홀연히 향탁(香卓) 위에 거문고와 피리 두 가지 보물이 나타났고, 또 부례랑과 안상 두 사람도 존상 뒤에 와 있었다. 양친은 매우 기뻐하며 어찌된 일인지를 물으니, 부례랑이 말하였다.

"제가 그들에게 붙잡혀서 그 나라 대도구라(大都仇羅)의 집에 목동이 되어 대오라니(大烏羅尼) (딴 책에는 도구(都仇)의 집에 종이 되어 / 대마(大磨)에서 소를 치고 있었다 함)의 들에서 소를 치고 있었는데, 갑자기 거동이 단정한 승려가 손에 거문고와 피리를 들고 와서 위로하며 '고향 생각이 나지 않느냐' 하였습니다. 저는 순간적으로 꿇어 앉아 '임금님과 어버이를 그리워하는 마음을 어찌 말로 다하겠습니까?' 하고 말하였습니다. 승려가 '그렇다면 나를 따라오라' 하여 바닷가까지 갔는데, 거기에서 안상을 만났습니다. 승려가 피리를 두 쪽으로 갈라 우리에게 주면서 각기 한 쪽씩 타게 하고 자신은 거문고를 타고 바다를 건너 돌아왔는데, 어느 새 여기에 왔습니다."

이 사실을 왕에게 급히 알리니, 대왕이 크게 놀라 사신을 보내 낭을 맞아들이게 하였다. 부례랑은 거문고와 피리를 가지고 궁궐로 들어왔다. 왕은 50냥의 금과 은으로 만든 다섯 가지 그릇 두 벌과 누비 가사옷 다섯 벌, 비단 30필, 밭 1만 경(頃)을 절에 헌납하여 부처님의 은덕에 보답하고, 나라 안에 대사면령을 내리고 공신들에게는 작위를 3급씩 하사하고 백성에게는 3년간의 조세를 탕감하여 주었다. 주지승은 봉성사로 옮기게 하고 부례랑을 대각간(신라의 재상)으로 삼고 그의 아버지 대현아찬은 태대각간으로, 어머니 용보부인(龍寶夫人)을 사량부 경정궁주(鏡井宮主)로, 안상은 대통(大統)으로 삼았다. 또 창고 관리 5명은 풀어 주고 각각 작위를 5급씩 하사하였다.

6월 12일에 혜성이 동쪽 하늘에 나타나고, 17일에는 서쪽 하늘에 나타나니, 점성관이 아뢰었다.

"이는 거문고와 피리에 벼슬을 내리지 않은 까닭입니다."

이에 피리를 만만파파식적(萬萬波波息笛)이라 하니, 혜성이 사라졌다. 그 후에도 영험이 많았으나 너무 번거로워 기재하지 않는다.

세상에서 안상을 준영랑(俊永郞)의 무리라 한 것은, 제대로 살펴보지 못했기 때문이다. 준영랑의 무리에는 오직 진재(眞才)·번완(繁完) 등이 알려진 사람이며, 이들 또한 알 수 없는 사람들이다(^{상세한 것은} _{본전에 보라}).

민장사(敏藏寺)

우금리(禺金里)에 사는 가난한 여자 보개(寶開)에게 장춘이라는 아들이 있었다. 그가 장사꾼을 따라 바다로 떠난 지 오래도록 소식이 없으므로, 그 어미가 민장사(^{이 절은 민장각간이 집을} _{희사해서 세운 절이다}) 관음보살상 앞에 나아가 7일을 정성껏 기도하니, 장춘이 갑자기 돌아왔다. 그 동안의 일에 대해 물으니 장춘이 말하였다.

"바다에서 돌풍을 만나 배가 부서져 동행한 사람이 모두 살지 못했는데, 저는 뱃조각을 타고 떠돌아다니다가 오나라 해변에 닿았습니다. 그 나라 사람들이 저를 데려다 밭을 갈게 해 주었습니다. 그런데 한 이상한 스님이 마치 고향에서 온 듯이 위로하며 저를 데리고 같이 갔습니다. 그는 깊은 개울을 만나자 저의 겨드랑이를 끼고 뛰어 건넜습니다. 정신이 몽롱한 중에 고향 말소리와 울음 소리가 들리기에 자세히 보니 바로 이곳이었습니다. 포시(晡時:^{오후 3시}_{~5시})에 오나라를 떠났는데 여기 도착한 것은 겨우 술시(戌時:^{오후 7시}_{~9시})쯤이었습니다."

이는 천보 4년 을유년(745) 4월 8일이었다. 경덕왕이 듣고 밭을 절에 시주하고 재물과 폐물을 바쳤다.

전후 소장 사리(前後所將舍利)

《국사》에 이렇게 말하였다.

"진흥왕 때인 태청(太淸) 3년 기사년(549)에 양나라 사신 심호(沈湖)가 사리 약간을 가져왔으며, 선덕왕 때인 정관(貞觀) 17년 계묘년(643)에 자장법사가 가져온 것은 부처의 두개골·어금니〔佛牙〕와 부처의 사리 1백 개와 부처가 입던 자주색 비단에 금점이 있는 가사 한 벌을 가지고 왔다. 사리는 3분 해서 하나는 황룡사 9층탑에 두고, 하나는 태화탑에, 또 하나는 가사와 함께 통도사 계단(戒壇)에 두었다. 나머지는 있는 곳을 알 수 없다. 통도사 계단은 두 층으로 되어 있는데, 위층 가운데는 돌뚜껑을 덮었으며, 이는 마치 가마솥을 엎어 놓은 것 같았다.

세속에서는 이렇게 말하였다.

"옛날 고려 때에 안렴사(按廉使)[54] 두 사람이 와서 계단에 예를 하고 공손히 돌뚜껑을 열었는데, 처음에는 큰 뱀이 돌상자 속에 있었고, 나중에는 큰 두꺼비가 돌상자 속에 쭈그리고 있는 것을 보았다. 그 뒤로는 감히 뚜껑을 열어 보지 못하였다. 요사이 상장군 김이생(金利生)과 시랑 유석(庾碩)이 고종의 명을 받아 강동(江東)[55]을 지휘할 때 부절을 갖추어 절에 와서 돌을 들고 예를 올리려 하였다. 절의 승려는 지난 일을 말하며 꺼려 하였으나, 두 공이 군사들을 시켜 굳이 열어 보게 하였다. 그 안에는 작은 돌상자가 있고 돌상자 속에 유리통이 있었는데, 통 속에는 사리 네 개만 있었다. 서로 돌려 보며 경의를 표했는데 유리통이 조금 깨진 흠집이 있었다. 유공이 마침 수정 상자 하나가 있어 시주하여 함께 봉안하고, 그 사실을 기문(記文)으로 기록하였다. 그 해는 강화로 천도한 지 4년 되는 을미년(1235)이었다."

《고기(古記)》에는 이렇게 기록되어 있다.

"사리 1백 개를 세 곳에 갈라 봉안했는데, 지금은 네 개뿐이다. 사리는 사람에 따라 숨겨지기도 하고 나타나기도 하는 것이니 많고 적음은 이상할 것이 없다."

또 세속에서는 이렇게 말하였다.

"황룡사 9층탑이 화재를 당할 때 돌솥의 동쪽면에 처음 큰 반점이 생겨 지금까지 그대로 있다."

그때는 대요(大遼) 응력(應曆) 3년 계축년(953)이고, 고려 광종 5년이니

---

54) 안렴사(按廉使) : 고려 시대의 지방 장관. 고려 초기에 절도사·안무사·안찰사 등으로 불리다가 충렬왕 2년(1276)에 안렴사로 고쳤다.

55) 강동(江東) : 낙동강 동쪽.

곧 탑이 세 번째 벼락의 화를 당하던 때였다. 조계(曹溪) 무의자(無衣子)가 시를 지었으니 "듣건대 황룡사 탑이 불타버린 한쪽 면에도 틈이 없었네."

지원(至元) 갑자년(1264) 이래로 중국의 사신과 본국의 사신들이 다투어 와서 절하며 사방의 떠돌이 승려들이 몰려와 참배하되, 어떤 이는 돌 상자를 열어보기도 하고, 어떤 이는 열어 보지 않기도 하였다. 진신사리 네 개 외에 변신사리(變身舍利) 모래와 같이 부서져 돌솥 밖으로 나왔는데, 이상한 향기가 자욱하여 여러 날 그치지 않는 일이 종종 있었으니, 이것은 참으로 말세에 있는 한 지방에서 생긴 하나의 기이한 일이었다.

당나라 대중(大中) 5년 신미년(851) 당나라에 사신으로 갔던 원홍(元弘)이 불아를 가져왔다(지금 소재를 알 수 없고 / 신라 문성왕 때의 일이다). 후당(後唐) 동광(同光) 원년 계미년(923), 고려 태조 6년에 당나라에 사신으로 갔던 윤질(尹質)이 가져온 오백나한상[56]은 지금 북숭산(北嵩山) 신광사(神光寺)에 있고, 또 대송(大宋) 선화(宣化) 원년 기해년(119 : 예종 14년)에 입공사(入貢使) 정극영(鄭克永), 이지미(李之美) 등이 부처의 어금니를 가져왔는데, 지금 내전에 봉안한 것이 그것이다.

전하는 말에, 예전에 의상법사가 당나라에 들어가 종남산(終南山) 지상사(至相寺) 지엄존자(智儼尊者)의 처소에 가니, 그 이웃에 도선율사(道宣律師)[57]가 있어 항상 하늘로부터 공양을 받았는데, 매일 재(齋)를 올릴 때마다 하늘의 주방에서 음식을 보내왔다. 하루는 도선율사가 의상에게 재올리기를 청하였다. 의상이 도착하여 앉아 있은 지 오래 되었으나 하늘로부터의 음식이 때가 지나도록 오지 않았다. 의상이 빈 바리때로 돌아간 뒤에야 천사가 내려왔다.

"오늘은 어찌하여 늦었습니까?"

천사가 말하였다.

"골짜기에 가득 신병(神兵)이 가로 막고 있어 들어올 수가 없었습니다."

이에 선율은 의상을 신장(神將)이 호위하고 있음을 알고, 그 덕이 자기보

---

56) 오백나한상(五百羅漢像) : 석가의 제자들로, 석가의 가르침을 모으기 위해 모였던 500명의 비구.

57) 도선율사(道宣律師) : 당나라 때 남산율종의 개조.

다 뛰어남에 감복하여 다음 날 다시 지엄존자와 의상법사 두 스님을 청하여
재를 올린 후 그 이유를 자세히 말하자, 의상이 조용히 선율에게 말하였다.

"율사께서는 이미 천제(天帝) 존경을 받고 있습니다. 제가 듣건대 제석궁
(帝釋宮)[58]에는 부처의 치아 40개 중 어금니 하나가 있다 하니, 우리들을 위
하여 천재게 청하여 인간에 내려보내 복되게 하는 것이 어떻겠습니까?"

선율이 뒷날 천사에게 그 뜻을 상제게 전하게 하니, 천제가 7일을 기한으
로 하여 보내 주었으므로 의상이 경배하고 맞아서 대내에 봉안하였다.

그 뒤 송나라의 휘종(徽宗) 때에 좌도(左道)를 신봉하는데, 이때 나라 사
람들이 도참설을 전해 말하였다.

"금인(金人)이 나라를 망하게 할 것이다."

그래서 황건(黃巾)의 무리들이 일관을 꾀어서 임금게 아뢰었다.

"금인이란 불교를 말한 것이니, 장차 불교가 나라에 이롭지 못할 것입니
다."

그리하여 불교를 없애기로 하고 승려들을 죽이고, 경전을 불살랐다. 불아
만은 작은 배를 만들어 싣고 바다에 띄워 인연 있는 데로 보내려 하였다. 그
때 마침 고려 사신이 송나라에 들어갔다가 그런 일을 듣고, 천화용(天花茸)
50벌과 모시베 3백 필을 내사[官貝]에게 뇌물을 주고 몰래 불아를 받고는 빈
배만 띄워 보냈다.

사신들이 불아를 가지고 돌아와 예종에게 아뢰니, 예종이 크게 기뻐하며
십원전(十貝殿) 왼쪽 소전(小殿)에 봉안하고 항상 전문(殿門)에 자물쇠를
채우고 문 밖에서 향화를 하고, 왕이 친히 행차하는 날에만 전각의 문을 열
고 전내로 들어가 예를 하였다.

임진년(1232)에 강화로 천도할 때에 내관들이 급한 나머지 부처의 어금니
를 잊고 챙기지 못하였다. 병신년 4월에 왕의 원당(願堂)인 신효사(神孝寺)
승려 온광(蘊光)이 불아에 예불드리기를 청하여 왕에게 아뢰니, 왕이 내신
들에게 명하여 궁중을 두루 찾아보게 했으나 발견하지 못하였다. 그때 백대
시어사(栢臺侍御使) 최충(崔冲)이 설신(薛伸)을 시켜 급히 모든 알자(謁者)

---

58) 제석궁(帝釋宮) : 범왕(梵王)과 더불어 불법을 지키는 불교 33천을 주관하는 신이 있
　　는 궁.

의 방을 수색하게 하니 모두 당황해하였다. 내신 김승로(金承老)가 아뢰었다.

"임진년에 환도할 때의 자궁일기(紫宮日記)를 살펴보십시오."

그 말에 따라 일기를 살펴보니 이렇게 씌어 있었다.

"입내시(入內侍) 대부경(大府卿) 이백전(李白全)이 불아함을 받았다."

이백전을 불러 물으니 "집에 돌아가 다시 저의 일기를 찾아보겠다" 하였다. 집에 가서 찾아보고 좌번알자(左番謁者) 김서룡(金瑞龍)이 불아함을 받았다는 기록을 찾아 냈다. 김서룡을 불러 물으니, 그는 대답하지 못했다. 다시 김승로가 아뢰었다.

"임진년에서 병신년 사이 5년 동안의 어불당(御佛堂)과 경령전(景靈殿)에 수직한 자들을 가두어 심문하십시오."

그러나 결말이 나지 않았다. 그후 3일이 지난 밤중에 김서룡의 집 담장 안에 물건을 던지는 소리가 있어 들려 불을 켜고 조사해 보니 바로 불아함이었다. 그 함은 원래 다섯 겹인데, 가장 속겹은 침향합(沈香盒)이요, 그 다음은 순금합, 그 다음은 백은함, 그 다음은 유리함, 그 다음이 나전함으로 각 폭은 서로 꼭맞게 되어 있었으나, 지금은 유리함만이 있다. 김서룡이 찾은 것을 기뻐하며 가지고 들어가 대내에 아뢰었다. 유사들이 의논하였다.

"김서룡과 어불당과 경령전을 지킨 관리들을 모두 참형하소서."

진양부(晋陽府)59)에서 다시 아뢰었다.

"부처의 어금니로 인해 많은 사람을 죽이는 것은 옳지 못합니다."

그리하여 모두 형을 면하였다. 다시 명하여 십원전 뜰에 특별히 불아전을 세워 봉안하고 장사로 하여금 지키게 하고, 길일을 가려서 신효사 상방의 온광(蘊光)을 청하여 승도 30명을 거느리고 궐내에 들어와 재를 열고 예불하게 하였다.

그날 숙직하던 승선 최홍(崔弘), 상장군 최공연(崔公衍)과 이영장(李令長), 내시 다방(茶房)60) 등이 대전 뜰에서 왕을 모시고 차례로 불아함을 머리에 이고 예불했는데, 불아함 속에는 무수히 많은 사리가 들어 있었다. 진

---

59) 진양부(晋陽府) : 고려 고종 때 무신정권의 수장 최충헌이 만든 도당.

60) 다방(茶房) : 임금의 사생활을 시중드는 관리.

양부에서는 그 사리를 백금함에 담아서 봉안하였다.

그때 임금께서 신하들에게 말하였다.

"짐은 불아를 잃은 뒤로 스스로 네 가지 의심이 있었소. 첫째는 천궁의 7일 기한이 차서 하늘로 올라간 것인가 하는 것이고, 둘째는 나라가 이렇게 어지러우니 불아는 신성한 물건이라 인연이 있는 무사한 나라로 옮겨 갔는가 하는 것이고, 셋째는 재물을 탐내는 소인들이 훔쳐서 함만 챙기고 불아는 개천에 버렸는가 하는 것이고, 넷째는 도적이 보물을 훔치고서는 내놓을 수가 없어서 감춰 두지 않았을까 하는 것이었는데, 넷째 의심이 들어맞았소."

이어 왕이 방성 대곡하니 만조 백관이 모두 눈물을 흘리고 만수를 빌었다. 심지어 이마를 지지고 팔뚝을 지지는 자도 수없이 많았다 한다.

이 실록도 당시의 내전 분수승(焚修僧 : 분향하며 수도하는 승려)으로 있던 전 지림사(祇林寺) 대선사 각유(覺猷)가 직접 본 것이라 하며 나에게 기록하게 한 것이다.

또 그 뒤 경오년(1270)에 강화에서 개경으로 환도할 때의 소란은 어수선하기가 임진년보다 더했다. 십원전 감주(監主)로 있던 선사 심감(心鑑)이 위험을 무릅쓰고 불아함을 몸에 품고 나와 삼별초의 난을 면했고, 이 사실이 대내에 알려져 그 공로를 크게 포상하고 명찰로 옮겨 주어 지금 빙산사(氷山寺)에 있다 한다. 이것도 그 사람에게서 직접 들은 것이다.

신라 진흥왕 때 천가(天嘉) 6년 을유년(565)에 진(陳)나라의 사신 유사(劉思)가 승려 명관(明觀)과 불경(佛經)·논(論) 1천 7백여 권을 실어 보내왔으며, 정관 17년(642)에 자장법사가 삼장(三藏) 4백여 함을 싣고 와 통도사에 봉안했으며, 흥덕왕 때 태화(太和) 원년 정미년(827)에 유학 갔던 고구려 승려 구덕(丘德)이 불경 몇 상자를 싣고 오니, 왕이 여러 절의 승려들과 함께 흥륜사 앞길에 나아가서 맞이하였다.

대중(大中) 5년(851)에는 당나라 사신 원홍이 불경 몇 축(軸)을 가지고 왔으며, 신라 말년에는 보요선사(普耀禪師)가 두 번이나 오월(吳越)에 가서 대장경을 싣고 왔으니, 곧 해룡왕사(海龍王寺)를 새로 세운 사람이다. 송나라 원우(元祐) 갑술년(1094)에 어떤 사람이 보요선사를 이렇게 기렸다.

거룩하다, 시조 스님이여

우뚝하도다, 참모습이여
두 번이나 남월에 가서
대장경을 무사히 가져왔네.
보요라는 빛나는 이름 내려
봉황 같은 조서를 네 번이나 내렸네.
만일 그분의 덕화 누가 묻는다면
달빛은 희고 바람은 맑다 하리.

또 대정(大定) 연간(1161~1189)에 한남 관기(管記) 팽조적(彭祖逖)이
시를 지었다.

수운(水雲) 사이 절간에 부처님이 계시니
더욱이 이곳은 신룡이 도량을 보호하네.
마침내 이름난 이 명찰 누가 이어받을까
처음 불상과 불교를 남쪽에서 전해왔네.

하고는 발문을 다음과 같이 썼다.

"옛적에 보요선사가 처음으로 대장경을 남월에서 구해 올 때, 바다에 바
람이 갑자기 일며 작은 배가 파도 속에서 사라졌다 나타났다 하여 뒤집힐 것
만 같았다. 선사가 말하였다. '아마 신룡이 대장경을 못 가져가게 하는 것인
가' 하고 곧 주문을 정성껏 외고 구원하여 신룡까지 받들고 돌아오니, 바람
이 자고 파도가 그쳤다. 본국으로 돌아와 산천을 두루 다니며 봉안할 만한
곳을 찾다가 이 산에 오니, 홀연히 산상에서 상서로운 구름이 이는 것을 보
고 이에 수제자 홍경(弘慶)과 절을 짓고 머물렀다. 그런즉 불상과 불교가
우리에게 온 것은 실로 이때에 시작된 것이다. 한남 관기 팽조적은 쓰노라."

이 절에는 용왕당(龍王堂)이 있어서 자못 영험이 많으니, 당시에 용왕은
대장경을 따라와 함께 머물렀으니 지금까지도 (용왕당이) 남아 있다.
또 천성(天成) 3년 무자년(928)에 묵화상(默和尙)이 당나라에 가서 역시

대장경을 싣고 돌아왔으며, 고려 예종 때에 혜조국사(慧照國師)가 조칙을
받들고 서쪽(당나라)에 유학하여 요나라에서 간행된 대장경 3부를 싣고 돌
아왔는데, 그 1부는 지금 정혜사(定惠寺)에 있다(해인사에 1부가 있고
허참정 댁에 1부가 있다). 태안(太安)
2년(1086) 고려 선종 때 우세승통(祐世僧統) 의천(義天)이 송나라에 들어가
천태교관(天台敎觀)을 많이 가지고 왔으며, 이 밖에도 책에 기재되지 않고,
고승이나 거사들이 왕래하며 가지고 온 것은 자세히 기록할 수 없으니, 큰
종교가 동쪽으로 전해오는 데는 그 앞길이 양양하니 경사스럽다. 다음과 같
이 기린다.

중화(中華)와 동방은 아득히 떨어졌는데
녹원(鹿園 : 석가모니가 도통 후 처음 설법한 곳)과 학수(鶴樹 : 석가모니가 죽은 숲 속. 곧 열반을 상징한다)는 2000년이 되었네.
해외까지 전해오니 경사스럽도다.
동진(東震 : 우리나라)과 서건(西乾 : 인도)이 한 천지가 되었네.

이 기록을 살피건대 의상전에 이러하다.
"영휘(永徽) 초(650)에 당나라에 들어가서 지엄을 뵈었다."
그러나 부석사(浮石寺) 본전에 의하면 이러하다.
"의상이 무덕(武德) 8년(625)에 나고 어린 나이에 출가하여 영휘 원년 경
술년(650)에 원효(元曉)와 동반하여 서쪽 당나라로 가려다가 고구려에 이르
러 난이 있어 되돌아왔다. 다시 용삭(龍朔) 원년 신유년(661)에 당나라에
들어가 지엄에게 배우다가, 총장(總章) 원년(668)에 지엄이 죽으므로 함형
(咸亨) 2년(671)에 의상이 신라로 돌아와서 장안(長安) 2년 임인년에 죽으
니 그 나이가 78세라."
의심컨대 지엄공과 도선율사가 있는 곳에서 재를 올리고 천궁에 불아를
청한 것은 신유년에서 무진년까지의 7, 8년 사이가 될 것이다. (고려) 고종
이 강화도로 가던 임진년(1232)에 천궁의 기한이 찼는가 의심했다 함은 잘
못이다. 아마도 도리천의 하루가 인간의 100년에 해당하니, 의상이 처음 당
나라에 건너가던 신유년(661)으로부터 고종 임진년까지는 693년이고, 경자
년(1240)까지 가야 700년이 되니 7일의 기한이 비로소 찬다 할 것이다. 강
화도에서 나오던 지원(至元) 7년 경오년(1270)에 이르면 730년이 된다. 만

일 천제의 말과 같이 7일 후에는 천궁으로 돌아간다면 선사 심감이 강화도로 돌아올 때 지니고 가서 바쳤다는 것은 아마 참 불아가 아닌 듯하다. 이해 봄 왕은 강화에서 나오기 전에 모든 종파의 고승들을 대내에 모아놓고 불아와 사리를 찾기 위하여 정성껏 빌었으나 하나도 얻지 못했으니, 아마 7일 기한이 차서 하늘로 올라간 것이 맞는 것 같다.

지원 21년 갑신년(1284)에 국청사(國淸寺) 금탑을 수리하고, 임금과 장목왕후(莊穆王后)가 묘각사(妙覺寺)에 행차하여 신도들을 모아 축원 독경하였다. 불아와 낙산사의 수정 염주, 여의주를 군신과 사람들이 모두 경배하고 머리에 이고 예불한 뒤 함께 금탑 속에 넣었다. 나도 역시 모임에 참여하여 직접 불아를 보았는데, 길이가 3치쯤 되고 사리는 없었다. 이상은 무극(無極)이 쓴다.

미륵선화 미시랑과 진자사(彌勒仙花 未尸郎 眞慈師)

신라 제24대 진흥왕의 성은 김씨요, 이름은 삼맥종(彡麥宗)이며, 심맥종(深麥宗)이라고도 한다. 양(梁)나라의 대동(大同)⁶¹⁾ 6년 경신년(540)에 즉위하였다. 백부 법흥왕의 뜻을 이어 일심으로 불교를 받들며, 널리 불사를 세워 사람들을 제도(濟度)하여 승려가 되게 하였다. 또한 성품에 풍미가 있어서 신선(神仙)을 숭상하여 민가의 아름다운 처녀들을 가려 원화(原花)⁶²⁾로 삼았다. 이는 선비들을 뽑아 모아서 효도·우애·충성·신의를 가르치고자 함이었고, 또한 나라를 다스리는 대요이기도 했다. 남모랑(南毛娘)과 교정랑(姣貞娘)⁶³⁾ 두 원화를 선발하여, 3, 4백 명의 무리를 모았다. 교정랑이 남모랑을 질투하여 술을 많이 준비해 남모랑을 취하게 먹이고, 몰래 둘러메어 북천으로 데리고 가 돌로 묻어 죽였다. 남모랑의 무리들은 간 곳을 알지 못하여 슬피 울고 흩어졌다. 그 모략을 아는 자가 있어서 노래를 지어 아이들에게 부르게 하니, 그 노래를 듣고 시체를 북천에서 찾고, 교정랑을 죽였다.

---

61) 대동(大同) : 양나라 무제의 연호(535~546).

62) 원화(原花) : 화랑의 전신으로 진흥왕 37년(576)에 미소녀로 이뤄진 수련 단체.

63) 교정랑(姣貞娘) :《삼국사기》〈신라본기〉에는 준정랑(俊貞娘)으로 나와 있다.

이에 대왕은 영을 내려 원화를 폐지시켰다.

여러 해 뒤에 왕은 다시 생각하기를 나라를 다스리려면 반드시 먼저 풍월도(風月道)를 장려해야겠다 하고, 다시 영을 내려서 양가(良家)의 남자 중에서 덕행이 있는 자를 뽑아 이름을 화랑(花郎)이라 하고, 먼저 설원랑(薛原郎)을 받들어 국선(國仙)으로 삼으니, 이것이 화랑 국선의 시작이다. 그러므로 비를 명주(溟州)에 세우고, 이로부터 사람들에게 악습을 고쳐 선행을 하게 하니, 위로는 공경하고 아래로는 순종하여, 오상(五常)⁶⁴⁾·육예(六藝)⁶⁵⁾·삼사(三師)⁶⁶⁾·육정(六正)⁶⁷⁾이 그 시대에 널리 행해졌다(《국사》에는 진지왕 대건 8년 병신년에 비로소 화랑을 두었다 했으나, 사전(史傳)이 잘못된 것 같다).

진지왕(眞智王) 대에 이르러 흥륜사 승려 진자(眞慈 : 정자(貞慈)라고도 한다)가 항상 법당의 주불인 미륵존상 앞에 나아가 소원을 빌었다.

"원컨대 우리 미륵대성께서 화랑이 되시어 세상에 출현하셨다면 제가 항상 거룩하신 미륵의 모습을 받들어 모시겠습니다."

그는 성심껏 간절하게 비는 마음이 날로 깊어지더니, 어느 날 저녁 꿈에 어떤 승려가 나타나 말하였다.

"네가 웅천(지금의 공주) 수원사(水源寺)에 가면, 미륵선화(彌勒仙花)를 만나 볼 것이다."

진자는 꿈에서 깨어나 매우 기뻐하여 그 절을 찾아가는데 열흘 동안 길을 가면서 한 걸음에 한 번씩 절하였다. 그 절에 당도하니, 어떤 미소년이 웃으며 반가이 영접하여 샛문으로 인도해서 객실로 들어갔다. 진자가 들어가며 물었다.

"그대와 나는 평소에 알지 못하는데 어찌 이처럼 정중히 대접하시오."

소년이 말하였다.

"저도 역시 서울 사람입니다. 덕이 높은 스님께서 멀리서 오시기에 위로

---

64) 오상(五常) : 인(仁)·의(義)·예(禮)·지(智)·신(信).

65) 육예(六藝) : 예(禮)·악(樂)·사(射)·어(御)·서(書)·수(數).

66) 삼사(三師) : 천자를 보필하는 관직. 태사(太師)·태부(太傅)·태보(太保).

67) 육정(六正) : 성신(聖臣)·충신(忠臣)·양신(良臣)·지신(智臣)·정신(貞臣)·직신(直臣).

해 맞이한 것뿐입니다.”

　조금 있다가 밖으로 나갔는데 간 곳을 알 수 없었다. 그래서 진자는 우연한 일일 것이라 생각하고 이상하게 여기지 않았다. 다만 그 절 승려들에게 꿈 이야기와 찾아온 뜻을 말하였다.

　“여기 얼마 동안 있으면서 미륵선화를 기다리려 하는데 어떻겠습니까?”

　승려는 진자의 정상을 실없이 여기면서도, 한편으로는 그 정성이 근실한 것을 보고 말하였다.

　“여기서 남쪽으로 가면 멀지 않은 곳에 천산(千山)이란 데가 있어, 예부터 성현들이 많이 와 계시는 곳인데 흔히 영험이 있으니 거기로 가는 것이 좋을 것입니다.”

　진자가 그 말에 따라 천산 밑에 이르니, 산신령이 노인으로 변하여 나와서 영접하며 말하였다.

　“이 곳에는 어찌하여 왔는가?”

　진자가 대답하였다.

　“미륵선화를 뵙기가 소원입니다.”

　노인이 말하였다.

　“일전에 수원사 문 밖에서 이미 미륵선화를 보고서, 다시 여기 와서 찾느냐.”

　진자가 그 말을 듣고 놀라서 땀을 흘리며 본사(本寺)로 달려 돌아왔다. 한 달 남짓 지나 진지왕이 이 말을 듣고 진자를 불러들여 그 까닭을 물었다.

　“선화가 이미 서울 사람이라 자칭하였으니, 성인은 헛말이 없는 법인데, 어찌 성 안을 찾아보지 않소?”

　진자는 왕의 뜻을 받들어 무리들을 모아 두루 여염집에 다니며 찾게 하였더니, 단홍(斷紅)이 갖추어지고 미목(眉目)이 수려한 소년이 영묘사의 동북쪽 길가에서 놀고 있었다. 진자가 보고 놀라며 말하였다.

　“이분이 미륵선화이시다.”

　소년에게 가까이 가서 물었다.

　“당신의 집이 어디며, 성이 무엇입니까?”

　“내 이름은 미시(未尸)인데, 어릴 때 부모가 돌아가셔서 성은 알지 못합니다.”

이에 진자는 그를 가마에 태워 왕께 뵈이니, 왕이 경애하며 받들어 국선으로 삼았다. 그는 무리들과 화목하며 예의와 풍교가 보통 사람과 달라 풍류로 세상에 빛을 내더니, 거의 7년쯤 되어 홀연히 간 곳을 모르게 되었다. 진자가 심히 슬퍼하였다. 그러나 진자는 미륵선화의 사랑에 찬 은혜를 많이 입어 교화(敎化)를 친히 받들어 과거를 회개하고 정정껏 도를 닦았다. 말년에 역시 그 역시 종적을 알 수 없었다.

논설자들은 이렇게 말한다.

"미〈未〉자는 미〈彌〉자와 음이 같고, 시〈尸〉자는 역〈力〉자와 모양이 비슷하므로, 그 근사한 점이 아리송하게 만든 것이다."

미륵대성이 다만 진자의 정성에만 감응한 것이 아니라, 우리 국토와도 인연이 있으므로 종종 나타나는 것이다. 지금도 사람들이 신선을 일컬어 미륵선화라 말하며, 남에게 중매하는 사람을 미시(未尸)라고 하는 것은 모두 진자가 남긴 풍습이다. 길가에 있던 나무를 지금도 견랑(見郎)이라 하고, 또 통속적으로 사여수(似如樹 : _{혹은 인여수 (印如樹)})라고도 한다.

다음과 같이 기린다.

꽃다운 자취 찾아 한 걸음에 한 번 예배
간 곳마다 한 모양의 공덕을 심었노라.
졸지에 몸 간 곳을 찾을 길 없더니
누가 알겠는가, 상림(上林) 꽃이 붉어진 줄을.

남백월 2성 노힐부득과 달달박박(南白月二聖 努肹夫得 怛怛朴朴)

《백월산양성성도기(白月山兩聖成道記)》에서 이렇게 말하였다.

백월산은 신라의 구사군(仇史郡 : _{예전 굴자군(屈自郡)이니 지금 의안군(義安郡)이다}) 북쪽에 있는데, 산봉우리들이 기이하고 수백 리에 뻗었으니 참으로 큰 진산(鎭山)이었다. 옛 노인들이 전하여 말하였다.

"옛날 당나라 황제가 일찍이 못을 하나 팠는데, 매달 보름 전에 달빛이 밝으면 못 가운데 어떤 산 그림자가 하나 나타나며 사자 같은 바위가 꽃 사이로 어렴풋하게 보였다. 황제가 화공에게 명하여 그 모습을 그리게 하고, 사신을 시켜 천하에 이와 같은 산을 찾으라 하였다. 사신이 우리 나라에 와서 이 백월산을 보니 큰 사자바위가 있고, 그 바위에서 서남으로 2보쯤 되는 곳에 삼산(三山)이 있는데, 이름이 화산(花山 : 그 산이 원래는 하나인데 봉우리가 셋이라 삼산이라 했다)이며 그림과 닮았다. 그러나 진짜 그 바위인지를 알 수 없어 신발 한 짝을 사자바위 정상에 매달아 놓고 돌아가서 아뢰니, 과연 신발 그림자도 못 속에 나타났으므로, 황제가 이상히 여겨 이름을 백월산(白月山 : 보름 전에 흰 달 그림자가 나타나므로 이름을 이렇게 했다)이라고 지었더니, 그 뒤로는 못에 산 그림자가 없어졌다.”

그 산 동남쪽으로 3천 보쯤 가서 선천촌(仙川村)이라는 마을이 있고, 그 마을에 두 사람이 살고 있었는데, 하나는 노힐부득(득자를 등(等)으로도 쓴다)으로 아버지의 이름은 월장(月藏)이요 어머니 이름은 미승(味勝)이다. 또 한 사람은 달달박박인데, 아버지 이름은 수범(修梵)이요 어머니 이름은 범마(梵摩)였다 (향전에 치산촌(雉山村)이라 한 것은 잘못이다. 두 사람의 이름은 각각 방언으로서 두 집에서 그들의 심덕이 등등하고 절개가 있음을 따라 지은 이름이다). 두 사람이 모두 풍채와 골격이 범상치 않고 세속을 벗어난 기상이 있어 둘은 서로 의좋은 벗이 되었다. 약관의 나이에 그 마을의 동북쪽 재 너머에 있는 법적방(法積房)에 의지하여 머리를 깎고 승려가 되었다. 얼마 후 서남쪽 치산촌 법종곡(法宗谷) 승도촌(僧道村)에 옛 절이 있어 수양할 만하다는 말을 듣고 함께 가서 대불전(大佛田), 소불전(小佛田)이란 두 마을에서 각각 살았다. 노힐부득은 회진암(懷眞庵) 일명 양사(壤寺 : 지금 회진동에 있는 옛 절터가 바로 그것이다)에 머물렀고, 달달박박은 유리광사(瑠璃光寺 : 지금 이산(梨山) 위에 있는 절터가 그것이다)에 머물렀는데, 모두 처자를 데리고 살면서 생계를 꾸릴 일로 서로 왕래하였다. 그러면서도 정신을 수양하고 속세를 떠날 생각을 잠시도 잊지 않고 세상의 무상함을 깨닫고 그러면서도 서로 말하였다.

“기름진 땅에 풍년이 되면 많은 이익이 있지만은 의식(衣食)이 마음에 따라 생겨 저절로 배부르고 따뜻한 것만은 못하고, 아내와 집이 정들어 좋기는 하지만, 연지화장(蓮池華藏) 세계에서 많은 성인들과 놀며 앵무, 공작과 즐거워하는 것만 못하다. 하물며 불교를 배우면 부처가 되어야 하고, 참된 마음을 닦으면 진리를 얻어야 한다. 지금 우리가 이미 머리를 깎고 승려가 되었으니, 당연히 이 굴레를 벗어 버리고 무상(無上)의 도를 이루어야 할 것인데, 어찌 풍진에 골몰하여 세속 무리와 다름없이 지내려 하는가?”

드디어 인간 세상을 하직하고 깊은 산 속에 숨으려 하였다. 어느 날 밤 꿈에 백호광(白毫光)이 서쪽에서 비쳐 오는데, 그 빛 속에서 금빛 팔이 내려와 두 사람의 이마를 쓰다듬었다. 꿈을 깨니 두 사람의 꿈이 똑같았다. 둘은 오래도록 감탄하고 곧 백월산 무등곡(無等谷 : 지금의 남수동(南藪洞))에 들어갔는데, 박박사사(朴朴師士)는 북쪽 사자바위에 터를 잡고 8자 크기로 판자집을 짓고서 판방(板房)이라 하였고, 부득사(夫得寺)는 동쪽 바위 밑 물가에 방장(方丈 : 승려의 거실(居室))을 짓고 살았기 때문에 뇌방(磊房 : 향전에는 '부득은 산 북쪽 유리동에 있었으니 지금의 판방(板房)이고, 박박은 산 남쪽 법정동 뇌방에 있었다'하니 이것과는 상반된다. 이제 고증한 바로는 향전이 틀린다)이라 하였다. 각각 암자에 살면서 부득은 부지런히 미륵불을 구하고, 박박은 아미타불을 염송하였다. 3년이 못 되어, 경룡(景龍) 3년 기유년(709) 4월 8일, 즉 그 해는 성덕왕 8년이었다. 해질 무렵, 20세쯤으로 보이고 용모가 유난히 아름다운 데다가 화장 냄새를 풍기는 한 낭자가 북쪽 암자(향전에는 남쪽 암자라 함)에 이르러 유숙하기를 청하며 노래를 불렀다. 노래 내용은 다음과 같다.

　　　나그네 걸음 더디고 해 저문 산중에
　　　길은 설고 마을은 멀고 이웃도 없네.
　　　오늘 밤 이 암자에 머물고자 하오니
　　　자비하신 스님 노여워 마소.

박박이 말하였다.

"절이란 청정을 지키는 것을 근본으로 삼으니, 당신이 가까이할 곳이 못 됩니다. 이곳에 머물지 말고 빨리 가시오."

박박은 문을 닫고 들어갔다(옛 기록에는 '나는 온갖 생각이 재와 같이 식었으니, 혈낭(血囊)으로 시험하지 마시오'라고 하였다). 낭자가 다시 남암(향전에는 북암이라 하였다)으로 가서 또 여전히 청하니 부득이 말하였다.

"그대는 이 밤에 어디서 오시었소?"

낭자가 대답하였다.

"저의 모든 것이 당연히 맑아 허공과 몸이 같은 것인데, 어찌 가고 옴이 있으리까? 다만 현자께서 뜻이 심중하시고 덕행이 견고하다 하기로 보리(菩提)를 이루도록 도와 드릴까 합니다."

그리고 게(偈 : 불교의 가요)를 지어 올렸다.

　　　해는 지고 첩첩한 산길에

가도 가도 인가가 보이지 않네.
소나무와 대나무의 그늘만 더욱 깊고
시냇물 소리 오히려 맑구나.
재워 달라 애원함은 길 잃은 때문이 아니라
높으신 스님을 인도하기 위함이네.
다만 소청만 받아들여 주고
어떠한 사람인지는 묻지 마오.

부득은 듣고 놀라면서 말하였다.

"이곳은 부녀자와 함께 있을 곳이 아니지만, 중생의 뜻에 따르는 것도 역시 보살행(菩薩行)의 하나인데, 하물며 깊은 산 어두운 밤에 소홀히 할 수야 있겠소?"

그리고 암자로 맞아들였다. 밤이 되자, 부득은 더욱 마음을 맑게 하며 몸가짐을 가다듬어 희미한 등을 벽에 걸어 놓고 염송에만 전념하였다. 밤이 끝나갈 무렵 낭자가 불러 말하였다.

"내가 불행하게도 방금 해산할 기미가 있으니, 스님께서는 거적이나 마련해 주십시오."

부득은 가엾게 여겨 거역하지 않고 촛불을 은은히 밝혀 도와 주었다. 낭자가 해산을 하고는 또 목욕하기를 청하니 노힐부득은 부끄럽고 두려운 마음이 들었으나 가엾은 생각이 더하여 목욕통을 준비하여 낭자를 통 안에 앉히고 더운물로 목욕을 시켰더니, 통 속의 물에서 향기가 자욱히 나며 물이 금빛으로 변하였다. 부득이 크게 놀라니 낭자가 말하였다.

"스님도 이 물에 목욕하십시오."

마지못해 억지로 그 말에 따르니 홀연히 정신이 상쾌해지며 피부가 모두 금빛이 되고 그 옆에는 홀연히 연화대가 하나 생겼다. 낭자가 "거기에 앉으라"고 하면서 말을 이었다.

"나는 관세음보살인데 대사를 도와서 대보리(大菩提)를 이루게 하려고 이곳에 왔노라."

그러고는 낭자는 간데온데없이 사라졌다.

한편 박박은 생각하기를 '노힐부득이 오늘 밤에 파계했으리라' 하고, 물어

보려다가 다시 보니, 노힐부득이 이미 연화대에 앉아 미륵존상이 되어 빛을 발하며 몸이 금빛으로 된지라, 놀라 머리를 조아리며 예를 갖추어 말하였다.

"어찌 이렇게 되었습니까?"

부득이 그 사연을 자세히 말하자, 박박이 탄식하며 말하였다.

"나는 마음이 막혀서 요행히 성인을 만나고도 오히려 예우하지 못했는데 대덕은 지극히 현명하시어 나보다 먼저 성불하였으니, 원컨대 옛날 연분을 잊지 말고 함께 도와 주소서."

노힐부득이 말하였다.

"통에 아직 물이 남아 있으니 목욕할 수 있을 것이오."

달달박박이 목욕하니 부득처럼 무량수존상을 이루어 두 존상이 엄연하제 마주 대하게 되었다.

산 아래 마을 사람들이 그 말을 듣고 다투어 와서 우러러보며 감탄하기를 '참으로 드물고 드문 일이라' 하였다. 두 성인이 그들을 위하여 설법하고 나서 전신은 구름을 타고 가버렸다.

천보(天寶) 14년 을미년(755)에 신라 경덕왕(《고기(古記)》에는 천감 24년 을미 법흥왕 즉위 때라 하였으니, 어찌 선후가 바뀐 것이 이렇게 심한가?) 이 즉위하여 이 소문을 듣고 정유년(757)에 사신을 보내 큰 절을 세우게 하고 백월산남사(白月山南寺)라 편액을 내렸는데, 광덕(廣德) 2년(《고기(古記)》에 대력(大曆) 원년이라 한 것은 잘못이다) 갑진년(764) 7월 15일에야 절이 낙성되자 다시 미륵존상을 조성하여 금당(金堂)에 봉안하고 현판을 현신성도미륵지전(現身成道彌勒之殿)이라 하고, 또 아미타 불상을 강당에 봉안하였으나, 목욕통에 남았던 물이 부족하여 골고루 바르지 못했다. 이 때문에 아미타 불상도 역시 얼룩진 자국이 있었다. 그리고 현신성도무량수전(現身成道無量壽殿)이라 하였다.

평론자는 말한다.

"낭자는 부녀의 몸으로 섭화(攝化)된 것이다. 《화엄경》에 마야부인(摩耶夫人) 선지식(善知識)이 11지(地)에 살면서 부처를 낳아 해탈문(解脫門)을 환상한 것과 같음을 나타냈는데, 지금 이 낭자가 해산한 미묘한 뜻이 여기에 있다. 그 노래로 보더라도 슬프고도 간곡하고 사랑스러워 완연히 신선의 의취가 있는 듯하니, 아마 낭자가 중생을 구제하는 다라니(陀羅尼)가 아니었다면 능히 이럴 수 있었겠는가. 그 노래 끝에서는 '마땅히 맑은 바람이 한 자리함에 나를 꾸짖지 마시오' 할 것이로되, 그렇게 아니한 것은 대개 속세의 말과 같이 아니하려 한 것이다.”

　다음과 같이 기린다.

　　푸른 빛 바위 앞에 문 두드리는 저 소리는
　　어느 손 저문 날에 구름집 찾아왔나.
　　남쪽 암자 가까우니 그리로 찾아가소.
　　우리 뜰 고운 이끼 더럽히지 마소.

이것은 북암을 기린 것이다.

　　저문 산골 어찌 가랴, 연기마저 어둡구나.
　　남창 밑 저 자리에 유련(流連)한들 어떠랴.
　　밤 늦도록 백팔염주 가만가만 굴리며
　　시끄러워 길손 잠 못 들까 두려워하네.

이것은 남암을 기린 것이다.

　　십 리의 솔그늘 길이 아니 보이니
　　밤중에 초제(招提) 찾아 시험하러 여기 왔소.
　　세 통 목욕하니 날이 밝으려 하는데
　　두 아이 낳아 놓고 서쪽으로 향해 갔구나.

이것은 관음보살 낭자를 기린 것이다.

분황사 천수대비 맹아득안(芬皇寺千手大悲 盲兒得眼)

분황사 천수대비, 맹아 눈뜨게 하다

　경덕왕 때에 한기리(漢岐里)의 여인 희명(希明)의 아이가 난 지 5년 만에
갑자기 눈이 멀었다. 하루는 그 어미가 아이를 안고 분황사 좌전 북쪽 벽에
그려진 천수대비 관세음보살 앞에 나아가 아이를 위하여 노래를 지어 부르

며 빌었더니 눈이 떠졌다. 그 노래는 다음과 같다.

　　무릎 꿇고 두 손바닥 모아
　　천수관음 앞에 축원 올리오니
　　천의 손과 천의 눈을 가졌으니
　　하나 내놓아 하나 덜기를
　　둘 다 없는 저에게
　　하나만 주어 고쳐 주시옵소서
　　아아! 저에게 그리해 주시면
　　자비심 얼마나 크시오니까.

다음과 같이 기린다.

　　대나무 말 타고 피리 불며 놀더니
　　하루 아침에 두 눈이 멀었도다.
　　보살님 자비로운 눈을 돌려주지 않았던들
　　헛되이 버들꽃을 보냄이 몇 해나 될까.

낙산사 2대성 관음 정취와 조신(洛山寺二大聖 觀音 正趣 調信)

　예전에 의상법사가 처음 당나라에서 돌아와 관음보살 진신(眞身)이 바닷가 동굴 속에 머물고 있다는 말을 듣고, 낙가산(洛迦山)이라고 했다는 말을 들었다. 아마 서역(西域)에 보타락가산(寶陁洛迦山) [68]이 있는데, 우리 말로 번역하면 소백화(小白華)라는 뜻이니 백의대사(白衣大士 : 관세음보살)의 진신이 머무르는 곳이므로 그 이름을 빌려 지은 것이다. 의상대사가 자리를 펴 물 위에 띄웠더니, 용천팔부(龍天八部) [69]의 시종들이 그를 동굴 안으로 인도하여 들어가 공중에 참례하니 수정염주 한 벌을 주므로 받아가지고 물러나오는

---

68) 보타락가산(寶陁洛迦山) : 관음보살이 산다는 산.

69) 용천팔부(龍天八部) : 불법을 지키는 여덟 신장(神將).

데, 동해 용왕이 또 여의주 한 개를 주었다. 대사가 받아가지고 나와 다시 7일을 재계하고야 진신의 모습을 뵈니, 진신이 말하였다.

"이 자리 위의 산꼭대기에 대나무 한 쌍이 솟아날 것이니 바로 그 자리에 불전을 짓는 것이 좋으리라."

법사가 듣고 동굴에서 나와 보니 과연 대나무가 솟아난지라, 이에 금당(金堂)을 짓고 관음존상을 모시니 원만한 모습과 아름다운 형상이 엄연하여 하늘이 내려준 듯하였다. 대나무는 곧 없어졌으니, 바로 보살의 진신이 머무른 곳임을 알겠다. 이 때문에 그 절 이름을 낙산사라 하고, 법사가 얻은 두 가지 구슬은 성전에 모셔 놓고 떠났다.

그 뒤 원효법사(元曉法師)가 발자취를 찾아 보살진신에 참배하고자 하여, 남쪽 교외의 논에 이르자, 어떤 흰옷 입은 여인이 벼를 베고 있었다. 원효법사가 장난삼아 벼를 얻자 하니, 여인도 장난으로 벼가 잘 영글지 않았다고 대답하였다. 또 가다가 다시 다리 밑에 이르러 한 여인이 월수백(月水帛 : 여자의 서답)을 빨고 있었다. 법사가 먹을 물을 청하니, 여인은 더러운 물을 떠서 주었다.

법사는 그 물을 쏟아 버리고 다시 냇물을 떠서 마셨다. 그때 소나무 위에서 파랑새 한 마리가 "제호(醍醐) 스님 쉬세요"라 하고 홀연히 보이지 않았다. 소나무 밑에는 벗어진 신발 한 짝만이 있었다. 법사가 절에 가서 관세음보살의 좌대 아래에 아까 봤던 나머지 신발 한 짝만이 있어 그제야 아까 만난 여인이 관세음보살의 진신임을 알았다. 그래서 당시 사람들이 그 소나무를 관음송(觀音松)[70]이라 하였다. 법사가 성굴(聖崛)에 들어가 진신의 모습을 뵈려 하니 풍랑이 크게 일어 들어가지 못하고 떠났다.

그 뒤 굴산조사(崛山祖師) 범일(梵日)[71]이 태화(太和) 연간에 당나라에 들어가 명주(明州) 개국사(開國寺)에 이르니, 왼쪽 귀가 없는 한 사미가 여러 승려들의 말석에 있다가 법사에게 말하였다.

"나도 고향 사람입니다. 집이 명주(溟州) 경내 익령현(翼嶺縣) 덕기방(德耆坊)에 있으니 법사께서 후일에 본국에 돌아가시면 부디 제 절을 지어

---

70) 관음송(觀音松) : 낙산사 의상대에 있다는 소나무.

71) 범일(梵日) : 신라의 고승으로 선종을 일으켰다.

주소서."

법사가 여러 사찰을 돌아다니다가 불법을 염관(鹽官)[72]에게서 받고 (사적은 본전에 자세히 기재되었다), 회창(會昌)[73] 7년 정묘년(847)에 환국해서 먼저 굴산사(崛山寺)를 짓고 불교를 전파하였다. 대중(大中) 12년 무인년(858) 2월 15일 밤 꿈에 개국사에서 봤던 사미가 창 앞에 와서 말하였다.

"전에 명주 개국사에서 법사와 언약이 있어 이미 허락까지 받았는데, 어찌 이리 늦습니까?"

굴산조사가 놀라 꿈을 깨어 수십 명을 데리고 익령현 경계에 가서 사미가 살던 곳을 찾았다. 한 여인이 낙산 아랫마을에서 산다 하여 이름을 물으니 덕기(德耆)라 한다. 그 여인이 아들이 하나 있는데 나이는 겨우 8세이고, 항상 동리 앞 돌다리 밑에 나가 놀면서 어미에게 말하기를 "나와 같이 노는 아이 중에 금색 동자가 있다" 한다는 사실을 법사에게 말했다. 법사는 놀라고 기뻐서 그 아이를 데리고 놀던 다리 밑을 찾아가니 물 속에 한 석불이 있어서 꺼내 보니, 왼쪽 귀가 떨어지고, 예전에 봤던 사미의 모습이었다. 이것이 바로 정취보살(正趣菩薩)의 존상이라, 이때 간자(簡子)를 만들어 절지을 터를 점치니 낙산사 위가 좋다 하므로, 이에 세 칸짜리 법당을 짓고, 그 불상을 봉안하였다(옛 기록에는 범일의 사적을 앞에 싣고, 의상·원효의 일은 뒤에 있다. 두 대사는 당고종 때 일이고, 범일은 회창 이후에 있었으니 서로 연대가 170여 년 차이가 난다. 그러므로 지금 바꾸어 꾸몄다. 어떤 이는 범일이 의상의 문인이라 하나, 그것은 잘못이다).

100여 년 후에 산불이 이 산까지 미쳤으나, 두 성전만은 재앙을 면하고 다른 것은 모두 불탔다. 또 서산(西山)의 큰 전란[74] 뒤로 계축, 갑인 연간(1253~1254)에는 두 성상과 두 구슬을 양주성(襄州城)으로 옮겼다가, 몽골의 공세가 심히 급하여 성이 함락되려 할 때, 주지 선사 아행(阿行 : 옛 이름은 희현(希玄))이 은합에다 두 구슬을 넣어 몸에 지니고 도망하려 하니, 사노 걸승(乞升)이 빼앗아 땅 속 깊이 묻으며 맹세하였다.

"내가 만일 화를 면치 못하여 적에게 죽으면, 이 두 구슬은 세상에 끝내 나타나지 않을 것이니 세상에 알 사람이 없을 것이고, 내가 만일 죽지 않으

---

72) 염관(鹽官) : 제안(齊安)선사.

73) 회창(會昌) : 당나라 무종의 연호(841~846)이니, 정묘년(847)은 대중(大中) 1년이 맞다.

74) 몽골 침입을 말한다.

면 마땅히 두 구슬을 나라에 바치리다."

갑인년(1254) 2월 22일에 성이 함락되어 아행은 죽음을 면치 못했고 걸승은 화를 면했다. 병화가 물러간 뒤에 보물 구슬을 파내 명주도(溟州道) 감창사(監倉使)에게 바쳤다. 그때는 낭중 이록수(李祿綏)가 감창사였는데 받아서 감창고에 보관하고 교체될 때마다 서로 전수하였다.

무오년(1258) 10월에 불교계의 원로인 기림사 주지 대선사 각유(覺猷)가 임금께 아뢰었다.

"낙산사의 두 구슬은 나라의 신령스런 보배인데, 양주성이 함락될 때 걸승이 성 안에 묻었다가 적병이 물러간 뒤 그것을 감창사에게 드려서 명주 관아의 창고 안에 보관하였는데, 지금 명주성도 지키지 못하게 되었으니 옮겨다 어고에 봉안하심이 마땅하겠습니다."

임금은 "옳다" 하고 윤허하여 야별초(夜別抄)[75] 10명을 시켜 걸승을 데리고 명주성에서 두 보물 구슬을 가져다가 내고에 모셔 두었다. 그때 시켰던 10명에게는 은 1근과 쌀 5섬씩 하사하였다.

옛날 신라가 서울을 설치하려고 할 때에 세달사(世達寺 : 지금의 흥교사(興教寺))의 장원이 명주 날리군(捺李郡 : 《지리지》를 살펴보건대, 명주에는 날리군이 없고 오직 날성군이 있는데, 본명은 날생군이요 지금은 영월이며, 또 우수주의 영내에 날령군이 있는데 본명은 날이군이요, 지금은 강주이며 우수주는 지금 춘주이다. 여기에 말한 날리군은 미상이다)에 있었는데, 본사(本寺)에서 승려 조신(調信)을 장원을 관리하게 보냈다.

조신이 농장에 와서 태수 김흔(金昕)의 딸을 깊이 사모하여 여러 번 낙산사 관음보살 앞에 나아가 그 여자와 인연맺어 주기를 남몰래 빌었다. 그러기 수년 뒤에 그 여자는 배필을 갖게 되었다. 조신은 또 법당에 나아가 관음보살이 자기의 소원을 성취시켜 주지 않음을 원망하여 슬피 울며 날이 저물도록 있다가, 심정이 노곤하여 잠깐 졸았다. 꿈에 갑자기 김씨 낭자가 조용히 문으로 들어와 웃으며 말하였다.

"제가 일찍이 당신의 얼굴을 보고서 마음으로 사랑하여 한순간도 잊을 수 없습니다만 부모의 명을 어기지 못하여 억지로 다른 사람의 아내가 되었지만, 지금도 소원하여 죽어서 같은 무덤에 들어갈 벗이 되고자 왔습니다."

이에 조신이 미칠 듯이 기뻐서 함께 고향으로 돌아가 40여 년을 재미있게 살면서 아이를 다섯이나 두었다. 그러나 점점 가난하여 집이라고는 네 벽뿐

---

75) 야별초(夜別抄) : 삼별초.

이요, 나물 먹는 것도 넉넉지 못하여 드디어 도리 없어, 서로 이끌면서 사방으로 다니며 입에 풀칠하기에 이르렀다. 이렇게 10년 동안 초야(草野)를 떠돌다 보니 옷이 메추라기 깃처럼 되어 살을 가리지 못하였다. 마침 명주 해현령(蟹縣嶺)을 지나다가 열다섯 살 난 큰 아이가 갑자기 굶주려 죽으므로 통곡하면서 길가에 묻었다. 남은 네 식구를 데리고 우곡현(羽曲縣 : 지금의 우현(羽縣))으로 가서 길가에 띠풀을 엮어 집을 짓고 살았다. 부부마저 늙고 병들고 굶주려 일어나지도 못하게 되자, 열 살 된 계집애가 돌아다니며 밥을 구걸하다가 동네 개에게 물려 아파 울부짖으며 드러눕자, 부모로서 한숨짓고 탄식하며 눈물을 줄줄 흘렸다. 부인이 (부끄러워) 눈물을 씻으며 창졸간에 말하였다.

"내가 처음 당신을 만나던 때에는 얼굴도 아름다웠고, 의복도 깨끗했습니다. 맛있는 음식을 당신과 나누어 먹고, 따뜻한 옷감이 있으면 당신과 옷을 함께 해 입으며 50년을 같이 살아 왔으니, 정도 막역하게 들었고 사랑도 깊었습니다. 가히 두터운 인연이라 하겠지만, 근년에 늙고 쇠약해져 병은 해가 갈수록 깊어 굶주림과 추위도 날로 심해져 오는데, 방 한 칸, 국 한 그릇도 남이 빌려 주려 않으니 이집저집 구걸하는 부끄러움이 산보다 무겁고, 어린 것들의 춥고 주림을 돌아볼 겨를이 없으니, 부부간이라 하여 사랑할 마음이 있겠습니까. 젊은 날 고왔던 얼굴과 웃음도 덧없는 풀잎의 이슬이 되었고, 지란(芝蘭) 같던 언약도 바람 앞의 버들개지가 되었습니다. 당신은 내가 있어 더 누가 되고, 나는 당신이 있어 걱정이 더욱 많습니다. 생각컨대 옛날 즐거웠던 것이 오늘의 우환의 시작이었습니다. 당신이나 내가 어찌하여 이렇게까지 되었습니까? 여러 마리 새가 함께 주리기보다는 짝 잃은 난새가 거울을 보면서 짝을 그리워하는 것이 낫지 않겠습니까? 힘들 때 버리고는 편안할 때 따르는 것이 인정상 못할 일이지만, 가고 멈추는 것 역시 마음대로 할 수 없는 것이고, 헤어지고 만남도 운명에 있는 것이니, 이로부터 서로 헤어지기를 원합니다."

조신이 그 말을 듣고 "좋다" 하여 각각 아이 둘씩 갈라 맡고 가려 하니 아내가 말하였다.

"나는 고향으로 가겠으니 당신은 남쪽으로 가십시오."

그리하여 조신은 헤어져 길을 가던 중 홀연히 꿈을 깨니, 조그마한 등불만이 어스름하게 비치고 밤은 벌써 깊었다.

아침에 보니 수염과 머리가 하얗게 세었다. 마침내 마음이 망연하여 세사에 뜻이 없고 삶에 염증이 나서 마치 100년의 괴로움을 겪은 듯하여 세속을 탐하는 마음이 얼음 녹듯 하였다. 그는 부끄러운 마음으로 부처의 얼굴을 바라보며 한없이 참회하고, 돌아오는 길에 해현(蟹峴)에 가서 아이 묻은 곳을 파 보니, 곧 돌미륵이라 깨끗이 씻어서 이웃 절에 봉안하고 서울로 돌아와 장원 관리 책임을 사임하고, 사재를 털어 정토사(淨土寺)를 짓고 백업(白業)을 부지런히 닦더니 그 후 아무도 조신의 종적을 알지 못했다. 다음과 같이 논평한다.

"이 전기를 읽고 책을 덮고 미루어 생각하니, 어찌 반드시 조신대사의 꿈만이 그러하리요. 지금 세상 모든 사람이 즐거운 줄만 알고 흔흔히 기뻐하여 애쓰지만 다만 꿈을 깨지 못할 뿐이다."

찬문을 지어 경계한다.

즐거움은 잠깐이라 마음은 벌써 시들하며
근심 오는 그 속에서 젊던 얼굴 늙었네.
어째서 좁쌀 익기를 기다려
비로소 뜬세상이 꿈결인 줄 깨달으랴?
수신하려면 뜻을 성실하게 할 것이거늘
홀아비는 미인 꿈꾸고 도적은 장물을 꿈꾸네.
어찌 가을 되어 깊은 밤 꿈에
때때로 청량(淸涼) 세계 가는 것만 하겠는가?

어산불영(魚山佛影)

어산의 부처 그림자

《고기》에는 이렇게 되어 있다.

만어산(萬魚山)[76]은 옛날 자성산(慈成山) 또는 아야사산(阿耶斯山: 마야사(摩耶斯)를 써야 하나 여기서는 물고기라는 뜻)이니, 부근에 가라국(呵囉國)이 있었다. 옛날 하늘에서 알이

---

76) 만어산(萬魚山) : 밀양시에 있는 바위가 많은 산으로 유명하다.

해변가로 내려와 사람이 되어 나라를 다스렸으니, (그가) 곧 수로왕(首露王)이었다. 그때 그 나라 안에 옥지(玉池)라는 못이 있었고, 그 못에는 독룡이 살고 있었다. 만어산의 다섯 나찰녀(羅刹女)[77]가 독룡과 서로 왕래하며 사귀었으므로 때때로 뇌우가 내려 4년이 지나도록 곡식이 영글지 않았다. 왕은 주술로 막으려 했으나 하지 못하고, 머리를 조아려 부처님에게 청하여 설법한 뒤에야 나찰녀들이 5계를 받은 후에야 폐해가 없어졌다. 그러자 동해의 어룡들이 돌로 변하여 골짜기에 가득찼는데, 각각 쇠북과 경쇠 소리가 났다(이상은 《고기》의 기록이다).

또 살펴보건대, 대정(大定)[78] 20년 경자년(1180) 즉 고려 명종(明宗) 10년에 비로소 만어사를 창건했는데 동량(棟梁) 보림(寶林)이 아뢰었다.

"산중에 있는 기이한 자취가 북천축(北天竺) 가라국(訶羅國)의 불영(佛影: 부처 그림자) 사적과 같은 것이 세 가지 있으니, 첫째는 이 산 가까이 양주 땅 경계에 있는 옥지에 독룡(毒龍)이 살고 있는 것이고, 둘째는 때때로 강변에서 구름 기운이 일어 산꼭대기까지 오는데, 그 구름 속에 음악 소리가 난다는 것이고, 셋째는 불영의 서북쪽에 반석이 있어, 항상 물이 괴어 있어 전하는 말이 '부처의 가사를 빨던 곳'이라 합니다."

이상은 보림의 말이다. 지금 직접 와서 예불하면서 보니, 또한 공경할 만한 것이 두 가지가 있으니, 골짜기 바위의 대략 3분의 2는 모두 금옥의 소리가 나는 것이 그 한 가지요, 또 하나는 멀리서 보면 불영이 나타나고 가까이 보면 보이지 않으며, 혹 보이다가도 보이지 않는 것이 그 한 가지이다. 북천축에 대한 원문을 뒤에 실었다.

가자함(可字函)의 《관불삼매경(觀佛三昧經)》 제7권에 말하였다.

"부처님께서 야건가라국((耶乾訶羅國) 고선산(古仙山) 담복화림(薝葍花林) 독룡지(毒龍池)의 옆 청련화천(靑蓮花泉)의 북쪽 나찰혈(羅刹穴) 중 아나사산 남쪽에 이르렀다. 그때 그 굴 속에 다섯 나찰[악귀]이 암룡으로 변신하여 독룡과 사통하였다. 독룡은 때로는 비와 우박을 내리며 나찰은 난폭한 행동을 하니, 4년 동안이나 기근과 질병이 심하였다. 왕이 놀라고 두려워하

---

77) 나찰녀(羅刹女) : 나찰은 범어로 악귀를 말한다.

78) 대정(大定) : 금나라 세종의 연호(1161~1189).

여 천지신명께 기도하나 아무 효과가 없었다. 이때 총명하고 지혜로운 범지 (梵志)가 대왕께 아뢰었다.

 "가비라국(伽毗羅國)[79] 정반왕(淨飯王)의 왕자가 지금 도를 이루어 호를 석가문(釋迦文)이라 합니다."

 왕은 이 말을 듣고 대단히 기뻐하며 부처를 향해 예를 올리며 말하였다.

 "오늘날 불교가 이미 일고서도 어찌하여 이 나라에 이르지 않습니까?"

 이때에 석가여래는 육신통(六神通)을 얻은 모든 비구들에게 일러 "부처의 뒤를 따르라" 하고, 나건가라왕(那乾訶羅王) 불파부제(弗婆浮提)의 청을 들어 주었다. 이때에 세존의 이마에서 빛을 내어 여러 천신(天神)과 대화불 (大化佛)[80] 1만 개를 변화시켜 그 나라로 가니, 용왕과 나찰녀가 오체를 땅에 대고 예를 올리고 부처의 오계를 청하므로, 그들을 위하여 삼귀(三歸)[81]와 오계(五戒)로 설법하였다. 용왕들이 계를 듣고는 꿇어앉아 합장하고 세존이 그곳에 상주하기를 간청하였다.

 "만일 부처님이 계시지 아니하면 저희들은 악한 마음이 있어 아뇩보리(阿耨菩提)[82]를 성취할 인연이 없습니다."

 범천왕(梵天王)[83]이 와서 부처에게 예하고 말하였다.

 "부처님께서 미래 세상의 모든 중생을 위하시고 편벽되이 이곳의 작은 용만을 위하지 마십시오."

 백천(百千)의 범왕들이 모두 이와 같이 간청하니, 용왕은 칠보대(七寶臺)를 내어 여래에게 바치니, 부처가 용왕에게 말하였다.

 "내게는 이 대가 필요없으니 다만 나찰의 석굴을 내게 시주하라."

 용왕은 이 말을 듣고 기뻐하였다. 이때 여래가 용왕을 위로하며 말하였다.

 "내가 네 청을 받아서 네 석굴 속에 1500년을 지내겠다."

 부처가 몸을 솟구쳐 석굴로 들어가니 바위는 마치 밝은 거울 속에 사람의

---

79) 가비라국(伽毗羅國) : 석가모니가 태어난 나라. 인도와 네팔 국경 부근.

80) 대화불(大化佛) : 부처의 신통력으로 나타난 부처.

81) 삼귀(三歸) : 불(佛)·법(法)·승(僧)의 삼보에 귀의하는 일.

82) 아뇩보리(阿耨菩提) : 여러 부처가 깨달은 가장 높은 도.

83) 범천왕(梵天王) : 사바 세계를 주관한다.

얼굴이 나타나는 것 같았다. 모든 용왕들이 나타났다. 부처는 석굴 안에 있으면서도 형상이 밖으로도 내비치니, 여러 용들이 합장하여 즐거워하며, 그곳 떠나지 않고도 항시 부처를 보게 되었다. 그때 석가 세존이 석벽 속에서 가부좌하고 앉으니, 중생들은 멀리서 보면 보이나 가까이에서는 보이지 않으며, 제천(諸天)에서 불영에 공양하면 그림자가 또한 설법하였다 한다.

또 말하였다.

"부처님이 바위를 밟으면 곧 금옥의 소리가 났다."

《고승전》에서 말하였다.

"혜원(惠遠)[84]이 듣건대, 천축국에 불영이 있는데, 옛날 용왕을 위하여 남겨 놓은 그림자로, 지금 북천축 월지국 나갈가성(那竭呵城)의 남쪽 고선인(古仙人)의 석굴 안에 있다."

또 법현(法顯)[85]의 《서역전》에서 말하였다.

"나갈국(那竭國) 국경에 이르니 나갈성 남쪽 15리쯤 되는 곳에 석굴산이 있고, 그 산 서남쪽으로 부처가 그림자를 남겨 두었는데 10보쯤 가서 보면, 부처의 참모습같이 빛이 환히 나타나지만, 점점 멀어질수록 희미하므로, 여러 나라 왕들이 화공을 보내 모사하여도 비슷하게 그리지 못하였다. 사람들이 전하는 말에는 현겁천불(賢劫千佛)이 모두 이곳에 그림자를 남긴 것이요, 그림자에서 서쪽 1백 보쯤 되는 곳이 부처가 세상에 있을 때 머리 깎고 손톱 깎던 곳이다."

성자함(星字函)《서역기(西域記)》제2권에서 이렇게 말하였다.

"옛날 부처가 세상에 있을 때 용이 목동이 되어 왕에게 쇠젖을 바침에 있어, 진상 시기가 늦어 꾸중을 듣고 원한의 마음을 품어 돈으로 꽃을 사서 공양하며 솔도파(窣堵婆) 탑에 수기(授記)하되 '독룡이 되어 나라를 멸망시키고 왕을 해치기를 원합니다'라고 하였다. 그리고 석벽으로 달려가 몸을 던져 죽어서 곧 굴 안에 있는 대용왕이 되어 악심을 냈다. 부처가 그것을 알고 신통력으로 변화하여 여기에 오니, 용왕이 부처를 보자 악심이 없어져 불살계(不殺戒)를 받고 여래에게 말하였다.

---

84) 혜원(惠遠) : 중국 동진 때의 고승.

85) 법현(法顯) : 중국 동진 때의 고승.

‘부처께서 이 굴에 계시면서 나의 공양을 받으소서.’

그러자 부처가 말하였다.

‘나는 장차 입적(入寂)할 것이므로 너를 위해 그림자를 남길 터이니, 네가 만일 악심이 나거든 항상 이 그림자를 보면 독한 마음이 없어지리라.’

그리고 부처는 정신을 수습하여 홀로 석실에 들어가니, 멀리서 보면 보이고 가까우면 보이지 않았다. 또한 바위 위의 발자국을 칠보(七寶)로 삼았다.”

이상 경문은 대략 이러한데 해동 사람들이 이 산을 아나사(阿那斯)라 하나 마땅히 마나사(摩那斯)라 해야 한다. 이것을 번역하면 ‘물고기〔魚〕’라는 말이니, 대개 북천축의 사실을 취하여 한 말이다.

대산의 5만진신(臺山 五萬眞身)

산중의 옛 전기를 살펴보면, 이 산을 진성주처(眞聖住處 : 진성, 즉 문수 보살이 살던 곳)라 서명한 것은 자장법사부터였다. 처음에 법사가 중국 오대산의 문수보살을 보려고 선덕왕 때 정관(貞觀) 10년 병신년(636 : 당의 승전에는 12년이라 했으나 여기서는 삼국본사를 따랐다)에 당나라에 가서, 처음에는 대화지(大和池) 가의 문수석상에 가서 7일 동안 정성껏 기도했더니, 홀연히 부처가 4구 게(偈)를 일러 주므로 깨어서 기억해 보니 모두 범어라 망연히 알 수 없었다.

다음 날 아침 한 승려가 비단 금점 가사 한 벌, 바리때 하나, 부처님 머리뼈 한 조각을 가지고 법사에게 와서 물었다.

“어째서 수심에 잠겨 있으십니까?”

법사는 꿈에 받은 게송이 범어이므로 그것을 알지 못해서 그런다 하였다. 그 승려가 해석하였다.

“가라파좌낭(呵囉婆左囊)은 ‘일체의 불교의 이치를 깨달았다’는 말이고, 달예치거야(達嚇哆佉野)란 ‘자성(自性)이 없다’는 말이고, 낭가사가낭(曩伽呬伽囊)은 ‘불교의 이치를 깨달았다’는 말이고, 달예노사나(達嚇盧舍那)는 ‘곧 노사나불을 본다’는 말입니다.”

그리고 가사 등을 주며 부탁하였다.

“이것은 본사(本師) 석가존이 쓰던 물건이니 그대가 잘 간직하십시오.”

또 이어서 말하였다.

"그대 나라 동방의 명주 경내에 오대산(五臺山)이 있어 거기는 1만의 문수보살이 상주하고 있으니 찾아가 보십시오."

말을 마친 승려는 사라졌다. 법사가 영적이 있는 곳을 두루 심방하고 장차 우리 나라로 오려고 대화지를 지나오는데 못에서 용이 나타나 재(齋)를 청하여 7일을 공양하고는 법사에게 말하였다.

"지난 번 게송을 전하던 노승이 문수의 진신입니다."

이렇게 말하고 또 절과 탑을 세울 것을 간곡히 부탁하였다. 이 사실은 별전에 자세히 기록되어 있다.

법사는 정관 17년(643)에 오대산에 와서 문수보살의 진신을 보려 하나 3일 동안 계속 날이 어두워 보지 못하고 돌아갔다가, 원녕사(元寧寺)에 머물면서 문수보살을 만나 보고 삼갈반처(三葛蟠處 : 칡넝쿨이 서린 곳)로 갔다 하니 삼갈반처는 지금의 정암사(淨嵓寺)이다(역시 별전에 기재되었다).

그 뒤에 두타신의(頭陀信義)가 있었으니, 그는 범일(梵日)의 제자이다. 오대산에 와서 자장법사가 휴식하던 곳을 찾아 암자를 세우고 살았다. 신의가 죽고 암자도 폐지된 지 오래 되었는데 수다사(水多寺) 장로 유연(有緣)이 암자를 다시 중건하고 살았으니 지금의 월정사(月精寺)이다.

자장법사가 신라로 왔을 때에 정신대왕(淨神大王)의 태자 보천(寶川)·효명(孝明) 두 형제가(《국사》에는 신라의 정신·보천·효명 3부자에 대한 기록이 없다. 그러나 이 기록의 하문에 신룡 원년에 땅을 개척하고 절을 세웠다 했으니 신룡은 성덕왕 4년 을사년이다. 왕의 이름은 흥광(興光)이고 본명은 융기(隆基)이니 신문왕의 둘째아들이다. 성덕왕의 형 효조(孝照)는 이름이 이공(理恭) 혹은 홍(洪)이라고 했는데, 역시 신문왕의 아들이요 신문왕 정명(政明)의 자가 일조(日照)인즉, 정신은 정명 신문왕을 잘못 쓴 것이고, 효명은 효조를 잘못 쓴 것 같다. 이에 이르되, 효명이 즉위하여 신룡 원년에 터를 닦고 절을 세웠다는 것도 역시 분명하지 않다. 신룡 연간에 절을 세운 이는 성덕왕이다) 하서부(河西府 : 지금 명주에도 하서군이 있으니 바로 그곳이다. 혹은 하곡현이라 했으나 그것은 지금 울주이니 잘못이다)에 이르러 세헌(世獻) 각간(角干)의 집에서 하룻밤을 유숙하고, 다음 날에는 큰 고개를 넘어 각기 천 명의 무리를 거느리고 성오평(省烏坪)에 이르러서 수일을 유람하다가 문득 어느 날 저녁에 형제 두 사람이 몰래 속세를 떠날 뜻을 약속하고 아무도 모르게 달아나 오대산에 숨었다(옛기록에 이르기를 태화 원년 무신 8월 초에 왕이 산중에 숨었다 했으나, 이것은 매우 잘못되었다. 상고하건대 효소〔조〕가 천수 3년 임진에 즉위하니 나이 열여섯이요, 장안 2년 임인에 죽으니 수가 26세다. 이 해에 성덕왕이 즉위하니 나이 22세라 했는데 만일 태화 원년 무신이라면 효소가 즉위한 임진보다 벌써 45년이나 앞선 것이어서 태종 무열왕의 대가 되니 이것으로써 이 글의 잘못을 알 수 있으므로 여기서는 취하지 않는다). 시위들이 태자들의 간 곳을 몰라 대궐로 돌아왔다.

두 태자가 산중에 이르니 푸른 연꽃이 갑자기 땅을 뚫고 올라왔으므로, 형은 이 곳에다 암자를 지어 살았으니 이것이 보천암(寶川庵)이고, 동북쪽으로 6백여 보를 가서 북쪽 대(臺)의 남쪽 기슭에 또한 푸른 연꽃이 피었으므로 아우 효명이 거기에 암자를 짓고 각각 부지런히 정업을 닦았다.

하루는 함께 오봉(五峯)에 올라가서 예불하는데 동쪽 대의 만월산(滿月山)에 1만 관음진신이 나타나고, 남쪽 대의 기린산(麒麟山)에는 8대보살(八大菩薩)이 상수(우두머리)가 되어서 1만의 지장(地藏)보살이요, 서쪽 대인 장령산(長嶺山)에는 무량수여래가 상수가 되어 1만의 세지보살이요, 북쪽 대인 상왕산(象王山)에는 석가여래가 상수가 되어 5백 대아라한이요, 가운데 풍로산(風盧山: 또는 지로산)에는 비로자나불이 상수가 되어 1만 문수인데, 두 형제는 이러한 5만의 진신들에게 낱낱이 첨배하였다.

매일 새벽이면 문수대성이 진여원(眞如院: 지금의 상원(上院))에 이르러 36가지 형상으로 변신하여 나타났는데, 어떤 때는 부처의 얼굴 모습 또는 보주(寶珠: 보배 구슬)형 또는 불안(佛眼: 부처의 눈)형 또는 불수(佛手: 부처의 손)형, 보탑형, 만불두(萬佛頭: 만 가지 부처 머리)형, 만등(萬燈: 만 가지 등)형, 금교(金橋: 금 다리)형, 금고(金鼓: 금 북)형, 금종(金鐘)형, 신통(神通)형, 금루(金樓: 금 누각)형, 금륜(金輪: 금 바퀴)형, 금강저(金剛杵: 금강 방아공이)형, 금옹(金甕: 금 항아리)형, 금전(金鈿: 금 비녀)형, 오색광명(五色光明)형, 오색원광(五色圓光)형, 길상초(吉祥草)형, 청련화(靑蓮花: 푸른 연꽃)형, 금전(金田: 절)형, 은전(銀田: 불당)형, 불족(佛足: 부처의 발)형, 뇌전(雷電: 번개)형, 여래용출(如來湧出: 솟아 나오는 석가)형, 지신용출(地神湧出: 솟아 나오는 지신)형, 금봉(金鳳: 금 봉황)형, 금오(金烏: 금 까마귀)형, 마산사자(馬産師子: 사자 낳는 말)형, 계산봉(鷄産鳳: 봉황 낳는 닭)형, 청룡형, 백상(白象: 흰 코끼리)형, 작조(鵲鳥: 까치)형, 우산사자(牛産師子: 사자 낳는 소)형, 유저(遊猪: 노는 돼지)형, 청사(靑蛇: 푸른 뱀)형이 되기도 하였다. 두 태자는 매일 골짜기의 물을 길어 차를 달여 공양하고 밤이 되면 각기 암자로 돌아가서 도를 닦았다.

그때 정신왕의 아우가 왕과 임금자리를 다투므로, 국민들이 왕은 쫓아 버리고, 장군 네 사람을 산으로 보내 두 태자를 맞아오게 했다. 먼저 효명암 앞에 와서 만세를 불렀더니, 때마침 5색 구름이 7일 동안 덮여 있으므로, 나라 사람들이 구름을 찾아와서 왕의 행차를 배열하고 장차 두 태자를 맞이하여 돌아가려 하니, 보천태자는 울면서 사양하므로, 이에 효명태자만을 모시고 돌아가 즉위시켰다. 그는 여러 해 동안 나라를 다스렸다(기록에 이르되 재위가 20여 년이라 했으나, 죽은 해의 나이가 26세라 함이 잘못된 것이다. 재위가 다만 10년밖에 아니되며, 또 신문왕의 아우가 왕위를 다툰 일은 국사에 기록이 없으니 알 수 없다).

신룡(神龍) 원년(당나라의 중종이 복위하던 해요, 성덕왕 4년이다) 을사 3월 초 4일에 비로소 진여원(眞如

院)을 개창하였으니, 이때 성덕대왕이 친히 백관을 거느리고 산에 와서 불전과 불당을 짓고, 아울러 문수대성의 형상을 진흙으로 빚어 법당 안에 봉안하고, 지식을 갖춘 영변(靈卞) 등 5명으로 늘 《화엄경》을 독경하도록 하고, 곧 화엄사(華嚴社 : 화엄 모임 단체)를 결성하도록 하였다. 오래도록 그 비용을 공급하기 위해 매년 춘추로 각각 산천에 가까운 주현에서 창고의 곡식 1백 섬과 정유(淨油) 1섬을 바치도록 규정했다. 진여원에서 서쪽으로 6천 보를 가서 모니점(牟尼帖)과 고이현(古伊峴)에 이르러, 시지(柴地 : 땔나무 채취를 위한 땅) 15결, 율지(栗枝 : 밤나무 밭) 6결, 좌위(坐位 : 모든 경비를 마련키 위한 땅) 2결을 내주고 장사(莊舍)를 세웠다.

보천태자는 항상 신령한 산골 물을 길어서 먹었더니 만년에는 육신이 공중에 날아 유사강(流沙江) 밖에 이르러 울진국 장천굴(掌天窟)에 머물면서 수구다라니경(隨求陀羅尼經)를 외는 것으로 조석의 일과를 삼으니, 굴에 있는 신이 나타나 말하였다.

"내가 이 굴의 신이 된 지 2000년이 되었는데, 오늘에야 비로소 수구다라니경의 진리를 들었으니 보살계(戒)를 청합니다."

계를 받고 난 그 다음 날에 굴의 형체가 없어졌다. 보천태자는 놀라서 머문 지 20일 만에 다시 오대산 신성굴로 돌아와 또 50년을 수도하니, 도리천 신이 조석으로 설법을 들으며 정거천(淨居天 : 성인이 산다는 5천국) 무리들은 차를 달여 바치며 40명의 성인은 10자 높이의 허공을 날면서 항시 호위하며, 가지고 있는 석장(錫杖)이 하루에 세 번씩 소리를 내며 땅을 세 바퀴씩 돌기에, 이것으로 쇠북과 경쇠 소리삼아 시간 맞춰 수업하였다. 문수보살이 간혹 물을 보천태자의 머리 위에 부어서 성도기별(成道記莂)을 주기도 하였다. 보천이 원적(圓寂 : 입 종)하던 날, 기록을 남겨서 산중에서 나라를 돕는 일을 행함에 도움이 되었다. 그 내용은 다음과 같다.

"이 산은 백두산의 큰 줄기라 각 대(臺)에 진신이 상주하는 땅이다. 푸른색〔靑〕은 동대(東臺)의 북각(北角)과 북대(北臺)의 남록 끝에 있으니 거기는 마땅히 관음방을 두고 원상관음(圓像觀音)과 푸른 바탕에 1만 관음상을 그려 봉안하고, 복전승(福田僧) 5명이 낮에는 8권의 《금강경(金剛經)》과 《인왕반야(仁王般若)》·천수주(千手呪)를 읽고, 밤에는 《관음경(觀音經)》 예참(禮懺)을 외도록 하여 이곳을 원통사(圓通社)라 부르도록 하라. 붉은색〔赤〕은 남대의 남쪽에 있으니 지장방(地藏房)을 두어서 원상(圓象) 지장과 붉은 바탕에 8대보살을 우두머리로 한 1만 지장상을 그려 봉안하고 복전승 5명이 낮에는 《지장경》과 《금강반야경》을 읽고, 밤에는 《점찰경(占察經》 예참(禮懺)을 외게 하여 이름을 금강사(金剛寺)라 부르도록 하라. 흰색〔白〕은 서대의 남쪽이니 미타방(彌陀房)을 두고 원상 무량수와 흰 바탕에 무량수여래를 우두머리로 한 1만 대세지보살을 그려 봉안하고, 복전승 5명이 낮에는 8권의 법화(法華)를 읽고 밤에는 미타불 예참을 외게 하여 이름을 수정사(水精寺)라 하라. 검은색은 북대의 남쪽이니, 나한당(羅漢堂)을 두고 원상 석가불과 검은 바탕에 석가여래가 우두머리로 된 5백 나한을 그려 봉안하고, 복전승 5명이 낮에는 《불보은경(佛報恩經)》과 《열반경(涅槃經)》을 읽고 밤에는 《열반경》 예참을 외게 하며 백련사(白蓮社)라 하라. 누런색〔黃〕은 중대(中臺)에 있으니 진여원(眞如院)을 두고 중앙에는 진흙으로 빚은 문수(文殊) 부동(不動) 불상을 봉안하고, 뒷벽에는 누런 바탕에 비로자나불이 우두머리로 한 36 화형(化形)을 그려 봉안하고, 복전승 5명이 낮에는 《화엄경》과 《육백반야경》을 읽고, 밤에는 문수 예참을 외게 하고 화엄사라 하라. 보천암은 화장사(華藏寺)로 개창하고 원상 비로자나삼존(毘盧遮那三尊)과 《대장경》을 봉안하고, 복전승 5명이 늘 《문장경(門藏經)》을 읽고, 밤에는 화엄신중(華嚴神衆)을 외게 하며 매년 백일 동안 화엄회를 하게 하고 이름을 법륜사(法輪寺)라 하라. 이 화장사를 오대사의 절로 삼아 튼튼히 호지(護持)하며, 정행복전(淨行福田)에 명하여 길이 향화(香火)를 받들게 하면 국왕은 천년의 수를 하고 백성들이 안락하고, 문무가 화평하며 백곡이 풍성하리라. 또 하원(下阮)에 문수 갑사(文殊岬寺)를 더 배치하여 모임의 도회소(都會所)로 만들고, 복전승 7명이 주야로 화엄신중(華嚴神衆) 예참(禮懺)을 행하게 하라. 위의 37명의 재식료와 의복비는 하서부도내 8주의 세납으로 사사(四事)의 재원에 충당하여, 대대로 군왕이 잊지 않고 준행하면 다행한 일이겠다.”

명주(이전의 하서부) 오대산 보질도태자 전기(溟州五臺山 寶叱徒太子傳記)

신라 정신왕의 태자 보질도가 아우 효명태자(孝明太子)와 하서부(河西府) 세헌(世獻) 각간의 집에 도착하여 하룻밤 자고, 다음 날 큰 고개를 넘어 각각 1천 명씩 거느리고 성오평(省烏坪)에 도착하여 여러 날 유람하였다. 태화(太和) 원년 8월 5일에 형제는 함께 오대산에 들어가 숨었다. 따랐던 호위하던 자들이 샅샅이 찾았으나 찾지 못하고 모두 서울로 돌아갔다. 형은 중대(中臺)의 남쪽 진여원 터 아래 산에 푸른색 연꽃이 핀 것을 보고, 그 땅에 풀을 엮어 암자를 지어 살았고, 아우 효명은 북대의 남쪽산 아래 푸른색 연꽃이 핀 것을 보고 역시 풀을 엮어 암자를 짓고 살았다. 두 형제가 예불하며 수행하고, 오대산(^{동·서·남}_{북·중앙})에 나아가 공경배례하였다. 푸른색은 동대(東臺)의 만월형(滿月形)인 산에 관음 진신 1만이 상주하고, 붉은색은 남대 기린형인 산에 8대보살이 우두머리가 되어 1만 지장보살이 상주하며, 흰색은 서대의 장령산인데 무량수여래가 우두머리가 되어 1만의 대세지보살이 상주하고, 검은색은 북대의 상왕산(象王山)을 맡았는데 석가여래가 우두머리가 되어 5백 대아라한(大阿羅漢)이 상주하고, 누런색은 중대인 풍로산(風爐山) 또는 지로산(地爐山)에 비로자나불이 우두머리가 되어 1만 문수보살이 상주하고, 진여원에는 문수대성이 매일 새벽에 36형(^{서른여섯}_{가지 모습})으로 변화하여 나타난다(^{36형은 오대산}_{오만진신전을 보라}).

　형제 태자가 함께 예배하며 매일 이른 아침에 골짜기〔于筒〕 물을 길어서 차를 달여 1만 진신 문수보살에게 공양하였다. 이때 정신왕의 아우 부군(副君)이 신라에 있으면서 왕위를 다투다 죽자, 나라 사람들이 장군 네 사람을 오대산으로 보내 효명태자 앞에서 만세를 부르니 이때 5색 구름이 오대산에서 신라의 서울까지 이르러 7일 밤낮을 빛으로 떠 있었다. 그래서 나라 사람들이 빛을 찾아 오대산에 도착하여 두 태자를 모시고 나라로 돌아가려 하니, 보질도태자는 울면서 가려 하지 않으므로 효명태자를 모시고 와서 즉위하게 하니, 재위한 기간은 20여 년이다. 신룡(神龍) 원년(705) 3월 8일에 비로소 진여원을 개창하였다고 한다.

　보질도태자는 항시 산골짜기의 신령한 물을 마시고 육신이 허공에 떠서 유사강(流沙江)에 이르러 울진대국(蔚珍大國)의 장천굴(掌天窟)에 들어가 수도하다가 다시 오대산 신성굴에 와서 50년을 수도했다고 한다. 오대산은 백두산의 큰 줄기요 각 대에는 진신이 상주한다 하였다.

대산 월정사 5류성중(臺山月精寺 五類聖衆)

절의 옛 기록을 살펴보면 이러하다.

"자장법사가 처음 오대산에 이르러 (부처의) 진신을 보고자 산기슭에 띠풀을 엮어 암자를 짓고 살았으나 7일이 되어도 보지 못하고, 묘범산(妙梵山)에 이르러 정암사(淨岩寺)를 창건하였다.

그 뒤 신효거사(信孝居士)[86]라는 이가 있으니, 어떤 이는 유동보살(儒童菩薩)[87]의 화신이라 하는데, 공주에 살면서 어머니를 효도로 봉양하였다. 어머니가 고기가 아니면 밥을 먹지 않아 거사는 고기를 구하러 산야로 다니다, 길가에서 학 5마리가 날아가는 것을 보고 활을 쏘니 그 중 한 마리가 깃 하나를 떨어뜨리고 날아갔다. 거사가 깃털을 주워 눈을 가리고 사람을 보니 사람들이 모두 짐승으로 보이는지라, 그 고기를 얻지 못하고 돌아와 곧 자신의 허벅지 살을 베어 어머니께 드렸다. 그 뒤 출가하여 집을 절로 희사하였으니, 지금의 효가원(孝家院)이 그것이다.

거사는 경주 경계에서 하솔(河率)[88]까지 이르면서 깃털로 눈을 가리고 사람을 보니 사람들은 대부분 사람의 모습이라 이곳에서 살려는 마음에서 길가 늙은 부인에게 살 만한 곳을 물으니, 부인이 '이 서쪽 고개를 넘어 가면 북향한 동리가 있으니 살 만합니다' 하고 말을 마치자 간 곳이 없었다. 거사는 이것이 관세음보살의 가르침임을 깨닫고, 곧 성오평(省烏坪)을 지나 자장법사가 처음 띠풀로 엮어 지은 암자로 들어가 살았다. 조금 있다가 승려 다섯이 와서, '당신이 가지고 온 가사 한 폭은 지금 어디 있습니까?' 한다. 거사가 멍청해 있자, 승려가 '당신이 주워 가지고 사람을 본 것이 그것이다' 한다. 거사가 그 깃을 내어 주니 비구가 가사폭이 찢어진 곳에다 맞추니 꼭 들어맞았는데, 깃이 아니라 한 폭의 천이었다. 거사는 다섯 승려들과 헤어진 뒤에 비로소 그들이 오류성중(五類聖衆)의 화신인 것을 알았다."

이 월정사는 자장법사가 처음 띠풀을 엮어 지었고, 다음에는 신효거사가

와 살았으며, 그 다음에는 범일(梵日)의 제자 신의두타(信義頭陀)가 와서 암자를 짓고 있었다.

그 후로는 수다사(水多寺)[89] 장로 유연(有緣)이 와서 있으면서 점차 큰 절이 되었으니 이 절의 오류 성중과 9층석탑은 모두 성자의 자취이다. 지리를 아는 자가 이렇게 말하였다.

"국내에 있는 명산 중에 이곳이 가장 훌륭한 명승지로, 불법이 오랫동안 흥성할 곳이다."

남월산(南月山 : ^{감산사라}고도 한다)

이 절이 경주의 동남쪽 20리쯤 되는 곳에 있으니, 금당의 주불인 미륵존상 화광(火光) 후기에 이렇게 말하였다.

"개원(開元) 7년 을미 2월 15일에 중아찬(重阿湌) 김지성(金志誠)이 돌아가신 부모 인장일길간(仁章一吉干)과 관초리(觀肖里) 부인을 위하여 감산사(甘山寺) 한 채와 돌미륵 한 개를 정성껏 조성하고, 겸하여 개원(愷元) 이찬(伊湌), 아우 양성(良誠) 소사(小舍)와 현도사(玄度師), 맏누이 고파리(古巴里), 전처 고로리(古老里), 후처 아호리(阿好里)와 또한 서형(庶兄) 급한일길찬(及漢一吉湌), 일당살찬(一幢薩湌), 총민대사(聰敏大舍), 누이동생 수힐매(首肹買) 등을 위하여 함께 이 선한 일을 함께 하게 되었다.

어머니 관초리 부인이 고인이 되자, 동해 유우(攸友) 가에 뼈를 뿌렸다^(고인이 되어서 '古人成之' 아래는 그 뜻이 자세하지 않으나 다만 옛 글을 그대로 적는다. 아래도 같다)."

미타불 화광 후기에 이렇게 말하였다.

"중아찬 김지성은 일찍이 상의봉어(尙衣奉御)와 집사시랑(執事侍郞)을 맡았다가 67세에 벼슬에서 물러나 조용히 지내면서, 국주대왕(國主大王)과 이찬 개원, 죽은 아버지 인장일길간, 죽은 어머니, 죽은 아우 소사양성, 사문 현도, 죽은 아내 고로리, 죽은 누이 고파리를 위해 받들고, 또 아내 아호리를 위해 감산(甘山)의 장전을 희사하여, 절을 짓고, 또한 아버지 인장일길간을 위하여 돌미륵 한 개를 만들어 받들었다. 고인이 되자, 동해 유우 가에

---

89) 수다사(水多寺) : 평창군 진부면에 있던 절. 지금은 터와 탑만 남아 있다.

뼈를 뿌렸다(임금의 계보를 살펴보면 김개원은 곧 태종 춘추왕의 아우이고 태자 개원은 각간이니 어머니는 문희(文姬)이다. 김지성은 인장일길간의 아들이고 동해 유우란 것은 아마 법민을 동해에 장사한 것을 말함이다)."

천룡사(天龍寺)

동도(東都 : 경주) 남산의 남쪽에 산봉우리 하나가 우뚝 솟아 속칭 고위산(高位山)이라 한다. 그 산 양지에 절이 있으니, 세속에서는 고사(高寺)라 하고 혹은 천룡사라고 한다.

《토론삼한집(討論三韓集)》에서는 이렇게 말하였다.

"계림국 안에 객수(客水 : 다른 곳에서 흘러들어온 물) 두 줄기와 역수(逆水 : 거슬러 흘러 들어온 물) 한 줄기가 있는데, 이 객수와 역수의 근원이 천재(天災)를 진압하지 않으면, 천룡사가 무너지는 재앙에 이른다."

속전에서 말하였다.

"역수(逆水)는 이 고을 남쪽 마등오촌(馬等烏村) 남쪽으로 흐르는 물이고, 이 물의 근원은 천룡사에서 시작된다."

중국 사신 악붕구(樂鵬龜)가 와서 보고 말하였다.

"이 절이 파괴되면 나라가 망한다."

또 전하는 말은 이렇다.

"옛날 시주(施主 : 단월(檀越))에게 두 딸이 있었는데, 이름이 천녀(天女)와 용녀(龍女)였다. 그 양친이 두 딸을 위하여 이 절을 창건하였으니, 절 이름을 천룡사라 한 것은 여기에 연유한다."

이곳은 경내가 특이하여 불도 닦는 장소가 되었으나, 신라 말에 파괴된 지 오래되었다.

중생사(衆生寺) 관음보살이 최은함(崔殷諴)의 아들인 승로(承魯)를 젖을 먹여 키웠으며, 승로가 숙(肅)을 낳고, 숙이 시중 제안(齊顔)을 낳았다. 제안이 이 절을 중수하여 다시 일으키고 곧 석가만일도량(釋迦萬日道場)을 설치하고 조정의 뜻을 받아, 신서(信書)와 발원문(發願文)이 있어 절에 보관하였다. 그는 죽어서 절을 수호하는 신이 되어 자못 영험이 많았다.

신서의 대략은 이러하다.

"단월(檀越)인 내사시랑(內史侍郎) 동내사(同內史) 문하평장사(門下平章事) 주국(柱國) 최제안(崔齊顔)은 글을 올리노니 경주 고위산의 청룡사가 파괴된 지 여러 해가 지난지라, 제자[최제안]는 특히 임금께서 오래 사시고, 백성과 나라가 태평하기를 기원하여 전당·회랑·방·주방·창고 등을 건조하여 구비하고, 불상 몇 개를 흙으로 만들어 석가만일도량을 개설하였으니, 이미 나라를 위하여 수리한 것이라, 관가에서 주지를 정하는 것도 좋지만 그러나 주지가 교체될 때마다 도량의 승려들이 불안할 것이다. 시주받은 절의 경비를 대는 사원의 경우를 보건대, 공산(公山)의 지장사는 시주받은 밭이 전토가 2백 결이고, 비슬산(毘瑟山) 도선사(道仙寺)도 시주받은 밭이 20결이고, 서경(西京 : ^평_양)의 산사(山寺)들도 각기 시주받은 밭이 20결이었다. 이 절들은 직책이 있거나 없거나 누구를 막론하고 반드시 계덕을 갖추고 행실이 높은 이를 가려 사중의 중망에 따라 주지를 삼는 것이 예규로 되었다. 제자는 이 말을 듣고 기뻐하여 우리 천룡사도 역시 모든 절 가운데에서 재덕이 높은 대덕으로 동량이 될 사람을 가려 주지로 정하여 향을 피워 수도하게 하고자 한다. 따라서 글로 자세히 기록하여 강사(剛司)에 부쳐 두노라. 당시 주지부터 시작해서 유수관(留守官)의 공문을 받아서 도량 모든 승려들에게 보이노니 각각 자세히 살피라. 중희(重熙) 9년 6월 일 관함(官銜)을 앞에 쓴 대로 갖추어 서명하노라.”

생각컨대 중희는 거란 흥종(興宗)의 연호이니, 고려 정종(靖宗) 6년 경진년(1040)이다.

무장사 미타전(鍪藏寺 彌陀殿)

경주에서 동북으로 20리쯤 되는 암곡촌(暗谷村)의 북쪽에 무장사가 있다. 신라 제38대 원성대왕(元聖大王)의 아버지, 명덕대왕(明德大王)으로 추봉된 효양(孝讓) 대아간이 그의 숙부인 파진찬(波珍飡)을 추숭하기 위하여 창건한 것이다. 그곳은 깊은 골짜기는 마치 산을 깎아 세운 듯 몹시 가파르고, 절이 어둡고 깊숙한 곳에 있어 절로 텅비고 고결한 기운이 돌아, 참으로 마음이 안식되고 도를 즐길 만한 신령스런 곳이다.

절의 위쪽에 미타고전(彌陀古殿)이 있으니, 소성(昭成 : ^{소성(昭聖)}_{이라고도 한다}) 대왕의 왕비 계화왕후(桂花王后)는 대왕이 승하하매, 궁중이 답답하고 허황하여 매우 슬퍼하고 피눈물을 흘리며 상심해하였다. 이에 왕의 아름다운 일을 기리고 명복을 빌기로 마음먹었다. 서방에 대성인인 아미타가 있어, 지성으로 귀의하면 잘 구하여 맞아 준다는 말을 듣고 이렇게 말하였다.

"이것이 사실이라면 나를 어찌 속이랴?"

이에 육의(六衣 : 왕후가 입었던 6가지 화려한 옷)를 희사하고 구부(九府 : 창고)의 쌓인 재물을 모두 다 기울여서 이름 있는 공장을 불러모아 아미타 불상을 만들게 한 다음, 여러 신들을 만들어 정성껏 봉안하였다.

이보다 앞서 이 절에 노승이 있었는데, 어느 날 밤 홀연히 꿈을 꾸니 진인(眞人)이 석탑의 동남쪽 언덕에 앉아 서쪽을 향해 대중을 위하여 설법하는 것을 보고 생각하기를, '여기가 반드시 불법이 머무를 곳이다' 하고 마음에 새겨 두고 남에게 말하지 않았다.

거기는 바위가 날카롭게 솟고 산골 물이 세차게 흘러 공장들도 쳐다보지도 않았고 다른 사람들도 모두 좋지 못한 터라 하였다. 그런데 마침내 이 땅을 개척하여 평탄한 땅을 얻자 법당을 세울 만하여 완연히 신령한 터와 같았으므로, 보는 이마다 놀라며 칭찬하였다. 근래에 와서 미타전이 무너지고 절만 남아 있다.

전하는 말에 신라 태종무열왕이 삼국을 통일한 뒤에 병기와 투구를 이 골짜기 속에 묻었기 때문에 무장사라 이름했다 한다.

백엄사 석탑사리(伯嚴寺 石塔舍利)

개운(開運) 3년 병오년(946) 10월 29일에 강주(康州) 땅 임도대감(任道大監)의 주첩(柱貼)에 이르기를 "백엄선사(伯嚴禪寺)는 초팔현(草八縣 : 지금의 초계(草溪)이다)에 있는데, 그 절의 승려 간유상좌(侃遊上座)의 나이가 39세라" 하였다.

그 절의 시초는 알지 못하나 다만 예부터 전하기는, 이전 시대인 신라 때에 북택(北宅)의 대청 터를 희사하여 이 절을 지었다 하는데, 그 사이에 폐허가 되었다. 지난 병인년(1026)에 사목곡(沙木谷)의 양부화상(陽孚和尙)이 개조하여 주지로 있다가 정축년(1037)에 죽었다. 을유년(1045)에 희양산(曦陽山) 긍양화상(兢讓和尙)이 와서 10년을 머물다가, 을미년(1055)에 희양산으로 돌아가고, 그때 신탁화상(神卓和尙)이 남원(南原) 백암수(白嵒

藪)에서 이 절로 들어와 이전에 정한 법대로 주지가 되었다.

또 함옹(咸雍) 원년(1065) 11월에는 이 절의 주지인 득오미정대사(得奧微定大師)와 승려 수립(秀立)이 절의 일상 규약 10조를 정하고, 새로 5층석탑을 세워 진신부처사리 42립(粒)을 맞아 봉안하였다. 또 사재로 경비(寶)를 모아 해마다 공양할 조항, 즉 이 절의 호법승이었던 엄흔(嚴欣)·백흔(伯欣) 두 명신(明神)과 근악(近岳) 등 세 분에게 제사 모실 경비를 모아 공양할 것과(전하는 말에 엄흔·백흔 두 사람이 집을 희사하여 절을 짓고, 백엄사라 하고 호법신을 삼았다 한다), 금당의 약사여래 앞 바리때(木鉢 : 나무 그릇)에 초하루마다 공양미를 갈아드릴 것 등의 조항을 정하였다. 나머지는 기록하지 않는다.

영취사(靈鷲寺)

《사중고기(寺中古記)》에게 말하였다.

"신라 진골 제31대 신문왕 대인 영순(永淳)[90] 2년 계미년(683 : 본문에 원년이라 함은 잘못이다)에 재상 충원공(忠元公)이 장산국(萇山國 : 동래현이나 내산국이라고도 한다) 온천에서 목욕하고 성으로 오던 차에 굴정역(屈井驛) 동지야(桐旨野)에 이르러 쉬고 있었다. 문득 보니 한 사람이 매를 놓아 꿩을 쫓으니, 꿩이 날아 금악(金岳)을 지나 아득히 종적이 없어졌다. 그리하여 방울 소리를 듣고 찾아가 굴정현 관청 북쪽 우물가에 이르니, 매는 나무 위에 앉았고, 꿩은 우물 속에 있는데, 우물 물이 온통 피빛이 되고 꿩은 두 날개를 벌려 두 새끼를 품고 있다. 매도 매우 불쌍히 여긴 듯 감히 함부로 하지 않는다. 공이 그것을 보고 불쌍한 생각에 감동하여 그 땅을 점쳐보니 절을 세울 만하였다. 서울로 돌아와 왕에게 아뢰니 그 현의 청사를 다른 곳으로 옮기게 하고 절을 그 자리에 세워 이름을 영취사라 하였다.

유덕사(有德寺)

신라의 태대각간(太大角干) 최유덕(崔有德)이 자기 집을 희사하여 절을

---

90) 영순(永淳) : 당나라 고종의 연호(682~683).

세우고, 유덕사라 했는데, 그의 후손 삼한공신(三韓功臣) 최언위(崔彦撝)가 유덕의 영정을 봉안하고 비를 세웠다고 한다.

오대산 문수사 석탑기(五臺山 文殊寺 石塔記)

뜰 가에 있는 석탑은 대개 신라 사람이 세운 것이다. 제작이 비록 순박하고 정교하지는 못하나, 감히 기록할 수 없을 만큼 영험이 많았는데, 그중 옛노인에게 들은 사실을 기록하면 다음과 같다.

"옛날 연곡현(連谷縣) 사람이 배를 타고 바다에서 고기를 잡는데 홀연히 탑 그림자가 배를 따라오는 것을 보았다. 그런데 물고기들이 탑 그림자를 보면 흩어져 사방으로 달아났다. 그래서 어부는 물고기를 한 마리도 잡지 못하였다. 분한 마음을 견디지 못한 어부들이 그림자를 찾아가 보니 바로 이 탑이었다. 이에 도끼를 휘둘러 부수고 돌아갔다. 지금 이 탑의 네 귀퉁이가 모두 잘려 나간 것은 그 때문이다."

내가 듣고 경탄하여 마지않았다. 그러나 이 탑이 동쪽에 치우치고 중앙에 있지 않은 것을 이상히 여겨 현판을 보니 거기에 이렇게 적혀 있었다.

"승려 처현(處玄)이 일찍이 이 절에 있으면서 탑을 뜰 중앙으로 옮겼더니 20여 년 동안 잠잠하여 아무 영험이 없었다. 어떤 일관이 터를 찾아다니다가 여기 와 보고 탄식하며 '이 뜰 중앙은 탑을 세울 데가 아닌데 어찌하여 조금 동쪽으로 옮기지 않느냐' 하므로, 여러 승려들이 깨닫고 다시 옛 터로 옮겼으니, 지금 서 있는 곳이 그곳이다."

내가 괴이한 것을 좋아하는 사람은 아니나, 부처님의 위엄과 영험을 나타내어 만물을 이롭게 하는데, 이렇게 급히 여긴 것을 보고 불자된 자로서 어찌 묵묵히 말을 하지 않고 있을 수 있겠는가?

정풍(正豊)[91] 원년 병자년(1156) 10월 일에 백운자(白雲子)[92]는 쓰노라.

---

91) 정풍(正豊) : 병자년은 정륭(正隆) 원년이므로 오기인 듯하다.

92) 백운자(白雲子) : 해주 신광사 주지. 일연의 제자.

三國遺事　　第3卷

興法 第三

順道肇麗(道公之次　亦有法深·義淵·曇嚴之流　相繼而興教. 然古傳無文　今亦不取編次　詳見僧傳)

高麗本記云　小獸林王即位二年壬申　乃東晉咸安二年　孝武帝即位之年也. 前秦符堅遣使及僧道　送佛像經文(時堅都關中　即長安)又四年甲戌　阿道來自晋. 明年乙亥二月　創肖門寺　以置順道　又創伊弗蘭寺　以置阿道　此高麗佛法之始. 僧傳作二道來自魏云者　誤矣　實自前秦而來. 又云肖門寺今興國　伊弗蘭寺今興　福者亦誤. 按麗時都安市城　一名安丁忽　在遼水之北. 遼水一名鴨淥　今云安民江　豈有松京之興國寺名. 讚曰,

　鴨淥春深渚草鮮　白沙鷗鷺等閑眠.

　忽驚柔櫓一聲遠　何處漁舟客到烟.

難陁闢濟

　百濟本記云　第十五(僧傳云十四　誤)沈流王即位甲申(東晉孝武帝太元九年)胡僧摩羅難陁至自晋　迎置宮中禮敬.

　明年乙酉　創佛寺於新都漢山州　度僧十人　此百濟佛法之始. 又阿莘王即位太元十七年二月　下敎崇信佛法求福. 摩羅難陁譯云童學(其異迹詳見僧傳). 讚曰,

　天造從來草昧間　大都爲伎也應難.

　翁翁自解呈歌舞　引得旁人借眼看.

阿道基羅(一作我道　又阿頭)

　新羅本記第四云　第十九訥祇王時　沙門墨胡子　自高麗至一善郡　郡人毛禮(或作毛祿)於家中作堀室安置. 時梁遣使賜衣著香物(高得相詠史詩云　梁遣使僧曰

元表 宣送溟檀及經像） 君臣不知其香名與其所用　遣人齎香遍問國中. 墨胡子見
之曰 此之謂香也. 焚之則香氣芬馥 所以達誠於神聖. 神聖未有過於三寶　若燒此
發願 則必有靈應 (訥祇在晉·宋之世　而云梁遣使　恐誤).

　　時王女病革　使召墨胡子焚香表誓　王女之病尋愈. 王喜　厚加賚貺　俄而不知所
歸.

　　又至二十一毗處王時　有我道和尙　與侍者三人　亦來毛禮家　儀表似墨胡子　住
數年　無疾而終　其侍者三人留住　講讀經律　往往有信奉者 (有注云　與本碑及諸傳
記殊異. 又高僧傳云西竺人　或云從吳來).

　　按我道本碑云　我道高「句」麗人也　母高道寧. 正始間　曹魏人我 (姓我也) 崛摩奉
使句麗　私之而還　因而有娠. 師生五歲　其母令出家. 年十六歸魏　省覲崛摩　投玄
彰和尙講下就業. 年十九　又歸寧於母　母謂曰　此國于今不知佛法　爾後三千餘月
雞林有聖王出　大興佛敎. 其京都內有七處伽藍之墟　一曰金橋東天鏡林 (今興輪
寺. 金橋謂西川之橋　俗訛呼云松橋也. 寺自我道始基　而中廢. 至法興王丁未草
創. 乙卯大開. 眞興王畢成) 二曰三川岐 (今永興寺. 與興輪寺開同代) 三曰龍宮
南 (今皇龍寺. 眞興王癸酉始開) 四曰龍宮北 (今芬皇寺. 善德甲午始開) 五曰沙
川尾 (今靈妙寺. 善德「王」乙未始開) 六曰神遊林 (今天王寺. 文武王己卯開) 七
曰婿請田 (今曇嚴寺) 皆前佛時伽藍之墟　法水長流之地. 爾歸彼而播揚大敎　當
東嚮於釋祀矣.

　　道稟敎至雞林　寓止王城西里　今嚴莊寺. 于時末 (未) 雛王卽位二年癸未也. 詣
闕請行敎法　世以前所未見爲嫌　至有將殺之者. 乃逃隱于續林 (今一善縣) 毛祿家
(祿與禮形近之訛. 古記云　法師初來毛祿家　時天地震驚. 時人不知僧名　而云阿
頭彡麼　彡麼者乃鄕言之稱僧也. 猶言沙彌也).

　　三年時成國公主疾　巫醫不效　勅使四方求醫　師率然赴闕　其疾遂理. 王大悅　問
其所須. 對曰　貪 (貧) 道百無所求　但願創佛寺於天境 (鏡) 林　大興佛敎　奉福邦家
爾. 王許之　命興工. 俗方質儉　編茅葺屋. 住而講演　時或天花落地　號興輪寺.

　　毛祿之妹名史氏　投師爲尼. 亦於三川歧 (岐)　創寺而居　名永興寺. 未幾　末
(未) 雛王卽世　國人將害之. 師還毛祿家　自作塚　閉戶自絶　遂不復現. 因此大敎
亦廢. 至二十三法興大王　以蕭梁天監十三年甲午登位　乃興釋氏　距未雛王癸末
(未) 之歲二百五十二年　道寧所言三千餘月驗矣.

　　據此　本記與本碑　二說相戾　不同如此. 嘗試論之. 梁·唐二僧傳　及三國本史皆

載 麗·濟二國佛敎之始 在晋末大元之間 則二道法師 以小獸林甲戌 到高麗 明
矣 此傳不誤. 若以毗處王時方始到羅 則是阿道留高麗百餘歲乃來也. 雖大聖行
止 出沒不常. 未必皆爾. 抑亦新羅奉佛 非晚甚如此. 又若在末(未)雛之世 則却
超先於到麗甲戌 百餘年矣. 于時雞林未有文物禮敎 國號猶未定 何暇阿道來請奉
佛之事 又不合高麗未到而越至于羅也. 設使暫興還廢 何其間寂寥無聞而尙不識
香名哉 一何大後 一何大先.

　揆夫東漸之勢 必始于麗·濟而終乎羅 則訥祇旣與獸林世相接也 阿道之辭麗抵
羅 宜在訥祇之世. 又王女救病 皆傳爲阿道之事 則所謂墨胡者非眞名也 乃指目
之辭 如梁人指達摩 爲碧眼胡 晋調釋道安 爲柒道人類也. 乃阿道危行避諱 而不
言名姓故也. 蓋國人隨其所聞 以墨胡·道二名 分作二人爲傳爾. 況云阿道儀表似
墨胡 則以此可驗其一人也. 道寧之序七處 直以創開先後預言之 而傳失之 故今
以沙川尾躋於五次 三千餘月 未必盡信 蓋自訥祇之世抵乎丁未 无慮一百餘年
若曰一千餘月 則殆幾矣. 姓我單名 凝贋難詳.

　又按元魏釋曇始(一云惠始)傳云 始關中人 自出家已後 多有異迹. 晋孝武太
元年末 齎經律數十部 往遼東宣化 現授三乘 立以歸戒 蓋高麗聞道之始也. 義熙
初 復還關中 開導三輔. 始足白於面 雖涉泥水 未嘗沾濕 天下咸稱白足和尙云.
晋末 朔方凶奴赫連勃勃 破獲關中 斬戮無數. 時始亦遇害 刁(刀)不能傷 勃勃嗟
嘆之 普赦沙門 悉皆不殺 始於是潛遁山澤 修頭陁行. 拓拔燾復剋長安 擅威關
洛. 時有博陵崔皓 小習左道 猜嫉釋敎. 旣位居僞輔 爲燾所信 乃與天師寇謙之
說燾 佛敎無益 有傷民利 勸令廢之云云. 大平之末 始方知燾將化時至 乃以元會
之日 忽杖錫到宮門 燾聞令斬之 屢不傷 燾自斬之亦無傷. 飼北園所養虎 亦不敢
近. 燾大生慙懼 遂感癘疾 崔·寇二人相次發惡病. 燾以過由於彼 於是誅滅二家
門族 宜(宣)下國中 大弘佛法. 始後不知所終.

　議曰. 曇始以太元末到海東 義熙初還關中 則留此十餘年 何東史無文 始旣恢
詭不測之人 而與阿道·墨胡·難陁年事相同 三人中疑一必其變諱也.

　讚曰,
雪擁金橋凍不開 雞林春色未全廻.
可怜靑帝多才思 先著毛郎宅裏梅.

原宗興法(距訥祇世一百餘年) 厭髑滅身

新羅本記 法興大王卽位十四年 小臣異次頓爲法滅身 卽蕭梁普通八年丁未 西竺達摩來金陵之歲也. 是年 朗智法師 亦始住靈鷲山開法 則大敎興衰 必遠近相感一時 於此可信.

元和中 南澗寺沙門一念 撰髑香墳禮佛結社文 載此事甚詳. 其略曰 昔在法興大王垂拱紫極之殿 俯察扶桑之域 以謂昔漢明感夢 佛法東流. 寡人自登位 願爲蒼生 欲造修福滅罪之處 於是朝臣(鄕傳云 工目·謁恭等)未測深意 唯遵理「治」國之大義 不從建寺之神略. 大王嘆曰 於戲 寡人以不德 丕承大業 上虧陰陽之造化 下無黎庶之歡. 萬機之暇 留心釋風 誰與爲伴 粤有內養者 姓朴字厭髑(或作異次 或云伊處 方音之別也 譯云厭也. 髑·頓·道·覩·獨等皆隨書者之便 乃助辭也. 今譯上不譯下 故云厭髑 又厭覩等也) 其父未詳 祖阿珍宗郎 習寶葛文王之子也(新羅官爵凡十七級 其第四曰波珍飡 亦云阿珍飡也. 宗其名也 習寶亦名也. 羅人凡追封王者 皆稱募文王 其實史臣亦云未詳. 又按金用行撰阿道碑 舍人時年二十六 父吉升 祖功漢 曾祖乞解大王). 挺竹柏而爲質 抱水鏡而爲志 積善曾孫望宮內之爪牙 聖朝忠臣 企河淸之登侍.

時年二十二 當充舍人(羅爵有大舍·小舍等 蓋下士之秩) 瞻仰容顔 知情擊目奏云 臣聞古人 問策蒭蕘 願以危罪啓諮. 王曰 非爾所爲. 舍人曰 爲國亡身 臣之大節 爲君盡命 民之直義. 以謬傳辭 刑臣斬首 則萬民咸伏 不敢違敎. 王曰解肉秤軀 將贖一鳥 酒血摧命 自怜七獸. 朕意利人 何殺無罪. 汝雖作功德 不如避罪. 舍人曰 一切難捨 不過身命. 然小臣夕死 大敎朝行 佛日再中 聖主長安. 王曰 鸞鳳之子 幼有凌霄之心 鴻鵠之兒 生懷截波之勢 爾得如是 可謂大士之行乎. 於焉大王權整威儀 風刀東西 霜仗南北 以召郡(群)臣 乃問 卿等於我欲造精舍 故作留難(鄕傳云 髑爲以王命 傳下興工創寺之意 君臣來諫 王乃責怒於髑刑以僞傳王命). 於是群臣戰戰兢懼 傯侗作誓 指手東西 王喚舍人而結之 舍人失色 無辭以對. 大王忿怒 勅令斬之 有司縛到衙下 舍人作誓 獄吏斬之 白乳湧出一丈(鄕傳云 舍人誓曰 大聖法王 欲興佛敎 不顧身命. 多却結緣 天垂端祥 遍示人庶. 於是其頭飛出 落於金剛山頂云云). 天四黯黲 斜景爲之晦明 地六震動 雨花爲之飄落. 聖人哀戚 沾悲淚於龍衣 冢宰憂傷 流輕汗於蟬冕. 甘泉忽渴 魚鼈爭躍 直木先折 猿猱群鳴. 春宮連鑣之侶 泣血相顧 月庭交袖之朋 斷腸惜別. 望柩聞聲 如喪考妣. 咸謂子推割股 未足比其苦節 弘演剖腹 詎能方其壯烈. 此乃扶丹墀之信力 成阿道之本心 聖者也 遂乃葬北山之西嶺(卽金剛山也. 傳云 頭飛落

處 因葬其地 今不言何也） 內人哀之 卜勝地造蘭若 名曰剌楸寺. 於是家家作禮
必獲世榮 人人行道 當曉法利.

　眞興大王卽位五年甲子 造大興輪寺（按國史與（興）鄕傳 實法興王十四年丁未
始開 二十一年乙卯 大伐天鏡林 始興工 梁棟之材 皆於其林中取足 而階礎石龕
皆有之 至眞興王五年甲子寺成 故云甲子. 僧傳云七年 誤）. 大淸之初 梁使沈湖
將舍利. 天壽（嘉）六年 陳使劉思幷僧明觀 奉內經幷次. 寺寺星張 塔塔鴈行 竪
法幢 懸梵鏡（鍾）. 龍象釋徒 爲寰中之福田 大小乘法 爲京國之慈雲. 他方菩薩
出現於世（謂芬皇之陳那 浮石寶蓋以至洛山五臺等是也） 西域名僧 降臨於境.
由是倂三韓而爲邦 掩四海而爲家. 故書德名於天鎭（衢）之樹 影神迹於星河之水
豈非三聖威之所致也（謂我道・法興・厭髑也）. 降有國統惠隆・法主孝圓・金相郞・
大統鹿風・大書省眞怒（恕）・波珍喰金嶷等 建舊塋 樹豐碑. 元和十二年丁酉八月
五日 卽第四十一憲德大王九年也 興輪寺永秀禪師（于時瑜伽諸德 皆稱禪師）結
湊斯塚禮佛之香徒 每月五日 爲魂之妙願 營壇作梵. 又鄕傳云 鄕老每當忌旦 設
社會於興輪寺 則今月初五 乃舍人捐軀順法之晨也. 嗚呼 無是君 無是臣 無是臣
無是切（功） 可謂劉・葛魚水 雲龍感會之美歟.

　法興王旣擧廢立寺 寺成 謝冕旒 披方袍 施宮戚爲寺隸（寺隸至今稱王孫. 後至
太宗王時 宰輔金良圖信向佛法 有二女 曰花寶・蓮寶 捨身爲此寺婢 又以逆臣毛
尺之族 沒寺爲隸 二族之裔今不絶）. 主住其寺 躬任弘化. 眞興乃繼德重聖 承袞
職處九五 威率百僚 號令畢備. 因賜額大王興輪寺. 前王姓金氏 出家法雲 字法
空（僧傳與諸說 亦以王妃出家名法雲 又眞興王爲法雲 又以爲眞興之妃名法雲
頗多疑混）. 冊府元龜云 姓募 名秦 初興役之乙卯歲. 王妃亦創永興寺 慕史氏之
遺風 同王落彩爲尼 名妙法 亦住永興寺 有年而終. 國史云 建福三十一年 永興
寺塑像自壞 未幾 眞興王妃比丘尼卒. 按眞興乃法興之姪子 妃思刀夫人朴氏 牟
梁里英失角干之女 亦出家爲尼 而非永興寺之創主也 則恐眞字當作法 謂法興之
妃巴刁夫人爲尼者之卒也 乃創寺立像之主故也. 二興捨位出家 史不書 非經世之
訓也.

　又於大通元年丁未 爲梁帝創寺於熊川州 名大通寺（熊川卽公州也 時屬新羅故
也. 然恐非丁未也 乃中大通元年巳酉歲所創也 始創興輪之丁未 未暇及於他郡立
寺也）.

　讚曰，

聖智從來萬世謀 區區興議(謾)秋毫.

法輪解逐金輪轉 舜日方將佛日高.

曰右原宗.

徇義輕生已足驚 天花白乳更多情.

俄然一劎身亡後 阮阮鐘聲動帝京.

曰右厭髑.

法王禁殺

百濟第二十九法王諱宣 或云孝順 開皇十年己未卽位. 是年冬 下詔禁殺生 放民家所養鷹鸇之類 焚漁獵之具 一切禁止. 明年庚申 度僧三十人 創王興寺於時都泗沘城(今扶餘) 始立栽而升遐. 武王繼統 父基子構 曆(歷)數紀而畢成. 其寺亦名彌勒寺 附山臨水 花木秀麗 四時之美具焉. 王每命舟 沿河入寺 賞其形勝壯麗(與古記所載小異 武王是貧母與池龍通交而所生 小名薯蕷 卽位後諡號武王 初與王妃草創也).

讚曰,

詔寬狴狴千丘惠 澤洽豚魚四海仁.

莫(辱)聖君輕下世 上方兜率正芳春.

寶藏奉老 普德移庵

高麗本記云 麗季武德·貞觀間 國人爭奉五斗米敎. 唐高祖聞之 遣道士 送天尊像 來講道德經 王與國人聽之. 卽第二十七代榮留王卽位七年 武德七年甲申也. 明年遣使往唐 求學佛老 唐帝(謂高祖也)許之. 及寶藏王卽位(貞觀十六年壬寅也) 亦欲併興三敎 時寵相蓋蘇文 說王以儒釋並熾 而皇冠未盛 特使於唐求道敎.

時普德和尙住盤龍寺 憫左道匹正 國祚危矣 屢諫不聽 乃以神力飛方丈 南移于完山州(今全州也)孤大山而居焉. 卽永徽元年庚戌六月也(又本傳云 乾封二年丁卯三月三日也). 未幾國滅(以總章元年戊辰國滅 則計距庚戌十九年矣) 今景福寺有飛來方丈是也云云(已上國史) 眞樂公留詩在堂 文烈公著傳行世.

又按唐書云 先是隋煬帝征遼東 有裨將羊皿 不利於軍 將死有誓曰 必爲寵臣滅彼國矣. 及蓋氏擅朝 以蓋爲氏 乃以羊皿 是之應也.

又按高麗古記云 隋煬帝以大業八年壬申 領三十萬兵 渡海來征. 十年甲戌十月

高麗王(時第三十六代嬰陽王立二十五年也)上表乞降　時有一人　密持小弩於懷中
隨持表使　到煬帝舡中. 帝奉表讀之　弩發中帝胸. 帝將旋師　謂左右曰　朕爲天下
之主　親征小國而不利　萬代之所嗤. 時右相羊皿奏曰　臣死爲高麗大臣　必滅國　報
帝王之讎　帝崩後　生於高麗. 十五聰明神武　時武陽王聞其賢(國史　榮留王名建武
或云建成　而此云武陽　未詳)　徵入爲臣. 自稱姓盖　名金. 位至蘇文　乃侍中職也
(唐書云　盖蘇文自謂莫離支　猶中書令. 又按神誌秘詞序云　蘇文大英弘序幷注　則
蘇文乃職名　有文證　而傳云　文人蘇英弘序　未詳孰是).

　金奏曰　鼎有三足　國有三敎　臣見國中　唯有儒釋　無道敎　故國危矣. 王然之　奏
唐請之　太宗遣叙達等道士八人(國史云　武德八年乙酉　遣使入唐永(求)佛老　唐
帝許之. 據此則羊皿自甲戌年死　而托生于此　則才年十餘歲矣　而云寵宰　說王遣
請　其年月必有一誤　今兩存). 王喜　以佛寺爲道舘　尊道士　坐儒士之上. 道士等
行鎭國內有名山川　古平壤城勢新月城也. 道士等呪勅南河龍　加築爲滿月城　因名
龍堰城　作讖曰龍堰堵　且云千年寶藏堵　或鑿破靈石(俗云都帝嵓　亦云朝天石　盖
昔聖帝騎此石朝上帝故也). 盖金又奏築長城東北西南　時男役女耕　役至十六年
乃畢.

　及寶藏王之世　唐太宗親統　以六軍來征　又不利而還. 高宗總章元年戊辰　右相
劉仁軌·大將軍李勣·新羅金仁問等　攻破國滅　擒王歸唐　寶藏王庶子率四千餘家
投于新羅(與國史小(少)殊　故幷錄).

　大安八年辛未　祐世僧統到孤大山景福寺飛來方丈　禮普聖師之眞　有詩云,

　涅槃方等敎　傳受自吾師云云.

　至可惜飛房後　東明古國危.

　跋云,

　高麗藏王　感(惑)於道敎　不信佛法　師乃飛房　南至此山. 後有神人　現於高麗馬
嶺　告人云　汝國敗亡無日矣. 具如國史　餘具載本傳與僧傳. 師有高弟十一人　無
上和尙與弟子金趣等　創金洞寺　寂滅·義融二師創珍丘寺　智藪創大乘寺　一乘與
心正·大原等創大原寺　水淨創維摩寺　四大與契育等　創中臺寺　開原和尙　創開原
寺　明德創燕口寺　開心與普明亦有傳　皆如本傳. 讚曰,

　釋氏汪洋海不窮　百川儒老盡朝宗.

　麗王可笑封沮洳　不省滄溟徒(徙)臥龍.

塔像 第四

東京興輪寺 金堂十聖
東壁 坐庚向泥塑 我道·厭髑·惠宿·安含·義湘.
西壁 坐甲向泥塑 表訓·蛇巴·元曉·惠空·慈藏.

迦葉佛 宴坐石

玉龍集及慈藏傳 與諸家傳紀皆云 新羅月城東 龍宮南 有迦葉佛宴坐石 其地
卽前佛時伽藍之墟也. 今皇(黃)龍寺之地 卽七伽藍之一也. 按國史 眞興王卽位
十四 開國三年癸酉二月 築新宮於月城東 有皇龍現其地 王疑之 改爲皇(黃)龍
寺. 宴坐石在佛殿後面 嘗一謁焉 石之高可五六尺來 圍僅三肘 幢立而平頂. 眞
興創寺已來 再經災火 石有拆(坼)裂處 寺僧貼鐵爲護. 乃有讚曰,
惠日沈輝不記年 唯餘宴坐石依然.
桑田幾度成滄海 可惜巍然尙未遷.
旣而西山大兵已後 殿塔煨燼 而此石亦夷沒 而僅與地平矣.
按阿含經 伽(迦)葉佛是賢劫第三尊也 人壽二萬歲時 出現於世 據此以增減法
計之 每成劫初. 皆壽無量歲 漸減至壽八萬歲時 爲住劫之初 自此又百年減一歲
至壽十歲時 爲一減 又增至人壽八萬歲時 爲一增 如是二十減二十增 爲一住劫.
此一住劫中 有千佛出世 今本師釋迦是第四尊也. 四尊皆現於第九減中. 自釋尊
百歲壽時 至迦葉佛二萬歲時 已得二百萬餘歲 若至賢劫初第一尊拘留孫佛時 又
幾萬歲也. 自拘留孫佛時 上至劫初無量歲壽時 又幾何也 自釋尊下至于今至元十
八年辛巳歲 已得二千二百三十矣. 自拘留孫佛 歷迦葉佛時 至于今 則直幾萬世
也. 有本朝名士吳世文 作歷代歌 從大金貞祐七年己卯 逆數至四萬九千六百餘歲
爲盤古開闢戊寅. 又延禧宮錄事金希寧所撰大 一歷法 自開闢上元甲子 至元豊甲
子 一百九十三萬七千六百四十一歲 又纂古圖云 開闢至獲麟 二百七十六萬歲.
按諸經 且以迦葉佛時至于今 爲此石之壽 尙距於劫初開闢時爲兒子矣. 三家之說
尙不及玆兒石之年 其於開闢之說 疎之遠矣.

遼東城 (阿)育王塔

三寶感通錄載 高麗遼東城傍塔者 古老傳云 昔高麗聖王 按行國界次 至此城
見五色雲覆地 往尋雲中 有僧執錫而立 旣至便滅 遠看還現. 傍有土塔三重 上如
覆釜 不知是何. 更往覓僧 唯有荒草. 掘尋一丈 得杖幷履 又掘得銘 上有梵書.
侍臣識之云 是佛塔. 王委曲問詰 答曰 漢國有之 彼名蒲圖王(本作休屠王 祭天
金人) 因生信 起木塔七重 後佛法始至 具知始末. 今更損高 本塔朽壞 育王所統
一閻浮提洲 處處立塔 不足可怪. 又唐龍朔中 有事遼左 行軍薛仁貴 行至隋主討
遼古地 乃見山像 空曠蕭條 絕於行往 問古老 云 是先代所現 便圖寫來京師(具
在若函). 按西漢與三國地理志 遼東城在鴨綠之外 屬漢幽州. 高麗聖王 未知何
君 或云東明聖帝 疑非也. 東明以前漢元帝建昭二年卽位 成帝鴻嘉壬寅升遐 于
時漢亦未見具(貝)葉 何得海外陪臣 已能識梵書乎 然稱佛爲蒲圖王 似在西漢之
時 西域文字或有識之者 故云梵書爾.

按古傳 育王命鬼徒 每於九億人居地 立一塔 如是起八萬四千於閻浮界內 藏
於巨石中. 今處處有現瑞非一 蓋眞身舍利 感應難思矣.
讚曰,
育王寶塔遍塵寰 雨濕雲埋蘚纈班(斑).
想像當年行路眼 幾人指點祭神墦.

金官城 婆娑石塔

金官虎溪寺婆娑石塔者 昔此邑爲金官國時 世祖首露王之妃 許皇后名黃玉 以
東漢建武二十四年甲(戊)申 自西域阿踰陁國所載來. 初公主承二親之命 泛海將
指東 阻波神之怒 不克而還 白父王 父王命載玆塔. 乃獲利涉 來泊南涯 有緋帆
茜旗珠玉之美 今云主浦. 初解綾袴於岡上處曰綾峴 茜旗初入海涯曰旗出邊.

首露王聘迎之 同御國一百五十餘年. 然于時海東未(未)有創寺奉法之事. 蓋像
敎未至 而土人不信伏 故本記無創寺之文.

逮第八代銍知王二年壬辰 置寺於其地 又創王后寺(在阿道訥祇王之世 法興王
之前). 至今奉福焉 兼以鎭南倭 具見本國本記. 塔方四面五層 其彫鏤甚奇 石微
赤班(斑)色 其質良脆 非此方類也 本草所云點鷄冠血爲驗者是也. 金官國亦名

駕洛國 具載本記. 讚曰,

　載厭緋帆茜旆輕 乞靈遮莫海濤驚.
　豈徒到岸扶黃玉 千古南倭遏怒鯨.

　高麗靈塔寺

僧傳云 釋普德 字智法 前高麗龍岡縣人也 詳見下本傳. 常居平壤城 有山方
(房) 老僧 來請講經 師固辭不免 赴講涅槃經四十餘卷. 罷席 至城西大寶山嵓穴
下禪觀 有神人來請 宜住此地 乃置錫杖於前 指其地曰 此下有八面七級石塔. 掘
之果然 因立精舍 曰靈塔寺 以居之.

　皇龍寺 丈六

新羅第二十四眞興王卽位十四年癸酉二月　將築紫宮於龍宮南　有黃龍現其地
乃改置爲佛寺 號黃龍寺 至己丑年 周圍墻宇 至十七年方畢.
　末幾 海南有一巨舫 來泊於河曲縣之絲浦(今蔚州谷浦也). 檢看有牒文云 西
竺阿育王 聚黃鐵五萬七千斤 黃金三萬分(別傳云 鐵四十萬七千斤 金一千兩. 恐
誤. 或云 三萬七千斤) 將鑄釋迦三尊像 末就 載舡泛海而祝曰 願到有緣國土 成
丈六尊容. 幷載模樣一佛二菩薩像 縣吏具狀上聞. 勅使卜其縣之城東爽塏之地
創東竺寺 邀安其三尊 輸其金鐵於京師. 以大建六年甲午三月(寺中記云 癸巳十
月十七日) 鑄成丈六尊像 一鼓而就 重三萬五千七斤 入黃金一萬一百九十八分
二菩薩入鐵一萬二千斤 黃金一萬一百三十六分.
　安於皇龍寺 明年 像淚流至踵 沃地一尺 大王升遐之兆. 或云 像成在眞平之世
者 謬也.
　別本云 阿育王在西竺大香華國 生佛後一百年間 恨不得供養眞身 歛化金鐵若
干斤 三度鑄成無功. 時王之太子獨不預斯事 王使詰之 太子奏云 獨力非功 曾知
不就. 王然之 乃載舡泛海 南閻浮提十六大國 五百中國 十千小國 八萬聚落 靡
不周旋 皆鑄不成. 最後到新羅國 眞興王鑄之於文仍林 像成 相好畢備. 阿育此
翻無憂. 後大德慈藏西學 到五臺山 感文殊現身授訣 仍囑云 汝國皇龍寺 乃釋迦
與迦葉佛講演之地 宴坐石猶在. 故天竺無憂王 聚黃鐵若干斤泛海 歷一千三百餘

年 然後乃到而國 成安其寺 蓋威緣使然也(與別記所載符同).

　像成後 東竺寺三尊亦移安寺中. 寺記云 眞平五(六)年甲辰 金堂造成 善德王代 寺初主眞骨歡喜師 第二主慈藏國統 次國統惠訓 次廂律師云 今兵火已來 大像與二菩薩皆融沒 而小釋迦猶存焉. 讚曰,

　塵方何處匪眞鄕 香火因緣最我邦.
　不是育王難下手 月城來訪舊行藏.

皇龍寺 九層塔

　新羅第二十七善德王卽位五年 貞觀十年丙申 慈藏法師西學 乃於五臺感文殊授法(詳見本傳) 文殊又云 汝國王是天竺刹利種王預受佛記 故別有因緣 不同東夷共工之族 然以山川崎嶮故 人性麤悖 多信邪見 而時或天神降禍 然有多聞比丘 在於國中 是以君臣安泰 萬庶和平矣. 言已不現. 藏知是大聖變化 泣血而退. 經由中國大和池邊 忽有神人出問 胡爲至此 藏答曰 求菩提故. 神人禮拜 又問 汝國有何留難 藏曰 我國北連靺鞨 南接倭人 麗濟二國 迭犯封陲 隣寇縱橫 是爲民梗 神人云 今汝國以女爲王 有德而無威 故隣國謀之 宜速歸本國. 藏問 歸鄕將何爲利益乎 神曰 皇龍寺護法龍 是吾長子 受梵王之命 來護是寺 歸本國 成九層塔於寺中 隣國降伏 九韓來貢 王祚永安矣. 建塔之後 設八關會 赦罪人 則外賊不能爲害. 更爲我 於京畿南岸 置一精廬 共資予福 予亦報之德矣. 言已 遂奉王(玉)而獻之 忽隱不現(寺中記云 於終南山圓香禪師處 受建塔因由).

　貞觀十七年癸卯十六日 將唐帝所賜經像袈裟幣帛 而還國. 以建塔之事聞於上 善德王議於群臣 群臣曰 請工匠於百濟 然後方可. 乃以寶帛請於百濟 匠名阿非知 受命而來 經營木石 伊干(干)龍春(一作龍樹)幹蠱率小匠二百人. 初立刹柱之日 匠夢本國百濟滅亡之狀 匠乃心疑停手 忽大地震動 晦冥之中 有一老僧一壯士 自金殿門出 乃立其柱 僧與壯士 皆隱不現 匠於是改悔 畢成其塔. 刹柱記云 鐵盤已上 高四十二尺 已下一百八十三尺 慈藏以五臺所授舍利百粒 分安於柱中 幷通度寺戒壇 及大和寺塔 以副池龍之請(大和寺在阿曲縣南 今蔚州. 亦藏師所創也). 樹塔之後 天地開泰 三韓爲一 豈非塔之靈蔭乎 後高麗王將謀伐羅乃曰 新羅有三寶 不可犯也 何謂也 皇龍丈六 幷九層塔 與眞平王天賜玉帶. 遂寢其謀. 周有九鼎 楚人不敢北窺 此之類也 讚曰,

鬼拱神扶壓帝京 輝煌金碧動飛甍.

登臨何啻九韓伏 始覺乾坤特地平.

又海東名賢安弘撰東都成立記云 新羅第二十七代 女王爲主 雖有道無威 九韓侵勞 若龍宮南皇龍寺建九層塔 則隣國之災可鎭. 第一層日本 第二層中華 第三層吳越 第四層托羅 第五層鷹遊 第六層靺鞨 第七層丹國 第八層女狄 第九層穢貊.

又按國史及寺中古記 眞興王癸酉創寺後 善德王代貞觀十九年乙巳 塔初成 三十二孝昭王卽位七年 聖曆元年戊戌六月 霹靂(寺中古記云 聖德王代 誤也. 聖德王代無戊戌) 第三十三聖德王代庚申歲 重成 四十八景文王代戊子六月 第二霹靂 同代第三重修 至本朝光宗卽位五年癸丑十月 第三霹靂 現(顯)宗十三年辛酉 第四重成 又靖宗二年乙亥 第四霹靂 又文宗甲辰年 第五重成 又憲(獻)宗末年乙亥 第五霹靂 肅宗丙子 第六重成 又高宗十六年戊戌冬月 西山兵火 塔寺丈六殿宇皆災.

皇龍寺鐘 芬皇寺藥師 奉德寺鐘

新羅第三十五 景德大王 以天寶十三「年」甲午 鑄皇龍寺鐘 長一丈三寸 厚九寸. 入重四十九萬七千五百八十一斤 施主孝貞伊王三毛夫人 匠人里上宅下典 肅宗朝 重成新鐘 長六尺八寸 又明年乙未(末).

鑄芬皇藥師銅像 重三十萬六千七百斤 匠人本彼部强古乃未 又捨黃銅一十二萬斤 爲先考聖德王 欲鑄巨鐘一口 未就而崩 其子惠恭大王乾運 以大曆庚戌十二月 命有司鳩工徒 乃克成之 安於奉德寺 寺乃孝成王開元二十六年戊寅 爲先考聖德大王奉福所創也. 故鐘銘曰 聖德大王神鐘之銘(聖德乃景德之考 典(興)光大王也. 鐘本景德爲先考所施之金 故稱云聖德鐘爾) 朝散大夫·前太子司議郎·翰林郎·金弼粤(奚) 奉敎撰鐘銘 文煩不錄.

靈妙寺 丈六

善德王創寺塑像因緣 具載良志法師傳 景德王卽位二十三年 丈六改金 租二萬三千七百碩(良志傳 作像之初成之費 今兩存之).

四佛山 掘佛山 萬佛山

竹嶺東百許里 有山屹然高峙 眞平王九年甲申 忽有一大石 四面方丈 彫四方
如來 皆以紅紗護之 自天墜其山頂. 王聞之命駕瞻敬 遂創寺嵓側 額曰大乘寺.
請比丘亡名誦蓮經者主寺 泗掃供石 香火不廢 號曰亦德山 或曰四佛山. 比丘卒
旣葬 塚上生蓮.

又景德王遊幸栢栗寺 至山下聞地中有唱佛聲 命掘之 得大石 四面刻四方佛
因創寺 以掘佛爲號 今訛云掘石.

王又聞唐代宗皇帝優崇釋氏 命工作五色氍毹 又彫沈檀木與明珠美玉 爲假山
高丈餘 置氍毹之上 山有巉嵓怪石澗穴 區隔每一區內 有歌舞伎樂·列國山川之
狀 微風入戶 蜂蝶翱翔 鷰雀飛舞 隱約視之 莫辨眞假 中安萬佛 大者逾方寸 小
者八九分 其頭或巨黍者 或半菽者 螺髻白毛 眉目的皪 相互悉備 只可髣髴 莫得
而詳 因號萬佛山. 更鏤金玉爲流蘇幡蓋菴羅薝蔔花果莊嚴 百步樓閣 臺殿堂榭
都大雖微 勢皆活動 前有旋遶比丘像千餘軀 下列紫金鐘三簴 皆有閣有蒲牢 鯨
魚爲撞 有風而鐘鳴 則旋遶僧皆仆拜頭至地 隱隱有梵音 盖關捩在乎鐘也 雖號萬
佛 其實不可勝記 旣成 遣使獻之 代宗見之 嘆曰 新羅之巧天造 非(人)巧也. 乃
以九光扇 加置嵓岫間 因謂之佛光. 四月八日 詔兩街僧徒 於內道場 禮萬佛山
命三藏不空 念讚密部眞詮千遍 以慶之 觀者皆嘆伏其巧.

讚曰,
天粧滿月四方裁 地湧明毫一夜開.
妙手更煩彫萬佛 眞風要使遍三才.

生義寺 石彌勒

善德王時 釋生義常住道中寺 夢有僧引上南山而行 今(令)結草爲標 至山之南
洞 謂曰 我埋此處 請師出安嶺上. 旣覺 與友人尋所標 至其洞掘地 有石彌勒出
置於三花嶺上. 善德王十二(三)年甲辰歲 創寺而居 後名生義寺(今訛言性義寺
忠談師每歲重三重九 烹茶獻供者 是此尊也).

興輪寺壁畫 普賢

第五十四景明王時 興輪寺南門 及左右廊廡災焚 未修 靖和·弘繼二僧 募緣將
修 貞明七年辛巳五月十五日 帝釋降于寺之左經樓 留旬日 殿塔及草樹土石 皆
發異香 五雲覆寺 南池魚龍喜躍跳擲 國人聚觀嘆未曾有 王(玉)帛梁稻 施積丘
山 工匠自來 不日成之. 工旣畢 天帝將還 二僧白曰 天若欲還宮 請圖寫聖容 至
誠供養 以報天恩 亦乃因玆留影 永鎭下方焉 帝曰 我之願力 不如彼普賢菩薩
遍垂玄化 虔此菩薩像 虔設供養而不廢宜矣. 二僧奉敎 敬畫普賢菩薩於壁間 至
今猶存其像.

三所觀音 衆生寺

新羅古傳云 中華天子有寵姬 美艷無雙 謂 古今圖畫尠有如此者 乃命善畫者
寫眞(畫工傳失其名 或云 張僧繇 則是吳人也 梁天監中 爲武陵王國侍郎直秘閣
知畫事 歷右將軍吳興太守 則乃中國梁陳間之天子也 而傳云唐帝者 海東人凡諸
中國爲唐爾 其實未詳何代帝王 兩存之) 其人奉勅圖成 誤落筆汚赤 毀於臍下
欲改之而不能 心疑赤誌必自天生 功畢獻之 帝目之曰 形則逼眞矣 其臍下之誌
乃所內秘 何得知之幷寫 帝乃震怒 下圓扉將加刑 丞相奏云 所謂伊人其心且直
願赦宥之. 帝曰 彼旣賢直 朕昨夢之像 畫進不差則宥之 其人乃畫十一面觀音像
呈之 協於所夢 帝於是意解赦之 其人旣免 乃與博士芬節約曰 吾聞新羅國 敬信
佛法 與子乘桴于海適彼同修佛事 廣益仁邦 不亦益乎.
　遂相與到新羅國 因成此寺大悲像 國人瞻仰 禳禱獲福 不可勝記 羅季天成中
正甫崔殷誠久無胤息 詣玆寺大慈前祈禱 有娠而生男. 未盈三朔 百濟甄萱襲犯京
師 城中大潰 殷誠抱兒來告曰 隣兵奄至 事急矣 赤子累重 不能俱免 若誠大聖
之所賜 願借大慈之力覆養之 令我父子再得相見. 涕泣悲惋 三泣而三告之 裹以
襁褓 藏諸猊座下 眷眷而去 經半月寇退 來尋之 肌膚如新浴 貌體嬛好 乳香尙
痕於口 抱持歸養. 及壯聰惠過人 是爲丞魯(承老) 位至正匡 丞魯生郎中崔肅 肅
生郎中齊顔焉 自此繼嗣不絕. 殷誠隨敬順王入本朝爲大姓.
　又統和十年三月 主寺釋性泰 跪於菩薩前 自言 弟子久住玆寺 精勤香火 晝夜
匪懈 然以寺無田出 香祀無繼 將移他所 故來辭爾 是日 假寐夢大聖謂曰 師且

住無遠離 我以緣化充齋費. 僧忻然感寤 遂留不行. 後十三日 忽有二人 馬載牛馱 到於門前 寺僧出問 何所而來 曰 我等是金州界人 向有一比丘到我云 我住東京衆生寺久矣 欲以四事之難 緣化到此 是以歛施隣閭 得米六碩 鹽四碩 負載以來. 僧曰 此寺無人緣化者 爾輩恐聞之誤. 其人曰 向之比丘 率我輩而來 到此神見井邊曰 距寺不遠 我先往待之 我輩隨逐而來 寺僧引入法堂前 其人瞻禮大聖 相謂曰 此緣化比丘之像也. 驚嘆不已 故所納米鹽 追年不廢. 又一夕 寺門有火災 閭里奔救 升堂見像 不知所在 視之已立在庭中矣. 問其出者誰 皆曰 不知. 乃知大聖靈威也.

又大定十三年癸巳間 有僧占崇 得住兹寺 不解文字 性本純粹 精勤火香 有一僧欲奪其居 訴於襯衣天使曰 兹寺所以國家祈恩奉福之所 宜選會讀文疏者主之. 天使然之 欲試其人 乃倒授疏文 占崇應手 披讀如流 天使服膺 退坐房中 俾之再讀 崇鉗口無言 天使曰 上人良由大聖之所護也. 終不奪之. 當時與崇同住者 處士金仁夫 傳諸鄉老 筆之于傳.

栢栗寺

雞林之北岳曰金剛嶺 山之陽有栢栗寺 寺有大悲之像一軀 不如作始 而靈異頗著 或云 是中國之神匠 塑衆生寺像時并造也. 諺云 此大聖曾上忉利天 還來入法堂時 所履石上脚迹 至今不刓. 或云 救夫禮郎還來時之所視迹也 天授三年壬辰九月七日 孝昭王奉大玄薩湌之子夫禮郎爲國仙 珠履千徒 親安常尤甚. 天授四年((卽)長壽 二年)癸巳暮春之月 領徒遊金蘭 到北溟之境 被狄賊所掠而去 門客皆失措而還 獨安常追迹之 是三月十一日也.

大王聞之 驚駭不勝曰 先君得神笛 傳于朕躬 今與玄琴藏在內庫 因何國仙忽爲賊俘 爲之奈何(琴笛事 具載別傳) 時有瑞雲 覆天尊庫 王又震懼 使檢之 庫內失琴笛二寶. 乃曰 朕何不予 昨失國仙 又亡琴笛. 乃囚司庫吏金貞高等五人. 四月募於國曰 得琴笛者 賞之一歲租.

五月十五日 郎二親就栢栗寺大悲像前 禮祈累夕 忽香卓上得琴笛二寶 而郎常二人來到於像後 二親顚喜 問其所由來. 郎曰 予自被掠 爲彼國大都仇羅家之牧子 放牧於大烏羅尼野(一本作都仇家奴 牧於大磨之野) 忽有一僧 容儀端正 手携琴笛來慰曰 憶桑梓乎 予不覺跪于前曰 眷戀君親 何論其極. 僧曰 然則宜從我

來. 遂率至海壖 又與安常會 乃批笛爲兩分 與二人 各乘一隻 自乘其琴 泛泛歸
來 俄然至此矣 於是具事馳聞 王大驚使迎 郞隨琴笛入內 施鑄金銀五器二副各
重五十兩 摩衲袈裟五領 大綃三千疋 田一萬頃納於寺 用答慈庥焉. 大赦國內 賜
人爵三級 復民租三年. 主寺僧移住奉聖 封郞爲大角干(羅之冢宰爵名) 父大玄
阿湌爲太大角干 母龍寶夫人爲沙梁部鏡井宮主 安常師爲大統 司庫五人皆免 賜
爵各五級,

六月十二日 有彗星孛于東方 十七日 又孛于西方 日官奏曰 不封爵於琴笛之
瑞 於是册號笛爲萬萬波波息 彗乃滅 後多靈異 文煩不載. 世謂 安常爲俊永郞徒
不之審也. 永郞之徒 唯眞才 繁完等知名 皆亦不測人也(詳見別傳).

敏藏寺

禺金里貧女寶開 有子名長春 從海賈而征 久無音耗 其母就敏藏寺(寺乃敏藏
角干捨家爲寺)觀音前 克祈七日 而長春忽至 問其由緒 曰 海中風飄舶壞 同侶
皆不免 予乘隻板 歸泊吳涯 吳人收之 俾耕于野 有異僧如「自」鄕里來 弔慰勤勤
率我同行 前有深渠 僧掖我跳之 昏昏間如聞鄕音與哭泣之聲 見之乃已屆此矣
日晡時離吳 至此纔戌初 卽天寶四年乙酉四月八日也. 景德王聞之 施田於寺 又
納財幣焉.

前後所將舍利

國使云 眞興王太淸三年己巳 梁使沈湖 送舍利若干粒 善德王代貞觀十七年癸
卯 慈藏法師所將佛頭骨·佛牙·佛舍利百粒·佛所著緋羅金點袈裟一領 其舍利分
爲三 一分在皇龍塔 一分在太和塔 一分幷袈裟在通度寺戒壇 其餘未詳所在 壇
有二級 上級之中 安石蓋如覆鑊.

諺云 昔在本朝 相次有二廉使 禮壇擧石鑊而敬之 前感脩蟒在函中 後見巨蟾
蹲石腹 自此不敢擧之 近有上將軍金公利生·庾侍郞碩 以高廟朝受旨 指揮江東
仗節到寺 擬欲擧石瞻禮 寺僧以往事難之 二公令軍士固擧之 內有小石函 函襲
之中 貯以瑠璃筒 筒中舍利 只四粒 傳示瞻敬 筒有小傷裂處 於是庾公適蓄一水
精函子 遂奉施兼藏焉 識之以記 移御江都四年乙未歲也.

古記稱 百枚分藏三處 今唯四爾 旣隱現隨人 多小不足怪也 又顏云 其皇龍寺
塔災之日 石獲之東面始有大(火)班 至今猶然 卽大遼應曆三年癸丑歲也 本朝光
廟五戴也 塔之第三災也. 曹溪無衣子留詩云 聞道皇龍災塔日 連燒一面示無間是
也. 自至元甲子已來 大朝使佐(差) 本國皇華 爭來瞻禮 四方雲水 輻湊來參 或
擧不擧 眞身四枚外 變身舍利 碎如砂礫 現於礴外 而異香郁烈 彌日 不歇者 比
比有之 此末季一方之奇事也. 唐大中五年辛未 入朝使元弘所將佛牙(今未詳所
在 新羅文聖王代) 後唐同光元年癸未 本朝太祖卽位六年 入朝使尹質所將五百
羅漢像 今在北崇山神光寺 大宋宣和元年己卯(亥)(睿廟十五年) 入貢使鄭克永・
李之美等所將佛牙 今內殿置奉者是也.

相傳云 昔義湘法師入唐 到終南山至相寺智儼尊者處 隣有宣律師 常受天供
每齊時天廚送食 一日律師請湘公齋 湘至坐定旣久 天供過時不至 湘乃空鉢而歸
天使乃至 律師問今日何故遲. 天使曰 滿洞有神兵遮擁 不能得入. 於是律師知湘
公有神衛 乃服其道勝 仍留其供具. 翌日又邀儼湘二師齋 具陳其由 湘公從容謂
宣曰 師旣被天帝所敬 嘗聞帝釋宮有佛四十齒之一牙 爲我等輩請下人間 爲福如
何. 律師後與天使 傳其意於上帝 帝限七日送與 湘公致敬訖 邀安大內.

後至大宋徽宗朝 崇奉左道 時國人傳圖讖曰 金人敗國 黃巾之徒 諷日官奏曰
金人者佛敎之謂也 將不利於國家. 議將破滅釋氏. 坑諸沙門 焚燒經典 而別造小
舡 戴佛牙泛於大海 任隨緣流泊 于時適有本朝使者至宋 聞其事 以天花茸五十
領 紵布三百正 行賂於押舡內史 密授佛牙 但流空舡 使臣等旣得佛牙來奏 於是
睿宗大喜 奉安于十員殿左挍小殿 常鑰匙殿門 施香燈于外 每親幸日 開殿瞻敬.

至壬辰歲移御次 內官恩濾中 忘不收檢. 至丙申四月 御願堂神孝寺釋蘊光 請
致敬佛牙 聞于上 勅令內臣 遍檢宮中 無得也. 時栢臺侍御史崔沖 命薛伸 急徵
于諸謁者房 皆未知所措 內臣金承老奏曰 壬辰年移御時紫門日記推看. 從之 記
云 入內侍大府卿李白全受佛牙函云 召李詰之 對曰 請歸家更尋私記. 到家檢看
得左番謁者金瑞龍佛牙函准受記來呈 召問瑞龍 無辭以對 又以金承老所奏云 壬
辰至今丙申五年間 御佛堂及景靈殿上守等囚禁問當 依違未決 隔三日 夜中 瑞
龍家園墻裏 有投擲物聲 以大(火)檢看 乃佛牙函也 函本內一重沈香合 次重純
金合 次外重白銀函 次外重瑠璃函 次外重螺鈿函 各幅子如之 今但瑠璃函爾 喜
得之 入達于內 有司議 金瑞龍及兩殿上守皆誅 晉陽府奏云 因佛事不合多傷人
皆免之 更勅十員殿中庭 特造佛牙殿安之 令將士守之 擇吉日 請神孝寺上房蘊

光 領徒三十人 入內設齋敬之 其日入置承宣崔弘 上將軍崔公衍 李令長 內侍茶
房等 侍立于殿庭 依次頂戴敬之 佛牙區穴間 舍利不如數. 晋陽府以白銀合貯而
安之. 時主上謂臣下曰 朕自亡佛牙已來 自生四疑 一疑天宮七日限滿而上天矣
二疑 國亂如此 牙旣神物 且移有緣無事之邦矣 三疑 貪財小人 盜取函幅 棄之
溝壑矣 四疑盜取珍利 而無計自露 匿藏家中矣 今第四疑當之矣 乃放聲大哭 滿
庭皆洒涕獻壽至有煉頂燒臂者 不可勝計. 得此實錄於當時內殿焚修前祗林寺大
禪師覺猷 言親所眼見 使予錄之.

又至庚午出都之亂 顛沛之甚 過於壬辰 十貝殿監主禪師心鑑 亡身佩持 獲免
於賊難. 達於大內 大賞其功 移授名刹 今住氷山寺 是亦親聞於彼.

眞興王代天嘉六年乙酉 陳使劉思與釋明觀 載送佛經論一千七百餘卷 貞觀十
七年 慈藏法師載三藏四百餘函來 安于通度寺. 興德王代大和元年丁未 入學僧高
麗釋丘德 賚佛經若干函來 王與諸寺僧徒 出迎于興輪寺前路. 大中五年 入朝使
元弘 賚佛經若干軸來. 羅末普耀禪師 再至吳越 載大藏經來 卽海龍王寺開山祖
也 大宋元祐甲戌 有人眞讚云.

偉哉初祖 巍乎眞容.

再至吳越 大藏成功.

賜御普耀 鳳詔四封.

若問其德 白月淸風.

又大定中 漢南管記彭祖逖留詩云,

水雲蘭若住空王 況是神龍穩一場.

畢竟名藍誰得似 初傳像敎自南方.

有跋云,

昔普耀禪師始求大藏於南越 泊旋返次 海風忽起 扁舟出沒於波間.

師卽言曰 意者神龍欲留經耶.

遂呪願乃誠 兼奉龍歸焉 於是風靜波息. 旣得還國 遍賞山川 求可以安邀處 至
此山 忽見瑞雲起於山上 乃與高第(弟)弘慶 經營蓮社 然則像敎之東漸 實始乎
此 漢南管記彭祖逖題. 寺有龍王堂 頗多靈異 乃當時隨經而來止者也 至今猶存.
又天成三年戊子 默和尙入唐 亦載大藏經來. 本朝睿廟時 慧照國師奉詔西學 市
遼本大藏三部而來 一本今在定惠寺(海印寺有一本 許參政宅有一本) 大安二年
本朝宣宗代 祐世僧統義天入宋 多將天台敎觀而來 此外方册所不載 高僧信士

往來所賣 不可詳記. 大敎東漸 洋洋乎慶矣哉.

讚曰,

華月夷風尙隔烟 鹿園鶴樹二千年.

流傳海外眞堪賀 東震西乾共一天.

按此錄 義湘傳云 永徽初 入唐謁智儼 然據浮石本碑 湘武德八年生 艸歲出家 永徽元年庚戌 與元曉同伴欲西入 至高麗 有難而廻. 至龍朔元年辛酉入唐 就學於智儼 總章元年 儼遷化 咸亨二年 湘來還新羅 長安二年壬寅示滅 年七十八. 則疑與儼公齋於宣律師處 請天宮佛牙 在辛酉至戊辰七八年間也. 本朝高廟入江都壬辰年 疑天宮七日限滿者 誤矣 忉利天一日夜 當人間一百歲 且從湘公初入唐辛酉 計至高廟壬辰 六百九十三歲也 至庚子年 始滿七百年 而七日限已滿矣. 至出都至元七年庚午 則七百三十年 若如天言 而七日後還天宮 則禪師心鑑出都時 佩持出獻者 恐非眞佛牙也. 於是年春出都前 於大內 集諸宗名德 乞佛牙舍利 精勤雖切 而不得一枚 則七日限滿 上天者幾矣. 二十一年甲申 修補國淸寺金塔 國主與莊穆王后 幸妙覺寺 集衆慶讚訖 右佛牙 與洛山水精念珠如意珠 君臣與大衆 皆瞻奉頂戴 後幷納金塔內. 予亦預斯會 而親見所謂佛牙者 長三寸許 而無舍利焉. 無極記.

彌勒仙花 末尸郞 眞慈師

第二十四眞興王 姓金氏 名彡麥宗 一作深麥宗 以梁大同六年庚申卽位 慕伯父法興之志 一心奉佛 廣興佛寺 度人爲僧尼.

又天性風味 多尙神仙 擇人家娘子美艶者 捧爲原花 要聚徒選士 敎之以孝悌忠信 亦理國之大要也.

乃取南毛娘·姣貞娘兩花 聚徒三四百人 姣貞者嫉妬毛娘 多置酒飮毛娘 至醉潛舁去北川中 擧石埋殺之 其徒罔知去處 悲泣而散 有人知其謀者 作歌誘街巷小童 唱於街 其徒聞之 尋得其尸於北川中 乃殺姣貞娘. 於是大王下令 廢原花.

累年 王又念欲興邦國 須先風月道 更下令 選良家男子有德行者 改爲花娘 (郞) 始奉薛原娘爲國仙 此花郞國仙之始 故竪碑於溟州 自此使人悛惡更善 上敬下順 五常六藝 三師六正 廣行於代(國史 眞智王大建八年庚(丙)中 始奉花郞 恐史傳乃誤).

及眞智王代　有與(興)輪寺僧眞慈(一作貞慈也)　每就堂主彌勒像前　發原(願)
誓言　願我大聖化作花郎　出現於世　我常親近晬容　奉以周旋. 其誠懇至禱之情日
益彌篤一夕夢有僧　謂曰　汝往熊川(今公州)水源寺　得見彌勒仙花也. 慈覺而驚
喜　尋其寺　行十日程　一步一禮　及到其寺　門外有一郎　濃纖不爽　盼倩而迎　引入
小門　邀致賓軒　慈且升且揖曰　郎君素昧平昔　何見待殷勤如此　郎曰　我亦京師人
也　見師高蹈遠届　勞來之爾　俄而出門　不知所在　慈謂偶爾. 不甚異之　但與寺僧
叙曩昔之夢興(與)來之之意　且曰　暫寓下榻　欲待彌勒仙花何如　寺僧欺其情蕩然
而見其懃恪　乃曰　此去南隣有千山　自古賢哲寓止　多有冥感　盍歸彼居　慈從之
至於山下　山靈變老人出迎曰　到此奚爲　答曰　願見彌勒仙花爾. 老人曰　向於水源
寺之門外　已見彌勒仙花　更來何求　慈聞卽驚汗　驟還本寺　居月餘　眞智王聞之
徵詔問其由　曰　郎旣自稱京師人　聖不虛言　盍覓城中乎　慈奉宸旨　會徒衆　遍於
閭閻間　物色求之　有一小郎子　斷紅齊具(貝)　眉彩秀麗　靈妙寺之東北路傍樹下
婆娑而遊　慈迕之驚曰　此彌勒仙花也. 乃就而問曰　郎家何在　願聞芳氏. 郎答曰
我名未尸　兒孩時爺孃俱歿　未知何姓. 於時肩輿而入見於王　王敬愛之　奉爲國仙
其和睦子弟　禮義風敎　不類於常　風流耀世　幾七年　忽亡所在　慈哀懷殆甚. 然飮
沐慈澤　昵承淸化　能自悔改　精修爲道　晩年亦不知所終. 說者曰　未與彌聲相近
尸與力形相類　乃託其近似而相謎也. 大聖不獨感慈之誠款也　抑有緣于玆土　故
比比示現焉. 至今國人稱神仙　曰彌勒仙花　凡有媒係於人者　曰未尸　皆慈氏之遺
風也. 路傍樹至今名見郎「樹」又俚言似如樹(一作印如樹)　讚曰,

　　尋芳一步一瞻風　到處栽培一樣功.

　　驀地春歸無覓處　誰知頃刻上林紅.

南白月二聖　努肹夫得　怛怛朴朴

白月山兩聖成道記云　白月山在新羅仇史郡之北(古之屈自郡　今義安郡)　峰巒
奇秀　延袤數百里　眞巨鎭也.

　古老相傳云　昔唐皇帝嘗鑿一池　每月望前　月色滉朗　中有一山　嵓石如師子　隱
映花間之影　現於池中　上命畫工圖其狀　遣使搜訪天下. 至海東　見此山有大師子
嵓　山之西南二步許　有三山　其名花山(其山一體三首　故云三山)　與圖相近　然未
知眞僞　以隻履懸於師子嵓之頂　使還奏聞　履影亦現池. 帝乃異之　賜名曰白月山

(望前白月影現 故以名之) 然後池中無影.

　山之東南三千步許　有仙川村　村有二人. 其一曰努肹夫得(一作等)　父名月藏
母味勝　其一曰怛怛朴朴　父名修梵　母名梵摩(鄉傳云雉山村　誤矣　二士之名方言
二家各以二士心行騰騰苦節二義名之爾)　皆風骨不凡　有域外遐想　而相與友善
年皆弱冠　往依村之東北嶺外法積房　剃髮爲僧. 未幾　聞西南雉山村法宗谷僧道村
有古寺　可以栖眞　同往大佛田・小佛田二洞　各居焉. 夫得寓懷眞庵　一云壞寺(今
懷眞洞有古寺基是也)　朴朴居瑠璃光寺(今梨山上有寺基是也)　皆挈妻子而居　經
營產業　交相來往　棲神安養　方外之志　未常暫廢　觀身世無常　因相謂曰　腴田美
歲良利也　不如衣食之應念而至　自然得飽煖也　婦女屋宅情好也　不如蓮池華藏千
聖　共遊鸚鵡孔雀　以相娛也. 況學佛當成佛　修眞必得眞　今我等旣落彩爲僧　當脫
略纏結　成無上道　豈宜汨沒風塵　與俗輩無異也.

　遂唾謝人間世　將隱於深谷. 夜夢白毫光自西而至　光中垂金色臂　摩二人頂. 及
覺說夢　與之符同　皆感嘆久之. 遂入白月山無等谷(今南藪洞也)　朴朴師占北嶺
師子嵓　作板屋八尺房而居　故云板房　夫得師占東嶺磊石下有水處　亦成方丈而居
焉　故云磊房(鄉傳云　夫得處山北「瑠璃」洞　今板房　朴朴居山南法精洞磊房　與此
相反　以今驗之　鄉傳誤矣)　各庵而居　夫得勤求彌勒　朴朴禮念彌陁.

　夫盈三載　景龍三年己酉四月八日　聖德王卽位八年也. 日將夕　有一娘子年幾二
十　姿儀殊妙　氣襲蘭麝　俄然到北庵(鄉傳云南庵)　請寄宿焉. 因投詞曰,

　行遲日落千山暮　路隔城遙絕四隣.

　今日欲投庵下宿　慈悲和尙莫生嗔.

　朴朴曰　蘭若護淨爲務　非爾所取近　行矣　無滯此處. 閉門而入(記云　我百念灰
今無以血囊見試). 娘歸南庵(傳曰北庵)　又請如前. 夫得曰　汝從何處　犯夜而來
娘答曰　湛然與太虛同體　何有往來　但聞賢士志願深重　德行高堅　將欲助成菩提
「耳」. 因投一偈曰,

　日暮千山路　行行絕四隣.

　竹松陰轉邃　溪洞響猶新.

　乞宿非迷路　尊師欲指津.

　願惟從我請　且莫問何人.

　師聞之驚駭　謂曰　此地非婦女相污　然隨順衆生　亦菩薩行之一也　況窮谷夜暗
其可忽視歟. 乃迎揖庵中而置之. 至夜淸心礪操　微燈半壁　誦念厭厭　及夜將艾

娘呼曰 予不幸適有產憂 乞和尙排備苫草. 夫得悲矜莫逆 燭火殷勤. 娘旣產 又
請浴 努肹慚懼交心 然哀憫之情 有加無已 又備盆槽 坐娘於中 薪湯以浴之. 旣
而槽中之水 香氣郁烈 變成金液. 努肹大駭 娘曰 吾師亦宜浴此. 肹勉强從之 忽
覺精神爽涼 肌膚金色 視其傍忽生一蓮臺. 娘勸之坐 因謂曰 我是觀音菩薩 來助
大師 成大菩提矣. 言訖不現. 朴朴謂肹今夜必染戒 將歸听之 旣至 見肹坐蓮臺
作彌勒尊像 放光明 身彩檀金 不覺扣頭而禮曰 何得至於此乎 肹具叙其由 朴朴
嘆曰 我乃障重 幸逢大聖 而反不遇 大德至仁 先吾著鞭 願無忘昔日之契 事須
同攝. 肹曰 槽有餘液 但可浴之. 朴朴又浴 亦如前成無量壽 二尊相對儼然. 山
下村民聞之 競來瞻仰 嘆曰 希有希有 二聖爲說法要 全身躡雲而逝.

　天寶十四年乙未 新羅景德王卽位(古記云 天鑑二十四年乙未 法興卽位 何先
後倒錯之甚如此) 聞斯事 以丁酉歲 遣使創大伽藍(監) 號白月山南寺 廣德二年
(古記云 大曆元年 亦誤)甲辰七月十五日寺成 更塑彌勒尊像 安於金堂 額曰 現
身成道彌勒之殿. 又塑彌陁像安於講堂 餘液不足 塗浴未周 故彌陁像亦有斑駁之
痕 額曰 現身成道無量壽殿 議曰 娘可謂應以婦女身攝化者也 華嚴經摩耶夫人
善知識 寄十一地生佛 如幻解脫門 今娘之桷產微意在此. 觀其投詞 哀婉可愛 宛
轉有天仙之趣. 嗚呼 使娘婆不解隨順衆生語言 陁羅尼 其能若是乎 其末聯宜云
淸風一榻莫予嗔 然不爾云者 盖不欲同乎流俗語爾.

　讚曰,
　滴翠嵓前剝啄聲 何人日暮扣雲扃.
　南庵且近宜尋去 莫踏蒼苔汚我庭.
　右北庵.
　谷暗何歸已暝煙 南窓有簟且流連.
　夜闌百八深深轉 只恐成喧惱客眠.
　右南庵.
　十里松陰一徑迷 訪僧來試夜招提.
　三槽浴罷天將曉 生下雙兒擲向西.
　右聖娘.

　芬皇寺千手大悲 盲兒得眼

景德王代 漢岐里女希明之兒 生五稔而忽盲. 一日其母抱兒 詣芬皇寺左殿北壁
畫千手大悲前 令兒作歌禱之 遂得明 其詞曰 膝肹古召旀 二尸掌音毛乎支內良
千手觀音叱前良中 祈以支白屋尸置內乎多 千隱手叱千隱目肹 一等下叱放一等
肹除惡支 二于萬隱吾羅 一等沙隱賜以古只內乎叱等邪阿邪也 吾良遺知支賜尸
等焉 放冬矣用屋尸慈悲也根古. 讚曰,

竹馬蔥笙戲戲陌塵 一朝雙碧失瞳人.

不因大士廻慈眼 虛度楊花幾社春.

洛山二大聖 觀音 正趣 調信

昔義湘法師 始自唐來還 聞大悲眞身住此海邊窟內 故因名洛山 盖西域寶陁洛
伽山 此云小白華 乃白衣大士眞身住處 故借此名之 齋戒七日 浮座具晨水上 龍
天八部侍從 引入崛內參禮 空中出水精念珠一貫「獻」之 湘領受而退 東海龍亦獻
如意寶珠一顆 師捧出 更齋七日 乃見眞容 謂曰於座上山頂 雙竹湧生 當其地作
殿宜矣 師聞之出崛 果有竹從地湧出. 乃作金堂 塑像而安之 圓容麗質 儼若天生
其竹還沒 方知正是眞身住也. 因名其寺曰洛山. 師以所受二珠 鎭安于聖殿而去.

後有元曉法師 繼踵而來 欲求瞻禮 初至於南郊水田中 有一白衣女人刈稻. 師
戲請其禾 女以稻荒戲答之 又行至橋下 一女洗月水帛 師乞水 女酌其穢水獻之
師覆棄之 更酌川水而飲之. 時野中松上 有一青鳥 呼曰休醍「醐」和尙 忽隱不現
其松下有一隻脫鞋. 師旣到寺 觀音座下又有前所見脫鞋一隻 方知前所遇聖女乃
眞身也. 故時人謂之觀音松 師欲入聖崛 更覩眞容 風浪大作 不得入而去.

後有崛山祖師梵日 太和年中入唐 到明州開國寺 有一沙彌 截左耳 在衆僧之
末 與師言曰 吾亦鄕人也 家在溟州界翼嶺縣德耆坊 師他日若還本國 須成吾舍.
旣而遍遊叢席 得法於鹽官(事具在本傳) 以會昌七年丁卯還國 先創崛山寺而傳
敎 大中十二年戊寅二月十五日 夜夢昔所見沙彌到窓下曰 昔在明州開國寺 與師
有約 旣蒙見諾 何其晩也 祖師驚覺 押數十人 到翼嶺境 尋訪其居. 有一女居洛
山下村 問其名 曰德耆. 女有一子 年才八歲. 常出遊於村南石橋邊 告其母曰 吾
所與遊者 有金色童子. 母以告于師 師驚喜 與其子尋所遊橋下 水中有一石佛.
舁出之 截左耳 類前所見沙彌. 卽正趣菩薩之像也 乃作簡子 卜其營構之地 洛山
上方吉 乃作殿三間安其像(古本載梵日事在前 相(湘)曉二師在後 然按湘曉二師

爾(事)「在」於高宗之代　梵日在於會去之後　相昌一百七十餘歲　故今前却而編次之　或云　梵日爲湘之門人　謬妄也).

　　後百餘年　野火連延到此山　唯二聖殿獨免其災　餘皆煨燼　及西山大兵已來　癸丑　甲寅年間　二聖眞容及二寶珠　移入襄州城　大兵來攻甚急　城將陷時　住持禪師阿行(古名希玄)以銀合盛二珠　佩持將逃逸　寺奴名乞升奪取　深埋於地　誓曰　我若不免死於兵　則二寶珠終不現人間　人無知者　我若不死　當奉二寶獻於邦家矣.甲寅十月二十二日城陷　阿行不免　而乞升獲免　兵退後掘出　納於溟州道監倉使時郎中李祿綏爲監倉使　受而藏於監倉庫中　每交代傳受.至戊午十一月　本業老宿祇林寺住持大禪師覺猷奏曰　洛山二珠　國家神寶.襄州城陷時　寺奴乞升埋於城中兵退　取納監倉使　藏在溟州營庫中.今溟州城殆不能守矣　宜輸安御府　主上允可發夜別抄十人　率乞升　取於溟州城　入安於內府.時使介十人各賜銀一斤·米五石.

　　昔新羅爲京師時　有世逵(達)寺(今興敎寺也)之莊舍　在溟州㮝李郡(按地理志溟州無㮝李郡　唯有㮝城郡　本㮝生郡　今寧越　又牛首州領縣有㮝靈郡　本㮝己郡今剛州　牛首州今春以(州)　今言㮝李郡　未知孰是)　本寺遺(遣)僧調信爲知莊　信到莊上　悅「太」守金昕公之女　惑之深　屢就洛山大悲前　潛祈得幸.方數年間　其女已有配矣　又往堂前　怨大悲之不遂已　哀泣至日暮　情思倦憊　俄成假寢.忽夢金氏娘　容豫入門　粲然啓齒而謂曰　兒早識上人於半面　心乎愛矣　未嘗暫忘　迫於父母之命　强從人矣　今願爲同穴之友　故來爾.信乃顚喜　同歸鄕里.計活四十餘霜　有兒息五　家徒四壁　藜藿不給　遂乃落魄扶携　糊其口於四方.如是十年　周流草野懸鶉百結　亦不掩體.適過溟州蟹縣嶺　大兒十五歲者忽餒死　痛哭收瘞於道　從率餘四口　到羽曲縣(今羽縣也)　結茅於路傍而舍.夫婦老且病　飢不能興　十歲女兒巡乞　乃爲里獒所噬　號痛臥於前　父母爲之歔欷　泣下數行　婦乃「皺」澁拭涕　倉卒而語曰　予之始遇君也　色美年芳　衣袴稠鮮　一味之甘　得與子分之　數尺之緩　得與子共之　出處五十年　情鐘莫逆　恩愛綢繆　可謂厚緣.自比年來　衰病歲益深　飢寒日益迫　傍舍壺漿　人不容乞　千門之恥　重似丘山　兒寒兒飢　未遑計補　何暇有愛悅夫婦之心哉.紅顏巧笑　草上之露　約束芝蘭　柳恕飄風　君有我而爲累　我爲君爲足憂　細思昔日之歡　適爲憂患所階.君乎予乎　奚至此極　與其衆鳥之同餒　焉知(如)隻鸞之有鏡　寒棄炎附　情所不堪　然而行止非人　離合有數　請從此辭.信聞之大喜　各分二兒將行　女曰　我向桑梓　君其南矣.方分手進途而形開.殘燈翳吐　夜色將闌.及旦鬢髮盡白　惘惘然殊無人世意　已厭勞生　如飫百年辛苦　貪染

之心 洒然氷釋. 於是慚對聖容 懺滌無已. 歸撥蟹峴所埋兒塚 乃石彌勒也. 灌洗
奉安于隣寺 還京師 免莊任 傾私財 創淨土寺 懃修白業 後莫知所終 議曰 讀此
傳 掩卷而追繹之 何必信師之夢爲然 今皆知其人世之爲樂 欣欣然役役然 特未
覺爾. 乃作詞誡之曰 快適須臾意已閑 暗從愁裏老蒼(蒼)顔. 不須更待黃粱熟 方
悟勞生一夢間. 治身藏否先誠意 鰥夢蛾眉賊夢藏. 何以秋來淸夜夢 時時合眼到
淸涼.

魚山佛影

古記云 萬魚寺(山)者 古之慈成山也 又阿耶斯山(當作摩耶斯 此云魚也) 傍
有呵囉國. 昔天卵下于海邊 作人御國 卽首露王. 當此時 境內有玉池 池有毒龍
焉. 萬魚山有五羅刹女 往來交通 故時降電雨 歷四年 五穀不成 王呪禁不能 稽
首請佛說法 然後羅刹女受五戒而無後害. 故東海魚龍遂化爲滿洞之石 各有鍾磬
之聲(已上古記).

又按 大定十二(二十)年庚子 卽明宗十一年也 始創萬魚寺 棟梁寶林狀奏所稱
山中奇異之迹 與北天竺訶羅國 佛影事 符同者有三. 一 山之側近地梁州界玉池
亦毒龍所蟄是也 二 有時自江邊雲氣始出 來到山頂 雲中有音樂之聲是也 三 影
之西北有盤石 常貯水不絕 云是佛浣濯袈裟之地是也. 已上皆寶林之說 今親來瞻
禮 亦乃彰彰可敬信者有二. 洞中之石 凡三分之二 皆有金玉之聲 是一也 遠瞻卽
現 近瞻不見 或見覓(不見)等是一也 北天之文 具錄於後. 可函觀佛三昧經第七
卷云 佛到耶乾訶羅國古仙山 薝蔔花林毒龍之側 靑蓮化泉化 羅刹穴中 阿那斯
山南 爾時彼穴有五羅刹 化作女龍 與毒龍通. 龍復降雹 羅刹亂行 飢饉疾疫 已
歷四年 王驚懼 禱祀神祇 於事無益. 時有梵志 聰明多智 白言大王 伽毗羅淨飯
王子 今者成道 號釋迦文 王聞是語 心大歡喜 向佛作禮曰 云何今日佛日已興
不至此國 爾時如來勅諸比丘 得六神通者 隨從佛後 受那乾訶羅王弗婆浮提請.
爾時世尊 頂放光明 化作一萬諸大化佛. 往至彼國 爾時龍王及羅刹女 五體投地
求佛受戒 佛卽爲說三歸五戒 龍王聞已(已) 長跪合掌 勸請世尊常住此間 佛若
不在 我有惡心 無由得成阿耨菩提 時梵天王 復來禮佛. 請婆伽婆爲未來世諸衆
生故 莫獨偏爲此一小龍 百千梵王皆作是請. 是龍王出七寶臺 奉上如來 佛告龍
王 不須此臺 汝今但以羅刹石窟 持以施我. 龍歡喜(云云) 爾時如來安慰龍王 我

受汝請 坐汝窟中 經千五百歲. 佛湧身入石 猶如明鏡 人見面像 諸龍皆現 佛在石內 映現於外. 爾時諸龍合掌歡喜 不出其地 常見佛日. 爾時世尊結伽趺坐在石壁內 衆生見時 遠望卽現. 近則不現 諸天供養佛影 影亦說法 又云 佛蹴嵓石之上 卽便成金玉之聲.

高僧傳云 惠遠聞天竺有佛影 昔爲龍所留之影 在北天竺月支國那竭呵城南古仙人石室中(云云). 又法現(顯)西域傳云 至那竭國界 那竭城南半由旬有石室博山西南面 佛留影此中. 去十餘步觀之 如佛眞形 光明炳著 轉遠轉微. 諸國王遣工摹寫 莫能髣髴 國(近)人傳云 賢劫千佛 皆當於此留影 影之西百步許 有佛在時剃髮剪爪之地(云云). 星函西域記第二卷云 昔如來在世之時 此龍爲牧牛之士 供王乳酪 進奏失宜 旣獲譴責 心懷恚恨 以金錢買花供養 授記卒堵婆 願爲惡龍 破國害王 特趣石壁 投身而死. 遂居此窟爲大龍王 適起惡心 如來鑑此 變身通力而來至此. 龍見佛 毒心遂止 受不殺戒. 因請 如來常居此穴 常受我供 佛言 吾將寂滅 爲汝留影 汝若毒忿 常觀語影 毒心當止. 攝神獨入石室 遠望卽現 近則不現. 又令石上蹴爲七寶(云云) 已上皆經文 大略如此. 海東人名此山爲阿那斯 當作摩那斯 此飜爲魚 盖取彼北天事而稱之爾.

臺山 五萬眞身

按山中古傳 此山之署名 眞聖住處者 始自慈藏法師 初法師欲見中國五臺山文殊眞身 以善德王代 貞觀十年丙申(唐僧傳云十二年 今從三國本史)入唐.

初至中國太和池邊石文殊處 虔祈七日 忽夢大聖授四句偈. 覺而記憶 然皆梵語罔然不解 明旦忽有一僧 將緋羅金點袈裟一領 佛鉢一具 佛頭骨一片 到于師邊. 問何以無聊 師答以夢所受四句偈 梵音不解爲辭 僧譯之云 呵囉婆佐曩 是曰了知一切法 達㗼哆佉嘢 云自性無所有 曩伽呬伽曩 云如是解法性 達㗼盧舍那 云卽見盧舍那. 仍以所將袈裟等 付而囑云 此是本師釋伽尊之道具也 汝善護持. 又曰 汝本國艮方溟州界有五臺山 一萬文殊常住在彼 汝往見之. 言已不現 遍尋靈迹 將欲東還 太和池龍現身請齋 供養七日 乃告云 昔之傳偈老僧 是眞文殊也 亦有叮囑創寺立塔之事 具載別傳 師以貞觀十七年 來到此山 欲覩眞身 三日晦陰 不果而還 復往元寧寺 乃見文殊云 至葛蟠處 今淨嵓寺是(亦載別傳).

後有頭陀信義 乃梵日之門人也 來尋藏師憩息之地 創庵而居 信義旣卒 庵亦

久廢 有水多寺長老有緣 重創而居. 今月精寺是也.

藏師之返新羅 淨神大王太子寶川 孝明二昆弟(按國史 新羅無淨神寶川孝明三父子明文 然此記下文云 神龍元年開土立寺 則神龍乃聖德王卽位四年乙巳也. 王名興光 本名隆基 神文之第二子也. 聖德之兄孝照 名理恭 一作洪 亦神文之子. 神文政明字日照 則淨神恐政明神文之訛也. 孝明乃孝照一作昭之訛也. 記云 孝明卽位 而神龍年開土立寺云者 亦不細詳言之爾 神龍年立寺者乃聖德王也) 到河西府(今溟州亦有河西郡是也. 一作河曲縣 今蔚州非是也) 世獻角干之家 留一宿 翌日過大嶺 各領千徒 到省烏坪. 遊覽累日 忽一夕昆弟二人 密約方外之志 不令人知 逃隱入五臺山(古記云 太和元年戊申八月初 王隱山中 恐此文大誤. 按孝照一作昭 以天授三年壬辰卽位 時年十六 長安二年壬寅崩 壽二十六 聖德以是年卽位 年二十二. 若曰太和元年戊申 則先於孝照卽位甲辰已過四十五歲 乃太宗文武王之世也 以此知此文爲誤 故不取之) 侍衛不知所歸 於是還國. 二太子到山中 靑蓮忽開地上 兄太子結庵而止住 是日(日)寶川庵 向東北行六百餘步 北臺南麓 亦有靑蓮開處 弟太子孝明又結庵而止 各懃修業. 一日同上五峯瞻禮次 東臺滿月山 有一萬觀音眞身現在 南臺麒麟山 八大菩薩爲首 一萬地藏 西臺長嶺山 無量壽如來爲首 一萬大勢至 北臺象王山 釋迦如來爲首 五百大阿羅漢 中臺風盧山亦名地盧山 毗盧遮那爲首 一萬文殊. 如是五萬眞身一一瞻禮 每日寅朝 文殊大聖到眞如院. 今上院 變現三十六種形 或時現佛面形 或作寶珠形 或作佛眼形 或作佛手形 或作寶塔形 或萬佛頭形 或作萬燈形 或作金橋形 或作金鼓形 或作金鐘形 或作神通形 或作金樓形 或作金輪形 或作金剛杵(杵)形 或作金甕形 或作金鈿形 或五色光明形 或五色圓光形 或吉祥草形 或靑蓮花形 或作金田形 或作銀田形 或作佛足形 或作雷電形 或「如」來湧出形 或地神湧出形 或作金鳳形 或作金烏形 或馬產師子形 或鷄產鳳形 或作靑龍形 或作白象形 或作鵲鳥形 或牛產師子形 或作遊猪形 或作靑蛇形 二公每汲洞中水 煎茶獻供 至夜各庵修道.

淨神王之弟與王爭位 國人廢之 遣將軍四人到山迎之 先到孝明庵前呼萬歲. 時有五色雲 七日垂覆. 國人尋雲而畢至 排列鹵簿 將邀兩太子而歸 寶川哭泣以辭 乃奉孝明歸卽位 理國有年(記云 在位二十餘年 盖崩年壽二十六之訛也. 在位但十年爾 又神文之弟爭位事 國史無文 未詳).

以神龍元年(乃唐中宗復位之年 聖德王卽位四年也)乙巳三月初四日 始改創眞

如院 大王親率百寮到山 營構殿堂 幷塑泥像文殊大聖安于堂中. 以知識靈下等五
貝 長轉華嚴經 仍結爲華嚴社 長年供費 每歲春秋 各給近山州縣倉租一百石 淨
油一石 以爲恒規. 自院西行六千步 至牟尼岾 古伊峴外 柴地十五結 粟枝六結
坐位二結 創置莊舍焉.

寶川常汲服其靈洞之水 故晚年肉身飛空 到流沙江外 蔚珍國掌千窟停止 誦隨
求陁. 羅尼 日夕爲課. 窟神現身白云 我爲窟神已二千年 今日始聞隨求眞詮 請
受菩薩戒 旣受已. 翌日窟亦無形 寶川驚異 留二十日乃還五臺山神聖窟 又修眞
五十年 忉利天神 三時聽法 淨居天衆 烹茶供獻 四十聖騰空十尺 常時護衛 所持
錫杖 一日三時作聲 遶房三匝 用此爲鐘磬 隨時修業. 文殊或灌水寶川頂 爲授成
道記莂 川將圓寂之日 留記後來山中所行輔益邦家之事云 此山乃白頭山之大脈
各臺眞身常住之地. 靑 在東臺北角下 北臺南麓之末 宜置觀音房 安圓像觀音 及
靑地畫一萬觀音像 福田五貝 晝讀八卷金經·仁王·般若·千手呪 夜念觀音禮懺
稱名圓通社 赤「在」任南臺南面 置地藏房 安圓像地藏 及赤地畫八大菩薩爲首一
萬地藏像 福田五貝 晝讀地藏經·金剛般若「念」夜占察禮懺 稱金剛社. 白 方西
臺南面 置彌陁房 安圓像無量壽 反(及)白地畫無量壽如來爲首一萬大勢至 福田
五貝 晝讀八卷法華 夜念彌陁禮懺稱水精社. 黑 地北臺南面 置羅漢堂 安圓像釋
迦. 及黑地畫釋迦如來爲首五百羅漢 福田五貝 晝讀佛報恩經·涅槃經 夜念涅槃
禮懺 稱白連社. 黃 處中臺直(眞)「如」院 中安泥像文殊不動 後壁安黃地畫毗盧
遮那爲首三十六化形 福田五貝 晝讀華嚴經·六百般若 夜念文殊禮懺 稱華嚴社.
寶川庵改創華藏寺. 安圓像毗盧遮那三尊及大藏經 福田五貝 長門藏經 夜念華嚴
神衆 每年設華嚴會一百日 稱名法輪社 以此華藏寺爲五臺社之本寺 堅固護持
命淨行福田 鎭長香火 卽國王千秋 人民安泰 文虎(武)和平 百穀豊穰矣. 又加排
下院文殊岬寺 爲社之都會 福田七貝 晝夜常行華嚴神衆禮懺 上件三十七貝 齋
料衣費 以河西府道內八州之稅 充爲四事之資 代代君王 不忘遵行幸矣.

溟州(古河西府也) 五臺山 寶叱徒太子傳記

新羅淨神太子寶叱徒 與弟孝明太子 到河西府世獻角干家一宿 翌日踰大嶺 各
領一千人到省烏坪 累日遊翫 太和元年八月五日 兄弟同隱入五臺山. 徒中侍衛等
推覓不得 並皆還國 兄太子見中臺南下 眞如院埑下山末靑蓮開 其地結草庵而居.

弟孝明見北臺南山末靑蓮開 亦結草庵而居. 兄弟二人禮念修行 五臺進敬禮拜 靑
在東臺滿月形山 觀音眞身一萬常住「赤在」南臺麒麟山 八大菩薩爲首 一萬地藏
菩薩常住 白 方西臺長嶺山 無量壽如來爲首 一萬大勢至菩薩常住 黑 掌北臺相
(象)王山 釋迦如來爲首 五百大阿羅漢常住 黃 處中臺風爐山 亦名地爐山 毗盧
遮那爲首 一萬文殊常住 眞如院地 文殊大聖每日寅朝化現三十六形(三十六形見
臺山五萬眞身傳) 兩太子並禮拜 每日早朝汲于洞水 煎茶供養一萬眞身文殊.

　淨神太子弟副君 在新羅 爭位誅滅 國人遣將軍四人 到五臺山 孝明太子前 呼
萬歲. 卽是有五色雲 自五臺至新羅 七日七夜浮光. 國人尋光到五臺 欲陪兩太子
還國 寶叱徒太子涕泣不歸 陪孝明太子 歸國卽位. 在位二十餘年. 神龍元年三月
八日 始開眞如阮(云云).

　寶叱徒太子常服于洞靈水 肉身登空 到流沙江 入蔚珍大國掌天窟修道 還至五
臺神聖窟 五十年修道(云云). 五臺山是白頭山大根脈 各臺眞身常住 (云云).

　臺山月精寺 五類聖衆

　按寺中所傳古記云 慈藏法師初至五臺 欲覩眞身 於山麓結茅而住 七日不見
而到妙梵山 創淨岩寺.

　後有信孝居士者 或云幼童菩薩化身 家在公州 養母純孝. 母非肉不食 士求肉
出行山野. 路見五鶴射之 有一鶴落一羽而去. 士執其羽 遮眼而見人 人皆是畜
生. 故不得肉 而因割股肉進母. 後乃出家 捨其家爲寺 今爲孝家院 士自慶州界
至河率 見人多是人形 因有居住之志 路見老婦 問可住處 婦云 過西嶺 有北向
洞可居 言訖不現. 士知觀音所敎 因過省烏坪入 慈藏初結茅處而住 俄有五比丘
到云 汝之持來袈裟一幅 今何在 士茫然 比丘云 汝所執見人之羽是也. 士乃出呈
比丘乃置羽於袈裟闕幅中相合 而非羽 乃布也. 士與五比丘別 後方知是五類聖衆
化身也. 此月精寺 慈藏初結茅 次信孝居士來住 次梵日門人信義頭陁來 創庵而
住 後有水多寺長老 有緣來住 而漸成大寺. 寺之五類聖衆 九層石塔 皆聖跡也.
相地者云 國內名山 此地最勝 佛法長興之處云云.

　南月山(亦名甘山寺)

寺在京城東南二十許里.　金堂主彌勒尊像火光後記云　開元七年己未二月十五
日　重阿湌全忘誠(金志誠)　爲亡考仁章一吉于(干)　亡妃(妣)觀肖里夫人　敬造甘
山寺一所　石彌勒一軀　兼及愷元伊湌　第(弟)懇誠小舍玄度師　姊古巴里　前妻古
老里　後妻阿好里　兼庶族及漠一吉湌　一幢薩湌　聰敏七「大」舍　妹首肹買等　同營
玆善.　亡妣肖里夫人　古人成之　東海攸友邊散也(古人成之以下　文未詳其意　但存
古文而已下同).

　　彌陁佛火光後記云　重阿湌金志全(誠)　曾以尙衣奉御　又執事侍郎　年六十七
致仕閑居　奉爲國主大王　伊湌愷元　亡考仁章一吉于(干)　亡妃亡弟　小舍梁誠　沙
門玄度　亡妻古路里　亡妹古巴里　又爲妻阿好里等　捨甘山莊田　建伽藍　仍造石彌
陁一軀　奉爲亡考仁章一吉于(干)　古人成之東海攸友邊散也(按帝系　金愷元乃太
宗春秋之弟　太子愷元角干也　乃文熙(姬)之所生也　誠志全(金志誠)乃仁章一吉
于(干)之子　東海攸友　恐法敏葬東海也).

天龍寺

東都南山之南　有一峯屹起　俗云高位山.　山之陽有寺　俚云高寺　或云天龍寺.
討論三韓集云　鷄林土內有客水二條　逆水一條　其逆水客水二源　不鎭天災　則致
天龍覆沒之災.　俗傳云　逆水者州之南　馬等烏村南流川是　又是水之源致大(天)
龍寺　中國來使　樂鵬龜來見云　破此寺　則國亡無日矣.　又相傳云　昔有檀越有二女
曰天女龍女　二親爲二女創寺因名之.　境地異常助道之場　羅季殘破久矣　衆生寺大
聖所乳崔殷誠之子承魯　魯生肅.　肅生侍中齊顏　顏乃重修起廢　仍置釋迦萬日道場
受朝旨.　兼有信書願文　留于寺.　旣卒　爲護伽藍神　頗著靈異　其信書略日　檀越內
史侍郎同內史門下平章事柱國崔齊顏狀　東京高位山天龍寺殘破有年　弟子特爲聖
壽天長民國安泰之願　殿堂廊閣　房舍廚庫　已來興構畢具　石造泥塑佛聖數軀　開
置釋迦萬日道場　旣爲國修營　官家差定主人亦可　然當遞換交代之時　道場僧衆不
得安心.　側觀入田　稠足寺院　如公山地藏寺入田二百結　毗瑟山道仙寺入田二十結
西京之四面山寺各田二十結例　皆勿論有職無職　須擇戒備才高者　社中衆望　連次
住持焚修　以爲恒規.　弟子聞風而悅　我此天龍寺　亦於社衆之中　擇選才德雙高大
德　兼爲棟梁　差主人鎭長焚修.　具錄文字　付在剛司　自當時主人爲始　受留守官文
通　示道場諸衆　各宜知悉.　重熙九年六月日　具銜如前署　按重熙乃契丹興宗年號

本朝靖宗七年庚辰歲也.

鍪藏寺 彌陀殿

京城之東北二十許里　暗谷村之此〔北〕　有鍪藏寺　第三十八元聖大王之考大阿
干孝讓追封明德大王之爲叔父波珍飡追崇所創也. 幽谷迥絶　類似削成　所奇冥奧
自生虛白　乃息心樂道之靈境也. 寺之上方　有彌陁古殿. 乃昭成〔一作聖〕大王之
妃桂花王后　爲大王先逝　中宮乃充充焉　皇皇焉　哀戚之至　泣血棘心　思所以幽贊
明休　光啓玄福者　聞西方有大聖　曰彌陀　至誠歸仰　則善救來迎　是眞語者　豈欺
我哉　乃捨六衣之盛服　罄九府之貯財　召彼名匠　敎造彌陁像一軀　幷造神衆以安
之. 先是寺有一老僧　忽夢眞人坐於石塔東南岡上　向西爲大衆說法　意謂此地必佛
法所住也　心秘之而不向人說. 嵓石巉崒　流澗激迅　匠者不顧　咸謂不臧　及乎辟地
乃得平坦之地　可容堂宇　宛似神基　見者莫不愕然稱善. 近古來殿則壞圮　而寺獨
在. 諺傳太宗統三已後　藏兵鍪於谷中　因名之.

伯嚴寺 石塔舍利

開運三年丙午十月二十九日　康州界任道大監柱貼云　伯嚴禪寺坐草八縣〔今草
溪〕 寺僧侃遊上座. 年三十九云　寺之經始則不知. 但古傳云　前代新羅時　北宅廳
基捨置玆寺　中間久廢. 去丙寅年中　沙木谷陽孚和尙　改造住持　丁丑遷化. 乙酉
年　曦陽山兢讓和尙　來住十年　又乙未年　却返曦陽. 時有神卓和尙　自南原白嵓藪
來入當院　如法住持. 又咸雍元年十一月　當院住持得奧微定大師釋秀立　定院中常
規十條. 新竪五層石塔　眞身佛舍利四十二粒安邀　以私財立寶　追年供養　條第一
當寺護法敬僧　嚴欣伯欣兩明神　及近岳等三位前　立寶供養條〔諺傳　嚴欣伯欣二
人　捨家爲寺　因名曰伯嚴　仍爲護法神〕 金堂藥師前　木鉢月朔遞米條等. 已下不
錄.

靈鷲寺

寺中古記云　新羅眞骨第三十一主神文王代　永淳二年癸未〔本文云元年誤〕　宰

相忠元公 蒗山國(卽東萊縣 亦名萊山國) 溫井沐浴 還城次 到屈井驛桐旨野駐
歇 忽見一人放鷹而逐雉 雉飛過金岳 杳無蹤迹. 聞鈴尋之 到屈井縣官北井邊 鷹
坐樹上 雉在井中 水渾血色. 雉開兩翅抱二雛焉 鷹亦如相惻隱而不敢攫也. 公見
之惻然有感 卜問此地 云可立寺 歸京啓於王 移其縣於他所 創寺於其地 名靈鷲
寺焉.

有德寺

新羅大夫(太大)角干崔有德 捨私第爲寺 以有德名之. 遠孫三韓功臣崔彦撝
掛安眞影 仍有碑云.

五臺山 文殊寺石塔記

庭畔石塔 盖新羅人所立也. 制作雖淳朴不巧 然甚有靈響 不可勝記. 就中一事
聞之諸古老 云 昔連谷縣人具舡沿海而漁 忽見一塔隨逐舟楫 凡水族見其影者
皆逆散四走. 以故漁人一無所得 不堪憤恚 尋影而至 盖此塔也. 於是共揮斤斫之
而去 今此搭四隅皆缺者以此也. 予驚嘆無已 然怪其置塔 稍東而不中 於是仰見
一懸板云 比丘處玄曾住此院 輒移置庭心 則二十餘年間 寂無靈應. 及日者求基
抵此 乃嘆曰 是中庭地 非安塔之所 胡不移東乎 於是衆僧乃悟 復移舊處 今所
立者是也 余非好怪者 然見其佛之威神 其急於現迹利物如此 爲佛子者 詎可默
而無言耶. 時正豊(隆)元年丙子十月 日白雲子記.

제4권

의해(義解) 제 5

원광서학/보양이목
양지사석/귀축제사/2혜동진
자장정률/원효불기/의상전교/사복불언
진표전간/관동풍악 발연수석기
승전촉루/심지계조
현유가 해화엄

원문

의해(義解) 제5

원광서학(圓光西學)

원광, 서쪽으로 유학가다

당나라 《속고승전(續高僧傳)》 제13권에 다음과 같이 실려 있다.

신라 황룡사(皇隆寺)[1] 승려 원광의 속성은 박씨이다. 본디 삼한인 마한(馬韓)·변한(卞韓)·진한(辰韓)에 살았는데, 원광은 곧 진한 사람이다. 집안 대대로 해동(海東)에 살았고, 조상의 세대가 오래 이어져 왔다. 원광은 도량이 넓고 문장을 사랑하여 현학(玄學)[2]과 유학을 두루 섭렵하고, 제자백가(諸子百家)나 사기(史記)까지도 공부하여 문장이 삼한에 떨쳤다. 그러나 박학함이 중국에 미치지 못한 것을 스스로 부끄러워하여 마침내 부모와 친우들과 헤어져 의분심으로 바다 건너 해외로 나갈 것을 결심하였다. 그의 나이 25세였다. 뱃길로 금릉(金陵)[3]에 이르니, 그때 진(陳)나라는 문교(文敎)의 나라라 일컬었으므로, 먼저 의심나는 것부터 묻고, 도에 대해서도 그 의미를 깨닫게 되었다.

처음 장엄사(莊嚴寺) 민공(旻公) 제자의 강의를 들었다. 그는 본래 세전(世典 : 속세의 경전)을 잘 알아 유교의 진리가 신묘하다고 생각했는데, 불교 강론을 듣게 되자, 도리어 자신이 썩은 지푸라기 같았다. 그는 헛되이 명교(名敎 : 명분과 교화 곧 유교를 말한다)만 찾다가는 실로 생애가 우려스럽다 여기고, 진나라 왕에게 아뢰어 불법에 귀의할 것을 청하니 진왕이 칙명으로 허락하였다.

그는 승려가 되어 곧 구계(具戒)를 받고, 도량(道場)을 두루 찾아다니며,

---

1) 황룡사(皇隆寺) : 황룡사(皇龍寺).

2) 현학(玄學) : 중국 위진 시대 도가학을 위주로 유학을 합친 학문.

3) 금릉(金陵) : 지금의 중국 남경.

훌륭한 도리의 연구에 진력하며 묘법을 알기에 세월을 아끼지 않았다. 그리하여 처음으로 《성실론(成實論)》의 열반을 얻어 마음에 새기고, 삼장(三藏)의 불법을 두루 탐구하였다. 나중에는 오나라의 호구산(虎丘山)으로 들어가 정념(正念)[4]과 정정(正定)[5]을 계속하고, 각관(覺觀)[6]을 경계하여 잊지 않으니, 마음을 위안하려는 무리가 임천(林泉)에 구름처럼 모여들어 모두 《사아함경(四阿含經)》을 섭렵하여 팔정(八定)[7]의 공을 드려, 선(善)을 밝히고 의심을 바로잡으니, 통직(筒直)한 마음이 이지러질 리 없었다. 본래부터 마음먹었던 바와 일치하였기에 마침내 이곳에서 일생을 마치려 했다. 이에 즉시 인간 세상과 인연을 끊고, 성인의 유적을 유람하면서 생각을 세상 밖에 두고 속세를 떠나려 하였다.

그때 어떤 신자가 산 아래 살면서, 원광에게 강론을 들으려 하니 굳이 사양하였으나 하도 간청하므로 할 수 없이 그의 뜻에 따라 처음에는 《성실론》을 강의하고, 나중에는 《반야경(般若經)》을 강론하였다. 그의 해석이 훌륭하고 명철하였는데, 질문에 시원하게 대답하며 매끄러운 말로 글의 뜻을 종횡으로 풀이하니, 듣는 이들이 흡족해하며 기뻐서 마음에 깨닫게 되었다. 이때부터 옛 규칙에 따라 사람들을 깨우치기로 자임(自任)하였다. 매양 법륜(法輪)이 한 번 움직이면 마치 강물을 대듯 세상 사람들을 불법에 기울게 하였다. 비록 남의 나라였지만, 경전과 도에 통하니 싫고 말고 꺼릴 것이 없었다. 원광의 명성이 널리 알려져 중국의 남방까지 전파되어 험한 길을 마다않고 배우러 오는 사람들이 줄을 이어 마치 고기 비늘 같았다. 때마침 수(隋)나라 황제가 천하를 차지하여 남쪽까지 위세를 떨치고 진나라는 국운이 기울어, 수나라 군대들이 양도(楊都 : 진나라의 수도)까지 들어왔다. 마침내 난병(亂兵)들에게 잡혀 죽게 되었다. 그때 수나라의 대주장(大主將)이 바라보니 절의 탑에 불이 붙었는지라 끄려고 달려가니, 불은 없고 원광이 탑 앞에 묶인 채

---

4) 정념(正念) : 참지혜, 사념(邪念)이 없는 것.

5) 정정(正定) : 참지혜, 마음을 고요하게 함.

6) 각관(覺觀) : 총체적 사고와 분석적 사고.

7) 팔정(八定) : 색계(色界)의 사선정(四禪定)과 사공정(四空定)을 합한 것. 팔선정(八禪定)이라고도 한다.

죽임을 당하기 직전이었다. 이상히 여겨 풀어 주었으니, 위태로움에 직면해서도 이러한 영험이 있었다.

원광이 오월(吳越)에서 학문을 달통하고 주진(周秦)[8]에서 교화를 찾으려고 개황(開皇)[9] 9년(589)에 수나라 서울[장안]로 오니, 마침 불법이 기회를 만나고, 섭론종(攝論宗)[10]이 일어나던 때였다. 이에 불경의 아름다운 말을 마음 속으로 받들어 명석한 해석을 날리니 그의 명성이 장안(長安)에 퍼졌다. 일이 성취되매 도가 동쪽으로 이어가게 되었다.

그때 본국에서 원광의 명성을 듣고 수나라 황제에게 글을 올려, 원광을 보내 주기를 여러 번 청하니 황제가 칙령으로 후사하고 고향으로 보냈다.

원광이 수십년 만에 돌아오니 고향의 노소(老少)들이 서로 기뻐하였다. 신라 왕 김씨도 원광을 만나보고 공경하여 성인으로 우러렀다.

원광의 성품이 겸허하고 인정이 박애로워 말할 때는 항상 미소를 띠고 노여움을 나타내지 않았다. 전문(牋文)·표문(表文)·장계(狀啓)·사서 등 국가에서 오가는 문장은 모두 그의 흉금에서 우러나는 것이었으니, 세상 모두가 받들었고 나라 다스리는 방법을 맡기며, 도덕으로 교화함에는 언제나 자문하였다. 사실은 벼슬로 금의 환향한 것은 아니지만, 실상은 나라의 정사를 돌보는 사람이나 다름없었다. 기회 있을 때마다 교훈을 펴서 지금까지도 모범이 되고 있다.

원광이 이미 나이가 많아 수레를 타고 궐내에 들어가면, 옷이나 약·음식을 왕이 몸소 마련하고 다른 사람이 돕는 것을 못하도록 하니, 복되기 바라서 감복하고 공경함이 이러하였다.

원광이 임종하려 하니, 왕이 친히 위문하매 유법(遺法)을 왕에게 부탁하고 겸하여 백성을 구제하기 위하여 상서로운 징조를 설법하여 덕화를 이 나라 구석구석에 미치게 하였다. 건복(建福)[11] 58년(636)에 몸이 좋지 않은 것을 느껴 7일이 지나 유계를 말끔히 하고 거처하는 황룡사에서 단정히 앉

---

8) 주진(周秦) : 주나라와 서쪽 진나라.

9) 개황(開皇) : 수나라 문제의 연호(581~600).

10) 섭론종(攝論宗) : 중국 불교 13종의 하나. 양나라 무착이 지은 《섭대승론(攝大乘論)》
   을 근본으로 한다.

아 임종하였으니 춘추가 99세로 당나라 정관(貞觀) 4년(14년이어야)이었다. [12]

임종할 때, 절의 동북쪽 허공에서 음악 소리가 가득하고 기이한 향기가 절 안에 충만하니 승려와 신도들 모두가 슬퍼하면서도 그의 영감을 알고 경사로 여겼다. 마침내 서울 교외에 장사 지냈는데, 나라에서 우의(羽儀)[13]와 장례용품을 내어 주어 마치 왕의 장례와 같았다.

그 뒤 속세에서 어떤 낙태한 사람이 있었다. 속설에 '그것을 복 있는 사람의 무덤에 묻으면 자손이 번창한다'는 말이 있어, 몰래 원광의 무덤 옆에 묻었더니 그날로 벼락이 내려 그 태아의 시체가 무덤 밖으로 내던져졌다. 이로 인해서 평소에 불손한 마음을 품었던 사람들도 모두 그를 숭앙하게 되었다.

제자 중에 원안(圓安)이라는 승려가 있었다. 그는 슬기롭고 성품은 유람하기 좋아하여 멀리 찾아다니기를 즐겼다. 마침내 북으로 환도(丸都)까지 나아가고, 동으로 불내(不耐)[14]를 구경하고 서쪽으로는 연(燕), 위(魏)나라까지 거쳐 중국의 수도 장안까지 갔다. 이리하여 각 지방의 풍습을 두루 통달하고 여러 경론을 찾아 그 대강을 섭렵하고 나서 깊은 뜻을 통찰하고는, 만년에 마음공부[佛學]에 돌아가 원광의 뒤를 따랐다.

처음에는 장안의 절에 있었는데 도가 높다고 알려져, 특진관(特進官) 소우(蕭瑀)가 청하여 자기가 세운 진량사(津梁寺)에 머물게 하고, 사사(四事 : 네 가지 공양 방법. 즉 사방(舍房)·의복·음식·탕약)의 공양이 육시(六時 : 온종일. 즉 새벽·아침· 낮·해질녘·초저녁·한밤중)에 변함이 없게 하였다.

원안이 일찍이 원광법사의 행적을 펴서 말하였다.

"본국의 왕이 병이 들어 의약으로 치료해도 낫지 않으므로, 원광을 궁중으로 청해들여 옆에 있으면서 밤이면 특별히 두 시간씩 왕을 위하여 심오한 법을 말하게 하고 계를 받으며 참회하게 하니 왕이 크게 신봉하였다. 한때는 왕이, 원광의 머리에 금빛이 휘황하여 마치 햇무리같이 따라다니는 것을 보

---

11) 건복(建福) : 신라 진평왕 연호로, 53년에 끝이 났으므로, 선덕여왕 연호인 인평(仁平) 5년이 된다.

2) 《수이전》에는 84세로 명활성 서쪽에 장사지냈다고 했다.

13) 우의(羽儀) : 의식에 장식으로 사용하는 깃털.

14) 불내(不耐) : 평양. 원문에는 구도(九都)로 되어 있다.

앉으며, 왕후와 궁녀들도 다같이 보았다. 이로부터 더욱 나을 수 있다는 마음가짐으로 병상 가까이 있게 하였더니, 오래지 않아 왕의 병이 나았다."

원광이 진한·마한 사이에서 부처의 정법을 풍성히 유통시키고, 해마다 두 번씩 강론하여 후학을 육성하고 시주로 받은 재물은 모두 사찰 운영비로 충당하니 남은 것은 오직 바리때뿐이었다(달자함(達字函) 에 실려 있다).

또 경주〔東京〕 안일호장(安逸戶長) 정효(貞孝)의 집에 있는 고본 《수이전(殊異傳)》에 원광법사의 전기가 실려 있는데, 거기에 이렇게 적혀 있다.

법사의 속성은 설씨(薛氏)이니 경주 사람이다. 처음 승려가 되어 불법을 배우다가 30세에 조용히 살면서 수도할 뜻을 품고 홀로 삼기산(三岐山)에 머물렀다. 4년 뒤에 어떤 비구니(比丘尼)가 와서 멀지 않은 곳에 따로 절을 짓고 2년이나 있었는데, 사람됨이 강인하고 사나우며 주술을 좋아하였다.

법사가 밤에 홀로 앉아 경을 외우고 있는데, 홀연히 신의 소리가 법사의 이름을 부르며 말하였다.

"장하고 장하다, 법사의 수행이여. 모든 수행하는 이들이 많다 하지만 법사와 같이 하는 자가 드물다. 지금 이웃에 있는 비구는 주술을 즐겨 닦으나 얻는 것 없이 소리만 시끄럽게 내어 남이 조용한 생각으로 머무는 것만 어지럽게 하며, 내가 다니는 길만 방해하여 왕래할 때마다 악심을 발하게 하고 있다. 법사는 나를 위하여 그 비구가 딴 곳으로 가게 말하라. 만일 오래 머물면 내가 죄업을 지을까 두렵다."

다음 날 원광법사가 비구에게 말하였다.

"내가 어젯밤에 신의 말을 들은 것이 있으니 비구는 다른 곳으로 옮기시오. 그렇지 않으면 반드시 무슨 화가 있으리라."

비구가 대답하였다.

"지극히 수행하는 이도 마귀에게 미혹되는군요. 법사께서 어찌 여우 귀신의 말을 근심하십니까?"

그날 밤에 신이 또 와서 물었다.

"어제 내 말에 대하여 그 비구는 무어라 하던가?"

법사는 신이 노할까 두려워하며 대답하였다.

"아직 분명히 말하지 않았으나 강하게 말하면 어찌 듣지 않겠습니까?"

신이 말하였다.

"내가 이미 다 알고 있는데, 법사는 어찌 말을 돌리는가? 잠자코 내가 하는 일을 보시오."

말을 마치고 가더니 그날 밤에 벼락치는 듯한 소리가 들렸다. 다음 날 보니 산이 무너져 비구가 있던 절을 부숴 버렸다. 신이 다시 와서 말하였다.

"법사가 보니 어떠하시오?"

법사가 "심히 놀랐다"고 하였다.

"내 나이 3천 살로 신술이 가장 뛰어나니, 이런 것은 조그마한 일이라 놀랄 것이 뭐 있겠는가? 나는 장래의 일도 모를 것이 없고, 천하의 일을 못할 것이 없다. 이제 생각컨대 법사가 오직 이곳에만 살면 비록 자기에게는 이로운 행실이 있겠지만, 다른 사람을 이롭게 하는 공이 없어 지금도 높은 명성을 날리지 못하고, 미래에도 뛰어난 성과를 얻지 못할 것이니, 어찌 불법을 중국에서 배워서 동해의 미혹한 무리를 인도하지 않는가?"

법사가 대답하였다.

"중국에 가서 도를 배우는 것이 본래 저의 소원이지만, 바다와 육지가 멀리 막혀서, 스스로 가지 못하고 있습니다."

신이 중국으로 갈 수 있는 계책을 자세히 말해 주었다. 법사는 그 말대로 중국으로 가서 11년을 머무르면서 삼장(三藏)을 널리 통득하고 유학까지도 배웠다.

진평왕(眞平王) 22년 경신(《삼국사기》에는 다음 해 신유년(601)이라 했다)에 중국에 왔던 조빙사(朝聘使)를 따라 환국하였다. 돌아오자 신에게 감사드리려고 전에 있던 삼기산 절에 이르니, 밤에 신이 나타나 법사의 이름을 부르며 말하였다.

"수륙의 먼 길을 다녀오는 것이 어떠하던가?"

법사가 대답하였다.

"신의 은혜를 입어 편안히 다녀왔습니다."

신이 다시 말하였다.

"나도 법사에게 계를 주겠다."

그리고 윤회하는 세상에서도 구제해 주자는 언약을 했다. 법사가 또 말하였다.

"신의 참모습을 볼 수 있겠습니까?"

신이 말하였다.

"만일 내 모습을 보고자 한다면 내일 아침 동쪽 하늘을 쳐다보시오."

법사가 다음 날 아침 동쪽 하늘을 쳐다보니, 큰 팔뚝 하나가 구름을 뚫고 하늘에 닿았다. 그날 밤에 신이 또 와서 말하였다.

"법사는 내 팔뚝을 보시었소?"

법사 대답하되 "보았습니다. 심히 기묘합니다"라고 하였다. 그로부터 세속에서는 이 산을 비장산(臂長山)이라 하였다. 신이 다시 말하였다.

"비록 이만한 몸이 있지만, 언제나 해를 면치 못한다. 그러므로 내가 아무 날 아무 고개에서 죽을 것이니, 법사께서 오셔서 가는 혼을 위로해 주시오."

약속한 날을 기다려 가 보니 늙은 여우 한 마리가 몸은 먹빛으로 검고, 헐떡이다 숨소리가 그치더니 잠시 후 죽었다.

법사가 처음 중국에서 돌아왔을 때, 신라 조정의 군신들이 정중히 여겨 스승을 삼으니, 법사는 항상 대승경전을 강론하였다. 이때 고구려와 백제가 항상 국경을 침범하니 왕이 근심하여 수나라(당나라라야 맞는다)에 청병하고자 하여 법사에게 표문을 청하여 지었다. 황제가 표문을 보고 친히 30만의 군대를 직접 이끌고 고구려를 정벌하게 되었다. 이로부터 법사가 유학에까지 두루 통하였음이 알려졌다. 법사가 84세에 입적하니 명활성(明活城) 서쪽에 장사지냈다.

또 《삼국사기》〈열전〉에는 이렇게 기록되어 있다.

현사(賢士)인 귀산(貴山)은 사량부(沙梁部) 사람으로 한 마을에 사는 추항(箒項)과 친구간이었는데 두 사람이 서로 만나 말하였다.

"우리가 사군자(士君子)와 교제하기를 기대하려면 먼저 정심(正心) 수신(修身)을 않고는 욕을 초래하는 일을 면치 못할까 두려우니 어찌 어진 자를 찾아가 도를 배우지 않을 수 있겠는가?"

이때 원광법사가 수나라에 들어갔다가 돌아와 가슬갑(嘉瑟岬 : 가서갑(加西岬) 또는 가서갑(嘉栖岬)로도 쓰니 모두 방언이다. 갑(岬)은 속언에 곳(古尸)이라 하며 혹은 곳사(古尸寺)라고도 하니 갑사(岬寺)란 말과 같다. 지금 운문사 동쪽 9천보쯤에 가서현(加西峴)이 있는데 어떤 이는 가슬현이라 한다. 그 산 북쪽에 절터가 있으니 그곳이다)에 머문다는 말을 듣고 두 사람이 문하에 와서 말하였다.

"속된 선비들은 어리석어 아는 것이 없사오니 원컨대 한 말씀을 내리시면 종신토록 가르침으로 삼겠습니다."

법사가 말하였다.

"불교에는 보살계(菩薩戒)가 있어 그 구분이 열 가지가 되지만, 너희들은 남의 신하가 되었으니 아마 감당할 수 없을 것이다. 이제 세속에는 5계가 있으니, 첫째 임금을 충성으로 섬기고, 둘째 어버이에게 효도하고, 셋째 벗은 신의로 사귀며, 넷째 전쟁에 임해서 후퇴하지 말며, 다섯째 산 것을 죽이되 가려서 할 것이오. 그대들은 이를 실행하는 데 소홀히 하지 말라.”

귀산 등이 말하였다.

“다른 것은 명하신 대로 하겠습니다만 살생을 가려서 하라 하심은 유독 깨닫지 못하겠습니다.”

원광법사가 다시 말하였다.

“육재일(六齋日)[15]과 봄, 여름에는 살생하지 말 것이니, 이것이 때를 가리는 것이고, 부리던 가축을 죽이지 말라는 것은 소나 말, 닭이나 개 등을 말하는 것이다. 미물을 죽이지 말라는 것은 살코기는 한 점도 되지 못하는 것을 말하니, 이것이 대상을 가리는 것이다. 이것도 오직 쓸 만큼만 하고 많이 죽이지 말라, 이것이 세속의 선행이니라.”

귀산 등이 말하였다.

“지금부터 말씀을 받들어 행함에 감히 실수함이 없도록 하겠습니다.”

그 뒤 두 사람이 전장에 나아가 모두 나라에 뛰어난 공을 세웠다.

또 건복(建福) 30년 계유년(613 : 진평왕 35년) 가을에 수나라 사신 왕세의(王世儀)가 와서 황룡사에 백좌도량(百座道場)을 열고 모든 고승들을 청하여 불경을 강론할 때 원광법사가 최상자가 되었다.

다음과 같이 논평한다.

원종(原宗)이 불법을 부흥시킨 이래 비로소 다리를 놓은 것이 되었으나, 깊은 이치를 깨닫게까지는 못하였다. 그러므르 귀계멸참(歸戒滅懺 : 불교에 귀의하며 괴로움을 없애고 참회함)하는 법으로 우매한 이를 깨우쳤던 것이다. 그래서 원광이 머물던 가서갑에 점찰보(占察寶)를 두어 항규(恒規)를 삼았으며, 그때 단월니(檀越尼)가 있어서 밭을 점찰에 헌납했으니, 지금 동평군(東坪郡)에 있는 밭 1백 결이 그것이다. 옛날 문서가 아직 보관되어 있다.

원광은 성격이 고요한 것을 좋아하며, 말할 때에 웃음을 띠고 얼굴에 성내

---

15) 육재일(六齋日) : 여섯 번의 재일. 몸과 마음을 깨끗이 재계하는 날, 8·14·15·23·29·30일.

는 빛이 없었다. 나이가 많아지니 수레를 타고 궐내에 드나들었으며, 당시 덕망과 인의를 갖춘 선비들은 많았지만, 감히 그보다 나은 자는 없었다. 문장력도 풍부해 한 세대가 추앙하였다. 정관(貞觀) 연간에 80여 세로 입적하였으니, 부도(浮圖)는 삼기산 금곡사(金谷寺 : 지금 안강(安康)의 서남쪽 계곡이며 또한 명활성(明活城)의 서쪽이다)에 있다.

《당전(唐傳)》에 이르되 황룡사(皇隆寺)에서 입적하였다 하나, 고증할 수 없으니 아마 황룡사를 잘못 기재한 것일 것이다. 마치 분황사(芬皇寺)를 왕분사(王芬寺)로 쓴 것과 같다. 이렇듯 《당전》과 향전을 살펴보건대, 성은 박씨(朴氏)니 설씨(薛氏)니 하며, 출가한 곳이 '우리 나라'다, '중국'이다 함은 마치 두 사람인 듯하여, 감히 명확히 할 수 없어 두 기록을 다 남긴다.

그러나 위의 모든 전기에는 작갑(鵲岬)·이목(璃目) 및 운문사(雲門寺)의 사적이 없는데, 우리 나라 사람인 김척명(金陟明)이 항간의 말을 잘못 윤색하여 《원광법사전》을 만들면서 운문사 개산조사 보양(寶壤)의 사적을 합쳐 하나의 전기를 만들었다. 뒤에 《해동승전(海東僧傳)》을 저술한 자도 잘못된 것을 그대로 기록했기 때문에 지금 사람들이 잘못 알고 있다. 여기에 확실히 구별하고자 하여, 한 자도 가감하지 않고 두 전기를 자세히 기록했다.

진(陳)나라와 수(隋)나라 시대에는 우리 나라 사람으로 바다를 건너가 불교를 배운 자가 드물었다. 설사 있었다 해도 크게 떨치지 못했다. 원광법사의 뒤에 그 발자취를 이어서 서쪽으로 가 배운 자가 드문드문 있었으니 원광이 길을 터놓은 셈이다. 다음과 같이 기린다.

처음으로 바다 건너 중국의 구름을 헤쳤으니
몇 사람이 왕래하며 맑은 향기 품었던가
옛날 자취 푸른 산에 남아
금곡과 가서갑의 사적 듣게 되었네.

보양이목(寶壤梨木)

보양과 배나무

승려 보양 전(傳)에는 고향과 성씨의 내력을 기재하지 않았다. 청도군(淸道郡)에 있는 서적들을 참고하니, 거기에 다음과 같이 기록되어 있다.

천복(天福) 8년 계묘년(943 : 고려 태조 26년) 정월 어느 날, 청도군 계리심사(界里審使) 순영(順英) 대내말(大乃末)과 수문(水文) 등이 주첩(柱貼)한 공문에, "운문사(雲門寺)의 경계표〔長生標〕는 남쪽은 아니점(阿尼帖), 동쪽은 가서현(嘉西峴)이라 했다." 이곳 본사 삼강전(三剛典)의 주인은 보양화상(寶壤和尙)이며, 원주(院主)는 현회장로(玄會長老)이고, 정좌(貞座)는 현량상좌(玄兩上座)이며, 직세(直歲)는 신원선사(信元禪師 : 이 공문은 청도군 도전장전(都田帳傳)에 준거한 것이다)라 하였다.

또 개운(開運) 3년 병진년(946 : 병오년(丙午年)이 맞다), 운문산 선원의 장생표탑 공문의 하나에는 "장생(長生)이 11곳이니 아니점, 가서현, 무현(畝峴), 서북매현(西北買峴 : 혹은 면지촌(面知村)이라고도 함), 북저족문(北猪足門) 등이다"라 하였다.

또 경인년 진양부(晋陽府)의 첩문에는 5도 안찰사가 각도 선교(禪敎) 사원이 세워진 연월과 내력 등을 조사하여 문서를 만들 때 차사원(差使員)이었던 동경의 장서기(掌書記) 이선(李僐)이 조사한 기록에는 정풍(正豊) 6년[16] 신사년(1161 : 대금(大金)의 연호이니 고려 의종 16년이다) 9월, 군의 옛 전적인 《비보기(裨補記)》에 준하면, 청도군의 전 부호장 어모부위(禦侮副尉) 이칙정(李則楨)의 집에 옛 사람들의 행적과 이야기를 적어 놓은 것이 있다. 벼슬에서 물러난 상호장 김양신(金亮辛)과 호장 민육(旻育), 호장 동정(同正) 윤응(尹應), 전기인(前其人) 진기(珍奇) 등과 당시의 상호장인 용성(用成) 등의 말이 기록되어 있다. 그때의 태수 이사로(李思魯), 호장 김양신은 나이 89세요, 다른 사람들도 모두 70세 이상이었는데, 용성도 60세 이상이라 했다.

신라 시대 이래 그 군의 사원으로서, 작갑사(鵲岬寺) 이하 중소(中小) 사원들이 있었지만, 세 나라가 싸우는 사이에 대작갑(大鵲岬)·소작갑(小鵲岬)·소보갑(所寶岬)·천문갑(天門岬)·가서갑(嘉西岬) 등 5소갑이 모두 없어지고, 다섯 갑주(岬柱)를 대작갑에 합쳤다.

시조 승려 지식(知識 : 위에서 보양이라 했다)이 중국에서 불법을 전수받고 돌아올 때, 용이 그를 서해에서 궁중으로 맞아들여 경문을 외게 하고 금실로 수놓은 비단 가사 한 벌을 시주하고, 아울러 이무기〔璃目〕라는 아들 하나를 시봉으로 삼아 딸려 보내며 부탁하였다.

"지금은 삼국이 소란하여 불법에 귀의하는 군왕이 없지만, 만일 내 아들

---

16) 대정(大定) 1년의 오기인 듯하다.

과 본국으로 돌아가 작갑에 절을 짓고 살면 도적도 피할 것이오, 또한 몇 년이 못되어 반드시 호법하는 어진 군왕이 나와서 삼국을 평정할 것이오."

말을 마치자 서로 이별하고 돌아와서 이 계곡에 이르니, 홀연 원광(圓光)이라 자칭하는 노승이 인궤(印櫃)를 안고 나타나서 건네 주고는 사라졌다 (살펴건대, 원광이 진(陳)나라 말년에 중국에 갔다가 개황 연간에 돌아와 가서갑에 머물렀고, 황룡사에서 죽었으니 청태(淸泰) 초까지 무려 3백여 년이다. 지금 여러 갑사가 황폐한 것을 슬퍼하고 탄식하다가 보양이 와서 장차 절을 일으켜 세우려 한 것을 기뻐하여 알린 것이다). 보양이 황폐해진 절을 중흥하고자 북령에 올라가 바라보니, 뜰에 5층의 누런 탑이 있는지라 내려와 찾으니 자취가 없다. 다시 올라가 바라보니 여러 마리의 까치가 땅을 쪼고 있으므로, 서해 용왕이 말하던 작갑(鵲岬)을 생각하고, 찾아가 땅을 파고 보니 벽돌이 많았다. 이것을 주워 모아 높이 쌓으니 탑이 되고는 남는 벽돌이 없었다. 이에 이전 시대의 절터인 줄을 깨닫고, 절을 짓고 머무르며 작갑사라 하였다.

얼마 뒤 고려 태조가 삼국을 통일하고, (보양)법사가 이곳에 절을 짓고 있다는 말을 듣고, 이에 다섯 갑의 전지 5백 결을 합하여 이 절에 헌납하고 청태 4년[17] 정유년(937)에 운문선사(雲門禪寺)라는 편액을 내려 가사의 신령한 음덕을 받들게 하였다.

이무기는 절 옆 못에 항상 살면서 보양의 불법 교화를 도왔다. 어느 해 갑자기 몹시 가물어 채소가 타들어가고 말랐다. 보양이 이무기에게 비를 내리도록 일러서 한 경내가 흡족한 비에 젖게 되었다. 천제는 자신도 모르게 비를 내린 죄로 이무기를 죽이려 하니, 이무기가 사정이 급하게 되어 법사에게 말하니, 그를 마루 밑에 숨겼다. 조금 있다가 천사가 와서 이무기를 내놓으라 청하므로 보양이 뜰 앞의 배나무[梨木]을 가리키니, (천사가) 배나무에 벼락을 치고 올라갔다. (벼락을 맞은) 배나무가 말라 있는 것을 용이 쓰다듬으니 곧 되살아났다(또는 보양사가 주문을 외어 살렸다 한다). 그 나무가 근년에 쓰러지니 어떤 사람이 그것으로 방망이를 만들어 법당과 식당에 두었는데, 그 방망이의 자루에 명문(銘文)이 있었다.

처음에 법사가 당나라에 들어갔다가 돌아와 먼저 추화군(推火郡) 봉성사(奉聖寺)에 있었는데, 마침 고려 태조가 동쪽을 정벌하는 길에 청도군 경계에 이르니 산적들이 견성(犬城 : 산봉우리가 물에 뾰족하게 서 있어 사람들이 그것을 미워하여 견성이라 하였다)에 모여 오만하여 항

---

17) 청태(淸泰)는 2년으로 끝났으니, 다음 연호인 천복(天福) 2년이 맞다.

복하지 않았다. 이에 태조가 산 아래에 이르러 보양에게 쉽게 제압할 계책을 물으니, 보양이 대답하였다.

"무릇 개라는 것은 밤에만 지키고 낮에는 지키지 않으며, 앞만 지키고 뒤는 잊는 것이니 마땅히 낮에 견성의 북쪽을 치소서."

태조가 그 말대로 하니 과연 항복하는지라, 그 신통한 계략을 가상히 여겨 해마다 가까운 고을의 세금 벼 50섬을 주어 향화로 쓰게 하였다. 그래서 그 절에 (태조와 보양) 두 성인의 초상을 모시고 봉성사(奉聖寺)라 하였다. 뒤에 법사는 작갑사로 옮겨서 불법을 크게 개창하고 그곳에서 일생을 마쳤다.

법사의 행장이 옛 전기에는 실리지 않았고, 속전에 이르되 석굴사(石崛寺)의 비허(備虛 : 비허(毘虛)라고도 함)와 형제가 되었는데, 봉성사·석굴사·운문사 세 절의 봉우리가 맞대어 즐비하게 이어져 서로 왕래했다 한다.

후세 사람들이 《신라이전(新羅異傳)》을 개작하면서 함부로 작탑, 이무기의 일을 《원광법사전》 속에 기록하고 견성의 사실은 《비허전(毗虛傳)》에 넣은 것은 잘못된 것인데, 《해동승전》을 지은 자가 그대로 따라서 윤색하여 보양의 전기를 없애 후세 사람이 의심하고 잘못 알게 되었으니 그 얼마나 터무니없는 일인가?

양지사석(良志使錫)

양지, 지팡이 부리다

승려 양지(良志)의 조상이나 고향은 알 수 없고, 오직 그 행적이 선덕왕 때에 나타나 있었다. 석장(錫杖 : 지팡이) 끝에 베주머니를 걸어 놓으면 그 석장이 저절로 날아 보시(시주)하는 집에 가 흔들어 소리를 낸다. 그 집에서 알고 공양미를 넣어 주었고, 자루에 차면 석장이 날아 절로 되돌아왔으므로 석장사(錫杖寺)라 하였다.

양지는 그 신기함이 대개 이러해서 헤아릴 수가 없었다. 그밖에도 여러 가지 재주가 능통하여 신묘하기 비할 데 없으며, 또한 문장에 능하였다. 영묘사(靈廟寺)의 장륙삼존(丈六三尊)과 천왕상(天王像) 및 전탑을 덮은 기와, 천왕사(天王寺) 탑 아래의 팔부신장(八部神將), 법림사(法林寺)의 주불삼존(主佛三尊)과 좌우금강신(左右金剛神) 등은 모두 그가 만든 것이고, 영묘사와 법림사 현판을 그가 썼다. 또한 일찍이 벽돌을 새겨 조그마한 탑을 만들고, 아울러 불상 3천여 개를 만들어 그 탑에 봉안하여 절 안에 모시고 예를 올렸다. 영묘사 장륙존상을 만들 때도 스스로 선정(禪定 : 참선하여 삼매경에 이름)에 들어가 정수(正受 : 잡념없는 상태)에서 진흙을 빚어 만들었기 때문에 온 장안 사람들이 다투어 진흙을 운반해 주며 노래를 불렀다. 그 풍요(風謠 : 풍속을 읊은 노래)는 이러하다.

오라, 오라, 오라.
오라, 슬프구나.
서럽다, 우리내여.
공덕 닦으러 오라.

지금도 그곳 사람들이 방아를 찧거나, 무엇을 다지거나 하는 일에는 모두 부르니 이때부터 시작된 것이다. 이 장륙존상을 조성할 때의 비용으로 곡식 2만 3천 7백 섬이 들었다(혹은 금칠할 때에 든 돈이라 한다).

논평하여 말한다.

"법사는 재주가 많고 덕이 충만한 큰 인물로서 하찮은 재주에 숨은 자라 하겠다."

다음과 같이 기린다.

공양 뒤면 석장 짚고 뜰에서 노닐고
고요하면 화롯불에 전단향을 피우네.
경을 읽고 끝낸 뒤 다른 일 없어
불상을 조성하고 합장하여 우러르네.

귀축제사(歸竺諸師)

천축으로 간 승려들

광함(廣函)[18]에 있는 《구법고승전(求法高僧傳)》[19]에서는 다음과 같이 말

---

18) 광함(廣函) : 해인사 《팔만대장경》의 책 분류 번호표.

한다.

승려 아리나(阿離那 : 아리야(阿離耶)
로도 쓴다) 발마(跋摩 : 마(摩)를 마(磨)
로도 쓴다)는 신라 사람인데, 처음에는 정교(正敎 : 불교를
뜻함)를 구하러 일찍이 중국에 들어갔다가, 성인의 자취를 직접 보고 싶은 마음에 용기가 생겼다. 정관(貞觀) 연간(627~649)에 장안을 떠나 오천축(五天竺)[20]에 이르러 나란타사(那蘭陀寺)에 있으면서 율론(律論)을 많이 열람하고, 불경을 커다란 나뭇잎에 베껴 썼다. (고국으로) 돌아오려는 마음 간절하였으나, 기약한 것을 이루지 못하고 그 절에서 무상한 70여 세의 나이로 죽었다.

그를 계승하여 혜업(惠業)·현태(玄泰)·구본(求本)·현각(玄恪)·혜륜(惠輪)·현유(玄遊)와 이름이 알려지지 않은 두 명의 법사가 모두 자신을 잊고 불법을 좇아 천축에 와서 부처의 가르침을 배웠다. 그러나 어떤 이는 중도에서 일찍 죽거나 그 절에 머물렀지만, 끝내 신라[鷄貴]나 당나라로 돌아온 이가 없었고, 현태법사만이 당나라에 돌아왔으나, 역시 죽은 곳을 알지 못한다.

천축 사람들이 우리 나라를 구구탁예설라(矩矩吒䃜說羅)라고 부르니, 구구탁은 닭[鷄]이란 말이요, 예설라는 존귀함[貴]을 말하는 것이다.

그 나라 사람들이 전하여 말하였다. "신라는 닭의 신[鷄神]을 존경하는 까닭에 그 깃털을 머리에 꽂아 장식한다."

다음과 같이 기린다.

천축땅은 멀고 멀어 만첩산이 가려 있네.
가련하게도 유학사들 힘들여 오르려 하는구나.
몇 번이나 저 달 따라 외로운 배 보냈건만
구름 따라 석장 짚고 오는 이 못 보았구나.

---

19) 구법고승전(求法高僧傳) : 당나라 의경이 지은 책. 인도로 가서 불법을 익혔던 중국 고승 56명과 신라인 9명이 수록되어 있다.

20) 오천축(五天竺) : 다섯 인도, 즉 동·서·남·북·중앙 인도.

2 혜동진(二.惠同塵)

혜숙과 혜공, 세속을 따르다

승려 혜숙(惠宿)이 화랑인 호세랑(好世郎)의 무리에서 자취를 감추자, 호세랑이 명부에서 그 이름을 빼버렸다. 혜숙은 적선촌(赤善村 : 지금 안강현(安康縣)에 적곡촌(赤谷村)이 있다)에 20여 년을 숨어 살았다.

그때 국선(國仙) 구참공(瞿旵公 : 구강공(瞿康公)이라고도 한다)이 일찍이 교외에서 사냥을 하고 있었는데, 하루는 혜숙이 길에 나와 말고삐를 잡고 청하였다.

"소승도 같이 따라가기를 청합니다."

공이 허락하자 혜숙은 옷을 벗어젖히고 종횡으로 내달리니 공이 기뻐하였다. 그들은 잠시 쉬면서 잡은 고기를 삶고 구워먹는데, 혜숙도 같이 먹으면서 조금도 싫어하는 기색이 없더니, 조금 있다 앞으로 나아가 말하였다.

"지금 더 좋은 고기가 있으니 더 드시겠습니까?"

공이 좋다고 하니, 혜숙이 딴 사람들을 물리치게 하고 자기 허벅지살을 베어서 소반에 바쳐 올리니 옷에는 피가 줄줄 흘러내렸다. 공이 깜짝 놀라며 말하였다.

"어찌하여 이러는가?"

혜숙이 말하였다.

"처음에 나는 공이 어진 사람이라 나를 용납해 주고 만물에 통달하리라 여겨 따랐더니, 이제 공이 하는 일을 보니 살육을 탐하고 남을 해쳐 자신의 몸 살리기에만 성실할 뿐이니, 어찌 어진 자나 군자가 할 일입니까? (공은) 우리와 함께 할 무리가 아닙니다."

혜숙은 옷을 털고 가버렸다. 공이 크게 부끄러워했다. 혜숙이 먹던 것을 살펴보니, 소반에 담았던 고기가 조금도 줄지 않고 그대로 있는지라 매우 이상히 여겨 조정에 돌아가 아뢰니, 진평왕(眞平王)이 듣고 사신을 보내 맞아오라 하였다. 혜숙이 어느 여자와 같이 자리에 누워 있는지라, 사신은 이를 더럽게 여겨 돌아가다가 7, 8리쯤에서 혜숙을 만났다. 어디서 오느냐고 물으니 혜숙이 말하였다.

"성 안에 보시하는 집에서 7일재(齋)를 마치고 돌아오는 길입니다."

사신이 그 말대로 임금께 아뢰자, 사람을 시켜 보시한 집을 조사하게 하니 그것도 사실이었다.

그 뒤 오래지 않아 혜숙이 갑자기 죽으니, 마을 사람들이 이현(耳峴 : 형현(硎峴) 이라고도 한다) 동쪽에 장사지냈다. 때마침 그 마을 사람 중에 이현 서쪽에서 오다가 혜숙을 만나자, 어디로 가느냐고 물었다.

"여기에 오래 살았으므로 다른 곳으로 가보고자 합니다."

이들은 서로 인사하고 헤어졌다. 혜숙이 반 리쯤 가더니 구름을 타고 가는 것을 보았다. 그 사람이 이현 동쪽(수현(隔峴) 이라고도 한다)에 오니 장사지내는 사람들이 아직 모여 있는지라 아까 있었던 일을 상세히 말하였다. 그들이 무덤을 헤쳐 보니, 짚신 한 짝만이 있을 뿐이었다. 지금 안강현(安康縣) 북쪽에 혜숙사라는 절이 있으니 그가 있던 곳이요, 또한 그곳에 부도(고승의 유골을 안치한 둥근 돌탑)가 있다 한다.

승려 혜공(惠空)은 천진공(天眞公)의 집에서 고용살이하던 할미의 아들이다. 아명은 우조(憂助 : 방언 이다)이다. 천진공이 일찍이 종기를 앓아서 거의 죽게 되자 문병하러 오는 이가 길을 메웠다. 그때 우조가 일곱 살이었는데, 어머니에게 물었다.

"집에 무슨 일이 있기에 손님들이 이렇게 많습니까?"

어머니가 대답하였다.

"주인어른의 병이 악화되어 장차 죽게 되었는데, 너는 어찌 그것을 모르느냐?"

우조가 말하였다.

"제가 고칠 수 있습니다."

어머니가 이상히 여겨 공에게 말하였다. 공이 불러오라 하여 병상 앞에 앉히니, 아무 말도 하지 않았는데 조금 후에 종기가 저절로 터졌다. 공은 우연이라 여겨 이상히 생각하지 않았다.

우조가 장성하여 공을 위해 매를 기르는데 공의 마음에 썩 들었다.

그 전에 공의 아우가 관직을 얻어 외지에 가면서 공에게 매 한 마리를 임지에 가지고 가겠다 하여 가지고 간 일이 있었다. 어느 날 저녁에 공이 갑자기 그 매 생각이 나서 내일 새벽에 우조를 시켜 가져오게 해야겠다고 생각했다. 우조는 벌써 주인의 뜻을 알고 날이 채 밝기도 전에 그 매를 가져와 공에게 바쳤다. 공이 크게 놀라 그제야 전에 종기를 낫게 했던 일도 신기한 일이었음을 깨닫고 말하였다.

　"내가 지성하신 분이 우리 집에 의탁해 있는 것을 모르고 그릇된 말과 예 아닌 일로 욕을 많이 보였으니, 그 죄를 어찌 씻겠습니까? 원컨대 이제부터 도사(導師)[21]가 되시어 나를 인도해 주소서."

　마침내 공은 우조에게 절하였다. 우조는 영험이 이미 드러났으므로 마침 내 출가하여 승려가 되어 이름을 혜공이라 바꾸었다. 항상 한적한 절에 있으 면서 매양 미친 듯이 술에 취하여 삼태기를 짊어지고 거리를 돌아다니며 노 래하고 춤추었으므로 사람들은 그를 부궤화상(負簣和尙)이라 하였고, 그가 있는 절을 부개사(夫蓋寺)라 하니, 부개는 삼태기의 향언〔신라말〕이다. 또 부개사 우물 속으로 들어가면 몇 달씩 나오지 않으므로, 우물 이름을 혜공이 라 하였다. 우물 속에서 나올 때는 반드시 푸른 옷을 입은 신동이 먼저 솟아 나오므로, 절의 승려들은 그것으로 우조가 나올 때를 짐작하였다. 우물에서 나와도 옷이 젖지 않았다.

　그는 만년에는 항사사(恒沙寺 : ^{지금 영일현 오어사(吾魚寺)이다. 세간에 항사성인
(恒妙聖人)이 나온 터라 하여 항사동이라 했다 한다)}로 옮겨 머물 었다. 그때 원효(元曉)가 여러 불경의 소(疏)를 짓다가 의심이 나면 혜공에 게 가서 물었는데, 가끔 농담을 하기도 했다.

　하루는 원효와 혜공이 개천에서 고기와 새우 등을 잡아먹고는 돌 위에 똥 을 누었다. 혜공이 그것을 가리키며 말하였다.

　"자네는 똥을 누고 나는 고기를 누었다."

　이 때문에 오어사(吾魚寺)라 이름지었다. 어떤 이는 이것을 원효의 말이 라 하나 잘못이다. 시골에서 그 시내를 모의천(芼矣川)이라고 잘못 부른다.

　구참공이 일찍이 산에 유람갔다가 혜공이 산 속에 죽어 그 시체가 썩어서 벌레 난 것을 보고 한참 슬퍼하다가 발길을 돌렸다. 그런데 성 안에 들어가 자, 혜공이 크게 취하여 저자에서 노래하며 춤추는 것을 보았다.

　하루는 새끼줄을 가지고 영묘사(靈廟寺)에 들어가 금당과 좌우 경루(經 樓)와 남문의 낭무(廊廡 : ^{정전에
부속된 건물})를 둘러 묶고 강사(剛司)에게 이르기를 "이 새끼줄을 반드시 3일 뒤에 풀라" 하였다. 강사가 이상히 여겨 그대로 하

---

21) 도사(導師) : 중생을 불도로 인도하는 스님. 보살.

였더니, 과연 3일 만에 선덕여왕(善德女王)의 어가가 행차하였는데, 지귀(志鬼)가 불을 질러 탑을 태워 버렸으나 오직 새끼줄을 둘러 맨 곳만 화재를 면하였다.

또 신인종(神印宗)[22] 조사(祖師) 명랑(明朗)이 금강사(金剛寺)를 새로 짓고, 낙성연을 베풀었는데, 고승들이 모두 모였으나, 오직 혜공만이 오지 않았으므로, 명랑이 곧 향을 피우고 비니 조금 있다 혜공이 왔다. 그때 마침 큰비가 왔는데도 옷도 젖지 않고 발에는 흙도 묻지 않았다. 혜공이 명랑에게 말하였다.

"은근히 부르기에 왔노라."

그에게는 이러한 신령한 자취가 많았다. 임종할 때는 공중에 높이 떠 있는 채로 입적했는데, 사리가 부지기수로 많았다. 일찍이 《조론(肇論)》[23]을 보고 말하기를 "이것은 내가 옛날에 지은 것이다" 했으니, 이로써 혜공이 승조법사(僧肇法師)의 후신(後身)인 것을 알겠다.

다음과 같이 기린다.

들판에서 사냥하고 여자와 누웠다가
술집에서 미친 듯 노래하고 우물에서 잠잤네.
짚신 한 짝만 남겨 놓고 공중으로 어디 갔나
한 쌍의 보배로운 불 가운데 연꽃이로다.

자장정률(慈藏定律)

자장, 계율을 정하다

대덕 자장(慈藏)의 성은 김씨이니 본래 진한의 진골 소판(蘇判 : 三級의 벼슬) 무림(茂林)의 아들이다. 그의 아버지가 중요한 벼슬을 역임했으나, 자손이 끊어져 없었으므로 이에 삼보(三寶)에 귀의할 생각으로 천부관음(千部觀音)[24]

---

22) 신인종(神印宗) : 진언종(眞言宗)의 하나로, 진덕여왕 원년에 명랑이 세웠다.

23) 조론(肇論) : 후진(後秦)의 승려 승조가 지은 책.

24) 천부관음(千部觀音) : 소원을 들어 준다는 천 개의 손, 천 개의 눈을 가진 관세음보살.

을 만들어 아들 하나 낳기를 바라 기원하였다.

"만일 아들을 낳으면 시주하여 법해(法海)의 길잡이로 삼겠습니다."

그의 어머니가 별이 떨어져 품 안으로 들어오는 꿈을 꾸고 곧 임신하여 아이를 낳았는데, 석가세존과 생일이 한날이라 이름을 선종랑(善宗郎)이라 하였다. 그는 신령한 의지가 맑고 지혜로우며 문장력이 풍부하여 세속의 취향에 물들지 않았다.

양친을 일찍 여의고 속세의 시끄러움이 싫어서 처자를 버리고 전원을 희사하여 원녕사(元寧寺)를 만들고, 홀로 깊숙한 곳에 지내으면서 이리와 호랑이도 피하지 않았다. 고골관(枯骨觀)25)을 닦으면서 게으른 마음이 생기므로 망을 만들어 주위를 가시덩굴로 둘러치고 그 속에 벗고 앉아서 조금만 움직여도 가시에 찔리게 하고, 머리를 풀어 대들보에 매 졸음을 쫓았다.

그때 마침 재상의 자리가 비어 있어 문벌로서 후임자로 물망에 올라 조정에서 여러 차례 불러도 나아가지 않았다. 왕이 하교하되 "오지 않으면 참형하라" 하였다. 자장이 그 말을 듣고 말하였다.

"내가 차라리 하루 동안 계행을 지키다 죽을지언정 파계하고 100년을 계율을 어기면서 살기 원하지 않는다."

그 사연을 아뢰었더니 임금은 출가를 허락하였다.

그는 바위산에 깊숙이 숨어 살면서 식량도 걱정하지 않으니, 때로는 이상한 새들이 과실을 물고 와 공양하니 받아 먹었다. 얼마 뒤 꿈에 천사가 와서 오계(五戒)를 일러 주므로, 그제야 산에서 내려오니 마을의 남녀들이 다투어 나와서 계를 받았다.

자장이 변방에 태어난 것을 탄식하며 서쪽으로 유학하여 큰 교화(불교)를 받기 바라더니, 인평(仁平)26) 3년 병신년(636 : 정관10년)에 칙명을 받고 제자 승려 실(實) 등 10여 명과 당나라에 가서 청량산(淸凉山)을 찾았다. 그 산에는 만수대성(曼殊大聖 : 문수보살)의 소상(塑像)이 있었다. 전하는 말에 "제석천왕(帝釋天王)이 석공을 데리고 와서 조성했다" 한다. 자장이 그 성상 앞에서 명감이 있기를 기원하였는데, 꿈에 성상이 머리를 어루만지면서 게송(偈頌)

---

25) 고골관(枯骨觀) : 백골이 되는 것을 보면서 인생의 덧없음을 깨닫는 고행법.

26) 신라 선덕여왕의 연호.

을 일러 주었으나, 깨어서도 그 뜻을 알지 못하였다. 이튿날 아침에 어느 이상한 스님이 와서 해석해 주고(이미 황룡사탑 편에 나왔다) 또 이렇게 말하였다.

"비록 만 가지를 배우더라도 이 게송보다 나은 것이 없다."

그러고는 가사와 사리 등을 주고는 사라졌다(자장이 처음에 이 사실을 숨겼기 때문에 《당승전》에 없다).

자장은 자신이 이미 문수대성을 받은 줄 알고, 이에 북대(北臺)에서 내려와 태화지(太和池)에 이르러 장안(長安)으로 들어가니, (당나라) 태종이 칙사를 보내 위로하고 승광별원(勝光別院)에 편히 지내게 하여 자주 후한 하사품을 내렸다.

자장은 번거로운 것이 싫어서 표문을 올리고, 종남산(終南山) 운제사(雲際寺)의 동쪽으로 가서 바위에 의지하여 집을 짓고 3년을 살면서 사람이나 신이 계를 받아 영험이 날로 많았으나, 사인이 길어 여기에는 기재하지 않는다. 얼마 뒤 다시 장안으로 들어가 또 황제의 위로와 더불어 의복 비용에 보태도록 비단 2백 필의 하사품을 내렸다.

정관 17년 계묘년(643)에 신라 선덕왕이 표문을 올려 자장을 보내 주도록 요청하니, 태종은 칙령으로 허락하고, 궁중으로 맞아들여 비단 가사 한 벌과 좋은 비단[雜綵] 5백 단을 하사하고 동궁(태자)이 또한 2백 단을 내려주고 또 예물로 주는 것도 많았다.

자장이 본국에는 불경과 불상이 부족하다 하여 장경(藏經) 1부와 모든 번당화개(幡幢花蓋) 등 복리(福利)될 만한 것을 싣고 돌아오니, 온 나라가 환영하였다. 분황사(芬皇寺 : 《당전》에는 왕분사 (王芬寺)라 하였다)에 머물게 하며 쓸 물건과 시중드는 사람을 보내 우대하였다.

어느 해 여름에 궁중으로 청하여 대승론(大乘論)을 강론하게 하고, 또 황룡사(皇龍寺)에서 보살계본(菩薩戒本)을 7일 밤낮으로 강연하니, 하늘에서 단비[甘露]가 내리고 구름이 은은하게 강당을 덮었다. 사부대중(四部大衆)이 모두 신기함에 감탄하였다.

조정에서 의론하여 말하였다.

"우리 나라에 불교가 온 지 비록 오래 되었으나, 불법을 지키고 받드는 규범이나 의례가 없으니 기강을 세워 잘 다스리지 않으면 바로잡을 수 없다."

왕에게 아뢰자 왕은 칙령으로 자장을 대국통(大國統)으로 삼고, 승려의 모든 규칙을 승통에 맡겨 주장하게 하였다(살피건대 북제(北齊)는 천보(天寶) 연간에 나라에서 10통(統)을 두었더니, 유사가 말하기를 직위를 구별함이 마땅하다 하므로,

이에 선제(宣帝)가 법상(法上)과 법사(法師)로 대통(大統)을 삼고, 나머지는 통통(通統)이라 했다. 또 양(梁)·진(陳) 시대에는 국통(國統)·주통(州統)·국도(國都)·주도(州都)·승도(僧都)·승정(僧正)·도유내(都維乃) 등의 이름이 있었으나, 모두 소현조(昭玄曹)에 속했으니 소현조는 승려를 관장하는 관청 이름이다. 당나라 초에는 또 10명의 대덕(大德)이 나올 만큼 성했다. 신라 진흥왕 11년 경오에는 안장법사(安藏法師)로 대서성(大書省) 1명을 삼고, 소서성(小書省)이 2명 있었다. 다음 해 신미년(辛未年)는 고구려의 혜량법사(惠亮法師)를 국통으로 삼았는데, 사주(寺主)라고도 불렀다. 보량법사(寶良法師)로 대도유나(大都維那) 1명을 삼고, 주통(州統) 9명, 군통(郡統) 18명을 두었다가, 자장에 이르러 다시 대국통 1명을 두었으니, 아마 비상근 직책이라, 마치 부례랑(夫禮郎)으로 대각간을 삼고 김유신으로 대대각간을 삼은 것과 같다. 그 뒤 원성대왕 원년에 이르러 또 승관(僧官)을 두고 법전을 고쳐서 대사(大舍) 1명, 사(史) 2명으로 사(司)를 삼아 승려 중에 재행(才行)이 있는 자를 가려서 삼되, 유고(有故) 시에 교체하는 연한은 없었다. 그러므로 지금 자주색 옷을 입은 무리들은 율종(律宗)의 다른 파이다. 향전에 말하되, 자장이 당나라에 가니 태종이 무건전(武乾殿)으로 맞아들여 《화엄경(華嚴經)》의 강론을 청하니, 하늘에서 감로(甘露)가 내리므로 비로소 국사(國師)로 삼았다 함은 잘못이다. 《당전》·《국사》에는 그런 글이 없다).

자장이 이렇게 좋은 기회를 만나자, 용기가 나 불교를 널리 알리고자 하였다. 승려의 5부가 각기 옛 학문을 더 닦고 보름마다 계율을 설법하고, 겨울 봄으로 시험에 응시하게 하여 지계(持戒)와 범계(犯戒)를 알게 하며, 사람을 두어 관리하고 유지하게 하였다. 또한 순찰하는 사람을 두어 시골의 사찰을 두루 돌아 살피게 하고, 승려의 과실을 경계하고 독려하며, 불경과 불상을 엄히 모시는 것을 항례로 삼으니 한 시대의 호법(護法)이 이때에 성대했다. 마치 공자(孔子)가 위(衛)나라에서 노(魯)나라에 돌아와 유악(儒樂)을 바로잡아 (시경의) 아송(雅頌)이 올바름을 얻은 것과 같다.

이때에 나라 안에 계를 받들며 부처를 모시는 이가 열 중에 여덟 아홉이 되었으며, 머리 깎고 불법을 청하는 이가 해마다 늘었다. 이에 통도사(通度寺)를 창건하고, 계단(戒壇 : 계단의 사적은 이미 위에서 말했다)을 증축하여 사방에서 오는 이들을 제도했다. 또 자장의 탄생과 인연이 있는 집을 고쳐 원녕사(元寧寺)로 삼고 낙성연을 열고, 《화엄경[雜花]》 1만 게(偈)를 강론하니 52명의 여인[27]이 감동하고 헌신하여 받들었으며, 문인들에게 그들의 수대로 나무를 심게 하여 그 이적을 표하니 이 나무를 지식수(知識樹)라 하였다.

일찍이 나라의 복장이 중국과 같지 않다 하여 조정에 건의하니 좋다고 허락하는지라, 이에 진덕왕 3년 기유년(649)에 처음으로 중국의 의관을 입도록 허락하고, 다음 해 경술년 초하루를 받들어 비로소 영휘(永徽)란 연호를 행하게 하니, 이로부터 중국에 조회가 있을 때에는 번국(藩國)의 위에 반열하게 되었으니 이는 자장의 공이었다.

만년에 서울을 떠나 강릉군(江陵郡 : 지금의 명주(溟州))에 수다사(水多寺)를 짓고 머물렀는데, 또 꿈에 북대(北臺)에서 보던 것과 같은 이상한 승려가 나타나 말하였다.

---

27) 석가가 세상을 떠나려 할 때 모여든 52종류의 중생들.

"내일 그대를 대송정(大松汀)에서 보리라."

놀라 일어나 일찍 송정에 가니 과연 문수보살(文殊菩薩)이 감응하며 와 있었다. 그에게 법요(法要)를 물으니 대답하였다.

"다시 태백산 갈반지(葛蟠地)에서 만나자."

그러고는 사라졌다 (송정(松汀)에는 지금까지 가시나무가 / 나지 않고 매나 새매도 깃들지 않는다). 자장이 태백산으로 가서 찾다가 큰 뱀이 나무 밑에 서려고 있는 것을 보고 시자(侍者)에게 이르기를 "이곳이 갈반지다" 하고, 그곳에 석남원(石南院 : 지금의 / 정암사(淨岩寺))[28]을 짓고 머물면서 성인이 강림하기만 기다렸다. 하루는 어떤 늙은 거사가 다 떨어진 도포와 칡으로 엮은 삼태기에다 죽은 강아지를 담아 메고 와서 시자에게 말하였다.

"자장을 보려고 왔노라."

"이 산문(山門)에서 모시고 있은 지가 오래지만 우리 스님의 이름을 함부로 부르는 이를 못 보았거늘, 당신은 누구이기에 함부로 말하는가?"

거사는 말하였다.

"그대의 스승에게 알리기나 하여라."

그가 들어가 알렸으나 자장이 이를 깨닫지 못하고 말하였다.

"아마 미친 사람인가 보다."

문인이 나가서 거사를 꾸짖어 내쫓으니 거사가 말하였다.

"가자, 가자, 남을 없수이 여기는 자가 어찌 나를 알아보겠는가?"

거사가 삼태기를 거꾸로 쏟으니 강아지가 사자보좌(獅子寶座)로 변하였고 거기에 올라앉아 빛을 발하며 가버렸다. 자장이 그 말을 듣고 곧 위의를 갖춰 빛을 따라 남쪽 고개에 오르니, 벌써 아득하여 따를 수 없었다. 자장이 그곳에서 몸을 버리어 죽자, 화장하여 뼈는 동굴에 봉안했다.

자장이 세운 사탑이 10여 군데인데, 매번 하나를 세울 때마다 반드시 이상한 상서로움이 있으므로 공양하려는 사람들이 시장을 이루어 며칠 만에 완성하곤 하였다. 자장의 도구와 장삼, 버선 및 태화지의 용이 바친 오리 모양의 목압침(木鴨枕)과 석존의 가사는 모두 통도사에 두었다. 또 헌양현(獻陽縣 : 지금의 / 언양(彦陽))에 압유사(鴨遊寺)가 있으니, 목압침 오리가 일찍이 여기서 이상한 행적을 나타냈으므로 지은 이름이다. 또 원승(圓勝)이라는 승려가 자

---

28) 석남원(石南院) : 강원도 정선군 고한읍에 있는 절.

장보다 먼저 당나라에 들어가서 배우다가 자장과 함께 고향으로 와서 율부(律部)를 널리 펴는 데 조력했다고 한다.

다음과 같이 기린다.

일찍이 청량산에서 꿈을 깨고 돌아오니
칠편(七篇)[29] 삼취(三聚)[30]를 일시에 폈도다.
승속(僧俗)들의 옷을 부끄러이 여겨
신라의 의관을 중국처럼 만들었네.

원효불기(元曉不羈)

원효, 구속받지 않는다

성사(聖師) 원효(元曉)의 속성은 설씨(薛氏)요, 조부는 잉피공(仍皮公) 혹은 적대공(赤大公)이라고도 하니, 지금 적대연(赤大淵) 옆에 임피공의 사당이 있다. 아버지는 담내내말(談㮈乃末)이다. 성사 원효가 처음에 압량군(押梁郡 : 지금의 장산군(章山郡))[31] 남쪽이며 불지촌(佛地村)의 북쪽인 밤나무골 사라수(娑羅樹) 아래에서 태어나니, 마을 이름이 불지(佛地) 혹은 발지촌(發智村 : 속언에서는 불등을촌(佛等乙村)이라 함)이라 하고, 사라수란 세간에서 말하기를 "성사의 본집이 이 골의 서남쪽에 있었는데, 모친이 만삭이 되어 이 골 밤나무 아래를 지나다가 해산을 하게 되었는데, 급한 나머지 집으로 가지도 못하고 남편의 옷을 나무에 걸어 놓고 그 속에서 아기를 낳았기 때문에 그 나무를 사라수라고 했다 한다. 그 나무의 열매도 보통 것과 달라 지금까지도 사라율(娑羅栗)이라고 한다."

예부터 전해오는 이야기에 의하면, 어떤 절 주지가 사노에게 하루 저녁 끼니로 밤 두 개씩 주었더니 사노가 관가에 호소하였다. 관리가 이상히 여겨

밤을 가져다가 살피니, 한 개가 사발 안에 가득한지라 도리어 한 개씩만 주라고 판결하니 그로 인해서 율곡(栗谷 : ^{밤낚}_{무골})이라 했다 한다.

법사가 출가하고 그 집을 희사하여 초개사(初開寺)라 하고, 나무 옆에 절을 지어 사라사(娑羅寺)라 했다 한다. 법사의 행장에 서울 사람이라 한 것은 할아버지와 아버지를 따른 것이라 했다.

《당승전(唐僧傳)》에는 본디 "하상주(下湘州) 사람"이라 했으니, 생각컨대 인덕(麟德)[32] 2년에 문무왕이 상주(上州), 하주(下州)의 땅을 분할해서 삽량주(歃良州)를 두었으니 하주는 지금 창녕군이요, 압량군은 본래 하주의 속현이고, 상주는 지금 상주(尙州)인데 상주(湘州)라고도 한다. 불지촌은 지금 자인현(慈仁縣)에 속하니, 이것은 압량군에서 갈린 것이다.

법사의 아명은 서당(誓幢 : ^{幢은 방언에}_{털이라 한다})이고, 또 다른 이름은 신당(新幢)이다. 처음에 어머니 꿈에 유성이 품으로 들어오더니 그로 인해서 태기가 있었다. 해산할 때에는 오색 구름이 땅을 덮었으니, 이때가 진평왕 39년이요, 대업(大業)[33] 13년 정축년(617)이었다. 그는 날 때부터 영리하여 스승을 따라 배운 것이 아니고(혼자) 배웠는데, 그가 유학한 시말(始末)과 도통한 행적은 《당전》과 그의 행장(行狀)에 자세히 전한다. 그러므로 여기서는 자세히 기재할 수 없고 다만 향전에 실린 한두 가지 이상한 일만 쓴다.

성사가 일찍이, 하루는 미친 사람처럼 거리에서 노래를 불렀다.

누가 내게 자루 빠진 도끼[34]를 주려는가.
내가 하늘 괴는 기둥을 깎겠다.

사람들이 그 뜻을 알지 못했다. 이때 태종무열왕이 듣고 말하였다.

"아마 이 스님이 귀부인을 얻어 어진 아들을 낳겠다는 말 같다. 나라에 위대한 현인이 있으면 더없는 이익이다."

그때 요석궁(瑤石宮 : ^{지금의 학원}_{(學院)이 거기다})에서 홀로 사는 공주가 있었으므로, 궁의

---

32) 인덕(麟德) : 당나라 고종의 연호(664~665).

33) 대업(大業) : 수나라 양제의 연호(605~618).

34) 여성 생식기를 상징, 파계승의 암시.

궁리에게 명하여 원효를 찾아서 궁으로 인도해 들이라 하니, 궁리들이 명을 받들고 성사를 찾으려 하는데 성사는 이미 남산에서 내려와 문천교(蚊川橋 : 사천(沙川)을 속칭 모천(牟川), 또는 문천(蚊川)이라 하며 또 다리 이름을 유교(楡橋)라고도 한다)를 지나다가 그들과 만나자, 일부러 물에 빠져 옷이 젖었다. 궁리는 성사를 요석궁으로 이끌어 옷을 갈아입히고 그곳에 머물게 하였다. 공주가 과연 태기가 있어 설총(薛聰)을 낳았다.

설총은 나면서 총명하여 경사(經史)에 박통하였으며, 신라 10현(十賢) 중의 한 분이다. 방음(方音)[35]으로 중국과 우리의 풍속과 문물 이름에도 통달하고 육경(六經)과 문학에 토를 달고 해석하여, 지금까지도 나라에서 경을 배우려는 이들이 전수하여 끊이지 않는다.

원효가 이미 파계하여 설총을 낳은 뒤로는 속인의 의복으로 갈아 입고 스스로 소성거사(小性居士)라 했다. 우연히 광대들이 춤추며 놀리는 큰 뒤웅박을 얻으니, 그 모양이 기괴하므로 그 모양대로 도구를 만들어 《화엄경》에 말한 "일체의 무애인(無碍人 : 생사(生死)가 곧 열반(涅槃)임을 아는 사람)은 한 번에 생사의 길에서 벗어난다"는 뜻을 취하여 이름을 무애(無㝵)로 짓고, 노래를 만들어 세상에 유행시켰다.

원효는 이것을 가지고 수많은 부락을 돌며 노래하고 춤추며 교화시키고 돌아왔으니, 뽕나무를 키우는 노인이나 옹기장이, 무지한 무리들도 모두 불타(佛陀)의 이름을 알며, 나무아미타불을 부르게 된 것은 실로 원효의 공이 컸다.

그가 탄생한 인연이 있던 곳의 이름이 불지촌이며 절을 초개사라 하고, 스스로 원효라 한 것도 모두 불교를 처음으로 빛나게 하였다는 뜻이다. 원효라는 이름 또한 방언이니 당시 사람들이 "해가 돋는다"는 것으로 말한 것이다.

원효가 일찍이 분황사(芬皇寺)에 머물면서 《화엄경소(華嚴經疏)》를 짓다가 제40 회향품(廻向品)에 이르러 마침내 붓을 놓았으며, 또 일찍이 송사로 인해서 몸을 백송(百松)으로 나누었으므로 모두 성사의 법위(法位)가 초지(初地)[36]에 이른 것이라 한다. 또 해룡의 권유로 조서(詔書)를 받들고 길에

---

35) 방음(方音) : 이두로 《삼국사기》 〈신라열전〉 설총 조에 '방언'이라 하였다.

36) 초지(初地) : 보살이 수행하는 52계위 중 10지위 첫 단계인 환락지(歡樂地).

서 《삼매경소(三昧經疏)》를 지으며, 붓과 벼루를 소의 두 뿔 사이에 두고 다녔기 때문에 각승(角乘)이라고도 한다. 또한 본각(本覺)[37]과 시각(始覺)[38]의 미묘한 뜻을 나타낸 것이며, 대안법사(大安法師)가 배열하여 종이를 붙였으니, 음(晉)을 알고 화답한 것이라 한다.

성사가 입적하니, 설총이 유해를 잘게 갈아 산 모습[眞容]을 빚어 분황사에 봉안하고, 죽을 때까지 경도하는 뜻을 표하였다.

언젠가는 설총이 옆에서 절을 하니, 소상이 홀연히 돌아보았는데, 지금까지도 돌아본 채 있다고 한다. 원효가 거처하던 혈사(穴寺) 곁에 설총의 집터가 있다고 한다.

다음과 같이 기린다.

　　각승(角乘)은 처음으로 《삼매경》의 주축을 폈고
　　무호(舞壺)는 마침내 온 거리의 풍습이 되었네.
　　요석궁 달밤에 봄잠 자고 갔는데
　　분황사 문 닫으니 돌아보는 영상도 비었구나.

의상전교(義湘傳教)

의상, 화엄종 전하다

법사 의상은 아버지가 한신(韓信)이고 성은 김씨이다. 29세에 서울(경주) 황복사(皇福寺)[39]에서 머리 깎고 승려가 되었다. 얼마 뒤 서쪽으로 유학하고자 생각하여 마침 원효와 함께 요동(遼東)으로 가다가 변방의 수졸들에게 첩자로 의심받아 수십 일을 갇혔다가 간신히 죽음을 면하고 돌아왔다 (이 사실은 최치원이 지은 의상의 본전과 원효대사의 행장 중에 있다).

영휘(永徽) 원년(650)에 마침 귀국하는 당나라 사신의 배가 있어 편승

---

37) 본각(本覺) : 삼각(三覺)의 하나로, 본래부터 가지고 있는 맑고 깨끗한 각성, 진여(眞如).

38) 시각(始覺) : 불법을 듣고 비로소 무명(無明)에서 벗어나 깨달음을 얻는 일.

39) 황복사(皇福寺) : 경주시 남산 동쪽에 있던 절. 터만 남아 있다. 3층석탑이 있다.

하여 중국으로 갔다. 처음에 양주(楊州)에 머물렀다가 주장(州將) 유지인(劉至仁)이 관아에 머무르게 청하며 대접이 융숭하였다. 얼마 후 종남산(終南山)[40] 지상사(至相寺)에 이르러 지엄대사(智儼大師)를 만났다.

지엄이 전날 꿈에 큰 나무가 해동(海東)에 나서 그 가지와 잎에 널리 퍼져 중국[神州]까지 와서 덮이고, 그 위에는 봉황 둥지가 있는데 올라가 찾아보니 마니보주(摩尼寶珠)가 하나 있어 빛이 멀리까지 미쳤다. 그 꿈을 깨고는 이상하여 청소를 깨끗이 하고 기다렸더니 의상이 왔다. 지엄이 극진한 예로 맞아들이며 조용히 일러 말하기를 "나의 어제 꿈이 그대가 올 징조였다" 하고 의상의 입실을 허락했다.

의상이 《화엄경(華嚴經)》의 오묘한 뜻을 깊게까지 분석하니 지엄은 영특한 재질을 만난 것을 기뻐하며, 새로운 이치를 가르쳤다. 가히 깊은 것을 끌어 내고 숨은 것을 찾아내어 스승을 뛰어넘는 경지에 이르렀다.

그때 신라의 승상 김흠순(金欽純 : 딴 책에는 김인문이라 함)과 김양도(金良圖) 등이 당나라에 갇혀 있었으며, 당나라 고종(高宗)이 크게 군사를 일으켜 신라를 치려 하였다. 김흠순 등이 은밀히 의상에게 사람을 보내 먼저 신라로 가라 권유하므로, 함형(咸亨) 원년 경오년(670)에 환국하여 그 사실을 조정에 알렸다. 조정에서는 대덕 신인종(神印宗)의 대덕 명랑(明朗)에게 명하여 비밀단법(秘密壇法)을 세우고 법령을 내어 기도하니 나라의 위기를 면하였다.

의봉(儀鳳) 원년(676)에 의상이 태백산(太伯山)으로 돌아가 조정의 명을 받들어 부석사(浮石寺)를 창건하고 대승(大乘)을 펴서 포교하니 영감이 많이 나타났다. 종남산 지엄의 문인 현수(賢首 : 법장)가 《수현소(搜玄疏)》[41]를 쓰고 그 부본(副本)을 의상에게 보내면서 은근히 편지를 전하였다.

"서경 숭복사(崇福寺)의 승려 법장(法藏)[42]은 글월을 해동 신라 화엄법사의 시자(侍者)에게 올리나이다. 한번 이별한 뒤로 20여 년이 되었으나 기울여 바라는 정성이 어찌 마음에서 떠나리까. 더욱이 만 리의 연기와 구름이 가로막고, 바다와 육지가 천 겹이나 가렸으니, 이 한 몸이 다시 뵙지 못하는

---

40) 종남산(終南山) : 당나라 수도 장안의 남산, 사찰이 많다.

41) 수현소(搜玄疏) : 《화엄탐현기》를 말한다.

42) 법장(法藏) : 중국 화엄종의 제3조.

것이 한스럽습니다. 연연한 회포 금할 길이 없습니다. 묵은 인연을 같이하여 금세에서 학업을 닦았기 때문에 아마 이승의 업이 같은가 봅니다. 이러한 과보(果報)를 받아 《화엄경》에 함께 목욕하며, 특별히 선사(先師)에게 심오한 경전의 가르침을 입은 것입니다. 우러러 듣자오니, 상인(上人)께서는 귀향하신 뒤로 화엄을 펴시고 법계를 선양하여, 끝없는 연기(緣起)가 제망(帝網)처럼 겹치고 겹쳐 새롭고 새로운 불국(佛國)에 이익을 널리 펴신다 하오니 기뻐 날뛰는 마음 더욱 깊습니다. 그리하여 여래께서 입적하신 뒤에 불일(佛日)을 빛내고 법륜을 다시 운전하여 불법이 오래 머무르도록 한 분은 오직 법사뿐입니다. 저 법장은 진취한 것이 없고 두루 갖춘 것도 적은 상황이라, 우러러 생각컨대 이 경전을 선사께 드리는 것이 부끄럽습니다. 분수에 따라 지켜 버리지 않고 이 업에 의지하여 내세의 인연이나 맺기를 바랍니다. 다만 스님의 장소(章疏)는, 뜻은 풍부하나 너무 간략하여 후세 사람들이 이해하기 어려울 것 같은지라 이에 스님의 오묘한 말씀이나 뜻을 초록하여 주석글〔義記〕을 완성했습니다. 근일 승전법사(勝詮法師)가 그것을 옮겨써서 돌아가 그곳에 전할 것입니다. 청컨대 상인께서는 그것을 자세히 검토하시어 옳고 그름을 가르쳐 주시면 다행이겠습니다. 바라건대 마땅히 내세에서는 제 몸을 버리고 또 다른 사람의 몸으로 태어나, 서로 함께 노사나불(盧斯那佛)의 무궁한 묘법을 듣고, 이러한 무량한 보현행원(普賢行願)을 닦읍시다. 만일 남은 악업(惡業)으로 일조에 타락하더라도 바라건대 상인께서는 지난날의 교분을 버리지 마시고 어디를 가든지 정도(正道)를 보여 주시고, 인편이 있을 때마다 생사를 물어 주소서. 다 아뢰지 못합니다(이 글은 《대문류(大文類)》에 실려 있다)."

의상은 이에 10개의 사찰에 가르침을 전하였다. 태백산의 부석사, 원주의 비마라사(毘摩羅寺), 가야산의 해인사(海印寺), 비슬산(毗瑟山)[43]의 옥천사(玉泉寺), 금정산(金井山)의 범어사(梵魚寺), 남악(南嶽 : 지리산)의 화엄사(華嚴寺) 등이 그곳이다.

또 《법계도서인(法界圖書印)》과 아울러 《약소(略疏)》를 지으니 일승(一乘)[44]의 요점을 모두 기록하여 천 년의 모범이 되게 하자, 서로 다투어 보배로 지녔다. 그밖에는 찬술한 것이 없지만, 한 점의 고기로 한 솥의 국맛을

---

43) 비슬산(毗瑟山) : 경남 창녕 소재.

알 수 있다. 법계도(法界圖)가 총장(總章) 원년 무진년(668)에 이루어지고, 이 해에 지엄도 입적했으니, 마치 공자(孔子)가 "기린(麒麟)을 잡았다"는 구절에서 붓을 꺾고 만 것과 같다.

세상에 전하기는, 의상은 금산보개(金山寶蓋)[45]의 화신이라 한다. 제자로는 오진(悟眞)·지통(智通)·표훈(表訓)·진정(眞定)·진장(眞藏)·도융(道融)·양원(良圓)·상원(相源)·능인(能仁)·의적(義寂) 등 10대덕(十大德)이 우두머리가 되니 모두 아성(亞聖 : 성인(聖人) 다음가는 현인(賢人))이었고, 각각 전기(傳記)가 있다.

오진은 일찍이 하가산(下柯山) 골암사(鶻嵓寺)에 있으면서, 밤마다 부석사(浮石寺)의 등불을 켰으며, 지통은 《추동기(錐洞記)》를 지었으니, 대개는 의상에게 적접 가르침을 받았기 때문에 문사(文辭)가 매우 조예가 있고 오묘했다. 표훈은 불국사(佛國寺)에 머물면서 천궁에 왕래하였다. 의상이 황복사에 있을 때 제자들과 탑돌이할 때면 늘 허공으로 걸어 오르고 계단을 밟지 않았으므로, 그 탑에는 계단을 만들지 않았다. 제자들이 3자쯤 떠서 허공을 밟고 돌아가는데 의상이 돌아보고 이르기를 "세상 사람들이 이것을 보면 반드시 괴이하다 할 것이니 세상에는 가르칠 수 없다" 하였다. 다른 것은 최치원이 지은 본전과 같다.

다음과 같이 기린다.

연진(煙塵) 무릅쓰고 산 넘고 바다 건너니
지상사 문 앞에서 보배를 맞네.
잡화(雜花 : 화엄)를 캐어다 고국에 심으니
종남산(唐)과 태백산(新羅)이 같은 봄이로다.

사복불언(蛇福不言)

사복, 말을 못하다

서울(경주)의 만선북리(萬善北里)에 사는 한 과부가 남편 없이 아이를 낳

---

44) 일승(一乘) : 중생을 구제하는 교법.

45) 금산보개(金山寶蓋) : 부처를 뜻함.

았다. 나이가 열두 살이 되도록 말도 못하고 일어나지도 못하므로, 이름을 사동(蛇童 : 다음에 사복(蛇卜) 혹은 사파(蛇巴) 또는 사복(蛇伏)이라 쓴 것은 모두 사동을 말한다)이라 하였다.

그의 어머니가 죽었을 때, 원효대사는 고선사(高仙寺)에 있었다. 원효가 사복을 보고 맞아서 예를 하니, 사복이 답례는 않으며 말하였다.

"그대와 내가 옛날 불경을 실었던 암소가 이제 죽었으니 함께 장사지내는 것이 어떻겠는가?"

원효가 "그러자" 하고 그의 집으로 갔다. 사복은 원효에게 포살수계(布薩授戒) [46]를 해 달라 하므로 원효가 시신에 다가가 빌었다.

"태어나지 말지니 그 죽는 것이 괴롭도다. 죽지 말지니 그 사는 것이 괴롭도다."

사복이 말하였다.

"말이 어찌 그리 번거로운가?"

그래서 원효가 다시 말하였다.

"죽고 사는 것은 괴로운 일이로다."

두 사람이 상여를 메고 활리산(活里山) 동쪽으로 갔다. 원효가 말하였다.

"지혜로운 범은 지혜로운 숲속에 장사지내는 것이 마땅하지 않은가?"

사복이 게송을 지어 말하였다.

"옛날 석가모니불이 사라수 사이에서 열반하였으니, 지금도 역시 그와 같은 자가 있어 연화장계(蓮花藏界)의 넓은 데로 들어가려 하노라."

말을 마치고 풀뿌리를 뽑으니, 그 밑에 세계가 있어 명랑하고 맑으며, 7겹의 난간과 누각이 장엄하여 인간 세상은 아니더라. 사복이 시체를 짊어지고 같이 땅 속으로 들어가니 땅은 메워졌다. 원효는 이에 혼자 돌아오고 말았다.

훗날 사람들이 금강산 동남쪽에 절을 짓고 이름을 도량사(道場寺)라 하고 매년 3월 14일에 점찰법회(占察法會) [47]를 행하였으니 사복이 세상에 드러낸 것은 오직 이것뿐이었다. 항간에는 황당한 말이 많으니 우스운 일이다.

---

46) 포살수계(布薩授戒) : 불교에서 계율을 범한 자가 다른 승려들에게 고백이나 참회하는 의식.

47) 점찰법회(占察法會) : 《점찰경(占察經)》에 의한 법회로, 원광법사가 시조이다.

다음과 같이 기린다.

묵묵히 잠자는 용을 이상하다 하지 마오.
떠날 때 한 곡조에 여러 가지 숨겼도다.
괴로운 생사라도 원래는 고통이 아니니,
연화장 떠도는 세계가 넓기도 하네.

진표전간(眞表傳簡)
진표, 간자를 전하다

승려 진표(眞表)는 완산주(完山州 : 지금의 전주목(全州牧))의 만경현(萬頃縣 : 혹은 두내산현(豆乃山縣)이라 하며 혹은 나산현(邪山縣)이라고도 하는데, 지금 만경(萬頃)의 옛 이름은 두내산현이다. 관녕전(貫寧傳)에서 진표의 향리를 금산현(金山縣) 사람이라 하였으니, 절 이름과 현 이름을 혼동한 것이다) 사람이다. 아버지는 진내말(眞乃末)이요, 어머니는 길보랑(吉寶娘)이고 성은 정씨(井氏)이다.

나이 12세에 금산사(金山寺) 숭제법사(崇濟法師)[48]의 문하에 들어가 삭발하고 승려가 되어 배우기를 청했다. 법사가 말하였다.

"내가 일찍이 당나라에 들어가서 선도삼장(善導三藏)에게 수업한 연후에 오대산(五臺山)에 들어가 문수보살(文殊菩薩)의 헌신에 감응되어 오계를 받았노라."

진표가 물었다.

"얼마나 부지런하면 계를 얻습니까?"

숭제법사가 말하였다.

"정성만 지극하면 1년을 넘지 않느니라."

진표는 법사의 말을 듣고 모든 명산을 두루 돌아 선계산(仙溪山) 불사의암(不思議庵)에 머물러 삼업(三業 : 몸·입·뜻)을 수련하기로 하고, 망신참법(亡身懺法)[49]의 계를 얻었다. 처음에는 7일로 기한을 삼고 오체(五體 : 온몸)를 바위에 부딪쳐 무릎과 팔꿈치가 모두 깨지고, 피가 바위에 물들었다. 그래도 영

---

48) 선도삼장(善導三藏) : 경(經)·율(律)·논(論) 등 삼장을 잘 아는 스님.

49) 망신참법(亡身懺法) : 자신의 몸을 희생하는 참회 방법. 뒤에 '계를 얻었다'는 말은 원문에 글자가 없어진 부분이다.

험이 없자, 몸을 버리기로 결단하고 다시 7일을 기약하여 이칠일(14일)을 마치자, 마침내 지장보살(地藏菩薩)이 나타나 정계(淨戒)를 받으니, 그것이 개원(開元) 28년 경진년(740) 3월 15일이요, 그때 나이 23세였다.

그러나 뜻이 미륵보살에 있었으므로 감히 중지하지 못하고, 이어 영산사(靈山寺 : 일명 변산(邊山) 또는 능가산(楞伽山)이라 한다)로 옮겨가서 여전히 정진하였다. 과연 미륵보살이 나타나서 《점찰경(占察經)》 두 권(이 경은 진(陳), 수(隋) 간에 외국에서 번역된 것으로 지금 처음 나온 것은 아닌데 미륵보살이 이 경을 진표에게 주었다는 말이다)을 주며, 아울러 증과(證果)하는 간자(簡子 : 패쪽) 189개를 주면서 말하였다.

"이 중의 제8간자는 새로 얻은 묘계(妙戒)를 비유한 것이요, 제9간자는 더 얻는 구계(具戒)를 비유한 것이다. 이 두 간자는 내 손가락뼈이고, 나머지는 모두 침향목(沈香木)으로 만든 것으로 모든 번뇌를 비유한 것이다. 네가 이것으로 세상에 불법을 전해서 사람을 제도하는 지름길로 삼도록 하라."

진표가 미륵보살의 가르침을 받고 금산사(金山寺)에 와서 머물며 해마다 법단을 열어 법시(法施 : 불교의 가르침)를 널리 베푸니, 단석(壇席)의 엄정함이 세상에는 더 없었다. 교화가 이미 두루 미치자, 유람하여 아슬라주(阿瑟羅州)에 이르니, 섬 사이에 물고기들이 다리를 만들어 수궁으로 맞아들여 불법을 강론하고 계를 주었다. 이것이 천보(天寶) 11년 임진년(752) 2월 보름이었다. 어떤 책에 원화(元和) 6년이라 한 것은 잘못이다. 원화는 헌덕왕(憲德王 : 성(경)덕왕과 70년의 차이가 난다) 때에 해당한다. 경덕왕이 이 말을 듣고 궁중으로 맞아들여 보살계(菩薩戒)를 받고 벼 7만 7천 섬을 보시하며, 황후와 궁녀들도 모두 계품을 받고 비단 5백 단과 황금 50냥을 보시하였다. 모두 받아 산문에 나눠 주어 불사를 널리 일으키게 하였다.

진표의 골석(骨石 : 삵)은 지금 발연사(鉢淵寺)에 있으니, 곧 물고기에게 계를 주던 곳이다.

진표에게 법을 얻은 영수로는 영심(永深)·보종(寶宗)·신방(信芳)·체진(體珍)·진해(珍海)·진선(眞善)·석충(釋忠) 등인데, 모두 산문의 조사(祖師)가 되었다.

영심은 진표에게서 간자를 전해 받고 속리산에 머물면서 법통을 이어갔는데, 단(壇)을 꾸미는 방법은 점찰 육륜(六輪)과 조금 다르나 수행 방법은 산중에 전하는 법규와 같았다.

《당승전(唐僧傳)》을 살펴보면 이러하다.

개황(開皇) 13년(593)에 광주(廣州)에 어떤 승려가 참법(懺法)을 행하는데, 가죽으로 첩자(帖子) 2매를 만들어 선과 악 두 자를 써서 사람들에게 던지게 하여 선이란 글자를 얻으면 길하다 하였다. 또 스스로 박참법(撲懺法)[50]을 행하여 죄를 없앨 수 있다고 하였다. 남녀가 서로 둘러앉아 망령되이 받으며 은밀히 행하므로, 청주(靑州)에서 소문을 듣고 관리들이 검색하고는 요망한 짓이라 하니, 그들이 말하였다.

"이 탑참법(搭懺法)은 《점찰경》에 의한 것이며, 박참법은 모든 불경 중에 오체(五體)를 땅에 던져 마치 큰 산이 무너짐과 같음을 따른 것이다."

이와 같은 사실을 위에 아뢰니, 내사시랑 이원찬(李元撰)에게 명하여 대흥사(大興寺)에 가서 대덕들에게 묻게 하니, 큰 스님 법경(法經)과 언종(彦琮)이 대답하였다.

"《점찰경》은 현재 두 권이 있는데, 제목에 보리등(菩提燈)이라 한 것은 외국에서 번역한 것입니다. 근래에 나온 것 같으며, 또한 사본으로 전한 자도 있으나 여러 기록을 조사해 보아도 정확한 이름, 역자, 연대, 장소가 없고, 탑참은 여러 가지 경과는 다르니 여기에 의거하여 따를 수가 없습니다."

그래서 칙령으로 금하게 했다.

이제 시론하건대 청주의 거사(居士)들이 한 탑참 따위의 사건을 마치 대유학자들이 시서(詩書)까지 읽고도 남의 무덤파는 것과 같으니, 마치 '범을 그리다가 이루지 못하고 개를 그린 것'과 같다. 부처가 예방한 것이 바로 이 때문이지만, 《점찰경》에 번역자나 연대, 장소가 없기 때문에 의심스럽다 하면, 역시 삼[麻]을 취하고 금(金)을 버린 것과 같다. 왜냐하면, 그 경문을 자세히 보면, 부처가 중생을 교화하는 설법이 깊고 빈틈없으며, 더러움을 씻어 버리고 게으른 사람을 깨우쳐 주기가 이 책만한 것이 없기 때문이다. 그러므로 대승참(大乘懺)이라고도 하며, 또한 육근(六根)[51] 중에서 나왔다는 것이다.

개원(開元)과 정원(貞元)에 나온 두 《석교록(釋敎錄)》 중에도 정장(正藏)

---

50) 박참법(撲懺法) : 자신의 몸을 학대하는 참회 방법.

51) 육근(六根) : 불교의 육식(六識)을 낳는 여섯 가지 근원. 곧 눈·곧·귀·혀·몸·뜻(意)의 총칭.

으로 편입된 것이니, 비록 법성종(法性宗)에는 제외될지라도 상교대승(相敎
大乘)이 되기는 넉넉할 것이다. 어찌 탑참과 박참을 같이 말하랴?

《사리불문경(舍利佛問經)》[52]에 부처가 장자(長者)의 아들에게 말하였다.

"빈야다라(邠若多羅)야, 너는 7일 밤낮으로 전생의 죄를 뉘우쳐 모두 청
정하게 하라."

빈야다라가 가르침을 받들고 밤낮으로 정성을 다해 도를 닦았다. 제5일
저녁이 되어, 방 안에 갖가지 물건이 비오듯 떨어지는데 손수건, 머릿수건,
불자(拂子), 비, 칼, 송곳, 도끼 등이 눈 앞에 떨어졌다. 반야다라가 기뻐서
부처님께 물으니 부처가 말하였다.

"이것은 속세를 벗어날 징조이니 베어 내고 털어 내는 물건이다."

이 말에 의거하건대,《점찰경》에서 윤(輪)을 던져 상(相)을 얻는 것이 어
찌 다르리요? 이에 진표가 참법을 일으켜 간자를 얻었으며, 법문을 듣고 부
처를 본 것이 속임이 없다 할 수 있다. 하물며 거짓이라 하면 미륵보살이 어
찌하여 친히 진표법사에게 주었겠는가? 또 이 경을 금한다면《사리불문경》
도 금할 것인가? 언종의 무리는 가히 '금을 훔칠 때 사람은 보지 못한 것'과
같다고 할 수 있으니 읽는 자들이 자세히 알아야 한다.

다음과 같이 기린다.

　　　말세에 현신하여 귀먹은 자 일깨우니
　　　영악(靈岳)과 선계(仙溪)가 감응이 통했네.
　　　탐참을 전한 것이라 이르지 말지니
　　　다리를 놓아 준 동해의 어룡이 감화되었네.

관동풍악 발연수석기 (關東楓岳 鉢淵藪石記)

이 기록은 사주(寺主) 영잠(瑩岑)이 지어 승안(承安) 4년에 비석을 세운 것

진표율사(眞表律師)는 전주(全州) 벽골군(碧骨郡) 나산촌(那山村) 대정리
(大井里) 사람이다. 나이 12세에 출가할 뜻을 갖자 아버지가 허락하니, 금

---

52) 사리불문경(舍利佛問經) : 부처에게 계율을 묻는 불경.

산수(金山藪)의 순제법사(順濟法師)에게 가서 머리 깎고 승려가 되었다. 순제법사가 사미계법(沙彌戒法)을 주고 《공양차제비법(供養次第秘法)》 1권과 《점찰선악업보경(占察善惡業報經)》 2권을 전해 주며 말하였다.

"너는 이 계법을 가지고 미륵과 지장 두 보살 앞에서 정성으로 참회하여 직접 계를 받아 세상에 전하라."

율사는 가르침을 받들고 물러나와 두루 명산을 돌아다녔다. 나이 이미 27세가 되니, 상원(上元) 원년 경자년(760)에 쌀 20말을 쪄 말려 식량을 만들어 가지고 (부안의) 보안현(保安縣)으로 가서 변산(邊山)의 불사의방(不思議房)에 들어갔다. 하루의 식량을 5홉으로 정하고 그 중 1홉은 쥐를 먹이기로 했다. 율사가 미륵상 앞에서 부지런히 계법을 구했지만 3년이 되어도 수기(授記)[53]를 얻지 못했다. 의분한 마음에 바위 아래로 몸을 던지니 갑자기 청의동자(靑衣童子)가 손으로 받아서 바위 위에 올려놓았다. 율사가 다시 발분하여 삼칠 일을 기약하고 밤낮으로 부지런히 수련하였다. 돌로 몸을 치며 참회하기 사흘 만에, 손과 팔이 부러져 바닥에 떨어졌다. 7일 밤이 되자, 지장보살이 와서 손으로 금석장(金錫杖)을 흔들며 가지(加持)를 주니 손과 팔이 회복되었다. 보살이 가사와 바리때를 주었다. 율사는 그 영험에 감격하여 두 곱절 더 정진하더니 삼칠일(21일)이 차자, 곧 세상을 보는 눈〔天眼〕을 얻어 도솔천(兜率天)의 무리가 와서 예를 행하는 모습을 보게 되었다. 이에 지장보살과 미륵(자씨)보살이 앞에 나타나더니 자씨보살이 율사의 이마를 만지며 말하였다.

"장하다. 대장부로다! 이렇듯 계를 찾아 몸을 아끼지 않고 지성으로 참회하는구나."

그리고 지장보살은 《계본(戒本)》[54]을 주고 자씨보살은 다시 두 개의 나무 간자〔木簡〕를 주니, 하나는 9(九)라 씌어 있고, 또 하나는 8(八)이라 씌어 있었다.

"이 두 간자는 내 손가락 뼈이다. 처음(始)과 근본(本)의 두 깨달음을 비유한 것이다. 또 9란 것은 법이요, 8은 새로 만들어져 부처를 이르는 종자이

---

53) 수기(授記) : 부처가 그 제자에게 내생(來生)에 부처가 되리라는 예언을 주는 일.

54) 계본(戒本) : 승려가 지켜야 할 계율의 조목을 적은 책.

니, 이것으로 인과응보[來報]를 알 것이다. 네가 현세의 몸을 버리고 큰 나라 왕의 몸을 받아, 그 후에는 도솔천궁에서 다시 태어날 것이다."

이와 같이 말을 마치고 두 성인은 사라졌다. 그때가 임인년(762) 4월 27일이었다.

율사가 교법을 다 받고는 금산사(金山寺)를 창건하려고 산에서 내려와 대연진(大淵津)에 이르니, 홀연히 용왕이 나와서 옥가사를 드리고, 8만의 권속을 데리고 금산 숲까지 오니, 사방에서 사람들이 모여 며칠 만에 완공하였다. 다시 자씨보살이 감응하여 도솔천에서 구름을 타고 내려와 율사를 위하여 계법을 주자, 이에 율사가 불도들을 권하여 미륵장륙상(彌勒丈六像)을 주성하였다. 다시 계법을 주던 모습을 금당(金堂)의 남쪽 벽에 그렸다. 불상은 갑진년(764) 6월 9일에 주성하여 병오년(766) 5월 1일에 금당에 안치하니 이 해가 대력(大曆)[55] 원년이었다.

율사가 금산사에서 나와서 속리산으로 가는 길에 소달구지를 타고 오는 자를 만났다. 그 소가 율사 앞에 와서 무릎을 꿇고 울자, 달구지에 탄 사람이 내려와 물었다.

"무슨 이유로 이 소가 스님을 보고 웁니까? 스님은 어디서 오시는 길인지요?"

율사가 대답하였다.

"나는 금산사의 진표라 합니다. 일찍이 변산의 불사의방에 들어가 미륵과 지장 두 보살 앞에서 계법진생(戒法眞栍)을 받았는데, 절을 창건하여 길이 수도할 절을 찾고자 합니다. 이 소들이 겉으로는 어리석지만 속으로는 현명하여 내가 계법 받은 것을 알고, 불법을 존중히 여겨 무릎을 꿇고 우는 것입니다."

그 사람이 그 말을 듣고 말하였다.

"짐승도 오히려 이러한 믿음이 있는데 하물며 우리가 사람이 되어 어찌 믿는 마음이 없겠습니까?"

그는 스스로 낫으로 머리칼을 잘랐다. 율사가 다시 자비심으로 다시 그의 머리를 깎아 주고 계를 일러 주었다.

---

55) 대력(大曆) : 당나라 대종의 연호(766~779).

속리산 골짜기에 이르러 길상초(吉祥草)가 난 곳을 표시해 두고, 다시 명주(溟州 : 강릉)로 향하여 바닷가를 천천히 걷는데 물고기와 자라들이 바다에서 나와 율사 앞으로 모여 육지처럼 이었다. 율사가 그것을 밟고 바다 가운데로 가서 계법을 외어 주고 다시 나와 고성군(高城郡)에 이르렀다. 개골산(皆骨山 : 금강산)에 들어가 발연수(鉢淵藪)를 창시하고 점찰법회를 열어 7년을 거주하였다.

그 때 명주 경내에 흉년이 들어 백성들이 굶주리므로, 율사가 그들을 위하여 계법을 강설하니, 사람마다 받들어 간직하며 삼보(三寶)를 공경하였다. 얼마 뒤 고성 해변에 무수한 고기들이 저절로 죽어 나오므로 백성들이 이것을 팔아 양식을 마련하여 죽음을 면하게 되었다.

율사가 발연수에서 나와 다시 불사의방에 이르렀다가 뒤에 고향 집에 가서 어버이를 만나뵙고, 대덕 진문(眞門)의 방에 나아가 거주하였다. 그때 속리산의 대덕 영심(永深)이 대덕 융종(融宗), 불타(佛陀) 등과 함께 율사의 처소에 와서 간청하였다.

"우리들이 천리를 멀다 않고 와서 계법을 구하오니 원컨대 법문을 열어 주소서."

율사는 묵묵무답이었다. 세 사람이 복숭아나무에 올라가서 거꾸로 땅에 떨어지며 힘써 참회하였다. 율사는 그제야 전교하여 관정(灌頂 : 이마에 물 뿌리는 의식)하고, 가사와 바리때,《공양차제비법》1권,《점찰선악업보경》2권, 간자 189개를 주고 다시 미륵진생 9와 8을 주며 경계하여 말하였다.

"9는 법이요, 8은 새로 만들어질 부처가 되는 종자이다. 내가 이미 부탁했으니 너희들은 이것을 가지고 속리산으로 가서 길상초가 나는 곳이 있으니, 거기에다 절을 짓고 이 교법에 따라 널리 인간 세상을 제도하여 후세에 유포하라."

영심 등이 가르침을 받들고 바로 속리산으로 가서 길상초가 나는 곳을 찾아 절을 세우고 이름을 길상사(吉祥寺)라 하였다. 영심이 여기서 비로소 점찰법회를 개설하였다.

율사는 부친과 함께 다시 발연수로 돌아와 도업(道業)을 닦다가 효행을 다하고 천화(遷化)할 때에 절의 동쪽 바위에 올라 입적하였다. 제자들이 시신을 움직이지 않고 그대로 공양하다가 뼈가 산화할 때에 이르러 흙으로 덮어 무덤을 삼았다. 소나무 한 그루가 곧 돋아났다가 오랜 세월 뒤에 말라 죽고, 다시 한 그루가 나고 뒤에 또 한 그루가 났는데, 그 뿌리는 하나였다. 지금까지도 쌍수가 서 있다.

무릇 경의를 표하는 자들이 소나무 밑에서 뼈를 찾아 얻기도 하고 못 얻기도 했다. 내가 성골(聖骨)이 인멸할까 염려하여 정사년(897) 9월에 소나무 밑에 가서 뼈를 주워 통에 담으니, 세 홉 남짓 되었다. 바위 위의 쌍수 아래에 비석을 세우고 뼈를 봉안하였다.

이 기록에 기재된 진표율사의 사적은 발연석기(鉢淵石記)와 같지 않은 데가 있으므로, 영잠(瑩岑)이 기록한 것을 발췌하여 기재했으니, 뒤의 어진 사람들은 자세히 살피라. 무극(無極)[56]이 기록한다.

승전촉루(勝詮觸髏)

승려 승전(勝詮)은 그 유래가 미상이다. 일찍이 장삿배를 따라 중국에 가서 현수국사(賢首國師) 문하에 나아가 불법을 받고 미묘함을 연구하는 데 정신을 모았다. 보는 눈이 뛰어나서 깊이 천착하고 오묘함을 더듬었다. 그는 인연을 따라 감통하려면 고국으로 가야겠다고 생각했다.

처음에 현수는 의상(義湘)과 같이 배워 함께 지엄화상의 가르침을 받았다. 현수가 스승의 말씀에 대해 뜻을 풀고 과목을 설명했는데, 승전법사가 환국할 즈음 글을 보내 보여주니, 이에 의상이 글을 보냈다 한다.

별기(別記)의 서신은 이러하다.

"《탐현기(探玄記)》 20권, 그 중 두 권은 미완성이고, 《교분기(敎分記)》 3권, 《현의장(玄義章)》 등 잡의 1권, 《화엄범어(華嚴梵語)》 1권, 《기신소(起身疏)》 2권, 《십이문소(十二門疏)》 1권, 《법계무차별논소(法界無差別論疏)》 1권을 모두 옮겨 베껴 승전법사 편에 보냅니다. 지난 번 신라 승려 효충(孝忠)이 금 9푼을 주면서 이것은 '상인(上人)[57]이 보낸 것이다' 하니, 비록 글은 받지 못했으나 그 은혜가 그지없습니다. 지금 서국(西國 : 인도)의 군지조관

---

56) 무극(無極) : 일연의 제자인 보감국사.

57) 의상을 가리킨다.

(軍持澡灌 : 승려가 가지고
다니는 정수용 물병) 하나를 보내 조그만 정성을 표하오니 살펴 받아 주
시기 원하며 삼가 쓰옵니다.”

승전법사가 돌아와 의상에게 서신을 보냈다. 의상이 그 장문(藏文)을 펴
보니 마치 지엄의 교훈을 듣는 듯하여 수십 일 동안 연구하고 토론하여 제자
들에게 전해 주어 널리 풀이하도록 했는데, 이런 말이 〈의상전〉에 있다.

살피건대 이 원융한 가르침이 동방[青丘]에 널리 퍼진 것은 실로 승전법사
의 공이다. 그 뒤에 승려 범수(梵修)가 당나라에 가서 신역한 《후분화엄경
관해의소(後分華嚴經觀解義疏)》를 구해 가지고 돌아와 유통시켰으니, 그때
가 정원(貞元) 기묘년(799)이었다. 이것도 역시 불법을 구하여 널리 선양한
한 예이다.

승전이 이에 상주(尙州) 영내의 개령군(開寧郡)에 절을 짓고 석촉루(石
觸髏)[58]로 관속을 삼고 화엄경을 강론하였다.

신라의 승려 가귀(可歸)는 자못 총명하고 도리를 깨우쳐 불법을 계승하여
공적이 있는 이로서《심원장(心源章)》을 지었으니, 그 대략은 다음과 같다.

“승전법사가 돌[石]의 무리를 거느리고 불경을 강의하였으니, 지금 갈항
사(葛項寺)이다. 그 석촉루 80여 개가 지금까지 강사(綱司)가 전해오고 있
는데, 자못 영험이 있다.”

그 밖의 사정은 비문에 자세히 실려 있고, 대각국사(大覺國師)의 실록(實
錄)에 있는 것과 같다.

심지계조(心地繼祖)

심지, 진표 조사 뒤를 잇다

승려 심지(心地)는 진한(辰韓 : 신라)의 제41대 왕 헌덕대왕(憲德大王) 김씨
의 아들이다. 나면서 효제(孝悌)롭고 천성이 맑고 슬기로웠다. 학문에 뜻을
둘 나이에 출가하여 스승을 따라 불도 닦는 데에 부지런하였다. 중악(中
岳 : 지금의
공산(公山))에 있다가 마침 속리산(俗離山)의 영심(永深)이 진표율사의 불골
간자를 전해 받아 과증법회(果證法會)[59]를 연다는 말을 듣고 뜻을 정하여

---

58) 석촉루(石觸髏) : 돌로 만든 해골, 즉 사람의 형상을 만들었다는 뜻.

찾아갔다. 시기가 늦어 참례에 허락하지 않으므로 뜰에 자리를 깔고 엎드려 대중과 함께 예참했다. 7일을 지나 큰눈이 내렸는데 그가 섰던 땅 사방 10여 자 남짓에는 눈이 날리고 내리지 않으니, 사람들이 신기한 일을 보고 당(堂)에 오르기를 청하나, 병이 났다고 사양하고 방으로 물러났다. 불당을 향해 조용히 예불 올리니 팔굽과 이마에 피가 흘러, 마치 진표율사가 선계산(仙溪山)에서 정진할 때와 같았다.

지장보살이 날마다 와서 위문하더니, 법석(法席)을 마치고 본산으로 가는 도중에 간자(簡子) 두 개가 옷깃에 붙어 있는 것을 보았다. 가지고 돌아가 영심에게 알리니, 영심이 말하였다.

"간자는 함 속에 있는데 그럴 리가 있는가?"

찾아보니 함은 그대로 있었지만, 열어 보니 과연 두 개가 없었다. 영심은 매우 이상히 여겨 간자를 거듭 싸서 넣어 두었다. 심지가 길을 가다 다시 보니, 여전히 간자가 옷깃에 붙어 있으므로, 돌아가 말하자, 영심이 말하였다.

"부처님의 뜻이 자네에게 있으니 자네가 받들고 가게."

간자를 심지에게 주었다. 심지가 공산으로 돌아오니, 중악의 산신이 두 신선을 거느리고 심지를 영접하여 산기슭으로 인도하여 바위에 앉히고, 바위 아래로 내려가 엎드려 삼가 정계(淨戒)를 받았다.

심지가 말하였다.

"지금 적당한 땅을 가려 이 부처님의 간자를 봉안하려는데, 우리는 정할 수가 없으니, 청컨대 세 분과 함께 산에 올라가 간자를 던져 정합시다."

산신들과 함께 산봉우리에 올라가 서쪽을 향해 간자를 던지니, 바람에 날려갔다. 그때 산신이 노래를 지어 불렀다.

바위는 물러가고 평지가 되었으니
낙엽은 흩날리고 눈앞이 밝아지네.
부처님 뼈의 간자 찾아 얻었으니
정결한 곳에 모셔들여 정성 드리겠네.

---

59) 과증법회(果證法會) : 점찰법회

노래를 부르고, 간자를 숲속의 샘에서 찾아 그 자리에 불당을 짓고 봉안하니, 지금 동화사(桐華寺)[60] 첨당(籤堂) 북쪽에 있는 작은 우물이 그곳이다.

고려의 예종이 일찍이 부처님의 간자를 궐내로 모셔들여 배례하는데, 홀연히 제9간자 하나를 잃어, 상아로 대신 만들어 본절로 돌려보냈다. 지금은 점점 변색하여 같은 색이 되어 새것과 옛것을 구별하기 어려우나 그 바탕은 상아도 아니요 옥도 아니다.

살피건대 《점찰경》 상권에 1백 89간자의 이름을 서술하였는데, 그것은 이러하다.

1은 상승(上乘)[61]을 구하여 불퇴(不退)를 얻고, 2는 구한 과(果)를 증명〔證〕함이요, 3과 4는 중하승(中下乘)[62]을 구하여 불퇴를 얻음이요, 5는 신통력을 구하여 성취함이요, 6은 사범(四梵)을 닦아 성취함이요, 7은 세선(世禪)을 닦아 성취함이요, 8은 받고자 하는 묘계(妙戒)를 얻음이요, 9는 일찍이 받은 것에 계구(戒具)를 갖춤이요(이 글로 증명하건대 미륵보살의 말씀하신 바, 신득계(新得戒)란 금생(今生)에 비로소 계를 얻음이요, 구득계란 과거에 계를 얻고서 금생에 또 더 얻는 것이고, 그러므로 수행한 공덕에 따라 본래의 신계, 구계가 있다는 말이 아니다), 10은 믿음에 머무르지 못하면서 하승을 구하려는 것이고, 그 다음은 아직 믿음에 머무르지 못하면서 중승을 구하려는 것이다. 이렇게 해서 172까지는 모두 과거 현세 중에 혹 선하거나 악하거나 얻거나 잃는 일이고, 173은 자신을 버려 지옥에 들어가는 것이요(이하는 모두 미래의 과보이다), 174는 죽어서 축생이 되는 것이다. 이렇게 해서 아귀(餓鬼), 수라(修羅), 인(人), 인왕(人王), 천(天), 천왕(天王), 문법(聞法), 출가(出家), 치성승(値聖僧), 생도솔(生兜率), 생정토(生淨土), 심견불(尋見佛), 주하승(住下乘), 주중승(住中乘)이고, 상승에 머물러 해탈하는 것이 189 등이다(위에서는 주하승으로부터 상승에 이르기까지 불퇴를 얻고 여기서는 상승을 얻어 해탈한다 했으니 이것으로 구별된다). (이들은) 모두 삼세(三世)의 선악과보(善惡果報)의 차별상(差別相)이라, 이것으로 점쳐 보고 그 마음 속으로 행하는 것이 서로 들어맞으면 감응이 된 것이다. 그렇지 않으면 마음에 이르지 않으니 허류(虛謬)라 한다. 곧 8과 9 두 간자는 다만 189간자 중에서 온

---

60) 동화사(桐華寺) : 대구 팔공산에 있는 절.

61) 상승(上乘) : 불교의 가장 심오한 교리, 대승.

62) 중하승(中下乘) : 중승은 삼승의 중간 연각승(緣覺乘). 하승은 삼승의 맨아래 성문승(聲聞乘). 소승.

것인데, 《송전》에는 다만 108첨자(籤子)라 하니, 무슨 까닭인가? 아마 저 108번뇌라 함을 잘못 알고서 이른 것이고, 경문(經文)의 글을 자세히 살피지 못한 때문일 것이다.

또한 고려의 문인 김관의(金寬毅)가 지은 《왕대종록(王代宗錄)》 2권을 살펴보니 다음과 같은 말이 있다.

"신라 말년에 대덕 석충(釋冲)이 진표율사의 가사 한 벌과 계간자(戒簡子) 189개를 고려 태조(高麗太祖)에게 바쳤다."

지금 동화사에 전하는 간자와 같은지 다른지는 자세히 알 수 없다.

다음과 같이 기린다.

귀족의 집안에서 자라나 출가하였고
근검과 총명함은 하늘이 주었다네.
뜰에 쌓인 눈에서 간자를 얻고
동화사 산봉우리에서 던졌다네.

현유가 해화엄(賢瑜伽 海華嚴)
유가종의 대현, 화엄종의 법해

유가종(瑜伽宗)의 시조인 대덕 대현(大賢)은 (경주) 남산(南山) 용장사(茸長寺)에 있었다. 그 절에 미륵장륙석상(彌勒丈六石像)이 있었는데, 대현이 그 주위를 돌면 장륙상도 역시 대현을 따라 얼굴을 돌렸다. 대현은 지혜롭고 분별력 있고 정민(精敏)하며 결단력이 분명하였다.

무릇 법상종(法相宗)[63]의 전경론은 주된 뜻과 이치가 심오하여 분석하기 어려우므로, 중국의 거사 백거이(白居易)도 일찍이 궁구(窮究)하였으나, 알지 못하고 말하였다.

"유식(唯識)[64]은 뜻이 깊어서 깨닫기 어렵고, 인명(因明)[65]은 분석해도

---

63) 법상종(法相宗) : 645년 현장에 의해 중국에 전래된 유식(唯識) 사상과 미륵신앙을 기반으로 성립된 불교 종파.

64) 유식(唯識) : 유식종으로, 법상종을 말한다.

통하지 않는다."

이러하므로 학자들이 감당할 수 없다 하였다. 그러나 대현은 홀로 그릇된 것을 바로잡고, 짧은 시간에 오묘한 뜻을 터득하고 알아내 사리에 통달하였다. 그리하여 우리 나라 후진들이 모두 그의 훈석(訓釋)을 따랐다. 중국 학자들도 가끔 이것을 얻어 귀감으로 삼았다.

경덕대왕 대인 천보 12년 계사년(753) 여름에 크게 가물어, 대현에게 조서를 내려 궐내에 들어와 《금광경(金光經)》을 강론하게 하여 단비를 빌도록 하였다. 하루는 재식을 올리려고 바리때를 열어놓은 지 오래도록 공양하는 이가 정한수를 늦게 올렸다. 관리가 꾸짖자, 공양 올리는 자가 말하였다.

"궁의 샘에 물이 말라 먼 곳에서 길어 오느라 늦었습니다."

대현이 듣고서 말하였다.

"어째서 일찍 말하지 않았느냐?"

그러고 나서 낮강론을 할 때 향로를 받들고 묵연히 있으니, 잠깐 사이에 우물물 높이가 일곱 길쯤 솟아오르니 절의 당간(幢竿)과 같은 정도였으므로 궁중(宮中)이 모두 놀라, 그로써 금광정(金光井)이라 하였다. 대현은 일찍이 스스로 청구사문(靑丘沙門)이라 일컬었다.

다음과 같이 기린다.

남산의 불상 돌 때 불상도 따라 돌고
청구(靑丘)의 불교가 다시 빛났네.
궁중의 우물 맑은 물을 다시 솟게 하니
누가 금향로의 한줄기 연기임을 알았으랴.

다음 해 갑오년(754) 여름에 왕은 또 대덕 법해(法海)를 청하여 황룡사(皇龍寺)에서 《화엄경(華嚴經)》을 강론하게 하고, 왕도 가서 향을 피우면서 조용히 법해에게 말하였다.

"작년 여름에 대현법사가 《금광경》을 강론하는데 우물물이 일곱 길이나 솟았으니, 그래 공의 법도는 어떠한 것이오?"

---

65) 인명(因明) : 인명학으로 인도의 논리학이다.

법해가 말하였다.

"그것은 극히 작은 일이라 마땅히 칭찬할 것이 못됩니다. 바로 바닷물을 기울여 동악(東岳)을 잠기게 하고 서울을 떠내려가게 하는 것도 어려운 일이 아닙니다."

왕은 믿지 않고 농담으로 여겼다. 낮 강론할 때 향로를 받들고 침묵하더니, 갑자기 내전에서 울부짖는 소리가 들리고, 궁의 관리가 달려와 아뢰었다.

"동쪽 못이 넘쳐서 내전 50여 칸이 떠내려갔습니다."

왕이 망연자실하니, 법해가 웃으며 말하였다.

"동해물을 기울이고자 하여 수맥을 먼저 불린 것입니다."

왕은 불현듯 일어나 절을 하였다. 다음 날 감은사(感恩寺)에서 아뢰었다.

"어제 낮에 바닷물이 넘쳐 불전 뜰 앞에까지 왔다가 포시(哺時 : 지금의 오후 4시경)에 나갔습니다."

왕은 더욱 믿어 존경하였다.

다음과 같이 기린다.

    법해의 파도가 법계에 충만하니
    사해를 늘리고 좁힘도 어려울 것 없네.
    백억 세계 수미산(須彌山)이 크다고 하지 말라
    모두가 우리 법사 손끝에 달렸네.

三國遺事　第4卷

義解　第五

圓光西學

　　唐續高僧傳第十三卷載　新羅皇隆寺釋圓光　俗姓朴氏　本住三韓　卞韓　辰韓　馬韓　光卽辰韓人也. 家世海東　祖習綿遠　而神器恢廓　愛染篇章　校獵玄儒　討讎子史. 文華騰鶱於韓服　博贍猶愧於中原　遂割略親朋　發憤溟渤. 年二十五　乘舶造于金陵　有陳之世　號稱文國. 故得諮考先疑　詢猷了義. 初聽庄(莊)嚴旻公弟子講素霑世典　謂理窮神　及聞釋宗　反同腐芥　虛尋名敎　實懼生涯　乃上啓陳主　請歸道法　有勅許焉.

　　旣爰初落采　卽稟具戒　遊歷講肆　具盡嘉謀　領牒微言　不謝光景. 故得成實涅槃蘊括心府　三藏釋論　徧所披尋. 末又投吳之虎「丘」山　念定相沿　無忘覺觀　息心之衆　雲結林泉. 竝以綜涉四含　功流入定　明善易擬　簡(簡)直難虧. 深副夙心　遂有終焉之慮　於卽頓絕人事　盤遊聖迹　攝想靑霄　緬謝終古. 時有信士　宅居山下　請光出講. 固辭不許　苦事邀延　遂從其志　創通成論　末講般若. 皆思解俊徹　嘉問(聞)飛移　兼綵以絢采　織綜詞義　聽者欣欣　會其心府.

　　從此因循舊章　開化成任　每法輪一動　輒傾注江湖. 雖是異域通傳　而沐道頓除嫌郤　故名望橫流　播于嶺表　披榛負橐而至者　相接如鱗.

　　會隋后御宇(宇)　威加南國. 歷窮其數　軍入楊都　遂被亂兵　將加刑戮. 有大主將　望見寺塔火燒　走赴救之　了無火狀　但見光在塔前　被縛將殺　旣怪其異　卽解而放之　斯臨危達感如此也. 光學通吳越　便欲觀化周秦　開皇九年　來遊帝宇. 値佛法初會　攝論肇興　奉佩文言　振績微緖. 又馳慧解　宣譽京皐　勵業旣成　道東須繼.

　　本國遠聞　上啓頻請　有勅厚加勞問放歸桑梓. 光往還累紀　老幼相欣. 新羅王金氏面申虔敬　仰若聖人. 光性在虛閑　情多汎愛　言常含笑　慍結不形. 而牋表啓書往還國命　竝出自胸襟　一隅傾奉　皆委以治方　詢之道化. 事異錦衣　請(情)同觀國

乘機敷訓 垂範于今. 年齒旣高 乘輿入內. 衣服藥食 竝王手(后)自營 不許佐助
用希專福 其感敬爲此類也. 將終之前 王親執慰 囑累遺法 兼濟民斯爲說 徵祥被
于海曲.

　　以彼建福五十八年 少覺不念 經于七日 遺誡淸切 端坐終于所住皇隆寺中　春
秋九十有九 卽唐貞觀四年也(宜云十四年). 當終之時 寺東北虛中 音樂滿空　異
香充院 道俗悲慶 知其靈感 遂葬于郊外 國給羽儀葬具 同於王禮. 後有俗人兒胎
死者 彼土諺云 當於有福人墓埋之 種胤不絶 乃私瘞於墳側 當日震此胎屍 擲于
塋外 由此不懷敬者 率崇仰焉.

　　有弟子圓安 神忘(志)機穎 性希歷覽 慕仰幽求. 遂北趣九(丸)都 東觀不耐
又西燕魏 後展帝京. 備通方俗 尋諸經論 跨轢大綱 洞淸纖旨. 晩歸心學 高軌光
塵. 初住京寺 以道素有聞 特進蕭瑀奏請 住於藍田所造津梁寺 四事供給 無替六
時矣. 安嘗叙光云 本國王染患 醫治不損 請光入宮 別省安置. 夜別二時爲說深
法 受戒懺悔 王大信奉. 一時初夜 王見光首 金色晃然 有象日輪 隨身而至. 王
后宮女同共觀之 由是重發勝心 克留疾所 不久遂差 光於辰韓馬韓之間 盛通正
法 每歲再講 匠成後學「賑施」之資 竝充營寺 餘惟衣鉢而已(載達函).

　　又東京安逸戶長貞孝家在古本殊異傳 載圓光法師傳 曰 法師俗姓薛氏　王京人
也. 初爲僧學佛法 年三十歲 思靜居修道 獨居三岐山. 後四年有一比丘來　所居
不遠 別作蘭若 居二年 爲人强猛 好修呪述(術) 法師夜獨坐誦經 忽有神聲呼其
名 善哉善哉 汝之修行 凡修者雖衆 如法者稀有. 今見隣有比丘 徑修呪術而無所
得 喧聲惱他靜念 住處礙我行路 每有去來 幾發惡心. 法師爲我語告 而使移遷.
若久住者 恐我忽作罪業. 明日法師往而告曰 吾於昨夜有聽神言 比丘可移別處.
不然應有餘殃 比丘對曰 至行者爲魔所眩 法師何憂狐鬼之言乎 其夜神又來曰
向我告事 比丘有何答乎 法師恐神瞋怒而對曰 終未了說 若强語者 何敢不聽 神
曰 吾已具聞 法師何須補說 但可默然見我所爲. 遂辭而去. 夜中有聲如雷震　明
日視之 山頹塡比丘所在蘭若. 神亦來曰 師見如何 法師對曰 見甚驚懼. 神曰 我
歲幾於三千年 神術最壯 此是小事 何足爲驚. 但復將來之事 無所不知 天下之事
無所不達. 今思法師唯居此處 雖有自利之行 而無利他之功 現在不揚高名　未來
不取勝果. 盍採佛法於中國 導群迷於東海 對曰 學道中國 是本所願 海陸迴阻
不能自通而已. 神詳誘歸中國所行之計 法師依其言歸中國. 留十一年 博通三藏
兼學儒術. 眞平王二十二年庚申(三國史云 明年辛酉來) 師將理策東還 乃隨中

國朝聘使還國. 法師欲謝神 至前住三岐山寺 夜中神亦來呼其名曰 海陸途間 往
還如何 對曰 蒙神鴻恩 平安到訖. 神曰 吾亦授戒於神(師). 仍結生生相濟之約.
又請曰 神之眞容 可得見耶 神曰 法師若欲見我形 平旦可望東天之際. 法師明日
望之 有大臂貫雲 接於天際. 其夜神亦來曰 法師見我臂耶 對曰 見已甚奇絕異.
因此俗號臂長山. 神曰 雖有此身 不免無常之害. 故吾無月日 捨身其嶺 法師來
送長逝之魂. 待約日往看 有一老狐黑如漆 但吸吸無息 俄然而死 法師始自中國
來 本朝君臣敬重爲師 常講大乘經典. 此時高「句」麗百濟常侵邊鄙 王甚患之 欲
請兵於隋(宜作唐) 請法師作乞兵表. 皇帝見 以三十萬兵 親征高麗 自此知法師
旁通儒術也. 享年八十四入寂 葬明活城西.

又三國史列傳云 賢士貴山者沙梁部人也 與同里箒項爲友 二人相謂曰 我等期
與士君子遊 而不先正心持身 則恐不免於招辱 盍問道於賢者之側乎 時聞圓光法
師入隋回 寓止嘉瑟岬(或作加西 又嘉栖 皆方言也. 岬 俗云古尸 故或云古尸寺
猶言岬寺也 今雲門寺東九千步許 有加西峴 或云嘉瑟峴 峴之北洞有寺基是也)
二人詣門進告昌(曰) 俗士顒蒙 無所知識 願賜一言 以爲終身之誡. 光曰 佛敎有
菩薩戒 其別有十 若等爲人臣子 恐不能堪. 今有世俗五戒 一曰 事君以忠 二曰
事親以孝 三曰 交友有信 四曰 臨戰無退 五曰 殺生有擇 若「等」行之無忽. 貴山
等曰 他則旣受命矣 所謂殺生有擇 特未曉也. 光曰 六齋日(日)春夏月不殺 是擇
時也. 不殺使畜謂馬牛雞犬 不殺細物 謂肉不足一臠 是擇物也. 此亦唯其所用
不求多殺. 此是世俗之善戒也. 貴山等曰 自今以後 奉以周旋 不敢失墜. 後二人
從軍事 皆有奇功於國家. 又建福三十年癸酉(卽眞平王卽位三十五年也) 秋 隋
使王世儀至 於皇龍寺設百座道場 請諸高德說經 光最居上首.

議曰 原宗興法已來 津梁始置 而未遑堂奧. 故宜以歸戒滅懺之法 開曉愚迷 故
光於所住嘉栖岬 置占察寶 以爲恒規. 時有檀越尼 納田於占察寶 今東平郡之田
一百結是也 古籍猶存. 光性好虛靜 言常含笑 形無慍色 年臘旣邁 乘輿入內 當
時群彦 德義攸屬 無敢出其右者 文藻之贍 一隅所傾. 年八十餘 卒於貞觀間 浮
圖在三岐山金谷寺(今安康之西南洞也 亦明活之西也) 唐傳云 告寂皇隆寺 未詳
其地 疑皇龍之訛也 如芬皇作王芬寺之例也. 據如上唐鄉二傳之文 但姓氏之朴薛
出家之東西 如二人焉 不敢詳定 故兩存之. 然彼諸傳記 皆無鵲岬璃目與雲門之
事 而鄉人金陟明 謬以街巷之說潤文 作光師傳 濫記雲門開山祖寶壤師之事迹
合爲一傳. 後撰海東僧傳者 承誤而錄之 故時人多惑之. 因辨於此 不加減一字

載二傳之文詳矣. 陳隋之世　海東人鮮有航海問道者　設有　猶未大振　及光之後　繼
踵西學者憧憧焉　光乃啓途矣.

讚曰,

航海初穿漢地雲　幾人來往挹淸芬.

昔年蹤迹靑山在　金谷嘉西事可聞.

寶壤梨木

釋寶壤傳　不載鄕井氏族. 謹按淸道郡司籍載　天福八年癸酉(卯) (太祖卽位第
二十六年也)　正月日　淸道郡界里審使順英　大乃末水文等　柱貼公文　雲門山禪院
長生　南阿尼岾　東嘉西峴(云云)　同藪三剛(綱)典主人寶壤和尙　院主玄會　長老
貞(典)座玄兩　上座直歲　信元禪師(右公文　淸道郡　都田帳傳准).　又開運三年丙
辰　雲門山禪院長生標塔公文一道　長生十一　阿尼岾　嘉西峴　畝峴　西北買峴(一
作面知村)　北猪足門等.　又庚寅年　晋陽府貼　五道按察使　各道禪敎寺院　始創年
月形止　審檢成籍時　差使員東京掌書記李僐審檢記載.　正豊六年辛巳(大金年號
本朝毅宗卽位十六年也)　九月　郡中古籍裨補記　准淸道郡前副戶長禦侮副尉李則
禎戶在右(古)人消息及諺傳記載　致仕上戶長金亮辛　致仕戶長旻育　戶長同正尹
應　前其人珍奇等　與時上戶長用成等言語　時太守李思老　戶長亮辛年八十九　餘
輩皆七十已上　用成年六十已上(云云次不准).　羅代已來　當郡寺院　鵲岬已下中
小寺院　三韓亂亡間　大鵲岬　小鵲岬　所寶岬　天門岬　嘉西岬等五岬　皆亡壞　五岬
柱合在大鵲岬.

祖師知識(上文云寶壤)　大國傳法來還　次西海中　龍邀入宮中念經　施金羅袈裟
一領　兼施一子璃目　爲侍奉而追之.　囑曰　于時三國擾動　未有歸依佛法之君主　若
與吾子歸本國鵲岬　創寺而居　可以避賊　抑亦不數年內　必有護法賢君出　定三國
矣.　言訖　相別而來還　及至玆洞　忽有老僧　自稱圓光　抱印櫃而出　授之而沒(按圓
光以陳末入中國　開皇間東還　住嘉西岬　而沒於皇隆　計至淸泰之初　無慮三百年
矣.　今悲嘆諸岬皆廢　而喜見壤來而將興　故告之爾)　於是壤師　將興廢寺　而登北
嶺望之　庭有五層黃塔. 下來尋之則無跡　再陟望之　有群鵲啄地. 乃思海龍鵲岬之
言　尋掘之　果有遺塼無數. 聚而蘊崇之　塔成而無遺塼　知是前代伽藍墟也. 畢創
寺而住焉　因名鵲岬寺. 未幾太祖統一三國　聞師至此創院而居　乃合五岬田束五百

結納寺.

　以淸泰四年丁酉　賜額曰雲門禪寺　以奉袈裟之靈蔭　璃目常在寺側小潭　陰騭法化　忽一年元(亢)旱　田蔬焦槁.　壤勅璃目行雨　一境告足.　天帝將誅不識(職)　璃目告急於師　師藏於床下.　俄有天使到庭　請出璃目　師指庭前梨木　乃震之而上天.　梨木萎摧　龍撫之卽蘇(一云師呪之而生)　其木近年倒地　有人作楗椎　安置善法堂及食堂　其椎柄有銘.

　初師入唐廻　先止于推火之奉聖寺.　適太祖東征　至淸道境　山賊嘯聚于犬城(有山岑臨水峭立　今俗惡其名　改云犬城)　驕傲不格.　太祖至于山下　問師以易制之述　師答曰　夫犬之爲物　司夜而不司晝　守前而忘其後　宜以晝擊其北.「太」祖從之　果敗降　太祖嘉乃神謀　歲給近縣租五十碩　以供香火.　是以寺安二聖眞容　因名奉聖寺　後遷至鵲岬　而大創終焉　師之行狀　古傳不載　諺云　與石崛備虛師(一作毗虛)爲昆弟　奉聖・石崛・雲門三寺　連峯櫛比　交相往還爾　後人改作新羅異傳　濫記鵲塔璃目之事于圓光傳中　系犬城事於毗虛傳　旣謬矣　又作海東僧傳者　從而潤文使寶壤無傳　而疑誤後人　誣妄幾何.

　良志使錫

　釋良志　未詳祖考鄕邑　唯現迹於善德王朝.　錫杖頭掛一布帒　錫自飛至檀越家振拂而鳴　戶知之納齋費　帒滿則飛還.　故名其所住曰　錫杖寺.

　其神異莫測　皆類此.　旁通雜譽(藝)　神妙絕比.　又善筆札　靈廟丈六三尊・天王像　幷殿塔之瓦・天王寺塔下八部神將・法林寺主佛三尊・左右金剛神等　皆所塑也　書靈廟・法林二寺額　又嘗彫磚造一小塔　竝造三千佛　安其塔置於寺中　致敬焉.　其塑靈廟之丈六也　自入定　以正受所對　爲揉式　故傾城士女　爭運泥土.　風謠云　來如來如來如　來如哀反多羅　哀反多矣徒良　功德修叱如良來如　至今土人舂相役作皆用之　蓋始于此.　像「初」成之費　入穀二萬三千七百碩(或云「改」金時租(租)).　議曰　師可謂才全德充　而以大方　隱於末技者也.

　讚曰,
　齋罷堂前錫杖閑　靜裝爐鴨自焚檀.
　殘經讀了無餘事　聊塑圓容合掌看.

歸竺諸師

　廣函求法高僧傳云　釋阿離那(一作耶)跋摩(一作郎)新羅人也. 初希正敎　早入
中華　思觀聖蹤　勇銳彌增　以貞觀年中　離長安　到五天. 住那蘭陁寺　多閱律論　抄
寫貝莢　痛矣歸心　所期不遂　忽於寺中無常　齡七十餘.
　繼此有惠業　玄泰　求本　玄恪　惠輪　玄遊　復有二亡名法師等　皆忘身順法　觀化
中天. 而或夭於中途　或生存住彼寺者　竟未有能復雞貴與唐室者. 唯玄泰師　克返
歸唐　亦莫知所終. 天竺人呼海東云　矩矩吒䃜說羅　矩矩吒　言雞也　䃜說羅　言貴
也. 彼土相傳云　其國敬雞神而取尊　故戴翎羽而表飾也. 讚曰.
　天竺天遙萬疊山　可憐遊士力登攀.
　幾回月送孤帆去　未見雲隨一杖還.

二惠同塵

　釋惠宿　沈光於好世郎徒　郎旣讓名黃卷　師亦隱居赤善村(今安康縣有赤谷村)
二十餘年. 時國仙瞿旵　公嘗往其郊縱獵. 一日　宿出於道左　攬轡而請曰　庸僧亦
願隨從　可乎　公許之. 於是縱橫馳突　裸袒相先　公旣悅. 及休勞坐　數炮烹相餉
宿亦與啖嚼　略無忤色. 旣而進於前曰　今有美鮮於此　盍薦之何　公曰善　宿屛人割
其股　寘盤以薦　衣血淋漓　公愕然曰　何至此耶　宿曰　始吾謂公仁人也　能恕己通
物也　故從之爾. 今察公所好　唯殺戮之耽篤　害彼自養而已　豈仁人君子之所爲　非
吾徒也. 遂拂衣而行. 公大慚　視其所食　盤中鮮胾不減　公甚異之　歸奏於朝. 眞平
王聞之　遣使徵迎　宿示臥婦床而寢. 中使陋焉　返行七八里　逢師於途. 問其所從
來　曰　城中檀越家　赴七日齋　席罷而來矣. 中使以其語達於上　又遣人檢檀越家
其事亦實　未幾宿忽死　村人轝葬於耳峴(一作硎峴)東. 其村人有自峴西來者　逢
宿於途中　問其何往　曰　久居此地　欲遊他方爾. 相揖而別. 行半許里　躡雲而逝.
其人至峴東　見葬者未散　具說其由　開塚視之　唯芒鞋一隻而已. 今安康縣之北　有
寺名惠宿　乃其所居云　亦有浮圖焉.
　釋惠空　天眞公之家傭嫗之子　小名憂助(盖方言也)　公嘗患瘡濱於死　而候慰塡
街. 憂助年七歲　謂其母曰　家有何事　賓客之多也　母曰　家公發惡疾將死矣　爾何
不知　助曰　吾能右之. 母異其言　告於公. 公使喚來　至坐床下　無一語　須庾瘡潰.

公謂偶爾 不甚異之. 既壯 爲公養鷹 甚愜公意 初公之弟 有得官赴外者 請公之
選鷹歸治所. 一夕公忽憶其鷹 明晨擬遣助取之 助已先知之 俄頃取鷹 昧爽獻之.
公大驚悟 方知昔日救瘡之事 皆匹(叵)側(測)也. 謂曰 僕不知至聖之托吾家 狂
言非禮汚辱之 厥罪何雪 而後乃今願爲導師 導我也. 遂下拜. 靈異既著 遂出家
爲僧 易名惠空. 常住一小寺 每猖狂大醉 負簣歌舞於街巷 號負簣和尚 所居寺因
名夫蓋寺 乃簣之鄉言也 每入寺之井中 數月不出 因以師名 名其井. 每出有碧衣
神童先湧 故寺僧以此爲候 既出 衣裳不濕.

晚年移止恒沙寺(今迎日縣吾魚寺. 諺云 恒沙人出世 故名恒沙洞). 時元曉撰
諸經疏 每就師質疑 或相調戲. 一日二公 沿溪掇魚蝦而啖之 放便於石上 公指之
戲曰 汝屎吾魚. 故因名吾魚寺. 或人以此爲曉師之語 濫也. 鄉俗訛呼其溪曰芼
矣川. 瞿旵公嘗遊山 見公死僵於山路中 其屍膖脹 爛生虫蛆 悲嘆久之 及廻轡入
城 見公大醉歌舞於市中. 又一日將草索絢 入靈廟寺 圍結於金堂 與左右經樓及
南門廊廡 告剛司 此索須三日後取之 剛司異焉而從之 果三日善德王駕幸入寺
志鬼心火出燒其塔 唯結索處獲免. 又神印祖師明郎 新創金剛寺 設落成會 龍象
畢集 唯師不赴 朗卽焚香虔禱 小(少)選公至. 時方大雨 衣袴不濕 足不沾泥 謂
明朗曰 辱召懃懃 故玆來矣. 靈迹頗多 及終 浮空告寂 舍利莫知其數. 嘗見肇論
曰 是吾昔所撰也. 乃知僧肇之後有也. 讚曰,

草原縱獵床頭臥 酒肆狂歌井底眠.

隻履浮空何處去 一雙珍重火中蓮.

慈藏定律

大德慈藏 金氏 本辰韓眞骨蘇判(三級爵名)茂林之子. 其父歷官淸要 絕無後
胤 乃歸心三寶 造于千部觀音 希生一息 祝曰 若生男子 捨作法海津梁. 母忽夢
星墜入懷 因有娠 及誕 與釋尊同日 名善宗郎. 神志澄睿 文思日贍 而無染世趣.
早喪二親 轉厭塵譁 捐妻息 捨田園爲元寧寺. 獨處幽險 不避狼虎. 修枯骨觀 微
或倦弊 乃作小室 周障荊棘 裸坐其中 動輒箴刺 頭懸在梁 以袪昏暝.

適台輔有闕 門閥當議 累徵不赴. 王乃勅曰 不就斬之. 藏聞之曰 吾寧一日持
戒而死 不願百年破戒而生. 事聞 上許令出家. 乃深隱岩叢 粮粒不恤 時有異禽
含菓來供 就手而喰. 俄夢天人來授五戒 方始出谷 鄉邑士女 爭來受戒.

藏自嘆邊生　西希大化. 以仁平三年丙申歲(卽貞觀十年也)　受勅　與門人僧實
等十餘輩　西入唐　謁淸涼山. 山有曼殊大聖塑相　彼國相傳云　帝釋天將工來彫也.
藏於像前　禱祈冥感　夢像摩頂授梵偈　覺而未解. 及旦有異僧來釋云(巳出皇龍塔
篇)　又曰　雖學萬敎　未有過此. 又以袈裟舍利等付之而滅(藏公初匿之　故唐僧傳
不載)　藏知已蒙聖莂　乃下北臺　抵太和池　入京師　太宗勅使慰撫　安置勝光別院
寵賜頗厚　藏嫌其繁擁　啓表入終南雲際寺之東崿. 架嵓爲室　居三年　人神受戒　靈
應日錯　辭煩不載. 旣而再入京　又蒙勅慰　賜絹二百疋　用資衣費.

　　貞觀十七年癸卯　本國善德王上表乞還　詔許引入宮　賜絹一領　雜綵五百端　東
宮亦賜二百端　又多禮貺. 藏以本朝經像未充　乞齎藏經一部　泊諸幡幢花蓋　堪爲
福利者皆載之. 旣至　泊擧國欣迎　命住芬皇寺(唐傳作王芬). 給侍稠渥. 一夏請至
宮中　講大乘論　又於皇龍寺　演菩薩戒本七日七夜　天降甘澍　雲霧暗靄　覆所講堂
四衆咸服其異.

　　朝廷議曰　佛敎東漸　雖百千齡　其於住持修奉　軌儀闕如也　非夫綱理　無以肅淸.
啓勅藏爲大國統　凡僧尼一切規猷　總委僧統主之(按北齊天寶(保)中　國置十統
有司卷(奏)宜甄異之　於是宣帝以法上法師爲大統　餘爲通統. 又梁陳之間　有國
統·州統·國都·州都·僧都·僧正·都維乃等名. 總屬昭玄曹　曹卽領僧尼官名. 唐
初又有十大德之盛　新羅眞興王十一年庚午　以安藏法師爲大書省一人　又有小書
省二人　明年辛未　以高麗惠亮法師爲國統　亦云寺主　寶良法師爲大都維那一人
及州統九人　郡統十八人等　至藏更置大國統一人　蓋非常職也　亦猶夫禮郎爲大角
干　金庾信大大角干. 後至元聖大王元年　又置僧官名政法典　以大舍一人　史二人
爲司　揀僧中有才行者衆(爲)之　有故卽替　無定年限　故今紫衣之徒　亦律寺(宗)
之別也. 鄕傳云　藏入唐　太宗迎至武乾殿　請講華嚴　天降甘露　開爲國師云者安
矣. 唐傳與國史皆無文)　藏値斯嘉會　勇激弘通. 令僧尼五部各增舊學　半月說戒
冬春摠試　令知持犯　置員管維持之. 又遣巡使　歷檢外寺　誡礪僧失　嚴飾經像爲恒
式　一代護法　於斯盛矣　如夫子自衞返魯　樂正雅頌　各得其宜.

　　當此之際　國中之人　受戒奉佛　十室八九　祝髮請度　歲月增至. 乃創通度寺　築
戒壇以度四來(戒壇事已出上)　又改營生緣里第元寧寺　設落成會　講雜花萬偈　感
五十二女　現身證聽　使門人植樹如其數　以旌厥異　因號知識樹. 嘗以邦國服章不
同諸夏　擧議於朝　籤允曰臧　乃以眞德王三年己酉　始服中朝衣冠　明年庚戌　又奉
正朔　始行永徽號　自後每有朝覲　列在上蕃　藏之功也.

暮年謝辭京輦 於江陵郡(今溟州也) 創水多寺居焉 復夢異僧 狀北臺所見 來
告曰 明日見汝於大松汀. 驚悸而起 早行至松汀 果感文殊來格 諮詢法要 乃曰
重期於太伯葛蟠地. 遂隱不現(松汀至今不生荊刺 亦不棲鷹鸇之類云) 藏往太伯
山尋之 見巨蟒蟠結樹下 謂侍者曰 此所謂葛蟠地 乃創石南院(今淨岩寺) 以候
聖降. 粤有老居士 方袍襤褸 荷葛簣 盛死狗兒來 謂侍者曰 欲見慈藏來爾. 門者
曰 自奉巾箒 未見忤犯吾師諱者 汝何人斯 爾狂言乎 居士曰 但告汝師 遂入告
藏不之覺曰 殆狂者耶 門人出詬逐之 居士曰 歸歟歸歟 有我相者 焉得見我 乃
倒簣拂之 狗變爲師子寶座 陞坐放光而去. 藏聞之 方具威儀 尋光而趨 登南嶺已
杳然不及 遂殞身而卒 茶毗安骨於石穴中. 凡藏之締構寺塔 十有餘所 每一興造
必有異祥 故蒲塞供塡市 不日而成. 藏之道具布襪 并太和龍所獻木鴨枕 與釋尊
由(田)衣等 合在通度寺. 又巘陽縣(今彦陽) 有鴨遊寺 枕鴨嘗於此現異 故名之
又有釋圓勝者 先藏西學 而同還桑梓 助弘律部云. 讚曰,

　　曾向淸涼夢破廻 七篇三聚一時開.

　　欲令緇素衣慚愧 東國衣冠上國裁.

元曉不羈

聖師元曉 俗姓薛氏. 祖仍皮公 亦云赤大公 今赤大淵側 有仍皮公廟. 父談捺
乃末 初示生于押梁郡南(今章山郡) 佛地村北 栗谷娑羅樹下. 村名佛地 或作發
智村(俚云弗等乙村). 娑羅樹者 諺云 師之家 本住此谷西南. 母旣娠而月滿 適
過此谷栗樹下 忽分產 而倉皇不能歸家 且以夫衣掛樹 而寢處其中 因號樹曰娑
羅樹 其樹之實 亦異於常 至今稱娑羅栗. 古傳 昔有主寺者 給寺奴一人 一夕饌
栗二枚 奴訟于官. 官吏怪之 取栗檢之 一枚盈一鉢 乃反自判給一枚. 故因名栗
谷. 師旣出家 捨其宅爲寺 名初開. 樹之旁置寺 曰娑羅. 師之行狀云 是京師人
從祖考也 唐僧傳云 本下湘州之人. 按麟德二年間 文武王割上州下州之地 置歃
良州 則下州乃今之昌寧郡也. 押梁郡本下州之屬縣. 上州則今尙州 亦作湘州也.
佛地村今屬慈仁縣 則乃押梁之所分開也. 師生 小名誓幢 第名新幢(幢者 俗云毛
也). 初母夢流星入懷 因而有娠. 及將產 有五色雲覆地 眞平王三十九年 大業十
三年丁丑歲也.
　生而穎異 學不從師. 其遊方始末 弘通茂跡 具載唐傳與行狀 不可具載 唯鄕傳

所記 有一二段異事. 師嘗一日 風顚唱街云.

誰許沒柯斧 我斫支天柱.

人皆未喩. 時太宗聞之曰 此師殆欲得貴婦 産賢子之謂爾 國有大賢 利莫大焉.
時瑤石宮(今學院是也) 有寡公主 勅宮吏覓曉引入. 宮吏奉勅將求之 已自南山
來過蚊川橋(沙川 俗云年(车)川 又蚊川 又橋名楡橋也) 遇之 佯墮水中濕衣袴.
吏引師於宮 褫衣曬眼 因留宿焉. 公主果有娠 生薛聰. 聰生而睿敏 博通經史 新
羅十賢中一也. 以方音通會華夷方俗物名 訓解六經文學 至今海東業明經者 傳受
不絕.

曉旣失戒生聰 已後易俗服 自號小姓居士. 偶得優人舞弄大瓠 其狀瑰奇. 因其
形製爲道具 以華嚴經一切無旱人 一道出生死 命名曰無旱 仍作歌流于世. 嘗持
此 千村萬落 且歌且舞 化詠而師 使桑樞瓮牖玃猴之輩 皆識佛陀之號 咸作南無
之稱 曉之化大矣哉. 其生緣之村名佛地 寺名初開 自稱元曉者 蓋初輝佛日之意
爾 元曉亦是方言也 當時人 皆以鄕言稱之始且(旦)也. 曾住芬皇寺 纂華嚴疏 至
第四十廻向品 終乃絕筆. 又嘗因訟 分軀於百松 故皆謂位階初地矣. 亦因海龍之
誘 承詔於路上 撰三昧經疏 置筆硯於牛之兩角工(上) 因謂之角乘 亦表本始二
覺之微旨也. 大安法師排來而粘紙 亦知音唱和也. 旣入寂 聰碎遺骸 塑眞容 安
芬皇寺 以表敬慕終天之志. 聰時旁禮 像忽廻顧 至今猶顧矣. 曉嘗所居穴寺旁
有聰家之墟云. 讚曰,

角乘初開三昧軸 舞壺終掛萬街風.

月明瑤石春眠去 門掩芬皇顧影空.

廻顧至(衍文).

義湘傳敎

法師義湘 考曰韓信 金氏. 年二十九 依京師皇福寺落髮. 未幾西圖觀化 遂與
元曉道出遼東邊 成邏之爲諜者 囚閉者累旬 僅免而還(事在崔侯本傳 及曉師行
狀等).

永徽初 會唐使舡有西還者 寓載入中國. 初止揚州 州將劉至仁 請留衙內 供養
豊贍. 尋往終南山至相寺 謁智儼. 儼前夕夢一大樹生海東 枝葉溥布 來蔭神州
上有鳳巢 登視之 有一摩尼寶珠 光明屬遠. 覺而驚異 洒掃而待 湘乃至. 殊禮迎

際 從容謂曰 吾昨者之夢 子來投我之兆. 許爲入室 雜花妙旨 剖析幽微 儼喜逢郢質 克發新致 可謂鉤深索隱 藍茜沮本色.

既而本國承(丞)相金欽純(一作仁問) 良圖等 往囚於唐 高宗將大擧東征 欽純等密遣湘 誘而先之 以咸享元年庚午還國 聞事於朝 命神印大德明朗 假設密壇法禳之 國乃免.

儀鳳元年 湘歸太伯山 奉朝旨創浮石寺 敷敞大乘 靈感頗著. 終南門人賢首撰搜玄疏 送副本於湘處 幷奉書慇懇曰 西京崇福寺僧法藏 致書於海東新羅華嚴法師侍者. 一從分別 二十餘年 傾望之誠 豈離心首. 加以烟雲萬里 海陸千重 恨此一身 不復再面 抱懷戀戀 夫何可言. 故由夙世同因 今生同業 得於此報 俱沐大經 特蒙先師 授玆奧典. 仰承上人歸鄕之後 開演華嚴 宣揚法界 無碍緣起 重重帝網 新新佛國 利益弘廣 喜躍增深. 是知如來滅後 光輝佛日. 再轉法輪 令法久住者 其唯法師矣 藏進趣無成 周旋寡況 仰念玆典 愧荷先師 隨分受持 不能捨離 希憑此業 用結來因. 但以和尙章疏 義豊文簡 致令後人多難趣入 是以錄和尙微言妙旨 勒成義記. 近因勝詮法師 抄寫還鄕 傳之彼土 請上人詳檢臧否 幸示箴誨 伏願當當來世 捨身受身 相與同於盧舍那 聽受如此無盡妙法 修行如此無量普賢願行. 儻餘惡業 一朝顚墜 伏希上人不遺宿昔 在諸趣中 示以正道 人信之次 時訪存沒. 不具(文載大文類).

湘乃令十刹傳教 太伯山浮石寺 原州毗摩羅 伽耶之海印 毗瑟之玉泉 金井之梵魚 南嶽華嚴寺等是也. 又著法界圖書 印幷略疏 括盡一乘樞要 千載龜鏡 競所珍佩. 餘無撰述 嘗鼎味一臠足矣. 圖成 總章元年戊辰 是年儼亦歸寂 如孔氏之絶筆於獲麟矣 世傳湘乃金山寶蓋之幻身也. 徒弟悟眞 智通 表訓 眞定 眞藏 道融 良圓 相源 能仁 義寂等十大德爲領首 皆亞聖也 各有傳. 眞嘗處下柯山鶻嵓寺 每夜伸臂 點浮石室燈 通著錐洞記 蓋承親訓 故辭多詣妙 訓曾住佛國寺 常往來天宮. 湘住皇福寺時 與徒衆繞塔 每步虛而工(上) 不以階升 故其塔不設梯磴. 其徒離階三尺 履空而旋 湘乃顧謂曰 世人見此 必以爲怪 不可以訓世. 餘如崔侯所撰本傳. 讚曰,

披榛跨海冒烟塵 至相門開接瑞珍.

采采雜花栽故國 終南太伯一般春.

蛇福不言

京師萬善北里 有寡女 不夫而孕 旣産. 年至十二歲 不語亦不起 因號蛇童(下
或作蛇卜 又巴又伏等 皆言童也). 一日其母死 時元曉住高仙寺 曉見之迎禮 福
不答拜而曰 君我昔日駄經牸牛 今已亡矣 偕葬何如 曉曰諾. 遂與到家 令曉布薩
授戒 臨尸祝曰 莫生兮其死也苦 莫死兮其生也苦. 福曰 詞煩. 更之曰 死生苦兮.
二公轝歸活里山東麓. 曉曰 葬智惠虎於智惠林中 不亦宜乎 福乃作偈曰 往昔釋
迦牟尼佛 裟羅樹間入涅槃. 于今亦有如彼者 欲入蓮花藏界寬. 言訖拔茅莖 下有
世界 晃朗淸虛 七寶欄楯 樓閣莊嚴 殆非人間世. 福負尸共入 其地奄然而合. 曉
乃還.

後人爲創寺於金剛山東南 額曰道場寺 每年三月十四日 行占察會爲恒規. 福之
應世 唯示此爾 俚諺多以荒唐之說託焉 可笑. 讚曰,

淵默龍眠豈等閑 臨行一曲沒多般.

苦兮生死元非苦 華藏浮休世界寬.

眞表傳簡

釋眞表 完山州(今全州牧)萬頃縣人(或作豆乃山縣 或作「都」那山縣 今萬頃
古名荳(豆)乃山縣也. 貫寧傳釋「表」之鄉里 云金山縣人 以寺名及縣名混之也)
父曰眞乃末 母吉寶娘 姓井氏.

年至十二歲 投金山寺崇濟法師講下 落彩請業 其師嘗謂曰 吾曾入唐 受業於
善道(導)三藏 然後入五臺 感文殊菩薩 現受五戒. 表啓曰 勤修幾何得戒耶 濟曰
精至則不過一年. 表聞師之言 遍遊名岳 止錫仙溪山不思議菴 該錬三業 以亡身
懺「悔得戒」. 初以七宵爲期 五輪撲石 膝腕俱碎 雨血嵓崖 若無聖應 決志捐捨
更期七日. 二七日 終見地藏菩薩 現受淨戒 卽開元二十八年庚辰三月十五日辰時
也 時齡二十餘三矣. 然志存慈氏 故不敢中止 乃移靈山寺(一名邊山 又楞伽山)
又懃勇如初. 果感彌力 現授占察經兩卷(此經乃陳隋間外國所譯 非今始出也 慈
氏以經授之耳) 竝證果簡子一百八十九介 謂曰 於中第八簡子 喻新得妙戒 第九
簡子 喻增得具戒. 斯二簡子 是我手指骨 餘皆沈檀木造 喻諸煩惱 汝以此傳法於
世 作濟人津筏.

表旣受聖莂 來住金山. 每歲開壇 恢張法施 壇席精嚴 末季未之有也 風化旣周

遊涉到阿瑟羅州. 島嶼間魚鼇成橋 迎入水中 講法受戒. 卽天寶十一載壬辰二月望日也. 或本云元和六年 誤矣. 元和在憲德王代(去聖德幾七十年矣).

景德王聞之 迎入宮闥 受菩薩戒 嚫租七萬七千石 椒庭列岳皆受戒品 施絹五百端 黃金五十兩. 皆容受之 分施諸山 廣興佛事. 其骨石今在鉢淵寺 卽爲海族演戒之地.

得法之袖領 曰永深 寶宗 信芳 體珍 珍海 眞善 釋忠等 皆爲山門祖. 深 則眞表簡子. 住俗離山 爲克家子 作壇之法 與占察六輪稍異 修如山中所傳本規.

按唐僧傳云 開皇十三年 廣州有僧行懺法 以皮作帖子二枚 書善惡兩字 令人擲之 得善者吉. 又行自撲懺法 以爲滅罪 而男女合匝 妄承密行 靑州接響 同行官司檢察 謂是妖妄 彼云 此搭懺法 依占察經 撲懺法依諸經中 五體投地 如大山崩. 時以奏聞 乃勅內史侍郎李元撰 就大興寺 問諸大德 有大沙門法經·彦琮等對曰 占察經見有兩卷 首題菩提登(燈)在外國譯文 似近代所出 亦有寫而傳者檢勘群錄 並無正名譯人時處 搭懺與衆經復異 不可依行. 因勅禁之.

今試論之 靑州居士等搭懺等事 如大儒以詩書發塚 可謂畫虎不成 類狗者矣佛所預防 正爲此爾. 若曰占察經 無譯人時處 爲可疑也 是亦擔麻棄金也. 何則詳彼經文 乃悉壇深密 洗滌穢瑕 激昂懶夫者 莫如玆典 故亦名大乘懺 又云 出六根聚中 開元貞元二釋敎錄中 編入正藏 雖外乎性宗 其相敎大乘 殆亦優矣 豈與搭撲二懺 同日而語哉. 如舍利佛問經 佛告長者子邠若多羅曰 汝可七日七夜悔汝先罪 皆使淸淨. 多羅奉敎 日夜懇惻 至第五夕 於其室中 雨種種物 若巾若帊若拂箒若刀錐斧等 墮其目前 多羅歡喜 問於佛 佛言是離塵之相 割拂之物也. 據此 則與占察經擲輪得相之事 奚以異哉 乃知表公翹懺得簡 聞法見佛 可謂不誣 況此經若僞妄 則慈氏何以親授表師 又此經如可禁 舍利問經亦可禁乎 琮輩可謂攫金不見人 讀者詳焉. 讚曰,

現身澆季激慵聾 靈岳仙溪感應通.

莫謂翹懃傳搭懺 作橋東海化魚龍.

關東楓岳鉢淵藪石記(此記乃寺主瑩岑所撰 承安四年己未立石)

眞表律師 全州碧骨郡都那山村大井里人也. 年至十二 志求出家 父許之 師往金山藪順濟法師處零染. 濟授沙彌戒法 傳敎供養次第秘法一卷 占察善惡業報經

二卷曰 汝持此戒法 於彌勒地藏兩聖前 懇求懺悔 親受戒法 流傳於世. 師奉敎辭
退 遍歷名山 年已二十七歲. 於上元元年庚子 蒸二十斗米 乃乾爲粮 詣保安縣
入邊山不思議房 以五合米 爲一日費 除一合米養鼠 師勤求戒法於彌勒像前 三
年而未得授記. 發憤捨身嵒下 忽有靑衣童 手捧而置石上 師更發志願 約三七日
日夜勤修 扣石懺悔 至三日手臂折落. 至七日夜 地藏菩薩 手搖金錫 來爲加持
手臂如舊. 菩薩遂與袈裟及鉢 師感其靈應 倍加精進. 滿三七日 卽得天眼 見兜
率天衆來儀之相. 於是地藏慈氏現前 慈氏磨(摩)師頂曰 善哉 大丈夫 求戒如是
不惜身命 懇求懺悔. 地藏授與戒本 慈氏復與二枉. 一題曰九者 一題八者 告師
曰 此二簡子者 是吾手指骨 此喻始本二覺. 又九者法爾 八者新熏成佛種子 以此
當知果報. 汝捨此身 受大國王身 後生於兜率. 如是語已 兩聖卽隱. 時壬寅四月
二十七日也.

　師受敎法已 欲創金山寺 下山而來. 至大淵津 忽有龍王 出獻玉袈裟 將八萬眷
屬 侍往金山藪 四方子來 不日成之. 復感玆氏 從兜率駕雲而下 與師受戒法 師
勸檀緣 鑄成彌勒丈六像 復畵下降受戒威儀之相於金堂南壁. 於甲辰六月九日鑄
成 丙午五月一日 安置金堂 是歲大曆元年也師出金山向俗離山 路逢駕牛乘車者
其牛等向師前 跪膝而泣. 乘車人下問 何故此牛等 見和尙泣耶 和尙從何而來 師
曰 我是金山藪眞表僧 予曾入邊山不思議房 於彌勒地藏兩聖前 親受戒法眞
枉 欲覓創寺鎭長修道之處 故來爾. 此牛等外愚內明 知我受戒法 爲重法故 跪膝
而泣. 其人聞已 乃曰 畜生尙有如是信心 況我爲人 豈無心乎 卽以手執鎌 自斷
頭髮. 師以悲心 更爲祝髮受戒. 行至俗離山洞裏 見吉祥草所生處而識之 還向溟
州海邊 徐行次 有魚鼈黿鼉等類 出海向師前 綴身如陸 師踏而入海 唱念戒法還
出. 行至高城郡 入皆骨山 始創鉢淵藪 開占察法會. 住七年 時溟州界 年穀不登
人民飢饉. 師爲說戒法 人人奉持 致敬三寶. 俄於高城海邊 有無數魚類 自死而
出 人民賣此爲食 得免死. 師出鉢淵 復到不思議房 然後往詣家邑謁父 或到眞門
大德房居住. 時俗離山大德永深 與大德融宗 佛陀等 同詣律師所 伸請曰 我等不
遠千里 來求戒法 願授法門. 師默然不答. 三人者乘桃樹上 倒墮於地 勇猛懺悔
師乃傳敎灌頂 遂與袈裟及鉢 供養次第秘法一卷 日(占)察善惡業報經二卷 一百
八十九枉. 復與彌勒眞枉九者八者 誡曰 九者法爾 八者新熏成佛種子 我已付囑
汝等 持此還歸俗離山 山有吉祥草生處 於此創立精舍 依此敎法 廣度人天 流布
後世. 永深等奉敎 直往俗離 尋吉祥草生處 創寺名曰吉祥. 永深於此 始設占察

法會.

　律師與父　復到鉢淵　同修道業而終孝之. 師遷化時　登於寺東大巖上示滅　弟子
等　不動眞體而供養　至于骸骨散落　於是以土覆藏　乃爲幽宮. 有靑松卽出　歲月久
遠而枯　復生一樹　後更生一樹　其根一也. 至今雙樹存焉. 凡有致敬者　松下覓骨
或得或不得. 予恐聖骨堙滅　丁巳九月　特詣松下　拾骨盛筒　有三合許　於大嵓上雙
樹下　立石安骨焉云云. 此錄所載眞表事跡　與鉢淵石記　互有不同　故删取瑩岑所
記而載之　後賢宜考之. 無極記.

　　勝詮髑髏

　釋勝詮　未詳其所自也. 常附舶指中國　詣賢首國師講下. 領受玄言　硏微積慮
惠鑒超穎　探賾索隱　妙盡隅粵(奧)　思欲赴感有緣　當還國里.
　始賢首與義湘同學　俱稟儼和尙慈訓. 首就於師說　演述義科　因詮法師還鄕寄示
湘仍寄書(云云)　別幅云　探玄記二十卷　兩卷未成　敎分記三卷　玄義章等雜義一
卷　華嚴梵語一卷　起信疏兩卷　十二門疏一卷　法界無差別論疏一卷　竝因勝詮法
師抄寫還鄕. 頃新羅僧孝忠遺金九分云　是上人所寄　雖不得書　頂荷無盡. 今附西
國軍特(持)　澡灌一口　用表微誠　幸願檢領　謹宣. 師旣還　寄信于義湘. 湘乃目閱
藏文　如耳聆儼訓. 探討數旬　而授門弟子　廣演斯文　語在湘傳.
　按此圓融之敎誨　遍洽于靑丘者　寔師之功也　厥後有僧梵修　遠適彼國　求得新
譯後分華嚴經　觀師(解)義疏　言還流演　時當貞元己卯　斯亦求法洪揚之流乎.
　詮乃於尙州領內開寧郡境　開創精廬　以石髑髏爲官屬　開講華嚴. 新羅沙門可歸
頗聰明識道理　有傳燈之續　乃撰心源章　其略云　勝詮法師領石徒衆　論議講演　今
葛頂(項)寺也. 其髑髏八十餘枚　至今爲網(綱)司所傳　頗有靈異　其他事迹　具載
碑文　如大覺國師實錄中.

　　心地繼祖

　釋心地　辰韓弟(第)四十一主憲德大王金氏之子也. 生而孝悌　天性沖睿　志學
之年　落采從師　拳懃于道. 寓止中岳(今公山)　適聞俗離山深公　傳表律師佛骨簡
子　設果訂(證)法會　決意披尋　旣至後期　不許參例. 乃席地扣庭　隨衆禮懺. 經七

日 天大雨雪 所立地方十尺許 雪飄不下. 衆見其神異 許引入堂 地撝謙稱羔 退
處房中 向堂潛禮 肘顙俱血 類表公之仙溪山也. 地藏菩薩日來問慰. 泊席罷還山
途中見二簡子貼 在衣褶間 持廻告於深 深曰 簡在函中 那得至此 檢之 封題依
舊 開視亡矣. 深深異之 重襲而藏之 又行如初 再廻告之 深曰 佛意在子 子其奉
行. 乃授簡子 地頂戴歸山 岳神率一仙子 迎至山椒. 引地坐於嵒上 歸伏嵒下 謹
受正戒. 地曰 今將擇地奉安聖簡 非吾輩所能指定 請與三君 憑高擲簡以卜之.
乃與神等陟峰巓 向西擲之 簡乃風颺而飛. 時神作歌曰

　碣嵒遠退砥平兮 落葉飛散生明兮.

　覓得佛骨簡子兮 邀於淨處投誠兮. 既唱而得簡於林泉中 卽其地構堂安之 今桐
華寺籤堂北有小井是也.

　本朝睿王 嘗取迎聖簡 致內瞻敬 忽失九者一簡 以牙代之 送還本寺 今則漸變
同一色 難卜新古 其質乃非牙非玉 按占察經上卷 敍一百八十九簡之名 一者求
上乘得不退 二者所求果現當證 弟(第)三弟(第)四求中下乘得不退 五者求神通
得成就 六者修四梵得成就 七者修世禪得成就 八者所欲受得妙戒 九者所曾受得
戒具(以此文訂 知慈氏所言 新得戒者 謂今生始得戒也 舊得戒者 謂過去曾受
今生又增受也. 非謂修生本有之新舊也) 十者求下乘未住信 次求中乘未住信 如
是乃至一百七十二 皆過現世中 或善或惡 得失事也. 弟(第)一百七十三者 捨身
已入地獄(已上皆未來之果也) 一百七十四者 死已作畜生 如是乃至餓鬼 修羅
人 人王 天 天王 聞法 出家 値聖僧 生兜率 生淨土 尋見佛 住下乘 住中乘 住
上乘 得解脫 弟(第)一百八十九等是也(上言住下乘至上乘得不退 今言上乘得解
脫等 以此爲別爾) 皆三世善惡果報 差別之相 以此占看 得與心所行事相當 則
爲感應 否則爲不至心 名爲虛謬.

　則此八九二簡 但從百八十九中而來者也 而宋傳但云百八籤子 何也 恐認彼百
八煩惱之名而稱之 不揆尋經文爾. 又接本朝文士金寬毅所撰王代宗錄二卷云 羅
末 新羅大德釋冲 獻太祖以表律師袈裟一領. 戒簡百八十九枚 今與桐華寺所傳簡
子 未詳同異. 讚曰

　生長金閨早脫籠 儉懃聰惠自天鍾.

　滿庭積雪偸神簡 來放桐華最上峰.

　賢瑜珈 海華嚴

　瑜珈祖大德大賢　住南山茸長寺. 寺有慈氏石丈六　賢常旋繞　像亦隨賢轉面　賢惠辯精敏　決擇了然. 大抵相宗銓量　旨理幽深　難爲剖拆(析)　中國名士白居易　嘗窮之未能　乃曰　唯識幽難破　因明擘不開. 是以學者難承稟者尙矣. 賢獨刊定邪謬暫(劈)開幽奧　恢恢游刃　東國後進　咸遵其訓　中華學士　往往得此爲眼目.

　景德王天寶十二年癸巳　夏大旱　詔入內殿　講金光經　以祈甘霆. 一日齊(齋)次展鉢良久　而淨水獻遲　監吏詰之. 供者曰　宮井枯涸　汲遠故遲爾. 賢聞之曰　何不早云　及晝講時　捧爐默然　斯須井水湧出　高七丈許　與刹幢齊　闔宮驚駭　因名其井曰金光井. 賢嘗自號靑丘沙門. 讚曰,

　遶佛南山像逐旋　靑丘佛日再中懸.

　解敎宮井淸波湧　誰識金爐一炷烟.

　明年甲牛夏　王又請大德法海於皇龍寺　講華嚴經　駕幸行香　從容謂曰　前夏大賢法師　講金光經　井水湧七丈　此公法道如何　海曰　特爲細事　何足稱乎　直使傾滄海　襄東岳　流京師　亦非所難. 王未之信　謂戲言爾　至午講　引爐沈寂　須臾內禁忽有哭泣聲　宮吏走報曰　東池已溢　漂流內殿五十餘間　王網然自失. 海笑謂之曰東海欲傾　水脈先漲爾. 王不覺興拜. 翌日感恩寺奏　昨日午時　海水漲溢　至佛殿階前　晡時而還. 王益信敬之. 讚曰,

　法海波瀾法界寬　四海盈縮未爲難.

　莫言百億須彌大　都在吾師一指端.

　(石海云).

제5권

국존조계종가지산하인각사주지원경충조대선사일연찬
(國尊曹溪宗迦智山下麟角寺住持圓鏡冲照大禪師一然撰)

신주(神呪) 제 6

밀본최사/혜통항룡/명랑신인

감통(感通) 제 7

선도성모 수희불사
욱면비 염불서승/광덕과 엄장/경흥우성
진신수공/월명사의 도솔가/선율환생
김현감호/융천사의 혜성가/정수사구빙녀

피은(避隱) 제 8

낭지승운 보현수
연회도명 문수점/혜현구정/신충계관
포산2성/영재우적적/물계자/영여사
포천산 다섯 비구/염불사

효선(孝善) 제 9

진정사 효선쌍미
대성효 2세부모/향덕사지 할고공친
손순매아/빈녀양모

원문
발문

<h1 style="text-align:center">신주(神呪) 제 6</h1>

밀본최사(密本摧邪)

밀본, 요사한 귀신 물리치다

　선덕왕(善德王) 덕만(德曼)[1]이 병을 얻어 오래도록 낫지 않았다. 흥륜사(興輪寺) 승려 법척(法惕)이 조서를 받들고 병환을 돌보았으나, 오래도록 효험이 없었다. 이때 밀본법사(密本法師)의 덕행이 온나라에 소문이 나 있었다. 주위 신하들이 법척 대신 밀본법사로 대체하자 하므로, 왕이 조서를 내려 궐내로 맞아들였다. 밀본이 왕의 침실 밖에서 《약사경(藥師經)》[2]을 다 읽고 나자, 가지고 있던 육환장(六環杖)이 침실 안으로 저절로 날아 들어가 늙은 여우 한 마리와 법척을 찔러 뜰 아래에 거꾸로 내던지니 왕의 병은 곧 나았다. 이때 밀본의 이마 위에 오색의 신령한 빛이 발하니 보는 이마다 놀랐다.

　또 승상 김양도(金良圖)가 어렸을 때, 갑자기 말을 못하고 전신이 마비되어 움직이지 못한 일이 있었다. 그런데 (김양도가) 보면 큰 귀신 하나가 여러 작은 귀신을 데리고 와서 집 안에 있는 모든 음식을 맛보고, 무당이 제를 지내면 뭇 귀신들이 모여서 다투어 무당을 모욕하니, 양도가 귀신들을 물러가게 명하고 싶으나 말을 할 수가 없었다. 이때 양도의 아버지가 법류사(法流寺)에 있는, 이름을 알 수 없는 승려를 청하여 경을 외게 하니, 큰 귀신이 작은 귀신을 시켜 철퇴로 그 승려의 머리를 때려 땅에 쓰러뜨려 피를 토하고 죽게 하였다.

　며칠이 지난 뒤, 사람을 보내 밀본을 청했더니 심부름갔던 자가 와서 말하

---

1) 덕만(德曼) : 선덕여왕의 이름. 진평왕의 맏딸.

2) 약사경(藥師經) : 밀교에서 주로 읽는 경전. 약사여래의 본원 공덕경.

였다.

"밀본법사가 우리의 청을 받고 오겠다고 했습니다."

여러 귀신들이 모두 대경실색하였다. 작은 귀신이 말하였다.

"법사가 오면 우리가 장차 불리할 것이니 피하는 것이 좋겠다."

그러나 큰 귀신은 태연자약하게 거만을 떨며 말하였다.

"무슨 해가 있겠느냐?"

조금 있다가 사방에서 대력신(大力神)들이 모두 쇠갑옷을 입고 장창을 들고 와서 여러 귀신들을 잡아 묶어갔다. 그 다음에는 무수한 천신들이 와서 손을 모으고 기다리더니, 곧 밀본법사가 와서 미처 경을 읽지도 않았는데 양도는 병이 나아서 말을 하고 몸이 풀렸다.

병중에 있었던 일을 법사에게 낱낱이 말하였다. 양도는 이로부터 불교를 독실히 믿어 일생토록 게을리하지 않았다. 흥륜사 법당의 주불(主佛) 미타존상과 좌우의 보살상을 조성하고, 아울러 금색으로 벽화를 그렸다.

밀본은 금곡사(金谷寺)에 머무르고 있었다. 김유신이 일찍이 한 노 거사〔밀본〕와 교분이 두터웠으나, 사람들이 그 거사가 어떤 사람인지 몰랐다. 그때 유신 공의 일가 되는 수천(秀天)이 오래도록 악질을 앓고 있었으므로, 공이 그 거사를 보내 진단하게 하였다. 그때 마침 수천의 친구인 인혜사(因惠師)가 중악(中岳 : 八公山)에서 찾아와 거사를 보고 멸시하는 말을 하였다.

"네 모양을 보니 간사한 자인데, 어떻게 남의 병을 고칠 수가 있겠는가?"

거사가 말하였다.

"나는 김공의 명을 받고 할 수 없이 왔을 뿐입니다."

인혜가 말하였다.

"그대는 내 신통력을 보라."

향을 피우고, 주문을 외니 곧 오색 구름이 인혜의 이마 위에 돌며 하늘꽃〔天花〕이 흩어져 떨어졌다. 거사가 말하였다.

"스님의 신통력은 불가사의입니다. 제게도 용렬한 재주가 있으니, 시험해 보기를 청합니다. 원컨대 스님은 잠깐만 제 앞에 서 주십시오."

인혜가 그대로 하니 거사가 손가락을 뚱겨 소리를 냈다. 인혜는 거꾸로 공중에 솟아올라 높이가 한 길이나 되더니, 얼마 후에 서서히 거꾸로 내려와 머리를 땅에 박고 우뚝 서 말뚝을 세운 것 같이 되었다. 주변에 있던 사람들이 잡아당겨도 움직이지 않았다. 거사는 나가 버렸다.

인혜는 그대로 거꾸로 박힌 채 밤을 새웠다. 다음 날 수천이 사람을 시켜 유신공에게 청하여 거사를 보내 풀어 주게 하니, 그 후로 인혜는 자신의 신통력을 자랑하지 않았다.

다음과 같이 기린다.

> 자색이 어지러이 주홍색을 현혹하니
> 슬프다! 고기 눈이 우부(愚夫)를 속였구나.
> 거사의 손가락 가벼이 뚱기지 않았더라면
> 상자 속에 옥같은 돌 얼마나 담았으랴.

혜통항룡(惠通降龍)

혜통, 용을 항복시키다

승려 혜통(惠通)의 씨족은 자세하지 않다. 그가 속인으로 있을 때, 그의 집은 남산 서쪽 은천동(銀川洞 : 지금의 남간사(南澗寺) 동촌) 어귀에 있었다.

하루는, 동쪽 시내에서 놀다가 수달 한 마리를 잡아 죽이고 뼈를 동산에 버렸다. 그 이튿날 아침에 보니 뼈가 어디로 갔는지 없어졌다. 그래서 핏자국을 따라 찾아가니, 그 뼈는 전에 살던 굴로 들어가 새끼 다섯 마리를 안고 있었다. 혜통이 그것을 보고 놀라 이상히 여겨 탄식하고 주저하다가 마침내 출가하여 이름을 혜통이라 고쳤다.

혜통이 당나라에 들어가 무외삼장(無畏三藏)[3]을 찾아 가르침을 청하니 삼장이 말하였다.

"변방(嵎夷)[4] 사람이 어찌 법기(法器)가 되겠느냐?"

그러고는 끝내 가르침을 주지 않았다. 그러나 혜통은 경솔히 물러설 수가 없어서 3년이나 복종하였으나 그래도 허락하지 않았다.

혜통이 이에 의분해서 머리에 화로를 이고 뜰에 섰더니 곧 이마가 터지는

---

3) 무외삼장(無畏三藏) : 인도 사람으로, 당나라에 건너가 밀교의 시조가 됨.

4) 우이(嵎夷) : 신라를 낮춰 부른 것.

데 그 소리가 우레 같았다. 삼장이 이 소리를 듣고 와 보고는 화로를 치우고 손가락으로 터진 곳을 만지며 신주(神呪)를 외니 상처가 아물어 전과 같이 되었다. 그런데 흉터가 왕(王)자 모양이므로 그를 왕화상(王和尙)이라 하고, 그제야 큰 그릇이 될 것으로 여기고 인결(印訣 : ^{이심전심하는} 심법(心法)의 비결)을 전하였다.

이때 당나라 황실의 공주가 병이 나자, 고종은 삼장을 불러 구해 주기를 요청하니 삼장이 혜통을 천거하며 대신 보냈다. 혜통이 명을 받고 딴 처소에 가서 흰콩 한 말을 은그릇에 담고 주문을 외니, 콩이 흰 갑옷 입은 신병(神兵)으로 변하여 마귀를 쫓았으나 이기지 못하므로, 또 검은콩 한 말을 금그릇에 담고 주문을 외니 검은 갑옷 입은 신병으로 변하여 흑백 두 색깔의 신병 군대가 서로 합력하여 마귀를 쫓으니 홀연 교룡이 달아나고 공주의 병이 나았다.

교룡은 혜통이 자기를 쫓아낸 것을 원망하여 신라의 문잉림(文仍林)으로 가서 많은 인명을 해쳤다. 그때 정공(鄭恭)이 당나라에 사신으로 갔다가 혜통에게 말하였다.

"스님이 쫓은 독룡이 본국에 와서 극심한 피해를 주니, 속히 가서 제거하십시오."

이에 혜통은 정공과 함께 인덕(麟德) 2년 을축년(665)에 환국하여 독룡을 내쫓았다. 독룡은 또 정공을 원망하여 버드나무로 탁신(托神)하여 정공의 집 앞에 새로 났다. 정공은 깨닫지 못하고 다만 그 나무가 무성한 것을 감상하면서 무척이나 아꼈다.

신문왕이 죽고 효소왕(孝昭王)이 즉위하여 산릉(山陵)을 수축하고 장례길을 닦는데 정공의 집 앞 버드나무가 바로 길을 막고 있으므로 유사가 베려하자 정공이 성을 내면서 말하였다.

"차라리 내 목을 자를지언정 이 나무는 자르지 못한다."

유사들이 그대로 아뢰니 왕이 크게 노하여 법관[司冠]에게 명하였다.

"정공이 왕화상의 신술을 믿고 장차 불손한 일을 꾀하려고 왕명을 거역하여 목을 자르라 했으니 마땅히 원하는 대로 하라."

마침내 정공을 죽이고 그 집은 묻어 버렸다.

조정에서 의논하기를 "왕화상은 정공과 심히 친밀하니 의당 정공의 죽음을 의심할 것이니, 그를 없애는 것이 좋겠습니다."

왕은 군사를 풀어 왕화상을 잡아들이라 하였다.

그때 혜통은 왕망사(王望寺)에 있다가 군사가 오는 것을 보고, 지붕에 올라가 주사(朱砂)가 든 병과 붉은 먹을 붓에 묻혀 외쳤다.

"내가 하는 것을 보라."

그리고 병목에 한 획을 긋고 말하였다.

"너희들은 각각 자신의 목을 보라."

군사들이 서로 보니 목에 모두 붉은 줄이 있었다. 서로 놀라자 또 외쳤다.

"내가 만일 이 병목을 자르면 너희들 목은 일시에 잘릴 것이니 어떻게 하겠느냐?"

군사들은 일제히 혼비백산 달아났다. 그들이 붉은 줄이 그어진 목 그대로 왕에게 달려가 아뢰었다.

"왕화상의 신통력을 어찌 인력으로 도모할 수 있겠느냐?"

이에 왕은 혜통을 그대로 놓아 두었다.

왕녀가 갑자기 병이 나자, 혜통에게 명하여 치료하게 하니 곧 나았다. 왕이 매우 기뻐하니, 혜통이 말하였다.

"정공은 독룡의 오점을 입어서 나라의 형벌을 받은 것입니다."

왕이 듣고 뉘우쳐 이에 정공의 처자를 방면시키고 혜통을 국사(國師)로 명했다.

독룡은 정공에게 원한을 갚고는 기장산(機張山)으로 가 웅신(熊神)이 되어, 악독함이 더욱 극심하여 백성들이 몹시 괴로워하였다. 혜통이 이에 산 속으로 가 독룡을 타일러 불살계(不殺戒)[5]를 받게 하니, 웅신의 해독이 바로 끝이 났다.

처음에 신문왕이 등창이 나서 혜통에게 보아 달라 청하니, 혜통이 주문을 외어 곧 나았다. 혜통이 이에 말하였다.

"폐하께서 전생에 재상으로 있을 때, 좋은 사람인 신충(信忠)을 잘못 판단하여 종으로 삼았기 때문에, 신충이 원한을 품고 있다가 되살아나 앙갚음을 하는 것입니다. 지금의 등창도 역시 신충 때문입니다. 마땅히 신충을 위하여 절을 지어 명복을 빌고 원한을 풀어 주소서."

---

5) 불살계(不殺戒) : 불교의 다섯 가지 계명 중 하나로, 중생을 죽이지 못하게 하는 계율.

왕이 옳다고 여겨 절을 지어 이름을 신충봉성사(信忠奉聖寺)라 하였다. 절이 다 이루어지자 공중에서 외침 소리가 들렸다.

"대왕이 절을 창건함에 따라 제가 괴로움에서 벗어나 천상에 태어나게 되었으니 원한을 이제 풀었습니다(어떤 책에는 이 사실을 진표 전에 기재했으니 잘못이다)."

그 외치던 자리에 절원당(折怨堂)을 지었으니, 본당과 절이 모두 남아 있다.

이보다 먼저 밀본법사 이후에 고승 명랑(明朗)이었다. 그는 용궁에 들어가 신인(神印 : 범어의 문두루(文豆婁)를 신인이라 한다)을 얻어 신유림(神遊林)에 절(지금의 천왕사)을 짓고 여러 차례 기도를 올려 이웃 나라 적을 막았다. 그리고 무외삼장의 진수를 전수하여 두루 속세에 다니며 사람을 구하고 만물을 감화하며, 숙명통(宿命通)의 밝음으로 절을 지어 원한을 씻게 하니, 밀교(密敎)의 바람이 이에 크게 떨쳤다. 천마산(天磨山) 총지암(摠持嵓)⁶⁾과 모악산(母岳山)의 주석원(呪錫院) 등이 모두 그 유파이다.

어떤 이는 말하기를 "혜통의 속명이 존승각관(尊勝角干)이다" 하나 각간은 신라의 재상급인데, 혜통이 벼슬했다는 말은 듣지 못했으며 혹은 시랑(豺狼 : 승냥이와 이리)을 쏘아 잡았다 하나 모두 자세하지 않다.

산복숭아 냇살구 울타리에 비껴 있어
길고 깊은 봄길의 양 언덕에 꽃 피네.
낭군이 한가로이 수달 잡은 인연으로
마귀조차 서울을 멀리하게 하였네.

명랑신인 (明朗神印)

금광사(金光寺) 본기를 살펴보면 이러하다.

명랑법사(明朗法師)가 신라에서 태어나 당나라에 들어가 불도를 배우고 환국하는 길에 해룡의 청을 받아 용궁에 들어가 비법을 전했는데, 금 천 냥(천 근이라고도 함)을 시주하므로 이걸 가지고 땅 속으로 숨어 와서 본가의 우물 밑 명치에서 솟아나왔다. 이어 자기 집을 희사하여 절을 만들고 용왕이 시주한 금

---

6) 총지암(摠持嵓) : 개성에 있었던 밀교로 유명한 사찰.

으로 탑과 불상을 장식하니 유달리 빛이 났으므로 금광사(《승전》에 금우사(金羽寺)
라 한 것은 잘못이다)라고 하였다 한다.

법사의 이름은 명랑이요 자는 국육(國育)이니, 신라의 사간(沙干) 재량(才良)의 아들이다. 어머니는 남간부인(南澗夫人) 또는 법승랑(法乘娘)이라고도 하는데, 소판(蘇判) 무림(茂林)의 딸로 김씨이니 곧 자장율사의 누이동생이다. 재량에게는 아들이 셋이었으니, 맏이가 국교대덕(國敎大德)이요, 둘째가 의안대덕(義安大德)이고, 법사가 맨 끝이다.

처음에 어머니가 꿈에 푸른 구슬을 삼키고 법사를 잉태하였다.

명랑법사는 선덕왕 원년(632)에 당나라에 들어갔다가 정관(貞觀) 9년 을미년(635)에 돌아왔다.

총장 원년 무진년(668)에 당나라 장수 이적(李勣)이 대병을 거느리고 신라와 협력하여 고구려를 멸하고, (당나라) 남은 군사들이 백제에 머물러 있으면서 장차 신라를 엄습하여 멸하려 함을 알고, 신라에서 군사를 풀어 대항하니, 당나라 고종이 듣고 크게 노하여 설방(薛邦)에게 명하여 군사를 일으켜 신라를 치려 하였다. 문무왕이 듣고 두려워하여 명랑법사를 불러 비법으로 예방하게 하여(이 사실은
문무왕전에 있다) 이로 인해서 신인종(神印宗)[7]의 시조가 되었다.

고려 태조가 창업할 때에 해적이 와서 소란을 피운 일이 있었다. 이에 안혜(安惠)와 낭융(朗融)의 후예인 광학(廣學)과 대연(大緣) 등 두 대덕을 청하여 법술을 지어 진압한 적이 있으니, 이들 모두 명랑이 전수한 계통이다. 그러므로 명랑법사와 아울러 위로 용수(龍樹)에 이르기까지 9조(九祖 : 본사(本寺)의 기록에는 3사가
율조(律祖)라 했으나 미상이다)가 된다.

또 고려 태조가 그들을 위하여 현성사(現聖寺)를 창건하여 한 종파의 뿌리로 삼았다.

또 신라 서울의 동남 20여 리 되는 곳에 원원사(遠源寺)[8]가 있으니, 속전에 이르기를 안혜(安惠) 등 4대덕이 김유신·김의원(金義元)·김술종(金述宗) 등과 함께 발원하여 창건한 것이므로 4대덕[9]의 유골을 모두 그 절의 동

---

7) 신인종(神印宗) : 진언종의 다른 파로, 명랑을 종조로 삼는 불교의 한 종파.

8) 원원사(遠源寺) : 경주시 외동에 있던 절. 삼층석탑 2기가 남아 있다.

9) 안혜·남융·광학·대연을 말한다.

쪽 봉우리에 모시고, 그로 인해서 사령산(四靈山) 조사암(祖師嵓)이라 했다 하니, 4대덕이 모두 신라 때의 고덕들이다.

또 돌백사(堗白寺)의 주첩(柱貼) 주각(注脚)에 실린 것을 살펴보면 이러하다.

경주 호장(戶長) 거천(巨川)의 어머니는 아지녀(阿之女)요, 아지녀의 어머니는 명주녀(明珠女)요, 명주녀의 어머니는 적리녀(積利女)이다. 그녀에게는 아들 광학대덕(廣學大德)과 대연삼중(大緣三重 : 예 이름은 선회(善會)) 형제 두 사람이 모두 신인종에 투신하여, 장흥(長興) 2년 신묘년(931)에 고려 태조를 따라 상경하여 어가를 따라다니며 향을 피우고 수도를 하였다. 태조는 그 공로를 포상하여 두 사람의 부모에게 기일보(忌日寶)[10]로 돌백사에 전답 몇 결을 주었다.

그러므로 광학·대연 두 사람은 태조를 따라 입경한 사람들이고 안사 등은 김유신 등과 원원사를 창건한 사람들이다. 광학 등 두 사람의 유골이 이곳에 봉안되었으나, 4대덕이 모두 원원사를 창건하였거나 모두 태조를 따라온 것은 아닐 것이므로 자세히 살펴보아야 한다.

---

10) 기일보(忌日寶) : 부모의 제사 비용으로 충당하기 위한 전답 등.

선도성모 수희불사(仙桃聖母隨喜佛事)

선도성모, 불교일 즐겨하다

진평왕 조(朝)에 지혜(智惠)라는 여승이 있어 착한 행적이 많았다. 이 스님은 안흥사(安興寺)에 머물렀는데 불전(佛殿)을 새로 수축하려 하나 힘이 모자랐다. 하루는 꿈에 주옥과 비취로 장식한 아름다운, 한 선녀가 와서 위로하였다.

"나는 선도산(仙桃山 : 경주 서악(西岳))[11]의 신모(神母)이다. 그대가 불전을 수축하려는 것이 기뻐서 금 10근을 시주하여 돕기 원하니, 마땅히 내 앉은 자리 밑에서 금을 가져다 주존삼상(主尊三像)을 장식하고, 벽에는 53불과 육류성중(六類聖衆)과 여러 천신과 오악신군(五岳神君 : 신라 때의 5악이니 동은 토함산, 남은 지리산, 서는 계룡산, 북은 태백산, 중앙은 부악 또는 공산이다)을 그리고, 봄·가을 두 계절에 10일간 선남선녀를 모아서 널리 중생을 위하여 점찰법회를 여는 것을 상례로 삼도록 하라(고려조에 굴불지(屈弗池)의 용이 왕에게 현몽하여 영취산에 길이 약사도량(藥師道場)을 열어서 바닷길을 평탄하게 하라고 청한 것도 이와 같다)."

지혜가 놀라 깨어, 무리를 거느리고 신사(神祠)에 가서 꿈 속의 신모가 앉았던 자리 밑을 파서 황금 1백 60냥을 얻어 수리하는 일을 마쳤다. 이는 모두 신모가 가르쳐준 대로 행한 것이다. 그 사적은 남아 있으나 법사(法事)는 폐지되었다.

신모는 원래 중국 황실의 딸로서 이름이 사소(娑蘇)인데, 일찍이 신선의 술법을 얻어 신라에 들어와 오래도록 돌아가지 아니하므로, 황제가 편지를 매의 발에 매달아 보냈다.

"이 매가 멈추는 곳에 집을 지으라."

---

11) 선도산(仙桃山) : 경주 서쪽에 있다. 산신각에 여산신이 모셔져 있다.

사소가 편지를 받고 매를 날려보내니 매는 날아다니다가 이 산에 와 앉았다. 마침내 이곳에 와서 집을 짓고 지선(地仙)이 되었다. 그러므로 이 산을 서연산(西鳶山)이라 한다.

신모는 이 산에 오래 머물며 나라를 지켰는데 신령스럽고 이상한 일이 아주 많았다. 나라가 세워진 이후로 항상 3사(三祀)의 하나가 되었으니 그 차례는 여러 산천 제사의 윗자리에 있었다.

제54대 경명왕(景明王)이 매를 부리기 좋아하더니 일찍이 여기에 올라와서 매를 날리다가 매를 잃어버렸다. 신모에게 빌기를 "만약 매를 찾으면 벼슬을 봉하리라" 했더니 조금 있다가 매가 날아와 궤 위에 앉으므로 신모를 대왕(大王)으로 봉하였다.

신모가 처음 진한에 왔을 때, 신령한 아들[聖子]을 낳아서 동국의 첫 임금이 되었다 하니 대개 혁거세와 알영부인 두 성인의 유래일 것이다. 그러므로 계룡(鷄龍), 계림(鷄林), 백마(白馬) 등으로 이르는 것은 닭이 서쪽에 속하기 때문이다.

신모는 일찍이 제천의 선녀들에게 비단을 짜게 하고 붉은 물을 들여 조의(朝衣)를 만들어서 그의 남편에게 주었으니, 나라 사람들이 이로써 비로소 신령한 영험을 알게 되었다.

또 《국사》를 보면 사신(史臣)이 다음과 같이 말하였다.

김부식(金富軾)이 정화(政和) 연간에 사신으로 송나라에 갔다가 우신관(佑神館)에 갔더니, 한 집이 있는데 선녀의 상이 모셔져 있었다. 관반 학사 왕보(王黼)가 말하였다.

"이것은 귀국의 신인데 공께서 알고 계시오?"

또다시 말하였다.

"옛날 중국 황제의 딸로서 바다 건너 진한에 가서 아들을 낳아 해동의 시조가 되고, 또 지선(地仙)이 되어 길이 선도산에 있다 하는데 이것이 바로 그의 상이오."

또 송나라 사신 왕양(王襄)이 우리 조정에 와서 동해성모(東海聖母)에게 제사지낸 제문 중에 "현인을 잉태하여 나라를 창업했다"는 구절이 있다. 이제 성모가 금을 시주하여 부처를 받들고 중생을 위하여 불법을 열어 구원의 길을 만들었으니, 어찌 헛되이 장생술(長生術)이나 배워 아득한 곳에 있는 자이랴?

다음과 같이 기린다.

　　서연산에 와서 사는 지 몇십 년이던가
　　선녀를 부리어 선녀의 옷을 짜게 했네.
　　장생술도 반드시 살지 않음과 다를 것 없는데
　　부처를 뵙고 옥황상제 되었다네.

욱면비 염불서승 (郁面婢念佛西昇)

여종 욱면, 염불로 극락가다

　경덕왕 대에 강주(康州 : 지금 진주(晉州)를 강주(剛州)라고도 했으니 지금의 순안(順安)이다)에 남자 신도 수십 명이 극락세계에 뜻을 두어 그 고을 경내에 미타사(彌陀寺)를 세우고 1만 일을 기약하며 계(契)를 모았다.

　그때 아간 귀진(貴珍)의 집에 한 여종이 있었는데, 이름이 욱면(郁面)이었다. 주인을 따라 절에 가 뜰에서 스님을 따라 염불하니, 주인이 직분이 아닌 짓을 한다고 미워하여 매일 벼 두 섬씩 내주며 하루 저녁에 다 찧으라 하였다. 욱면이 초저녁에 다 찧어 놓고 절에 가서(속담에 '제 일이 바빠 큰집 방아 서두른다' 함은 여기서 나온 말이다) 밤낮으로 염불을 게을리하지 않았다. 뜰의 좌우에 말뚝을 세우고 새끼줄로 두 손바닥을 뚫어 꿴 다음 말뚝에 잡아매고 합장한 손을 좌우로 놀리면서 스스로 격려하였다. 이때 하늘에서 외침 소리가 났다.

　"욱면랑은 불당에 들어가 염불하라."

　사람들이 그 소리를 듣고 권하여 법당에 들어와서 법례에 따라 정진하게 되었다. 얼마 후 서쪽 하늘에서 음악이 들려오자, 욱면의 몸이 솟아올라 지붕을 뚫고 나갔다. 서쪽으로 가다가 교외에 이르러 육신을 버리고 진신(眞身)으로 변하더니, 연화대에 앉아 큰 빛을 발하며 천천히 가는데, 공중에서 풍악 소리가 끊이지 않았다. 그 불당에는 지금도 욱면이 뚫고 나간 자리가 있다고 한다(이상은 향전에 있다).

　《승전(僧傳)》을 살피건대, 동량팔진(棟梁八珍)은 관음보살의 현신이라 승도의 무리를 모으니 천 명이나 되는지라, 두 파로 갈라 한 파는 노력하고 한

파는 정수(精修)하게 했는데, 노력하는 무리 중에 일을 맡아보는 자가 계행을 얻지 못하여 축생도(畜生道)[12]에 떨어져 부석사의 소가 되었다. 그 소가 일찍이 경을 싣고 갔기 때문에 불경의 법력을 입어서 다시 사람으로 환생하여 아간 귀진의 집 여종으로 태어나니 이름이 욱면이다. 욱면이 일이 있어 하가산(下柯山)에 갔다가 꿈을 꾸고 감응을 받아 불도를 닦을 마음이 생겼다. 아간의 집에서 혜숙법사가 창건한 미타사까지 거리가 멀지 않았다. 아간이 항상 그 절에 가서 염불하므로, 욱면도 따라가서 뜰에서 염불하였다.

이렇게 하기 9년, 을미년(755) 정월 21일에 욱면이 예불하다가 지붕을 뚫고 나가 소백산에 이르러 신 한 짝을 떨어뜨렸으므로, 그 곳에 보리사(菩提寺)[13]를 지었다. 욱면이 산 아래 이르러서 육신을 버렸기 때문에 그곳에 두 번째 보리사를 짓고, 그 불당에 욱면등천지전(勗面登天之殿)이라는 방(榜)을 써 붙였다. 그때 뚫린 지붕의 구멍이 열 아름이나 되는데, 폭우나 폭설이 내려도 새지 않았다. 훗날 일을 좋아하는 이가 금탑 한 좌를 만들어 바로 그 구멍을 막고 그 위에 신이한 일을 기록하였다. 그 방과 탑은 아직도 있으며, 욱면이 간 뒤에 귀진은 그의 집을 이인(異人)이 난 집이라 하여 희사하여 절을 짓고 법왕사(法王寺)라 하였으며 밭과 소작인을 바쳤다. 그러나 오랜 후에 폐허가 되어, 대사 회경(懷鏡)이 승선 유석(劉碩), 소경 이원장(李元長)과 같이 발원하여 중건하였다. 회경이 몸소 토목 역사를 했는데, 처음 목재를 운반할 때 꿈에 어떤 노인이 삼베 신과 칡 신 각각 한 켤레씩 주는 것을 받았다. 또 옛 신당〔神社〕에 가서 불교의 이치를 깨우쳤으므로 신사 옆에 있는 재목을 베어다 무릇 5년 만에 낙성하고, 또 노비들을 두어서 동남방에서 이름난 사찰이 되니, 남들이 회경을 귀진의 후신이라 하였다.

논평하여 말한다.

마을의 옛 전설에 따르면 욱면은 경덕왕 때의 일인데, 거징(據徵: 징(徵)자는 진(珍)자일 것이다)의 본전에 의거하면, 원화(元和) 3년 무자년(808)이라 했으니 애

---

12) 축생도(畜生道) : 불교에서 삼악도(三惡道)의 하나. 죄업으로 짐승이 되어 괴로움을 받는 길.

13) 보리사(菩提寺) : 경주시 남산 동편에 있는 절로, 사후의 극락세계를 나타내는 아미타불상이 유명하다.

장왕(哀莊王) 때의 일이다. 경덕왕 이후 혜공(惠恭)·선덕(宣德)·원성(元聖)·소성(昭聖)·애장왕 등 5대를 합하면 60여 년 뒤의 일이다.

귀진이 먼저이고 욱면이 나중이 되어 향전과 서로 어긋난다. 그러나 의심나는 대로 두 가지 다 기록해 둔다.

다음과 같이 기린다.

네 이웃 옛 절에 불등(佛燈)이 밝았는데
방아 찧고 돌아오니 밤은 이경(二更)일세.
염불하여 성불(成佛)하기 스스로 허락하고
손바닥에 새끼줄 꿰니 육신도 잊었네.

광덕과 엄장(廣德嚴莊)

문무왕 대에 사문이 있었는데 이름은 광덕(廣德)과 엄장(嚴莊)이다. 두 사람은 우애가 깊어 밤낮으로 약속하기를 "누구든 먼저 안양(安養 : 서방정토, 즉 극락세계)으로 가거든 서로 알리자"고 하였다.

그 후 광덕은 분황사 서촌(혹은 황룡사의 서거방(西去房)에 있다 하니 어느 말이 옳은지 알 수 없다)에 은거하여 신 삼는 것으로 업을 삼고, 처자를 데리고 살았다. 엄장은 남악에 암자를 짓고 농사일에 힘썼다.

하루는 석양이 붉은 빛을 띠고 소나무 그늘에 어둠이 깔릴 무렵, 엄장의 창 밖에서 소리가 났다.

"나는 벌써 서방으로 가니, 그대는 잘 있다가 속히 나를 따라오라."

엄장이 문을 열고 나가 둘러보니 구름 위에서 하늘의 풍악 소리가 들려오고 빛이 땅에까지 뻗쳤다. 다음 날 광덕의 집을 찾아갔더니 과연 광덕이 죽어 있었다. 그래서 그의 아내와 함께 유해를 거두어 장사지냈다. 장사를 다 마치고 엄장이 광덕의 부인에게 말하였다.

"남편이 이미 죽었으니 이제 나와 같이 사는 것이 어떻겠소?"

광덕의 처가 이를 허락하고 엄장의 집에 머물렀다. 밤이 되어 정을 통하려 하자, 그의 처가 듣지 않으면서 이렇게 말하였다.

"스님이 정토(淨土)를 구하는 것은 가히 물고기를 잡으러 나무에 오르는

격입니다."

엄장이 괴이하게 여겨 물었다.

"광덕도 이미 그리했는데 나라고 어찌 안 되겠소?"

부인이 말하였다.

"남편과 동거한 지 10여 년이었지만, 일찍이 한 자리에 눕지도 않았는데 하물며 추한 일이 있었겠습니까? 그분은 다만 밤마다 몸을 단정히 하고 반듯이 앉아서 한마음으로 아미타불을 외면서 16관(觀)¹⁴⁾을 짓고 마침내 관이 이루어져 미혹을 깨치고 달관하여, 밝은 달이 창에 들어오면 때로는 그 빛에 올라 가부좌를 하였습니다. 정성을 이만큼 하고서도 서방정토로 아니 간다면 어디로 가겠습니까? 무릇 천 리를 가는 자는 첫걸음에 알아볼 수 있는 것이니, 지금 스님이 하는 일은 동방으로 간다 하면 옳을지언정 서방정토[극락]로 간다 할 수 없습니다."

엄장이 부끄러워 물러나와 바로 원효법사에게 나아가 정성으로 정도의 길을 물으니, 원효가 정관법(淨觀法)¹⁵⁾을 지어 지도하였다. 엄장이 이에 몸을 깨끗이하고 뉘우쳐 한마음으로 관을 닦아서 역시 극락으로 가게 되었다.

정관법은 원효대사의 본전과 《해동고승전》 중에 있고, 그 부인은 분황사의 여종인데, 아마 관음보살 19응신(十九應身)¹⁶⁾ 가운데 하나이다. 광덕이 일찍이 노래를 지은 것이 있으니 노래는 이러하다.

달님, 이제 서방으로 가시어
무량수불 앞에 말씀 가져다 전해주오.
다짐 깊으신 부처님 우러러 두 손 모아 비오나니
원왕생(願往生)¹⁷⁾ 원왕생 바치오니
그리워하는 사람 있다 하소서.

---

14) 관(觀) : 보는 것. 염관(念觀). 석가모니가 극락정토를 염원하던 수행법.

15) 정관법(淨觀法) : 사고의 더러움을 제거하여 번뇌의 유혹을 없애는 것.

16) 19응신(十九應身) : 《법화경》 보문품 19설법. 중생의 제도·교화를 위한 관음보살의 19가지 모습.

17) 원왕생(願往生) : 원왕생극락. 죽어서 극락세계에서 태어나고 싶다는 뜻.

아아, 이몸 버리시고
마흔여덟 큰 소원[18]
모두 이루어질까.

양주동 역

경흥우성(憬興遇聖)

경흥, 성인 만나다

신문왕 대의 고승 경흥(憬興)은 성이 수씨(水氏)인데 웅천주 사람이다. 이 18세에 출가하여 삼장(三藏)[19]에 통달하니 명망이 한때 높았다.

개요(開耀) 원년(681), 문무왕이 승하할 때 신문왕에게 이렇게 말하였다.

"경흥법사는 국사(國師)로 삼을 만하니 짐의 명을 잊지 말라."

신문왕이 즉위하자, 왕은 그를 존대하여 국로(國老)로 삼아 삼랑사(三郎寺)에 머물게 했는데, 홀연 병을 얻어 한 달 가까이 앓았다. 이때 한 여승이 찾아와 문안드리고 《화엄경》 중의 '착한 친구가 병을 고쳐준다'는 말씀으로 문병하고 이어서 말하였다.

"지금 법사의 병환은 근심과 노심에서 온 것이니, 즐거이 웃으면 나을 수 있습니다."

그러고는 열한 가지 모습의 탈을 만들어 각각 우스운 춤을 추었다. 씩씩하고 날렵하여 변화 무쌍한 모습이 이루 말할 수 없이 우스워 모두 턱이 빠질 지경이었다. 법사의 병이 자신도 모르는 사이에 씻은 듯이 나았다. 그러자 여승은 곧 문을 나가 남항사(南巷寺 : 삼랑사 남쪽에 있다)로 들어가 숨어 살았는데, 그가 짚었던 지팡이만 탱화로 그린 11면 관음보살상 앞에 남아 있었다.

또 하루는 경흥이 왕궁에 들어가려고 하여 시종들이 먼저 동문 밖에서 준비하였는데, 말과 안장이 매우 화려하고 신과 갓도 매우 성대하였으므로, 길 가는 자들이 두려워하여 피하였다. 이때 한 거사(사문이라고 함)가 손에 지팡이를 짚

---

18) 아미타불이 법장 비구였을 때 세운 48가지 소원.

19) 삼장(三藏) : 불경의 세 경전, 즉 경(經)·율(律)·논(論)을 세 개의 광주리에 담아 보관한 것.

고 등에는 광주리를 지고 하마대(下馬臺)[20] 위에서 쉬고 있는데, 광주리 속을 보니 마른 물고기가 들어 있었다. 시종자들이 꾸짖었다.

"당신은 장삼을 입고서 어찌 계율에 어긋나는 것을 지고 다니는가?"

거사가 말하였다.

"두 다리 사이에 산 고기[馬]를 끼고 다니는 데 비하면, 등에 마른 물고기를 진 것이 무엇이 흠이 되겠소?"

말을 마치고 일어나서 가버렸다.

경흥이 문간을 나오다가 그 말을 듣고 사람을 시켜 따라가 보라 하였다. 남산 문수사(文殊寺)의 문 밖에 이르러서 광주리를 버리고 사라졌는데, 지팡이는 문수보살상 앞에 있고 광주리의 말린 물고기는 소나무 껍질이었다.

심부름 갔던 자가 돌아와 그대로 말하니 경흥이 듣고 탄식하였다.

"문수보살이 오셔서 내가 말 타는 것을 경계하심이라."

그 뒤로 종신토록 다시는 말을 타지 않았다.

경흥의 덕과 도의 멋은 승려 현본(玄本)이 지은 삼랑사비(三郞寺碑)에 자세히 기재되어 있다.

일찍이 《보현장경(普賢章經)》을 보니 미륵보살이 이렇게 말하였다.

"내가 내세에 염부제(閻浮提 : 인도) 에 출생하면, 석가모니불의 말법(末法 : 말세, 불법이 쇠퇴한 시기) 제자를 제도할 것이다. 다만 말 탄 비구는 제외하여 그들이 부처를 보지 못하게 할 것이다."

그러니 가히 경계하지 않을 수 있겠는가?

다음과 같이 기린다.

> 보현경에 수범(垂範)하신 많은 뜻 있건만
> 어찌하여 자손들은 갈고 닦을 줄 모르는가.
> 등에 진 마른 물고기 오히려 가하다면
> 훗날 용화수(龍華樹)에 불법(佛法) 저버리면 어이하리.

---

20) 하마대(下馬臺) : 말에서 내릴 때 밟는 돌.

진신수공(眞身受供)

진신, 공양받다

장수(長壽) 원년 임진년(692)에 효소왕이 즉위하여 비로소 망덕사(望德寺)를 창건했으니, 이는 장차 당나라 황실에 복을 빌려는 것이었다. 그후 경덕왕 14년(755)에 망덕사 탑이 흔들리더니, 이때에 안록산(安祿山)·사사명(史思明)의 난이 있었다.

신라 사람들이 말하였다.

"당나라를 위하여 이 절을 건립했으므로 마땅히 영험이 있을 것이다."

효소왕 8년 정유년(697)에 낙성연을 열고, 왕이 친히 행차하여 공양을 준비하는데 누추한 모양의 비구승이 움츠리고 뜰에서 왕에게 청하였다.

"빈도(貧道)도 이 재(齋)에 참여하고자 합니다."

왕이 비구승에게 끝자리에 앉기를 허락하였다. 재가 끝날 때에 왕이 희롱하는 말로 "어디서 사는가?" 하고 물으니 비구승이 대답하였다.

"비파암(琵琶嵓)에서 살고 있습니다."

왕이 말하였다.

"돌아가는 길에 국왕이 친히 공양하는 재에 갔었다고 말하지 말라."

비구승이 웃으며 말하였다.

"폐하께서도 역시 다른 사람에게 진신석가(眞身釋迦)를 공양했다고 말씀하지 마십시오."

그러고는 공중으로 솟아 남쪽으로 가는지라, 왕이 놀라고 부끄러워 동쪽 언덕으로 올라가 그가 사라진 쪽을 향하여 예를 올리고 사자를 시켜 찾아가게 했다. 남산 삼성곡(參星谷 : ^{혹은 대책천원} (大磧川源)이라고도 함)에 이르러 돌 위에 석장과 바리때를 두고 사라졌다고 하였다.

사자가 와서 아뢰니, 비파암 아래에 석가사를 창건하고 그의 자취가 사라진 곳에 불무사(佛無寺)를 세웠다. 석장과 바리때는 두 절에 나누어 두었는데, 이 두 절은 지금까지 남아 있으나 석장과 바리때는 없어졌다.

《지론(智論)》 제4권에서 말하였다.

"옛날 계빈국(罽賓國 : ^{카슈미르} 지방) 삼장이 아란야법(阿蘭若法 : ^{촌락에서 먼 곳} 에서 하는 수행)을 행하여 일왕사(一王寺)에 도착하니, 큰 법회가 열리고 있었다. 문지기가 그의 옷이 누추한 것을 보고 문을 막으며 들어가지 못하게 한다. 누차 찾아가도 번번이 다 떨어진 옷을 입었다 하여 들어가지 못했다. 그래서 다시 방법을 고쳐 좋은 옷을 빌려 입고 가니 문지기가 들어가도록 하였다. 들어가 자리를 차지하고 갖가지 좋은 음식을 먼저 옷에게 주면서 '먹으라' 하니 여러 사람들이 '왜 그러느냐'고 물었다. 대답하기를 '내가 이곳에 여러 번 왔으나 매번 옷이 해졌다 하여 들어오지 못하게 하다가, 이번에는 이 옷으로 인해 이 자리에 참례하여 갖가지 음식을 먹게 되었으니 먼저 옷에게 주어야 하지 않겠는가'라고 대답하였다."

이번 일도 이 일과 같다고 하겠다.

다음과 같이 기린다.

부처님을 가리어 새 그림에 향 피우고
재공양 차릴 때는 아는 스님 불러오네.
이러므로 비파암의 밝은 달도
때때로 구름 덮여 못에 아니비치네.

월명사의 도솔가(月明師兜率歌)

경덕왕 19년 경자년(760) 4월 초하룻날에 해가 둘이 떠서 10여 일 간 없어지지 않았다. 일관(日官)이 아뢰었다.

"인연이 있는 승려를 청하여 산화공덕(散花功德)[21]을 하면 물리칠 수 있을 것입니다."

이에 조원전(朝元殿)에 단을 깨끗이 모시고 청양루(靑陽樓)에 행차하여 인연 있는 승려를 바라더니, 그때 마침 월명사(月明師)가 밭 사이로 난 남쪽 길을 가고 있었으므로 왕이 사람을 보내 불러들여 단을 열고 계청(啓淸)을 지으라 명하니, 월명이 아뢰었다.

"신승은 다만 국선의 무리에 속하여 오직 향가만 알고 범성(梵聲)[22]은 익

---

21) 산화공덕(散花功德) : 꽃을 뿌려 부처님께 공양하는 것.

22) 범성(梵聲) : 찬불가로서 범어로 하는 염불.

숙하지 못합니다."

왕이 말하였다.

"이미 인연 있는 승려로 정하였으니, 향가를 지어도 좋다."

월명이 이에 도솔가(兜率歌)를 지어 불렀으니 그 가사는 이러하다.

　　오늘 이에 산화(散花) 블어

　　쌘솔본 고자 너는

　　고둔 ᄆᆞᆷ 명(命) 브리웁디

　　미륵좌주[23] 뫼셔롸.

양주동 역

시로 다시 풀어 보면 다음과 같다.

　　용루(龍樓)에서 오늘 부른 산화가(散花歌)는

　　청운에 한 떨기 꽃 던져 보냈네.

　　은근히 곧은 마음이 시킨 대로

　　멀리 도솔천 대선가(大仙家)를 맞이한다네.

　지금 세속에서는 이 시를 〈산화가〉라 하나 잘못된 것이고, 〈도솔가〉라 함이 마땅하다. 〈산화가〉는 따로 있으나 문장이 길어 싣지 못한다.

　곧 두 해의 괴변이 사라지니, 왕이 가상히 여겨 차(茶) 한 봉지와 수정염주(水精念珠) 108개를 내려주었다. 홀연 모습이 정결한 동자가 나타나 공손히 무릎 꿇고 차와 염주를 받들어 궁전 서쪽의 작은 문으로 나갔다. 월명사는 그를 내전의 사동이라 여겼고, 왕은 대사의 시종이라 여겼으나, 서로 확인해 보니 모두가 아니었다.

　왕이 이상히 여겨 사람을 시켜 추적하게 하니, 동자가 내원(內院)의 탑 속으로 사라졌다. 차와 염주는 남쪽 벽에 그려진 미륵보살상 앞에 놓였으니, 월명대사의 지극한 덕과 정성이 이처럼 부처님[至聖]을 감동시켜, 온 나라에서 알지 못하는 이가 없었으니 왕이 더욱 공경하여 다시 비단 1백 필을 주어

---

23) 미륵좌주(彌勒座主) : 부처를 말한다.

큰 정성을 기렸다.

　월명이 또 일찍이 죽은 누이를 위하여 재를 올리며 향가를 지어 제사지냈더니 갑자기 바람이 불어 지전(紙錢)[24]을 날려 서쪽으로 사라지게 하였다.

　그 향가는 이러하다. [25]

　　삶과 죽음 갈림길
　　여기에 있으니 두려웁고
　　나는 간다는 말도
　　못하고 가느냐.
　　어느 이른 가을 바람 끝에
　　여기저기 떨어지는 잎새처럼
　　한 가지에 나고서도
　　가는 곳을 모르는구나
　　아아, 미타찰(彌陀刹)[26]에서 만날 나
　　도 닦아 기다리리.

　월명이 사천왕사(四天王寺)에 있으면서 피리를 잘 불었다. 일찍이 달밤에 문 앞 큰길을 피리를 불며 거닐었다. 이 때에 달님이 그를 위해 운행을 멈추었으므로 그 길을 월명리(月明里)라 하였다. 월명사도 이로 인해서 이름이 났다.

　월명사는 능준대사(能俊大師)의 제자이다. 신라에서 향가를 숭상하는 지가 오래되었는데, 대개 시(詩), 송(頌)과 같은 것이었다. 그러므로 가끔 천지와 귀신을 감동시킨 일이 한두 번이 아니었다.

　다음과 같이 이를 기린다.

---

24) 지전(紙錢) : 극락으로 갈 때 노자돈의 의미로, 장례식 때 쓰는 가짜 종이돈.

25) 제망매가(祭亡妹歌). 형제를 한 가지에 난 나뭇잎과 같다 하여 누이의 죽음을 낙엽에 비유한 10구체 향가.

26) 미타찰(彌陀刹) : 극락 세계.

바람이 종이돈 날려 저승가는 누이 노자삼게 하고,
피리 소리 밝은 달을 흔들어 항아(姮娥)[27]를 머물게 하였네.
도솔천이 멀다고 말하지 말라,
큰 스님 만덕화(萬德花) 한 곡조로 즐거이 맞이하네.

선율환생(善律還生)

선율, 다시 태어나다

　망덕사(亡德寺) 승려 선율(善律)이 돈을 시주받아 《육백반야경(六百般若經)》을 만들려다가 뜻을 이루지 못하고 홀연히 음부(陰府 : 저^승) 사자에게 잡혀 염라대왕에게 들어가니, 염라대왕이 물었다.

　"너는 인간 세상에서 무슨 업을 지었느냐?"

　선율이 말하였다.

　"빈도는 모년(暮年)에 《대품반야경(大品般若經)》을 만들고자 했으나, 이루지 못하고 왔습니다."

　염라대왕이 말하였다.

　"너의 수명은 이미 다 하였으나, 그 훌륭한 소원을 마치지 못했으니 인간 세상에 다시 돌아가 보배로운 불전을 마저 끝마치는 것이 마땅하다."

　그리고는 선율을 인간 세상으로 다시 돌려보냈다.

　돌아오는 도중인데 어떤 여자가 울면서 선율 앞에 와서 절하며 말하였다.

　"나 또한 남염주(南閻州 : 인간
세상) 신라 사람입니다. 부모가 몰래 금강사 논한 이랑(畝)를 취한 것에 연루되어 저승에 잡혀와 오래도록 무거운 고통을 받고 있습니다. 이제 법사께서 고향으로 돌아가시거든 제 부모님께 이 일을 말씀드려 속히 그 땅을 돌려주라 하십시오. 또 제가 세상에 있을 때 참기름을 상 밑에 두었고, 또한 꼼꼼하게 짠 베를 이불 속에 감추어 두었으니, 원컨대 법사께서 그 기름을 가져다가 부처님께 등을 켜 드리고, 베는 팔아서 불경 만드는 비용으로 쓰십시오. 그리 해 주신다면 황천에서라도 은공이 되어 고뇌에서 벗어날 수 있을 것입니다."

---

27) 항아(姮娥) : 달 속에 사는 미인. 중국 하나라의 예(羿) 부인.

선율이 물었다.

"그대의 집이 어디에 있소?"

"우리 집은 사량부(沙梁部) 구원사(久遠寺)의 서남쪽 마을입니다."

선율이 그 말을 듣고 걸어오다가 깨어났다. 그때는 죽은 지 10일, 남산의 동쪽 기슭에 이미 장사지낸 후였다. 선율은 무덤 속에서 3일을 살려달라고 부르짖었다. 목동이 그 소리를 듣고 절에 와서 알리니 절의 승려들이 가서 무덤을 파 꺼내 주었다. 선율은 지난 일을 상세히 말하고, 또 그 여인의 집을 찾아갔다. 여인은 죽은 지 이미 15년이었다. 그러나 기름과 베가 완연하게 있는지라 선율이 그 말에 따라 명복을 빌어 주었더니, 여인의 혼이 선율에게 와서 말하였다.

"스님의 은덕으로 저는 이미 고뇌에서 벗어나 해탈을 얻었습니다."

당시 사람들이 이를 듣고 놀라며 감탄하지 않은 이가 없었다. 선율을 서로 도와 불경을 완성시켰다. 그 불경 전질이 지금도 경주 승사(僧司) 서고에 있으며, 매년 봄·가을에 그것을 읽어 재앙을 예방하였다. 다음과 같이 이를 기린다.

부럽다, 우리 스님 좋은 인연 힘입어
저승에 갔다 되돌아왔네.
우리 부모 딸 안부 묻거든
나를 위해 논 한 이랑 빨리 돌려 주라 하소서.

김현감호(金現感虎) 7 김현, 호랑이를 감동시키다

신라 풍속에 매년 음력 이월[仲春]이 되면 8일부터 보름까지 서울의 남녀들이 다투어 흥륜사의 전탑을 돌면서 복을 빌었다. 원성왕(元聖王) 때에 화랑 김현(金現)이 밤이 깊도록 홀로 돌면서 쉬지 않았다. 이때 한 처녀가 염불하며 따라 돌아 서로 눈길이 맞았다. 그들은 돌기를 끝내고 한적한 곳으로 가 정을 통하였다. 처녀가 막 돌아가려 하자 김현이 따라가려 하였다. 처녀가 거절하며 사양했으나 김현은 억지로 따라갔다. 서산 기슭에 가서 초가집으로 들어갔다. 노파가 있다가 처녀에게 물었다.

"데리고 오는 이가 누구냐?"

처녀가 전후 사정을 말하니 노파가 말하였다.

"비록 좋은 일이지만 없는 것만은 못하다. 그러나 이미 저질러진 일을 어찌하겠느냐. 은밀한 곳에 숨겨 주어라. 너희 오라비들이 사나운 짓을 할까 두렵다."

처녀가 김현을 데리고 가 깊숙이 숨겼다. 조금 있자, 호랑이 세 마리가 소리를 지르며 들어오더니 사람의 말로 말하였다.

"집에서 비린내가 나는데 이거 요기하면 좋겠다."

노파와 처녀가 꾸짖었다.

"너희들 코가 잘못되었구나. 미친 소리 마라."

때마침 하늘에서 외치는 소리가 들렸다.

"너희들은 남의 목숨을 너무 많이 해쳤도다. 마땅히 하나를 죽여서 그 악행을 징계하겠노라."

세 호랑이들이 이 말을 듣고 모두 근심스러운 얼굴이 되자, 처녀가 말하였다.

"세 오라비들이 멀리 피하여 스스로 뉘우친다면 제가 대신 그 벌을 받겠습니다."

모두 기뻐하여 머리를 숙이고 꼬리를 치며 달아나 버렸다. 처녀가 들어와 김현에게 말하였다.

"처음에 제가 서방님께서 저희 집에 오시는 것을 부끄러워서 사양하였지만, 이제는 이미 숨길 수가 없게 되었으니 감히 속에 있는 말씀을 털어놓겠습니다. 비록 제가 낭군과 같은 부류는 아니지만 하루 저녁 즐거이 모셨으니 그 의리는 부부로 맺은 것처럼 소중합니다. 세 오라비들의 악한 짓을 이미 하늘이 미워하니, 우리 집안의 재앙을 제가 감당할까 합니다. 모르는 사람의 손에 죽는 것과 낭군의 칼에 죽어 은덕을 갚는 것과 어찌 한 가지이겠습니까? 제가 내일 거리에 나가 심히 해를 끼치면 사람들이 나에게 어찌할 도리가 없을 것입니다. 대왕은 반드시 높은 벼슬을 내걸고 나를 잡게 할 것이니, 낭군께서는 겁내지 말고 저를 쫓아 성 북쪽 숲 속으로 오시면 제가 기다리고 있겠습니다."

김현이 말하였다.

"사람이 사람을 사귀는 것이 인륜의 떳떳한 도리이고, 다른 부류와 사귀는 것은 정도가 아니나, 이미 이렇게 되었으니, 진실로 하늘이 준 운명인데 어찌 차마 배필의 죽음을 팔아서 요행으로 한 세상의 벼슬을 바라겠소?”

여인이 말하였다.

“낭군께서는 그런 말씀을 하지 마소서. 지금 첩이 일찍 죽는 것은 천명이요, 또한 나의 소원이며, 낭군에게는 경사이고 우리 가족의 축복이 되고, 나라에는 즐거운 일이니, 하나 죽어 다섯 가지 이로움을 구비하게 되는데, 어찌 머뭇거릴 수가 있습니까? 다만 첩을 위하여 절을 짓고 강론하여 좋은 업보를 얻게 도와주시면 낭군의 은혜가 더없이 클 것입니다.”

드디어 서로 울며 이별하였다.

다음 날, 과연 맹호가 성 안에 들어와 사람을 심하게 해치니 감당할 수가 없는지라, 원성왕이 듣고 영을 내렸다.

“호랑이를 잡는 자에게 2급의 벼슬을 주리라.”

김현이 대궐에 나아가 아뢰었다.

“소신이 잡을 수 있습니다.”

이에 먼저 벼슬을 주어 격려하였다. 김현이 간단한 무장을 하고 숲 속으로 들어가니, 호랑이가 처녀로 변하여 기쁜 듯이 웃으며 말하였다.

“어젯밤 낭군과 나눈 은근한 말을 소홀히 하지 마십시오. 오늘 내 발톱에 상처를 입은 사람은 모두 흥륜사 된장을 바르고 그 절의 나발(螺鉢 : _{소라고둥 껍데기로 만든 악기와 바리때}) 소리를 들으면 나을 것입니다.”

그리고는 김현이 찼던 칼을 빼앗아 스스로 목을 찔러 쓰러지니, 곧 호랑이가 되었다. 김현이 숲 밖으로 나와 말하였다.

“지금 호랑이를 쉽게 잡았다.”

그 사유는 누설하지 않고 다만 호랑이가 시키던 대로 하였더니 상처에 모두 효험이 있었다. 지금 풍속에도 또한 그 처방을 쓰고 있다.

김현이 이미 등용되니 서천(西川) 가에 절을 짓고 이름을 호원사(虎願寺)[28]라 하였다. 항상 《범망경(梵網經)》[29]을 강론하여 호랑이의 명복을 빌

---

28) 호원사(虎願寺) : 경주 황성공원에 터만 남아 있다.

29) 범망경(梵網經) : 팔리어로 쓰여진 남방좌상부의 경장(經藏)인 장부(長部)의 제1경.

고 또 몸을 스스로 희생하여 자기에게 이루어 준 은혜를 갚았다.

김현이 죽음에 임하여 옛날의 이상한 일을 깊이 느껴 전기를 썼다. 세상에 비로소 알려졌으며, 따라서 그 기록을 《논호림(論虎林)》이라 하여 지금까지 일컬어 온다고 한다.

정원(貞元) 9년(793)에 신도징(申屠澄)이 야인(野人)으로서 한주(漢州)의 십방현(什方縣)[30]의 현위가 되어 부임지로 가던 중, 진부현(眞符縣) 동쪽 10리쯤에 이르러, 갑자기 눈보라와 맹추위를 만나 말이 앞으로 나아가지 못하였다.[31] 길가에 초가가 하나 있어 들어가니 그 안에 불이 있어 아주 따뜻하였다. 등불이 비치는 곳으로 나아가 보니 늙은 부부와 처녀가 불가에 둘러앉아 불을 쬐고 있었다. 처녀는 14, 5세쯤 되어 보였다. 비록 더벅머리에 때묻은 옷을 입었지만, 눈같은 살결과 꽃같은 얼굴에 몸가짐이 매우 아름다웠다. 노부부가 신도징이 들어오는 것을 보고 일어나며 말하였다.

"손님은 추위와 눈을 무릅쓰고 오셨으니, 불 앞으로 오십시오."

신도징이 한참 머물러 있었지만 날은 이미 저물고 눈보라는 그치지 않았다. 신도징이 말하였다.

"서쪽 고을까지 가자면 아직도 멀었으니 여기서 묵도록 해 주십시오."

노부부가 말하였다.

"참으로 이 오막살이를 누추하다 여기지 않는다면 그리하십시오."

신도징이 말 안장을 풀고 들어와 침구를 펴니, 그 처녀는 손님을 보고는 얼굴을 매만져 단장을 하고 장막 사이에서 나오는데, 아름다운 자태가 처음 볼 때보다도 더 나았다. 신도징이 말하였다.

"어린 낭자가 매우 총혜롭게 보이는데 다행히 결혼하지 않았으면 스스로 제 중매를 하는 것이 어떻습니까?"

노부부가 대답하였다.

"기약도 없던 귀한 손님이 거두어 주신다면 어찌 정한 연분이 아니겠소?"

신도징이 드디어 사위의 예를 올리고 다음 날 자기가 타고 온 말에 여자를 싣고 갔다.

---

30) 십방현(什方縣) : 중국 촉한 사천성의 작은 현.

31) 신도징의 이 이야기는 송나라 《태평광기》 429권에 실려 있다.

부임지에 도착하니 봉록이 심히 적었으나, 처가 힘써 집안을 꾸려 나가니 항상 마음에 즐거운 일뿐이었다. 뒤에 임기가 만료되어 돌아갈 때는 어느새 1남 1녀가 되어 있었으며, 아이들 역시 모두 총명하였다. 도징이 더욱 사랑하여 일찍이 아내에게 주는 시를 지었으니 이러하다.

> 한 번 벼슬 매복(梅福)[32]이 부끄러운데
> 3년이란 세월은 맹광(孟光)[33]에게 부끄럽다.
> 이 정을 무엇에 비유하랴
> 시냇가에 원앙새가 있구나.

그의 아내가 종일토록 읊으며 화답하는 것 같았으나, 입 밖에 내지 않더니 신도징이 벼슬을 그만두고 가족과 함께 본가로 돌아가려 하자, 아내가 갑자기 슬퍼하며 신도징에게 말하였다.
"이전에 시 한 편 주셨으니 화답하겠습니다."
그리고 이렇게 읊었다.

> 금슬의 정은 비록 중하나
> 숲속의 뜻이 스스로 깊었네.
> 항상 변하는 시절 근심하여
> 백 년의 마음 외로이 짊어졌노라.

그 뒤 함께 예전에 아내가 살던 집을 찾아가니 아무도 없었다. 아내가 못내 그리워하며 날이 다하도록 울다가 홀연 벽 모퉁이에 호랑이 가죽 하나가 있는 것을 보고 크게 웃으며 말하였다.
"이 물건이 아직까지 있을 줄 몰랐다."
그리고는 그것을 뒤집어쓰자, 곧 호랑이로 변하여 소리지르며 할퀴고 날뛰다가 문을 박차고 뛰쳐 나갔다. 신도징이 놀라 피했다가 두 자식을 데리

---

32) 매복(梅福) : 한나라 사람. 왕망이 집권하자 처자를 버리고 신선이 되었다 한다.
33) 맹광(孟光) : 동한 양홍의 아내. 못생긴 얼굴이지만 어진 아내의 표본이다.

고, 호랑이가 간 길을 찾아 숲을 바라보며 여러 날 크게 통곡했으나 끝내 간 곳을 알 수 없었다. 오! 신도징과 김현 두 공이 이물(異物)과 교섭하여 사람으로 변해 아내가 된 것은 같으나, 사람을 배반하는 시를 지어주고, 소리 지르며 할퀴고 달아난 것은, 김현의 호랑이와는 다르다. 김현의 호랑이는 부득이해서 사람을 상케 했으나, 좋은 약방문으로 사람을 구했으니 짐승으로도 착하기가 저러한데, 지금 사람으로 태어나 짐승만도 못한 자가 있으니 어찌된 일인가?

자세히 그 일의 앞뒤를 살펴보건대, 절을 도는 동안에 사람을 감동시켰고 하늘이 악행을 징계하려 외치자 자기 몸으로 대신하고, 신기한 비방을 전하여 사람을 구하고, 정사를 지어서 불계를 강론하게 하였다. 다만 짐승의 성품으로 어진 자일 뿐만 아니라, 대개 큰 부처가 미물에 감응하는 방법이 여러 방면이어서 김현공이 절을 도는 데 정성을 드리므로 그 음덕을 갚으려 하여 당시에 복을 받은 것은 당연하다.

다음과 같이 기린다.

산가에 세 오라비의 악한 짓 모질어
한 번 난초 같은 허락 어찌하리.
두어 가지 중한 의리 만 번 죽음도 가볍고
숲에 몸을 던져 낙화되어 없어졌네.

융천사의 혜성가(融天師彗星歌, 眞平王代)

제5 거열랑(居烈郎), 제6 실처랑(實處郎 : 돌처랑(突處郎)이라고도 함), 제7 보동랑(寶同郎) 등 세 화랑이 풍악산(금강산)에 유람하려 했더니, 혜성이 심대성(心大星)[34]을 침범하였다. 낭도들이 의아하게 생각하여 가기를 그만두려 했다. 그때 융천사(融天師)가 노래를 지어 부르니, 혜성의 변괴가 없어지고 때마침 일본의 군사가 자기들 나라로 물러나 도리어 복이 되니, 대왕이 듣고 기뻐하여 화랑의 무리들을 금강산에 보내 유람하게 하였다. 노래는 이러하다. [35]

---

34) 심대성(心大星) : 28수(宿) 중심자리에 있는 별.

예전 동쪽 물가

건달파(乾達婆)[36] 놀던 성 바라보니

왜군 왔다는

봉화 올린 곳도 있구나.

세 화랑 산으로 간단 말 듣고

달도 부지런히 밝혀

길 밝히는 별 보고

혜성이여! 라고 알린 사람 있다.

아! 달 아래로 떠가더라.

이와 어울릴 무슨 혜성 있을꼬.

양주동 역

정수사 구빙녀(正秀師救氷女)

정수사가 얼어죽게 된 여인을 구하다

　제40대 애장왕(哀莊王) 대에 승려 정수(正秀)가 황룡사에 머물렀다.

　어느 겨울에 눈이 쌓이고 날이 저물었는데, 삼랑사(三郎寺)에서 돌아오는 길에 천엄사(天嚴寺) 문 밖을 지나게 되었다. 어느 구걸하는 여인이 아기를 낳고 거의 얼어 죽게 된 것을 보았다. 법사가 불쌍히 여겨 한참 동안 안고 있으니 생기가 돌았다. 이에 옷을 벗어 덮어 주고 알몸으로 본사에 달려와 거적을 덮고 밤을 지샜다. 한밤중에 궁궐의 뜰에 하늘에서 외치는 소리가 났다.

　"황룡사 승려 정수를 왕사로 봉하게 하라."

　왕이 급히 사람을 시켜 조사하게 하니 사실이 왕에게 알려졌다. 따라서 왕이 예의를 갖춰 (정수를) 궁중으로 맞아들여 국사(國師)로 삼았다.

---

35) 10구체 향가. 해학과 직유가 뛰어나다.

36) 건달파(乾達婆) : 범어. 하늘의 악사로 무장하고 있다.

피은(避隱) 제8

낭지승운 보현수(朗智乘雲普賢樹)

낭지의 구름타기와 보현보살 나무

　삽량주(歃良州)　아곡현(阿曲縣)의　영취산(靈鷲山 : ^{삽량주는 지금의 양주(梁州)요, 아곡은 아서(阿西)로도 쓰며 또는 구불(求佛),} 불굴(屈弗)이라고도 하니 지금 울주에 굴불역을 두어 그 이름이 남았다)에 이상한 승려 있었다. 암자에 와서 있은 지 수십 년이 되었으나 동리에서는 전혀 알지 못했고, 그 스님도 역시 성명을 말하지 않았다. 스님은 항상 《법화경》을 강론하고 신통력이 있었다.

　용삭(龍朔) 초년에 사미 지통(智通)이 있었는데, 이량공(伊亮公)의 집 종이었다. 7세 때 까마귀가 와서 노래하기를 "영취산에 가서 낭지사(朗智師)의 제자가 되라" 하므로 지통이 듣고서 이 산을 찾아와 동네 나무 밑에서 쉬고 있었다. 홀연 이상한 사람이 나오더니 말하였다.

　"나는 보현대사(普賢大士)인데, 너에게 계품을 주려고 왔다."

　곧 계를 주고는 사라져버렸다. 그러자 지통은 심신이 훤히 트여 지증(智證 : ^{진실한 지혜로 열반을 증명하는 것})이 두루 통하였다. 다시 길을 가다가 한 스님을 만나자 말하였다.

　"낭지법사는 어디에 사시오?"

　그가 말하였다.

　"어찌하여 낭지를 묻느냐?"

　지통이 신기한 까마귀에 대한 일을 말하니, 그가 빙그레 웃으며 말하였다.

　"내가 낭지이다. 지금 이 법당 앞에서도 까마귀가 와서 알리기를 '어느 성스러운 아이가 법사의 제자가 되려고 곧 올 것이니 나가 영접하라' 하기에 와서 맞이하노라."

　이에 손을 잡고 탄식하여 말하였다.

　"신령한 까마귀가 '너에게는 내게 가라' 하고 '나에게는 너를 맞으라' 알려

주니, 이게 무슨 상서로운 일인가. 아마 산신령이 은밀히 돕는 것이리라.”

전하는 말에 이 산신령은 변재천녀(辨才天女)[37]라 한다.

지통이 듣고 눈물을 떨구며 인사드리고 스승에 대한 예를 올렸다. 얼마 후 계를 주려 하므로 지통이 말하였다. “저는 동네 나무 밑에서 이미 보현대사로부터 주는 정계를 받았습니다.”

낭지가 감탄하여 말하였다.

“잘했도다. 너는 이미 대사의 만분계(滿分戒)[38]를 친히 받았는데, 나는 살아오면서 조석으로 은근히 보살을 만나고자 하여도 정성이 감동하지 못하였다. 이제 너는 이미 계를 받았으니, 나는 너에게 미치지 못한다.”

그리고는 오히려 지통에게 예를 올렸다. 이에 그 나무를 보현수(普賢樹)라고 하였다.

지통이 물었다.

“법사께서 여기에 머무신 지 이미 오래 되었습니까?”

낭지가 말하였다.

“내가 법흥왕 정미년(527)에 비로소 발을 붙였으니, 지금 얼마나 되었는지 알지 못한다.”

지통이 그 산에 간 해가 문무왕이 즉위하던 원년 신유년(661)이라 계산하면 이미 135년이 된다.

지통은 뒤에 의상의 문하로 가서 높고 오묘한 이치를 깨닫고 자못 불교 교화를 도왔으며 《추동기(錐洞記)》를 저술했다.

일찍이 원효가 반고사(磻高寺)에 머무를 때 낭지를 찾아 뵈었는데, 원효에게 《초장관문(初章觀文)》과 안신사심론(安身事心論)을 짓게 하였다. 원효가 다 짓고서 은사(隱士) 문선(文善)을 시켜 책을 만들어 보내면서 책 끝에 게송을 지었으니 그 내용은 이러하다.

“서곡(西谷) 사미는 머리를 조아려 동악 상덕(上德) 고암(高嚴) 앞에 예합니다(반고사가 영취산의 서북에 있으므로 서곡이라 했으니 원효 자칭이다). 가는 티끌을 불어서 영취산 도우려 하며, 가는 물방울을 날려 용연(龍淵)에 던지나이다.”

----

37) 변재천녀(辨才天女) : 연꽃 위에 앉아 비파타는 모습을 한 불교 최고의 여신.

38) 만분계(滿分戒) : 구족계. 비구와 비구니가 지켜야 할 계율.

영취산의 동쪽에 대화강(大和江)이 있으니, 이것은 중국 대화지(大和池) 용의 복을 위하여 만든 것이므로 용연이라 한 것이다.

지통은 원효와 함께 모두 대성인인데, 두 성인이 스승으로 모셨으니 낭지법사의 도가 뛰어난 것을 알 수 있다.

낭지법사가 일찍이 구름을 타고 중국 청량산(淸涼山)[39]에 가서 대중을 따라 강론을 듣고 곧 돌아오니, 그곳 승려들은 이웃에 사는 사람인 줄 알았을 뿐, 거처하는 곳을 아무도 알지 못하였다. 하루는 여러 승려들에게 명하였다.

"여기 절에 머무는 이를 제외하고 별원에서 온 승려들은 각기 자기가 사는 곳의 이름 있는 꽃이나 기이한 식물을 가지고 와서 도량에 바치라."

낭지가 다음 날 산 중의 기이한 나뭇가지 하나를 꺾어 가지고 가서 바치니, 거기 승려들이 보고 말하였다.

"이 나무는 범어로는 달제가(怛提伽)요, 여기 말로는 혁목(赫木)인데, 오직 서축(西쯘 : 인도)과 해동(신라)의 두 영취산에만 있는 것이오. 그 두 산은 모두 제10법운지(法雲地) 보살이 거처하는 곳인니 이 사람은 반드시 성자일 것이다."

그리고 행색을 살펴보고서 해동의 영취산에 사는 줄 알았다. 이로 말미암아 낭지법사를 다시 보고, 이름이 안팎에 드높았다. 나라 사람들이 그 암자를 혁목암(赫木庵)이라 했으니, 지금 혁목사(赫木寺)의 북쪽에 있는 옛터가 바로 그 유지(遺趾)이다.

《영취사기(靈鷲寺記)》에 낭지법사가 일찍이 말하기를 "이 암자터가 가섭불(迦葉佛)의 절터라" 하며 땅을 파서 등잔 기름병 두 개를 얻었다 했으며, 원성왕 대에 대덕 연회(緣會)가 와서 이 산 중에 살면서 낭지법사의 전기를 지어 세상에 폈다 하였다.

생각컨대, 《화엄경》을 살펴보면 제10 법운지(法雲地)는 이제 낭지사가 구름을 탔던 곳이니, 대개 불타가 삼지(三指)를 구부리고, 원효가 백신(百身)으로 나뉜 것과 같은 종류라 할 수 있다.

다음과 같이 기린다.

---

39) 청량산(淸涼山) : 산서성 오대산. 불교의 영산.

생각컨대 바위틈에 백 년을 숨었지만
높은 이름 인간 세상에 드러내지 않았네.
한가한 저 산새의 입놀림 금할 길 없어
구름 타고 (중국) 왕래하다 알려졌네.

연회도명 문수점 (緣會逃名文殊帖)

연회의 이름을 피한 도망과 문수점

고승 연회(緣會)는 일찍이 영취산에 숨어 살며 《연화경》을 읽고 보현관행(普賢觀行) [40]을 닦았다. 뜰 앞 연못에는 항상 두어 줄기 연꽃이 있어 사시사철 시들지 않았다 (지금 영취사 용장전이 연회가 살던 곳이다).

원성왕이 그 이상하고 상서로움을 듣고 불러서 국사(國師)를 삼고자 하였다. 연회사는 그 소문을 듣고 암자를 버리고 도망하여, 서령(西嶺)을 지나는데, 바위 옆에 한 노인이 밭을 갈고 있다가 물었다.

"법사께서는 어디로 가십니까?"

법사가 대답하였다.

"내가 들으니, 나라에서 잘못 알고 나를 벼슬로 얽어매려 하므로 피하여 가는 중입니다."

노인이 듣고 말하였다.

"법사의 이름은 여기서도 팔 만한데, 왜 멀리 가서 팔려 하시오? 이름 팔기가 싫지는 않은가 보군."

연회는 자기를 업신여기는 말이라 하여 듣지 않고, 몇 리쯤 가다가 시냇가에서 한 노파를 만났다.

"법사께서는 어디로 가십니까?"

법사는 역시 전과 같이 대답하였다. 노파가 말하였다.

"앞에서 사람을 만난 적이 있소?"

"어떤 노인이 나를 몹시 업신여기기에 화를 내고 왔습니다."

노파가 말하였다.

---

40) 보현관행(普賢觀行) : 보현보살의 수행 방법.

"그분은 문수대성인데, 말씀을 아니 듣고 어찌할 셈이오?"

연회가 그 말을 듣고 놀랍고 두려워 급히 노인에게 되돌아와서 이마를 조아리며 사과하고 말하였다.

"성자의 말씀을 어찌 감히 듣지 않으리까. 이제 돌아왔습니다만, 시냇가 그 노파는 누구십니까?"

노인이 말하였다.

"변재천녀(辨才天女)이시오."

말을 마치고 노인은 사라졌다.

이에 암자로 다시 돌아와 조금 있으니, 사신이 조서를 받들고 왔다. 연회는 어쩔 수 없이 받아야 할 것임을 알고 조서에 응하여 대궐에 나아가니 국사로 봉하였다 (승전에는 헌안왕(憲安王)이 봉하여 이조왕사(二朝王師)로 삼고 호를 조(照)라 하고 함통 4년에 죽었다 하여 원성과 연대가 틀리니 어느 것이 옳은지 자세히 알 수 없다).

이에 연회법사가 노인을 만난 곳을 문수점(文殊帖)이라 하고, 노파를 만난 곳은 아니점(阿尼帖)이라 하였다.

다음과 같이 기린다.

> 시장에 가까우면 오래 숨어살기 어려워
> 주머니의 송곳이 드러나면 어쩌랴.
> 뜰 앞의 연꽃이 잘못된 인연이지
> 구름 속 푸른 산 아니 깊다 하리까.

혜현구정(惠現求靜)

혜현, 고요함을 구함

승려 혜현(惠現)은 백제 사람으로 어려서 출가하여 고심 전념하여 오로지 《연화경》[41]을 읽는 것으로 과업을 삼았으니 기도하여 복을 빌면 영험이 많았다. 또한 삼론(三論)[42]을 연구하여 신통력에 능했다.

처음에는 북부 수덕사(修德寺)[43]에 머물면서 대중이 있으면 불경을 강론

---

41) 연화경(蓮花經) : 《묘법연화경》. 대승불교의 대표적 경전.

42) 삼론(三論) : 삼론종의 기본인 중론(中論), 십이문론(十二門論), 백론(百論).

하고, 없으면 지송(持誦)하여 사방에서 교화를 흠모하여 문 밖에는 항상 신발이 그득하였다.

그는 적이 번잡한 것을 싫어해 드디어 강남의 달라산(達拏山)[44]으로 가 있었다. 산이 극히 험준하여 내왕하기가 어려웠다. 혜현이 조용히 앉아 번뇌 잊기를 구하다가 산 중에서 죽으니, 동학들이 시신을 메어다가 석실(石室) 안에 두었더니, 호랑이가 와서 다 먹고 오직 해골과 혀만 남겨 놓았다. 그런데 겨울과 여름이 세 번이나 지나가도 혀는 오히려 붉고 부드러웠다. 그 후 검붉게 변하면서 굳더니 돌과 같이 되었다. 그리하여 승려나 속인들이 모두 공경하여 석탑에 간직하였다. 혜현의 나이 58세였으니, 곧 정관(貞觀) 초년이었다.

혜현이 (중국에) 유학하지 않고 조용히 물러나 일생을 마쳤으나, 그 이름은 중국에까지 알려졌고 당나라에서 그의 전기를 지어 명성이 드날렸다.

또 고구려 승려 바야(波若)는 중국 천태산에 들어가서 지자(智者)의 교관(敎觀)을 받고, 신이(神異)하다는 소문이 있더니 산중에서 죽었는데, 《당승전(唐僧傳)》에 역시 실리게 되었고, 자못 영험함이 많다고 하였다.

다음과 같이 기린다.

주미(麈尾)[45] 들고 불경 전하니 일장이 귀찮아
지난 날 불경 소리 이미 구름 속에 묻었네.
세속의 역사에 그 이름 흘러 있고
죽은 후에도 붉은 연꽃처럼 혀가 꽃다웠네.

신충계관(信忠掛冠)

신충, 벼슬 버리다

효성왕이 동궁으로 있을 때, 현사 신충(信忠)과 궁정 잣나무 밑에서 바둑

---

43) 수덕사(修德寺) : 충남 예산 덕숭상에 있는 절.

44) 달라산(達拏山) : 전북 완주 소재.

45) 주미(麈尾) : 불법을 전할 때 흔드는 총채. 원문의 녹미(鹿尾)는 오기인 듯하다.

을 두며 이렇게 말하였다.

"훗날 내가 만일 경을 잊는다면 이 잣나무가 증거가 될 것이다."

그러자 신충이 일어나 절을 하였다.

몇 달이 지나 효성왕이 즉위하고 공신들에게 상을 줄 때, 신충을 잊고 차례에 넣지 못하였다. 그리하여 신충이 원망하여 노래를 지어 잣나무에 붙였더니, 잣나무가 갑자기 시들어 버렸다. 왕이 이상히 여겨 사람을 시켜 조사해 보니 노래를 찾아 바쳤다. 왕이 크게 놀라며 말하였다.

"정사가 번잡하고 바빠 돌아가 가까이 지내던 사람을 잊었구나."

이에 왕이 신충을 불러 벼슬을 주니 잣나무가 다시 살아났다.

그 노래는 이러하다.

　　물횟 자싀
　　ᄀ술 안돌 이우리 디매
　　너 엇뎨 니저이신
　　울웠던 ᄂ치 겨샤온ᄃᆡ
　　ᄃᆞᆳ 그림재 녯 모샛
　　녈 믌결 애와티둧
　　즛ᅀᅡ ᄇᆞᄅ나
　　누리도 아쳐론 데여 ^(끝귀는 망실함)

양주동 역

이로부터 신충은 두 왕대에 걸쳐 총애를 받았다.

경덕왕(景德王 : ^{효성왕의 아우}) 22년 계묘년(763)에 신충이 두 친구와 약속하고 벼슬갓을 버리고 남악으로 들어가, 왕이 두 번이나 불러도 나오지 않았다. 머리를 깎고 사문이 되어 왕을 위하여 단속사(斷俗寺)[46]를 짓고 죽을 때까지 산에 숨어 대왕의 복을 빌겠다 간청하자 왕이 이를 허락하였다. 금당 뒷벽에 남아 있는 화상이 바로 그의 영정이다. 절 남쪽에 속휴(俗休)라는 마을이 있었는데, 지금은 와전되어 소화리(小花里)라 한다. ^{《삼화상전(三和尙傳)》에 살펴보면, 신충의 봉성사(奉聖寺)가 있는데 여기와는 서로}

---

46) 단속사(斷俗寺) : 경남 산청군에 있던 절. 옛터에 삼층석탑 2기가 있다.

또 딴 기록에는, 경덕왕 대에 직장(直長) 이준(李俊 : 《고승전》에는 이순(李純)이라 했다)이 일찍부터 소원하기를 나이 50이 되면 출가하여 불사를 짓겠다고 하였다. 천보(天寶) 7년 무자년(748)에 나이 50이 되자, 조연(槽淵)의 작은 절을 다시 세워 큰 절을 만들고 단속사(斷俗寺)라 하였다. 자신도 삭발하고 법명을 공굉장로(孔宏長老)라 하였으며, 절에 살기 20년 만에 죽었다. 이는 앞의《삼국사》의 기록과는 같지 않아 두 기록을 다 실어 의심스런 점을 없애고자 한다.

다음과 같이 기린다.

공명은 끝이 없고 귀밑머리 희어지니
임금의 사랑 많다 해도 한평생 바쁘네.
언덕 너머 산 그림자 꿈에 자주 그려지니
향화를 받들어 우리 임금 복을 빌겠네.

포산2성 (包山二聖)
포산의 두 성인

신라 때 관기(觀機)와 도성(道成) 두 성사(聖師)는 어떤 사람인지 알지 못하나 함께 포산(包山)에 숨어 살았다(향전에 소슬산(所瑟山)이라 한 것은 범음(梵音)이니 우리 말로 싸다(包)는 뜻이다). 관기는 남쪽 재에 암자를 짓고 살았고, 도성은 북쪽 굴에 거처하여 서로 10여 리쯤 떨어져 있어, 이들은 구름을 헤치고 달빛에 휘파람을 불며 매양 서로 찾아갔다. 도성이 관기를 오게 하려면 산 중의 나무들이 모두 남쪽으로 향하여 굽어 마치 영접하는 형상을 하여 관기가 그것을 보고 도성에게로 갔고, 관기가 도성을 맞을 때에도, 또한 그와 같이 나무가 북쪽으로 굽어 도성이 관기에게로 갔다. 이와 같이 여러 해를 거듭하였다.

도성은 처소의 뒷산 높은 바위 위에 항상 조용히 앉아 있었는데, 하루는 바위틈에서 몸이 솟구쳐 올라 간 곳을 알지 못하였다. 어떤 이는 말하거를 수창군(壽昌郡 : 지금의 수성군(壽城郡))에 이르러 죽었다고 한다. 관기도 역시 뒤를 이어 죽었는데, 지금은 두 성사의 이름으로 터이름을 삼고, 그 터도 남아 있다.

도성암(道成嵓)은 높이가 두어 길이나 되는데, 후세 사람이 그 암혈 밑에 절을 지었다.

태평흥국(太平興國)[47] 7년 임오년(982)에 승려 성범(成梵)이 비로소 이 절에 와서 머물러 만일미타도량(萬日彌陀道場)을 열어 50여 년을 부지런히 도를 닦았는데, 특이하게 상서로운 조짐이 여러 번 있었다. 그때 현풍(玄風)에 사는 신도 20여 명이 해마다 모임을 만들어 향나무를 주워 절에 바쳤다. 항상 산에 들어가 향나무를 거두어 쪼갠 다음 물에 씻고 발 위에 널어 놓으면, 밤에는 촛불처럼 빛이 났다. 그러므로 고을 사람들이 그 향나무에 시주하여 빛을 얻은 해[歲]라 축하하였다. 이것은 두 성인의 감응이요, 혹은 산신령이 도와 줌이라 함인데 산신령의 이름은 정성천왕(靜聖天王)이다. 일찍이 가섭불(迦葉佛) 때에 부처님의 부탁을 받고 맹세하여 말했다.

"이 산 중에서 천 명의 출가를 기다려 다른 업보를 전수하겠습니다."

지금 이 산 중에는 일찍이 9성(九聖)에 대한 기록이 있다. 자세하지는 않지만 관기(觀機)·도성(道成)·반사(椵師)·첩사(㯂師)·도의(道義 : ^{백암사(栢岩寺)}_{에 터가 있다})·자양(子陽)·성범(成梵)·금물녀(金勿女)·백우사(白牛師) 등이다.

다음과 같이 기린다.

달빛 밟고 구름 헤쳐 서로 찾았으니
두 늙은이 풍류 몇백 년 되었나.
풍연(風烟)은 가득한데 고목만 남았으니
눕고 펴는 그림자만 맞아 주는 듯하다.

반(椵)은 음이 반(般)인데, 우리말로 비나무[雨木]라 하고, 첩(㯂)은 음이 첩(牒)인데, 우리말로 갈나무라 한다. 이 두 성사는 오래 바위 사이에 숨어 살며 세상과 사귀지 않고 모두 나뭇잎을 엮어 옷을 만들어 입었으며, 추위나 더위를 견디고 습기를 막고 부끄러움만 가릴 따름이라 이렇게 이름한 것이다.

일찍이 들으니 풍악(금강산)에도 이런 이름이 있다 하니, 생각컨대 옛날

---

47) 태평흥국(太平興國) : 송나라 태종의 연호(976~984).

숨어산 선비들에게 이러한 운치는 뛰어났으나 다만 이어받기가 어렵다. 내가 일찍이 포산에 살 때 두 성사의 미담을 기록한 것이 있기에 이제 아울러 싣는다.

자초 싹과 둥굴레 뿌리로 배 채우고
입은 옷 나뭇잎은 베옷이 아니어라.
솔바람은 솔솔 불고 돌길은 울퉁불퉁한데
숲 속 저문 날에 나무꾼 돌아오네.
깊은 밤 밝은 달을 향해 앉았으니
반쯤 열려진 옷깃 바람 따라 나부끼네.
부들 자리에 누워 마음놓고 잠드니
꿈에도 티끌같은 세상 넋도 아니가네.
구름 무심히 지나가고 두 암자 터만 남은 터에는
사슴만 뛰놀고 사람 자취 드물다네.

영재우적 (永才遇賊)

영재, 도적을 만남

승려 영재(永才)는 천성이 활달하여 재물에 얽매이지 않았다. 향가를 잘 지었는데, 늙은 나이에 남악에 은거하려고 대현령(大峴嶺)에 이르러, 60여 명의 도적을 만났다. 도적들이 죽이려 하나 영재는 칼날 앞에서 조금도 두려워하는 기색이 없고 태연하다. 도적들이 괴이하게 여겨 이름을 물으니 영재라 한다. 도적들이 평소 그 이름을 들었으므로 그에게 노래를 짓게 하였다. 노래는 이러하다.

제 마음에 모든 형상 모르고 지내오던 날
멀리 □□ 지나치고 이제는 숨어서 가고 있노라.
오직 그르친 파계승이여
두려워할 모습으로 다시 돌아가노니
이 칼이사 지내고 나면 좋은 날이 오련만

아! 오직 요만한 선(善)은 새 집이 안 되느니라.

도적들이 그 뜻에 감격하여 비단 두 필을 주자, 영재가 웃으며 앞으로 나와 사양하며 말하였다.

"재물이 지옥의 근본이 된다는 것을 알고 장차 피하여 깊은 산에 숨어 일생을 보내려 하는데 어찌 감히 받겠소?"

그리고는 땅에 내던졌다. 도적들이 또 그 말에 감동하여 모두 창과 칼을 던지고, 머리를 깎고 제자가 되었다. 함께 지리산에 숨어 다시는 세상에 나오지 않았다.

이때 영재 나이는 90이었고, 원성대왕 치세였다.

다음과 같이 기린다.

지팡이 짚고 깊은 산 찾는 뜻이 매우 깊은데
비단이나 주옥이 어찌 그 마음 다스리랴.
숲 속의 도적들아, 주려고 생각마소
약간의 재물도 지옥의 근본일 뿐이네.

물계자(勿稽子)

제10대 내해왕(奈解王 : 내해 이질금) 17년 임진년(212) 보라국(保羅國)·고자국(古自國 : 지금의 고성(固城))·사물국(史勿國 : 지금의 사주(泗州)) 등 여덟 나라가 합력하여 변경을 침노하니, 왕이 태자 내음(捺音)과 장군 일벌(一伐) 등에게 명령하여 군사를 거느리고 막도록 하자, 여덟 나라가 모두 항복하였다.

그때 물계자(勿稽子)의 군공(軍功)이 제일이었으나, 태자에게 미움을 받아 보상을 받지 못했다. 누가 물계자에게 말하였다.

"이번 싸움의 공은 오직 자네뿐인데, 상이 내리지 않았으니 태자가 자네를 미워하기 때문일세. 자네는 원망하지 않는가?"

물계자가 말하였다.

"임금이 위에 계시는데 어찌 태자를 원망하리오."

그 사람이 다시 말하였다.

“그러면 왕에게 이 일을 아뢰는 것이 좋겠소.”

물계자가 말하였다.

“공을 자랑하여 이름을 다투며, 자기를 드러내어 남을 뒤엎는 것은 지사(志士)가 할 일이 아니니 힘써 때를 기다릴 뿐이오.”

20년 을미년(215)에 골포국(骨浦國 : ^{지금의} _{합포(合浦)}) 등 세 나라 왕이 각기 군사를 거느리고 와서 갈화(竭火 : ^{의심컨대 굴불(屈弗)인듯하니} _{지금의 울주(蔚州)이다})를 치니, 왕이 친히 군사를 거느리고 방어하여 세 나라가 다 패하였다. 이때 물계자가 적을 수십 명 베었으나, 사람들이 물계자의 공을 말하지 않았다. 물계자가 그의 아내에게 말하였다.

“내가 듣건대, 임금을 섬기는 도리는 위태한 것을 보면 목숨을 바치고, 어려움을 당하면 몸을 잊고 절조와 의리를 지켜 생사를 돌보지 않는 것을 충(忠)이라 이른다 하오. 대저 보라(保羅 : ^{의심컨대 발라(發羅)니} _{지금의 나주(羅州)다})와 갈화의 싸움이 진실로 나라의 어려움이요 임금의 위태로움이었는데, 내가 일찍이 몸을 잊고 목숨을 바치는 용맹이 없었으니 이것은 심히 불충한 것이오. 이미 불충한 것으로 임금을 섬겨 그 허물이 아버님께 미쳤으니, 가히 효(孝)라 하겠는가. 이미 충효를 잃었으니 무슨 낯으로 다시 조정과 저자거리를 나다닐 수 있겠소.”

이에 머리를 풀고 거문고를 메고 사체산(師彘山 : ^{미상} _{이다})으로 들어가, 대나무의 곧은 성질이 곧 병임을 슬퍼하며 거기에 비유하여 노래를 짓고, 시냇물의 오열하는 소리를 본떠서 거문고의 곡조를 만들며 은거하여 다시는 세상에 나타나지 않았다.

영여사(迎如師)

실제사(實際寺) 승려 영여(迎如)의 속성은 알 수 없으나, 인덕과 품행이 모두 높았다. 경덕왕이 맞아들여 공양하려고 사자를 시켜 부르니, 영여가 대궐에 나와서 재를 마치고 돌아갈 때 사자를 시켜 절까지 모시고 가게 하였다. 절 문에 들어서면서 홀연히 사라져 간 곳을 알 수 없었다. 사자가 돌아와 아뢰니 왕이 이상히 여겨 잉여를 국사로 삼았으나, 다시 세상에 나타나지 않고 지금까지도 국사방(國師房)이라고만 부른다.

포천산 5비구(布川山五比丘, 景德王代)

삽량주(歃良州 : ^{지금의}양산(梁山)) 동북 20리쯤에 포천산(布川山)이 있는데, 그곳의 동굴이 기이하여 완연히 사람이 깎은 듯하다. 거기에 이름을 알 수 없는 다섯 비구가 머물면서 아미타불을 염송하며 극락을 구한 지 거의 10년 만에, 홀연히 보살들이 서쪽에서 와서 그들을 영접하였다. 이어 다섯 비구가 각각 연화대에 앉아서 허공을 타고 가다가 통도사 문 밖에 이르러서 머물렀다. 하늘에서 음악 소리가 들리므로, 절의 승려들이 나가 보니, 다섯 비구가 인생이 무상하고 고통스럽고 허무하다〔無常苦空〕는 이치를 강설하고 유해(遺骸)를 벗어 버리고 빛을 내며 서방으로 향해 갔다. 그들이 유해를 버린 곳에 승려들이 정자를 짓고 이름을 치루(置樓)라 하였는데 지금까지 남아 있다.

염불사

남산 동쪽 기슭에 피리촌(避里村)이 있고, 그 마을에 절이 있었는데 절 이름을 (동리)이름을 따 피리사(避里寺)라 하였다.

그 절에 이상한 승려가 있었는데 성명은 말하지 않았고, 항상 아미타불을 부르는데, 그 소리가 성 안까지 들려 1천 3백 60방(리), 17만 호에서 그 소리를 듣지 못한 이가 없다. (염불) 소리가 높낮음이 없이 한결같았다. 이에 그를 괴이하게 여겨 공경하지 않는 이가 없고, 모두 그를 염불사(念佛師)라고 불렀다.

그가 죽은 뒤에 흙으로 진상을 빚어 민장사(敏藏寺)에 봉안하고, 본래 있던 피리사의 이름을 염불사(念佛寺)라 고쳤다. 그 절 옆에 또 있는 절 이름을 양피사(讓避寺)라 한 것도 마을 이름을 따서 얻은 이름이다.

효선(孝善) 제9

진정사 효선쌍미(眞定師孝善雙美)
진정사의 아름다운 효행·선행

법사 진정(眞定)은 신라 사람이다. 평민으로 있을 때 군대에 소속되었다. 집이 가난하여 장가도 들지 못하고 부역과 품팔이를 하면서 곡식을 받아 홀어머니를 봉양하였다.

집안에 있는 재물이라고는 오직 다리 부러진 솥 하나뿐이었다.

하루는 스님이 문 앞에 와서 절에서 쓸 쇠붙이를 구하므로 그 모친이 솥으로 시주하였다. 조금 있다가 진정이 밖에서 돌아오자, 모친이 그 사연을 말하고 아들의 뜻이 어떨까 염려했더니 진정은 얼굴에 즐거운 빛을 띠며 말하였다.

"불사(佛事)에 시주했으니 얼마나 다행입니까? 비록 솥은 없지만 무엇이 걱정입니까?"

이에 질그릇 동이로 솥을 삼아 음식을 끓여 모친을 봉양하였다.

일찍이 군대에 있을 때 의상법사가 태백산에서 설법하여 사람들을 이롭게 한다는 말을 듣고 자못 사모하는 뜻이 있어 모친께 말하였다.

"어머니께 효도를 다한 후에 마땅히 의상법사에게 가서 머리를 깎고 불도를 배우겠습니다."

어머니가 말하였다.

"불법은 만나기 어렵고 인생은 빠른데, 효도를 다하고 간다면 너무 늦지 않느냐? 어찌 내가 죽기 전에 도를 닦는다는 소문을 듣는 것만 하겠느냐? 머뭇거리지 말고 빨리 가는 것이 옳으니라."

진정이 말하였다.

"어머니의 만년에 오직 나만이 옆에 있을 뿐인데, 어찌 감히 어머니를 버리고 출가하겠습니까?"

어머니가 말하였다.

"나를 위함이 출가에 방해가 된다면 나로 하여금 지옥에 떨어지게 하는 것이니, 비록 남아서 고량진미〔三牢七鼎〕의 푸짐한 음식으로 봉양한들 어찌 효라고 하겠느냐? 내가 남의 문전에서 걸식을 하더라도 타고난 수명을 지킬 것이니 꼭 네가 효도하려거든 그런 말을 하지 말라."

진정이 침묵하고 한참 생각에 잠겼다. 어머니가 일어나서 자루에 담긴 곡식을 다 쏟으니 일곱 되의 쌀이라, 그날로 밥을 다 지어 놓고 말하였다.

"네가 밥을 지어 먹으면서 가다가는 길이 더딜까 두려우니, 내 눈앞에서 그 중 한 되는 먹고 여섯 되 분은 싸가지고 빨리 떠나거라."

진정이 울면서 한사코 사양하며 말하였다.

"어머니를 버리고 출가하는 것도 그 역시 자식된 도리로서 참을 수 없는 일인데, 하물며 얼마 남지 않은 간장과 며칠 동안의 죽거리를 다 싸가지고 간다면 세상 천지가 저를 뭐라고 하겠습니까?"

세 번이나 사양했으나 어머니는 세 번 다시 권고하였다.

진정이 어머니의 뜻을 어기기 어려워서 길을 떠나 밤낮을 걸어 3일 만에 태백산에 도달하였다. 의상에게 귀의하여 머리를 깎고 이름을 진정이라 하였다. 3년 있으니, 어머니 별세의 소식이 전해 왔다. 진정이 가부좌하고 입정(入定)에 들었다가 7일 만에 일어났다.

논자들이 말하기를 '추모하고 슬픔이 지극하였던 나머지 견딜 수 없어 정수(定水)로 슬픔을 씻은 것'이라 하고, 어떤 이는 '선정에 들어가 어머니의 가신 곳을 관찰한 것'이라 하고, 또 어떤 이는 '이와 같이 하여 명복을 빈 것'이라 하였다.

선정을 마치고 나온 진정은 의상에게 이 사실을 알렸다. 의상은 제자들을 거느리고 소백산 추동(錐洞)으로 들어가서 풀을 엮어 집을 짓고, 문도 3천 명을 모아 90일을 기약하고 《화엄대전》을 강론하였다. 문인 지통(智通)이 강론에 참여하여 요점을 간추려 책 두 권으로 만들고 《추동기(錐洞記)》라 하여 세상에 유통시켰다. 강론을 마치니 그 어머니가 꿈에 나타나 말하였다.

"나는 이미 하늘에서 환생하였다."

대성효 이세부모(大城孝二世父母, 神文王代)

대성, 두 세상 부모에게 효도함

모량리(牟梁里 : ^{부은리(浮雲里)}_{라고도 함})에 가난한 여인 경조(慶祖)에게 아들이 하나 있었는데, 머리는 크고 이마가 편편하여 성 같이 생겼으므로 이름을 대성(大城)이라 하였다. 집이 궁색하여 아이를 키울 수가 없어 부자인 복안(福安)의 집에 고용살이를 하니 그 집에서 몇 이랑의 밭을 주어 의식거리를 삼게 하였다.

이때 개사(開士) 점개(漸開)가 육륜회(六輪會)를 흥륜사에 베풀고자 시주를 권하러 복안의 집에 이르자, 복안이 베 50필을 시주하니 점개가 주문으로 축원하였다.

"신도께서 보시를 좋아하니 천신이 항상 수호하소서. 하나를 보시하면 만 배의 복을 받을 것이니, 바라건대 안락하여 수명 장수할 것이오."

대성이 그것을 듣고 집으로 뛰어들어 어머니에게 말하였다.

"내가 문 밖에서 스님이 축원하는 것을 들으니 '하나를 보시하면 만 배의 복을 받는다' 합니다. 생각컨대 우리는 분명히 전생에 좋은 일을 한 것이 없어서 지금 이렇게 빈곤한 것인데, 지금 보시를 하지 못하면 내세에는 더욱 가난할 것이니, 내가 품팔이로 받은 밭을 법회에 보시하여 뒷날의 응보나 받는 것이 어떠합니까?"

그 어머니도 '옳다' 하여 이에 밭을 점개에게 보시하고 얼마 후에 대성은 죽었다.

그날 밤 재상 김문량(金文亮)의 집에 하늘에서 외치는 소리가 들렸다.

"모량리의 대성이라는 아이가 지금 네 집에 태어나려 한다."

집안 사람들이 놀라서 모량리에 사람을 보내어 조사케 하였더니 대성이 과연 죽었다 하는데, 하늘에서 외치던 때와 시간이 같았다. 김문량의 부인이 임신하여 아들을 낳으니 왼손을 쥐고 펴지 않았다. 7일 만에 폈는데 '대성'이라고 새긴 금간자가 있으므로, 또 이름을 대성(大城)이라 하고, 그 어머니를 맞이하여 집에 두고 함께 봉양했다.

대성이 자라서 사냥하기를 좋아하더니 하루는 토함산에 가서 곰 한 마리를 잡고 산 아래마을에서 잤다. 꿈에 곰이 귀신으로 변하여 책망하였다.

"네가 어찌하여 나를 죽였느냐. 내가 너를 잡아먹겠다."

대성이 두려워하여 용서해 주기를 청하니 귀신이 말하였다.

"나를 위해서 절을 지어줄 수 있겠느냐?"

대성이 그렇게 하겠다 맹세하고 꿈을 깨니 땀으로 요가 흠뻑 젖었다. 그 뒤로는 사냥을 금하고 곰을 위하여 곰을 잡았던 그 자리에 장수사(長壽寺)를 세웠다. 이 일로 해서 감동하는 바가 있어 자비심과 원력이 더욱 두터워졌다. 이에 이승의 두 어버이를 위하여 불국사(佛國寺)를, 전생의 부모를 위하여 석불사(石佛寺)를 창건하고, 신림(神林), 표훈(表訓) 두 성사에게 각각 주지를 맡도록 하였다. 대성은 큰 불상을 세워 기르신 은혜를 갚았으니, 한 몸으로 전세와 현세의 두 부모에게 효도한 것이다. 이는 예전에도 듣기 어려웠던 일이니 착하게 보시한 영험을 어찌 믿지 않겠는가?

대성이 석불을 조각할 때 큰 돌 하나를 다듬어 감실의 뚜껑을 만들었더니, 돌이 홀연히 세 쪽으로 깨지는지라 분통해하다가 얼핏 선잠이 들었는데, 밤중에 천신이 내려와서 감실을 다 만들어 놓고 갔다. 잠에서 깬 대성은 남쪽 고개로 올라가 향나무를 태워 천신에게 공양을 올렸다. 그래서 그곳을 향령(香嶺)이라 한다. 불국사의 구름다리〔雲梯〕나 석탑은 나무와 돌에 조각한 공(工)이 경주의 어느 절보다 뛰어나다.

옛날 향전에 기재된 것은 위와 같으나 절 기록에는 이러하다.

"경덕왕 대에 대상(大相) 대성이 천보 10년 신묘년(751)에 처음으로 불국사를 창건하기 시작하여 효공왕 대를 지나고 대력(大曆) 9년 갑인년(774) 12월 2일에 대성이 죽으므로, 나라에서 공사를 마쳤다. 처음에는 유가종의 대덕 항마(降魔)를 청하여 이 절에 살도록 하였고 이를 이어받아 지금까지 이르렀다."

이러하듯 옛 전기와 같지 않으니, 어느 것이 옳은지 자세히 알 수 없다.

다음과 같이 기린다.

모량에서 밭 세 이랑 시주하니
향령에선 가을철에 만금을 얻었네.
어머니는 평생에 가난과 부귀 맛보았고
괴정(槐庭)은 꿈속에서 과거·미래·현재를 오갔네.

향덕사지 할고공친(向德舍知割股供親, 興德王代)

향덕, 살을 베어 부모를 공양함

웅천주(熊川州)에 향덕(向德)이란 사지(舍知)가 있었는데, 흉년이 들어 그 아버지가 거의 굶어죽게 되자, 향덕이 허벅지 살을 베어 봉양하였다. 그 고을 사람들이 이 사실을 아뢰자, 경덕왕이 상으로 벼 5백 섬을 내렸다.

손순매아(孫順埋兒, 興德王代)

손순, 아이를 묻음

손순(孫順 : 옛 책에는 손순 (孫舜)이라 했다)은 모량리 사람인데, 아버지는 학산(鶴山)이다. 아버지가 죽은 후에 아내와 함께 남의 집 품팔이를 하여 늙은 어머니를 봉양하였다. 어머니의 이름은 운오(運烏)이다. 손순에게는 어린아이가 있어 매양 어머니의 밥을 빼앗아 먹으므로, 손순이 딱하게 생각하고 그 아내에게 말하였다.

"아이는 다시 얻을 수 있지만 어머니는 두 번 다시 모실 수 없소. 아이가 어머니의 밥을 빼앗아 먹으니, 어머니의 굶주림이 얼마나 심하시겠소. 이 아이를 묻고 어머니의 배가 부르게 합시다."

그리고 아이를 업고 취산(醉山 : 모량의 서북에 있다) 북쪽에 가서 땅을 파다가 갑자기 석종(石鐘)을 얻으니, 부부가 놀라 이상히 여겨 나무에 달아 놓고 시험삼아 쳐 보니 소리가 은은하여 듣기 좋은지라 아내가 말하였다.

"이상한 물건을 얻은 것은 아마 아이의 복인 듯하니 아이를 묻지 맙시다."

남편도 그렇게 여겨 아이와 종을 함께 업고 돌아왔다. 종을 대들보에 매달고 치니 소리가 대궐까지 들렸다. 흥덕왕이 듣고 신하들에게 말하였다.

"서교(西郊)에 이상한 종소리가 들리는데 맑고 고운 것이 보통 종과 비길 바가 아니니 속히 살펴보라."

사신이 그 집에 와서 살펴보고 사실대로 왕에게 아뢰니, 왕이 말하였다.

"옛날 곽거(郭巨)가 아들을 묻으려 하자, 하늘이 금가마솥을 내려주었는데, 이제 손순이 아이를 묻으려 할 때 땅에서 석종이 솟았으니, 전날의 효자와 뒤의 효자를 천지가 다 함께 살핀 것이다."

집 한 채를 하사하고, 해마다 벼 50섬을 주어서 극진한 효성을 기렸다.

손순은 옛집을 희사하여 절을 삼고 이름을 홍효사(弘孝寺)라 하였으며 석종을 그 절에 안치하였다. 진성왕 대에 후백제의 도적이 그 마을에 들어온 이후 종은 없어지고 절만 남았다. 그 종을 얻은 곳은 완호평(完乎坪)인데, 지금은 잘못 전하여 지량평(枝良坪)이라 한다.

빈녀양모(貧女養母)
가난한 딸의 어머니 봉양

효종랑(孝宗郎)이 남산 포석정(鮑石亭 : 혹은 삼화술(三花述)이라고도 한다)에 놀러가자 문객들이 모두 급히 달려왔는데, 유독 두 사람만 늦게 왔다. 효종랑이 그 이유를 물으니 두 문객이 대답하였다.

"분황사 동쪽 마을에 나이 스물 안팎인 처녀가 있는데, 눈먼 어머니를 안고 울고 있었습니다. 그 마을 사람에게 물으니 '이 처녀는 집이 가난하여 밥을 빌어 어머니를 공양하는 지가 여러 해 되었다고 합니다. 마침 흉년이 들어 남의 문전에 손을 벌리기가 어렵게 되자, 남의 집에 고용살이하는 대가로 곡식 30섬을 받아 주인집에 맡겨두고 일을 해 왔습니다. 해가 지면 쌀을 싸 가지고 와서 밥을 지어 봉양하고 어머니와 같이 자고 새벽이면 주인집에 가서 일을 했습니다.

이렇게 여러 날이 지나자, 그 어머니가 하는 말이 전에는 거친 음식이라도 마음이 편했는데 요즘에는 좋은 음식을 먹어도 가시로 찌르듯 편치 않으니 무슨 까닭이냐고 물었습니다. 딸이 그 사실을 말하니 어머니가 통곡하는지라, 딸은 자기가 어머니의 배는 부르게 했으나 마음은 평안케 해 드리지 못한 것을 탄식하여 서로 붙잡고 우는 것입니다'고 하였습니다. 그것을 보다가 그만 늦었습니다."

효종랑이 듣고 주르르 눈물을 흘리며 곡식 백 곡(斛)을 보내고, 효종랑의 양친은 옷 한 벌을 보냈으며, 효종랑의 무리 천 명도 조 1천 섬을 거두어 보냈다.

이런 사실이 임금께 알려져 진성왕이 곡식 5백 섬과 집 한 채를 하사하고, 군사를 보내 그 집을 호위하여 도적을 막게 했으며, 그 동리에 정문(旌門)

을 세워 효양리(孝養里)라 하였다. 그 뒤 모녀는 그 집을 희사하여 절을 세
우고 양존사(兩尊寺)라 하였다.

神呪 第六

密本摧邪

　善德王德曼　遘疾彌留　有興輪寺僧法惕　應詔侍疾　久而無效. 時有密本法師　以德行聞於國　左右請代之　王詔迎入內. 本在宸仗外　讀《藥師經》卷軸纔周　所持六環　飛入寢內　刺一老狐與法惕　倒擲庭下　王疾乃瘳. 時　本頂上發五色神光　觀者皆驚.

　又承(丞)相金良圖爲阿孩時　忽口噤體硬　不言不遂. 每見一大鬼率小鬼來家中　凡有盤肴　皆啖嘗之；巫覡來祭　則羣聚而爭侮之. 圖雖欲命撤　而口不能言. 家親請法流寺僧亡名來轉經　大鬼命小鬼　以鐵槌打僧頭　仆地嘔血而死. 隔數日　遣使邀本　使還言　本法師受我請將來矣. 衆鬼聞之　皆失色. 小鬼曰　法師至　將不利避之何幸　大鬼侮慢自若曰　何害之有　俄而有四方大力神　皆屬金甲·長戟來　捉群鬼而縛去. 次有無數天神　環拱而待. 須臾本至　不待開經　其疾乃治　語通身解　具說件事. 良圖因此篤信釋氏　一生無怠　塑成興輪寺吳堂主　彌勒尊像·左右菩薩　竝滿金畫其堂. 本嘗住金谷寺.

　又金庾信嘗與一老居士交厚　世人不知其何人. 于時公之戚秀天　久染惡疾　公遣士診衛　適有秀天之舊　名因惠師者　自中岳來訪之　見居士而慢侮之曰　相汝形儀邪佞人也. 何得理人之疾　居士曰　我受金公命　不獲已爾. 惠曰　汝見我神通. 乃奉爐呪香　俄頃五色雲旋遶頂上　天花散落. 士曰　和尙「神」通力不可思議　弟子亦有拙技　請試之　願師乍立於前. 惠從之　士彈指一聲　惠倒迸於空　高一丈許　良久徐徐倒下　頭卓地　屹然如植橛　旁人推挽之不動. 士出去　惠猶倒卓達曙. 明日秀天使扣於金公　公遣居士往救乃解　因惠不復賣技. 讚曰,

　紅紫紛紛幾亂朱　堪嗟魚目誑愚夫.

　不因居士輕彈指　多小(少)巾箱襲碔砆.

惠通降龍

釋惠通 氏族未詳. 白衣之時 家在南山西麓 銀川洞之口 (今南澗寺東里). 一日 遊舍東溪上 捕一獺屠之 棄骨園中 詰旦亡其骨. 跡血尋之 骨還舊穴 抱五兒 而蹲. 郞望見 驚異久之 感嘆躑躅 便棄俗出家 易名惠通. 往唐謁無畏三藏請業 藏曰 嵎夷之人 豈堪法器. 遂不開授 通不堪輕謝去 服勤三載 猶不許. 通乃憤 悱 立於庭 頭戴火盆 須臾頂裂聲如雷. 藏聞來視之 撤火盆 以指按裂處 誦神呪 瘡合如平日 有瑕如王字文. 因號王和尚 深器之 傳印訣. 時 唐室有公主疾病 高 宗請救於三藏 擧通自代. 通受教別處 以白豆一斗 呪銀器中 變白甲神兵 逐崇 (崇) 不克 又以黑豆一斗 呪金器中 變黑甲神兵 令二色合逐之 忽有蛟龍走出 疾 遂發.

龍怨通之逐己也 來本國文仍林 害命尤毒. 是時 鄭恭奉使於唐 見通而謂曰 師 所逐毒龍 歸本國害甚 速去除之. 乃與恭 以麟德二年乙丑 還國而黜之. 龍又怨 恭 乃托之柳 生鄭氏門外 恭不之覺 但賞其蔥密 酷愛之. 及神文王崩 孝昭卽位 修山陵 除葬路 鄭氏之柳當道 有司欲伐之 恭恚曰 寧斬我頭 莫伐此樹. 有司奏 聞 王大怒 命司寇曰 鄭恭恃王和尚神術 將謀不遜 侮逆王命 言〔斬我頭〕 宜從 所好. 乃誅之 坑其家. 朝議 王和尚與恭甚厚 應有忌嫌 宜先圖之. 乃徵甲尋捕 通在王望寺 見甲徒至 登屋携砂瓶 硏朱筆而呼之 曰見我所爲. 乃於瓶項 抹一畵 曰 爾輩宜各見項. 視之皆朱畵 相視愕然. 又呼曰 若斷瓶項 應斷爾項 如何 其 徒奔走 以朱項赴王 王曰 和尚神通 豈人力所能圖. 乃捨之. 王女忽有疾 詔通治 之 疾愈 王大悅. 通因言恭被毒龍之汚 濫膺國刑 王聞之心悔 乃免恭妻孥 拜通 爲國師. 龍旣報冤於恭 往機張山爲熊神 慘毒滋甚 民多梗之 通到山中 諭龍授不 殺戒 神害乃息.

初神文王發疽背 請候於通 通至 呪之立活. 乃曰 陛下曩昔爲宰官身 誤決藏人 信忠爲隷 信忠有怨 生生作報. 今玆惡疽亦信忠所祟 宜爲忠創伽藍 奉冥祐以解 之. 王深然之 創寺號信忠奉聖寺. 寺成 空中唱云 因王創寺 脫苦生天 怨已解矣 (或本載此事於《眞表傳》中 誤). 因其唱地 置折怨堂 堂與寺今存.

先是 密本之後 有高僧明朗 入龍宮得神印 (梵云文豆婁 此云神印) 祖創神遊 林 (今天王寺) 屢禳後國之寇. 今和尚傳無畏之髓 遍歷塵寰 救人化物 兼以宿命

之明　創寺雪怨　密敎之風　於是乎大振. 天磨之總持嵓母岳之呪錫院等　皆其流裔
也. 或云　通俗名尊勝角干　角干乃新羅之宰相峻級　未聞通歷仕之迹. 或云　射得
豺狼　皆未詳. 讚曰,

　　山桃溪杏映籬斜　一經春深兩岸花.
　　賴得郞君閑捕獵　盡敎魔外遠京華.

明朗神印

　　按《金光寺本記》云　師挺生新羅　入唐學道. 將還　因海龍之請　入龍宮傳秘法　施
黃金千兩(一云千斤). 潛行地下　湧出本宅井底　乃捨爲寺　以龍王所施黃金飾塔
像　光曜殊特　因名金光焉(《僧傳》作金羽寺　誤).

　　師諱明郞(朗)　字國育　新羅沙干才良之子　母曰南澗夫人　或云法乖(乘)娘　蘇
判茂林之子金氏　則慈藏之妹也. 三息　長曰國敎大德　次曰義安大德　師其季也.
初母夢呑靑色珠而有娠. 善德王元年入唐　貞觀九年乙未來歸. 總章元年戊辰　唐
將李勣統大兵　合新羅　滅高麗；後餘軍留百濟　將襲滅新羅　羅人覺之　發兵拒之.
高宗聞之赫怒　命薛邦興師將討之　文武王聞之懼　請師開秘法禳之(事在《文武王
傳》中). 因玆爲神印宗祖.

　　及我太祖創業之時　亦有海賊來擾　乃請安惠·朗融之裔廣學·大緣等二大德　作
法禳鎭　皆朗之傳系也. 故幷師而上　至龍樹爲九祖(本寺記　三師爲律祖　未詳).
又太祖爲創現聖寺　爲一宗根柢焉. 又新羅京城東南二十餘里　有遠源寺. 諺傳　安
惠等四大德　與金庾信·金義元·金述宗等　同願所創也. 四大德之遺骨　皆藏寺之
東峰　因號四靈山祖師嵓云　則四大德皆羅時高德.

　　按塽白寺柱貼注脚載　慶州戶長巨川母　阿之女　女母明珠女　女母積利女之子
廣學大德·大緣三重(古名善會). 昆季二人　皆投神印宗. 以長興二年辛卯　隨太祖
上京　隨駕焚修　賞其勞　給二人父母忌日寶于塽白　田畓若干結云云. 則廣學·大緣
二人　隨聖祖入京者；　安師等　乃與金庾信等創遠源寺者也；　廣學等二人骨　亦
來安干(于)玆爾　非四德皆創遠源·皆隨聖祖也. 詳之.

感通 第七

仙桃聖母隨喜佛事

眞平王朝 有比丘尼 名智惠 多賢行 住安興寺. 擬新修佛殿而力未也 夢一女仙 風儀婥約 珠翠飾鬟 來慰曰 我是仙桃山神母也. 喜汝欲修佛殿 願施金十斤以助 之. 宜取金於予座下 粧點主尊三像 壁上繪五十三佛·六類聖衆 及諸天神·五岳 神君(羅時五岳 謂東吐含山 南智異山 西雞龍 北太伯 中父岳 亦云公山也) 每 春秋二季之十日 叢會善男善女 廣爲一切含靈 設占察法會以爲恒規(本朝屈弗池 龍 託夢於帝 請於靈鷲山 長開藥師道場「□」平海途 其事亦同). 惠乃驚覺 率 徒往神祠座下 堀得黃金一百六十兩 克就乃功 皆依神母所諭. 其事唯存 而法事 廢矣.

神母本中國帝室之女 名娑蘇. 早得神仙之術 歸止海東 久而不還 父皇寄書繫 「鳶」足云 隨鳶所止爲家. 蘇得書放鳶 飛到此山而止 遂來宅爲地仙 故名西鳶山. 神母久據玆山 鎭祐邦國 靈異甚多. 有國已來 常爲三祀之一 秩在群望之山(上).

第五十四景明王好使鷹 嘗登此放鷹而失之 禱於神母曰 若得鷹 當封爵. 俄而 鷹飛 來止机上 因封爵大王焉. 其始到辰韓也 生聖子爲東國始君 盖赫居·閼英二 聖之所自也. 故稱雞龍·雞林·白馬等 雞屬西故也. 嘗使諸天仙織羅緋 染作朝衣 贈其夫 國人因此 始知神驗. 又《國史》史臣曰 軾政和中 嘗奉使入宋 詣佑神館 有一堂 設女仙像. 館伴學士王黼曰 此是貴國之神 公知之乎 遂言曰〔古有中國 帝室之女 泛海抵辰韓 生子爲海東始祖 女爲地仙 長在仙桃山 此其像也.〕又大 宋國使王襄到我朝 祭東神聖母 女(文)有娠賢肇邦之句. 今能施金奉佛 爲含生 開香火 作津梁 豈徒學長生 而囿於溟濛者哉! 讚曰,

來宅西鳶幾十霜 招呼帝子織霓裳.

長生未必無生異 故謁金仙作玉皇.

郁面婢念佛西昇

景德王代康州(今晉州 一作剛州 則今順安) 善士數十人 志求西方 於州境創 彌陀寺 約萬日爲契. 時有阿干貴珍家一婢 名郁面 隨其主歸寺 立中庭 隨僧念佛

主憎其不職 每給穀二碩 一夕舂之. 婢一更舂畢 歸寺念佛(俚言已(己)事之忙 大家之舂促 盖出乎此) 日夕微怠 庭之左右 竪立長橛 以繩穿貫兩掌 繫於橛上合掌 左右遊之激勵焉. 時有天唱於空 郁面娘入堂念佛. 寺衆聞之 勸婢入堂 隨例精進. 未幾天樂從西來 婢湧透屋樑而出 西行至郊外 捐骸變現眞身. 坐蓮臺 放大光明 緩緩而逝 樂聲不撤空中. 其堂至今有透穴處云(已上《鄉傳》).

按《僧傳》棟梁八珍者 觀音應現也. 結徒有一千 分朋(朋)爲二 一勞力 一精修 彼勞力中知事者 不獲戒 墮畜生道 爲浮石寺牛. 嘗馱經而行 賴經力 轉爲阿干貴珍家婢 名郁面. 因事至下柯山 感夢遂發道心. 阿于(干)家距惠宿法師所創彌陀寺不遠 阿干每至其寺念佛 婢隨往 在庭念佛云云. 如是九年 歲在乙未正月二十一日 禮佛撥屋梁而去 至小伯山 墮一隻履 就其地爲菩提寺. 至山下棄其身 卽其地爲二菩提寺 榜其殿曰 勗面登天之殿. 屋脊穴成十許圍 雖暴雨密雪不霑濕. 後有好事者 範金塔一座 直其穴 安承塵上 以誌其異 今榜塔尙存. 勗面去後 貴珍亦以其家 異人托生之地 捨爲寺曰法王 納田民 久後廢爲丘墟. 有大師懷鏡 與承宣劉碩・小卿李元長 同願重營之. 鏡躬事土木 始輸材 夢老父遺麻葛屨各一. 又就古神社 諭以佛理 斫出祠側材木 凡五載告畢. 又加臧獲 蔚爲東南名藍 人以鏡爲貴珍後身.

議曰 按鄉中古傳 郁面乃景德王代事也 據徵(徵字疑作珍 下亦同)本傳 則元和三年戊子 哀莊王時也. 景德後 歷惠恭・宣德・元聖・昭聖・哀莊等五代 共六十餘年也. 徵先面後 與鄉傳乖違 然兩存之闕疑. 讚曰,

西隣古寺佛燈明 舂罷歸來夜二更.

自許一聲成一佛 掌穿繩子直忘形.

廣德 嚴莊

文武王代 有沙門名廣德・嚴莊 二人友善. 日夕約曰 先歸安養者 須告之. 德隱居芬皇西里(或云 皇龍寺有西去房 未知孰是) 蒲鞋爲業 挾妻子而居 莊庵栖南岳 大(火)種力(刀)耕. 一日 日影拖紅 松陰靜暮 窓外有聲 報云 某已西往矣 惟君好住 速從我來. 莊排闥而出顧之 雲外有天樂聲 光明屬地. 明日歸訪其居 德果亡矣. 於是 乃與其婦收骸 同營蒿里. 既事(畢) 乃謂婦曰 夫子逝矣 偕處何如 婦曰 可. 遂留 夜宿將欲通焉 婦靳之曰 師求淨土 可謂求魚緣木. 莊驚怪問曰

德旣乃爾 予又何妨. 婦曰 夫子與我 同居十餘載 未嘗一夕同床而枕 況觸汚乎.
但每夜端身正坐 一聲念阿彌陀佛號 或作十六觀 觀旣熟 明月入戶 時昇其光 加
趺於上. 竭誠若此 雖欲勿西奚往 夫適千里者 一步可規. 今師之觀 可云東矣 西
則未可知也. 莊愧赧而退 便詣元曉法師處 懇求津要 曉作《鋥(淨)觀法》誘之 藏
於是潔己悔責 一意修觀 亦得西昇. 《鋥(淨)觀》在《曉師本傳》 與《海東僧傳》中.
其婦乃芬皇寺之婢 盖十九應身之一德. 嘗有歌云

月下伊底亦

西方念丁去賜里遣

無量壽佛前乃

惱叱古音(鄕言云報言也)多可支白遣賜立

誓音深史隱尊衣希仰支

兩手集刀花乎白良

願往生願往生

慕人有如白遣賜立

阿邪 此身遺也置遣

四十八大願成遣賜去.

憬興遇聖

神文王代 大德憬興 姓水氏 熊川州人也. 年十八出家 遊刃三藏 望重一時. 開
耀元年 文武王將昇遐 顧命於神文曰 憬興法師可爲國師 不忘朕命. 神文卽位 曲
(册)爲國老 住三郎寺 忽寢疾彌月 有一尼來謁候之 以《華嚴經》中 善友原病之
說 爲言曰 今師之疾 憂勞所致 喜笑可治. 乃作十一樣面貌 各作俳諧之舞 嵥巖
戍削 變態不可勝言 皆可脫頤 師之病不覺洒然. 尼遂出門 乃入南巷寺(寺在三郎
寺南)而隱 所將杖子 在幀畫十一面圓通像前. 一日將入王宮 從者先備於東門之
外 鞍騎甚都 靴笠斯陳 行路爲之抗易 一居士(一云沙門) 形儀疎率 手杖背筐
來憩于下馬臺上 視筐中乾魚也. 從者呵之曰 爾着緇 奚負觸物耶 僧曰 與其挾生
肉於兩股間 背眞(負)三市之枯魚 有何所嫌 言訖起去. 興方出門 聞其言 使人追
之 至南山文殊寺之門外 抛筐而隱 杖在文殊像前 枯魚乃松皮也. 使來告 興聞之
嘆曰 大聖來戒我騎畜爾. 終身不復騎. 興之德馨遺味 備載釋玄本所撰《三郎寺

碑》. 嘗見《普賢章經》彌勒菩薩言 我當來世 生閻浮提 先度釋迦末法弟子 唯除
騎馬比丘 不得見佛. 可不警哉! 讚曰,

　　昔賢垂範意彌多 胡乃兒孫莫切嗟.

　　背底枯魚猶可事 那堪他日負龍華.

眞身受供

長壽元年壬辰 孝昭卽位 始創望德寺 將以奉福唐室. 後 景德王十四年 望德寺
塔戰動 是年有安史之亂 羅人云 爲唐室立玆寺 宜其應也.

八年丁酉 設落成會 王親駕辦供 有一比丘 儀彩疎陋 局束立於庭 請曰 貧道
亦望齋. 王許赴床杪. 將罷 王戲調之曰 住構何所 僧曰 琵琶埴. 王曰 此去 莫向
人言 赴國王親供之齋. 僧笑答曰 陛下亦莫與人言 供養眞身釋迦. 言訖 湧身凌
空 向南而行. 王驚愧 馳上東罔(岡) 向方遙禮 使往尋之 到南山參星谷 或云大
磧川源 石上 置錫鉢而隱. 使來復命 遂創釋迦寺於琵琶嵓下 創佛無事(寺)於滅
影處 分置錫鉢焉. 二寺至今存 錫鉢亡矣.《智論》第四云 昔有罽賓三藏 行阿蘭若
法 至一王寺 寺設大會 守門人 見其衣服麁弊 遮門不前. 如是數數 以衣弊故 每
不得前 便作方便 假借好衣而來 門人見之 聽前不禁. 旣獲詣坐 得種種好食 先
以與衣 衆人問言 何以爾乎 答曰 我比數來 每不得入 今以衣故得此座 得種種
食 宜以與衣爾. 事可同按. 讚曰,

　　燃香擇佛看新繪 辦供齋僧喚舊知.

　　從此琵琶嵓上月 時時雲掩到潭遲.

月明師兜率歌

景德王十九年庚子四月朔 二日竝現 挾旬不滅. 日官奏請緣僧 作散花功德則可
禳. 於是 潔壇於朝元殿 駕幸靑陽樓 望緣僧. 時有月明師 行于阡陌時之南路 王
使召之 命開壇作啓. 明奏云 臣僧但屬於國仙之徒 只解鄉歌 不閑聲梵. 王曰 旣
卜緣僧 雖用鄉歌可也. 明乃作《兜率歌》賦之 其詞曰 今日此矣散花唱良 巴寶白
乎隱花良汝隱 直等隱心音矣命叱使以惡只 彌勒座主陪立羅良. 解曰 龍樓此日
《散花歌》挑送靑雲一片花 殷重直心之所使 遠邀兜率大僊家. 今俗謂此爲《散花

歌》誤矣 宜云《兜率歌》. 別有《散花歌》文多不載. 旣而日怪卽滅 王嘉之 賜品茶
一襲·水精念珠百八箇.

忽有一童子 儀形鮮潔 跪奉茶珠 從殿西小門而出. 明謂是內宮之使 王謂師之
從者 及玄(互)徵而俱非. 王甚異之 使人追之 童入內院塔中而隱 茶珠在南壁畫
慈氏像前. 知明之至德至誠 能昭假于至聖也如此. 朝野莫不聞知 王益敬之 更賜
絹一百疋 以表鴻誠. 明又嘗爲亡妹營齊(齋) 作鄕歌祭之 忽有驚飆吹紙錢 飛擧
向西而沒. 歌曰,

生死路隱

此矣有阿米次肹伊遣

吾隱去內如辭叱都

毛如云遣去內尼叱古

於內秋察早隱風未

此矣彼矣浮良落尸葉如

一等隱枝良出古

去奴隱處毛冬乎丁

阿也 彌陀刹良逢乎吾

道修良待是古如.

明常居四天王寺 善吹笛. 嘗月夜吹過門前大路 月馭爲之停輪. 因名其路曰
(日)月明里 師亦以是著名. 師卽能俊大師之門人也. 羅人尙鄕歌者尙矣. 盖詩頌
之類歟 故往往能感動天地鬼神者 非一. 讚曰,

風送飛錢資逝妹 笛搖明月住姮娥.

莫言兜率連天遠 萬德花迎一曲歌.

善律還生

望德寺僧善律 施錢欲成《六百般若》功未周 忽被陰府所追 至冥司 問曰 汝在
人間作何業 律曰 貧道暮年欲成《大品經》功未就而來. 司曰 汝之壽籙雖盡 勝願
未終 宜復人間 畢成寶典. 乃放還. 途中有一女子 哭泣拜前曰 我亦南閻州新羅
人 坐父母陰取金剛寺畓一畝 被冥府追檢 久受重苦. 今師若還古里 告我父母 速
還厥田. 妾之在世 胡麻油埋於床下 幷藏緻密布於寢褥間 願師取吾油點佛燈 貨

其布爲經幅 則黃川(泉)亦恩 庶幾脫我若惱矣. 律曰 汝家何在 曰 沙梁部久遠寺
西南里也. 律聞之 方行乃蘇.

時律死已十日 葬于南山東麓. 在塚中呼三日 牧裡聞之 來告於本寺 寺僧歸發
塚出之 具說前事. 又訪女家 女死隔十五年 油布宛然 律依其諭作冥福. 女來魂
報云 賴師之恩 妾已離苦得脫矣. 時人聞之 莫不驚感 助成寶典. 其經秩 今在東
都僧司藏中 每年春秋 披轉禳災焉. 讚曰,

堪羨吾師仗勝緣 魂遊却返舊林泉.

爺孃若問兒安否 爲我催還一畝田.

金現感虎

新羅俗 每當仲春 初八至十五日 都人士女 競遶興輪寺之殿塔爲福會. 元聖王
代 有郞君金現者 夜深獨遶不息 有一處女 念佛隨遶 相感而目送之 遶畢 引入屛
處通焉. 女將還 現從之 女辭拒而强隨之. 行至西山之麓 入一茅店 有老嫗問女
曰 附率者何人嫗 女陳其情. 嫗曰 雖好事 不如無也！ 然遂事 不可諫也. 且藏於
密 恐汝弟兄之惡也. 把郞而匿之奧. 小遶(少選)有三虎 咆哮而至 作人語曰 家
有羶羶之氣 療飢何幸. 嫗與女叱曰 爾鼻之爽乎 何言之狂也. 時有天唱 爾輩嗜
害物命尤多 宜誅一以徵(懲)惡. 三獸聞之 皆有憂色. 女謂曰 三兄若能遠避而自
懲 我能代受其罰. 皆喜. 俛首妥尾而遁去. 女入謂郞曰 始吾恥君子之辱臨弊族
故辭禁爾 今旣無隱 敢布腹心. 且賤妾之於郞君 雖曰非類 得陪一夕之歡 義重結
褵之好. 三兄之惡 天旣厭之 一家之殃 予欲當之. 與其死於等閑人之手 曷若伏
於郞君刃下 以報之德乎. 妾以明日入市爲害劇 則國人無如我何 大王必募以重爵
而捉我矣. 君其無怯 追我乎城北林中 吾將待之. 現曰 人交人 彝倫之道 異類而
交 蓋非常也. 旣得從容 固多天幸 何可忍賣於伉儷之死 僥倖一世之爵祿乎！ 女
曰 郞君無有此言. 今妾之壽夭 蓋天命也 亦吾願也 郞君之慶也 予族之福也 國
人之喜也. 一死而五利備 其可違乎. 但爲妾創寺 講眞詮 資勝報 則郞君之惠莫
大焉. 遂相泣而別. 次日果有猛虎入城中 剽甚無敢當 元聖王聞之 申令曰 戝虎
者爵二級. 現詣闕奏曰 小臣能之. 乃先賜爵以激之. 現持短兵 入林中 虎變爲娘
子 熙怡而笑曰 昨夜共郞君繾綣之事 惟君無忽. 今日被爪傷者 皆塗興輪寺醬 聆
其寺之螺鉢聲則可治. 乃取現所佩刀 自頸而仆 乃虎也. 現出林而託曰 今玆虎易

搏矣. 匿其由不洩　但依諭而治之　其瘡皆效. 今俗亦用其方.

現旣登庸　創寺於西川邊　號虎願寺　常講《梵網經》以導虎之冥遊　亦報其殺身成己之恩. 現臨卒　深感前事之異　乃筆成傳　俗姑(始)聞知　因名《論虎林》稱于今.

貞元九年　申屠澄自黃冠　調補漢州什方縣之尉　至眞符縣之東十里許　遇風雪大寒　馬不能前. 路傍有茅舍　中有煙火甚溫　照燈下就之　有老父嫗及處子　環火而坐. 其女年方十四五　雖蓬髮垢衣　雪膚花臉　擧止姸媚. 父嫗見澄來　遽起曰　客甚衝寒雪　請前就火. 澄坐良久　天色已暝　風雪不止. 澄曰　西去縣尙遠　請宿丁此. 父嫗曰　苟不以蓬蓽爲陋　敢承命. 澄遂解鞍施衾幬. 其女見客方止　修容靚粧　自帷箔間出　有閑雅之態　猶過初時. 澄曰　小娘子明惠過人甚　幸未婚　敢請自媒如何翁曰　不期貴客欲採拾　豈「非」定分也. 澄遂修子婿之禮　澄乃以所乘馬　載之而行. 旣至官　俸祿甚薄　妻力以成家　無不歡心. 後秩滿將歸　已生一男一女　亦甚明惠澄尤加敬愛. 嘗作贈內詩云

一宦慙梅福　三年愧孟光.

此情何所喩　川上有鴛鴦.

其妻終日吟諷　似默有和者　未嘗出口. 澄罷官　罄室歸本家　妻忽悵然謂澄曰　見贈一篇　尋卽有和. 乃吟曰,

琴瑟情雖重　山林志自深.

常憂時節變　辜負百年心.

遂與訪其家　不復有人矣. 妻思慕之甚　盡日涕泣　忽壁角見一虎皮　妻大笑曰　不知此物尙在耶！　遂取披之　卽變爲虎　哮吼挐攫　突門而出. 澄驚避之　携二子　尋其路　望山林　大哭數日　竟不知所之.

噫！　澄·現二公之接異物也　變爲人妻則同矣　而贈背人詩　然後哮吼挐攫而走與現之虎異矣. 現之虎不得已而傷人　然善誘良方以救人. 獸有爲仁如彼者　今有人而不如獸者　何哉　詳觀事之終始　感人於旋遶佛寺中　天唱徵惡　以自代之　傳神方以救人　置精廬講佛戒　非徒獸之性仁者也. 盖大聖應物之多方　感現公之能致精於旋遶　欲報冥益耳　宜其當時　能受禧佑乎. 讚曰,

山家不耐三兄惡　蘭吐那堪一諾芳.

義重數條輕萬死　許身林下落花忙.

融天師彗星歌 眞平王代

第五居烈郎·第六實處郎(一作突處郎)·第七寶同郎等 三花之徒 欲遊楓岳 有彗星犯心大星 郎徒疑之 欲罷其行. 時天師作歌歌之 星怪卽滅 日本兵還國 反成福慶. 大王歡喜 遣郎遊岳焉. 歌曰,

舊理東尸汀叱
乾達婆矣遊烏隱城叱肹良望良古
倭理叱軍置來叱多
烽燒邪隱邊也藪耶
三花矣岳音見賜烏尸聞古
月置八切爾數於將來尸波衣
道尸掃尸星利望良古
彗星也白反也人是有叱多
後句 達阿羅浮去伊叱等邪
此也友物比所音叱彗叱只有叱故.

正秀師救氷女

第四十哀莊代 有沙門正秀 寓止皇龍寺. 冬日雪深 旣暮 自三郎寺還 經由天嚴寺門外 有一乞女產兒 凍臥濱死. 師見而憫之 就抱 良久氣蘇. 乃脫衣以覆之 裸走本寺 苫草覆身過夜 夜半有天唱於王庭曰 皇龍寺沙門正秀 宜封王師. 急使人檢之 具事升聞 王備威儀 迎入大內 册爲國師.

正秀師救氷女

第四十哀莊代 有沙門正秀 寓止皇龍寺. 冬日雪深 旣暮 自三郎寺還 經由天嚴寺門外 有一乞女產兒 凍臥濱死. 師見而憫之 就抱 良久氣蘇. 乃脫衣以覆之 裸走本寺 苫草覆身過夜 夜半有天唱於王庭曰 皇龍寺沙門正秀 宜封王師. 急使人檢之 具事升聞 王備威儀 迎入大內 册爲國師.

避隱 第八

朗智乘雲 普賢樹

歃良州阿曲縣之靈鷲山(歃良 今梁州. 阿曲一作西 又云求佛 又屈弗 今蔚州置屈弗驛 今存其名)有異僧 庵居累紀 而鄉邑皆不識 師亦不言名氏. 常講《法華》仍有通力.

龍朔初 有沙彌智通 伊亮公之家奴也. 出家年七歲時 有烏來鳴云 靈鷲去投朗智爲弟子. 通聞之 尋訪此山 來憩於洞中樹下 忽見異人出曰 我是普「賢」大士 欲授汝戒品 故來爾. 因宣戒 訖乃隱. 通神心豁爾 智證頓圓. 遂前行 路逢一僧 乃問 朗智師何所住 僧曰 奚問朗智乎 通具陳神烏之事 僧莞爾而笑曰 我是朗智 今茲堂前亦有烏來報〔有聖兒投師將至矣 宜出迎〕故來迎爾. 乃執手而嘆曰 靈烏驚爾投吾 報予迎汝 是何祥也！殆山靈之陰助也. 傳云 山主乃辯才天女. 通聞之泣謝 投禮於師.

既而將與授戒. 通曰 予於洞口樹下 已蒙普賢大士 乃授正戒. 智嘆曰 善哉！汝已親稟大士滿分之戒. 我自生年來 夕惕愍懃 念遇至聖 而猶未能昭格. 今汝已受 吾不及汝遠矣. 反禮智通 因名其樹曰普賢. 通曰 法師住此 其已久如(智)曰 法興王丁未之歲 始寓足焉 不知今幾「何」. 通到山之時 乃文武王卽位元年辛酉歲也 計已一百三十五年矣. 通後詣義湘之室 升堂覩奧 頗資玄化 寔爲《錐洞記》主也.

元曉住磻高寺時 常往謁智 令著《初章觀文》及《安身事心論》曉撰訖 使隱士文善奉書馳達. 其篇尾述偈云 西谷沙彌稽首禮 東岳上德高巖前(磻高在靈鷲之西北 故西谷沙彌乃自謂也) 吹以細塵補鷲岳 飛以微滴投龍淵(云云). 山之東有大和江 乃爲中國大和池龍植福所創 故云龍淵. 通與曉皆大聖也. 二聖而摳衣師之道 邁可知.

師嘗乘雲往中國淸涼山 隨衆聽講 俄項(頃)卽還 彼中僧 謂是隣居者 然罔知攸止. 一日令於衆曰 除常住外 別院來僧 各持所居名花異植 來獻道場. 智明日折山中異木一枝 歸呈之 彼僧見之 乃曰 此木梵號怛提伽 此云赫 唯西竺·海東二靈鷲山有之. 彼二山皆第十法雲地菩薩所居 斯必聖者也. 遂察其行色 乃知住海東靈鷲也. 因此改觀 名著中外. 鄉人乃號其庵曰赫木 今赫木寺之北崗有古基

乃其遺趾.

《靈鷲寺記》云 朗智嘗云〔此庵趾乃迦葉佛時寺基也.〕堀地得燈缸二隔. 元聖王代 有大德緣會來居山中 撰師之傳行于世. 按《華嚴經》第十名法雲地 今師之馭雲 蓋佛陁屈三指·元曉分百身之類也歟. 讚曰,

想料植藏百歲間 高名曾未落人寰.

不禁山鳥閑饒舌 雲馭無端洩往還.

緣會逃名 文殊岾

高僧緣會 嘗隱居靈鷲 每讀《蓮經》修普賢觀行. 庭池常有蓮數朵 四時不萎. (今靈鷲寺龍藏殿是 緣會舊居). 國主元聖王聞其瑞異 欲徵拜爲國師. 師聞之 乃棄庵而遁 行跨西嶺植間 有一老未今爾耕 問師奚適 曰 吾聞邦家濫聽 縻我以爵 故避之爾. 叟聽曰 於此可賣 何勞遠售 師之謂賣名無厭乎. 會謂其慢己 不聽 遂行數里許. 溪邊遇一媼 問師何往 答如初. 媼曰 前遇人乎 曰 有一老叟 侮予之甚 殘且來矣. 媼曰 文殊大聖也. 夫言之不聽何.

會聞卽驚悚 遽還翁所 扣顙陳悔曰 聖者之言 敢不聞命乎！今且還矣 溪邊媼彼何人斯 叟曰 辯才天女也. 言訖遂隱. 乃還庵中 俄有天使齎詔徵之 會知業已當受 乃應詔赴闕 封爲國師(《僧傳》云 憲安王封爲二朝王師 號照 咸通四年卒. 與元聖年代相示(左) 未知孰是). 師之感老叟處 因名文殊岾 見女處曰阿尼岾. 讚曰,

倚市難藏久陸沈 囊錐旣露括難禁.

自緣庭下靑蓮誤 不是雲山固未深.

惠現求靜

釋惠現 百濟人 小(少)出家 苦心專志 誦《蓮經》爲業 祇禳請福 靈應良稠 兼攻《三論》染指通神. 初住北部修德寺 有衆則講 無則持誦 四遠欽風 戶外之履滿矣. 稍厭煩擁 遂往江南達拏山居焉. 山極植險 來往艱稀. 現靜坐求忘 終于山中. 同學轝尸 置右(石)室中 虎唉盡遺骸 唯髏舌存焉 三周寒暑 舌猶紅軟. 過後方變紫硬如石 道俗敬之 藏于石塔 俗齡五十八 卽貞觀之初. 現不西學 靜退以終 而

乃名流諸夏　立《傳》在唐　聲著矣夫.

又高麗釋波若　入中國天台山　受《智者敎觀》以神異間(聞)山中而滅《唐僧傳》亦有章　頗多靈範. 讚曰,

鹿(麈)尾傳經倦一場　去年淸誦倚雲藏.

風前靑史名流遠　火後紅蓮舌帶芳.

信忠掛冠

孝成王潛邸時　與賢士信忠　圍碁於宮庭栢樹下　嘗謂曰　他日若忘鄕　有如栢樹. 信忠興拜. 隔數月　王卽位　賞功臣　忘忠而不第之. 忠怨而作歌　帖於栢樹　樹忽黃悴　王怪使審之　得歌獻之　大驚曰　萬機鞅掌　幾忘乎角弓！ 乃召之賜爵祿　栢樹乃蘇. 歌曰　物叱好支栢史　秋察尸不冬爾屋支墮米　汝於多支行齊敎因隱　仰頓隱面矣　改衣賜乎隱冬矣也　月羅理影支古理因淵之叱　行尸浪　阿叱沙矣以支如支　兒史沙叱望阿乃　世理都　之叱逸烏隱第也. 後句亡. 由是. 寵現於兩朝.

景德王(王卽孝成之弟也)二十二年癸卯　忠與二友相約　掛冠入南岳　再徵不就　落髮爲沙門. 爲王創斷俗寺居焉　願終身丘壑　以奉福大王　王許之. 留眞在金堂後壁是也. 南有村名俗休　今訛云小花里(按《三和尙傳》有信忠奉聖寺　與此相混. 然計其神文之世　距景德已百餘年　況神文與信忠　乃宿世之事　則非此信忠　明矣. 宜詳之.) 又別記云　景德王代　有直長李俊(《高僧傳》作李純) 早會發願　年至知命　須出家創佛寺. 天寶七年戊子　年登五十矣. 改創槽淵小寺爲大刹　名斷俗寺　身亦削髮　法名孔宏長老　住寺二十年乃卒. 與前《三國史》所載不同　兩存之闕疑. 讚曰,

功名未已鬢先霜　君寵雖多百歲忙.

隔岸有山頻入夢　逝將香火祝吾皇.

包山二聖

羅時有觀機·道成二聖師　不知何許人　同隱包山(鄕去(云)所瑟山　乃梵音　此云「包」也) 機庵南嶺　成處北穴　相去十許里　披雲嘯月　每相過從. 成欲致機　則山中樹木皆向南而俯　如相迎者　機見之而往；　機欲邀成也　則亦如之皆北偃　成乃至. 如是有年　成於所居之後·高嵓之上　常宴坐　一日自嵓縫間透身而出　全身騰空而

逝 莫知所至. 或云 至壽昌郡(今壽城郡)指(捐)骸焉 機亦繼踵歸眞. 今以二師名
命其墟 皆有遺趾. 道成嵓高數丈 後人置寺穴下.

　大平興國七年壬午 有釋成梵 始來住寺 敞萬日彌陀道場 精懃五十餘年 屢有
殊祥. 時玄風信士二十餘人歲結社 拾香木納寺 每入山採香 劈析淘洗 攤置箔上.
其木至夜放光如燭. 由是郡人項施其香徒 以得光之歲爲賀 乃二聖之靈感 或岳神
攸助也. 神名靜聖天王 嘗於迦葉佛時受佛囑 有本誓 待山中一千人出世 轉受餘
報. 今山中嘗記九聖 遺事則未詳. 曰 觀機・道成・橛師・槢師・道義(有栢岩基)・子
陽・成梵・今勿女・白牛師. 讚曰,

　相過踏月弄雲泉 二老風流幾百年.

　滿壑烟霞餘古木 偃昂寒影尙如迎.

　橛音般 鄕云雨木 槢音牒 鄕云加乙木. 此二師久隱嵓叢 下交人世 皆編木葉爲
衣 以度寒暑 掩濕遮羞而已 因以爲號. 嘗聞楓岳 亦有斯名 乃知古之隱淪之士
例多逸韻如此 但難爲蹈襲.

　予嘗寓包山 有記二師之遺美 今幷錄之. 紫茅黃精堅肚皮

　蔽衣木葉非蠶機.

　寒松颼颼石犖确

　日暮林下樵蘇歸.

　夜深披向月明坐

　一半颯颯隨風飛.

　敗蒲橫臥於憨眠

　夢魂不到紅塵羈.

　雲遊逝兮二庵墟

　山鹿忩登人迹稀.

　釋永才性滑稽 不累於物 善鄕歌. 暮歲將隱于南岳 至大峴嶺 遇賊六十餘人.
將加害 才臨刃無懼色 怡然當之. 賊怪而問其名 曰永才. 賊素聞其名 乃命「　」
作歌. 其辭曰,

　自矣心米 貌史毛達只將來呑隱日

　遠鳥逸「　」過出知遣 今呑藪未去遣省如

但非乎隱焉破「戒」主 次弗「兒」史內於都還於尸朗也.
此兵物叱沙過乎 好尸曰沙也內乎呑尼
阿耶 唯只伊吾音之叱恨隱㵛陵隱 安支尙宅都乎隱以多.

賊感其意 贈之綾二端 才笑而前謝曰 知財賄之爲地獄根本 將避於窮山 以餞一生 何敢受焉. 乃投之地. 賊又感其言 皆釋劍投戈 落髮爲徒 同隱智異 不復蹈世. 才年僅九十矣 在元聖大王之世. 讚曰,
策杖歸山意轉深 綺紈珠玉豈治心.
綠林君子休相贈 地獄無根只寸金.

勿稽子

第十奈解王卽位十七年壬辰　保羅國·古自國(今固城)·史勿國(今泗州)等八國併力來侵邊境 王命太子捺音·將軍一伐等 率兵拒之 八國皆降. 時勿稽子軍功第一 然爲太子所嫌 不賞其功. 或謂勿稽子 此戰之功 唯子而已 而賞不及子 太子之嫌 君其怨乎 稽曰 國君在上 何怨人臣 或曰 然則 奏聞于王幸矣. 稽曰 伐功爭命 揚己掩人 志士之所不爲也. 勵之待時而已.
「二」十年乙未　骨浦國(今合浦也)等三國王　各率兵來攻竭火(疑屈弗也　今蔚州) 王親率禦之 三國皆敗. 稽所獲數十級 而人不言稽之功. 稽謂其妻曰 吾聞仕君之道 見危致命 臨難忘身 仗於節義 不顧死生之謂忠也. 夫保羅(疑發羅　今羅州)·竭火之役 誠是國之難. 君之危 而吾未曾有忘身致命之勇 此乃不忠甚也. 旣以不忠而仕君 累及於先人 可謂孝乎 旣失忠孝 何顏復遊朝市之中乎！ 乃被髮荷琴 入師彘山(未詳) 悲竹樹之性病 寄托作歌 擬溪澗之咽響 扣琴制曲 隱居不復現世.

迎如師

實際寺釋迎如　未詳族氏　德行雙高. 景德王將邀致供養 遣使徵之. 如詣內 齋罷將還 王遣使陪送至寺 入門卽隱 不知所在. 使來奏 王異之 追封國師. 後亦不復現世 至今稱曰國師房.

布川山 五比丘 景德王代

歃良州東北二十許里 有布川山 石窟奇秀 宛如人斲. 有五比丘 未詳名氏 來寓
而念彌陀 求西方幾十年 忽有聖衆 自西來迎. 於是 五比丘各坐蓮臺 乘空而逝
至通度寺門外留連 而天樂間奏. 寺僧出觀 五比丘爲說無常苦空之理 蛻棄遺骸
放大光明 向西而去. 其捐舍處 寺僧起亭榭 名置樓 至今存焉.

念佛師

南山東麓有避里村 村有寺 因名避里寺. 寺有異僧 不言名氏 常念彌陀 聲聞于
城中「一千」三百六十坊·十七萬戶 無不聞聲. 聲無高下 琅琅一樣 以此異之 莫
不致敬 皆以念佛師爲名.
死後泥塑眞儀 安于敏藏寺中 其本住避里寺 改名念佛寺 寺旁亦有寺 名讓避
因村得名.

孝善 第九

眞定師孝善雙美

法師眞定 羅人也. 白衣時 隷名卒伍 而家貧不娶. 部役之餘 傭作受粟 以養孀母 家中計産 唯折脚一鐺而已. 一日有僧到門 求化營寺鐵物 母以鐺施之. 旣而定從外歸 母故之告 且虞子意何如爾. 定喜現於色曰 施於佛事 何幸如之. 雖無鐺又何患. 乃以丸(瓦)盆爲釜 熟食而養之. 嘗在行伍間 聞人說義湘法師在太伯山說法利人 卽有嚮慕之志 告於母曰 畢孝之後 當投於湘法師 落髮學道矣. 母曰 佛法難遇 人生大速. 乃曰畢孝 不亦晚乎 曷若趂予不死 以聞道聞. 愼勿因循 速斯可矣. 定曰 萱堂晚景 唯我在側 棄而出家 豈敢忍乎 母曰 噫! 爲我防(妨)出家 令我便墮泥黎也. 雖生養以三牢七鼎 豈可爲孝 予其衣食於人之門 亦可守其天年. 必欲孝我 莫作爾言. 定沈思久之. 母卽起 罄倒囊儲 有米七升 卽日畢炊 且曰 恐汝因熟食經營而行慢也. 宜在予目下 喰其一 橐其六 速行速行. 定飮泣固辭曰 棄母出家 其亦人子所難忍也. 況其杯漿數日之資 盡裹而行 天地其謂我何 三辭三勸之. 定重違其志 進途宵征 三日達于太伯山 投湘公 剃染爲弟子 名曰眞定.

居三年 母之訃音至. 定跏趺入定 七日乃起. 說者曰 追傷哀毀之至 殆不能堪 故以定水滌之爾; 或曰 以定觀察母之所生處也 或曰 斯乃如實理薦冥福也. 旣出定 以後事告於湘. 湘率門徒歸于小伯山之錐洞 結草爲廬 會徒三千 約九十日講《華嚴大典》. 門人智通隨講 撮其樞要 成兩卷 名《錐洞記》流通於世. 講畢 其母現於夢曰 我已生天矣.

大城孝二世父母 神文代

牟梁里(一作浮雲村)之貧女慶祖有兒 頭大頂平如城 因名大城. 家窘不能生育 因役傭於貨殖福安家 其家俵田數畝 以備衣食之資. 時有開士漸開 欲設六輪會於興輪寺 勸化至福安家 安施布五十疋. 開呪願曰 檀越好布施 天神常護持. 施一得萬倍 安樂壽命長. 大城聞之 跳外而入 謂其母曰 予聽門僧誦倡 云施一得萬倍. 念我定無宿善 今玆困匱矣. 今又不施 來世益艱 施我傭田於法會 以圖後報

何如 母曰 善 乃施田於開.

　未幾城物故 是日夜 國宰金文亮家 有天唱云 牟梁里大城兒 今託汝家. 家人震驚 使檢牟梁里 城果亡. 其日與唱同時 有娠生兒 左手握不發 七日乃開 有金簡子彫大城二字 又以名之 迎其母於第中兼養之.

　既壯 好遊獵. 一日登吐含山捕一熊 宿山下材(村) 夢熊變爲鬼 訟曰 汝何殺我 我還啖汝. 城怖懼請容赦. 鬼曰 能爲我創佛寺乎 城誓之曰喏 既覺 汗流被蓐. 自後禁原野 爲熊創長壽寺於其捕地. 因而情有所感 悲願增篤.

　乃爲現生二親 創佛國寺 爲前世爺孃創石佛寺 請神琳・表訓二聖師各住焉 茂張像設 且酬鞠養之勞. 以一身孝二世父母 古亦罕聞 善施之驗 可不信乎! 將彫石佛也 欲鍊一大石爲龕盖 石忽三裂. 憤恚而假寐 夜中天神來降 畢造而還. 城方枕起 走跋南嶺 爇香木以供天神. 故名其地爲香嶺. 其佛國寺雲梯石塔・彫鏤石木之功 東部諸刹未有加也.

　古鄉傳所載如上 而寺中有記云 景德王代 大相大城以天寶十年辛卯始創佛國寺 歷惠恭世 以大歷九年甲寅十二月二日大城卒 國家乃畢成之. 初請瑜伽大德降魔住此寺 繼之至于今 與古傳不同 未詳孰是. 讚曰,

　牟梁春後施三畝 香嶺秋來獲萬金.

　萱室百年貧富貴 槐庭一夢去來今.

向得舍知 割股供親 景德王代

　能(熊)川州有向得舍知者 年凶 其父幾於餒死 向得割股以給養. 州人具事奏聞 景德王賞賜租五百碩.

孫順埋兒 興德王代

　孫順者(古今(本)作孫舜) 牟梁里人 父鶴山. 父沒 與妻同但傭(作傭)人家 得米穀養老孃 孃名運烏. 順有小兒 每奪孃食 順難之 謂其妻曰 兒可得 母難再求 而奪其食 母飢何甚. 且埋此兒 以圖母腹之盈. 乃負兒歸醉山(山在牟梁西北)北郊 堀地忽得石鐘甚奇. 夫婦驚怪 乍懸林木上 試擊之 舂容可愛. 妻曰 得異物 殆兒之福 不可埋也. 夫亦以爲然 乃負兒與鐘而還家 懸鐘於梁扣之 聲聞于闕.

興德王聞之　謂左右曰　西郊有異鐘聲　淸遠下類　速檢之. 王人來檢其家　具事奏
王. 王曰　昔郭巨瘞子　天賜金釜；　今孫順埋兒　地湧石鐘. 前孝後孝　覆載同鑑.
乃賜屋一區　歲給粳五十碩　以尙純孝焉. 順捨舊居爲寺　號弘孝寺　安置石鐘. 眞
聖王代　百濟橫賊入其里　鐘亡寺存. 其得鐘之地　名完乎坪　今訛云枝良坪.

貧女養母

孝宗郎遊南山鮑石亭(或云三花述)　門客星馳　有二客獨後. 郎問其故　曰　芬皇
寺之東里有女　年二十左右　抱盲母相號而哭　問同里　曰　此女家貧　乞骸而反哺有
年矣. 適歲荒　倚門難以藉手　贖賃他家　得穀三十石　寄置大家服役　日暮橐米而來
家　炊餉伴宿　晨則歸役大家　如是者數日矣. 母曰　昔日之糠粃　心和且平　近日之
香秔　膈肝若刺而心未安　何哉　女言其實　母痛哭　女嘆己之但能口腹之養　而失於
色難也. 故相持而泣. 見此而遲留爾. 郎聞之潛(濟)然　送穀一百斛　郎之二親亦
送衣袴一襲　郎之千徒　斂租一千石遺之. 事達宸聰　時眞聖王賜穀五白石　幷宅一
廛　遣卒徒衞其家　以儆劫掠. 旌其坊爲孝養之里　後捨其家爲寺　名兩尊寺.

발문

  우리 동방의 삼국에는 《본사(本史)》와 《유사(遺事)》 두 책이 있으나, 다른 데서는 간행한 바가 없고, 다만 본부(本府 : ⁷²)에만 남아 있는데, 세월이 오래 되어 자획이 결손되니 한 줄에 알 만한 것이 네댓 자뿐이다.

  내가 생각하건대 선비가 이 세상에 나서 모든 사서(史書)를 두루 열람하여 천하의 치란흥망(治亂興亡)과 모든 이적(異跡)까지도 널리 알고자 하는데, 하물며 이 나라에 살면서 이 나라의 역사를 알지 못한대서야 되겠는가?

  따라서 다시 간행하고자 널리 완전한 책을 구했으나 여러 해가 되어도 얻지 못했다. 이 책이 세상에 간행한 것이 적어서 사람들이 쉽게 얻을 수 없음을 알았거늘, 지금 만일 간행하지 않으면 장차 실전(失傳)되어 우리의 지난 일을 후학들이 들어서 알지 못할 것이니 가탄(可嘆)할 일이다.

  다행히 우리의 유학도(儒學徒) 성주목사(星州牧使) 권주(權輳) 공이 내가 이 책을 찾는다는 말을 듣고 완전한 책을 구해 보내왔다. 내가 기꺼이 받아 그 사실을 감찰사 상국(相國) 안당(安塘)과 도사(都事) 박후전(朴侯佺)에게 소식을 전하니, 모두들 좋아하였다. 이에 여러 고을에 나누어 간행하게 하고, 다시 본부(本府)에 소장하도록 하였다.

  오! 사물은 일어났다가 없어지고 없어졌다가 일어나는 것이 당연한 이치이다. 후세 학자들은 이러한 이치를 알아, 때로 일으켜 길이 전할 것을 또한 훗날 지혜로운 학자들에게 바라는 것이다.

  황명(皇明) 정덕(正德) 임신년(1512) 계동(季冬)에 부윤(府尹) 추성정난공신(推誠定難功臣) 가선대부(嘉善大夫) 경주진병마절제사(慶州鎭兵馬節制使) 전평군(全平君) 이계복(李繼福)은 삼가 발문을 쓰노라.

생원 이산보

교정생원 최기동

중훈대부 행경주부판관 경주진병마절제도위 이　류

봉직랑 수경상도도사 박　전

추성정난공신 가정대부 경상도관찰사 겸 병마수군절도사 안　당

跋文

　　吾東方三國本史・遺事兩本　他無所刊　而只在本府. 歲久刓缺　一行可解僅四五字. 余惟士生斯世　歷觀諸史　其於天下治亂興亡與諸異跡　尙欲博識. 況居是邦不知其國事可乎　因欲改刊　廣求完本　閱數載不得焉　其曾罕行于世・人未易得見可知. 若今不改　則將爲失傳　東方往事　後學竟莫聞知　可嘆也已!

　　幸吾斯文星州牧使權公輳聞余之求　求得完本送余　余喜受　具告監司安相國塘・都事朴候佺　僉曰善. 於是分刊列邑　令還藏于本府. 噫! 物久則必有廢　廢則必有興　興而廢　廢而興　是理之常　知理之常而有時興　以永其傳　亦有望於後來之惠學者云.

　　皇明正德壬申季冬　府尹推誠定難功臣嘉善大夫慶州鎭兵馬節制使全平君李繼福謹跋.

生員　李山甫

校正生員　崔起潼

中訓大夫行慶州府判官慶州鎭兵馬節制都尉　李　瑠

奉直郞守慶尙道都事　朴　佺

推誠定難功臣嘉靖大夫慶尙道觀察使兼兵馬水軍節度使　安　塘

왕력(王曆) 제 1

중 국	신 라	고구려	백 제	가 락
전한(前漢) **선제**(宣帝) **오봉**(五鳳) 갑자년(BC 57) 4년간 **감로**(甘露) 무진년(BC 53) 4년간 **황룡**(黃龍) 임신년(BC 49) 1년간 **원제**(元帝) **초원**(初元) 계유년(BC 48) 5년간 **영광**(永光) 무인년(BC 43) 5년간 **건소**(建昭) 계미년(BC 38) 6년간 **성제**(成帝) **건시**(建始) 기축년(BC 32) 4년간 **하평**(河平) 계사년(BC 28) 4년간 **양삭**(陽朔) 정유년(BC 24) 4년간 **홍가**(鴻嘉) 신축년(BC 20) 4년간 **영시**(永始) 을사년(BC 16) 4년간 **원연**(元延) 기유년(BC 12) 4년간 **애제**(哀帝) 2 **애제**(哀帝) **건평**(建平)	**제1대 혁거세**(赫居世) 성은 박(朴), 난생(卵生). 13세 갑자년(BC 57) 즉위 60년간 다스림. 왕비는 아이영(娥伊英) 또는 아영(娥英). 나라 이름은 서라벌(徐羅伐) 또는 서벌(徐伐)·사로(斯盧)·계림(鷄林). 일설에 탈해왕 대에 계림이라 불렸다 함. 갑신년(BC 37) 금성(金城) 쌓음.	**제1대 동명왕**(東明王) 갑신년(BC 37) 즉위 18년간 다스림. 성은 고(高), 이름은 주몽(朱蒙) 또는 추몽(鄒蒙). 단군의 아들. **제2대 유리왕**(瑠璃王) 이름은 누리(累利) 또는 유류(儒留), 동명왕의 아들. 임인년(BC 19) 즉위 32년간 다스림. 성은 해씨(解氏).		
			제1대 온조왕(溫祚王) 동명왕의 셋째아들. 또는 둘째아들. 계묘년(BC 18) 즉위 45년간 다스림. 위례성(慰禮城) 또는 사천(蛇川)이라고도 하며, 지금의 직산(稷山)에 도읍. 병진년(BC 5) 지금의 광주(廣州)인 한산(漢山)으로 옮김.	

중 국	신 라	고구려	백 제	가 락
을묘년(BC 6) 4년간 원수(元壽) 기미년(BC 2) 2년간 **평제**(平帝) 원시(元始) 신유년(AD 1) 7년간 유자(孺子) 초시(初始) 무진년(8) **신실**(新室) 건국(建國) 기사년(9) 5년간 천봉(天鳳) 갑술년(14) 6년간 지황(地皇) 경진년(20) 3년간 경시(更始) 계미년(23) 2년간 **후한**(後漢) **광무제**(光武帝) 건무(建武) 을유년(25) 31년간	**제2대 남해차차웅**(南海次次雄) 아버지 혁거세, 어머니 알영(閼英), 성은 박씨. 왕비는 운제(雲帝)부인 갑자년(4) 즉위 20년간 다스림. 왕 위를 거서간(居西干)이라 함.	계해년(3)에 국내성(國內城 : 또는 불이성 (不而城))으로 도읍 옮김.		가야(伽耶)라고도 함. 지금 의 금주(金州).
		제3대 대무신왕(大武神王) 이름은 무휼(無恤) 또는 미류(味留) 라 하며, 성은 해씨(解氏), 유리왕의 셋째아들. 무인년(18) 즉위 26년간 다스림.		
	제3대 노례이질금(弩禮尼叱今) 또는 유례(儒禮), 아버지 남해왕, 어 머니 운제(雲帝)부인. 왕비는 사요 왕(辭要王) 딸 김씨. 갑신년(24) 즉 위 33년간 다스림. 이질금은 이사금 (尼師今)이라고도 함.	**제4대 민중왕**(閔中王) 이름은 색주(色朱), 성은 해씨, 대무 신왕의 아들. 갑자년(44) 즉위 4년 간 다스림.	**제2대 다루왕**(多婁王) 온조왕의 둘째아들, 무자년 (28) 즉위 49년간 다스림.	**수로왕**(首露王) 임인년(42) 3월 알에서 태 어나, 그 달에 즉위 158년간 다스림. 금알에서 나왔다 하 여 성을 김씨라 함. 《개황력 (開皇曆)》에 실려 있음.
중원(中元) 병진년(56) 2년간	**제4대 탈해이질금**(脫解尼叱今) 또는 토해(吐解), 석씨(昔氏), 아버 지는 완하국(琓夏國) 또는 화하국왕 (花夏國王)이라 함. 함달파왕(含達 婆王：花夏國王), 어머니는 적녀국 왕(積女國王)의 딸. 왕비는 남해왕 의 딸 아로(阿老)부인. 정사년(57) 즉위 23년간 다스림. 왕이 죽자 미소 소정구(未召疏井丘)에 수장, 그 뼈 로 소상을 만들어 동악(童岳)에 봉 안함. 지금의 동악대왕.	**제5대 모본왕**(慕本王) 민중왕의 형, 이름은 애류(愛留) 또 는 우류(憂留). 무신년(48) 즉위 5 년간 다스림. **제6대 국조왕**(國祖王) 이름은 궁(宮), 태조왕(太祖王). 계 축년(53) 즉위 93년간 다스림. 《후 한전(後漢傳)에 "태어나자 사물을 보았다"고 함. 뒤에 동복 동생에게 왕위 내줌.		
명제(明帝) 영평(永平) 무오년(58) 18년간			**제3대 기루왕**(己婁王) 다루왕의 아들, 정축년(77) 즉위 55년간 다스림.	
장제(章帝) 건초(建初) 병자년(76) 8년간				

중 국	신 라	고구려	백 제	가 락
원화(元和) 갑신년(84) 3년간 장화(章和) 정해년(87) 2년간 화제(和帝) 영원(永元) 기축년(89) 17년간 상제(殤帝) 원흥(元興) 을사년(105) 안제(安帝) 연평(延平) 병오년(106) 영초(永初) 정미년(107) 7년간 원초(元初) 갑인년(114) 6년간 영녕(永寧) 경신년(120) 건광(建光) 신유년(121) 연광(延光) 임술년(122) 4년간 순제(順帝) 영건(永建) 병인년(126) 6년간 양가(陽嘉) 임신년(132) 4년간 영화(永和) 병자년(136) 6년간 한안(漢安) 임오년(142) 2년간 건강(健康) 갑신년(144) 충제(冲帝) 영가(永嘉) 을유(145)	**제5대 파사이질금**(婆娑尼叱今) 성은 박씨, 아버지 노례왕, 어머니는 사요왕(辭要王)의 딸 왕비는 사초 (史肖)부인. 경진년(80) 즉위 32년 간 다스림. **제6대 지마이질금**(祇磨尼叱今) 또는 지미(祇昧), 성은 박씨. 아버 지 파사왕, 어머니는 사초부인. 왕비 는 마제국왕(磨帝國王)의 딸 □례 (□禮) 또는 애례(愛禮)부인으로, 김씨. 임자년(112) 즉위 23년간 다 스림. 이 임금 때에 지금의 안강(安 康)인 음질국(音質國)과 지금의 양 산(梁山)인 압량국(押梁國) 멸망시 킴. **제7대 일성이질금**(逸聖尼叱今) 아버지는 노례왕의 형 또는 지마왕, 일지(日知) 갈문왕의 아버지, 왕비 는 □례부인으로 지마왕의 딸 어머 니는 이간생(伊刊生)부인, □□왕 부인이라고도 하며, 박씨. 갑술년 (134) 즉위 20년간 다스림.		**제4대 개루왕**(蓋婁王) 기루왕의 아들, 무진년(128) 즉위 38년간 다스림.	

중 국	신 라	고구려	백 제	가 락
질제(質帝) 본초(本初) 병술년(146) **환제**(桓帝) 건화(建和) 정해년(147) 3년간 화평(和平) 경인년(150) 원가(元嘉) 신묘년(151) 2년간 영흥(永興) 계사년(153) 2년간 영수(永壽) 을미년(155) 3년간 연희(延熹) 무술년(158) 9년간 영강(永康) 정미년(167) **영제**(靈帝) 건녕(建寧) 무신년(168) 4년간 희평(熹平) 임자년(172) 6년간 광화(光和) 무오년(178) 6년간 중평(中平) 갑자년(184) 5년간 **홍농**□(洪農), 　　　**헌제**□(獻帝) 영한(永漢) 기사년(189) 초평(初平) 경오년(190) 4년간 흥평(興平) 갑술년(194) 2년간 건안(建安) 병자년(196) 24년간	**제8대 아달라이질금** (阿達羅尼叱今) 또 왜국상 □□□령. 입현(立峴)은 지금 미륵대원(彌勒大院)의 동령(東嶺). **제9대 벌휴이질금** (伐休尼叱今) **제10대 내해이질금** (奈解尼叱今)	**제7대 차대왕**(次大王) 이름은 수(遂), 국조왕(國祖王)의 아우. 병술년(146) 즉위 19간간 다스림. 을사년(165) 국조왕의 나이 119세로 형제 두 임금 모두 신대왕에게 살해됨. **제8대 신대왕**(新大王) 이름은 백고(伯固) 또는 백구(伯句). 을사년(165) 즉위 14년간 다스림. **제9대 고국천왕**(故國川王) 이름은 남무(南武) 또는 이모(夷謨). 기미년(179) 즉위 20년간 다스림. 국천(國川) 또는 국양(國壤)은 장지(葬地) 이름. **제10대 산상왕**(山上王)	**제5대 초고왕**(肖古王) 또는 소고왕(素古王). 개루왕의 아들. 병오년(165) 즉위 50년간 다스림.	

중국	신라	고구려	백제	가락
조위(曹魏) **문제**(文帝) 　**황초**(黃初) 　경자년(220) 7년간 **명제**(明帝) 　**태화**(太和) 　정미년(227) 4년간 　**청룡**(靑龍) 　계축년(233) 4년간 　**경초**(景初) 　정사년(237) 3년간 **제왕**(齊王) 　**정시**(正始) 　경신년(240) 9년간 　**가평**(嘉平) 　기사년(249) 5년간 **고귀향공**(高貴鄕公) 　**정원**(正元) 　갑술년(254) 2년간 　**감로**(甘露) 　병자년(256) 4년간 **진류왕**(陳留王) 　**경원**(景元) 　경진년(260) 4년간 **서진**(西晉) **무제**(武帝) 　**태시**(泰始) 　을유년(265) 10년간	**제11대 조분이질금**(助賁尼叱今) **제12대 이해이질금**(理解尼叱今) 또는 첨해왕(詁解王), 석씨. 조분왕의 동복아우. 정묘년(247) 즉위 15년간 다스림. 고구려와 국교를 맺음. **제13대 미추이질금**(未鄒尼叱今) 또는 미소(味炤)·미조(未祖)·미소(未召), 성은 김씨. 김씨로는 처음 즉위. 아버지는 구도(仇道)갈문왕, 어머니는 생호(生乎)부인, 또는 술례(述禮)부인, 이비(伊非)갈문왕의 딸. 왕비는 제분왕(諸賁王)의 딸 광명랑(光明娘). 임오년(262) 즉위 2년간 다스림.	**제11대 동천왕**(東川王) **제12대 중천왕**(中川王)	**제6대 구수왕**(仇首王) 또는 귀수(貴須), 초고왕의 아들. 갑오년(214) 즉위 21년간 다스림. **제7대 사반왕**(沙泮王) 구수왕(仇首王)의 아들. 즉위하자 폐위됨. **제8대 고이왕**(古爾王) 초고왕 어머니의 동생. 갑인년(234) 즉위, 52년간 다스림.	**제2대 거등왕**(居登王) 수로왕 아들로 어머니는 허황후. 기묘년(199) 즉위 55년간 다스림. 성은 김씨. **제3대 마품왕**(麻品王) 아버지 거등왕, 어머니는 천부경(泉府卿) 신보(申輔)의 딸 모정(慕貞)부인. 기묘년(259) 즉위 32년간 다스림.

중 국	신 라	고구려	백 제	가 락
함녕(咸寧) 을미년(275) 5년간 **태강**(太康) 경자년(280) 11년간	**제14대 유례이질금**(儒禮尼叱今) 또는 세리지왕(世里智王), 석씨, 아버지 제분왕, 어머니는 □소(□召)부인 박씨. 갑진년(284) 즉위 15년간 다스림. 월성(月城)을 보수함.	**제13대 서천왕**(西川王) 이름은 약로(藥盧) 또는 약우(若友). 경인년(270) 즉위 22년간 다스림.		
혜제(惠帝) 　**원강**(元康) 　신해년(291) 9년간 **영녕**(永寧) 경신년(300) 2년간 **대안**(大安) 임술년(302) 2년간 **영흥**(永興) 갑자년(304) 3년간 **광희**(光熙) 병인년(306)	**제15대 기림이질금**(基臨尼叱今) 또는 기립왕(基立王), 석씨. 제분왕의 둘째아들, 어머니는 아이혜(阿爾兮)부인 무오년(298) 즉위 12년간 다스림. 정묘년(307) 국호를 신라로 정함. 신(新)은 덕업이 나날이 새로워짐, 나(羅)는 사방의 백성들을 망라함을 뜻함. 혹은 지증왕·법흥왕 때 정해졌다 함.	**제14대 봉상왕**(烽上王) 또는 치갈왕(雉葛王), 이름은 상부(相夫). 임자년(292) 즉위 8년간 다스림. **제15대 미천왕**(美川王) 호양(好攘)이라고도 하며, 이름은 을불(乙弗) 또는 우불(憂弗). 경신년(300) 즉위 31년간 다스림.	**제9대 책계왕**(責稽王) 고이왕의 아들. 책체(責替)라 함은 잘못. 병오(286) 즉위 12년간 다스림. **제10대 분서왕**(汾西王) 책계왕의 아들. 무오년(298) 즉위 6년간 다스림. **제11대 비류왕**(比流王) 구수왕의 둘째아들, 사반왕의 동생. 갑자년(304) 즉위 40년간 다스림.	**제4대 거질미왕** (居叱彌王) 또는 금물왕(今勿王), 아버지 마품왕, 어머니는 호구(好仇). 신해년(291) 즉위 55년간 다스림.
회제(懷帝) 　**영가**(永嘉) 　정묘년(306) 6년간 **민제**(愍帝) 　**건흥**(建興) 　계유년(313) 4년간 **동진**(東晉) **중종**(中宗) 　**건무**(建武) 　정축년(317) 　**대흥**(大興) 　무인년(318) 4년간 **명제**(明帝) 　**영창**(永昌) 　임오년(322) 　**대녕**(大寧) 　계미년(323) 3년간 **현종**(顯宗) 　**함화**(咸和) 　병술년(326) 9년간	**제16대 걸해이질금**(乞解尼叱今) 석씨. 아버지는 우로음(于老音)각간, 내해왕의 둘째아들. 경오년(310) 즉위 46년간 다스림. 이 임금 때 백제 군사 처음 침입.			

중 국	신 라	고구려	백 제	가 락
	기축년(329)에 처음 벽골제(碧骨堤)를 쌓음. 주위가 (7)만 1천 26보에다 □□ 1백 66보, 논이 1만 4천 70(결)이다.			
함강(咸康) 을미년(335) 8년간 강제(康帝) 건원(建元) 계묘년(343) 2년간 효종(孝宗) 영화(永和) 을사년(345) 12년간 승평(昇平) 정사년(357) 5년간		제16대 국원왕(國原王) 이름은 조(釗) 또는 사유(斯由), 강상왕(岡上王)이라고도 함. 신묘년(331) 즉위 40년간 다스림. 갑오년(334)에 평양성을 증축. 임인년(342) 8월 안시성, 곧 환도성으로 도읍을 옮김.		
	제17대 내말마립간(奈勿麻立干) 또는 □□왕. 김씨. 아버지는 구도(仇道)갈문왕 또는 미소(未召)왕의 아우 미구(未仇) 각간 어머니는 휴례(休禮)부인 김씨. 병진년(356) 즉위 46년간 다스림. 능은 점성대(占星臺) 서남쪽에 있음.		제12대 계왕(契王) 분서왕의 맏아들. 갑진년(344) 즉위 2년간 다스림. 제13대 근초고왕(近肖古王) 비류왕의 둘째아들. 병오년(346) 즉위 29년간 다스림.	제5대 이품왕(伊品王) 아버지 거질미왕, 어머니는 아지(阿志). 병오년(346) 즉위 60년간 다스림.
애제(哀帝) 융화(隆和) 임술년(362) 흥녕(興寧) 계해년(363) 3년간 폐제(廢帝) 대화(大和) 병인년(366) 5년간				
간문제(簡文帝) 함안(咸安) 신미년(371) 2년간		제17대 소수림왕(小獸林王) 이름은 구부(丘夫). 신미년(371) 즉위 13년간 다스림.	신미년(371) 북한산으로 도읍을 옮김.	
열종(烈宗) 영강(寧康) 계유년(373) 3년간 태원(太元) 병자년(376) 21년간			제14대 근구수왕 (近仇䓤王) 근초고왕의 아들, 을해년(375) 즉위 9년간 다스림.	
		제18대 국양왕(國壤王) 이름은 이속(伊速) 또는 어지지(於只支). 갑신년(384) 즉위 8년간 다스림. 제19대 광개토왕(廣開土王) 이름은 담덕(談德). 임진년(392) 즉위 21년간 다스림.	제15대 침류왕(枕流王) 근구수왕의 아들. 갑신년(384)에 즉위. 제16대 진사왕(辰斯王) 침류왕의 아우. 을유년(385) 즉위 7년간 다스림.	

중 국	신 라	고 구 려	백 제	가 락
			제17대 아신왕(阿莘王) 또는 아방왕(阿芳王). 진사왕 의 아들. 임진년(392) 즉위 13년간 다스림.	

안제(安帝)
  융안(隆安)
정유년(397) 5년간
  원흥(元興)
임인년(402) 3년간
  의희(義熙)
을사년(405) 14년간
	제18대 실성마립간(實聖麻立干)
	실주왕(實主王) 또는 보금왕(寶金
	王). 아버지는 미추왕의 동생 대서지
	(大西知)각간 어머니 예생(禮生)부
	인 석씨로, 등야(登也)이간의 딸 왕
	비는 아류(阿留)부인. 임인년(402)
	즉위 15년간 다스림. 왕은 치술(鴟
	述)의 아버지.			

		제20대 장수왕(長壽王) 이름은 신련(臣連). 계축년(413) 즉 위 79년간 다스림.	**제18대 전지왕**(腆支王) 또는 진지왕(眞支王). 이름은 영(映), 아신왕의 아들. 을사 년(405) 즉위 15년간 다스 림.	**제6대 좌지왕**(坐知王) 또는 김토왕(金叱王). 아버 지는 이품왕, 어머니는 정신 (貞信). 정미년(407) 즉위 14년간 다스림.
공제(恭帝) **원희**(元熙) 기미년(419)	**제19대 눌지마립간**(訥祇麻立干) 또는 내지왕(內只王), 김씨. 아버지 는 내물왕, 어머니 내례희(內禮希) 부인 김씨로 미추왕의 딸. 정사년 (417) 즉위 41년간 다스림.			

송(宋)
무제(武帝)
  영초(永初)
경신년(420) 3년간
 	
소제(小帝)
  경평(景平)
계해년(423)
 	
문제(文帝)
  원가(元嘉)
갑자년(424) 29년간
		제19대 구이신왕
		(久爾辛王)
		전지왕의 아들. 경신년(420) 즉위 7
		년간 다스림.
			제7대 취희왕(吹希王)
			또는 김희왕(金喜王). 아버
			지는 좌지왕, 어머니는 복수(福
			壽). 신유년(421) 즉위 30년
			간 다스림.	

		정묘년(427) 평양 천도.	**제20대 비유왕**(毗有王) 구이신왕의 아들. 정묘년 (427) 즉위 28년간 다스림.	
세조(世祖) **태초**(太初) 계사년(453)				**제8대 질지왕**(銍知王) 또는 김질왕(金銍王). 아버 지는 취희왕, 어머니는 인덕 (仁德). 신묘년(451) 즉위 36년간 다스림.

중 국	신 라	고 구 려	백 제	가 락
효무제(孝武帝) **효건**(孝建) 갑오년(454) 3년간 **대명**(大明) 정유년(457) 8년간 **대종**(大宗) **태시**(泰始) 을사년(465) 8년간 **후폐제**(後廢帝) **원휘**(元徽) 계축년(473) 4년간	**제20대 자비마립간**(慈悲麻立干) 김씨. 아버지 눌지왕, 어머니는 아로(阿老)부인으로 실성왕의 딸 무술년(458) 즉위 21년간 다스림. 왕비는 파호(巴胡)갈문왕의 딸, 미질희(未叱希)각간 또는 미흔(未欣)각간의 딸이라고도 함.		**제21대 개로왕**(蓋鹵王) 또는 근(近)개로왕, 이름은 경사(慶司). 을미년(455) 즉위 20년간 다스림. **제22대 문주왕**(文周王) 또는 문주(文州)왕, 개로왕의 아들. 을묘년(475) 즉위 2년간 다스림. 웅천(熊川)으로 도읍을 옮김.	
순제(順帝) **승명**(昇明) 정사년(477) 2년간	오나라와 국교 맺음. 기미년(479)에 왜군이 침입하자, 명활성(明活城)으로 피함. 또다시 양주성(梁州城)을 에워쌌으나 이기지 못하고 돌아감.		**제23대 삼근왕**(三斤王) 또는 삼걸왕(三乞王), 문주왕의 아들로 정사년(477) 즉위 2년간 다스림.	
제(齊) **태조**(太祖) **건원**(建元) 기미년(479) 4년간 **무제**(武帝) **영명**(永明) 계해년(483) 11년간	**제21대 비처마립간**(毗處麻立干) 또는 소지왕(炤知王), 김씨. 자비왕의 셋째아들, 어머니는 미흔각간의 딸 기미년(479) 즉위 21년간 다스림. 왕비는 기보(期寶)갈문왕의 딸			**제24대 동성왕**(東城王) 이름은 모대(牟大) 혹은 마제(麻帝) 또는 여대(餘大). 삼근왕의 사촌동생. 기미년(479) 즉위 26년간 다스림.
폐제(廢帝) **고종**(高宗) **건무**(建武) 갑술년(494) 4년간 **영태**(永泰) 무인년(498)		**제21대 문자명왕**(文咨明王) 이름은 명리호(明理好) 혹은 개운(个雲) 또는 고운(高雲). 임신년(492) 즉위 27년간 다스림.		

중 국	신 라	고구려	백 제	가 락
동혼후(東昏侯) **영원**(永元) 기묘년(499) 2년간 **화제**(和帝) **중흥**(中興) 신사년(501) 1년간	**제22대 지정마립간**(智訂麻立干) 지철로왕(智哲老王) 또는 지도로왕(智度路王). 김씨. 아버지는 눌지왕의 동생 기보갈문왕. 어머니 오생(烏生)부인은 눌지왕의 딸. 왕비 영제(迎帝)부인은 검람대한지등허(儉攬代漢只登許)각간의 딸. 경진년(500) 즉위 14년간 다스림.		**제25대 무령왕**(武寧王) 이름은 사마(斯摩), 동성왕의 둘째아들. 신사년(501) 즉위 22년간 다스림. 《남사(南史)》에서 '부여융(扶餘隆)'이라 함은 잘못. 《당사(唐史)》에 융은 보장왕(의자왕)의 태자라 함.	
양(梁) **고조**(高祖) **천감**(天監) 임오년(502) 18년간	이상을 상고(上古)라 하고, 이하를 중고(中古)라 한다.			
보통(普通) 경자년(520) 7년간 **대통**(大通) 정미년(527) 2년간 **중대통**(中大通) 기유년(529) 6년간 **대동**(大同) 을묘년(535) 11년간	**제23대 법흥왕**(法興王) 이름은 원종(原宗), 김씨. 《책부원구(冊府元龜)》에 "성은 모(募), 이름은 진(秦)"이라 함. 아버지는 지정왕, 어머니는 영제부인. 법흥은 시호로, 이때부터 시호가 시작됨. 갑오년(514) 즉위 26년간 다스림. 애공사 북쪽에 능이 있음. 왕비 파도(巴刀)부인은 출가하여 법명이 법류(法流), 영흥사에 머물렀다. 처음으로 율령 시행, 십재일(十齋日) 살생을 금하고, 도첩을 주어 승려가 되게 함. **건원**(建元) 병진년(536)에 처음으로 연호 제정.	**제22대 안장왕**(安藏王) 이름은 흥안(興安). 기해년(519) 즉위 12년간 다스림. **제23대 안원왕**(安原王) 이름은 보영(寶迎). 신해년(531) 즉위 14년간 다스림.	**제26대 성왕**(聖王) 이름은 명농(明穠), 무령왕의 아들. 계사년(523) 즉위 31년간 다스림. 무오년(538) 사비로 도읍 옮기고 남부여라 함.	**제10대 구형왕**(仇衡王) 겸지왕의 아들, 어머니는 □녀(女)이다. 신축년(521) 즉위 43년간 다스림. 중대통 4년 임자년(532)에 신라에 땅을 바치고 투항. 수로왕 임인년(42)임자년 또는 임오년(562)까지 490년 만에 멸망함.

중 국	신 라	고 구 려	백 제
중대동(中大同) 병인년(546) 태청(太淸) 정묘년(547) 3년간 간문제(簡文帝) 대보(大寶) 경오년(550) 후경(侯景) 대시(大始) 신미년(551) 원제(元帝) 승성(承聖) 임신년(552) 4년간 경제(敬帝) 소태(紹泰) 을해년(555) 태평(太平) 병자년(556) 진(陳) 고조(高祖) 영정(永定) 정축년(557) 3년간 문제(文帝) 천가(天嘉) 경진년(560) 6년간 임해왕(臨海王) 천강(天康) 병술년(566) 광대(光大) 정해년(567) 2년간	**제24대 진흥왕**(眞興王) 이름은 삼맥종(彡麥宗) 또는 심□(深□), 김씨. 아버지는 법흥왕의 동생 입종(立宗)갈 문왕. 어머니 지소(只召) 또는 식도(息道)부 인은 박씨, 모량리(牟梁里) 영실(英失)각간 의 딸. 임종시 머리를 깎고 세상을 떠남. 경 신년(540) 즉위 37년간 다스림. **개국**(開國) 신미년(551) 17년간 **대창**(大昌) 무자년(568) 4년간 **홍제**(鴻濟) 임진년(572) 12년간 (실제로 5년에 끝남)	**제24대 양원왕**(陽原王) 또는 양강왕(陽崗王), 이름은 평성(平成). 을축년(545) 즉위 14년간 다스림. **제25대 평원왕**(平原王) 또는 평강왕(平岡王), 이름은 양성(陽城). 〈남사(南史)〉에는 고양(高陽)이라 함. 기묘 년(559) 즉위 31년간 다스림.	**제27대 위덕왕**(威德王) 이름은 창(昌) 또는 명(明). 갑술년(554) 즉위 44년간 다스림.

중 국	신 라	고 구 려	백 제
선제(宣帝) 　**태건**(太建) 　기축년(569) 14년간	**제25대 진지왕**(眞智王) 이름은 사륜(舍輪) 또는 금륜(金輪). 김씨. 아버지는 진흥왕, 어머니는 박영실각간의 딸 식도(息途) 또는 색도(色刀)부인, 박씨. 왕 비 지도(知刀)부인은 기오공(起烏公)의 딸 박씨. 병신년(576) 즉위 4년간 다스림. 애공 사 북쪽에 능이 있음. **제26대 진평왕**(眞平王) 이름은 백정(白淨), 아버지는 동륜(銅輪) 또 는 동륜태자(銅輪太子). 어머니는 입종갈문 왕의 딸 만호(萬乎) 또는 만녕(萬寧)부인, 이름은 행의(行義). 첫째왕비 마야(摩耶)부 인 김씨, 이름은 복힐구(福肸口). 둘째왕비 는 승만부인(僧滿夫人) 손씨. 기해년(579) 즉위. 　**건복**(建福) 　갑진년(584) 50년간		
후주(後主) 　**지덕**(至德) 　계묘년(583) 4년간 　**정명**(禎明) 　정미년(587) 3년간			
수(隋) **문제**(文帝) 　**개황**(開皇) 　경술년(590) 11년간 　**인수**(仁壽) 　신유년(601) 4년간		**제26대 영양왕**(嬰陽王) 또는 평양왕(平陽王), 이름은 원(元) 또는 대원(大元). 경술년(590) 즉위 28년간 다스 림.	**제28대 혜왕**(惠王) 이름은 계명(季明) 또는 헌왕(獻王). 위덕왕 의 아들. 무오년(598) 즉위. **제29대 법왕**(法王) 이름은 효순(孝順) 또는 선(宣). 혜왕의 아 들. 기미년(599) 즉위. **제30대 무왕**(武王) 무강왕(武康王) 또는 헌병왕(獻丙王), 어렸 을 때 이름 일기사덕(一耆篩德). 경신년 (600) 즉위 41년간 다스림.
양제(煬帝) 　**대업**(大業) 　을축년(605) 12년간			
공제(恭帝) 　**의령**(義寧) 　정축년(617)		**제27대 영류왕**(榮留王) 이름은 □□ 또는 건무(建武). 무인년(618) 즉위 24년간 다스림.	
당(唐) **고조**(高祖) 　**무덕**(武德) 　무인년(618) 9년간			

중 국	신 라	고구려	백 제
태종(太宗) 　**정관**(貞觀) 　정해년(627) 23년간	**제27대 선덕여왕**(善德女王) 이름은 덕만(德曼), 아버지는 진평왕, 어머니는 마야부인 김씨. 성골(聖骨) 중에 남자가 없어 여왕이 즉위. 왕의 남편은 음갈문왕(飮葛文王). 인평(仁平) 갑오년(634) 즉위 14년간 다스림.	**제28대 보장왕**(寶藏王) 임인년(642) 즉위 27년간 다스림.	**제31대 의자왕**(義慈王) 무왕의 아들, 신축년(641) 즉위 20년간 다스림.
고종(高宗) 　**영휘**(永徽) 　경술년(650) 6년간	**제28대 진덕여왕**(眞德女王) 이름은 승만(勝曼), 김씨. 아버지는 진평왕의 아우 국기안(國基安)갈문왕, 어머니 아니(阿尼)부인 박씨는 노추(奴追)□□□갈문왕의 딸. 월명(月明)이라 함은 잘못. 정미년(647) 즉위 7년간 다스림. 　**대화**(大和) 　갑신년(648) 6년간 이상은 중고(中古) 성골의 왕, 이하는 하고(下古) 진골의 왕.		
현경(顯慶) 　병진년(656) 5년간	**제29대 태종무열왕**(太宗武烈王) 이름은 춘추(春秋), 김씨. 진지왕의 아들 용춘탁문흥(龍春卓文興)갈문왕의 아들. 용춘은 용수(龍樹)라고도 함. 어머니 천명(天明)부인의 시호는 문정(文貞)태후, 진평왕의 딸. 왕비 훈제(訓帝)부인의 시호는 문명(文明)왕후, 김유신의 누이, 어릴 때의 이름은 문희(文熙). 갑인년(654) 즉위 7년간 다스림.		
용삭(龍朔) 　신유년(661) 3년간 **인덕**(麟德) 　갑자년(664) 2년간 **건봉**(乾封) 　병인년(666) 2년간 **총장**(總章) 　무진년(668) 2년간	**제30대 문무왕**(文武王) 이름은 법민(法敏), 태종의 아들. 어머니는 훈제부인. 왕비 자의(慈義)는 자눌(慈訥)왕후라 하며, 선품(善品)해간의 딸. 신유년(661) 즉위 20년간 다스림. 능은 감은사 동쪽 바다 가운데 있음.	무진년(668)에 멸망함. 동명왕 갑신년(BC 37)부터 무진년까지 705년간임.	경신년(660)에 나라가 없어짐. 온조왕 계묘년(BC 18)부터 경신년까지 678년간임.

중 국	통 일 신 라
함형(咸亨) 경오년(670) 4년간 **상원**(上元) 갑술년(674) 2년간 **의봉**(義鳳) 병자년(676)) 2년간 **조로**(調露) 기묘년(679) **영륭**(永隆) 경진년(680) **개요**(開耀) 신사년(681) **영순**(永淳) 임오년(682) **무후**(武后) **홍도**(洪道) 계미년(683) **문명**(文明) 갑신년(684) **수공**(垂拱) 을유년(685) 4년간 **영창**(永昌) 기축년(689) **주**(周) **천수**(天授) 경인년(690) 2년간 **장수**(長壽) 임진년(692) 2년간 **연재**(延載) 갑오년(694) **천책**(天册) 을미년(695) **통천**(通天) 병신년(696) **신공**(神功) 정유년(697) **성력**(聖曆) 무술년(698) 2년간	**제31대 신문왕**(神文王) 김씨, 이름은 정명(政明), 자는 일소(日炤). 아버지는 문무왕, 어머니는 자눌왕후. 왕비 신목(神穆)왕후는 김운공(金運公)의 딸. 신사년(681) 즉위 11년간 다스림. **제32대 효소왕**(孝昭王) 이름은 이공(理恭) 또는 홍(洪), 김씨. 아버지는 신문왕, 어머니는 신목왕후. 임진년(692) 즉위 10년간 다스림. 능은 망덕사 동쪽에 있음.

중 국	통 일 신 라
구시(久視) 경자년(700) 2년간 장안(長安) 신축년(701) 4년간 중종(中宗) 신룡(神龍) 을사년(705) 2년간 경룡(景龍) 정미년(707) 3년간 예종(睿宗) 경운(景雲) 경술년(710) 2년간 현종(玄宗) 선천(先天) 임자년(712) 개원(開元) 계축년(713) 29년간	**제33대 성덕왕**(聖德王) 이름은 흥광(興光), 본명은 융기(隆基), 효소왕의 동복동생. 첫째왕비 배소(陪昭)왕후의 시호는 엄정(嚴貞), 원대(元大)아간의 딸. 둘째왕비 점물(占物)왕후의 시호는 소덕(炤德), 순원(順元)각간의 딸. 임인년(702) 즉위 35년간 다스림. 능은 동촌 남쪽 또는 양장곡(楊長谷). **제34대 효성왕**(孝成王) 김씨, 이름은 승경(承慶). 아버지는 성덕왕, 어머니는 소덕태후. 왕비 혜명(惠明)왕후는 진종(眞宗)각간의 딸. 정축년(737) 즉위 5년간 다스림. 법류사에서 화장, 유골을 동해에 뿌림.
천보(天寶) 임오년(742) 14년간 숙종(肅宗) 지덕(至德) 병신년(756) 2년간 건원(乾元) 무술년(758) 2년간 상원(上元) 경자년(760) 2년간 보응(寶應) 임인년(762) 대종(代宗) 광덕(廣德) 계묘년(763) 2년간 영태(永泰) 을사년(765) 대력(大曆) 경신년(780) 4년간	**제35대 경덕왕**(景德王) 김씨. 이름은 헌영(憲英). 아버지는 성덕왕, 어머니는 소덕태후. 첫째왕비 삼모(三毛)부인은 궁궐을 나가 후손이 없음. 둘째왕비 만월(滿月)부인의 시호는 경수(景垂)왕후(수(垂)가 목(穆)자로 된 곳도 있다). 의충(依忠)각간의 딸. 임오년(742) 즉위 23년간 다스림. 처음 경지사 서쪽에 돌을 다듬어 능을 만들었으나, 후에 양장곡으로 이장함. **제36대 혜공왕**(惠恭王) 김씨, 이름은 건운(乾運). 아버지는 경덕왕, 어머니는 만월왕후. 첫째왕비 신파(神巴)부인은 위정(魏正)각간의 딸, 둘째왕비 창창(昌昌)부인은 김장(金將)각간의 딸. 을사년(765) 즉위 15년간 다스림.

덕종(德宗)

건중(建中)

경신년(780) 4년간

흥원(興元)

갑자년(784)

정원(貞元)

을축년(785) 20년간

제37대 선덕왕(宣德王)

김씨, 이름은 양상(亮相). 아버지 효방(孝方)해간은 개성(開聖)대왕에 추봉됨. 원훈(元訓)각간의 아들. 어머니 사소(四召)부인의 시호는 정의(貞懿)태후, 성덕왕의 딸. 왕비 구족(具足)왕후는 낭품(狼品)각간의 딸. 경신년(780) 즉위 5년간 다스림.

제38대 원성왕(元聖王)

김씨, 이름은 경신(敬愼) 또는 경신(敬信). 《당서(唐書)》에는 경칙(敬則)이라 함. 아버지 효양(孝讓)대아간은 명덕(明德)대왕에 추봉됨. 어머니는 인국(仁國) 또는 지오(知烏). 시호는 소문(昭文)왕후, 창근이기(昌近伊己)의 딸. 왕비 숙정(淑貞)부인은 신술(神述)각간의 딸. 을축년(785) 즉위 14년간 다스림. 능은 지금의 숭복사(崇福寺)인 곡사(鵠寺)에 있으며, 최치원이 세운 비석이 있음.

제39대 소성왕(昭聖王)

또는 소성왕(昭成王). 김씨, 이름은 준옹(俊邕). 아버지는 혜충(惠忠)태자, 어머니는 성목(聖穆)태후. 왕비 계화(桂花)왕후는 숙명공의 딸. 기묘년(799)에 즉위와 더불어 세상을 떠남.

순종(順宗)

영정(永貞)

을유년(805)

제40대 애장왕(哀莊王)

김씨, 이름은 중희(重熙) 또는 청명(淸明). 아버지는 소성왕, 어머니는 계화왕후. 경진년(800) 즉위 10년간 다스림(신묘년에 즉위했다 함은 잘못). 원화 4년 기축년(809) 7월 19일에 왕의 숙부 헌덕(憲德)·흥덕(興德) 두 이간에게 시해됨.

헌종(憲宗)

원화(元和)

병술년(806) 15년간

제41대 헌덕왕(憲德王)

김씨, 이름은 언승(彦升), 소성왕의 동복동생. 왕비 귀승낭(貴勝娘)의 시호는 황아(皇娥)왕후, 충공(忠恭)각간의 딸. 기축년(809) 즉위 19년간 다스림. 능은 천림촌(泉林村) 북쪽에 있음.

목종(穆宗)

장경(長慶)

신축년(821) 4년간

경종(敬宗)

보력(寶曆)

을사년(825) 2년간

제42대 흥덕왕(興德王)

김씨, 이름은 경휘(景暉). 헌덕왕의 동복 동생. 왕비 창화(昌花)부인의 시호는 정목(定穆)왕후, 소성왕의 딸. 병오년(826) 즉위 10년간 다스림. 능이 있는 곳은 안강 북쪽 비화양(比火壤), 왕비 창화부인과 합장했음.

문종(文宗)

태화(太和)

정미년(827) 9년간

개성(開成)

병진년(836) 5년간

제43대 희강왕(僖康王)

김씨, 이름은 개륭(愷隆) 또는 제옹(悌顒). 아버지 헌정(憲貞)각간의 시호는 흥성(興聖)대왕, 또는 익성(翌成), 예영(禮英)잡간의 아들. 어머니 미도(美道)부인은 심내(深乃) 또는 파리(巴利)부인. 시호는 순성(順成)태후, 충연(忠衍)대아간의 딸. 왕비 문목(文穆)왕후는 충효(忠孝) 또는 중공(重恭) 각간의 딸. 병진년(836) 즉위 2년간 다스림.

중 국	통 일 신 라
	제44대 민애왕(閔哀王) 또는 민애왕(閔哀王). 김씨, 이름은 명(明). 아버지 충공(忠恭)각간은 선강(宣康)대왕에 추봉됨. 어머니 귀파(貴巴)부인의 시호는 선의(宣懿)왕후, 추봉된 혜충왕(惠忠王)의 딸. 왕비 무용(无容)왕후는 영공(永公)각간의 딸. 무오년(838) 즉위 기미년(839) 정월 22일에 죽었다.
	제45대 신무왕(神武王) 김씨, 이름은 우징(佑徵). 아버지 균정(均貞)각간은 성덕(成德)대왕에 추봉됨. 어머니는 정교(貞矯)부인, 할아버지 예영(禮英)은 혜강(惠康)대왕에 추봉됨. 왕비 정종(貞從)은 계(繼)태후라고도 하며, 명해□(明海□)의 딸. 기미년(839) 4월 즉위 11월 23일에 죽었다.
무종(武宗) 회창(會昌) 신유년(841) 6년간 선종(宣宗) 대중(大中) 정묘년(847) 13년간	**제46대 문성왕**(文聖王) 김씨, 이름은 경응(慶膺). 아버지는 신무왕, 어머니는 정종태후. 왕비는 소명(炤明)왕후이다. 기미년(839) 11월에 즉위하여 19년간 다스림. **제47대 헌안왕**(憲安王) 김씨, 이름은 의정(誼靖), 신무왕의 동생. 어머니는 흔명(昕明)부인. 무인년(858) 즉위 3년간 다스림.
의종(懿宗) 함통(咸通) 경진년(860) 14년간	**제48대 경문왕**(景文王) 김씨, 이름은 응렴(膺廉). 아버지 계명(啓明)각간은 의공(義恭)대왕(의(義)가 의(懿)로 된 곳도 있다)에 추봉됨. 희강왕의 아들. 어머니는 신무왕의 딸 광화(光和)부인. 왕비 문자(文資)황후는 헌안왕의 딸. 신사년(861) 즉위 14년간 다스림.
희종(僖宗) 건부(乾符) 갑오년(874) 6년간 광명(廣明) 경자년(880) 중화(中和) 신축년(881) 4년간 광계(光啓) 을사년(885) 3년간	**제49대 헌강왕**(憲康王) 김씨, 이름은 정(晸). 아버지는 경문왕, 어머니는 문자(文資)황후. 왕비는 의명(懿明)부인 또는 의명(義明)왕후. 을미년(875) 즉위 11년간 다스림. **제50대 정강왕**(定康王) 김씨, 이름은 황(晃), 민애왕의 동복동생. 병오년(886)에 즉위했으나 곧 죽었다.
소종(昭宗) 문덕(文德) 무신년(888) 용기(龍紀) 기유년(889)	**제51대 진성여왕**(眞聖女王) 김씨, 이름은 만헌(曼憲), 정강왕의 동복누이. 왕의 남편 위홍(魏弘)대각간은 혜성(惠成)대왕에 추봉됨. 정미년(887) 즉위 10년간 다스림. 정사년(897)에 작은아들 효공왕에게 왕위를 물려주고 12월에 죽었다. 화장하여 모량 서악(西岳) 또는 미황산(未黃山)에 유골을 뿌림.

중 국	신 라	후고구려	후백제
대순(大順) 경술년(890) 2년간 **경복**(景福) 임자년(892) 2년간 **건녕**(乾寧) 갑인년(894) 4년간		**궁예**(弓裔) 대순 경술년(890)에 북원(北原)의 도적 양길(良吉)에게 투항함. 병진년(896)에 지금의 동주(東州)인 철원성에 도읍했다가 정사년(897)에 송악군(松岳郡)으로 옮김.	**견훤**(甄萱) 임자년(892)에 처음으로 광주에 도읍.
	제52대 효공왕(孝恭王) 김씨, 이름은 요(嶢). 아버지는 헌강왕, 어머니는 문자왕후. 정사년(897) 즉위 15년간 다스림. 화장하여 사자사 북쪽 구지제(仇知堤) 동쪽 산에 유골을 묻음.		
광화(光化) 무오년(898) 3년간 **천복**(天復) 신유년(901) 3년간		신유년(901)에 **고려**라고 일컬음.	
경종(景宗) **천우**(天祐) 갑자년(904) 3년간		갑자년(904)에 국호를 마진(摩震), 원년을 무태(武泰)라 함.	
주량(朱梁) **태조**(太祖) **개평**(開平) 정묘년(907) 4년간 **건화**(乾化) 신미년(911) 4년간			
	제53대 신덕왕(神德王) 박씨, 이름은 경휘(景徽), 본명은 수종(秀宗). 어머니는 정화(貞花)부인, 장인 순홍(順弘)각간은 성무(成武)대왕에 추시(追諡)됨. 할아버지 원홍(元弘)각간은 아달라왕의 후손. 아버지 문원(文元)이간은 흥렴(興廉)대왕에 추봉됨. 할아버지는 문관(文官)해간 의부(義父) 예겸(銳謙)각간은 선성(宣成)대왕에 추봉됨. 왕비 자성(資成)왕후는 의성(懿成), 또는 효자(孝資)라 함. 임신년(912) 즉위 5년간 다스림. 화장하여 잠현(箴峴) 남쪽에 유골을 묻음.	갑술년(914)에 철원으로 돌아감.	

중 국	신 라	후고구려(고려)	후백제
말제(末帝) 　**정명**(貞明) 　을해년(915) 6년간 　**용덕**(龍德) 　신사년(921) 2년간	**제54대　경명왕**(景明王) 박씨, 이름은 승영(昇英). 아버지는 신덕왕, 어머니는 자성왕후. 왕비는 장사택(長沙宅). 대존(大尊)각간, 즉 추봉된 성희(聖僖)대왕의 딸, 대존은 바로 수종(水宗)이간의 아들. 정축년(917) 즉위 7년간 다스림. 황복사에서 화장하여 유골을 성등잉산(省等仍山) 서쪽에 뿌림.	**태조**(太祖) 무인년(918) 6월에 궁예가 죽고, 태조가 철원경에서 즉위했다. 기묘년(919) 송악군으로 도읍을 옮김. 이 해에 법왕사·자운사·왕륜사·내제석사·사나사,　대선원(보제원)·신흥사·문수사·원통사·지장사 등 10개의 절을 창건함. 경진년(920) 유암(乳岩) 밑에 유시(油市)를 세움. 지금도 세속에서 이시(利市)를 유하(乳下)라 함. 10월에 대흥사를(임오년(922)이라고도 함), 또 임오년에는 일월사를(신사년(921)이라고도 함), 갑신년(924)에 외제석사·신중원·흥국사를, 정해년(927)에 묘□사를, 기축년(929)에 귀산사를 창건함. 경인년(930)에(다음 글자가 없어짐)	
후당(後唐) **장종**(莊宗) 　**동광**(同光) 　계미년(923) 3년간	**제55대　경애왕**(景哀王) 박씨, 이름은 위응(魏膺), 경민왕의 동복동생이다. 어머니는 자성왕후. 갑신년(924) 즉위 2년간 다스림.		
명종(明宗) 　**천성**(天成) 　병술년(926) 4년간	**제56대　경순왕**(景順王) 김씨, 이름은 부(傅). 아버지 효종(孝宗)이간은 신흥대왕에 추봉됨. 할아버지 관□(官□)각간은 의흥(懿興)대왕에 추봉됨. 어머니 계아(桂娥)태후는 헌강왕의 딸. 정해년		
장흥(長興) 　경인년(930) 4년간	(927) 즉위 8년간 다스리고 을미년(935)에 국토를 (고려)태조에게 바치고 귀순. 태평흥국(太平興國)　3년 무인년(978)에 죽었다. 능은 □□동향동(□□東向洞)에 있음.		
민제·말제(閔帝·末帝) 　**청태**(淸泰) 　갑오년(934) 2년간			
석진(石晉) **고조**(高祖) 　**천복**(天福) 　병신년(936) 8년간	오봉 갑자년(BC 57)에서 을미년(935)까지 모두 992년간임.	병신년(936) 삼국 통일함.	을미년(935) 견훤의 아들 신검(神劍)이 아버지의 자리를 빼앗아 왕위에 올랐지만, 이 해에 멸망함. 임자년(892)에서 을미년까지 44년간임.

전한(前漢) : 고조(高祖), 혜제(惠帝), 소제(小帝), 문제(文帝), 경제(景帝), 무제(武帝), 소제(昭帝), 선제(宣帝), 원제(元帝), 성제(成帝), 애제(哀帝), 평제(平帝), 유자영(孺子嬰)

후한(後漢) : 광무제(光武帝), 명제(明帝), 장제(章帝), 화제(和帝), 상제(殤帝), 안제(安帝), 순제(順帝), 충제(冲帝), 질제(質帝), 환제(桓帝), 영제(靈帝), 홍농왕(弘農王), 헌제(憲帝)

위(魏)·**진**(晉)·**송**(宋)·**제**(齊)·**양**(梁)·**진**(陳)·**수**(隋)

이당(李唐) : 고조(高祖), 태종(太宗), 고종(高宗), 측천무후(則天武后), 중종(中宗), 예종(睿宗), 현종(顯宗), 숙종(肅宗), 대종(代宗), 덕종(德宗), 순종(順宗), 헌종(憲宗), 목종(穆宗), 경종(敬宗), 문종(文宗), 무종(武宗), 선종(宣宗), 의종(懿宗), 희종(僖宗), 소종(昭宗), 경종(景宗)

주량(朱梁)·**후당**(後唐)·**석진**(石晉)·**유**(劉)·**한**(漢)·**곽주**(郭周)

대송(大宋)

우리민족 위대한 유산 《삼국유사》

김동욱

신라의 꿈 아로새긴 대선사

《삼국유사》는 고려 중기 거대한 몽골군의 말발굽 아래 짓밟힌 고려 사회의 민족적 각성과 비원(悲願)을 배경으로 하여 이루어진 잡록적(雜錄的) 사서(史書)이다.

또한 《삼국유사》는 고종(高宗)에서 충렬왕(忠烈王) 대까지 청장년기를 거친 일연 법사(一然法師)가 만년인 충렬왕 7년 전후(1281~1283)에 지은 것으로 불승으로서의 그 본령(本領) 이외의 민족적 염원을 지닌 유작으로 보이나, 그것이 시대의 추이에 따라 그 전거가 되는 사서들이 인멸된 뒤에 이것만이 홀로 남아 크게 각광을 받게 된 것이다.

말발굽에 짓밟힌 난세

일연이 생존한 시대는 13세기 전반, 곧 최씨(崔氏) 정권의 전성기에서 몽골 침입의 시기를 거쳐 강화 천도(江華遷都), 몽골에의 굴복 등 어지러운 시기에 해당된다. 그는 출가해서 청년시대의 몽골 침입기를 경상도 포산(包山)의 암자에서 보냈다. 그는 몽골의 침입으로 황룡사(皇龍寺) 9층탑이 무참히도 잿더미로 화한 것을 목도하였을 것이다. 또, 천하가 다 호복을 입고 원(元)에 굴복한 것을 보고 심중에 못내 치솟는 분노를 금하지 못했을 것이다.

여기에서 그가 《삼국유사》를 빌려 화려한 신라의 낭만을 되새겨 보고 싶은 욕구가 움텄을 것이다.

《삼국유사》는 그의 청장년 시대를 전란 속에 보내야 했던 선승(禪僧)에게 일종의 정신적 반항과도 같은 것이다.

그의 혈맥에 흐르고 있는 신라의 꿈과, 신라를 배경으로 한 불교의 홍포
(弘布)가 선승으로서의 심혼(心魂)에 무엇인가 불사조와 같은 재생감을 주
었을지도 모른다.

여기에서 그는 신라와 불교를 배광(背光)으로 한 서사시를 노독(老禿)한
심성 속에서 엮어 나가면서 지기(志氣)를 후세에 물은 저술, 그것이 바로
《삼국유사》이다.

그것은 그와 같은 시대, 또는 선배인 이규보(李奎報)의 《동명왕편(東明王
篇)》이나, 동배(同輩)인 이승휴(李承休)의 《제왕운기(帝王韻記)》와도 다른
로망이다.

불과(佛果)를 얻은 국사(國師)

일연의 속성은 김씨(金氏), 경산군(慶山郡) 사람이라 한다. 처음 이름은
견명(見明), 자는 회연(晦然)이었다. 그의 부친은 언필(彦弼)이고, 모친은
이씨(李氏)였다. 처음에 이씨가 그를 잉태할 때 해가 방 안에 들어와 배에
비치기 사흘 만에 그를 잉태하였다는 몽조 설화(夢兆說話)가 있다. 일연은
희종(熙宗) 2년(1206) 6월 신유일(辛酉日)에 태어났다. 그는 어려서부터
의젓하고 눈매가 매서웠다 한다. 9세에 남해의 무량사에서 출가하고 고종 6
년 기묘(1219)년에 진전장로(陳田長老)에 의하여 머리를 깎았다. 여러 사찰
을 돌아다니며 수도하여 그 무렵 '구산사선지수(九山四選之首)'란 이름을 받
았다 한다. 고종 14년 정해(丁亥) 22세에 선과(禪科)의 상상과(上上科)에
입격하여 이후에 포산(包山)의 보당암(寶幢庵)·묘문암(妙門庵)·무주암(無
住庵) 등에서 선관(禪觀)을 닦았다. 마지막 무주암에서 하루는 활연히,

내 오늘 삼계(三界)가 환몽(幻夢)과 같고 대지(大地)에 티끌만큼의 장
애가 없다는 것을 알았노라.

깨달음을 얻었다는 것이다.

고종 24년 정유(丁酉) 32세 때에 삼중 대사(三重大師)의 승계(僧階)를 제
수받고, 몽골의 난을 겪은 후 고종 31년 갑진(甲辰) 39세 때에 다시 선사의
가호(加號)를 받았다. 고종 36년 기유(己酉) 44세 때에 정안(鄭晏)이 남해

의 사택을 절로 하여 정림사(定林寺)라 하고 일연으로 하여금 맡게 하였다. 고종 46년 기미(己未) 54세에 대선사(大禪師)가 되고 원종(元宗) 2년 신유 (1261) 56세에 왕명을 받들어 개경(開京)에 올라와 선월사(禪月寺)에 머물 었다. 원종 5년 갑자(甲子) 59세에 남쪽으로 돌아와 오어사(五魚寺)에 살 고, 얼마 지나지 아니 하여 인홍사(仁弘寺)의 주지 만회(萬恢)가 그에게 주 석(主席)을 양보하여 이곳에 머물었다. 그리고, 원종 9년 무진(戊辰) 63세 때 여름, 왕명에 따라 선교 명덕(禪敎名德) 1백 명을 모아 운해사(雲海士) 에서 대장경(大藏經) 낙성회를 열 적에 그가 이를 주재하였는데, 강회(講 會)에서 막히는 데가 없어 이름을 떨쳤다. 그는 인홍사를 맡기 11년 동안 이를 중창(重創)해서 인홍사(仁興寺)라고 개칭하였고, 또 포산(包山)의 용 천사(涌泉寺)를 중창하여 불일사(佛日寺)라고 하였다.

충렬왕 3년 정축(丁丑, 1277) 72세에 왕명으로 운문사(雲門寺)에 살고 왕 의 신임을 받았으며, 충렬왕 7년 신사(辛巳) 76세 때 여름에 왕이 경주에 행 행(行幸)할 때 따라가 왕의 숭경(崇敬)을 받았으며, 충렬왕 8년 임오(壬午) 77세에 다시 궐하에 이르러 설선(說禪)하였고, 광명사(廣明寺)에 있었다.

이듬해 9년 계미(癸未) 78세 봄에 충렬왕은 군신들에게

선왕(先王)은 석문(釋門)의 덕이 큰 자를 왕사(王師)로 삼고 덕이 더 큰 자는 국사(國師)를 삼았는데, 이제 운문 화상(雲文和尙)은 도덕이 성 하고 사람들이 같이 우러러보는 터에 어찌 내 홀로 자택(慈澤)을 입겠는 가. 일국이 같이 받들고자 하노라.

하고 우승지 염승익(廉承益)을 보내어 왕명으로 국사의 예를 갖추고자 한다 하니 일연은 표(表)를 올리어 굳이 사양하였다. 이에 다시 왕은 재삼 청하 고 상장군 나유(羅裕)를 보내어 국존(國尊)으로 책봉하고 원경충조(圓經冲 照)라 호하였다. 이어 4월에 대내(大內)에 맞이하여 왕은 몸소 백관을 이끌 고 구의례(摳衣禮)를 행하고 국존을 삼았다. 이 때 국사가 아닌 국존으로 한 것은 원나라에 국사의 칭호가 있었기에 이를 피한 것이다.

그러나 일연은 서울에 머물러 있기가 싫어 어머니의 연세 많음을 빙자하 여 다시 구산(舊山)에 가기를 청하니 그 뜻이 간절하였으므로 왕은 그 뜻을

어기지 아니하려고 이를 허락한 것이다. 이에 근시좌랑(近侍佐郎)인 황수명(黃守命)으로 하여금 호행하게 하여 그 어머니를 뵙게 하니 조야가 다 희한한 일이라고 탄복하였다. 이 해에 조정에서는 인각사(麟角寺)를 수축하기로 하고, 근시 김용검(金龍劍)을 보내어 증수하고 토전(土田) 1백여 경(頃)을 들어 일연으로 하여금 맡게 하였다. 일연은 인각사에 들어가 다시 구산문도회(九山門都會)를 여니 그 총림(叢林)의 성함이 전고에 다시 없는 일이었다고 한다.

이어 충렬왕 15년 6월에 병환을 얻어, 7월 7일에 이르러 몸소 왕에게 올리는 상서를 쓰고, 시자에게 명하여 상국(相國) 염승익(廉承益)에게 서왕(西往)하는 서(書)를 써서 올렸다. 그리고 여러 선로(禪老)들과 문답을 하면서 때를 보냈다. 이튿날 일찍이 일어나 물을 떠다 목욕을 하고 앉아서 법중(法衆)들에게 말하였다.

"오늘 내 갈 것이다. 오늘이 7월 7일이 아니냐." 하기에 "아니오" 하니, "그렇면 좋다" 하고 승으로 하여금 법고(法鼓)를 치게 하고, 일연은 선법당(善法堂) 앞에 이르러 선상(禪床)에 걸터앉아 인보(印寶)를 봉하고 천사가 오거든 말후사(末後事)를 이르라고 하였다. 다시 제승들과 선문답을 하면서 언소(言笑)가 자약(自若)하다가 갑자기 손으로 금강인(金剛印)을 맺고 돌아갔다. 돌아가매 이적(異蹟)이 있었고 그 모습이 산 사람과 같이 윤기가 있었다 한다. 문인들이 영골(靈骨)을 주워 선실(禪室)에 두고 상장(上狀)과 인보(印寶)를 가지고 왕에게 아뢰니 왕이 애도하여 예장(禮葬)을 치르게 하고, 제서(制書)를 내리어 시호를 보각(普覺)이라 하고, 탑호를 정조(靜照)라고 하여 10월 신유에 인각사의 동강(東岡)에 세우니 향년 84세요, 승랍(僧臘)이 71년이었다.

이상이 한림직학사 민지(閔漬)가 찬하고 충렬왕 21년(1295) 8월에 일연의 문인 법진(法珍)이 세운 '고려국 의흥화산 조계종 인각사 가지산하 보각국존비(高麗國義興華山曹溪宗麟角寺迦智山下普覺國尊碑)'에서　행장(行狀) 부분을 추려 본 것이다.

수도(修道)로 얻은 대공(大功)
일연의 저서 편서(編書)로는 다음과 같은 것이 전하고 있다.

저서 《어록(語錄)》   2권
    《게송잡저(偈頌雜著)》   3권
편서 《조동오위(曹洞五位)》   2권
    《조도(祖圖)》   2권
    《대장수지록(大藏須知錄)》   3권
    《제승법수(諸乘法數)》   7권
    《조정사원(祖庭事苑)》   30권
    《선문염송사원(禪門拈頌事苑)》   30권

등 80여 권이 넘었다고 하나 이들은 다 불교 관계로서 현재 전함이 적고 그의 비문에 적혀 있지 아니한 《삼국유사》가 오직 그의 유저로 남아 있다는 것도 기연(奇緣)이라고 하겠다.

그의 불교 관계 저서나 편서가 남아 있지 않은 것은 제목으로 보더라도 그의 독창력이 엿보이는 것은 《어록》과 《게송잡저》뿐이고, 그 나머지는 선사의 저서를 간추린 간요(簡要)나 주석(註釋) 등이 아니었던가 생각된다. 그의 입시(立時)가 주자학 흥륭기에 즈음하고 조선왕조의 척불기(斥佛期)를 눈앞에 두었고, 또 그의 입지가 경상도 지방이었기에 자연 인멸된 것이 아닌가 여겨진다. 그러나, 아직 남아 있을 가능성은 있다.

이에 비하여 《삼국유사》는 그것이 그의 비(碑)에는 보이지 아니하는 유저라고 보이나 육당(六堂)이 이미 지적한 대로,

①일연이 경산군(慶山郡) 장산(章山) 사람이며, 경주 김씨이고,
②도인(道人), 선승(禪僧) 국존(國尊)이었고,
③남방(南方) 생장(生長)이고, 남해·포산(包山 ; 玄風의 琵琶山)·가지산(迦知山 ; 義興의 華山)·빙산(氷山 ; 義城) 등 서로 얼마 떨어지지 않은 곳에서 생을 마쳤기 때문에,
④《삼국유사》가 신라 중심, 경주 일원 중심, 불교 중심, 왕대 중심으로 엮어진 것이며,
⑤그것이 바로 신라 중심이라는 경상도에서 서사·판각(板刻)되어 내려

온 인연이 있는 것이다.

이런 점으로, 선문(禪門)으로 해서는 희작(戲作)에 속하는 이런 저술이 뒤의 유교 사회에서도 전해질 가치를 가지고 있는 것이다. 한편 이런 저술이 원(元) 치하에 있어 간접적인 항거 의식으로, 일제하에 《임진록》이 보존되듯이 서사되어 전해온 것으로 보인다. 그것은 또 경상도 지방에서 저술되었기에 후세에 전해질 기연이 되었다고 보아도 좋을 것이다.

파란 많은 삼국의 야사

확실하지 않은 성립연대

《삼국유사》의 성립 연대에 대해서는 육당이 이미 그의 해제에서 소상하게 변증하였다.

《삼국유사》는 삼국의 문헌에서 《삼국사기》의 고전 개악(改惡)과 《해동고승전》에 틀린 것과 누락된 것을 보충하려는 뜻에서 이루어졌으면서, 개중 문헌에 대한 자기 의견을 첨부하고 당시에 유행하던 여러 사기(寺記) 중에서 고증을 한 주기(注記) 같은 데에, 일연 당시의 현시점에서 연기(年紀)를 표시해 놓은 것이 있다. 이것을 내적 증거로 삼고 이의 성립을 나누어 보면 다음과 같다.

일연(一然) (1227) 27 선과(禪科) 급제 고종 임진(壬辰)~병신(丙申) (1232~1236) 전후소장사리(前後所將舍利) 조
고종 무술(戊戌) (1238) 황룡사구층탑(皇龍寺九層塔) 조
고종 무오(戊午) (1258) 낙산이성(洛山二聖) 조
원종 경오(庚午) (1270) 전후소장사리(前後所將舍利) 조
일연(一然) (1277) 72 운문사(雲門寺)에 살게 되다.
충렬왕 신사(辛巳) (1281) 76 가섭불연좌석(迦葉佛宴坐石) 조
일연(一然) (1283) 78 국존(國尊)이 되다.
일연(一然) (1284) 79 인각사에 살게 되다.

일연(一然)(1289) 74 일연 시적(示寂)하다.

이 내적 증거와 일연 연표를 견주어 볼 때, 충렬왕 신사(辛巳) 조에 나오
는,

　석존으로부터 아래 지금 지원(至元) 18년 신사(辛巳)세에 이르기 이미
2천 2백 30년이 되었느니라.

라는 대목이 본문에 있어 이것으로 《삼국유사》의 하한(下限)이 된다. 그러
므로, 《삼국유사》는 충렬왕 7년(1281~3) 전후에 걸쳐 그가 김부식의 《삼국
사기》를 친히 보고 느낀 바가 있어 《구삼국사기》를 중심으로 해서 엮은 것으
로 보인다.

다양한 체재

《삼국유사》는 다음과 같은 체재로 되어 있다.

권명	편목명	내용	육당본의 페이지수
권 제1	왕력(王曆) 제1	왕력(王曆)	32
	기이(紀異) 제1	유사(遺事)	37
권 제2	기이(紀異) 제2	유사(遺事)	50 〕 87
권 제3	흥법(興法) 제3	불법동류기(佛法東流記)	12
	탑상(塔像) 제4	사기(寺記)	57
권 제4	의해(義解) 제5	승전(僧傳)	31
권 제5	신주(神呪) 제6	이승전(異僧傳)	6
	감통(感通) 제7	영이기(靈異記)	13
	피은(避隱) 제8	일사승전(逸士僧傳)	9 〕 34
	효선(孝善) 제9	일행록(逸行錄)	6

이상으로 본다면 그 구심력은 어디까지나 삼국, 특히 신라를 중심으로 한
유사이기는 하지만 그 편목에 따라 성격은 달리하고 있다.

권 제1 왕력은 최치원(崔致遠)의 제왕 연대력에 의거하였을 것으로 짐작된다. 삼국과 가락의 왕대(王代)와 연표이다.

기이 제1과 기이 제2는 고조선 이하 상대 여러 나라의 흥폐와 신라 역조의 유사 및 백제·후백제·가락국기 등 60편. 여기서는 《구삼국사(舊三國史)》 등 당시까지 있던 사기(史記) 중 김부식의 《삼국사기》에 실려 있지 아니한 유사를 추려, 전자의 유교적 합리주의로 간과한 기이적(紀異的) 사건을 적어 놓은 것이다.

흥법 제3은 불법 동류(佛法同流)의 사적(事蹟)을 신라 중심으로 서술하고 고승전(高僧傳)의 체재를 갖춘 것이었다.

탑상(塔像) 제4는 사기(寺記)·탑상에 얽힌 승전 및 사탑연기 설화(寺塔緣起說話)를 모은 것으로,

의해(義解) 제5는 승전의 계속으로 14편
신주(神呪) 제6은 일종 이승전(異僧傳)으로 3편
감통(感通) 제6은 영이(靈異)·감응(感應)의 고전(古典)으로 10편
피은(避隱) 제8은 일승전(逸僧傳)으로 10편
효선(孝善) 제9는 효선미담(孝善美談) 5편

등의 30편으로 되어 있다.

상고사적(上古史籍)의 유산

《삼국유사》의 전체의 구조는 고기(古記)의 단간(斷簡)과 불교적 영이담(靈異談)의 집성이지만, 이 고기 중에 일연 당시까지 있고 그 후 없어진 기록이 있기에 중요한 것이다.

김부식이 《삼국사기》를 엮기 전에 우리 고기의 체재는 이 《삼국유사》로 말미암아 얼마간 남게 되었다.

우선 김부식이 중국적 합리주의로 말미암아 버리고 만 고기록 중의 가장 한국적인 것이 《삼국유사》의 《기이(紀異)》 속에 남아 있다.

《구삼국사》의 동명왕의 사적은 이규보의 《동명왕편》에 고시(古詩)를 빌려 정착이 되었다. 또 상고(上古) 기록의 전형적인 모습이 고려 문종(文宗) 때

의 기록으로서 《가락국기(駕落國記)》에 그대로 남아 있다. 그러니 《가락국기》는 《구삼국사》의 체재를 암시해 주는 좋은 예가 될 것이다.

　　그러니 《구삼국사》의 편린으로서의 기이편은 바로 우리나라 서사시의 유영이라고 하여도 과언은 아닐 것이다.

　　그러므로, 이 《삼국유사》가 비록 그 찬성(撰成)은 일연 법사에 의하여 이루어졌다고 하더라도 우리나라 신화·전설·설화·가요·생활사의 보전(寶典)으로서 《삼국사기》와 더불어 고대사 연구의 보고(寶庫)가 될 수 있는 것이며, 어느 면에서는 《삼국사기》보다도 더 중요한 문헌이 되는 것이다.

　　그것은 역사 기술의 정제(整齊)면에서는 뒤떨어지나 그 《삼국유사》에서 인용된 고기록들이 일서(逸書)가 되었기에 가치 있다고 보겠다. 이제 그 인용서를 육당이 정리한 대로 제시해 보면 다음과 같다.

　　《삼국사기(三國史記)》(1)　김부식의 삼국사기
　　《삼국사(三國史)》(6)
　　《삼국본사(三國本史)》(2)
　　《국사(國史)》(10)
　　《국사본기(國史本記)》(1)
　　《본기(本記)》(1)
　　《신라본기(新羅本記)》(2)
　　《고려본기(高麗本記)》(2)
　　《백제본기(百濟本記)》(1)
　　《동명기(東明記)》(1)　구삼국사(舊三國史)
　　《지리지(地理志)》(2)
　　《백제지리지(百濟地理志)》(1)
　　《동사(東史)》(1)
　　《사론(史論)》(1)
　　《고려고기(高麗古記)》(1)
　　《신라고기(新羅古記)》(1)
　　《신라고전(新羅古傳)》(1)

《고전(古傳)》(1) 《고전(古傳)》(2) 《고전기(古傳記)》(1) 《고기(古記)》(10)
《단군기(檀君記)》(2)
《신지비사(神誌秘詞)》(2)
《가락국기(駕落國記)》(2)
《가락기(駕落記)》(1)
《본국본기(本國本記)》(1)
《본기(本記)》(2)

등의 고사류(古史類)가 보이는데, 이 중 더러는 《삼국사기》나 또는 《삼국사기》에 이입(移入)된 고기로 보이나, 그 대부분은 오늘날 볼 수 없는 것이다.
　또 왕기력(王紀曆)에 있어서도,

김관의(金寬毅) 찬 《왕대종록(王代宗錄)》(2)
최치원(崔致遠) 찬 《제왕연대록(帝王年代錄)》
오세문(吳世文) 찬 《역대가(歷代歌)》
김희녕(金希寧) 찬 《태일역법(太一曆法)》

등이 엿보인다.

다각적인 배광(背光)
중국 사기(史記)로,

《사기(史記)》《한서(漢書)》《후한서(後漢書)》《위지(魏志)》《후위서(後魏書)》《북사(北史)》《신당서(新唐書)》《가탐군국지(賈耽郡國志)》《통전(通典)》《책부원귀(册府元龜)》《지장도(指章圖)》《찬고도(纂古圖)》

등이 보이고, 일본의 《일본제기(日本帝記)》(2)가 보인다.
　또 우리의 관심을 끄는 것은 김대문(金大問)이 찬하였다는,

《고승전(高僧傳)》—전기(傳記)

《화랑세기(花郎世紀)》

《악본(樂本)》

등의 인용 여부이다.

《화랑세기》는 신라의 일서(逸書)로서 《삼대목(三代目)》과 더불어 우리가 애석하여 마지않는 것으로서 이 《삼국유사》에 있는,

설원랑(薛原郎) —미륵선화(彌勒善花)

비형랑(鼻刑郎) —도화녀(桃花女)

미시랑(未尸郎) —미륵선화(彌勒仙花)

술종랑(述宗郎) —진덕왕(眞德王)

유신랑(庾信郎) —김유신(金庾信)

기파랑(耆婆郎) —경덕왕(景德王)

죽지랑(竹旨郎) —효소왕대(孝昭王代)

응렴랑(膺廉郎) 요원랑(邀元郎)·예흔랑(譽昕郎)·계원숙종랑(桂元叔宗郎) —48대 경문왕(景文王)

처용랑(處容郎) —처용랑(處容郎)

부례랑(夫禮郎)·준영랑(俊永郎) —백률사(栢栗寺)

호세랑(好世郎) —이혜동진(二惠同塵)

김현랑(金現郎) —김현감호(金現感虎)

거열랑(居烈郎)·실처랑(實處郎)·보동랑(寶同郎) —융천사(融天師) 혜성가(彗星歌)

효종랑(孝宗郎) —빈녀양모(貧女養母)

등의 화랑이나 이인(異人)에 대한 기록이 그의 《화랑세기》에서 연유한 것이 아닌가 하는 점이다. 물론 여기서 어떤 것은 《삼국사기》에도 그 단편이 엿보이므로 《삼국사기》의 열전(列傳)에 오히려 많이 전래하고 있다고 보아야 하겠지만, 《삼국사기》의 것은 삼국 통일을 기한 격동기에 있어서의 화랑의 전

투에 있어서 임전무퇴(臨戰無退)의 용맹을 기술한 것이지만, 여기에서는 보다 이적적(異蹟的)인 것만 삽입 정리되어 있는 듯이 보인다.

한편《삼국유사》는 불교적 견지에서 보면, 여기에는 많은 승전(僧傳)·사기(寺記)·탑기(塔記)·연기문(緣起文)·사찰 문서(寺刹文書) 등이 원용되어 있다.

승전으로서는 전기 김대문의 것의 인용 여부도 문제이지만 그 밖에,

《해동승전(海東僧傳)》(2)　《고승전(高僧傳)》(1)　《승전(僧傳)》(10)
《삼화상전(三和尙傳)》
김척명(金陟明) 찬《운광사전(圓光師傳)》
《석보양전(釋寶壤傳)》
《자장전(慈藏傳)》
《의상전(義湘傳)》
《범일(梵日) 본전(本傳)》
《보덕(普德) 본전(本傳)》
《욱면(郁面) 본전(本錢)》
《양지법사전(良志法師傳)》
문열공(文烈公) 저《보덕전(普德傳)》
최후(崔侯)《의상본전(義湘本傳)》(2)《효사본행장(曉師本行狀)》
연회(緣會) 찬《낭지전(朗智傳)》
《대각국사실록(大覺國師實錄)》
《백월산 양성성도기(白月山兩聖成道記)》
《명주오대산 보즐태자전기(溟州五臺山寶叱太子傳記)》

등의 승전(僧傳)·성도기(成道記)를 원용하고 있다. 그러나, 승전에 있어서는 고려 고종 때의 오관산(五冠山) 영통사(靈通寺) 주지 각훈(覺訓)이 찬한《해동고승전(海東高僧傳)》 2권을 많이 인용하고 있다고 육당은 지적하고 있다. 이 각훈의 승전은 고종 2년(1215) 찬으로 오관산은 개경(開京) 부근의 사찰이고, 이 책의 찬성(撰成)은 일연의 출가(出家) 다음 해 그의 10세 때에 이루어진 것이라 한다. 한편으로 그는 중국에서 건너온 승전도 많이 인용

원용하고 있다. 또 비갈(碑碣)로는,

　「아도본비(我道本碑)」(2)
　김용행(金用行) 찬「아도비(阿道碑)」

등도 원용하고 있다.
　또, 그는 많은 사지(寺誌)를 인용하였다.

　「사기(寺記)」—동천사(東泉寺)·황룡사(皇龍寺)
　「사중기(寺中記)」—감은사(感恩寺)·황룡사(皇龍寺)
　「사중고기(寺中古記)」—황룡사(皇龍寺)·영취사(靈鷲寺)
　「사중소전고기(寺中所傳古記)」—월정사(月精寺)
　「사중유기(寺中有記)」—불국사(佛國寺)
　「본사기(本寺記)」—금광사(金光寺)「금태자본기(金太子本記)」
　「산중고전(山中古傳)」—오대산(五臺山)
　「기(記)」—남백월이성(南白月二聖)·대산오만진신(臺山五萬眞身)

　사비(寺碑)로는 전기 비갈(碑碣) 조에 소개한 승비(僧碑) 외에 사비로,

　석현본(釋玄本) 찬「삼랑사비(三郞寺碑)」
　「유덕사비(有德寺碑)」
　「관동풍악발연수석기(關東楓岳鉢淵藪石記)」(승안(承安)　4년　사주영령
　(寺主瑩岺)　찬)
　정풍(正豊) 원년 백운자(白雲子) 찬「오대산문주사석탑기(五臺山文珠寺
　石塔記)」

등을 인용하고 있다.
　그 밖에 그는 많은 고문서(古文書)를 원용하고 있으니,

　「―납전기(納田記)」「―도전장(都田帳)」「―일기(日記)」「―결사문(結

社文)」「一존상화광(尊像火光) 배광(背光) 후기(後記)」「수장문(繡帳
文)」「양전장적(量田帳籍)」「一도적(圖籍)」「一주장(奏狀)」「신성장(申
省狀)」「一주첩(柱帖)」「一장생표탑공문(長生標塔公文)」「소식(消息)」
「언전기(諺傳記)」기타의 여러「一기(記)」

등을 원용하고 있다.

　다시 그는 원효(元曉)·의상(義湘)·지통(智通)·승전(勝詮)·태현(太賢) 등
의 경소(經疏) 기타의 불교 문헌도 많이 인용하고 있다.

　육당도 그러했거니와, 해제자도 이러한 그의 인용 서목에 관심이 가는 것
은 바로 《삼국유사》의 배광(背光)에 비친 찬란한 문적(文籍)의 존재를 주목
하기 위해서이다. 그 간 많은 전란을 겪어 고기(古記)가 없어진 오늘날 그
편언 척구(片言隻句)라도 《삼국유사》에 남아 있다는 것은 얼마나 다행한 일
인가. 이러한 고기(古記)는 바로 우리 한국 문화의 일면의 조형(祖型)으로
서 신라를 비롯한 삼국의 모습을 전해 주기 때문이다.

　이러한 고기 문헌이 《삼국유사》에 원용됨으로 해서 당시 민속지(民俗誌)
로서 《삼국사기》에서는 찾아볼 수 없는 많은 신화·전설·서화·가요의 보고
(寶庫)를 이루고 있다.

민속설화적 모티브

이를 육당이 정리한 모티브대로 열거하여 보면, 다음과 같은 것들이 있다.

　환웅(桓雄)·신단(神壇)·신시(神市)·주원(咒願)·기(忌)·가화(假化) ―
고조선(古朝鮮)
　상제(上帝)의 명(命) ―북부여(北夫餘)
　천제(天帝)의 강림(降臨)을 꿈꾸다. 산천에 제사 지내어 자식 낳기를
바라다. ―동부여(東夫餘)
　백마(白馬)가 꿇어앉아 절하다.
　계룡(鷄龍)이 나타나 좌협(左脇)에서 동녀(童女)를 낳다.
　광명으로 세상을 다스리다. ―신라 시조(新羅始祖)
　운제산(雲梯山)의 성모(聖母). ―제2 남해왕(南解王)

도솔가(兜率假) —제3 노례왕(弩禮王)

28 용왕(龍王)이 사람의 태에서 나다.

동악(東岳)의 신(神) —제4 탈해왕(脫解王)

자운(紫雲)이 하늘로부터 땅에 닿아 구름 속에 황금의 궤(櫃)가 있어 이를 여니 알이 있었다. —김알지(金閼智)

해와 달의 정(精). 천존고(天尊庫). —연오랑(延烏郞)·세오녀(細烏女)

혼백이 되어 나라를 지키다.

미추왕(未鄒王)을 삼산(三山)과 더불어 제사 지내다. —미추왕(未鄒王)

치술령신모(鵄述嶺神母) —내물왕(奈勿王)

까마귀(烏)를 기(忌)하는 날에 찹쌀밥으로 제사 지내다. —사금갑(射琴匣)

귀신(鬼神) 무리가 다리를 놓다. —도화녀(桃花女)

천사(天使)가 전정(殿庭)에 내리다. —천사옥대(天賜玉帶)

사령지(四靈地)에 대신들이 모여 대사(大事)를 의논하다. —진덕왕(眞德王)

내림(奈林)과 혈례(穴禮)와 골화(骨火) 등 삼소(三所)의 호국(護國)의 신(神) —김유신

점(卜筮)치는 일, 온갖 음식(百味)을 갖추어 제사 지내다. —김유신

치마를 주고 꿈을 사다.

괴수(槐樹)가 울고 귀신이 궁중(宮中)에서 울다.

무(巫)

나는 새의 괴조(怪兆) —태종 춘추공(太宗春秋公)

절을 지었기에 지하국(地下國) 명(冥)에서 도와주다. —장춘랑(長春郞)

나라를 지키는 큰 용(龍) —문무왕 법민(文武王法閔)

유신(庾信)이 다시 천신(天神)이 되다. —만파식적(萬波息笛)

수로부인(水路夫人)을 신물(神物)이 앗아가다. —수로부인

오악(五岳)과 삼산(三山)의 신(神) —경덕왕(景德王)

해몽(解夢). 여의주(如意珠) —원성 대왕(元聖大王)

동해룡(東海龍)의 아들 처용(處容). 남산(南山)의 신(神). 상심(祥審).

북악(北岳)의 신(神) 지신(地神). —지백급간(地伯級干)

산신(山神)—처용랑(處容郎)

신지(神地). 목간(木簡)을 물에 가라앉혀 제비뽑다.

늙은 여우로 변한다.

여자를 한 가지 꽃으로 변하게 하여 주머니에 넣다.—진성여대왕(眞聖女大王)

오방신(五方神)—경명왕(景明王)

정사암(正事巖) 용암(龍巖).

삼산(三山)에 신인(神人)들이 살면서 조석(朝夕)으로 왕래가 부절(不絕)하다.—남부여(南扶餘).

지룡(池龍)과 교접하여 무왕(武王)을 낳다.

산을 무너뜨려 못을 메우는 신통력(神通力)—무왕(武王)

자의(紫衣)를 입은 남자가 침소(寢所)에 이르러 교혼(交婚)하다.

호랑이가 와서 젖먹이다.—후백제(後百濟)

3월달의 계욕(禊浴). 하늘이 여섯 알을 내리다. 알이 사람이 되다. 천명(天命). 그 술법을 다투다. 정월 3일, 7일, 5월 5일, 8월 5일, 8월 15일, 풍성하고 조촐한 전물(奠物)을 이어 끊이지 않는다.

국성(國城)의 전(奠). 향등(香燈)을 바치다. 진영(眞影)(초상화). 묘(廟)의 위령(威靈). 신물(神物)이 지키다.—가락국기(駕洛國記)

영응(靈應). 신유림(神遊林). 무의(巫醫)—아도기려(阿道基麗)

하늘이 서상(瑞祥)을 내리다.—원종흥법(原宗興法)

신력(神力)으로써 방장(方丈)을 날리다. 주칙(呪勅). 영(靈)한 돌.—보장봉로(寶藏奉老)

천보(天寶)의 고(庫). 신적(神笛)—백률사(柏栗寺)

천성에 풍류기가 많아 신선을 좋아하다.

명감(冥感). 산령(山靈)이 노인으로 변하다.—미륵선화(彌勒仙花)

노래를 지어 개안(開眼)을 빌다.—분황사(芬皇寺) 천수대비(千手大悲)

성굴(聖窟). 백의녀(白衣女). 국가신령(國家神靈).—낙산이대성(洛山二大聖).

장천굴신(掌天窟神). 오대산(五臺山) 신성굴(神聖窟).—대산오만진신(臺山五萬眞身)

깃(羽)을 가사 천이 뚫린 데에 이으니 포(布)가 되다. 상지자(相地者) 풍수(風水) —대산월정사(臺山月精寺). 오류성중(五類聖衆)

유복(有福)한 사람의 묘지에 파묻다. 주술(呪術). 신언(神言). 비장산신(臂長山神) —원광서학(圓光西學)).

장생표(長生標). 이목(璃目)이 시든 나무에 주(呪)하니 나무가 소생하다. —보양이목(寶壤梨木).

구름을 타고 돌아가다. 지성(至聖)의 탁(托). 벽의(碧衣) 신동(神童). —이혜동진(二惠同塵).

악신(岳神)이 한 선자(仙子)를 거느리고 맞이하다.

신(神)들이 노래를 짓다. —심지계조(心地繼祖).

노호(老狐). 한 큰 귀(鬼)가 뭇 작은 귀(鬼)를 거느리고 오다. —밀본최사(密本摧邪)).

두주(豆呪). 신병(神兵). 용탁신(龍托神). 기장산(機張山)에 가서 웅신(熊神)이 되다. —혜통강룡(惠通降龍)).

선도산신(仙桃山神) (聖) 모(母). 오악신군(五岳神君). 신사(神祠). 신선(神仙)의 술(術). 신모(神母)가 살아 방국(邦國)을 진우(鎭佑)하여 영이(靈異)한 자취가 많아 나라의 시작부터 삼사(三祀)의 하나로 하여 이를 가장 높이 숭상하다. 지선(地仙). 동신성모(東神聖母). —선도산성모수희불사(仙桃山聖母隨喜佛事)

고신사(古神社) (욱면비 염불서승(郁面婢念佛西昇)

도솔가(兜率歌)로 일괴(日怪)가 즉시 없어지다. 망매(亡妹)를 위하여 재(齋)를 올려 향가(鄕歌)를 지어 제사지내다. 향가는 왕왕 천지 귀신(天地鬼神)을 감동시킨다. —월명사 도솔가(月明師兜率歌)

명사(冥司). 환생(還生). —선율환생(善律還生)

천창(天唱). 호랑이가 변하여 낭자(娘子)가 되다.

호랑이의 죽음을 인도하다. —김현감호(金現感虎)

노래를 지어 부르니 성괴(星怪)가 즉시 없어지고 일본병이 나라에 돌아가다. —융천사 혜성가(融天師彗星歌)

야반(夜半)에 왕정(王庭)에서 천창(天唱)하다. —정수사구빙녀(正秀師救氷女)

가마귀가 와서 울다. 구름을 타다. —낭지승운(朗智乘雲)

악신(岳神)이 도와 주다. 정성 천왕(靜聖天王). 구성(九聖). —포산이성(包山二聖)

주원(呪願). 천신(天神)이 항상 도와 주다. 천창(天唱). 곰이 변하여 귀(鬼)가 되다. 향목(香木)을 살아 천신에 바치다. 마(魔)를 항복시키다. —대성효이세부모(大城孝二世父母)

등, 많은 신화적·전설적·민속 설화적인 모티브가 산재되어 있다.

이것은 또 육당이 그의 해설에서「민속과 설화」로 부연 언급한 것과 같이 신화와 원형적 옛 전설을 엿볼 수 잇는 것은 오직 《삼국유사》뿐이라고 하여도 과언이 아니다. 이러한 신화·전설·설화 등은 육당이 든 조건만으로도 단군의 곰, 혁거세의 흰 말, 탈해의 까치, 알지의 흰 닭 등을 토템의 흔적으로 보고, 그 밖에 터부·매직(Magic)·신성 기호(神聖記號). 마나(Mana)·페티시(Fetish)·마세바(Massebah)·거석 구조(巨石構造)·부족 회의·왕위 계승의 방법 등에 관한 구체적인 사례가 제시되었고, 신화에 있어서도 고조선·부여·구려(句麗)·신라·가락 등의 건국 설화와 신라 중심의 호국(護國)·인문(人文) 신화 등이 수록되었으니, 이것은 김부식의 《삼국사기》에서는 그 신화적 구조가 거세되거나 생략된 것이 많다.

이 밖에도 많은 유형의 신화·민간 설화·지명 기원 설화, 특히 사원 연기적(寺院緣起的) 지명 설화가 이 《삼국유사》의 불교적 색채로 말미암아 수록되어 있다. 여기서는 이러한 신화·전설·설화 등은 지면 관계로 약하기로 한다.

향가가 담긴 문헌

《삼국유사》는 《균여전(均如傳)》과 아울러 우리나라 향가가 실려 있는 문헌으로서 금석적(金石的)인 가치를 지니고 있다. 《삼국유사》에는,

시작 도솔가(始作兜率歌)·유차사 사뇌격(有嗟辭詞腦格) (권 제3 노례왕)

득오곡(得烏谷) 모죽지랑가(慕竹旨郎歌) (권 제2 효소왕대)

해가(海歌) (譯)와 노인 헌화가(老人獻花歌) (권 제2 수로 부인(水路夫

人) 성덕왕대(聖德王代)

충담사(忠談師)의 안민가(安民歌) 및 찬기파랑가(讚耆婆郎歌) (권 제2 경덕왕(景德王)

원성 대왕(元聖大王)의 신공사뇌가(身空詞腦歌) (노래 없어짐) (권 제2 원성대왕)

삼가(三歌)——현금포곡(玄琴抱曲·대도곡(大道曲)·문군곡(問群曲) (노래 없어짐) (권 제2 48 경문대왕(景文大王)

처용가(處容歌) (권 제2 처용랑(處容郎) 헌강왕대(憲康王代))

신회(神會) 작 망국애가(亡國哀歌) (노래 없어짐) (권 제2 김부대왕(金傅大王)

가락구간(駕洛九干) 구지봉영신가(龜旨峰迎神歌) (권 제2 가락국기(駕洛國記)

희명(希明) 작 천수대비가(千手大悲歌) (권 제3 분황사 천수대비(芬皇寺千手大悲) 경덕왕대(景德王代)

영묘사(靈廟寺) 장륙존상조성(丈六尊像造成) 풍요(風謠) (권 제4 양지사석(良志使錫) 선덕왕대(善德王代)

광덕(廣德) 원왕생가(願王生歌) (권 제5 문무왕대(文武王代)

월명사(月明師) 작 도솔가(兜率歌)·산화가(散花歌) 및 제망매가(祭亡妹歌) (권 제5 월명사(月明師)·도솔가(兜率歌) 경덕왕대(景德王代)

융천사(融天師)의 혜성가(彗星歌) (권 제5 융천사 혜성가(融天師彗星歌 진평왕대(眞平王代)

신충(信忠)의 원가(怨歌) (권 제5 신충괘관(信忠掛冠) 효성왕대(孝成王代)

영재(永才)의 우적가(遇賊歌) (권 제5 영재우적(永才遇賊 원성왕대(元聖王代)

등이 전하고 있다. 여기에 가사가 남아 있는 향가가 14수에 지나지 않지만, 이는 우리 고대 문학사의 실증에 있어 이 유사(遺事)의 가치는 절대적이라고 할 수 있는 것이다. 한편 일연이 이 향가를 읽을 수 있었느냐가 문제인데, 이것은 일단 긍정적으로 해석해 두어야 할 것이다.

김유신의 행적

다음에 《삼국유사》 중 「김유신」 조를 소개한다.

신이(神異)의 화신

호력이간(虎力伊干)의 아들, 서현각간(舒玄角干) 김씨(金氏)의 장자를 유신(庾信), 아우를 흠순(欽純), 맏누이를 보해(寶海), 어릴 때 이름은 아해(阿海), 아랫누이를 문희(文姬), 어릴 때 이름을 아지(阿之)라고 하였다. 유신공은 진평왕(眞平王) 17년 을묘(乙卯)에 태어났다.

북두칠성의 정기를 타고 나서 등에 칠성문(七星文)이 있었다. ^(그래서 현재 김해 김 씨들은 다 몸에 검은 점이 있다는 속신이 생겨나게 되었다.)

또 그에게는 신이(神異)스러운 일들이 많았다. ^(진천의 만명신이며 천관녀의 고사 등이 그 주위에 있다.)

나이 열여덟 임신(壬申)에 이르러 검술을 배워 술(術)을 얻어 국선(國仙 : ^{여기 검술과 국선과의 연관성에 많은 시사점이 있다. 그는 가야로부터 귀부한 왕의 후손이므로 이런 국선이 되었다는 계기가 없었으면 발탁되지 않았을지도 모른다. 신라는 가야의 항민(降民)을 한수 이남에 이주시켜 고육지책(苦肉之計)을 썼던 것이다. 그러므로 그의 생지가 진천이라는 전설이 나온 것도 일리가 있다.})이 되었다.

이때에 백석(白石)이란 자가 있어 어디서 온지는 알 수 없었으나 그의 낭도 중에 있어 온 지 여러 해가 되었다.

유신랑이 고구려와 백제를 토벌할 일을 밤낮으로 심모(深謀)하고 있었다. 백석이 그것을 눈치채고 하루는 낭에게 아뢰기를,

"제가 공과 더불어 먼저 저쪽을 염탐하고 그 후에 도모하면 어떻습니까?"

하였다. 낭은 기뻐서, 친히 백석을 이끌고 밤에 발행을 하였다. 마침 고개 위에서 쉬고 있는데 두 여자가 낭을 따라 같이 가게 되었다. 또 골화천(骨火川)에 이르러 유숙하고 있는데 또 한 여자가 홀연히 따라왔다. 공이 세 낭자와 즐거이 이야기하고 있는데, 이 낭자들이 맛있는 과일을 대령하였다. 낭이 받아 먹고 서로 마음을 통하게 되어 그 마음을 실토하기에 이르렀다. 이 낭자들이 말하기를,

"공의 말씀은 이미 알았습니다. 원컨대 공은 백석을 잠깐 물리치고 같이 숲 속에 들어가 다시 정실(情實)을 아뢰고자 하옵니다."

하고 같이 숲 속에 들어갔다.

이 낭자들은 갑자기 신(神)의 모습으로 나타나 말하기를,

"우리네는 바로 내림(奈林)·혈례(穴禮)·골화(骨火) 등 삼소(三所) 호국

(護國)의 신이요. 이제 적국 사람이 낭을 유인해서 이끌고 왔소. 낭이 아지 못하고 나아가니 내 낭을 머물게 하려고 여기까지 온 것이오.”

하고 말을 마치고 숨어 버렸다. (고구려로서는 신라에 항복하여 신주(新州)의 성주가 되어 고구려와 대결한 무력에 대하여 원한이 있었고 신라의 금관 가야 계통 사람 소대를 이용하려고 한 것이다. 그래서 그의 자손인 유신을 유괴하려고 했을 것이다.)

공은 이것을 듣고 놀라 쓰러졌다. 재배하고 나와서 골화관(骨火館)에서 잘 때 유신은 백석에게 말하기를,

“이제 타국에 가는데 내 문서를 잊고 왔구나. 내 너와 같이 집에 돌아가서 가지고 오겠다.”

하고 같이 집에 와서 백석을 묶어 놓고 고문을 하였다.

백석과 추남(楸男)

백석은,

“나는 본시 고구려 사람이요(고본에 백제라고 한 것은 틀린다. 추남은 고구려 사람이었고 음양에 역행한다는 것도 보장왕의 일이다.). 우리나라 군신(君臣)들이 말하기를 “신라의 유신은 본시 우리나라 점쟁이 추남(楸南)이라 합니다(고본에는 春南이라 하였으나 틀린다). 우리나라와의 경계에 거꾸로 흐르는 물이 있어(혹은 말하기를 웅비가 뒤집힌 일을 나무란 것이라고도 한다.) 이를 점치게 했었습니다. 추남이 아뢰기를 “대왕과 부인이 음양지도(陰陽之道)를 역행해서 이러한 조짐이 보이는 것 같습니다.(여상남하(女上男下)의 교접 형태를 말하는 것 같다.)”라고 하였습니다. 대왕은 놀라시고, 왕비는 크게 노하셔 “이는 요괴로운 말이옵니다.” 하고 “다른 일로 이를 점치게 하여 물어보게 하고 실언(失言)하면 중형(重刑)을 내리소서.” 하였습니다. 이리하여 쥐 한 마리를 합(盒) 속에 감추고 “이것이 무엇이냐?” 하고 물었습니다. 그 사람이 “이는 반드시 쥐입니다. 그 목숨이 여덟이 있을 것입니다.” 하였습니다. 이것을 실언으로 몰고 참죄(斬罪)를 시행하려고 했습니다. 그 사람이 맹세하여 말하기를 “내가 죽은 후에 대장이 되어 반드시 고구려를 멸망시키겠노라.” 하였습니다. 즉시 죽이고 쥐 배를 갈라 보니 새끼가 일곱 마리 들어 있었습니다. 이로써 앞의 말이 맞은 것을 알았습니다. 그 날 밤 대왕이 꿈을 꾸니 추남이 신라 서현공(舒玄公) 부인의 품에 들어가는 것을 보았습니다. 이로써 대왕은 군신들에게 고하니 군신들이 다 말하기를 “추남이 마음에 맹세하고 죽었으니 이는 반드시 그렇게 될 것입니다.” 하여 나를 보내어 이런 모략을 꾸민 것입니다.”

하고 실토를 하였다. 그래 유신공은 백석을 죽이고, 백미(百味)를 갖추고 삼신(三神)을 제사지냈더니 삼신이 다 현신(現身)하여 이를 받았다.

김씨의 종재매(宗財買) 부인이 죽으매 이를 청연(靑淵) 웃골(上谷)에 장사지내어 재매골(財買谷)이라 이름지었다.

매년 봄에 종가의 사녀(士女)들이 그 골짜기의 남쪽 시내에 잔치를 하였고, 이 때에 온갖 꽃이 만발하여 송화(松花)가 동부(洞府)의 숲에 가득하였으며 골짜기 어귀에 암자를 세워 송화암(松花庵)이라 하였고, 그 뒤에 이것이 김씨의 원찰(願刹)로 전하였다. 54대 경명왕(景明王)에 이르러 공을 흥호대왕(興虎大王)으로 추봉(追封)하였다. 능은 서산(西山) 모지사(毛只寺) 북쪽에 있어 동쪽으로 주봉(走峯)을 향하고 있다. (김부식의 《三國史記》에는 《龜兎之說》이 전하고 있다.)

金庾信

虎力伊干之子 舒玄角干 金氏之長子曰庾信 弟曰欽純 姊妹曰寶姬 小名阿海 妹曰文姬 小名阿之 庾信公以眞平王十七年乙卯生 稟精七曜 故背有七星文 又多神異 年至十八壬申 修劍得術爲國仙 時有白石者 不知其所自來 屬於徒有年 郎以伐麗濟之事 日夜深謀 白石知其謀 告於郎曰 僕請與公密先探於彼 然後圖之何如郎喜 親率白石夜出行 方憩於峴上 有二女隨郎而行 至骨火川留宿又有一女忽然而至 公與三娘子喜話之時 娘等以美菓餽之 郎受而啖之 心諾相許 乃說其情 娘等告云 公之所言己聞命矣 願公謝白石而共入林中 更陳情實 乃與俱入 娘等便現神形曰 我等奈林穴禮 骨火等三所護國之神 今敵國之人誘郎引之 郎不知而進途 我欲留郎而至此矣 言訖而隱 公聞之驚仆 再拜而出 宿於骨火館 謂白石曰 今歸他國 忘其要文 請與爾還家取來 遂與還至家 拷縛白石而問其情 曰我本高麗人（古本云百濟 誤矣 楸南乃高麗之士 又道行 陰陽亦寶藏王等） 我國群臣曰 新羅庾信是我國卜筮之士楸南也（古本作春南誤矣） 國界有逆流之水（或云雄雌尤反覆之事） 使其卜之 奏曰 大王夫人逆行陰陽之道 其瑞如此 大王驚怪 而王妃大怒 謂是妖狐之語 告於王 更以他事驗問之 失言則加重刑 乃以一鼠藏於合中 問是何物 其人奏曰是必鼠 其命有八 乃以謂失言 將加斬罪 其人誓曰 吾死之後 願爲大將必滅高句麗矣卽斬之剖鼠腹視之 其命有七 於是知前言有中 其日夜大王夢 楸南入于新羅舒玄公夫人之懷 以告於群臣 皆曰 楸南誓心而死 是其果然 故遣我至此謀之爾 公乃刑白石 備百味祀三神 皆現身受奠 金氏宗財買夫人死 葬於靑淵上谷 因名財

514 삼국유사

買谷 每年春月 一宗士女會宴於其谷之南澗 干時百卉敷榮 松花滿洞府林 谷口架築爲庵 因名松花房 傳爲願刹 至五十四景明王 追封公爲興虎大王 陵在西山毛只寺之北 東向走峯

신라문화의 원천

민족 문화의 근원적 유사(遺事)

이 민족 문화 유산의 원초적 보고(寶庫)라고 말할 수 있는 이 《삼국유사》가 우리나라에서 오히려 망각의 대상으로 화하여 그 전본(傳本)이 영락(零落)되던 중, 광문회 소장의 하 3책이 나오고, 순암(順庵) 안정복(安鼎福)의 수택본(手澤本)이 이마니시(今西龍)에게 돌아가 그것이 영인되어 널리 퍼지게 되었으나, 그 뒤에 다시 송석하(宋錫夏) 장본으로 돌아간 권 제1의 영본(零本)이 나타나 이들을 교정하여 육당 최남선님이 다시 활판으로 널리 펴서, 현재 유행본이 되어 있다.

그의 《불함문화론(不咸文化論)》《아시조선(兒時朝鮮)》《고사통(古事通)》 등의 일련의 체계가 바로 이 《삼국유사》 속에 숨어 있는 신화와 그 전개를 일제(日帝) 치하에서 「한국학」으로 발전시킨 비원(悲願)의 저서라고 할 것이다. 그러므로, 그의 전정력은 바로 이 《삼국유사》를 거점으로 두고, 그의 「해제」는 그의 많지 않은 저술 중에서 압권이라고 말할 수 있을 것이다.

한편 해방 후에 이병도님의 번역을 비롯하여 이외 국역(國譯)이 2본 나왔다. 그러던 터에 근자 일본에서 미니나 이키히데(三品彰英) 박사를 주동으로 하는 《삼국유사》 연구회에서 《삼국유사 주석(註釋)》이 나온 것은 여러 모로 우리에게 경각심을 불러일으켜 준다. 이 기구한 민족의 문헌이 외국 학자의 손으로 주석되었다는 사실은 우리 국학(國學)을 위해서 반성의 계기를 마련하여 주었다고도 볼 수 있다.

사실상 이 《삼국유사》와 《삼국사기》가 고대사·신화·역사 민속학적 보고인 만큼, 이를 새롭게 해석한다는 것은 영원한 숙제로 남아 있는 것이다.

서사시적 유산

우리는 위대한 서사시 시대에 우리 나름으로의 표기 수단을 갖지 못하여 이를 한문을 빌려 표기하였다. 이들 원전을 다 잃은 오늘날, 우리가 대할 수 있는 서사시적 구조로는 오직 이 《삼국유사》가 남아 있을 뿐이다.

그러나 이 《삼국유사》가 재차, 3차적인 자료인만큼, 많이 《구삼국사》에서 축약되었거나 발췌되었을 것이므로 이를 원서사시로 재구성한다는 것은 철저한 문헌 비판과 아울러 많은 방증 자료와 연구가 필요할 것이다.

이러한 면에서 우리가 할 수 있는 다음과 같은 연구 분야가 있을 것이다.

◆ 문헌 비판으로 《삼국유사》의 원사료를 재구성하는 연구.
◆ 《삼국유사》에 표기된 지명에 따른 이른바 《삼국유사》 고고학적 연구.
◆ 《삼국유사》에 표기된 여러 민속적 자료를 기준으로 한 역사 민속학적인 연구.
◆ 《삼국유사》의 자료를 기준으로 한 비교민속학적·비교신화학적인 연구.
◆ 《삼국유사》 《삼국사기》의 비교적 연구.

등 많은 문제가 연구 과제로 남아 있으리라 본다.

이른바 《삼국유사》의 현지적 연구는 우리 학계만이 할 수 있는 분야이고, 여기에 젊은 세대가 참여할 광대한 분야가 아직 황무지로 남아 있다고 보겠다.

아울러, 요즈음 말하고 있는 신라 정신이라는 것도 그것의 창조적 원천은 여기 《삼국유사》에 있을 것이다.

우리는 《삼국사기》가 중국 사기를 모방하여 편년체(編年體)로 하여 신이적(神異的)인 것, 즉 그의 합리적 사고 방식으로 이단적인 것을 다 떨어 버리고 사실사(事實史)의 조목만 열거한 것을 못내 아쉬워하는 바이며, 또 일연의 《삼국유사》도 불교적인 것으로 치우친 데에 불만을 가지는 바이다. 그러나, 《삼국유사》가 이렇게나마 남게 된 것은 그 불교적 편향으로 말미암은 것인지도 모른다. 그러니, 우리는 《삼국유사》를 통해서 《구삼국사》를 재구성하여 이를 출발점으로 하여 고대사에 좀더 많은 업적이 나오기를 기다릴 뿐이다.

《삼국사기》와 《삼국유사》와 《위지(魏志) 동이전(東夷傳)》과, 일본의 《고사기(古事記)》《일본서기(日本書紀)》는 우리의 주체성을 살리면서 정밀하게 우리 학계에서 연구되기를 기다리는 바이다.

참고 문헌

참고 문헌은 이 책을 중간하면서 참고한 자료를 수록한 것이다. 발행 연도는 해당 자료들의 실제 출판 연도이며 자료의 배열 순서는 가나다 순서에 따랐다.

고운기 역, 《삼국유사》, 서울, 홍익출판사, 1998

김열규 외 저, 《신삼국유사》, 서울, 학연사, 2000

김용옥 편, 《삼국유사인득》. 서울, 통나무, 1986

김원중 역, 《사기열전》, 서울, 을유문화사, 2004

박성봉·고경식 역, 《삼국유사》, 서울, 서문문화사, 1987

승가대학원 현토, 《삼국유사》, 서울, 민족사, 1998

양주동 저, 《고가 연구》, 서울, 정음사, 1960

유교사전편찬위원회 편, 《유교대사전》, 서울, 1990

이가원 역, 《삼국유사신역》, 서울, 태학사, 1991

이가원 외 역, 《삼국유사》, 서울, 한양출판, 1996

이강래 역, 《삼국사기》 I, II, 서울, 한길사, 2000

이동환 역, 《삼국유사》, 서울, 장락, 1994

이동환 역, 《삼국유사》 상·중·하, 서울, 글방문고, 1986

이민수 역, 《삼국유사》, 서울, 을유문화사, 1994

이상호 역, 《삼국유사》, 서울, 까치, 2003

이재호 역, 《삼국유사》 1·2, 서울, 솔출판사, 2000

정범진 외 역, 《사기열전》, 서울, 까치, 2003

최호 역, 《삼국유사》, 서울, 홍신문화사, 1993

최남선 편, 《삼국유사(영인본)》, 서울, 서문문화사, 1990

한국정신문화연구원, 《삼국유사 색인》, 성남, 정신문화연구원, 1980

옮긴이 권상로(權相老)

경북 문경 출생. 호는 퇴경(退耕). 어려서 한학(漢學)을 배우고, 문경 김룡사 서진선사(瑞眞禪師)의 인도로 승려가 된 뒤, 김룡사 불교전문강원에서 불교학을 수학하다. 불교원종종무원 찬집부장, 조선불교월보 사장을 지내다. 광복후 동국대학교 교수와 총장 등을 지내다. 저서에 《조선문학사》 《퇴경역시집(退耕譯詩集)》 《고가요집주(古歌謠集注)》 《조선불교사》 《고사성어사전》 등이 있다.

World Book 8
三國遺事
삼국유사
일연 지음/권상로 옮김
1판 1쇄 발행/1978. 10. 10
2판 1쇄 발행/2007. 7. 20
2판 4쇄 발행/2018. 5. 1
발행인 고정일
발행처 동서문화사
창업 1956. 12. 12. 등록 16-3799
서울 중구 다산로 12길 6(신당동 4층)
☎ 546-0331~6 Fax. 545-0331
www.dongsuhbook.com
*

사업자등록번호 211-87-75330
ISBN 978-89-497-0403-6 04080
ISBN 978-89-497-0382-4 (세트)